선구자의 길: 김경동의 동서융합 사회학

호산(浩山) 김경동 교수 구순기념문집

김경동 교수 구순기념문집 간행위원회

박영사

김경동 교수 근영

賀　　序

맑은 마음씨와 세계적인 업적을 겸비한 자랑스러운 한국인

Kim Jae-On
Distinguished University Service Professor Emeritus
University of Iowa

김경동! 그 이름을 들으면 떠오르는 표현은 박학, 다재, 다능, 그리고 꾸준한 노력을 통해 쌓아온 눈부신 학문적 업적입니다.

그의 삶은, 격변기를 살아온 우리 모두가 겪어야 했던 어려운 일, 자랑스러운 일, 그리고 부끄러운 일들이 여기저기 숨어있기도 하지만, 세상에 널리 알려진 일들도 있습니다.

그의 빛나는 학문적 업적이 그의 맑고 순진한 마음씨를 가릴 수도 있습니다. 그래서 그를 가까이서 형처럼, 친구처럼 허물없이 털어놓고 살아온 저로서 반드시 알려드리고 싶은 김경동은 어린이 같은 맑고 밝은 마음씨와 세계적인 학문적 업적을 겸비한 자랑스러운 한국인입니다.

"Kim Kyong－Dong is a world－class generational scholar with childlike innocence and purity."

김경동 교수님의 구순을 멀리서나마 축하드리며, 늘 평강하시길 기원합니다.

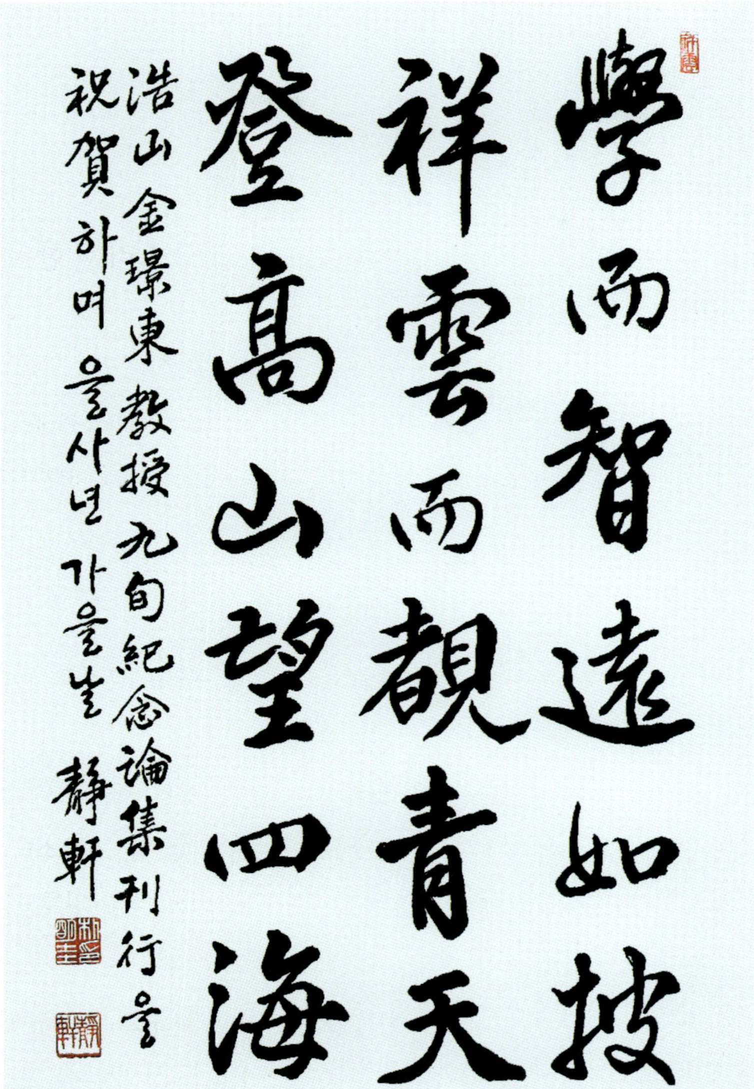

學而智遠 如披祥雲而睹青天 登高山望四海
(배움과 지혜가 원대하여, 마치 상서로운 구름을 만나 푸른 하늘에 닿고,
높은 산에 올라 사해를 굽어보는 것 같다).

김경동 교수님의 학식과 지혜가 많은 후학과 사회 곳곳에 미친 것을 기리고,
구순기념문집 간행을 축하하여 제자 정헌 박명규가 명심보감 한 구절을 쓰다.

박명규 (서울대 사회학과 명예교수/광주과학기술원 초빙석학교수)

발 간 사

Ⅰ. 산정지로(山頂之勞) 산하지락(山下之樂)

호연지기의 산을 좋아하는 학인[浩山]이 있다.
어제도 오늘도 내일도 산을 오른다.
봉우리는 스스로 봉사의 소명과 노고(勞高)
더 넓은 세상 알리려 더 높은 봉우리 찾는다.

그를 따라 우리도 호산의 길로 간다.
때로 그 길은 오리무중 첩첩산중
순간순간
그 어둠 속에서 환하던 별빛
저 산정 위에서 부르던 소리.
별빛이 고맙기 때문만은 아니었다.
부름이 반갑기 때문만은 아니었다.
빛은 따사하고, 소리는 부드러웠다.

박람강기(博覽强記)의 사통팔달(四通八達)은 지성적 감성이요
촌철살인(寸鐵殺人)의 정곡적중(正鵠的中)은 논리적 화음이니
타고난 다정다감의 시인이다.
시가 세상을 구원하리라!
플라톤의 경직성을 하이데거가 풀어주었나?
사회학의 심미성을 호산선생이 드러내는가?

시적 감수성이 사회학적 상상력을 만나
미래를 불러 과거와 현재를 반성하고
동서를 넘어 융합의 세계를 가르치며

새문명 찾아 선구의 새길을 개척하여
언제나 늦는 저희의 앞길을 열어주니
선생가외(先生可畏)라 불역낙호(不亦樂乎)입니다.

구순은 만수무강 첫걸음이라
내일도 새 봉우리 오르시오면
저희는 뒤 따르며 노래합니다.
장강의 뒷물결은 앞 물결을 따라가고(長江後浪後前浪)
시대의 선구자는 새 인물을 선도한다(一代先人先新人).

Ⅱ. 산정호연(山頂浩然) 산하방담(山下放談)

호산문집은 우연찮은 학연으로 시작되었다.
2022년 말, 동양사회사상학회의 [혜안과 논찬]에 선생님이 초대되셨을 때
김성국, 배규한, 정학섭은 논문 헌정자로서,
김문조, 김상준, 최태룡은 문명론과 사조방의 후계자로서,
구순을 맞는 선생님의 학은에 답하고자 문집 발간을 구상하였다.
한분 한분 집필자가 모이고 모두가 합심하여 일심으로 출간하였다.
당연지사라 해도 그 성의정심(誠意正心)은 놀라운 발현이다.

저희의 뜻이 단순 의례가 아님을 보여주고 싶었다.
사회학사적으로 의미있는 작업이 되도록 기획하였다.
선생님의 연구업적을 재인식하거나 승계하는 글을 모았다.
물론 기념문집의 백미라 할 수 있는 추억과 회고의 장도 펼쳐진다.
호산 문집은 학문적 재인식, 이론적 승계, 그리고 인간적 회억이라는 삼위일체를 이룬다.

선생님 연구의 핵심이자 그 상징성을 학문적 선구성과 동서를 아우르는 혜안에서 찾았다.
문집의 제호가 [선구자의 길: 김경동의 동서융합 사회학]이다.

과언이 결코 아니다.
수록된 선생님의 연구 목록을 보면 누구라도 동의할 것이다.
해서 저희는 선생님을 경외한다.
허나 선생님은 언제나 가까이서 우리를 다정하게 품으시며 격려하신다.

탈인간주의 시대를 예견한 선생님의 인간주의 사회학은
새로운 인간상을 동아시아 지혜의 정수인 유불선에서 발견한다.
인의가 살아있고 예악이 넘쳐나는 새로운 문명을 온고지신으로 제시한다
유구하고도 찬연한 우리의 가치와 사상을 21세기 세계정신으로 정립한다.
특히 학인의 고전적 표상인 선비정신의 현대적 활용에 주목한다.

저희는 그 올곧음과 치열함을 되살려 지적 사명과 헌신의 길을 가겠습니다.
나아가 시문을 익히며 풍류를 구하여 소요유도 즐기겠습니다.
선생님의 사회학이 서구를 거쳐 한국을 동서융합의 세계로 이끄시니
이제 저희는 선구자가 개척한 길을 따르며 학문의 묘미를 만끽합니다.
대붕의 그늘 아래 홍곡과 연작도 수시로 배우고 익히니
학은의 즐거움이 넉넉합니다.

나아가 퇴임을 앞두시고
시민사회의 미래를 시민의 직접행동에서 찾아
자원봉사 시민운동의 전국적 확산에 매진하는
지행합일의 도를 지금도 선두에서 몸소 보여주시니
그 결실은 재난과 사고의 순간마다 감동의 물결을 이룹니다.

이 아득한 시대에 빛나는 선구자
선생님, 선생님, 저희 영원한 선생님!
만수무강의 대학지락(大學至樂)을 누리소서.

모든 집필자의 마음을 담아 2025년 8월 11일 금련산 산하 김성국 일심으로 씁니다.

차 례

제1부 김경동의 사회학 : 총괄적 조망

제2부 김경동의 연구활동 : 탐구와 계승

제3부 호산 선생의 인품과 추억

제1부

김경동의 사회학 : 총괄적 조망

김경동 교수가 박사학위를 받은 코넬대 도서관 시계탑

김경동의 사회학(Ⅰ): 한국사회학의 체계화와 세계화*

김 성 국**

Ⅰ. 누가 "한국에는 위대한 사회학자가 없다"고 하는가?

우리는 오랜 기간 학문의 사대성과 종속성을 한탄해 왔다. 그럴 만도 했던 것이 사실이다. 그렇지만 이제는 더 이상 우리의 등잔 밑이 어둡다고 불평만 해서는 안 된다. 그간 우리의 선학들이 쌓아 놓은 당당한 우리의 전통을 언제까지 과소평가만 할 것인가?

김경동 교수(이하 '김경동'으로 약칭)는 명실상부하게 한국을 대표하는 세계적인 사회학자이다. 사실 사회학이라는 단일분과 학문에 가두어놓기에는 그의 지적 세계나 학문적 관심이 광대무변(廣大無邊)하고 심오하기 때문에 한국을 대표하는 세계적인 사회과학자라고 명명하는 것이 더욱 타당할 것이다. 여기서 "한국을 대표한다"는 규정은 연구업적이 타의 추종을 불허할 만큼 양적으로나 질적으로 수월하다는 것이며,[1] "세계적이다"는 찬사는 국제학술지와 국제학술대회에

---

* 이 글은 2002년 선생님의 정년퇴임 기념논총『현대사회와 인간(1): 성찰의 사회학』에 "김경동의 사회학"으로 게재되었다. 그간 23년의 시간이 흘렀으나 논지나 내용에 하자가 없어 제목만 새롭게 했을 뿐 원문 그대로 싣는다. 구체적 사실에 기반한 글이라 세월의 풍파에도 흔들림이 없다. 오탈자 수정의 최소한 보완을 하였다.

** 부산대학교 사회학과 명예교수, 중국 길림대 객좌교수(2020~2025), 허유 하기락 기념사업회 회장

1 "글 공장"이라는 별명이 있을 만큼 김경동은 엄청난 양의 "글쓰기"를 하였다. 참고로 그의 연구업적을 소개하면 다음과 같다. ① 단독 저서로는 국문 17권, 영문 2권, 국문 역서 2권, 영문 역서 1권, 공동 저서·편저가 국문 12권, 영문 3권(기타 시집 2권과 논설·수상집 6권), ② 1971년부터 해외 발표 논문은 영문 논문 35편, 일어 논문 4편, 불어 논문 1편, 서평 2편, ③ 1964년부터 국내 발표논문은 국문 논문 135편, 영문논문 40편, 서평 3편, ④ 연구보고서가 국문 29권, 영문 7권으로 총 302편이다. 그러나 그의 글쓰기 생산방식은 시대의 흐름과 요구에

가장 많은 논문을 게재 · 발표하였을 뿐 아니라, 연구내용이 '한국적 고유성과 세계적 보편성'을 융합하고 있다는 점에서 한국사회학의 토착화와 세계화를 동시에 달성하고 있기 때문에 부여된다. 요컨대 김경동은 한국사회학과 세계사회학을 아우르는 사회학적 전통에 있어서 위대한 사회학자의 한 사람으로 분명히 기록되어야 할 것이다.

그간 한국사회학은 훌륭한 선배 사회학자들을 적지 않게 배출하였다. 그렇지만 한국의 후배사회학자들은 대체로 이들, 즉 자신의 은사나 선배의 업적들을 평가함에 있어서 철저히 소홀하거나 아니면 매우 인색한 경향을 보이고 있다. 구미의 소위 세계적(?) 사회(과)학자들에 대해서는 사대주의적이라고 비난받아야 할 만큼 해바라기성 관심을 보이지만, 정작 자신들의 땅에서 함께 살며, 자신들의 말과 글로써 자신들의 사회를 연구한 학자에게는 푸대접에 가까운 냉랭한 시선만을 보낼 뿐이다. 이와 같은 상황에서 학문의 토착화 혹은 한국사회학의 한국화는 정말 어렵고 한국사회학의 세계화 또한 무망할 뿐이다.

김경동의 연구업적과 학문세계에 조금이라도 관심을 기울여 본 사회학자라면 그가 현대 한국사회학의 기틀을 잡고, 골격을 세웠다는 점을 인정하지 않을 수 없을 것이다. 연구저작은 물론이고, 사회학의 교육과 교재 개발(1997a, 1989, 1978b), 국내외의 주요 학술대회개최 및 한국사회학회의 활성화(한국사회학회 편, 1990; Kim, 1987), 각종 정책수립에 대한 지적 참여와 개입(2000a, 1998, 1996a, 1996b)을 통하여 바깥으로는 사회학의 위상을 제고하는 "한국사회학의 세계화"와 안으로는 사회학의 내실을 다지는 "한국사회학의 체계화"를 이룩하였다.

이상과 같은 김경동의 찬연한 연구성과에도 불구하고 아직까지 그에 관한 체계적인 평가나 정리 혹은 비판 작업이 전무하다는 사실은 후학으로서 참으로 한심스럽고 부끄러운 일이라 자책하지 않을 수 없다.[2] 이에 본 연구는 우선 지극

민감하게 대처하면서도 상품의 브랜드, "김경동의 사회학"을 끝까지 고수하는 유연 전문화(flexible specialization)의 다품종대량생산이다.

2 이와 관련하여 강신표(1984: 9-23)에 의한 도전적 문제 제기가 있었으나 아쉽게도 생산적인 논의로 지속 · 고양되지 못하고 에피소드만 남겼다. 1980년대 초의 격정적인 시대적 분위기를 반영하는 강신표의 고강도 비판에 대하여 김경동은 "학자는 이론과 객관적 자료를 가지고 비판해야 한다"며 자신의 지금까지 학문 세계에 대한 떳떳한 신념을 감추고자 하지 않았다. 보수와 진보의 편 가르기가 영원한 것인지, 민주화 투쟁과 권력 추구는 어떻게 다른지 탈근대를 살고 있는 우리 후학들로서는 한번 깊이 생각해 볼 문제다.

히 예비적 수준의 시론적인 형태이기는 하지만 김경동 사회학의 특성을 구명하면서 하나의 체계화를 시도해보고자 한다. 그러나 김경동이라는 연구대상은 그 범위가 너무나 넓고도 깊을 뿐 아니라, 설상가상으로 연구 시간의 제약과 연구자의 능력 부족으로 본 연구는 오직 김경동 사회학의 몇 가지 편린을 주마간산으로 개관할 수밖에 없었음을 솔직히 시인한다. 다만, 연구자는 본 연구가 지니는 지식사회학적 환경을 감안하여 비판적 시각을 성급하게 앞세우기보다는 우선 긍정적 관점에서 그의 사회학적 연구에 담겨 있는 독창적이고 선지자적인 측면들을 부각시켜 보고자 하였다.[3] 그리고 가능한 김경동 자신의 말과 글로써 연구자의 주장이나 혹은 그의 입장을 대변하게 하였다.

연구에 사용된 주된 자료는 지금까지 그의 전체 연구업적이지만, 분석의 깊이와 틀을 유지하기 위해서 시도된 인터뷰자료를 적극적으로 활용할 것이다.[4] 인터뷰는 사전에 연구자의 집필계획과 의도를 미리 전달한 다음 그 구도에 맞추어 진행하였다. 인터뷰의 결과가 연구자의 원래 분석구상에서 크게 벗어나지 않았다는 점에서 성공적이었다고 자평하고 싶다. 본 연구에 활용된 자료에는 순수 학술연구물만이 아니라 그의 사회활동 및 학술적 활동, 시집과 대중용 칼럼집 등도 포함된다.[5]

Ⅱ. 김경동 사회학의 특성

1. 독창성 : 김경동식 개념과 이론의 형성

어떤 연구업적이나 연구물에 대한 최고의 찬사는 독창성이라고 생각한다. 번역이 아무리 제2의 창작이라고 해도 역시 번역은 남의 창작에 대한 번역일 뿐이고 그 위대성은 원저로 돌아간다. 한국과 같이 외국 이론의 모방과 비판적 수용으로 사회

3 물론 필자의 사회학적 가치관이나 지향성이 그와 동일한 것은 아니다.

4 인터뷰는 2001년 12월 1일 오전 10시부터 오후 2시까지 서울대학교 호암교수회관에서 진행되었고, 녹음 및 기초자료 정리는 서울대학교 사회학과 대학원생 최선영이 담당하였다.

5 인터뷰자료의 인용 경우에는 단지 따옴표(“ ”)만을 사용할 것이고, 김경동으로부터 자료를 인용할 때는 저자명 없이 연도와 페이지만을 기록할 것이다. 영문자료의 경우에만 Kim으로 표기한다. 그리고 인용과 관련된 연구 실적은 매우 많으므로 2-3개 이내로 줄일 것이다.

과학의 학문적 토대가 구축되기 시작한 곳에서는 특히 학문의 독창성이 절실하게 요구된다.

김경동은 외국 이론의 수입상으로 만족하는 대신 처음부터 한국 특유의 사회적 사실들을 한국의 전통적·문화적 맥락에서 개념화하고자 하였을 뿐 아니라, 서구 이론 자체도 당대의 주류적 유행을 넘어 미래지향적 관점에서 새로운 돌파구를 열어 보고자 하였다. 그 결과 주역에 입각한 '음양변증법' 모델의 정립, '한'(恨)이나 '기'(氣)와 같은 한국적·동양적 개념의 활용, '유연성의 원리' 제시, '문화로 다듬은 발전'에 의하여 선진문화사회를 이룩해야 한다는 신문명론의 수립과 같은 학문적 성과를 거두었다.

> "처음 유교 공부를 시작할 때는 학문을 토착화하겠다는 그런 의식은 없었어요. 그저 우리 사회를 알려면 우리 사회의 무엇이 중요한가에 대한 공부를 한다는 거였지요. 그 생각의 핵심은 우리 사회는 우리 식으로 연구해야 한다는 것이죠. 우리 식이 뭐냐? 그걸 조금 더 의식적으로 느낀 것은 외국에서 살면서였어요. 외국 친구들이 유교·도교·불교에 관하여 묻는데 내가 모르는 거예요. 그래서 조금씩 보기 시작했죠. 이런 방식으로 세계를 볼 수 있는데, 왜 우리가 이런 것을 잊고 있는가 하는 생각이 들었죠. 이걸 깨달은 게 1970년대 미국에 있으면서였어요."

2. 선구자성 : 한국사회학의 토착화와 세계화 추구

선구자의 길은 비록 후세에는 갈채를 받을지 모르나, 당대의 당사자에게는 때로 외롭고, 때로 고난의 길을 요구한다. 김경동의 선구자적 족적은 그가 힘들여 개척한 분야(예컨대 산업사회학, 직업사회학, 발전사회학, 교육사회학, 미래학, 노인·복지사회학 등)에서 나타나는데, 이는 오늘날 사회학의 핵심적 분과로 성장하는 원동력이었다. 예컨대 유교적 가치에 대한 그의 관심은 최근 유교와 동아시아근대화와의 관련성에 대한 선구자적 업적이다.

시대가 영웅을 만들었듯이 해방 후 격동과 격변의 시대는 그로 하여금 한국사회학의 새로운 학문적 연구 지평을 발견하고 확장하는 일에 매진하도록 만들었다. 그는 교재개발에도 주력하여 그의 사회학개론, 방법론과 이론은 장기간 사회학도들에게 필독서가 되었다. 특히 그의 왕성한 국제적 연구활동은 한국사회학의 위상을 제고하여 세계화시켰을 뿐 아니라, 이와 동시에 한국사회학의 토착화를 선도하는 이중적 효과를 달성한다.

한국의 사회학자들 가운데서 김경동만큼 국제적으로 한국적 사회학을 널리 소개한 사람도 드물 것이다. 한국사람들끼리만 통하는 사회학의 토착화란 큰 의미가 없다. 어쩌면 한국의 사회학을 세계에 알리는 것 자체가 사회학의 한국화를 위한 첩경일지도 모른다.

> "정다산(茶山)이라는 대학자를 당대에 누구도 관심을 갖지 않았다는 것을 지적하고 싶어요. 현재라도 정다산을 제대로 공부해서 계승하고, 수정해서 세계에 세계의 언어로 알려야지 하는 생각이 들었어요. 한문 하는 사람이 영어로 발표하지 않는 것도 문제예요. 서양의 이론만을 보편적인 것으로 받아들이는 오리엔탈리즘에 문제를 제기해야 돼요. 우리는 우리의 지적 전통과 문화를 가지고 우리를 설명하겠으니 봐라, 너희들이 보기에 맞는지 안 맞는지 봐라는 식의 대화가 있어야지요. 우리 것을 공부해서 세계가 알아들을 수 있는 언어와 표현으로 설득시킬 수 있는 노력이 필요하지요."

3. 일관성 : 근대화론-발전론 - 산업 · 정보사회학과 신문명론의 자기 확대적 연결성 유지

많은 연구자들은 일생을 통하여 적지 않은 변화나 전환기를 맞이한다. 그리하여 코페르니쿠스적 전환이나 쿤(Thomas S. Kuhn)의 패러다임적 변전을 이룩하기도 한다. 그러나 일생을 통하여 일관된 가치 · 이념이나 세계 · 사회관을 유지하면서 학문적 성숙을 쌓아 가기란 참으로 어렵다. 1980년대를 맞이하여 많은 연구자들이 시류를 따라 좌회전하였으나, 1990년대와 함께 다시 우회전하고, 21세기에는 어디로 갈지 좌충우돌하는 일이 적지 않다.

> "나는 너무 시류와 관계없이 일관적으로 연구를 해서 오히려 손해를 봤다고 생각해요. 학문의 시류란 이념 · 상업 · 정치와 관련된 것인데, 나는 그런 시류를 탄 적이 없어요."

김경동은 자유주의자로서, 인간주의자 및 문화중심주의자로서, 그리고 미래 지향적 낙관주의자로서 초지일관 자신의 학문세계를 구축하고 있다. 부정의 변증법에 기초한 비판사회학의 급진주의가 한국사회학을 휩쓸 때도 그는 의연히 자신의 성에서 이와 같은 물결들에 대응하였다. 사회참여의 파도가 많은 사회학자들을 거리로, 감옥으로 혹은 정치로 유혹했을 때도 그는 다행인지 불행인지 아카데미즘을 지킨 드문 파수꾼이었다.

그는 근대화 연구자였지만, 1985년에는 종속이론에 관한 국제대회를 개최하여 그것을 비판적으로 수용하였다. 한국사회학회 회장이었던 1989년에는 사회학계가 진보 대 보수 혹은 평등주의자 대 자유주의자로 양분되어 갈등하는 것을 대화로써 소통시키고자 후기 사회학대회에서 “1980년대 한국사회와 비판적 인식의 전개”라는 대주제를 설정하여 서로 견해가 다른 회원들 사이에 참으로 진지하고 열띤 논쟁을 펼칠 자리를 마련하였다. 그 결과 모처럼 사회학계가 학문적·인간적 성숙을 맛볼 수 있는 뜻 깊은 기회를 제공하였다. 많은 사람들이 근대화의 문제를 죽은 토픽이라고 조소했을 때도 그는 그것에 매달렸다. 지금도 그는 미완의 과제인 한국근대화 아니 전세계의 근대화를 서구적 논리로써가 아니라 새로운 문명논리 혹은 그의 신동양주의적 음양변증법으로 설명해 보고자 한다.

> “지금도 나는 근대화(modernization) 얘기를 하고 있어요. 나는 근대화는 아직도 죽은 말(dead horse)이 아니라고 생각해요. 지금도 살아 있어요. 그리고 근대화는 문화적 대응(cultural response)이죠. 내가 영어책을 하나 준비하고 있는데, 부제를 ‘다른 편에서의 조망’(a view from the other side)이라고 할 예정이에요. 너희들(서구식)의 근대화가 아니라, 우리들의 근대화는 아직도 끝이 아니다. 그것은 문화적 현상으로 보아야 한다. 난 일관되게 근대화를 주장하고, 발전론도 이런 측면에서 접근하고 있어요.”

김경동의 호가 바로 여산(如山), 즉 계절 따라 산을 덮은 나무와 풀의 색깔은 변해도 산은 변함없이 그 자리에 있다는 일관성을 표상하는 것이 아닌가.

Ⅲ. 사회학적 성숙의 과정

1. 문학소년의 꿈을 접고 사회학도가 되다

고등학교시절 이미 필명을 날려 상도 탈 만큼 문재(文才)가 뛰어났던 문학소년이었지만, 김경동은 대학에서 사회학을 택하게 된다. 아마도 친구 김용직(2000: 13-14)의 지적처럼 "오랫동안 봉건유학을 생활의 표준으로 삼은 가정"에서 자랐으며, "일상생활에서 말이 지나치게 다듬어지는 일, 예각적으로 쓰이는 일"을 경계하도록 요구한 안동의 문화가 그로 하여금 사회과학 쪽으로 선회하게 만들었는지 모른다.[6]

그러나 매우 놀랍게도 그는 당시 유행하던 구조기능주의나 실증적 경험주의에 결코 매료되지 않았다. 차라리 실망했다고 표현하는 것이 더 정확하겠다. 아직도 김경동을 미국식 방법론과 이론의 예찬론자로서 그것을 한국에 전파한 전도사쯤으로만 알고 있다면, 이 기회에 시각 교정을 해야 할 것이다.

> "그때는 1950년대로서 경험적 연구와 구조기능주의가 한창 기승을 부릴 때였죠. 그런 걸 학교 와서 깨달았죠. 잠시 고민했는데, 그냥 공부해 보겠다고 생각했어요. 그러다가 이왕 공부할 바에는 본 고장인 미국에 가야겠다고 마음먹고 미시간대학에 갔어요. 역시 통계학 중심의 경험적·실증적 사회학이 주류이었지요. 좀 해보니까 별로 재미가 없었어요. 그 사람들이 하는 게 너무 전문화되어 있고, 기술적이고 그랬어요. 그때 미국 인구협회에서 장학금을 줄 테니까 계속 박사학위까지 하라는 제의가 있었지요. 그때 인구 연구가 상당히 활발했어요. 그런데 나는 아무래도 젊을 때니까 기술적인 것보다는 철학적인 것을 하고 싶었지요. 그래서 거기서 석사 1년에 끝내 버리고, 사실은 연극 공부를 할까, 신학 공부를 할까 고민했어요. 드라마 스쿨에도 기웃거리고, 썩

6 그러나 고향의 추억은 항시 시간과 함께 인간의 발걸음을 되돌려 놓듯이 김경동도 후일 시인으로 등단하면서 청년기의 예각적 감수성을 새롭게 부활시켜 보고 싶은 것 같다. 여기서 안동이라는 그의 지성사적 뿌리는 오늘의 김경동을 길러내는 매우 중요한 터전이 된다. "안동은 어머니다"라는 시의 일부를 인용해 보자(2000: 65-66). "유년의 신라 고려 불교 꽃 피우고/장년의 조선조 추로지향(鄒魯之鄕: 유교문화의 본산) 우뚝 서고/노쇠한 망국시절 의병이며 독립운동 앞장서 일으키고/동방예의지국 꿋꿋한 선비 기풍/풍부한 문화유산 가득히 간직한 땅/ 안동은 우리 문화의 어머니다."

어 빠진 한국교회를 혁신하겠다는 생각에서 신학을 해 볼까 하는 생각도 해보고.[7] 그러다 다 집어치우고 돌아왔어요. 그게 첫 번째 방황이지요."

한 사람의 유능한 인구학자나 신학자 혹은 드라마전문가는 애석히도 탄생하지 못했지만, 한국사회학계로서는 매우 다행스럽게도 김경동을 사회학의 울타리 안으로 끌어들이게 된다. 여기서 이상백 선생과의 만남은 그로 하여금 일평생 "한국적인(혹은 동양적인) 것"을 탐구하도록 만드는 계기가 된다. 한국 사람들의 유교적 가치관에 대한 연구인 "태도척도에 의한 유교 가치관의 측정"(1964a)이 그 첫 결실이다. 이후 그는 이상백 선생의 주선으로 몇 차례 가치관연구(1966a, 1964b)를 수행하였고, 유교를 중심으로 동양사상과 동양문화에 더욱 깊은 관심(Kim, 1996, 1994, 1981)을 가지게 된다.

여기서 한 가지 주목할 사실은 김경동은 당시로서는 드물게 정교한 계량적 분석을 시도하였지만, 그 기초 작업으로서 철저한 역사적 고찰 혹은 사회사적 분석을 이미 실시하였다는 점이다. 즉 "먼저 유교의 인간관계 규범에 대한 개념도식을 구하기 위하여 주요 경전을 바탕으로 꾸며진 소학(小學)의 내용분석"을 하였고, 나아가 이를 "일제 시 보통학교 수신서와 오늘날의 도덕 교과서를 분석비교" 하였으며,[8] 다음에는 "이조실록의 풍속 관계 자료나 법전에 나타난 사회적 제재의 한 형태로서의 유교적 규범"을 검토하였다(1964a: 3). 이와 같은 자료수집과 분석의 과정을 거치면서 그는 유명한 7가지 가치지향 차원인 권위주의(authoritarianism), 예의지상주의 · 의례주의(ceremonialism), 물질적 안일의 경시 · 비물질주의(disregard for material comfort), 수양된 인격(disciplined personality), 교학주의(educationism), 인도주의(humanitarianism), 도덕주의(moral orientation)를 도출한다.

2. "김경동 한국사회발전론" 정립

그 자신이 회상하듯 이때 유교를 계속 캐고 들어갔으면 좋은 성과가 분명히

7 김경동의 교회 비판 배경에는 그의 신앙생활이 있다. "내가 기독교 가정에서 태어났고, 고등학교도 기독교 계통에서 나왔고, 어렸을 때는 굉장히 열심히 신앙생활을 했지요. 그 뒤로는 교회 자체의 세속화나 부패에 대해 염증을 느꼈지요."

8 교과서 분석의 경험은 후일 교육문제에 관한 다양한 연구로 확장된다.

있었을 것이다. 그렇지만 시대가 그를 요구했는지 모르나, 그는 1960년대 후반 코넬대학에서 박사학위 공부를 하면서부터 지금까지 줄곧 근대화의 문제를 산업사회학과 발전사회학의 관점에서 본격적으로 탐구하기 시작한다.[9]

> "하와이대학에 갈 기회가 생겼는데, 그때 주제가 공업화(산업화)과정에 대한 한·미·일 비교연구였지요. 거기에 참여하면서부터 다른 걸 할 기회 없이 계속 산업사회학을 하였지요. 코넬대학에서도 산업사회학 쪽으로 했죠. 처음부터 했어요. 가치관·태도·발전 등은 처음부터 끝까지, 지금까지 한 거지요. 그리고 그 때 근대화가 한창 쟁점이었는데 발전과 근대화는 산업화와 직결된 것이지요. 그래서 산업·직업사회학, 노사관계사회학, 발전사회학 등을 연구하였는데, 이것이 나의 한국사회발전론으로 집약되는 것이지요."

그의 한국사회발전론(2002, 2000a, 1997, 1996c, 1993, 1979, 1966b; Kim, 1973)에는 몇 가지 매우 독창적인 혹은 흥미로운 관점이 존재한다.

첫째는 자발적 행위(voluntary action)와 자발적 복지사회(voluntary welfare society)에 대한 강조이다. 흔히들 김경동의 자원론을 파슨즈(Talcott Parsons)의 아류 정도로 치부하는 경향이 있으나, 김경동은 1970년대 초 한국사회의 경직된 개발독재체제가 갖는 구조적 한계를 인식하고 개별 인간의 자발적 행위가 확대될 수 있는 유연한 구조(flexible structure)와 사회발전의 과정에 필수적으로 수반하는 저발전을 최소화하고 보완하는 복지사회가 조화롭게 공존하는 민주주의적 발전모델을 지향하고 있었던 것이다. 자유주의적 이념의 토대 위에서 평등의 확산을 구상하였던 것이 아닐까?[10]

이론적으로 김경동의 자원주의(自願主義)는 그의 발전사회학과 함께 더욱 체계화된다. 즉 발전의 가치를 실현하는 데 기여하면서도 도덕적으로도 합당한 발전의 방법과 수단을 제공할 수 있는 사회의 조직원리와 구조적 유형을 모색하는 과정에서 그는 '유연성의 원리'를 제시하게 된다. 그리고 이 원리의 확산이 바로 '문화로 다듬은 발전의 과정'이기도 하다(김경동, 2000a: 434-435).

9 코넬대학에서의 부전공은 노사관계학이었다.

10 사실 그는 사상적으로 자신이 인정하듯 자유주의자이다. 이와 관련된 구체적인 논의는 제3절에서 한다.

둘째는 인간주의적 접근이다(2000c, 1996d, 1978a, 1977a, 1977b). 김경동은 일찍이 당대의 미국식 실증주의에 대한 거부감과 동시에 밀즈(C. Wright Mills)의 『사회학적 상상력』에 내장된 인간주의적 지향성에 깊이 감동받는다. 1970년대 초부터 미국 사회학계에서 활발하게 거론된 인간주의사회학의 영향을 한편으로 수용하면서, 다른 한편으로는 그 당시 한국사회의 군화에 짓밟히는 그야말로 비인간적인 사회현실을 목도하면서 김경동은 '인간'이라는 다소 추상적이고 애매하기는 하지만, 어떤 강력한 상징적 메시지를 함유하는 개념을 통하여 이론과 현실의 간격을 좁히려고 했던 것이 아닌가 싶다. 미국에서의 수업시간에 그가 느꼈던 좌절과 새로운 출구를 향한 그의 모색을 통하여 이 점을 확인해 보자.

> "처음부터 요인분석·분산분석 등 이런 것들만 하더군요. 그만둘까 하다가 끝까지 앉아 있었지만 중간에 이런 발언을 하였죠. 가만히 보니까 당신들 하는 것이 내가 하고자 하는 것과 거리가 너무 크다. 나는 문제의식을 가지고 우리 사회를 바꿔 보려고 하는 건데. 그러나 아주 아이러니컬하게도 골수 실증주의 선생의 독서목록(reading list)에서 『사회학적 상상력』이라는 책을 발견하고 나는 그것을 읽고 인간주의 사회학(humanistic sociology)에 대한 생각을 키워 간 거죠. 그때부터 이런 실증주의와 경험주의 방식으로 가서는 안 되겠다고 생각한 것이에요. 인간주의사회학을 한 것은 이런 억압되고 경직된 사회를 바꾸어나가야 한다는 취지에서 나온 것이에요."

그렇지만 그의 인간주의사회학은 노재봉 교수로부터는 "현실과 동떨어진 공상적 이야기"라는 비판을 받았고, 당시 사회학과 조교였던 송호근도 "선생님의 사회학은 깃발 없는 기수입니다"라는 묘한 뉘앙스가 담긴 평가를 내렸다. 일찍부터 맑시즘에 대해서는 별다른 매력을 발견하지 못한 김경동은 성격적으로도 "갈등하는 것, 경쟁하는 것, 극단적인 것을 별로 좋아하지 않고, 필요하면 언제든지 양보하려 했고, 온건한 것을 좋아하였기 때문에 그가 상정한 '인간'은 투쟁적·참여적 전사(戰士)가 아니라 중용적·성찰적 군자(君子)에 더 가까웠던 것 같다.

1970년대 유신체제라는 끔찍한 질곡을 겪은 이후 한국의 사회과학은 '민중'을 동원하여 무너뜨렸지만, 우리는 이 급진적 투쟁적 군상들의 뒤에서, 곁에서 혹은 그 속에서 "생각은 과감하되 행동은 신중하게"(Think radically, but act cautiously)라는 버거(Peter Berger)의 조언을 명심하고 있던 또 다른 한국인들의 모습을 잊지 말아야 할 것이다. 그들이 바로 1990년대가 되면 민중적 정체성 대신에 시민이라는 새로운 시대의 주역으로 등장한다. 최근 김경동이 시민사회포럼을 주도하고, 은퇴 후의 주요 활동으로 시민문화운동을 구상하고 있는 것이 결코 시류에 편승하는 우연이 아님을 이제야 알 것 같다.

셋째, 근대화론의 정도를 고수하려는 학자로서 김경동(2002, 2000, 1996, 1995, 1994; Kim, 2001)은 사회발전에 있어서 '문화'의 핵심적 역할과 위상을 어느 누구보다도 줄기차게 강조해 왔다. 마르크스주의적 저발전론의 근간을 이루는 정치경제학적 구조결정론 대신에 그는 교육·가치·의식·전통 등 문화주의적 재구성 내지 재형성(reconstruction)에 주목한다. 한국사회의 발전에 있어서 정치적 선택성(political selectivity)의 원리가 행사하는 압도적 메커니즘에도 불구하고 그것이 문화적 선택성의 원리에 의해 구조적으로 제약·수정·보완된다는 점을 항상 일깨우고자 하였다. 문화로 다듬은 발전(cultured development), 발전의 문화(culture of development), 문화적으로 독립적인 사회과학(culturally independent social science)과 같은 독창적 개념들은 국내에서보다는 오히려 국제적으로 널리 인정받고 있다.

물론 문화에 대한 김경동의 거의 집착에 가까운 애정은 '한국적인' 혹은 '동양적인' 사회발전의 모델을 구축해 보고자 하는 그의 청년기적 야심과 함께 시작된 것이나, 이제 그는 문화의 중요성을 세계사적 차원에서, 그리고 시대사적 맥락에서 '문명'의 문제로 확대하여 논구하고자 한다. 최근 그(2002, 2000a)는 "선진문화사회를 향한 문화로 다듬은 발전의 이론을 제시함으로써 새로운 천년 대의 신문명을 탐색하는 길을 열어 보이고자" 문명론적 성찰에 몰두하고 있다.

3. 이념적 지향성과 사회학적 관여(sociological engagement)

1) 인간의 얼굴을 가진 자유주의

이미 언급하였듯이 김경동은 맑시즘에 대하여 일정한 거리를 두어 왔다. "나는 초기부터 맑시즘에는 관심이 없었으니까요. 왜 그런지 몰라도 나는 맑시즘이 공부할 필요는 있을지 몰라도 이쪽으로 가서는 별 도움이 안 되겠다고 생각했어요." 그러나 그가 맑시즘을 일방적으로 배척하거나 혐오한 것은 결코 아니다. 그는 인간주의 사회학과 관련하여 프롬(Erich Fromm)의 입장을 원용하면서 맑시즘을 아래와 같이 평가한다(1977a: 34-35).

> "마르크스의 인간주의는 사회정치적 실천을 강조하는 면과 사회경제적 제도의 인간 규제력 등에 대한 비판의 면에서 인간주의사회학의 이론적·이념적 지향에 크게 영향을 미치고 있다. 맑스의 초기 저작에서는 인간중심적 사상이 짙게 깔려있기 때문이다. 마르크스의 주된 목표는 인간잠재력의 완성에 있었다. 그는 인간이 물질적인 이해관심으로부터 나아가서 인간 스스로가 이룩한 제도적 배치와 행위 자체로부터 해방되는 것을 추구하였다. 인간이 물질적인 욕심에서 해방됨으로써 보다 완벽하게 각성하고, 생동하고, 민감한 존재가 되기를 원했다. 그는 가난이 인간의 자기 완성을 저해하기 때문에 극단적인 빈곤을 제거하고자 하였으며, 부가 인간을 자신의 물욕의 죄인으로 만들기 때문에 극단적인 부도 없애려고 했다. 그러나 이와 같은 이상적인 인간주의적 경향도 마르크스가 사회변동 내지 역사이론을 정립시키는 과정에서 자연중심적 유물론·자연결정론적 사회관을 채택함으로써 인간의 역사적 주체성을 사실상 짓밟는 실수를 저지르는 결과를 가져오게 되면서 그 빛을 잃고 말았다. 더군다나 이러한 사회주의적 인간주의가 실제로 역사상 인간사회에 적용되어 하나의 실천적 정치이념으로 변모하면서 인간주의적 진수를 잊어버리게 되었다."

사실 김경동 사회학의 형성에 상당한 역할을 한 사회학자인 버거(Peter Berger)와 벨(Daniel Bell) 모두 한때는 사회주의적 지향성을 가졌다. 어쩌면 이들과의 대화를 통해 그는 맑시즘에 대한 미련을 일찌감치 깨끗이 정리할 수 있었는지 모른다.

> "(맑시즘에 대해서는) 두 가지 지점이 있는데, 그 하나는 벨과의 대화 과정에서 맑시즘의 계급 개념은 19세기 개념이라는 결론을 내렸어요. 21세기에 그것이 사회학적 개념으로서 얼마나 핵심적인 가치를 지니는지 질문을 던지고 싶어요. 다원사회·자발적 사회를 얘기하고, 복지사회를 거론하고 있는데 계급사회라는 개념으로는 설명력이 부족하다 이거죠. 다음으로는 맑시즘에 대한 사람들의 신봉인데, 네오 맑시스트인 월러스틴(Immanuel Wallerstein)도 '천 개의 얼굴을 가진 맑시즘'(Thousand Faces of Marxism)을 얘기했어요. 그러면서 맑시즘의 여러 가지 문제에 대해 비판적 코멘트를 했어요. 그 이후 사회과학의 개방과 관련된 저술을 하는데, 이것은 맑시즘에 의존하는 것이 아니

라 대안적 담론을 찾는 노력이라고 볼 수 있지 않을까요? 버거도 한국에 와서 자기도 사회주의자로서 학생운동을 열심히 옹호하던 시절이 있었으나, 학생운동의 시대가 가고 새로운 시대가 도래하였을 때 자기는 휴머니즘으로 돌아왔다고 얘기했어요. 그러니까 맑시즘의 이론적 장점은 충분히 인식해야 하지만, 이념적인 것은 이미 실패했음을 알고 있는 것이죠. 우리가 맑시즘을 하나의 고전이론으로 공부하는 것은 필요하지만, 바이블로 취급하는 것은 위험성이 있다고 생각해요. 내가 왜 이 얘기를 하느냐 하면, 1989년에 베를린장벽이 무너졌고, 지금 중국이 급격하게 자본주의화하고 있는 데도 불구하고 우리 학생들은 아직도 현실감각이 너무 없잖아요. 그래서 나는 학계에 있는 사람들부터 맑시즘을 학문 대상으로 보는 데 그쳐야 한다고 생각해요."

그렇다면 그의 사상적 좌표는? 김경동은 자신을 이념적으로 '자유주의자'라고 규정한다.

"나는 스스로를 일관된 자유주의자(liberalist)라고 생각해요. 기본적으로는 시장경제를 지지하지만, 다만 경쟁의 결과에 대한 사회적 무관심을 보완해야 한다고 생각하지요. 그렇지만 시장경제를 대체할 것은 없다고 생각해요. 정치적으로는 자유민주주의자인데, 나는 사회민주주의는 아니라고 봅니다. 그것이 제기된 모티브에 대해서는 귀를 기울일 필요가 있고, 그런 면에서 시장경제의 보완에 동의하는 겁니다. 정치에서 자유민주주의는 버릴 수 없다고 생각해요."

우리는 김경동의 자유주의를 손쉽게 '보수'라는 진영으로 편가름해서는 안 된다. 고전적 자유주의에 내장된 급진적 비판의식을 그는 충분히 인지할 뿐 아니라, 구체적인 실천방안까지 모색하고 있다.

"우리 정치에서 두 가지를 지적하고 싶은데, 하나는 선거만능주의로 불행히도 우리는 선거를 제대로 할 수 있는 정치문화가 부재하죠. 민주주의를 왜곡하는 또 다른 요인은 대통령제가 우리 사회에 맞지 않다는 거예요. 이대로 가면 과거의 가산제적 정치문화를 계속하여 온존시킬 수밖에 없다고 믿어요. 우리 사회는 대통령이 되면 언제라도 독재로 연결될 수밖에 없는 상황이지요. 시민사회에 뿌리를 내린 정당정치가 없지 않아요. 권력을 분산시켜야 해요. 이것이 유연한 사회이고, 시민사회의 참여를 유도할 수 있을 거라 생각해요. 대의제만 해도 우리가 선거를 잘못해서 그렇지 대의제 자체는 나

뿐 게 아니에요. 대통령제도 대의제를 왜곡해서 문제인 거죠."

정치적 비판이 가열화되는 바로 이 지점에서 혹시나 그가 급진적 민주주의자의 모습을 보이지나 않을까 솔깃하였지만, 역시 김경동은 자유주의의 정통노선으로 회귀한다.

"나는 엘리트가 사회를 운영하는 체제가 건전하다고 보아요. 포퓰리즘(populism)은 안 됩니다. 공개적으로는 이런 말 안 하려고 했는데, 어느 순간에 가서는 말해야죠. 우리나라는 엘리트들이 지배하는 사회적 전통을 가지고 있어요. 사회에는 건전한 엘리트와 유해한 엘리트가 있는데, 주자학의 이념에 의하면 건전한 엘리트가 사회를 인도하는 것이 좋지요. 그런데 실제로는 권력을 탐하는 유해한 엘리트들이 파벌화하여 특권적 지배체제를 형성한 것이 문제지요. 그리고 엘리트, 특히 대학교수들의 정치 및 사회참여에 따른 각종 오류들 때문에 일반 사람들이 엘리트주의에 대해 반대하자, 포퓰리즘을 주장하는 사람들이 많이 생겨났지요. 유해한 엘리트에 대해 신물이 난 우리나라 사람들의 정서에 맞았어요. 그러나 나는 이런 평준화가 우리 사회를 망칠 위험이 있다고 생각해요. 공정한 사회는 좋지만, 평등사회는 불가능하지 않을까요? 건전한 엘리트가 이끄는 공정한 사회가 우리의 목표가 되기를 바랍니다."

현대 시민사회론의 개척자라 할 수 있는 코헨과 아라토(Cohen and Arato, 1992: 18)도 하버마스의 3분모델(국가-시민사회-경제)을 수용하면서 "엘리트주도의 다원적 민주주의"(the pluralist version of the elite democratic tradition of political theory)를 자신들의 이론적 입지로 설정하고 있다. 아직도 선진사회로 진입하지 못했을 뿐 아니라, 권위주의문화가 지배하는 우리나라에서 이와 같은 엘리트주의는 쉽사리 비민주적·독재적 정치체제의 온상이 될 수 있다. 김경동이 이 점을 모를 리 없다. 그러나 인간주의사회학의 정신을 여전히 간직하는 그로서는 제도적 장치(예컨대 법의 지배)에 못지않게 인간·사람·인물·리더십과 같은 요인이 사회변동에 핵심적인 역할을 수행한다는 믿음을 견지하고 싶을 것 같다.

2) 음양변증법이 깔린 신동양주의(new orientalism)[11]

조선 말 제국주의세력들의 침탈이 노골화될 무렵 중국과 마찬가지로 우리는 동도서기(東道西器)라는 문화적·사상적·정신적 자부심으로 대처하고자 하였다. 이에 관한 역사적 평가가 분분하지만, 현시점에서 되돌아볼 때 동양의 지혜를 전수받은 우리 선조들이 지녔던 그 대단한 자긍심과 자존심은 참으로 귀중한 것이다. 그로부터 서구문명의 퇴락(退落)이 점차 가시화되는 오늘날까지 우리는 우리들의 것을 얼마나 업신여기거나 거들떠보지도 않았는지? 이 사실을 고려할 때 김경동의 동양문화, 즉 우리의 문화적 전통에 대한 일관된 애정은 매우 높이 평가되어야 마땅하다. 이상백 선생으로부터 교육받으며, 그는 일찍부터 '우리 것'에 대한 남다른 애착을 보여 왔다.[12]

유교가치관의 측정으로부터 출발한 김경동의 동양주의적 관심은 주역과 도가사상을 거치면서 그의 독특한 문화주의와 신문명론으로 개화된다. 이미 김경동(1966b: 29)은 『발전사회학서설』에서 서구적 접근의 한계를 철저히 인식한다.

> "가치판단이나 이데올로기적 입장을 회피하려는 현대 미국사회학의 주류에 의문을 던지면서 발전이라고 하는 개념 자체 속에다 뚜렷이 가치판단이라는 요소를 개입시켜 보았다. 무엇이 발전적 가치인가에 대해서는 일단 서구적 가치기준에서 모형을 찾으려는 자민족중심주의(ethnocentrism)를 배격하고 다원론적 상대성 원칙을 택했다. 서구사회학이 범한 그들의 지적 전통의 특성인 정태적·시간소외적 사회인식의 입장을 지양하여 본질적으로 하나의 과정으로서의 사회라는 역동적 입장과 시간의식에 바탕을 둔 사회의 이미지와 변동의식을 발전의 핵심적 요소로 삼아 보았다. 그리고는 다시 서구적 사고유형이 고집하는 절대적 체계의 설정이라는 무리를 피하고, 가능하면 융통성 있는 소위 개별·특수적 관련성의 원리를 가지고 발전의 과정에서 파생되는 중요한 사회 제 측면의 상호작용을 주의 깊게 검토할 것을 시사해 보았다."

11 물론 여기서 사용되는 동양주의는 사이드(Edward Seid)가 비난한 것과는 정반대의 주체적이고도 자생적인 오리엔탈리즘을 의미한다.

12 한국 전통문화를 대표하는 지역의 하나인 안동에서 자랐다는 사실 또한 그의 성장기 사유에 큰 도움이 되었을 것이다.

그리하여 김경동(1981; Kim, 1991, 1981)은 마침내 역경(易經)을 통하여 한국사회의 특성을 규명할 수 있는 한국적·동양적 혹은 토착적 논리를 발견한다.[13] 그러나 그의 동양주의적 입장은 결코 자기 축소적 폐쇄성으로 흐르는 것이 아니라, 항상 세계적·보편적 시각과의 접합점을 공유하는 자기확대적 개방성을 갖는다는 점에서 최근의 저항적 동양주의나 반서구적 동양주의 혹은 동양중심적 동양주의와는 이념적·방법론적으로 궤를 달리한다.

> "사회조직의 원리라는 그물을 던져서 건져 내었다고 했을 때 잡히는 한국사회의 특성을 살펴보기 위해서 역경의 인식구조를 일차적으로 원용하면서 이로부터 도출해 낼 수 있는 몇 가지 파생적 특성도 아울러 언급하고자 한다. 전통적 요소라 해서 반드시 과거의 것에 그치거나 우리 고유의 것이라 할 수 없다. 문화의 형성이 다 그렇듯이 어느 공동체의 순수한 고유의 것을 가려내기란 그리 간단한 일이 아니다. 다른 문화와의 접촉에 의하여 변증법적으로 문화접변을 겪으면서 주체적인 적응과 창조의 과정을 밟게 되어 있다. … 여기서 우리가 문제를 파악하는 하나의 인식틀로서 바로 전통적인 요소라고 할 수 있는 음양적인 이분구조의 유용성에 관하여 생각하는 일부터 시작해 보기로 한다. 지금까지의 이분구조적 전통문화 인식이 그 나름의 장점을 지니고 있음에도 불구하고, 그 자체가 지니는 분석적인 힘을 충분히 활용해 오지 못한 것은 그것에 함축되어 있는 역동적인 원리를 사회변동의 역학에다 적용하는 작업을 아직 시도하지 않았기 때문인 것 같다. 대대적(對待的) 관계의 환류작용이 갖는 조정기능을 소로킨(Pitirim A. Sorokin)의 순환론적·변증법적 사회변동이론에서 제시하는 한계이론과 결부시킬 때 좀더 현실성 있는 설명을 가능케 한다. 그것은 바로 태극의 원리로 단순화될 수 있는 것이기도 하다"(1993: 136, 156-157).

나아가 김경동(1981: 101-116)은 역경의 원리를 노사관계의 대안적 모형을 탐색하기 위해서 사용한다. '음양상호작용의 변증법적 원리'로부터 시작하여 '한계와 조화의 원리'를 발견하고,[14] 소성괘(小成卦)를 파슨즈의 인공두뇌적 위계서열

13 음양사상을 활용하는 또 다른 선구적 연구는 강신표와 정창수에 의해 이루어졌다.

14 김경동(1981: 103)에 의하면 "태극관은 우주 및 사회에 대한 일종의 순환론적 세계관이다. 하지만 그것은 단순한 순환론이 아니고 조화의 중요성을 강조한다는 특징을 지닌다. 그런데 오늘날의 사회학이론 가운데서도 이와 비슷한 생각을 찾아볼 수 있다. 그 하나는 소로킨의 변증법적 순환론이요, 다른 하나는 파슨즈의 구조기능주의다." 마치 역경에서 우주와 사회가 끊임

의 도식(기능-행위체계-행위의 환경-인공두뇌적 관계)과 연관지으면서 소성괘의 3개 효(爻), 천지인(天地人)을 노사관계체계의 규범적·규제적 요소, 기술적·실무적 요소, 조직적·경영적 요소로 등치시킨다. 나아가 대성괘(大成卦)를 활용하여 노사관계의 보다 다양한 측면을 설명하고자 한다.

어쩌면 김경동의 이와 같은 시도는 그의 화려한 다재다능이 만들어낸 현학취미에 불과하다는 비난을 받을 수 있다. 특히 당대의 저임금, 장시간 노동, 열악한 노동환경이 빚어낸 노동자들의 노도 같은 분노를 감안할 때, 그야말로 한가로운 글짓기라는 단죄를 회피하기도 쉽지 않을 것이다. 그렇지만 그는 어디까지나 연구자로서, 학자로서, 아카데미션(academician)으로서 그것도 극단을 회피하고 중용을 희구하는 동양주의적 한국인으로서 오직 노사관계의 궁극적 원리와 조화를 모색하고자 했을 뿐이다. 더욱이 노동자 대투쟁이라는 폭풍이 휘몰아치고, 1997년 경제위기라는 돌풍이 할퀴고 지나간 오늘날 과연 한국의 노사관계가 어떤 방향으로 어떤 원칙 하에서 형성되어야 할 것인지를 다시 한번 진지하게 반문해 본다면 어느 누구도 김경동의 선견지명과 심사숙고에 감탄하지 않을 수 없고, 그의 반시류적 연구태도에 경외감을 가질 것이다. 그는 언제나 불균형과 과도함 혹은 과잉성을 경계하고 비판해 왔다.

김경동의 동양주의에 입각한 문명론적 성찰은 마침내 변증법적 신문명론(1995)으로 개화한다. 그(2000a: 20-24)가 제시하는 음양변증법적 접근의 요체는 상극과 상생을 통일적으로 인식하기 때문에 모순적 관계에 집착하는 피히테-헤겔-맑스로 이어지는 서양변증법의 한계를 보완할 수 있다. 서양의 변증법은 둘 사이의 관계가 언제나 모순인 데 반해, 동양의 이분법은 대대적(對待的) 논리다. 음양변증법은 양과 음의 관계를 서로 경쟁하면서도 서로를 살리고 발전시키는 요소로 파악한다. 음과 양은 둘이면서 하나요, 하나면서 둘이라 할 수 있는 것이다(二而一一而二).

필자는 김경동의 음양변증법과 신문명론이야말로 동양주의와 서구적 세계관

없는 내재적 변화를 하고 있다고 보는 것처럼 "소로킨도 문화체계는 시계태엽처럼 변하게끔 감겨 있으므로 변하지 않을 수 없다"고 파악한다. 그러나 이러한 무한한 변동은 한계의 원리(the principle of limit)에 의해서 보완된다. 후일 그(2000a: 22-23)는 유연성의 원리(the principle of flexibility)를 추가하여 한계와 반(反, return)의 원리, 그리고 균형과 중용(moderation)의 원리와 함께 변증법적 순환론을 음양 변증법의 4대 원리로 삼는다.

이 서로 융합할 수 있는 가능성을 선구자적으로 개척하고 있다는 점에서 신동양주의(新東洋主義)라고 명명하고 싶다.

3) 시니시즘적 성찰을 통한 낙관주의

주지하듯이 김경동은 사회학자로서는 한국의 미래학연구를 처음으로 주도하였다. 흥미롭게도 많은 서구 미래학자들은 낙관주의자이다. 인간의 이성 혹은 합리성을 신뢰하기 때문이든지, 아니면 신인동형동성설(神人同形同姓說)에 의거하여 신의 의지가 지상에 구현되리라고 믿기 때문이든지, 아니면 장미빛 미래를 통해 현실의 부조리와 비극을 잠시나마 잊게 하려는 의도 때문인지 몰라도 먼 미래는 비록 어느 곳에서도 존재하지 않으나 유토피아로서 남아 있다.

김경동도 낙관주의자이다. 그러나 그는 미래학(연구)자이기 때문에 낙관론자가 된 것 같지는 않다. 그리고 그가 상정하는 낙관적 세계관도 결코 화려하거나 달콤한 유토피아와는 거리가 멀다. 기껏해야 '문화로 다듬은 발전'을 이룩함으로써 '선진문화사회'를 실현하는 것이다. 우리에게 남북통일이 가져 줄 가장 큰 의미도 분단의 해소라는 정치적 · 민족적 과제의 완결에만 그치는 것이 아니라, 자본주의와 사회주의의 긍정적 · 상호보완적 결합, 개인주의와 집단주의의 조화, 물질주의와 규범주의의 균형, 문화적 순수성과 다양성의 공존 등과 같은 음양변증법적 재창조를 현실적으로 실험하고 성공시켜 나가는 데 있다(2000a: 414).

어쩌면 김경동의 낙관주의는 참으로 오랜 세월 동안 비관적 현실을 체험하는 동안 마침내 부정의 극단이 긍정의 극단으로 되돌아간다는 '한계와 회귀의 원리'를 깨달았기 때문에 가능한 것 같다. 그래서 그는 불치의 병을 앓고 있는 대한민국을 두고서도 여전히 "그래도 한국에는 비전이 있다"라고 외치면서, "기를 모아 다시 한번" 우리 사회를 되살리자고 역설한다. 그렇지만 우리는 그의 낙관주의가 자랄 수 있는 비옥한 토양인 그의 슬프도록 예리한 시니시즘(cynicism)을 잊어서는 안 된다. 그의 '역사읽기'를 읽으면 우리는 도도하게 흐르는 무심한 역사 속에서나마 한 조각 돛단배를 저어 가는 그의 꿋꿋한 모습을 떠올릴 수 있다.

> "옛 사람들 중에는/역사가 되돌아가야 세상이 바로 선다고 굳게 믿었던 사람도 있었다./옛 사람들 중에는/역사란 언제나 진보하고 발전한다고 굳게 믿었던 사람도 있었

다./역사는 역사대로 흘러만 갔다./회귀도 없이 진보도 없이/물흐르듯 흘러갔다./…/역사는 역사대로 지나만 갔다./…/사람은 오고/사람은 가고/역사는 역사대로/어디론가 진행한다/광활한 우주 속으로/천천히/빨리/빨려 들어간다"(2000b: 165-166).

필자는 시집의 제목(『시니시즘을 위하여』)만 보고, 그가 시니시즘을 옹호하는 줄 알았다. 그러나 그는 시니시즘을 싫어한다. 그러면 왜 시니시즘을 얘기하는가?

"지금 우리 사회는 아주 시니컬한 사회라는 거예요. 그러니까 이것을 제대로 파헤쳐 보자는 것이죠. 파헤쳐 보고 나면, 이래서는 안 되겠다는 생각을 하게 된다는 거지요. 그게 바로 시니시즘이에요. 제목 자체가 시니컬한 거죠. 이게 시적인 트위스트라고 할 수 있죠. 앞으로 잘해 보자는 생각이 늘 거기에 깔려있죠."

김경동은 소위 말하는 지식인의 현실참여에 대해 매우 신중한 입장을 취한다.[15] 그 결과가 매우 일그러지고 공허한 것임을 그는 잘 안다. 또 성격적으로도 그는 활동가나 투사형보다는 아카데미션이 되고자 하였다. 그는 퇴직교수들의 저항행렬에도 가담하지 않았고 12·12사태 직후에 신군부측에서 접근했을 때도 이를 거절함으로써 그는 독재정권에 대한 동참적 관여와 저항적 관여 모두를 거부했다. 초기의 신군부 반대 서명운동에 가담했으나 최종적으로는 물러났다.

"나는 이런 기회에 나라를 위해 희생하는 일을 좀 하려 했는데, 캠페인 자체는 실패했고, 정치라는 것이 너무 실망스럽더라고요. 시니시즘은 이렇게 해서 나왔지요. 우리 사회가 너무 엉망이다라고 생각했고, 이것을 빨리 탈피해야겠다는 생각이 표현할 방법이 없으니까 시니시즘으로 나왔지요. 시니시즘이 좋다는 것이 아니고, 이것을 극복해야겠다는 맥락에서 나온 거예요."

15 여기서 김경동식 현실 참여론의 관(觀)과 변(辯)을 소개할 필요가 있을 것 같다. "나는 학문세계를 벗어난 활동을 하려면, 학교를 떠나야 한다는 신념이 있어요. 예컨대 정부 부처에 들어가려고 한다면 학교를 떠나야죠. 다시 돌아오는 한이 있더라도 사표를 내는 거지요. 행동을 분명히 해야지요. 학교에 피해를 주면서 자기 출세를 하려는 것은 안 된다고 생각해요. 정치활동도 마찬가진데, 내가 정말 정치를 하려고 한다면 그건 학교를 떠나서 해야 한다고 생각해요. 1997년에 (내가) 그것을 한 것은 연구교수였을 때지요."

Ⅳ. 결어 : 진정한 스타를 기다리는 군상들을 위해

김경동은 시민운동에도 꿈을 가지고 있다. 최근 이론가와 활동가들의 의사소통 장인 "시민사회포럼"을 주도하면서 대표로 활동하고 있다. 이론적으로 그가 일생 동안 추구해 온 자원주의가 우리 사회의 경직된 구조를 조금이라도 더 유연하게 만드는 데 도움이 되었으면 싶다. 언젠가는 그도 아카데미션의 틀에서 벗어나 활동가로 변신할까?

> "시민사회포럼이라고 하는 것도 시민운동 자체는 아니거든요. 이것도 지적인 관여(engagement)이거든요. 이게 왜 필요하냐, 시민운동이 철학이나 이론 없이 제멋대로 가고 있거든요. 시민운동을 하려면 사상이나 이론적 뒷받침이 필요하지. 우리가 서양의 역사를 볼 때 배울 점이 많아요. 자기들이 무언가 새로운 사회를 구축해 나가려고 할 때는 반드시 사상이 먼저 나와요 벨(Daniel Bell) 얘기는 기술적 혁신(innovation)이나 발명(invention)이 있을 때 반드시 그 밑에는 이론적 지식이 있다. 이게 계속 개발이 되니까 기술적 발전이 있는 거지, 이론이 정지해버리면 기술혁신도 없다는 거예요. 나는 사회도 똑같다고 생각해요. 사회변혁이 있으려면 이론이 있어야 한다고. 토론과 논쟁이 있고, 거기서 무언가 합의가 있어야지요. 그런 면에서 우리에게는 좋은 전통이 있어요. 성리학이라는 것이 그런 것이었다고 생각해요. 그게 나중에 잘못 갔기 때문에 오류도 있었지만, 우리 조상들은 사상을 가지고 사회를 만들려고 했단 말이에요. 우리는 지금 뭐냐, 그런 게 없어요. 외국 것을 들여와서 적당히 적용만 하려고 하고 있지요. 자신의 이론을 가지고 자신의 사상을 만들어서 그것을 가지고 우리 사회를 만들려고 해야지 하는 그런 노력 없이는 어떤 운동도 안 된다고 생각해요. 시민사회, 공부하는 사람은 어떤가요? 현장을 잘 알고 그걸 가지고 이론도 만들고 하는 것이 좋은데, 일단은 현장을 철저히 아는 것이 좋겠다는 생각이 들었어요. 현장을 알고 분석을 제대로 해서 우리가 계발한 아이디어를 저쪽(현장)에 제공을 해서 방향을 제시하는 이런 노력이 필요하다는 거죠. 그래서 시민사회포럼이 필요하죠. 나는 학교를 그만두면 학교와 아카데미즘에 대해서는 옷을 벗는다고 생각하고, 그 후 자유롭게 하고 싶은 것이 문화시민운동입니다. 문화적인 차원의 사회운동이죠. 그 문화라는 것이 예술과 관련된 것이 아니라 사람들의 생각을 바꾸는 교육활동인데, 그 내용은 우리 것을 찾아서, 우리 것의 좋은 점을 찾아서 자주적이고 독자적이고 토착적인 그러한 사상을 우리 젊은 세대에게 물려주려는 것이지요. 이렇게 하면 사회 전체를 바꾸는 데 기초가 될 것이라고 생각해요."

김경동은 앞으로 소설도 써 보겠다고 한다. 지금까지 시를 쓴 것도 전문적인 시인으로 쓴 것이 아니라, 사회학자로서 쓴 것이었듯이 소설도 사회학연구의 한 표현으로서 시도하고자 한다. 왜 이런 모험까지?

> "솔직히 말해서 내가 글을 이렇게 많이 썼어도 이 논문들을 읽은 사람이 몇 명이나 되겠어요. 그런데 소설은 많이 읽겠죠. 잘 쓸 자신은 없지만, 웬만큼만 쓰면 사람들이 호기심으로라도 읽겠지요. 그러면 난 거기에 사회학의 메시지를 담을 거예요. 앞으로 우리나라가 어떤 사회가 되어야 하는가를."

오늘날 순수학문의 위기, 인문학의 위기, 그리고 사회학의 위기가 점점 밀도 있게 확산되는 상황에서 김경동의 새로운 도전은 부럽다. 그러나 남은 우리들의 신세는 처량하기만 한가. 비록 시류와는 동떨어진다 해도 반 스타주의의 고적한 미학을 추구한다면, 결코 스타를 부러워할 필요가 없을 것이라고 그는 우리를 위로한다. 하기야 우리 같은 범인이 없으면 스타가 어디 있겠는가?

> "일평생을 헌신해도/누구하나 알아 주나/읽는 사람 없는 책을/수십권씩 출간해도/누구나 흉내 못 낼/예술품을 창조해도/교육과 더불어/한 삶이 시들어도/묵묵히 뒷전에서/사회봉사 뼈빠져도/대중매체 인기타야/알아 주고 돈방석에//별은 뜨고 별은 지고/허망한 유전 속에/빛도 없는/스타를 기다리는 군상들/스타야 스타야 어딨니?"(2000b: 163-164).

다행스럽게도 우리는 사회학의 크고 작은 스타들을 적지 않게 알고 있다. 그들은 사회학도로서 우리가 학문을 하면서 느끼는 즐거움의 원천이다. 물론 김경동은 분명히 엄청나게 큰 스타다. 아울러 그는 매우 밝게, 맑게, 곧게 빛나는 스타이다. 그리고 그 빛이 한국사회학의 발전을 위해 계속 빛날 것임을 굳게 믿는다. 그 빛이 앞으로 더욱 넓고도 길게 빛나도록 하는 것은 우리의 몫이다. 이제 학문적 성숙과 함께 여산(如山) 김경동은 호연지기(浩然之氣)를 펼치는 호산(浩山) 김경동의 모습을 우리들에게 보여 줄 것이다.

[참고문헌]

강신표. 1984. 『한국사회학의 반성』. 현암사.

김경동. 1964a. "태도척도에 의한 유교가치관의 측정." 『한국사회학』 1: 3-22.

______. 1964b. "교과서분석에 의한 한국사회의 유교가치관연구." 『이상백박사 회갑기념논총』 을유문화사, pp. 333-368.

______. 1966a. "발전사회학서설." 『한국사회학』 2: 21-32.

______. 1966b. "근대화과정과 가치관연구의 과제." 『동아문화』 6: 229-238.

______. 1977a. "사회학적 관심 : 사회학자의 가치관심에 관한 인간주의적 해석." 『현상과 인식』 1(3): 132-150.

______. 1977b. "사회학적 인간관과 인간주의적 사회관." 『문학과 지성』 8(3): 840-883.

______. 1978a. 『인간주의사회학』. 민음사.

______. 1978b. 『현대의 사회학』. 박영사.

______. 1979a. 『발전의 사회학』. 문학과 지성사.

______. 1979b. "발전의 사회학적 이론." 『문학과 지성』 35: 140-159.

______. 1980. "미래연구와 사회학." 한국사회학회 편. 『70년대 한국사회: 변동과 전망』 평민사, pp. 11-39.

______. 1981. "易經의 원리에서 찾아 본 노사관계의 사회학." 『세계의 문학』 20: 218-237.

______. 1985. "한국의 경제성장과 恨의 사회학." 『현대사회』 20: 125-147.

______. 1986. "정보통신혁명의 사회적 함의." 서울대학교 사회과학연구소 편. 『정보화사회: 도전과 대응』. 서울대학교 출판부, pp. 3-14.

______. 1987. 『너무 순한 아이』. 심설당.

______. 1988. 『노사관계의 사회학』. 경문사.

______. 1989. 『사회학의 이론과 방법론』. 박영사.

______. 1992. "한국사회의 변동과 통합의 원리." 『세계의 문학』 1992년 겨울호: 133-172.

______. 1993. 『한국사회변동론』. 나남출판.

______. 1994. "개발의 문화와 문화적으로 다듬어진 발전" 『사회비평』 11: 219-237.

______. 1995. "변증법적 신문명론." 『철학과 현실』 1995년 여름호: 44-65.

______. 1996a. "발전사회학서설." 『한국사회학』 2: 21-32.
______. 1996b. 『비전의 사회학 : 그래도 한국에는 비전이 있다』. 집문당.
______. 1996c. 『氣를 모아 다시 한번』. 집문당.
______. 1996d "21세기를 위한 한국사회발전론(상)." 『문학과 사회』 36: 1833-1869.
______. 1996e. "미래사회와 인간주의." 김형국 편. 『한국의 미래와 미래학』. 나남출판, pp. 35-50.
______. 1997a. 『현대의 사회학(신정판)』 박영사.
______. 1997b. "21세기를 위한 한국사회발전론(하)." 『문학과 사회』 37: 364-392.
______. 1998. 『현대교육의 사회학적 진단과 처방』. 집문당.
______. 1999. "근대화론." 『한국사 시민강좌』 25: 172-196.
______. 2000a. 『선진한국, 과연 실패작인가? 김경동의 문명론적 성찰』. 삼성경제연구소.
______. 2000b. 『시니시즘을 위하여』. 민음사.
______. 2000c. "사이버시대의 도래와 삶의 질." 『사이버시대의 삶의 질』 아산사회복지사업재단, pp. 15-31.
______. 2002. 『한국사회발전론』. 집문당.
김용직. 2000. "이색스러움, 그 겉보기와 속내 : 김경동의 사회비평시집에 부쳐." 김경동. 『시니시즘을 위하여』. 민음사, pp. 8-15.
한국사회학회 편. 1990. 『한국사회의 비판적 인식 : 80년대 한국사회의 분석』. 나남출판.

Cohen, Jean L., and Andrew Arato. 1992. *Civil Society and Political Theory*. Cambridge, MA: The MIT Press.
Kim, Kyong-Dong. 1973. "Toward a Sociological Theory of Development: A Structural Perspective." *Rural Sociology* 38: 462-476.
______________. 1981. "Explorations into the I Ching, the Classic of Change in Search of Alternative Models for Asian Industrial Relations." pp. 218-237 in *Agenda for Industrial Relations in Asian Development*(Proceedings of the 1981 Asian Regional Conference on Industrial Relations, edited by The Japan Institute of Labor. Tokyo: The Japan Institute of Labor).

______________(ed.). 1987. *Dependency Issues in Korean Development: Comparative Perspectives*. Seoul National University Press.

______________. 1991. "Special Change and Social Integration in Korea: Some Theoretical Reflections." *Asian Perspective* 15(2): 5-31.

______________. 1994. "Confucianism and Capitalist Development in East Asia." pp. 87-106 in *Capitalism and Development*, edited by Leslie Sklair. London: Routlege.

______________. 1996a. "Toward Culturally 'Independent' Social Science: The Issue of Indigenization in East Asia." pp. 63-72 in Sociology *in East Asia and Its Struggle for Creativity*, edited by Soo-Hoon Lee. Madrid International Sociological Association.

______________. 1996b. "Confucianism and Modernization in East Asia: Theoretical Explorations." pp. 49-69 in *The Impact of Traditional Thought on Present Day Japan*, edited by Joseph Kreiner. Muchen: Iudicium-Verlag.

______________. 2001. "Political Selectivity and Cultural Response in the Process of Modernization and Globalization: North and South Korean Compared." Paper presented (with Lee On-Jook) at the International Conference on "Asia, Europe, and Global Processes: Economic, Cultural, and Normative Dimensions," organized by the Swedish National Committee on Global Processes and Department of Geography and Department of Sociology, National University of Singapore, March 14-16, 2001.

김경동의 사회학(Ⅱ) : 동아시아 문명론의 선구자*

김 성 국**

필자는 20년 전 김경동 선생님(이하 '김경동'으로 존칭 생략)의 정년퇴임을 기념하는 문집에 『김경동의 사회학(I)』이란 제명으로 글을 올린 적이 있다(김성국, 2002). 필자도 정년퇴임(2012년) 한 지 10년이 넘은 이제 동양사회사상학회의 요청으로[1] 재차 사회학자 김경동을 논평하는 글을 쓰게 되니 뿌듯한 감회와 함께 무거운 책임을 느낀다. 집필 시간이 충분하지 못한 것도 부담이지만, 퇴임 후에도 연부역강의 기세로 연구에 몰두하여 더욱 풍요로워진 김경동을 지적 능력의 감퇴를 실감하는 필자가 감히 어떻게 감당할지 고민이 아닐 수 없었다. 그러나 물리칠 수 없이 영광스럽고 소중한 기회이기에 용기를 내어 보았다. 후생으로서 선생의 놀라운 용맹정진을 보니 두려움 속에서도 기쁘기 그지없다.

주지하듯, 정수복(2022)은 한국사회학의 계보를 밝힌 그의 기념비적 대역작 속에서 김경동을 다각적 차원에서 흠잡을 곳 없이 충실하게 평가하였다. 이 글의 독자는 (필요하다면 필자의 예전 글도 참고하되) 반드시 정수복의 글을 읽어보기를 강력히 추천한다. 따라서 당연히 그리고 자연스럽게, 이 글은 한편으로는 정수복의 연구를 토대로 삼아 보완·확충의 재해석을 시도하고, 다른 한편으로는 김경동의 최근 연구를[2] 대상으로 필자(김성국, 2023) 나름의 관점인 "하나논리"를 틈틈이 활용하면서 김경동을 새롭게 재인식하고, 재발굴하는 지적 탐구를 시도해보고자 한다.

---

* 이 글은 사회사상과 문화 25권 4호에 게재된 김성국(2022)을 재수록한 것이다.

** 부산대학교 사회학과 명예교수, 길림대 객좌교수, 허유 하기락 기념사업회 회장

1 집필 기회를 부여한 동양사회사상학회 회장 유승무를 비롯하여 정학섭, 최우영 선생에게 깊은 감사의 뜻을 일심으로 전한다.

2 영문으로 출판된 김경동(Kim Kyong-Dong, 2017)의 방대한 3부작은 논의에 포함시키지 못한다. 차후 이 역작에 대한 집중적인 논의가 필요하다. (다행히 이 문집에서 이재열 교수가 논의한다.)

Ⅰ. 김경동 아카데미즘의 재평가

한국사회학의 계보를 아카데믹 사회학, 비판사회학, 역사사회학으로 구분한 정수복의 시도는 해방 후부터 2000년대 초반까지의 한국적 시대 상황을 고려할 때 매우 타당하고 유용한 분류이다. 여기서 김경동은 아카데믹 사회학의 대표 주자로서 그것을 주류사회학으로 성립시킨 사회학자로 정확하게 평가받는다. 필자는 김경동의 아카데믹 사회학과 아카데미즘을 보다 적극적이고 넓은 의미에서 재조명하여 재구성해 보아야 할 필요를 느낀다.

정수복의 시의적절한 분류를 향후 시대적 변화나 그 기준의 유연성을 고려하지 않은 채 기계적으로 활용하면서 한국사회학의 학문적 성격이나 지향을 무리하게 재단하는 근거로 삼아서는 안 될 것이다.[3] 이와 같은 우려에서 좁게는 김경동의 아카데미즘, 넓게는 인문사회과학에서 아카데미즘의 의의를 재인식해야 할 필요성을 느낀다. 특히 통상적으로 아카데미즘을 상아탑에 안주하는 비현실적이고, 보수적인 지향성으로 평가절하하는 오도된 시각을 시정하고 싶다.

사회학을 비롯한 모든 학문에서 아카데미즘은 필수적인 기본 가치이다. 비판사회학이건 역사사회학이건 아카데미즘의 틀 내에서 작동하고 평가받아야 한다. 아카데미즘이란 무엇인가? 학문적 엄밀성이다. 이론과 방법이 명료하고 체계적이면서, 실사구시의 가치를 지녀야 한다. 아카데미즘은 역사적 현실에 대한 비판의식과 성찰적 인식이 오랜 세월에 걸쳐 축적된 학문의 토대이자 목표이다. 아카데미즘과 비판학파 혹은 비판주의는 상호배타적인 것이 결코 아니다. 모든 아카데미즘은 현실에 대한 부정적 평가 혹은 긍정적 평가라는 비판적 의식을 토대로 출발한다. 따라서 학문적 비판은 아카데미즘의 틀 내에서 제시되는 것이 정도이다. 아카데미즘을 현실외면 혹은 체제 영합의 '무비판주의'라고 단죄하는

3 주지하듯, 뷰러워이(Buroway, 2005)가 자신의 공공사회학(Public Sociology)을 부각하기 위해 시도한 네 가지 사회학적 분업에 따른 분류(전문사회학, 정책사회학, 비판사회학, 공공사회학)는, 논란의 대상이 되었지만, 사회학의 위기가 고조되던 당대의 상황에서는 일정한 설득력을 가질 수 있었다. 그러나 이후 20년이 지난 오늘날 미국사회학에 어떤 주목할 만한 획기적 변화는 발생하지 않았다. 왜냐? 모든 사회학은 뷰러워이의 선언 이전부터 이미 각자의 방식대로 혹은 각자가 규정하는 대로 공공성을 추구하며, 표출해 오고 있었기 때문이다. 뷰러워이가 추구한 사회주의적 공공성만이 유일하거나 정확한 것도 아니다. 누가 어떻게 '공공적인 것 혹은 공적인 것'을 규정하는가?

것은 일방적 논리일 뿐이다.

자본주의 시민사회에서 역사적으로 아카데미즘의 주요 이념 축의 하나였던 자유주의는 봉건제도나 절대 왕정국가에 대한 비판적 이념으로 시작하였다. 그러나 자유주의의 경제적 산물인 자본주의가 지닌 구조적 모순의 심화에 대한 이념적 비판으로 등장한 것이 사회주의이다. 사태는 다시 역전된다. 사회주의의 국가주의화 혹은 전체주의화를 비판한 것이 시장자유주의였다. 이제는 자유주의와 사회주의 진영 모두 신자유주의의 빈익빈 부익부 양극화를 비판한다. 이처럼 비판은 특정 가치집단이나 이념집단의 전유물이 아니다. 아카데미즘의 속성일 뿐이다.

사회주의적 혹은 좌파적 혹은 반체제적 비판만이 비판인 것이 아니다. 맑스의 정치경제학 비판이나 프랑크푸르트학파의 비판정신을 정통으로 계승한다는 의미에서 좌파적 비판만이 비판의 본령이라고 주장하는 견해는 이제 더 이상 설득력을 갖지 못한다. 역사적 진보나 발전 자체가 하나의 거대한 착각 혹은 허구라고 점차 인식되는 오늘날 좌파나 우파는 모두 철저한 자아비판을 해야만 하는 처지가 되었다. 복지사회 구축이 좌우파 모두의 공통 좌표가 된 현재 특히 사회주의는 그 고유의 비판정신과 비판능력을 서서히 상실하고 있지 않은가? 오늘의 비판은 시대에 따라 내일에는 다른 비판의 대상이 된다. 마치 역사의 어떤 진보가 퇴보로 평가되거나, 과거의 보수가 새로운 진보의 길로 각광 받을 수 있는 것과 마찬가지이다.

나아가 비판을 학자의 현실참여, 정치적 활동, 반정부 혹은 반체제 활동, 급진적 소수 운동 등과 연관시키는 것은 납득할 수는 있지만, 그것만이 비판적 활동의 정도(正道)이자 전부인 것도 아니다. 한때 득세하였던 맑스주의적 혁명론이나 계급투쟁을 고취하는 것이 비판의 핵심이라고 여전히 주장한다면 시대착오의 우에 빠질 뿐이다. 체제 내적 개혁주의도 비판으로서 훌륭한 역할을 수행한다. 티끌 모아 태산이고 천리 길도 한 걸음부터이다. 이에 비하면 단기간의 폭력적인 혁명적 전환은 그 사회적 비용과 희생이 막대하다. 복수와 정복 심리에 기인한 무수한 인명의 살상, 혁명 후 혼란을 수습한다는 명목으로 등장하는 전제정치의 잔인함은 역사가 우리에게 알려주는 "혁명의 배신"이라는 슬픈 교훈이다.

한국의 아카데믹 사회학을 보수성향 고수, 현실참여 회피, 정치활동 자제,

체제 비판 보류 등의 지향성을 가진다고 규정하면서 비판사회학과 대립시키는 것은 일면 설득력을 지니는 것 같다. 그러나 이와 같은 시도는 기본적으로 사회학 자체를 이념적으로 구분하면서, 어떤 이념은 실천적으로 적실하고, 어떤 이념은 그렇지 못하다는 사실을 암암리에 시사한다. 이분법적으로 적과 동지를 구별해야 할 필요가 있던 엄혹한 시절에는 배타적이고 적대적인 논리가 일시적으로는 통용될 수 있을지 모르나, 그것은 올바른 학문적 선택이 아니다. 모든 이념은 각각 장점과 한계점을 지닐 뿐이다. 모든 이념은 비판의 대상이 되어야 한다. 이념이 절대 신앙을 요구하면 학문의 자유는 끝이다.

한국의 민중사회학이나 역사사회학에도 아카데미즘이 풍부한 것처럼 김경동의 아카데믹 사회학에도 날카로운 비판정신과 진지한 역사의식이 충만하다. 몇 가지 입증의 예를 들어보자. 오늘날 미국식 실증주의 혹은 그 발전적 분화로서 조사방법론과 통계학은 무차별적으로 비판의 대상이 되고 있다. 비판을 위한 비판에 몰두하는 맹목적 비판이 대부분이다. 세상 어느 방법론이 완전무결한가? 과거 공리공담의 비경험적 비사실적 이론들이 얼마나 혹세무민의 도구로 악용되었던가? 맑스의 과학적 사회주의는 그야말로 철저한 실증적 자료를 제시하였기 때문에 공상적 사회주의를 넘어섰던 것이 아닌가?

실증주의가 기존 한국의 사회과학계에 끼친 영향과 충격은 매우 신선하고도 유용한 것이었다. 그것이 미국의 것이기 때문에 사대주의적이고, 문화제국주의의 아류라고 비판하는 것은 아전인수의 자기도취일 뿐이다. 도대체 1950년대와 1960년대를 걸쳐 한국사회학에 어떤 자생적 이론의 뿌리나 방법론의 개발이 있었던가? 외국으로부터 학문을 수입하고, 모방한 것은 어쩔 수 없는 필요불가결의 당연지사이었다. 여건이 전혀 되지 않는데도, 듣기 좋게 학문적 자립주의(autarky)를 외치는 것은, 그 진정성에도 불구하고, 역사의 퇴행이나 반동일 뿐이다. 우리는 아직도 구미의 이론과 방법론을 널리 유용하게 사용하고 있지 않은가? 소위 말하는 질적 연구도 모두 서구에서 개발된 것이다. 오늘날 전 세계적인 한류 열풍은 과거 문화제국주의가 강제로 잉태시킨 자식의 성공담인가? 아니면 한국 고유의 문화적 전통과 서구 근대문화의 멋진 잡종적 합작품인가?

조선 말의 망국지란과 일제 36년의 암울한 시절을 보낸 후 광복을 맞은 신생 대한민국은 그야말로 학문의 불모지라 해도 과언이 아니었다. 한국전쟁이 몰고 온 저 처참한 물질적-정신적 폐허를 기억해 보라. 이처럼 학술적 결핍만이 충만했던 시대적 배경과 조건을 감안하면 이만갑, 홍승직, 고영복을 비롯하여 김경동이 개척한 방법론적 혁신은 시대가 요구한 과제를 적극적으로 수행한 애국적(?) 학문 태도가 아닐 수 없다. 그 공적은 높게 평가되어야 한다.

한국 사회과학계에서 김경동 주도의 근대화론 도입과 비판적 활용 또한 참으로 시의적절하고도 현명한 판단으로서 사회학의 실천적 성격을 돋보이게 한 쾌거이다. 당시의 한국에서 근대화론은 봉건적 질곡과 물질적 빈곤을 청산하고 합리적 정신과 물질적 풍요를 염원하던 전 국민의 뜻을 대변하는 이론이었다. 과거를 돌이켜 생각해 보자. 만약 박정희 대통령의 조국 근대화 정책이 없었더라면 과연 오늘날의 이 자랑스런(?) 대한민국이 존재할 수 있을까? 사실은 사실일 뿐이다. 물론 박정권의 독재정치는 또 다른 차원에서 그 공과를 논해야 한다. 후진국에서 중진국을 거쳐 선진국이 되자면, 자본주의적 산업화/근대화는 반드시 거쳐야 하는 필수 과제이다. 사회주의적 근대화는 모두 참담한 실패로 끝났다. 중국이 뒤늦게나마 깨달아 시장경제를 도입한 덕에 비록 반쪽의 성공이기는 하지만 경천동지의 경제성장을 이루지 않았는가?

다만 근대화를 추진하는 과정에서 지나친 졸속의 서구화 혹은 압축적 근대화로 인해 전통 민속문화의 파괴, 한국인 고유의 심성과 가치의 실종이라는 부작용이 초래된 것은 사실이다. 한때 동방예의지국으로 존경받던 동방의 등불 한국이 졸지에 패륜과 아노미의 사회로 비참하게 전락하고 있다. 그러나 참으로 고맙게도, 김경동은 이 물질적 서구화의 부작용을 철저히 인식하여 이를 시정하고자 일찍부터 정신문화, 특히 유교적 가치와 행위 양식의 재발굴과 재활용을 시도하였다. 마침내 2022년에 구체적으로 선비문화의 재창조를 통한 문명론적 가치혁명의 길을 제시한다. 요컨대, 김경동의 근대화론은 여전히 봉건적인 행위양식과 비합리적 사고방식에 젖어 있던 당대의 한국사회를 혁신하려던 진보적 비판이자 실천적 참여가 아닐 수 없다. 사회학자로서 최선의 선택이었다.

21세기 초반 현재 근대화론은 탈근대론에 밀려 주춤해졌으나, 다중 근대론(Multiple Modernities) 등을 통해 그 생명력을 유지하고 있다. 필자가 보기에는, 김경동은 하버마스의 "미완의 근대"라는 관점과 (큰 방향에서는) 유사한 맥락을 갖지만, 자신의 관점에서 독창적인 근대화론을 발전시킨다. 하버마스가 여전히 서구적 합리성에 기대어 의사소통적 합리성이나 성찰성이라는 미네르바의 부엉이를 다시 불러들여 근대의 탈출구를 재확보하려는 반면, 김경동은 근대의 물질문명적 편향성을 그의 기반 이론(foundational theory)인 인간주의적 문화나 동아시아적 정신문명의 보완으로서 문명론적 음양조화를 이루고자 한다. 이 글의 제5절에서 상세히 논의할 『사회적 가치』(2019)와 『선비문화의 빛과 그림자』(2022)를 김경동은 문명론의 구체적 대안으로 제시한다.

김경동의 비판적 아카데미즘을 선명하게 입증·부각시키는 두 가지 업적을 소개한다. 첫째, 1985년 김경동이 주도하여 서울대학교 사회과학연구소가 주최한 국제학술대회, “Dependency Issues in Korean Development: Comparative Perspectives”이다. 이 대회는 그 규모(오세아니아를 제외한 5대주, 아프리카, 유럽, 남미와 북미, 그리고 아시아로부터 50인 이상의 학자 참여)가 방대할 뿐 아니라, 참여자들 거의 대다수가 당대 소위 비판 세력의 이념적 지주였던 좌파 종속이론의 국내외 전문가들이었다는 사실이다.[4] 한국 현실에서 이념적으로 최대의 관심사였던 비판 이념을 그 주창자와 전문가를 초청하여 집중적으로 토론해 본다는 학술대회의 취지는 참으로 “비판적-비판적”이지 않은가! 김경동의 비판적 시대의식을 직접 들어보자.

> One of the most serious qualitative-structural problems faced by Korea is considered to be her growing dependence upon the international system, not only in economic but also in political and other terms. It has become an issue of great concern in this country … To many college students … the phenomenon of international dependency … has been one of the most shameful facets of the nation's recent history of development and hence one of the most sinful blunders committed by the recent, growth-minded regimes of the country … In short, the entire atmosphere surrounding the issue of dependency and the line of thinking critical of international dependency has been overly politicized before the academia could even put the issue in perspective and bring the theoretical arguments

4 1980년대 중반이 되면 한국에서는 비판 이념의 주류가 종속이론/세계체제론으로부터 정통 사회주의나 공산주의 이론으로 바뀌고 있었으며, 북한의 주체사상을 수용하는 세력들도 등장한다.

and historico-empirical studies under scrutiny … Rigorous examination of the whole matter was urgently needed(Kim, 1987: vii-viii).

1985년이면 여전히 전두환 체제가 맹위를 떨치던 정치적으로 험난한 시기였다. 대회를 개최하는데 감시와 간섭이 심했고, 경비 마련에도 애로가 적지 않았다. 상아탑에 안주하는 학자라면 시도할 수 없는 일이다.

오늘날 세계화 시대의 전지구적 네트워킹이라는 관점에서 보자면 1970년대와 1980년대의 종속논쟁은 자본주의 세계체제의 구조적 자본축적 운동을 제대로 인식하지 못한 단견이라는 측면도 있다. 그러나 지금도 마찬가지지만 당대의 개발도상국에서는 외채 증가와 외국(자본)의존은 참으로 심각한 문제였다. 새로운 제국주의적 강자로 부상한 중국의 해상실크로드 정책에 의존한 몇몇 나라들이 동일한 종속 문제로 심각한 위기를 맞이하고 있다. 문제는, 국가간 상호의존이 구조화된 세상에서, 종속의 상태에도 불구하고 종속적 발전(Dependent Development)을 이루고 마침내 이를 극복하여 선진국 대열로 갈 수 있느냐 하는 것이다. 소위 한국의 기적적 성공은 김경동이 한몫을 한 '종속이론의 철저한 비판적 탐구' 덕분인가?

둘째는 김경동이 한국사회학회 회장에 재임하던 1989년의 후기 사회학대회에서 개최된 "80년대 한국사회와 비판적 인식의 전개'라는 학술대회이다. 생각해보니, 한국 사회학회사에서, 시민사회의 도래를 공식화한 (한국정치학회와의 공동개최) 학술발표회(1992)와 더불어, 빛나는 업적으로 기억되어야 할 뜻 깊은 모임이었다.[5] 그 대회의 내용과 성격을 간략히 정리해 보자. 당대의 대표적 비판진영 이론가들이 발표를 하고, 비비판진영 혹은 자유진영 이론가들이 토론자로 참가하여 상호이해를 증진 시킨다는 취지였다. 참가자의 면면을 보면 (필자를 제외하고) 당대의 쟁쟁한 (지금은 모두가 중견 혹은 원로가 되어버린) 소장-중견 학자 간의 평화롭고 유익한 이론적 격돌이자 기(氣) 싸움이었다.[6] 비판에는 '선도적으로

5 이 무렵부터 대세(大勢)였던 계급론적 민중론과 함께 시민사회론이 서서히 득세하기 시작한 것으로 파악한다. 이 대회에서 필자(김성국, 1990)는 '한국사회학회라는 공식 무대'에서 처음으로(?) 시민사회론의 시대적 필요성을 언급하였다.

6 참가자를 발표자(비판 진영)-토론자(자유 진영)의 짝으로 소개하여 본다. 조희연-김동춘(발표), 이기홍-김용학, 전태국-정수복, 조형제-김성국, 김명수-정관용, 홍덕률-서재진, 백욱인-

먼저 소리 내며 비판을 주장하는 비판'과 '그 비판을 경청한 후 소리를 내며 그 비판을 비판하는 비판'도 있을 수 있다는 '비판의 순환'을 반드시 명심하자. 대회를 구상하고 주도한 김경동의 변은 다음과 같다.

> "본디 사회학의 특징은 개방성과 다양성이다 … 개방성은 그 속에 이미 비판적 성향을 내포하고 있으며 그로부터 비롯한 다양한 관점들은 사회학으로 하여금 항상 생동하면서 현실을 천착하고 새로운 미래를 희구하는 끝없는 탐구정신을 불사르게 한다 … 나는 1988년 12월 한국사회학회 후기대회에서 신임 학회장으로 취임하는 인사말을 빌어, 1989년 후기대회에서는 이른바 마르크스주의 사회학을 주제로 하는 토론의 마당을 마련하겠노라는 선언을 한 바 있다. 마침내 1989년도 후기 사회학대회에서는 "80년대 한국사회와 비판적 인식의 전개"라는 주제 아래 … 대토론회를 가졌다. 처음부터 이 모임을 준비하는 정신은 비판적 사회과학자들이 자신들의 학문적 견해와 연구성과를 (사회)학회라는 공식적 틀 안에서 한번 제시하고, 그와 다른 의견을 가진 학계의 동료들로부터 비판과 평가도 받아보는 자리를 마련하자는 것이었다"(김경동, 1990: 머리말).

이처럼 김경동의 아카데미즘은 외부 지향적 비판과 내면화된 비판이 상호 학문적 토론을 통해 불필요한 오해와 대립을 없애자는 그야말로 학문적 권위주의나 독단주의에 대한 철저한 비판정신에 입각한다. 학문이 자기충족적 예언에 빠져 결정론적 신념들이 판치는 무대로 고착되는 것을 거부하는 것이 학문의 진정한 비판정신이 아닐까?

인공지능 시대의 도래와 함께 학문과 아카데미즘 그리고 대학의 기능은 새롭게 재편되어야 할 것 같다. 학문 자체에 대한 철저한 자아비판이 필요한 시점이다.

김환석, 조은-홍두승, 신광영/박준식-최재현, 윤수종/김종채-박길성, 정근식/조성윤-정학섭, 장하진-송광성, 한상진-박형준으로 짝을 이루었으나, 일부는 비판-자유의 분류가 애매하거나 중첩되는 경우도 있는 것 같다. 한완상, 박영신, 심윤종, 조형은 사회자로 참가하였으며, 연구이사 양영진과 조희연 그리고 총무이사 배규한이 대회를 조직하였다. 한국사회학회가 학문공동체로서의 혼연일체적 성격을 제대로 드러낸 의미 깊은 학술대회라고 생각한다. Once, we were the ONE world!

Ⅱ. 탈인간주의 시대의 인간주의 사회학

인간주의 사회학은 김경동의 학문 전체를 아우르는 대표적 규정이라 할 수 있다. 정수복의 지적대로 인간주의 사회학은 김경동의 실증주의적 지향에 균형을 부여하는 적절한 학문적 선택이다. 왜 필자는 김경동의 인간주의 사회학에 주목하여, 그것을 재론하는가?

필자는 탈근대론자이고, 탈인간주의자(post-humanist)이다. 그러나 나는 김경동의 (신근대화론과 함께) 인간주의 사회학에 강력한 이론적 친화력을 느낀다. 왜냐? 김경동과 나는 모두 동아시아적 혹은 (김경동의 경우) 유가적 인간관을 바탕으로 하고 있기 때문이다. 인간은 유일신 하나님의 특별한 창조물로서 천지만물의 지배자라는 인간중심주의, 인간 예외주의, 인간 특권주의라는 서구적 인간관을 우리는 거부하기 때문이다.

김경동의 인간주의 사회학은 인간을 동아시아 지혜의 정수인 천지인합일의 논리로부터 도출한다. 천지인합일에서 인간은 천지자연과 동격, 동등의 대등한 지위를 가질 뿐 결코 천지자연이나 세상 만물을 능가하는 우월적 존재가 아니다. 인간이 만물의 영장이라는 진화론적 사고를 곡해하여 인간을 우주의 지배자요, 정복자로 간주하려는 어리석음과는 거리가 멀다. 인간의 지적 능력이 타 존재와 비교하여 더 나은 것은 사실이다. 그러나 다른 각도에서 볼 때, 인간은 신체적으로나 정신적으로 허약하기 짝이 없는 존재이다. 일부 현대인의 사악하고 잔인한 심성은 다른 동물과 비교해 본다면 열등하기 그지없다. 개보다 못한 인간이 수두룩한 세상이 아닌가?

김경동(1978: 11, 43)의 인간중심적(people-centered) 전망은 서구적 인간중심주의와는 차원을 달리한다. 서구의 기독교적 사랑에 상응하는 동아시아적 가치인 대자대비나 측은지심으로서 인애와 같은 인간적인 동정심을 배경으로 하면서도, 초자연적 신성의 존재가 인간 문제를 해결해 주기를 기대하지 않는다. 김경동은 "인간의 능력과 책임," 즉 주체성을 강조한다. 나는 이 인간 주체성이야말로 탈인간주의 시대에서 인간이 존재론적 차원에서 유지하고 강화해야 할 가장 소중한 마음의 자산이라고 간주한다. 다가오는 물아일체(物我一體)의 시대를 슬기롭게 맞이할 수 있는 마음가짐(Mindfullnes)으로서 자신과 타자에 대한 책임의식인 주체성의 확립은 긴요하다.

탈근대주의의 물결 속에 대두한 탈인간주의는 근대적 인간관을 해체한다. 그러나 일부 서구적 탈인간주의는 이 과정에서 탈구조주의에 입각하여 인간의 주체적 행위능력 부정과 포기, 본질로서 인간성의 해체라는 반인간주의적 지향성으로 치닫기도 한다. 여기에는 과학기술혁명의 고도화에 의해서 가능해지고 있는 하라리(Harari)의 이른바 신적 인간(homo deus)의 등장도 포함된다. 인공지능을 활용하는 초(능력 소유의)인간이 나타난다. 가능한 일일까? 충분히 가능한 일이다.

그렇다면 탈인간주의 시대에서 인간은 어떻게 자신의 존재론적 지위를 유지하고, 우주 만물의 생성발전에 기여할 수 있을까? 바로 이러한 역사적 과제 혹은 문명전환기적 요구에 적절한 대응의 길을 제시해 주는 것이 바로 김경동의 인간주의 사회학이다. 인간은 인류 탄생 이후 지금까지 기능적으로는 고도로 진화했지만, 심성적으로 혹은 규범적으로는 더욱 사악하며, 타락한 존재로 변모하는 것 같다. 그 결과 인간 존재 자체가 전면적 핵전쟁이나 생태 붕괴와 같은 절멸의 위기에 봉착해 있다. 이 모든 이 위기와 파탄의 책임은 인간이 문명화 과정에서 폭력화의 길로 나아가 천지인합일의 조화를 파괴하였기 때문이다. 인간은 그 조화를 회복해야 하는 막중한 책임을 지닌다.

김경동의 인간주의 사회학은 탈인간주의 시대인 지금부터 그 진면목을 보여준다. 수신제가치국평천하라는 유가적 개인의 확대·성숙을 전제로 하는 김경동의 인간주의 사회학은 규범적으로 유가의 인의예악을 바탕으로 서구적 탈인간주의를 동아시아적 신인간주의(新人間主義)로 선도하는 역할을 수행한다.[7]

7 탈인간주의에는 비인간, 즉 동식물을 포함하여 비생명체인 사물까지 인간과 대등한 존재론적 지위를 부여하려는 흐름도 있다. 최근 주목을 받고 있는 행위자 네트워크 이론(ANT, Action Network Theory)이나 신유물론(New Materialism)이 여기에 포함된다. 놀랍게도 동아시아에서는 일찍부터 천지인합일과 같은 물아일체론(物我一體論)이 일반 사람들에게까지 널리 수용되고 있었다.

Ⅲ. 미완의 근대와 신근대화론: 동아시아 문명론의 개척

김경동은 2002년 퇴임을 맞아 『한국사회발전론』을 출간한다. 서구에서 시작된 근대화론의 한계를 인식하는 과정에서 "나름의 독자적인 사색에서 창출한"(김경동, 2002: 5) 독창적인 "신근대화론" 혹은 "신발전론"을 제시한다. 본인의 학문적 성과를 총정리한다는 의도에서 완성한 의미 있는 작업이다. 김경동(2002: 3)의 소회를 들어보자.

> "이 책이 내게는 특별한 의미가 있기 때문이다 … 대학 강단에서 강의를 시작한지 만 41년이 되는 봄에 정년을 맞아 은퇴하면서 출간하는 책이라는 것이 첫째 이유다. 생각 같아서는 이 책을 끝으로 학술적인 저서에서는 손을 떼고 싶다는 것이 두 번째 이유다. 그리고 더 중요한 이유는 이 책이 나의 학문적 여정에서 하나의 획을 긋는 대미(大尾)에 해당한다는 점이다."

사실이다. 신근대화론은 서구 근대화론을 그의 동아시아적 사유에 기반한 인간주의 사회학과 결합시키고 있다는 점에서 김경동의 학문적 종합이자 결산인 동시에 새로운 창조적 지평을 열고 있다. 필자가 김경동을 동아시아적 문명론 연구의 지평을 개척하고 그 골격과 방향을 제시한 선구자로 규정하는 이유이다. 은사를 위한 용비어천가를 부르는 것이 아니다. 전 세계의 학자들 가운데서 근대화론자로 시종일관 그 기본적 틀을 유지하면서 그것을 수정 · 보완하고 마침내 서구적 한계를 동아시아적 인간주의 가치관을 기반으로 체계적인 재구성을 한 사람이 누가 있는가? 근대화론이 쇠약해지고 공격을 받으며 퇴각하기 시작하자, 방향감각을 상실하여 침묵하거나 아니면 재빨리 옷을 갈아입고 변신하는 임기응변의 길로 가지 않았는가? 미완의 근대 혹은 근대의 미완성을 주장한 하버마스는 오히려 솔직담백해 보인다. 이에 비하면 다중근대성(multiple identities)을 제시하는 아이젠슈타트(Isenstadt)는 차라리 궁색해 보인다. 궁즉통 통즉변(窮卽通 通卽變)이 아니라 궁즉빈 빈즉변(窮卽貧 貧卽变)이 된 것처럼 느껴진다.[8] 다중 근대

8 다중근대론에 대한 필자의 비판은 '근대'라는 용어 사용과 직결된다. 서구가 주도하였고, 서구적 근대가 16세기부터 20세기에 걸쳐 전 세계의 문명사적 주류 혹은 대세로 자리 잡았다는 의

라는 개념은 세계화 시대, 탈식민주의 시대의 지역적 독자성 혹은 세방화(glo-calization)라는 조류에 편승하는 듯한 학문적 임시변통처럼 보인다. 탈근대도 아니고 서구적 근대도 아닌 어정쩡한 근대이다. 이에 비하면, 정면 돌파의 기개를 보이는 김경동의 신근대화론이 훨씬 선명하고도 강력한 설득력을 보여준다. 이제 근대화의 새로운 서광은 동방의 학자로부터 발산되려는가! 퇴락하는 서구적 근대화의 개념을 서구적 가치관과 서구적 논리에 기대어 부활시켜 보려는 서구 학자들의 노력은 그래도 이해가 된다. 자기들의 것이었으니까? 그런데 여기에 부화뇌동하는 듯한 모습으로 달려드는 듯한 비서구학자들의 태도는 이해하기 어렵다. 우리가 미몽의 전근대, 비근대, 혹은 반근대 사회에 살았던 것이 아니라 나름대로 우리식 근대(화)의 길을 밟고 있었노라고? 물론 자국사(自國史)에 대한 잘못된 폄하나 열등의식을 바로잡는 기회가 되겠지만, 과거 합리화의 강한 민족주의적 기류가 형성될 것 같다. 아니, 이미 등장한 것 같다!

김경동의 신근대화론은 일종의 탈근대론이다. 근대의 서구적 지평과 토대를 한편으로는 인정하고 승계하지만, 더욱 중요하게, 다른 한편으로는 이를 혁파하려는 급진적 전환 혹은 해체적 재구성의 논리를 작동시키기 때문이다. 신근대화

미에서 근대는 통상적으로 서구적 근대를 의미하는 것이었다. 김경동의 소신처럼 "근대화는 처음부터 그 개념이 서양의 작품임을 인정하는 것이 올바른 역사인식"이다. 중층이니 다중이니 하면서 근대화의 의미를 탈색시키는 것은 오도된 자기발견("주자는 중국의 근대화를 주도하였다")이다. 근대를 단순히 그리고 막연한 시간의 차원에서 규정하는 것이 아니다. 물론 동아시아는 서구적 근대와는 "질적으로 상이한" 나름대로의 문명화 혹은 사회발전의 길을 걷고 있었다. 그렇다면 이러한 역사적 사실을 지칭하기 위해서는 '다중 근대'라는 두루뭉술의 개념을 사용하여 혼란을 초래하기보다는, 서구의 팽창 문명에 대비되는 "내장 문명"(김상준, 2021) 혹은 "(유교근대론자의) 유교 문명화"라는 개념적 도구를 사용하는 것이 바람직하다. 그러함에도 불구하고, 시차를 갖기는 하지만, 대다수의 비서구지역은 특히 19세기 말부터는 (사회주의적 국가주도 근대화를 포함한) 서구적 근대화를 제국주의와 뒤엉키면서 적극적으로(특히 독립 이후) 지향하였다. 중국의 시장사회주의를 어떻게 평가해야 할까? 나아가 다중근대론은 탈근대 및 동아시아 시대의 대두 시기와 맞물려 등장하였다는 점에서 탈서구중심화 혹은 탈근대화 조류에서 파생된 것으로 간주하고 싶다. 서구와는 상이한 문명화의 길에 주목한다는 점에서 필자는 다중근대론의 근본 취지는 "서구적 근대의 보완적 극복 또는 비판적 급진화로서" 탈근대론과 상통하는 것으로 판단한다. 필자(김성국, 2023)가 제시하는 하나논리(The Oneness Logic)의 "후천 정신개벽으로서 탈근대 문명전환론"이 바로 서구 물질문명의 토대/성과 위에서 그 모순과 한계를 보완/극복할 수 있는 동아시아 정신문명을 개화시키고자 한다. 김경동의 신근대화론과 유사한 맥락의 대동소이한 지적 탐구라고 생각해 본다. 내장과 팽창은 음양오행처럼 상생상극 가운데서 조화를 이루는 것이 최선이다.

론(neo-modernization theory의 요지를 검토해 보자.

김경동은 선언한다. 나의 이론은 "학문의 토착화 또는 문화적으로 어느 외래 문화에도 전적으로 의존하지 않는 독립적인 자주적 사회과학을 정립하려는 가치의 일환으로 기도한 예라고 할 수 있을 것이다. 우리의 독창적인 눈으로 우리 사회를 바라보는 안목을 예시하고자 하였다." 김경동의 '선진문화사회론(Advanced Cultured Society)', '문화로 다듬은 발전' 혹은 문화적 교양을 갖춘 발전(Cultured Developement)을 의미하는 '신발전론'은 한국사회를 위한 미래지향적 좌표일 뿐 아니라 전 세계가 추구해야 할 공통의 지향성이라는 점에서 문명론적 진단이요 비전이다.

신근대화론의 두 가지 핵심적인 이론적 축은 정치적 선택성의 원리와 문화적 선택성의 원리이다. 역사 발전의 전 과정에 걸쳐 사회발전의 주도적 세력으로서 국가 혹은 국가주의적 개입이 결정적이라는 사실을 감안하면 정치적 선택성의 원리는 타당하다. 그러나 국가의 정책 방향을 주도하는 이념적 가치 혹은 사회적 가치를 결정하는 것은 문화적 차원에서 형성되는 것이므로 문화적 선택성의 원리 또한 핵심적 발전 기제(Development Mechanism)로 작용한다.

매우 흥미롭게도 김경동은 정치적 선택의 문제를 정치학적 차원의 권력게임이나 정치경제학적 이해관계나 타협의 문제로서 파악하기보다는 "결정행사 조직으로서의 사회," "사회적 세력의 역학구도," "구조적 유연성의 원리"라는 사회학적 차원의 변화, 자원, 갈등을 중심으로 이해하고자 한다. 여기서 '구조적 유연성의 원리(the principle of structural flexibility)'는 매우 참신하다. 다렌도르프(Dahrendorf), 코저(Coser), 앱터(David Abter)의 갈등이론에서 시사를 받아 김경동이 확장한 구조적 유연성의 개념은 후기 구조주의자(post-structuralists)들이 주목하는 유연성(flexibility 또는 fludity)의 개념과 접목될 수 있다는 점에서 탈근대론적 맥락을 가진다. 근대주의자 맑스나 레비-스트로스(Levi-Strauss)가 상정한 구조의 개념이 상대적으로 결정론적이며, 이분법적이고, 본질적이라는 의미에서 비판을 받고 있지 않은가?[9]

9 필자(김성국, 2018)는 기존 사회학에서 (사회적) 구조와 (개인적) 행위의 관계에 대한 논의에서 뒤르케임의 사회중심적 관점을 지나치게 선호하는 편향성을 강력히 비판한다. 사회화(socialization)의 역할을 지나치게 강조하고, (기존 세력에 의해 유지되는) 사회적 가치나 규범의

문화적 선택성의 원리(the principle of cultural selectivity)는 문화적인 준비(preparedness), 친화성(affinity), 개방성(openness), 혼합(mix)의 차원으로 구분된다. 여기서 필자는 개인적으로 문화적 혼합에 주목해 보고 싶다. 필자의 애용 개념인 '잡종화'(hybridization)와 직결되기 때문이다. 전 세계적인 네트워킹이 이루어지는 21세기 오늘날, 특히 문화적 차원의 '준비'는 기본적으로 제공된 셈이고, '친화성' 또한 전지구적 문화(global culture)가 나름대로 형성되고 있다는 점에서 큰 문제가 되지 않으며, '개방성'도 소수의 독재국가를 제외하고는 인터넷의 흐름을 차단하지 않으므로 해결된 셈이다.[10] 그러므로 문화적 선택성의 문제는 잡종화로서 문화적 혼합이 얼마나 넓고도 깊게 전개되는가에 따라서 사회변화 혹은 사회발전의 수준과 속도를 평가할 수 있다.

마지막으로 김경동은 정치와 문화를 통합적으로 인식하고자 "사회적 시스템의 성격"을 거론하고, 구체적으로 시스템의 유연성과 효율성, 투명성, 통합과 균형 등을 거론하면서 '국가, 시민사회, 시장의 조화로운 균형'을 모색한다. 여기서 김경동은 정통 혹은 원조 근대화론자의 정체성을 드러낸다. 그렇다고 해서 그의 신근대화론이 구 근대화론의 아류로 퇴각하는 것은 결코 아니다. 김경동(2002: 85)은 분명히 밝힌다.

> "신근대화론은 근대화의 역사성을 중시하고 그 변동과정을 이해하는데 필요한 이론적 관점을 제공하려는 점에서 종래의 근대화론과 차별적이라고 할 수 있다. 그뿐 아니라, 우리는 근대화를 서양의 관점에서 바라보지 않고 서구 근대화의 영향 아래 그 나름으로 근대화를 치러야 하는 위치에 있는 사회들의 시각에서 근대화의 성격을 분석하기 위한 이론적 원리들을 제공하려는 점에서도 과거의 이론과는 다르다."

신근대화론의 동아시아적 특성은 소위 "아시아적 가치논쟁"에 관한 김경동

영향력을 과대평가하기 때문이다.

10 이와 같은 시대적 변화 추세를 고려하여 필자(김성국, 2015)는 현대사회가 개방사회로부터 잡종사회로 질적 변화를 이룬다고 판단한다. 잡종사회란 개방사회의 자연스러운 발전과정으로서 대내외적으로 이질적인 문화(요소)를 과감히 인정, 포용하는 빈도와 범위가 지속적으로 확장되는 사회를 지칭한다. 그 결과 다양한 문화적 변이와 재창조가 발생하며, 이 과정은 순수/정통 대 잡종/이단이라는 자기중심적 혹은 배타적 가치관을 고수하는 근본주의적 세력으로부터의 강력한 저항에 직면한다.

(2002-184, 177)의 관점에 의해서 뚜렷이 드러난다. 21세기를 준비하기 위해서 직면한 다양한 문제들을 해결하자면 "동서를 막론하고 새로운 문명, 새로운 가치의 모색에 착수해야 하고 … 아시아 가치 담론에서는 유교 (아울러 불교, 도교 등도 포함하여) 가치의 재발견으로 눈길을 돌릴 필요와 가능성에 대하여 조심스럽게 접근하려는 움직임"에 관심을 가져야 한다. 김경동은 동아시아 가치 중에서 특히 유교에 주목한다. 유교에 대한 기본 입장은 근대화라는 역사적 발전 과정을 고려할 때, "유교는 일단 탈피, 극복해야 할 전통적 요소 중의 하나임을 일부 인정하면서도 유교를 전적으로 폐기할 것이 아니라 근대화의 폐해를 다스리기 위한 보편가치로서 재발견해야 할 필요성"을 인식하는 것이다.

유교의 역할에 대한 비판적 인식과 신근대화론의 정치적-문화적 선택성의 원리에 입각하여 중국, 일본, 한국의 근대화에 대한 김경동의 분석은 큰 설득력을 지닌다. 일본은 유교적 규범과 사회조직의 원리를 서양식 민주주의 및 자본주의 원리와 결합하는 구조적 유연성 혹은 적응력을 발휘하면서 경제 대국으로 성장한다. 중국은 개방 이후 유교적 권위주의 정치체제를 합리화하는 문화 보수주의자들의 논리에 기대어 정치사회적 구조변화를 거부하는 정치적 선택으로 구조적 유연성을 거부하면서 긴장과 갈등을 내재화하는 형국이다. 한국도 최근 근대적 서구화에 대한 반성과 함께 전통문화에 대한 관심이 유교민주주의론, 유교자본주의론 등과 같은 형태로 일시 활성화되어 그 잠재적 가치가 인정되기는 했지만 아직 제대로된 정치문화적 전기를 이루지 못하고 있다.

아시아 가치논쟁에 대해서 김경동은 전체적으로 부정적인 진단을 한다. 왜냐하면, 논쟁이 아시아적 가치에 대한 관심의 증가를 초래하기는 했지만, 그 이론적-방법론적 수준이 혼란스럽고, 그 진행 과정 또한 깊이를 결여했다고 판단하기 때문이다. 김경동(2002: 171)에게 당대에 논의된 "아시아의 가치란 결국 정치적 동기에서 출발하여 정치적으로 이용당하는 하나의 관념에 불과"하였기 때문이다. 이 주장에 적극 동의한다. 아시아적 가치의 심원성을 음미하고 그 현대적 의의와 재구성을 시도하기보다는 당면한 자신의 정치적 입지를 강화하거나 위기를 회피하는 수단으로만 활용했기 때문이다. 물론 여기에 관변학자들이 현실 참여를 외치며 일시 몰려들었다가 소리 없이 사라진다.

이제 바톤은 김경동에게 넘겨졌다. 문명론적 전환의 차원에서 "아시아적 가치”를 규정하고 그 유효성을 설명해야 한다. 그래서 김경동은 소명대로 다시 학술적 저서를 만든다.

Ⅳ. 동아시아 문명론의 초석

김경동은 『사회적 가치』(2019)와 『선비문화의 빛과 그림자』(2022)를 통하여 문명론으로서 동아시아 사회이론을 구축하고, 그 구체적 하위이론으로서 선비문화론을 제시한다. 이에 관한 논의를 시작하기 전에 동아시아 사회이론의 불가능성 혹은 무용론을 주장하는 듯한 김경만(2015)의 견해를 적극적으로 검토해 보고 싶다.

1. 동아시아 사회이론의 '형성 가능성에 대한 회의'?

김경만은 자타공인의 뛰어난 이론가이다. 김경만은 한국 이론가의 이론적 수준이 만족스럽지 못하다고 비판한다. 오해와 논란의 여지를 최소화한다는 점에서 정수복(2022: 382 note 36, 412)의 평가를 인용해 보자.

> “김경만은 김경동의 『현대사회학의 쟁점』에 실린 글들이 대부분 외국학자가 이미 정리해 놓은 이론을 또다시 정리하는 형식을 취하고 있다고 비판한다. 그러나 김경만이 김경동의 저서 『사회학의 이론과 방법론』에 실린 글들을 포함시켰다면 평가가 달라졌을 것이다. 물론 김경만은 동양사상을 재해석하면서 한국적 사회학 이론을 구성하려는 김경동을 비롯한 동료 사회학자들[11]의 노력을 실현 가능성이 없는 불모의 작업으로 본다. 그럼에도 불구하고 김경만을 포함해서 한국 사회학자 어느 누구도 아직까지 김경동의 저서들이 갖는 스케일을 능가하는 사회학 이론과 방법론 저서를 내놓지 못했다.”

11 홍승표, 이영찬, 김재범, 류승무 등의 유불도 및 주역에 토대를 두는 연구 성과는 각각 나름의 독자적 체계성을 지닐 뿐 아니라 그 내용과 구성이 풍부하다. 버려지고 잊혀진 황무지를 개척하는 이들의 노력은 오랜 전통을 가진 서구학자들의 세련되고 화려한 입론에 비하면 부족해 보일지 모르나, 그 논지의 참신성과 깊이 그리고 현대적 적실성의 차원에서는 더 우수한 것으로 평가하고 싶다.

보다 구체적으로 김경만은 "김경동이 유교 전통을 사용해서 한국적 이론을 만들었다고 주장했지만 그가 애초부터 이론이 무엇인지를 이해하지 못했다고 본다. 그는 기(氣)나 한(恨) 등의 개념을 사용하여 한국사회를 설명하려는 김경동의 시도가 개념들의 연결망을 구성하지 못하고 있기 때문에 이론적 설명이 되지 못하고 동어 반복적이며 '뻔한 얘기'에 불과하다고 비판한다."

김경만의 지적은 이론적 논쟁으로서 다소 거치른 감이 있지만 전적으로 타당성이나 정확성을 결여한 것은 아니다. 대다수 한국사회학 이론가들은 서구 이론을 기반으로 그것을 활용한다. 그 활용의 범위와 수준이 어느 정도인가에 따라 전면 모방이냐 선택적 모방이냐 혹은 전면적 재해석이냐 일정한 재해석이냐 등등의 시비가 생길 수 있다. 표절의 경우를 제외하면 어떤 경우이든 그것은 이론가 자신이 결정한 선택의 문제이고, 그것의 효용적 가치는 독자의 요구에 따라 달라질 뿐, 어느 것이 더 효용적이라고 판단하기는 어렵다. 소위 번역(translation)을 두고 제2의 창작이냐 그저 그런 '외국어를 한글로 옮기기'냐 하는 문제이다. 대세는 이미 제2의 창작으로 기울어졌다. 그래야 한다. 번역의 어려움은 차치하더라도 그 창조성과 효용성은 아무리 강조해도 모자람이 없다. 이와 같은 기본적 문제를 두고 김경만은 지나치게 높은 수준의 독창성이나 이론적 엄밀성의 요구를 하는 것이 아닌가 싶다. 김경만의 요구는 잘못되거나 틀린 것은 아니다. 다만 비현실적으로 기대 수준이 높고, 그 결과 자기준거적 자신감 혹은 배타성이 직설적으로 표출된 것이라 이해하고 싶다. 한국의 이론가들은 김경만의 비판 혹은 조언을 견뎌내고, 넘어설 수 있도록 절차탁마의 길을 걸어야 한다.

이상과 같은 김경만에 대한 공감에도 불구하고, 김경만의 지적이 '오도된 판단'이라는 정수복의 평가는 타당하다. "『현대사회학의 쟁점』이 서구사회학 이론과 방법론 소개에 치우쳤다면, 『사회학의 이론과 방법론』에는 서구사회학 이론을 좀 더 파고들면서 동아시아적 사회이론을 모색하려는 김경동의 고유한 이론적 사유가 녹아 있다."는 정수복(2022: 382)의 판단이 설득력을 가진다.[12] 한국 사회학자의 대부분은 외국 학자의 이론과 개념을 토대로 그것을 참고하며 자신의

12 아마도 김경만은 다음에 논의할 2019년 출간된 김경동의 『사회적 가치』를 접했더라면 그의 비판을 더욱 완화했을 것 같기도 하다.

입지를 발견하며 자신의 입론을 도모한다. 김경동은 만인이 인정하듯 이런 단계를 일찍 돌파하여 동아시아적 인간관과 가치에 입각하여 서구 이론을 비판하고 보완하며 마침내 재구성이라는 창조적 성과를 얻었다. 김경동이 동양 고전에 대한 철저한 이해를 바탕으로 한 것인가 혹은 설명이 아니라 유추의 수준에 머물고 있는 것은 아닌지 하는 의혹도[13] 자연스러운 의구심이기는 해도, 결코 속단할 수 있는 문제가 아니다. 도대체 고전 공부는 얼마나 해야 철저한 이해가 가능한지, 유추와 설명의 이론적 거리는 또 얼마나 되는지 결코 쉽게 판단할 수 없다. 나는 김경동과 같은 대학자는 학문이 일정 수준에 오르면 문리(文理)가 트이어 새로운 분야나 주제도 쉽게 이해할 수 있다는 '돈오적(頓悟的)' 지식 습득론을 믿는다. 오히려 특정 분야의 인물/주제/이념만을 집중적으로 탐구하다가 광활한 대지와 다양한 생태를 보지 못하는 정중지와(井中之蛙)가 될 수도 있는 법이다. 특히 명심할 사실은 김경동은 유교 관련 공부를 일찍부터 시작하였다.

2. 문명론의 전개

김경동은 자신의 연구에 대한 세간의 비판에 시원한 해답이라도 주려는 듯이 문명론적 성찰과 비전을 제시하는 책, 『사회적 가치』를 세상에 내놓는다. 자신의 신근대화론 혹은 신발전론을 문명론적 수준에서 확대 재구성한 역작이다. 문화적 차원에 대한 그의 사회학적 관심, 그리고 동아시아적/유가적 가치에 대한 그의 인간주의적 관심이 집대성된 문명론적 성찰이자 가르침이다.

김경동 문명론의 기초는 음양변증법의 사회변동론이다. 동아시아적 문명론으로서 세계적 수준에서 활용할 수 있는 이론적 자원이다. 김경동의 이론적 관심은, 다른 많은 동양사회사상 연구자들처럼, 서구 주도의 현대 물질문명이 봉착한 한계 혹은 딜렘마를 어떻게 극복할 수 있는가로부터 시작한다. 김경동이 인용하는 노박(Michael Novak)은 "서양문명은 실패작이었는가?(Was Western Civilization a Bad Idea?)"라는 질문을 제기하고 "민주주의가 독재주의보다 나은 정부 형태이며 자본주의가 사회주의보다 더 공정한 경제체제"라는 결론을 얻었다. 이제 우리가

13 정수복(2022: 411)에서 내용을 축약하여 재인용하였음.

직면한 질문은 "우리가 과연 어떤 도덕률에 따라 살아가야 하는가?"라며 차후 과제를 남긴다. 이에 대응하여, 김경동은 "미래 세계의 인류가 의지하고 살아가야 할 도덕가치와 기준을 동방문명이 제공할 수 있는 가능성"을 발견하고자 유교적 전통은 물론 신라의 원효대사가 설파한 화쟁에서 그 실마리를 찾는다. 놀랍게도, 유교적 논리와 가치에 강력한 이론적 친화력을 보여주었던 김경동은 불교의 화쟁논리가 동서문명의 화합 혹은 화해에 중요한 길잡이가 될 수 있다는 사실을 강조한다.[14] 김형효(2010)를 참고하며 화쟁논리의 의의를 제시하는 김경동의 논지는 매우 강력하다. 필자(김성국, 2015, 2023) 또한 원효의 화쟁 논리를 한국 불교의 위대한 이론적 성취로서 전종파적 혹은 세계적 차원에서 통용될 수 있는 논리로 간주한다. 화쟁의 심원한 의의를 공유해 보고자 길지만 김경동(2019: 22-23)의 설명을 인용해 본다.

> "이제 (서방문명 자체의 문제점을 성찰하는 시대에서)[15] 우리가 추구해야 할 것은 일종의 동서 문명의 화쟁이라 할 것이다 … 대립과 분열을 종식시키고 화합을 이루기 위한 불교적 논리를 집대성한 원효사상의 총결산격인 저술이 '십문화쟁론(十門和諍論)'이다. 그 내용을 요약하자면, 부처가 지향한 세계관은 온갖 모순과 피아의 대립과 시비의 쟁론이 끊어진 절대 조화의 무쟁의 세계인 데 비해, 원효는 … 현실에서 모든 대립과 모순과 다툼을 조화하고 극복하여 하나의 세계로 지향하려는 화쟁사상을 제안했던 것이다. 이 이론에서 원효는 불교의 실상법(實相法)에서 말하는 불변(不變)과 수연(隨緣), 염(染)과 정(淨), 진(眞)과 속(俗), 공(空)과 유(有), 인(人)과 법(法) 등이 모두 일법(一法), 일심(一心), 일리(一理)의 양면일 뿐이지 원래부터 대립과 양단의 존재도 아니고 이원적인 원리도 아니라는 철저한 불이사상(不二思想)의 원리를 화쟁이론으로 해명하고 있는 것이다.[16] 그런 화쟁론에 의하면 인간세계의 화와 쟁이라는 양면성을 인정하되, 이 화와 쟁은 마치 서양의 변증법적 논리처럼 정과 반에 집착하고 때로는 타협하

14 필자는 향후 김경동이 연부역강(年富力强) 하면서 유교 편향적 동아시아 문명론을 확대하여 불가와 도가 나아가 한국의 선가까지 포괄하는 대장정의 길로 나설 수 있기를 기대한다.

15 괄호 안의 내용은 본문의 일부를 옮긴 것이다.

16 필자(김성국, 2023)는 원효의 화쟁논리와 일심사상을 포괄하는 (天符經에서 도출된) "하나논리"를 동아시아 사회이론으로서 구축해 보고자 시도한다. 천지인합일(天地人合一)에서 하나를 추정·추출하고, 그 하나를 통일(通一)의 관점에서 접근한다. 화쟁논리는 이론적으로 중도(中道)나 잡종화(雜種化)와 연관시키고, 일심은 "유아유심(唯我唯心) 개인주의"(김성국, 2019)에서 유심의 정수로서 파악한다.

는 합이 아니라, 정과 반이 가지고 있는 근원을 꿰뚫어 보아 이 둘이 본시 둘이 아니라는(불이) 것을 체득함으로써 쟁과 화를 동화시켜 나가는 원리를 전개한 것이다. 이런 뜻에서 원효의 화쟁이론은 불교의 변증법적 논리의 백미일 뿐 아니라 변증법적 논리의 최고봉이라 할 만하다. 같은 동방사상인 음양변증법보다도[17] 더 심오한 논리라 하겠다" (김형효, 2010).

김경동(2019: 26)은 화쟁을 설명하면서 "동서문명의 조화," "새로운 문명의 창안," "변증법적 (종합이 아닌) 합일"에 기반하여 오늘날 인류 문명 전반에 걸친 "거대한 변환(the Great Transformation)"에 대응하고자 한다. 김경동은 구체적으로 음양변증법을 그의 문명적 사회변동론의 기축 이론으로 활용한다. 음양변증법은 그의 문명론이 "우주론과 문명사라는 거시적이고 장기적인 전망"을 보유하게 만든다. 나아가 음양변증법은 중용과 조화, 적응과 유연성을 속성으로 하면서 그 기본원리로 "한계(limit) 및 반(return)의 원리," "중용의 원리: 절제(moderation)와 균형(equilibrium)," "유연성(flexibility과 적응력(adaptability의 원리"를 지니는 것으로 파악한다.

유연성을 설명하면서 김경동(2019: 36-37, 283)이 노자 도덕경의 "물은 최고의 선을 지닌다, 만물을 이롭게 하고, 다투지 않기 때문이다(上善若水, 水善利萬物而不爭)."와 "부드럽고 약한 것은 삶의 현상이요, 굳고 강한 것은 죽음의 현상이다(柔弱者生之徒 堅强者死之徒)."에 주목한 것은 매우 적절하고도 필요한 논의이다. 유가적 성향이 두드러지는 그의 논의에 균형을 잡아주고 다양성을 부여하기 때문이다. 도가와 불가, 나아가 한국의 선가까지도 더욱 빈번하게 거론해 주었기를 바란다면 이는 필자의 개인적 과욕이리라.

이와 더불어 현대문명이 당면한 딜레마를 다섯 가지 관계적 차원, 즉, 인간과 자연, 인간 본성, 인간과 사회, 문화, 국가, 시장, 시민사회의 삼각 구도에서 분류하여 이를 해소하는 방안을 문명사의 전개를 통해 검토하면서, 특히 사회적 가치의 철학적·사회학적 의미를 구명함으로써 제시하고자 노력한다. 해소방안

17 주역의 음양변증법을 음양오행 변증법으로 확대하여 파악하면 그 내용의 풍요로움과 다차원적 관계에 압도당하지 않을 수 없다. 주역 혹은 태극/무극의 논리와 화쟁논리는 변증법적 성격을 지니기도 하지만 서구 변증법과는 차원을 달리하는 우주론적 통일(通一)논리라는 것이 필자의 의견이다.

의 논의에서 음양변증법 원리와 그 함의를 더욱 집중적으로 선명하게 드러냈으면 하는 아쉬움이 있지만, 매우 체계적으로 정리한다.

김경동의 『사회적 가치』가 갖는 핵심적 의미를 필자는 다음과 같은 김경동(2019: 350))의 결론에서 발견한다.

> "(나는) 본격적으로 사회적 가치의 철학과 동시에 인간의 미래사회의 모습을 그려보는 논의를 하면서 무엇보다 우선적으로 '사회'가 무엇인지를 물었다. 이 문제에 관해서는 사회학의 이론적 관점이 몇 가지 있지만 본 연구에서는 역시 동방의 유학사상을 중심으로 사회라는 추상 개념보다는 '인간관계'라는 매우 구체적이면서 분석하기 쉬운 개념으로 이해하기로 하였다. 그리고 사회적 가치의 철학은 네 가지 조류, 1) 공공성 2) 인간주의, 3) 공동체주의, 그리고 4) 생태주의 가치임을 천명하고 그 내용을 비교적 소상하게 해설하였다. 이 논의에서도 특별히 공공성의 의제를 인심, 도심(천리지공)이라는 유가의 해석을 인간주의 철학의 핵심가치로서 '인의예악지신'이라는 유가 사상의 새로운 육덕을, 공동체주의 철학 역시 서구의 철학적 사회학적 해석뿐 아니라 유가 사상의 질서와 화합, 향약과 공자의 대동사상 등을 소개하였다. 그리고 생태주의의 원형으로 서방의 생태론보다 앞선 동양의 총체론적 사유에 기초한 천인합일 사상을 부각시켰다."

김경동은 사회적 가치의 사회학적 접근을 위해서 일종의 삼차원적 미래사회 비전을 제시한다. 그 주된 내용으로는 '문화적 교양으로 정화한 성숙한 선진사회의 모델'을 제시하고 선진사회의 요건, 성숙사회의 의미, 그리고 문화적 교양으로 정화한 사회의 조직원리로서 "분권적 다원적 공동체주의적 집합주의"를 제창하였다.

이상의 논의를 통해서 우리는 김경동이 그의 긴 학문적 여정의 시초에 제기하였던 인간주의 사회학이 이론적 금자탑을 이루며 완성되고, 근대화론-신근대화론/신발전론이 마침내 동아시아적 문명론으로 개화만발(開花滿發)하고 있음을 목격할 수 있다. 추상적 사회의 개념을 인간관계의 차원에서 재구성하고, 그것을 다시 동아시아적 인간관이자 사회적 가치인 "한쪽으로 기울거나 치우치지 않고 건전한 절제와 중도를 지키며 극단적인 방향으로만 끝까지 간다"는 식의 생각과 행동을 삼가는 중용과 유연성을 강조한다. 유가적 아카데미즘과 그 사회적/비판적 실천의 정수를 지적한 혜안이 아닐 수 없다.

평자의 소임으로서 한 마디 췌언(贅言)을 붙이자면, 공공성, 공동체주의, 집합주의는 새로운 시대의 가치로 등장하기에는 오랜 타성으로 다소 생기를 상실하였으며, 그 개념적 바람직함(desirability)이라는 포장을 걷어내면, 현실적으로 공허한 모습을 보인다는 사실이다. 누가 어떻게 공공성을 규정하는가? 공사구별이 진정 가능한가? 공동체는 무성하게 외쳐지지만 그야말로 유명무실이다. 마지막 보루인 가족공동체도 무너지고 있다. 집합주의는 흔히 획일주의나 기득권자의 통치논리로 둔갑하지 않는가? 이 아름다운 가치들은 환골탈태하여 재탄생해야 한다. 필자(2015, 2023)는 이 구제불능 혼돈의 시대에는 각자도생의 선사후공(先私後公), 개인연합(個人聯合), 개인주의를 대안으로 구상해 본다. 물론 김경동은 인간과 사회, 개인과 집합이라는 사회현상을 대립적으로 파악하지 않고 중용으로 화쟁시키는 개방적 관점을 발전시킬 것이다. 필자 또한 "극단적 개인주의"로 빠질 수 있는 위험성을 철저히 인식해야 한다.

3. 문명론적 대안으로서 선비문화

이제 이 글도 막바지에 이르렀다. 김경동이 지금까지 축적한 그의 이론적 논의를 현실 사회에 적용하는 가장 구체적이면서도 포괄적이고, 가장 한국적이면서도 세계적인 실천적 방안을 제시하는 것이 『선비문화의 빛과 그림자: 지식인 파워 엘리트의 사회학』이다. 736페이지의 대작이다. 은사이자 선배 학자의 시종일관 용맹정진에 두려운 마음으로 존경심을 표하지 않을 수 없다. 동시에 후학으로서 또한 즐겁지 않을 수 없다. 선생가외 불역락호(先生可畏 不亦樂乎)!

다행히도 이 책이 지닌 중요한 의의를 인식하여 <제9회 21세기 인문가치포럼>에서 김경동을 위한 북콘서트를 대규모로 개최하였다. 한국정신문화재단 초대 이사장 이용태가 기조 강연자로, 고려대 한문학과 명예교수 김언종, 자랑스런 전도유망의 두 사회학자 이영찬과 정일균, 한국학 중앙연구원의 동아시아철학 및 고전 한학 전공의 한형조가 발표자로, 구해근, 김성국, 정학섭, 안동대학교 동양철학과의 전성건이 패널로 참가하였으며, 도산서원 선비문화수련원 이사장 김병일이 특별제언을 하는 대형 세미나가 이루어졌다. 현장에 참가한 필자는 진지하고도 열띤 분위기 속에서 전개된 풍성하며 유익한 논의를 지켜 볼 수 있었다.

당일 거론된 핵심적인 지적과 비판적 쟁점을 중심으로 이 절을 구성하는 것이 필자 개인의 생각을 피력하는 것보다도 김경동의 광대준고한 지적 세계를 이해함에 훨씬 낫다고 판단한다.

이용태(2022)는 "인간과 자연이 하나 되는 세상을 추구하던 선비의 천지인합일 사상을 실현하기를 제안하는" 김경동에게 주목하면서, 선비정신으로써 선비문화의 미래지향적 실천을 강력히 지지한다.[18] 김경동의 표현처럼 이와 같은 실험적 사회문화 운동은 전 세계적인 차원에서 추진해야 하고, 선비문화의 세계화가 유망한 꿈으로 현실화되어야 한다. 김경동은 이 원대한 작업을 준비하는 것 같다.

김언종(2022: 34)의 서두가 무척 흥미롭다: "김경동 선생은 이 시대의 시대정신인 자유민주주의 수호의 가장 강력한 보루의 구축자이자 지휘자이다. 강력한 전투력뿐 아니라 정치한 이론까지 겸비한 이 시대의 대표적 석학이기도 하다. 안동 사람인 그의 배후에 퇴계 선생이 서 계시는 듯한 것은 우연한 일이 아닐 것이다." 필자도 김경동을 이념적으로 자유주의자로 규정해 보고 싶다. 김경동을 강력한 전투력으로 보루를 구축하는 참여와 비판의 학자로 간주한다! 유가에게 지행합일은 책무이다. 필자가 서두에서 지적한 것처럼 아카데미즘에 내장된 비판적 참여라는 차원을 간과해서는 안 된다. 김언종(2022: 41)은 "오늘의 세태에 선비정신의 부활이 필요하다는 당위를 절감하며 이를 새삼 강조하고 싶다."며 마무리한다.

한형조는 현란한 박학다식의 토대 위에서 논의를 진행시키며, "조선이 망한 후 유교를 보는 시각이 네 번 널뛰기를 했다"고 한다. 첫째가 부정: 망국의 회한(1910-1930)이요, 둘째가 변명: 실학에 위안을 찾다(1930-1980)이고, 셋째가 전환: 유교적 근대화론(1980-1997)이며, 마지막이 대안: 21세기 새 격변기의 사유로 상승할 수 있을까(200-현재)이다. 매우 날카로우면서도 유용한 구분이다. 김경동이 주도하는 마지막 단계의 전망은 한형조에 의하면 필연적인 것 같다. 단지 시간이 걸리겠지만. 근대 초 계몽주의 시기 서구의 중국 열풍에 관한 그의 흥미로운

18 필자의 하나논리에서도 하나는 천지인합일과 『천부경(天符經)』의 인중천지일(人中天地一)로서의 하나이다. 여기에 리기심 혼연일체(理氣心 渾然一體)라는 하나를 더하였다. 김경동으로부터 시사와 격려를 받았다고 할 수 있다.

언급을 경청해 보자.

> "스피노자가 그 기초를 놓았고, 볼프는 인간의 완전성에 대한 관념을 사서(四書), 효경, 소학의 라틴어 번역본을 보고 재구성해 냈다. 라이프니츠는 최상의 도덕적 질서라고 찬탄했다. 칸트가 맡은 역할인 '이성의 비판'도 유교의 기획과 연대하고 있음을 지적할 수 있다. 니체는 칸트를 일러 "쾨니히스베르크의 중국인"이라고 조롱(?)조로 말했지만, 두 체계 사이의 평행의 지평이 근본적임을 암시하고 있다 … 라이프니츠는 선교사들이 보내오는 서신을 통해 유교와 주자학에 대해 감응하기 시작했다. 롱고바르디가 (유교의) 무신론적 세계를 강조하자 "아니, 그렇지 않고 이(理)나 테극은 하느님에 필적하는 개념이야"라고 일축했다. 중국인들이 개발한 역의 이진법적 체계가 자신이 구상하는 세계관과 합치하는 것을 알고 흥분했다. "그런데 중국인들 자신들은 그 의미를 몰라." 이렇게 덧붙였다. "이상할 것 없어 … 가령 고전 그리스에 대해 우리 유럽인들이 당사자들보다 더 잘 알고 있지 않나?"

한형조(2022: 69, 70)는 현재 한국 학계의 문제가 유교를 제대로 공부하지 않아 "유교를 모르는데 있다"라고 우려한다. 서구의 동양학 혹은 중국학은 그 전통이 유구할 뿐 아니라 그 수준이 매우 높다. 필자는 걱정 아닌 걱정을 한다. 서구가 먼저 유교의 서구화를 이루어 서구적 유교를 제2 근대화의 기본 가치로 들고 나올 수 있다. 가까운 미래 언젠가 자탄의 쓴 웃음을 짓기 전에 유학 읽기를 시작하며 신들메를 단단히 조여야 한다. 김경동은 적어도 사회학자로서는 유교 공부의 중요성과 유교의 세계화를 세상에 알린 셈이다.

이제 사회학자의 차례이다. 정일균과 이영찬은 원로에 대한 정중한 예와 함께 날카로운 각으로써 김경동을 맞이한다. 선배로서 필자는 이 두 학자의 토론이 지닌 지적 균형과 전문지식의 박람강기(博覽强記)에 찬사를 보내고 싶다.

이영찬(2001, 2008)은 일찍이 1980년대부터 현대문명의 파탄을 동양사상의 관점에서 분석하고 극복한다는 소명의식을 가지고 동양사회사상학회를 최석만, 홍승표, 정학섭 등과 창립하고 주도하였으며, 주역과 유교에 대해 일가견을 지닌 사회학계의 소중한 자원으로서 이미 『유교사회학』과 『유교사회학의 패러다임과 사회이론』을 저술한 최고 전문가이다. 이영찬(2023: 42, 43)은 김경동이 "한국사회의 급격한 근대화에 따른 문제들을 천착해온 원로학자로서 이에 대처할 길을 시대정신과 선비문화에서 해답을 찾았다는 점에서 매우 선도적이고 후학들에게 큰 응원의 메시지가 되었다"고 적극적으로 인정한다. 특히 지금까지 선비문화 연구가 주로 문사철(文史哲)에 의해 이루어졌으나, 김경동은 사회학적 관점과 이론을 통해 체계적으로 해명하고, "한국사회 고유의 자생적 패러다임을 모색했다"는 점에 큰 의의를 부여한다.

이영찬(2022: 44)은 먼저 연구대상으로서 선비의 개념이 관직에 나간 극히 소수의 사대부(士大夫)를 중심으로 하고, 출사(出仕)에 뜻을 두지 않는 사군자(士君子)로서 처사(處士), 산림학사(山林學士)를 도외시하여, 이들이 실행한 선비문화의 표상이라 할 예술과 풍류, 심미적 교양에 대한 적극적 평가가 상대적으로 절하된다고 지적한다. 김경동이 추구하는 '문화적 교양으로 정화한 성숙한 선진사회'를 건설하기 위해서 이들 사군자가 실천한 심미적 교양이 더욱 필요하기 때문이다. 아울러 (김경동이) 이론화 과정에서 천지인을 파슨즈(Parsons)의 서열적 행위체계(문화체계, 사회체계, 행동체계)와 등치시키는 것은 무리하다. 왜냐하면, 공자는 "천지인을 각각의 모습이 다르지만 하나(태극이나 도)의 원리로 파악하였고," 만물은 각자 자신의 내적 본성에 따라 자발적으로 자연과 조화를 이루는 것으로 하늘의 주재적 역할은 없기 때문이다(이영찬, 2022: 44). 필자(김성국, 2023)의 하나 논리도, 비록 오행(五行)을 파슨즈의 네 가지 기능적 요건(functional requirement, AGIL)과는 연관시키지만, 천지인을 행위체계와 접합시키는 시도에는 선뜻 동의하기 어렵다.

매우 유익하게도, 이영찬(2022: 45-48)은 자신이 이미 정립한 유교적 이론틀을 적용하여 김경동의 입론을 확대·보강하고자 한다. 먼저 김경동의 초점이 도덕적 문제에 집중되고 있는[19] 것에 균형을 부여하고자, 리기적 패러다임과 음양오행적 패러다임을 활용하여 유교사회의 조직원리를 제시한다. 리기적 패러다임에 근거하여 유교사회의 이중적 신분질서로서 사군자의 도덕공동체와 사대부의 정치공동체를 구분하고, 나아가 도덕적 리적 신분과 현실적 기적 신분의 분화를 불상리·불상잡의 관계로 파악하면서 갈등관계라기보다는 대대적이며 불가분의 관계로 규정한다. 이영찬(2022: 48)의 '리기적 신분이론'은 덕과 재능 등의 인적

19 김경동은 '도덕적 구심점'(de Bary), '도덕률'(Novak), '도덕적 리더십과 실천'(Gibbs)을 강조하는 서구학자들을 수시로 인용한다.

자본이 계층적 자원으로 중요시될 때, 물신주의를 극복하는 사회적 통합이 가능하고, 도덕공동체와 정치공동체가 조화를 이루어 도덕적으로 성숙한 사회가 구현되어 협치가 가능해지면, 현능(賢能)에 따른 신분적 질서에 바탕하는 공정사회가 가능하다.[20]

정일균(2022: 2, 3, 8) 또한 "원로 사회학자의 온축된 지혜와 가르침을 삼가 기다린다"는 자세를 취하며 김경동의 시대에 대한 '우환의식(憂患意識)'을 "문화주의와 인간주의의 관점에서 선비문화와 21세기 미래사회의 당위적 기본방향을 탐색하고 있는 진지한 사회학적 여정"의 선구적 연구로 인정한다. 특히 서구중심주의나 오리엔탈리즘의 한계를 초극하려는 김경동의 노력을 적극 평가한다.

정일균의 김경동에 대한 7가지 질의는 그가 청출어람이요 자타가 공인하는 유교 연구의 최고 권위자의 한 사람이라는 칭송이 허명이 아님을 보여준다. 차후 선비문화론을 창조적으로 계승하려는 연구자라면 반드시 짚고 넘어가야 할 주요한 쟁점들이다. 간단히 그 요지를 정리해 보자.

1) 김경동의 근대화 개념은 전형적인 기존 서구중심주의를 반영하는 의혹을 지닌다. 그 결과 비서구지역의 정체성론이나 전통사상/사회의 전근대적 성격론을 시사하는 이분법적 단순화를 초래한다. 유교는 당대의 사회적 제약 속에서도 내적 점진적 발전 과정을 보여주었다.

2) 퇴계학파의 주리설과 율곡학파의 주기설을 이분법적 도식으로 이해하는 것은 일제의 대표적 관학자였던 다카하시 도루(高橋亨)가 날조한 허구적 말장난이다. 조선 유교(사)는 진취성과 독창성을 보유한다.

3) 심통성정(心統性情)을 논의하면서 심 혹은 마음의 문제를 성리학의 이기론적 도식에서 성과 정의 개념을 오해하여 부정확한 설명을 한다.

4) 김경동의 실학 개념은 초기 연구자의 부정확한 견해에 의존하여 (실학의 구성적 타자로서) 성리학의 허학성과 공리공담성을 강조하면서, 실학을 경세학적 제도론에 한

20 '현능' 개념은 매우 유용하다. 지금도 중국식 현능정치에 대한 관심과 논란이 지속될 만큼 현능은 기능적 합리성에 치중하는 서구식 업적주의(meritocracy)와는 차별성을 갖는 도덕적 지혜로움과 수행적 재능을 결합한다. 양명학적 지행합일이나 유가적 지행병진의 실천적 지표라 하겠다. 필자(김성국, 2023) 또한 현대 서구식 선거민주주의의 대안으로서 유가적 왕도정치 이상과 현능정치를 결합하는 엘리뜨 민주주의를 구상해 본다. 김경동의 지식인 파워 엘리뜨의 개념과도 연결될 수 있을 것이다.

정시키는 측면만을 강조하는 오류를 드러낸다.

5) 조선조의 정치구조를 베버의 오리엔탈리스트적인 가산제(patrimony)의 개념으로 이해함으로써 유교 정치체제 혹은 조선의 관료제도를 전통적 지배 형태로만 인식하고, 합리적 측면을 무시하는 편향성을 보인다.

6) 이익(李瀷)의 붕당론에 주로 근거하여 부정적인 붕당정치관과 당쟁론을 전개하나, "조선시대의 붕당정치는 기본적으로 성리학이 본래 함축하고 있었던 정치원리를 실현해 나가는 형태로서, 무엇보다 상호간의 비판 및 견제와 함께 공존을 지향하는 (전통사회의: 필자) 정치운영체제로서 … 가장 전진적이고 수준 높은 것이었다는 적극적 측면과 평가"도 있다.

매우 구체적이고 분명한 지적이다. 당일 김경동은 (배당된 시간이 너무 초과되어, 토론의 기회가 없어) "나름대로 할 말이 적지 않지만 다음 기회로 미루겠다."고 응답하였다. 이 글을 작성하면서 김경동에게 본인의 의견이 무엇인지 알려달라고 부탁드렸다.[21] 정일균이 제기한 쟁점은 조선 유교의 성격과 현대적 가능성을 논의함에 있어서 중요한 문제이므로 상호 충분한 시간을 갖고 숙고한 후 재논의함이 더욱 바람직할 것 같다.

다만 유교를 지극히 존경하지만, 도가, 불가에 기울어져 다소 거리를 두는 필자로서는 유교에 매우 친화적인 두 연구자 간의 논쟁(?)이 매우 흥미롭고도 유익하게 느껴져 제 3자적 입장에서 단평을 제시해 본다. 우선 김경동보다는 정일균이 더욱 친유교적, 유교 옹호론적 관점을 지니면서 유교의 오도된 진면목을 제대로 세상에 알리려는, 다소 과장된 혹은 단순한 표현인지는 모르나, 유교 수호천사 혹은 '다중근대론자로서 유교근대화론자'처럼 느껴진다. 상대적으로 김경동은 그의 전매특허이자 특장인 중용지도와 유연성에 입각하여 유교에 대한 일

21 김경동의 답변 요지를 정리하면 다음과 같다. 무엇보다도 제기된 비판을 매우 유익한 충고로 수용하면서 자신의 논지와 입론의 근거를 더욱 명료하게 만들 것이다. 이영찬과 관련해서는, 파슨즈의 행위체계 유형을 천지인 삼재의 틀과 대비한 것은 그 둘이 동질적이라는 의미에서가 아니고, 삼재의 구도가 신비주의로만 치부되어서는 안되고, 서방 학계에서도 유사한 세계관을 보인다는 점을 비교적 의미로 제시한 것이다. 정일균에 대해서는 김경동 본인은 나름대로 기존 사학자와 유학자의 견해를 활용하며 제시한 것이라 차후 재논의가 필요할 것이다. 그리고 과거 조선의 사회변동을 설명하면서 유교의 긍정적 역할만을 부각시키는 것은 일면적이다. 필자는 유연성의 사회학자 김경동의 의견에 전적으로 공감하고, 특히 유교에 대해서는 신채호의 시 '서분(書憤)'의 감정을 아직도 떨치지 못한다.

정한 비판적 자세를 견지해 보려는 것 같다. 물론 어느 쪽이 더 낫다거나, 더 바람직하다고 양단할 일이 아니다. 나아가 정일균이 제기한 쟁점과 관련하여 어느 편이 더 바르고 정확한 것이냐를 쉽게 판별하기도 어렵다. 이 또한 유교의 역할과 그에 대한 비판은 연구자 나름의 가치판단과 밀접하게 연관된 것이기 때문이다. 필자는 정일균이 추구하고 강조해 마지않는 '조선 유교의 근대적 잠재력 혹은 함의, 미래 지향적 혹은 탈근대적 잠재력, 오리엔탈리즘이 범접할 수 없는 독자성과 독창성, 그리고 이론적 심원성'을 김경동 또한 적극적으로 발굴하려는 입장이라고 이해한다. 김경동과 정일균은 오월동주(吳越同舟)가 아니라 선창후창(先唱後唱)의 학문적 동지이다. 대하 장강(長江)의 앞 물결과 뒷 물결이다. 장강후랑추전랑(長江後浪推前浪)을 통해 김경동은 본인 이론의 더 큰 성숙을 이룰 것이라 믿는다.22

첫 토론자인 필자(김성국, 2022: 71~75)는 김경동의 천지인합일에 대한 관심은 문명론을 우주론적 수준으로 확장시키고 새로운 인간관, 즉, 천지인의 존재론적 동등성과 통일적(通一的) 일체성을 발전시키며, 선비의 풍류문화를 거론함으로써 현재의 오도된 향락주의적 세태를 바로 잡을 수 있는 원칙을 제시한다고 적극적으로 평가하였다. 다만 김경동이 풍류 문화의 논의에서 한국 고유의 선가(仙家) 전통을 언급하지 않고, 극기복례의 논의에서 양명(陽明) 좌파(左派) 이탁오의 적극적인 인욕긍정론(人欲肯定論)을 검토하지 않았음을 아쉬워하였다. 필자는 김경동이 다각적으로 균형있게 논의한 조선의 이기논쟁은 현실을 외면한 공리공담이라는 비판의 여지에도 불구하고, 높은 수준의 이론적 토론과 성취는 우리의 소중한 문화적 자산으로서 향후 활용의 가치가 매우 높다고 판단한다.23

은퇴에 즈음하여 퇴계학에 심취하여 그 경지가 고준한 정학섭(2021)의 토론도 백미를 이룬다. 김경동이 선비문화의 전통을 "법고창신적으로 계승"한다고 규정하면서, 선비정신 가운데서 특히 극기복례, 충서지도, 공경지심의의 정신을 강조하고, 21세기가 요청하는 선비상과 선비문화로서 김경동의 인간주의를 지향

22 인터넷을 보니, 이 글의 의미를 "앞 물결이 뒷 물결에 밀려나는 것이 아니라, 자리를 물려주고 보다 넓은 바다로 나간다"는 식으로 통상의 '역사순리적 해석' 대신에 "또 다른 신세계를 찾는 선구자"로 앞 물결을 격려하는 의미로도 해석한다. 김경동이 합당한 경우라 하겠다.

23 필자가 하나논리의 구축에서 하나의 속성으로 리기심 혼연일체를 부각한 것은 조선의 리기논쟁으로부터 큰 시사를 받은 것이다.

하고 실천하며, 타자를 자기 자신처럼 대하며, 평생토록 수양공부하고 지행합일하며, 이기주의를 극복하고 공동체 또한 존중하는 사람과 문화를 제시한다. 김경동의 공공의식, 공동체주의를 더욱 구체적으로 확장하려는 제안이다.

정학섭(2022: 85)이 제기한 물아일체에 관한 논의는 포스트휴머니즘 시대에 유교의 탈근대적 성격을 부각시키는 매우 주요한 과제이다. 필자는 그 취지에 전체적으로 공감하지만, 맹자의 인간과 사물에 대한 차등애(差等愛)적 주장을 적극 수용하지 못한다. 사랑의 정신은 동일하지만 만물에 대한 애정의 정도나 친밀성의 방법이 같을 수 없다는 주장은 일견 현실적으로 타당해 보인다. 혈육으로서 부모는 공경과 봉양으로, 타인은 배려와 인격 존중으로, 만물은 아끼고 보호하는 마음으로 대하여야 한다는 사랑의 구별 혹은 구분은 매우 설득력을 갖는 것 같다. 그럴까? 그래야 할까? 그럴 수 있을까? 여기서 긴 논의는 펼치지 않겠지만 필자는 사랑이란 이제 인간과 비인간에게 동등한 마음으로 혹은 일심으로 나누어야 한다고 생각한다. 나를 비롯한 천지만물과 천인만인은 모두 하나에서 비롯된 존재이기 때문이다. 사랑에 차등은 있을 수 없다. 표출되는 형식이 달라 보이지만 그 근본 마음은 대자대비요, 측은과 충서의 인애요, 홍익이요, 무위자연의 부쟁(不爭)이요 원수까지 포함하는 이웃 사랑이다. 사물은 인간의 분신이요, 인간의 이웃이요, 인간 존재의 조건이다.[24]

마지막 토론자 전성건(2022: 88-89)의 김경동에 대한 질문은 이 절의 마지막을 장식하기에 어울리는 냉정한 논평을 제공한다. 심사숙고하지 않을 수 없는 일갈이다.

> "논평자는 한국사회를 움직이는 지식인 파워 엘리뜨의 단위를 크게 행정가, 정치가, 법조인 그리고 기업인으로 분류할 수 있다고 생각하고 … 상식의 범주에서 평가하자면, (그들은) 결국 공공성의 결핍과 사적 이익 (집착)으로 귀결되고 있다고 본다. 따라서 그들의 자기수련의 수행 가능성은 매우 적다고 판단한다 … 그러므로 문화적 교양으로 정화한 선진사회를 이룩하기는 낙관적인 전망일 뿐이라고 말할 수 있다. 현실적으로 숙의민주주의가 가능한지 알고 싶다 … 생태주의적 관점에서 볼 때 인간중심주의가 지

24 구해근은 중산층 개념을 활용하여 지식인 파워 엘리뜨와의 연결성을 논의했으나, 구체적 텍스트가 없어 더 이상 논의를 전개하지 못해 아쉽다.

니는 위험성은 매우 크다 … 천지인 삼재사상을 통해 선비문화의 생태주의적 시각을 추론할 수는 있지만 구체적인 현실에서 그것을 찾을 수 있는 사례가 있는지 궁금하다 … 논평자는 인간을 이성과 감성 그리고 오성 등으로 구분하는 서양철학의 맥락에서 벗어나 편성(偏性)의 관점에서 바라볼 필요가 있는 것으로 본다. 인간은 어쩌면 존재 그 자체로 반생태주의로 나아갈 확률이 높은 존재라고 생각할 수 있다 … 현재의 우리가 실천해야 하는 핵심적인 실천 덕목이 있다면 그것이 무엇인지 궁금하다. 다양한 의견과 입장이 있겠지만 이 시간을 통해서 잊지 않고 한 가지 실천사항을 가지고 살아갈 수 있는 것도 유의미한 일이 될 수 있기 때문이다."

전성건의 현실론은 김언종(2022: 40-41)의 선비문화 당위론에 대한 아래의 조심스런 경고와도 맥락을 같이한다. "지난 20세기 초 이래 선비정신도 퇴화를 거듭해 경이원지(敬而遠之)의 대상, 아니 대신 비웃거나 그 정신을 구현하면 할수록 손해라는 인식이 확산되어 … 이득과 출세에 의리와 염치가 방해된다는 인식"이 팽배한 현실에서 선비는 "사어화(死語化)" 단계에 있는 용어이다. 냉정하게 현실을 직시해야 한다. 그러나 여전히 꿈은 인간에게 참으로 필요하고도 좋은 것이다. 꿈에서 깨어나 그 꿈을 차근차근 구현해 나가는 일은 일장춘몽이 아니라 이상의 현실화이다. 천민자본주의와 "천민민주주의(賤民民主主義)"라는 처절하리만큼 척박한 현실에서 서두르지 말고 차근차근 계승과 발전의 길을 걸어야 한다. 지행합일의 즐거움도 있다.[25]

김경동(2000)은 시집 『시니시즘을 위하여』에서 "사람의 사회가 이토록 일그러지고, 인간의 심사가 이토록 뒤틀리는 모습에 가슴 아픈 지성의 한 가닥 희망이 시가 되어 나온 것"이라고 토로했다. 이제 김경동(2022: v)은 『선비문화의 빛과 그림자』를 통해서 "평화롭고, 정직하고. 행복한 삶을 위한 사회를 어떻게 꾸려나갈지에 관한 지침을 … 선비문화라는 … 본인 나름의 꿈과 논리로 탐색하는 시도"를 펼쳐 보여준다. 필자는 감히 그 논리는 타당하며 꿈은 온당하다고 평가한다.[26] "미래는 전혀 다른 곳에서 올지 모르고, 유교가 그 초석을 마련할 수도

25 특별제언을 한 도산서원 선비문화수련원 이사장 김병일은 김경동의 선비문화에서 "인간과 자연이 하나가 되는 세상을 추구한 유교의 천인합일," "선공후사의 공공성," 그리고 "아는 것을 행동으로 실천하는 지행병진"에 주목한다.

26 이 문단은 김성국(2022: 74-75)의 글을 축약한 것이다.

있다”(한형조, 2022: 69).

V. 김경동 문명론 연구의 계승

동아시아에서 지혜 전수의 묘미는 선각자가 화두를 던져주면 후학이 그것을 혼자 궁리(窮理)하여 대각(大覺)을 이루는 형식이다. 김경동의 선각(先覺)을 이어받는 필자까지 (염치없지만) 포함하여 세 사람의 후각(後覺)을 소개함으로써 김경동 문명론 연구가 어떻게 직간접적으로 면면히 계승되고 있으며 향후 더욱 발전적으로 개화할 가능성이 있는지 알려주고 싶다.

김문조(2013)는 여러 문명론을 섭렵하면서 자신의 특유한 융합문명론을 구축하고 이를 통하여 새로운 문명의 길과 그 성격을 규정한다. 좁게는 정보혁명, 넓게는 과학기술혁명의 문명전환적 충격을 배경으로 전개되는 그의 이론은 일찍이 정보사회론을 개척하고 정보사회학회를 창립한 김경동의 문명론적 각성을 과학사회학의 관점을 활용하며 승계하는 정치한 지적 작업으로 간주할 수 있다.

김상준(2021)의 동아시아 문명론 또한 미래 문명의 동아시아적 지향성을 강력하고도 치밀하게 제시한다. 특히 『붕새의 날개/문명의 진로: 팽창문명에서 내장문명으로』는 21세기에 등장한 최고의 독창적 문명론의 하나라고 해도 과언이 아니다. 김상준도 음양변증법을 활용하고, 유교적 가치의 보편성과 적실성을 주창한다는 점에서 김경동의 동아시아 문명론의 맥을 잇는 고준(高峻)한 학봉(學峰)이다.

필자(김성국, 2015, 2023)는 유불도 및 천부경(天符經)의 선가를 아우르는 하나논리를 통해서 동아시아 사회이론을 모색한다. 김경동의 음양변증법을 음양오행의 기능적 순환론으로, 중용을 중도자비 수신수행론으로, 이기논쟁을 심주도(心主導) 이기심일원론(理氣心一元論)으로 전변(轉變)·확장(擴張)하는 체용론을 발전시킨다. 필자는 천지인합일이라는 깨달음에 주목하면서, 김경동의 문명론을 유가(특히 양명학파와 화담의 기철학)와 함께 주역, 도가, 불가 그리고 천부경의 선가에 의존하여 다소 급진적으로 분화시키는 것이 아닐까 자평해 본다.

어쩌면 이제 한국의 사회학적 문명론은 앞서거니 뒤서거니 하면서 김경동의 문명론을 디딤돌로 삼으면서 창조적으로 혹은 독립적으로 분화해 나갈 것으로 전망해 본다. 김경동의 동아시아 문명론이 이론적으로 넓고도 깊은 관용의 원심력을 가졌기 때문이다. 김경동이 일구어낸 문명론의 대지는 후학이 개척해야 할 미지의 길과 갈고 다듬어야 할 이론적 자원들이 산재한 광활한 지적 탐구의 뉴프론티어(New Frontier)이다.

필자(김성국, 2022: 74)는 북 콘서트에서 김경동에게 경축의 헌사를 바쳤다. 그것으로 부족하나마 이 글을 매듭짓는다.[27]

> 선생님께 한 가지 요청을 드려 보고자 합니다. 중국의 현대 신유학 창시자의 한 사람인 펑유란(馮友蘭)은 95세에 『현대 중국 철학사』를 완성하였습니다. 진위에린(金岳林)과 펑유란의 신이학(新理學) 그리고 슝스리(熊十力)의 신심학(新心學)은 서구 철학의 전통을 비판하면서도 그것을 적극적으로 흡수하여 유가 이론의 새로운 경지를 보여주고 있습니다. 한국에서도 유가의 현대화에 매진하고 있으나 아직까지 (이 자리에 참석한 이영찬 교수의 저서를 제외하고는), 과문한 탓으로, 어떤 집대성된 성과가 별로 보이지 않는 것 같습니다. 선비문화의 뿌리를 더욱 든든히 하기 위해서도 유가 이론의 현대화는 절실합니다. 조선시대에 축적한 뛰어난 이론적 논의를 활용하여 세계를 대상으로 하는 한국판 신유가이론이 필요합니다. 아무쪼록 선생님께서 향후 중국과 일본, 나아가 서구(지식인)의 경우를 비교하면서 파워 엘리트이자 새로운 문명의 선구자로서 지성인 선비가 추구해야 할 선비문화 연구의 총결산을 이룩해 주실 것으로 기대해 보겠습니다.

[참고문헌]

김경동. 2000. 『시니시즘을 위하여』. 민음사.

______. 2002. 『한국사회발전론』. 집문당.

______. 2019. 『사회적 가치』. 푸른 사상.

______. 2022. 『선비문화의 빛과 그림자: 지식인 파워 엘리트의 사회학』. 대한민국 학술원.

27 원문에 있는 경칭과 존대어를 그대로 사용하였으니 양해 바랍니다.

김경만. 2015. "글로벌 지식장과 상징폭력: 한국 사회과학에 대한 비판적 성찰." 『문학동네』.
김문조. 2013. 『융합문명론: 분석의 시대에서 종합의 시대로』. 나남.
김병만. 2022. "현대병의 특효약은 선비문화의 실천이다." 『대전환, 그 너머의 세상: 인류를 위한 질문(모색 세션 2: 인류 미래를 위한 시대정신으로서 선비문화)』. 자료집. 한국정신문화재단 주관 제9회 21세기 인문가치포럼(2022년 9월 21일-23일, 안동 국제컨벤션센터).
김상준. 2021. 『붕새의 날개 문명의 진로: 팽창문명에서 내장문명으로』. 아카넷.
김성국. 1990. "논평: 국가론으로부터 시민사회론으로." 『한국사회의 비판적 인식』. 한국사회학회(편). 나남. pp. 137-141.
______. 2002. "김경동의 사회학." 호산 김경동 교수 정년기념논총간행위원회 엮음. 『현대사회와 인간 (1): 성찰의 사회학』. 박영사. pp. 391-415.
______. 2015. 『잡종사회와 그 친구들: 아나키스트 자유주의 문명전환론』. 이학사.
______. 2018. "유아유심 개인주의: 마음사회학을 위하여." 『한국사회학』 52(2): 159-212.
______. 2022. "토론문." 『대전환, 그 너머의 세상: 인류를 위한 질문(모색 세션 2: 인류 미래를 위한 시대정신으로서 선비문화)』. 자료집. 한국정신문화재단 주관 제9회 21세기 인문가치포럼(2022년 9월 21일-23일, 안동국제컨벤션센터). pp. 71-75.
______. 2023. 『하나논리: 동아시아 사회이론의 모색』. 이학사.
김언종. 2022. "김경동 선생의 역저 『선비문화』에 대한 토론문." 『대전환, 그 너머의 세상: 인류를 위한 질문(모색 세션 2: 인류 미래를 위한 시대정신으로서 선비문화)』. 자료집. 한국정신문화재단 주관 제9회 21세기 인문가치포럼(2022년 9월 21일-23일, 안동 국제컨벤션센터). pp. 34-41.
김재범. 2001. 『주역사회학』. 예문서원.
김형효. 2010. "원효대사의 화쟁사상과 그 철학적 함의." http://blog.com/stargaze59/30043106706.
이영찬. 2022. "『선비문화』 논평." 『대전환, 그 너머의 세상: 인류를 위한 질문(모색 세션 2: 인류 미래를 위한 시대정신으로서 선비문화)』. 자료집. 한국정신문화재단 주관 제9회 21세기 인문가치포럼(2022년 9월 21일-23일, 안동 국제컨벤션센터). pp. 42-48.

______. 2001. 『유교사회학』. 예문서원.

______. 2008. 『유교사회학의 패러다임과 사회이론』. 예문서원.

이용태. 2022. "북 콘서트 포럼 '대변환기의 인류의 미래를 위한 시대변화로서의 선비문화." 『대전환, 그 너머의 세상: 인류를 위한 질문(모색 세션 2: 인류 미래를 위한 시대정신으로서 선비문화)』. 자료집. 한국정신문화재단 주관 제9회 21세기 인문가치포럼(2022년 9월 21일-23일, 안동국제컨벤션센터). pp. 30-33.

전성건. 2022. "『선비문화의 빛과 그림자: 지식인 파워 엘리트의 사회학』을 읽고." 『대전환, 그 너머의 세상: 인류를 위한 질문(모색 세션 2: 인류 미래를 위한 시대정신으로서 선비 문화)』. 자료집. 한국정신문화재단 주관 제9회 21세기 인문가치포럼(2022년 9월 21일-23일, 안동국제컨벤션센터). pp. 87-89.

정일균. 2022. "대변환기 인류의 미래를 위한 시대정신으로서의 선비문화에 대한 선구적인 사회학적 연구." 『대전환, 그 너머의 세상: 인류를 위한 질문(모색 세션 2: 인류 미래를 위한 시대정신으로서 선비문화)』. 자료집. 한국정신문화재단 주관 제9회 21세기 인문가치포럼(2022년 9월 21일-23일, 안동국제컨벤션센터). 별쇄본.

정수복. 2022. 『아카데믹 사회학의 계보학』. 푸른역사.

정학섭. 2022. "토론문." 『대전환, 그 너머의 세상: 인류를 위한 질문(모색 세션 2: 인류 미래를 위한 시대정신으로서 선비문화)』. 자료집. 한국정신문화재단 주관 제9회 21세기 인문가치포럼(2022년 9월 21일-23일, 안동국제컨벤션센터). pp. 76-86.

한국사회학회(편). 1990. 『한국사회의 비판적 인식: 80년대 한국사회의 분석』. 나남.

한국사회학회 · 한국정치학회(편). 1992. 『한국의 국가와 시민사회』. 한울.

한형조. 2022. "북콘서트, 김경동 저 선비문화를 읽고." 『대전환, 그 너머의 세상: 인류를 위한 질문(모색 세션 2: 인류 미래를 위한 시대정신으로서 선비문화)』. 자료집. 한국정신 문화재단 주관 제9회 21세기 인문가치포럼(2022년 9월 21일-23일, 안동국제컨벤션센터). pp. 49-70.

홍승표. 2002. 『깨달음의 사회학』. 예문서원.

Burawoy, Michael. 2005. "For Public Sociology." (Presidential Address, 2004). *American Sociological Review* 70(February: 4-28).

Kim, Kyong-Dong(ed.). 1987. *Dependency Issues in Korean Development*. Seoul National University Press.

________________. 2017a. *Alternative Discourses on Modernization and Development: East Asian Perspective*. NY: Palgrave and Macmillan.

________________. 2017b. *Korean Modernization with Uneven Development: Alternative Sociological Accounts*. NY: Palgrave and Macmillan.

________________. 2017c. *Confucianism and Modernization in East Asia: Critical Reflections*. NY: Palgrave and Macmillan.

동서사상의 융합, 김경동의 사회과학

임 현 진*

Ⅰ. 들어가며

대학 시절을 되돌아보면 고뇌와 열정 못지않게 도전과 좌절이 교차한다. 저의 세대 대학시절은 시위와 휴교 등 어두웠다. 1학년 때 음대에서 철야 농성하다가 동대문경찰서로 잡혀갔다. 2학년 때 문리대 데모를 조직하다 문제가 되어 청량리역에서 동기들과 기차를 타고 산간 지역으로 도망갔다. 졸업한 것만 다행이었다. 민족이냐 계급이냐 이념논쟁의 와중에서 여러 지우를 만나게 되었고 지금까지 동지로 지내고 있다.

정의감 하나로 우쭐대던 시절이었다. 들으면 듣는 대로 읽으면 읽는 대로 다 아는 것처럼 지적 과신에 빠져 고담과 준론에 빠지곤 했다. 그럼에도 당시 선생님이라 하면 아무리 올려보아도 감히 범접할 수 없는 절대 神과 같은 분으로 여겨졌다. 작금의 교수와 학생 사이의 적막한 관계를 보면 대학에 몸담았던 사람으로 유감이 적지 않다.

당시를 돌아보면 항시 잊을 수 없는 은사님들이 생각난다. 아무것도 모르는 지식 세계의 초년병에게 가르침을 통해 배움과 깨달음을 주셨던 것이다. 서울대 문리과대학에는 기라성 같은 선생님들이 계셨다. 민병태, 이용희, 이만갑, 민석홍, 민두기, 고병익, 한우근, 김철준, 정명환, 김원룡 선생님의 강의는 정식으로 수강을 못하면 적어도 청강 내지 도강을 하라는 것이 그 당시 불문율이었다. 지금은 인문대학, 사회대학, 자연대학으로 나누어졌지만 당시 문리과대학에서는 文·理科를 가르지 않고 이른바 융합과 통섭에 가깝게 여러 과목을 수강할 수 있었다.

* 서울대학교 명예교수. 대한민국학술원 회원. 사회학과 1971년 학사, 1973년 석사

되돌아보면, 저와 김경동 교수님의 만남은 오래되고 깊었다. 순간만 스쳐도 인연이라는데 반세기를 훌쩍 넘기고 있다. 서울대 학부 시절 스승과 제자로 만나, 후학으로 사회학과에서 같이 근무하였고, 그리고 대학 퇴임 후 학술원 회원에 선출되어 지금까지 동일한 분과에서 연구할 수 있는 기회를 가졌으니 참으로 대단한 인연이고 행운이라 할 수 있다. 저는 학부 시절 사회학과에서 김경동 교수님으로부터 여러 강의를 통해 배움이 많았던 것으로 기억한다. 사회통계, 조사방법, 산업사회, 사회변동 등 주제에 관한 수업이 그것이다. 지금도 그 당시 노트를 펴 보면 참 많이도 배웠다는 생각이 든다. 사회통계의 기초와 응용, S. Eisenstadt의 저항과 변동의 근대화론, D. Bell의 자본주의 문화적 모순론. C. Kerr의 산업사회 수렴론 등 대단했다. 최신의 이론과 다양한 현실에 비춘 당시 한국의 모습은 초라했다. 그러한 자각이 훗날 외국으로의 유학을 결심하게 된 동기와 배경이 아니었던가 생각한다.

서울대학교 사회대학 사회학과에서 김경동 선생님을 모시면서 여러 가지 일을 공동으로 수행할 수 있는 기회가 있었다. 선생님께서 주도하신 여러 국제회의의 초청, 진행, 편집 등 실무를 맡았고, 그 결과는 저서로 출간되기도 하였다. 그 중 하나의 실례를 들 수 있다. 서울대학교 사회과학연구소(The Institute of Social Science)는 "Dependency Issues in Korean Development: Comparative Perspectives"에 관한 국제학술회의를 1985년 6월 6~8일 서울의 힐튼호텔에서 개최하였다.[1] 김경동 선생님이 당시 연구소의 소장으로 이 국제회의의 조직위원장을 맡아 이끄시면서 저는 자연스럽게 조직위원회의 실무자로 배규한 박사와 함께 국내외의 정치학, 경제학, 사회학 분야에서 발전문제를 전공하는 주요 학자들을 섭외하는 하명을 받았다. 이 당시 세계체제론, 국가독점자본주의론, 주변부 자본주의론, 종속이론, 종속적 발전론, 관료권위주의론의 주창자라 할 세계적 석학은

1 이 국제회의에서 발표된 논문들은 Kyong-Dong Kim(ed.), *Dependency Issues in Korean Development: Comparative Perspectives*. Seoul: Seoul National University Press, 1987년에 동일한 제목으로 간행되었다. 이와 더불어 김경동 선생님을 모시고 국제회의를 한 결과 다음과 같은 저서들을 출간할 수 있었다. Kyong-Dong Kim and Hyun-Chin Lim, *East Meets West: Civilizational Encounters and the Spirit of Capitalism in East Asia*, Leiden and Boston: Brill, 2017; 김경동, 백완기, 임현진 편, 『민주주의의 위기』, 백산서당, 2019; Kyong-Dong Kim, Wann Kee Paik, Hyun-Chin Lim, *Crisis of Democracy*, Backsan, 2017 등이다.

거의 다 모셨다. Samir Amin, Guillermo A O'Donnell, Michel Holder, Ulrich Menzel, Raymond D. Duvall, Dieter Senghaas, Herbert Schiller, Peter Evans, Aidan G. Foster-Carter, Christopher Chase-Dunn, John Wang, Dennis L. McNamara 등이 그들이다. 이러한 거두들이 참석한 국제학술회의는 규모와 내용에서 아마도 한국 사회과학계에서 전무후무한 경우라고 할 수 있다.

당시 한국의 종속적 발전은 국제 계층구조 안에서 주변부로부터 半주변부로의 지위상승을 겪은 매우 드문 사례로서 브라질과 대만의 경험과 더불어 매우 중요한 연구 대상이었다. 맑스주의 계열에서 한국의 종속적 발전에 대해 한편에서 아무리 잘 나아가도 주변부 자본주의를 벗어나지 못할 것이라는 비관적 분석, 다른 한편에서 대기업과 결탁한 국가독점 자본주의로 귀결될 것이라는 비판적 분석이 엇갈리던 시기였다. 김경동 선생님은 놀라운 지적 혜안을 갖고 한국은 포용적 자본축적을 통해 2000년대에 선진국을 따라잡을 수 있다는 놀라운 미래지향적 전망을 제시해 주셨다. 돌이켜보면 그의 선도적인 학문적 리더십 아래 한국의 미래 발전을 미분하고 적분하는 매우 드물고 귀중한 자리였다고 자부하고 싶다.

이 글에서는 김경동 선생님의 동서사상의 융합을 위한 시도로 선비사상론에 비춘 대안적 민주주의론이 지니는 성과와 의의에 대해 알아보려 한다. 어느 주제를 다루든 동서사상의 융합은 사회학자 개인으로서 매우 지난한 과제가 아닐 수 없다. 여러 가지 학파의 갈래 아래 다양한 동양사상이나 서양사상에 대한 부분적 이해도 쉽지 않은데 그것을 통합적 맥락에서 독자적으로 파악하여 비교, 논술한다는 것은 범상한 지식의 편력과 통섭 없이는 어려운 것이다.

Ⅱ. 현대판 선비, 종합사회학자 김경동

오늘의 한국은 세계경제정치체제에서 중심부의 위상을 점하고 있다. 돌이켜보면, 6.25전쟁 이후 국토분단 아래 원조를 받는 나라에서 공여국이 된 이후 한국은 2009년 UN의 DAC(Development Assistance Committee: 개발원조위원회)의 일원이 되었다. 한국이 채권국 모임 '파리클럽'에 가입한 것이 2016년이었다. 그리고 2019년에는 인구 5,000만 이상의 나라로 일인당 국민소득 30,000달러에 진입한 이른바 30-50 클럽에 일본, 미국, 영국, 독일, 프랑스, 이탈리아에 이어 세계에서 일곱 번째로 합류했다. 한국은 5대 공업국, 10대 무역국이다. 이러한 와중에서 2021년 7월 2일 한국은 UNCTAD(유엔무역개발회의)에서 선진국의 지위를 부여받았다. 아시아·아프리카 개도국의 딱지를 떼고 선진국 31개국에 가담한 것이다. 이는 1964년 UNCTAD 설립 이후 세계 최초의 사례이다. Pacheco Pardo (2022)가 한국을 '새우에서 고래(From Shrimp to Whale)'가 된 나라로 과찬한 배경이다. 그럼에도 우리 국민은 문화적으로 선진국, 경제적으로 중진국, 정치적으로 후진국이라 자평하고 있다.

과거 한국의 미래상에 대해서는 비관론이 우세했다. 동북아시아의 분단국으로 중국, 일본, 러시아 등 열강에 둘러싸인 지정학적 위치로 인해 민주화는커녕 산업화도 어렵다는 국내외적 평가가 지배적이었다. 그러나 오늘의 한국은 자본주의의 짧은 역사에도 불구하고 후진의 멍에를 벗고 중진을 넘어 선진의 단계에 진입해 있다. 후발 발전국으로서 산업화는 늦었지만 민주화는 진행 중이고 정보화는 앞서가고 있다. 그럼에도 불구하고 자본주의는 역사의 단축으로 인해 前근대(농경사회)와 근대(산업사회)·反근대(反산업사회)와 脫근대(정보사회)가 공존하는 '비동시성의 동시성'이란 복합적 성격을 나타내고 있다.

일찍이 김경동 선생님은 한국의 미래상을 발전지향적으로 전망하면서 이를 위한 사회과학적 분석을 시도했다. 김경동의 사회학을 발전이론의 관점에서 위치시켜 보면 수정된 근대화론의 관점에서 산업화와 민주화에 대한 접근으로 시작하였다고 볼 수 있다. 근대화론은 초기의 제1 모델에서 수정된 제2 근대화론으로 변화와 개조를 거쳐 왔다. 옛 제3세계에서 W. Rostow의 경제성장 낙관론이 1960년대 S. Huntington의 '정치적 쇠퇴(political decay)', S. Eisenstadt의 '근대화의 좌절(breakdown of modernization)', G. Frank의 '저개발의 심화(development of underdevelopment)'의 등장에 따른 통절한 반성 위에 제2의 근대화론이 전개되었다. 김경동 선생님은 수정된 근대화론의 시각에서 발전을 "문화적 교양으로 정화한"("Cultured" Development) 것으로 정의한다. 그리하여 한국과 같은 개발도상국은 "문화적 교양으로 정화한" 선진성숙사회("Cultured" Advanced Mature Society)로 나아갈 수 있다는 미래비전을 제시하고 있다(Kim, 2017).

그는 한국 발전의 성공을 내인적으로 설명하는 여러 이론들 중에서 제도주의적 해석보다 문화주의적 해석을 선호한다고 볼 수 있다. 문화주의적 해석은 일본의 초기 근대화 과정에서 신도(神道)의 긍정적 기능에 대한 R. Bellah의 연구를 효시로 하여, Morishima, Hofheinz, Colder, 두유명(杜維明) 등의 논의를 거쳐, '유교자본주의론'에 의해 절정에 달하고 있다(Bellah, 1957; Morishima, 1981; Hofheinz and Calder, 1982; 杜維明, 1990). 반면에 제도주의적 해석은 전후 일본의 자본주의적 산업화 과정에서의 국가의 적극적 역할에 대한 C. Johnson의 연구를 기점으로 하여, White, Amsden, Evans 등의 논의를 거쳐, '발전국가론'으로 집약되고 있다(Johnson, 1982; White, 1988; Amsden, 1989; Evans, 1995).

문화주의적 해석은 전통문화로서 유교가 프로테스탄트 윤리와 같은 순기능을 수행해 왔다고 본다. 가족중심주의, 교육에 대한 강조, 조직에 대한 충성, 위계서열의 존중, 정부의 지도력, 공동체적 집합주의, 강한 성취욕·헌신성·기율 등이 경제발전의 동력을 제공해 왔다는 주장이다. 김경동 선생님은 '고급 유교(High Confucianism)'가 지난날 지배층의 통치 명분을 제공해 왔다면, 오늘날 그것은 '하급 유교(Low Confucianism)'로서 사람들의 의식과 행동에서 생활윤리로 작용하고 있다고 주장한다(Kim, 1994: 99). 즉 개인윤리로 전개되면서 일종의 신 프로테스탄트 윤리(New Protestant Ethics)로 발전해 왔다는 논지이다. 그는 두유명의 유교자본주의론을 한걸음 넘어선다. 물론 두유명과 같이 동아시아를 인류역사상 세 번째 산업문명으로 파악하지만, 동아시아에서 유럽과 미국같이 시장경제에 기반한 자본주의와 구소련과 동구로 대표되는 계획경제에 기초한 사회주의를 넘어설 수 있는 동아시아의 근대화에 주목한다. 역사적으로 볼 때, 유교는 과거 불교나 도교에 비해 커다란 영향력을 발휘하지 못했으나 민간에 광범위하게 침투된 이후 그것들에 대해 창조적 적응을 하였으며, 따라서 금후의 과제는 동서양 사상의 종합을 통한 서구중심의 기존 발전에 대한 대안으로 아시아적인 함의를 지니는 발전관을 마련하는 것이라고 본다.

김경동 선생님은 비범한 분이다. 예악(禮樂)과 서수(書數)를 갖춘 한국의 지식인 중 찾아보기 어려울 정도의 높은 학식과 덕망을 지니고 계시다. 단순히 지식의 추구를 넘어 도덕적 실천을 중시한다. 성리학보다 양명학에 더 기울어 있다고 하면 과언일까. 르네상스적 지식과 심성을 지닌 휴머니스트라는 최정호 교수(2002)의 평가에 동의한다. 그는 학자이자 문인이다. 시인으로 등단했고, 소설로도 데뷔했다. 워낙 세상에 대한 관심의 범위가 넓어 사회학의 한 분야에 머무를 수 없는 시야와 광폭을 지닌 종합사회학자이다. 김성국 교수(2002)의 지적대로 프랑스의 사회학 전통에서 보면 일종의 종합사회학자로서 사회과학 전체를 추구했다고 볼 수 있다. 이 점에서 김경동 선생님은 요즘 회자되고 있는 인문학, 사회과학, 자연과학 분야의 융합과 통섭을 일찍부터 시도한 사회학자라고 보고 싶다. 실제로 선생님이 지금까지 다룬 대부분의 연구 주제 특히 사회발전, 산업사회, 정치사회 분야에 관한 분석은 사회의 특정 단면이나 일부 변수에 국한하지 않는 종합적(holistic) 접근으로 이루어져 있다. 그의 민주주의론과 선비문화론을 보면 동서양의 사상, 철학, 종교, 문예가 서로 맞물리면서 종합으로 지양되고 있다.

흔히 김경동 사회학을 주류사회학에 위치시킨다. 한국사회학의 전개를 거시적으로 정리한 정수복(2022)에 의하면 김경동은 기본적으로 강단사회학자로서 한국의 주류사회학을 계승하고 주도해온 것으로 평가한다. M. Burawoy(2007)에 의하면, 강단사회학은 사회참여를 통한 정치적 행동주의를 선호하지 않는다. 이를 진보적이라기보다 보수적이라고 단정할 수 있다. 그러나 Berger와 Keller(1991: 18)가 보듯 전복적 속성을 지닌 사회학은 부정을 통해 긍정에 도달하는 독특한 특징을 지니고 있다. 영국의 산업혁명, 프랑스의 부르주아 혁명의 전후에 사회질서와 변동을 다룬 Durkheim, Weber, Marx 등 사회학의 비조들은 개혁이나 혁명 등 입장은 달라도 모두 공화주의와 민주주의의 가치를 시민권의 각도에서 접근하였기 때문이다.

해방 이후 한국사회의 지식인은 권위주의에서 민주주의로의 체제 이행을 거치는 과정에서 기능적, 비판적, 개혁적, 변혁적 지식인 등 네 가지 유형으로 구분할 수 있다(임현진, 2001). 김경동 선생님은 주류사회학자이지만 저는 그를 '성찰적 지식인'으로 새로 범주화시키고 싶다. 한평생 선생님은 지식의 도구적 맥락에 머무르지 않고 성찰적 차원에서 한국사회에 대한 이론적·경험적 연구를 추구해 왔기 때문이다. 김경동 선생님은 한편으로 기존 체제를 옹호하는 기술관료적 전문주의(technocratic professionalism)를 배격하였을 뿐만 아니라, 다른 한편으로 이데올로기적 허위예언(ideological pseudo-prophecy)도 거부했던 것이다. 나아가 그는 미래 한국의 바람직한 지향을 위한 성찰적 차원에서 사회운동에 관심을 갖고 자발적 결사체를 중심으로 자원봉사 부문에 실제 참여하면서 이론적·실천적으로 기여한 바가 적지 않다.

제2차 세계대전 이후 미국사회학을 중심으로 세계사회학을 지배해 온 자유주의 계열의 균형이론, 즉 구조기능주의 패러다임이 주류사회학의 모체를 이루고 있다. 그러나 시대변화에 따라 사회과학의 문제틀이라 할 패러다임이 바뀌듯 영원한 주류사회학이란 존재할 수 없다. 이 점에서 김경동의 사회학은 갈등이론보다 균형이론의 패러다임이라는 표준사회학을 따르지만, 동서양의 사상에 대한 접합을 통한 부단한 정반합적 지양을 추구해 왔다고 볼 수 있다. 한국사회의 현실을 미분하고 적분하면서 한국사회에 걸맞은 현실적합성을 부단히 추구해 왔던 것이다.

최정호(2002; 정수복 2022: 372에서 재인용)는 김경동을 "일찍이 현대사회학의 메인스트림이라 할 전후의 표준사회학을 철저히 공부함으로써 훌륭한 방법론적 기초를 다져둔 (…) 한국사회학을 그 프론티어에서 한 세대 이상 이끌어온 대석학이다. (…) 농경사회에서 산업사회로, 산업사회에서 다시 정보사회로, 이 나라가 우리들의 당대에 숨가쁜 사회변동의 격랑기를 겪어오는 고비고비마다 '그때 그곳'에서 제기된 모든 중요한 문제에 대해 … . 사회학도로서의 관심을 기울여 취재하고, 조사하고, 연구하고, 이론화하고 그를 통해 학문적으로 발언해 왔다"고 압축적으로 평가한다. 김경동 선생님은 논란의 여지없이 국내에서 한국사회학의 체계화에 기여하면서 국제학계에서 한국 사회학의 위상을 제고한 종합사회학자라고 판단할 수 있다.

Ⅲ. 선비사상을 통해 본 대안적 민주주의론[2]

민주주의는 왜 흔들리는가? 국가의 성쇠에 대한 반계 유형원(1622~1673)의

2 Kyong-Dong Kim, "Is Perfect Democracy Possible?" (Kyong-Dong Kim, Wanki Paik, Hyn-Chin Lim, eds., *Democracy in Crisis*, Seoul: Baiksan, 2019)과 저서 『선비문화의 빛과 그림자: 지식인 파워 엘리트의 사회학』(박영사, 2022)를 참고하고 있다.

접근에서 시작할 수 있다. 그는 국가의 성쇠가 공사가 구분되지 않고, 특히 법과 제도가 사욕에 의해 지배받은 결과라고 본다. 인구절벽을 시작으로 지역소멸과 성장한계를 거쳐 한국이란 나라는 세계지도에서 사라질 위험에 마주하고 있다. 더욱이 온갖 사회갈등이 서로 교차하는 가운데 포퓰리스트적 팬덤정치로 인해 진영대립이 악화되고 있다. 그러나 위정자들은 자신의 이해와 안위를 위해 처신할 뿐 사회해체와 진영대립에 대해 깊이 고민하고 있지 않다. 무엇보다도 정치가 '私천하'되고 '公천하'로부터 벗어나고 있다. 공사구분이 바로 서지 못하고 있기 때문이다. 옛말로 얘기하자면 군주가 주인이고 백성은 객일 뿐이다. 세상이 시끄럽고 혼란스러울 수밖에 없다.

민주주의를 바로 세우려면 자유와 평등의 조화를 연대의 가치에 의해 제고하면서 주권재민의 공화주의를 가동시켜야 한다. 김경동 선생님은 민주주의는 본래 완벽하지 않다고 주장한다. 전 세계적으로 민주주의는 위기이다. 한편으로 '민주주의의 퇴행(democratic regression)'이, 다른 한편으로 '독재화의 물결(a new wave of autocratization)'과 맞물려 있다. 물론 민주주의는 앞으로 전진할 수도 있고 뒤로 후진할 수도 있는 것이 역사의 경험이다. 그러나 아시아, 라틴 아메리카, 아프리카의 후발 민주주의 국가들뿐만 아니라 유럽, 북미 등 선진 민주주의 국가들에서조차 근래에 이르러 민주주의가 혼란에 빠져 있다. 이러한 민주주의의 혼란은 흥미롭게도 지난날처럼 쿠데타, 반란, 대중봉기 등에 의하기보다 합법적 선거 - 때로 부정선거나 투표조작을 포함 - 를 통해 등장한 집권자가 '스텔스적으로' 민주적 규범과 제도를 스스로 무너뜨리는 특징을 보이고 있다. 개인 지도자를 중심으로 권력의 전제화를 통해 민주주의의 퇴행과 권위주의의 부활이 일어나고 있다. 이러한 견지에서 일단의 학자들은 21세기 민주주의는 '위기(crisis)'에서 '후퇴(retreat, backsliding, regression)'를 거쳐 '퇴화(degeneration)'로 이어지고 있다고 주장한다.

실제로 민주주의란 이념형에 지나지 않는다. Dahl(1971)이 적절히 개념화한 대로, 현실적으로 존재하는 것은 다두제(多頭制, polyarchy)이다. 다수의 지배로서 다두제는 엘리트나 집단 사이의 경쟁을 통해 다중의 선호가 반영될 뿐이다. 그러므로 민주주의는 여러 정치체제들 중 최선일 뿐이지 완벽하지 못하다.

이러한 민주주의는 내재적 모순을 안고 있다. 첫째, demos(인민)의 kratos

(지배)로서 민주주의에서 인민은 전체 국민을 지칭하는 인민주권(popular sovereignty)을 의미할 수도 있고, 국가를 가리키는 국가주권(national sovereignty)을 함의할 수도 있다. 둘째, 민주주의가 추구하는 만민평등(equality of all)의 이상은 현실적으로 실현 불가능하다. 만민평등은 개인의 경제적, 정치적, 사회적 자유 추구를 제약할 수 있다. 민주주의의 양대 가치인 자유와 평등 사이에는 항시 긴장이 있다. 나아가 다수결의 원칙에 따라 다수의 지배가 소수의 배제를 가져올 수도 있다. 셋째, 민주주의의 일인일표의 원칙은 시장경제의 일원일표의 현실과 충돌한다. 민주주의의 참여와 평등의 가치와 시장경제의 논리인 경쟁과 효율 사이에 긴장이 따른다.

김경동 선생님은 민주주의의 위기는 이미 20세기 초반부터 나타나기 시작했다고 지적한다. 이러한 관점에서 Abraham Lincoln이 250여 년 전 1863년 11월 19일 게티즈버그 연설에서 제시한 "국민의, 국민에 의한, 국민을 위한 정부(government of the people, by the people, for the people)"에서 논의를 시작하고 있다. 첫째로, 국민의 정부란 국민이 주인이고 소유를 의미한다. 그러나 J-J Rousseau가 간파했듯이 선거 때만 국민은 주인이고 선거가 끝나면 노예가 된다. 선거를 통해 국민이 뽑은 정치인에게 거꾸로 지배를 당하게 된다. 선거가 끝나면 정치인은 국민의 이익이 아닌 자신의 이해를 위해 정치를 한다. 민주주의의 위기이다.

둘째로, 국민에 의한 정부는 허구에 가깝다. 대의제도라는 이름으로 제3자의 집단에 위임하는 간접 참여일 뿐이다. 미국정치학회 회장을 역임한 E. Schattschneider 교수는 국민은 민주주의의 주체임에도 불구하고 '절반의 주권자'(semisovereign people)에 지나지 않는다고 지적했다. demos(인민)의 kratos(지배)로서 민주주의는 선거를 통해 선택받은 소수의 엘리트들이 거꾸로 다수의 국민을 지배한다. 민주주의는 오직 국민이 자신들을 통치할 사람들을 수용 또는 거부할 기회를 가질 뿐이다. 이러한 의미에서 민주주의란 정치인의 통치로 표현하면 된다.

셋째로, 국민을 위한 정부는 선출된 대표자들이 그들의 과두적 이해를 벗어나지 못함으로써 민의를 왜곡하는 모순을 지닌다. 정책결정의 기술관료화로 인해 시민사회의 다원적 이해관계를 적절히 반영하지 못한다. 대의 민주주의는 '지키지 못한 약속'만을 양산한다. 이러한 정치인의 약속과 시민 사이의 기대 격차로 인해 정치에 대한 불신이 일어나며, 끝내 분노와 불만은 정당성의 기반이 훼손되는 가운데 혁명으로 이어질 수도 있다. 선거에 의해 수립된 정부가 평등, 사회정의, 완전고용, 경제성장, 값싼 아파트, 행복, 의미 있는 삶 등을 제공하는 데 실패하기 때문이다. 이러한 대의 민주주의에 식상한 시민은 온라인이나 거리로 나가 민주주의를 직접 하려 한다. 민주주의가 시끄러워질 수 있다.

김경동 선생님은 민주주의의 원활한 작동을 위한 단서를 선비사상에서 찾으려고 노력해 왔다. 그에 의하면 역사적으로 볼 때 제2차 세계대전 이후 서구 국가들에서 민주주의의 위기는 한 세대마다 반복되어 왔다. 이처럼 위기에 처한 민주주의를 재건하기 위해서 동양, 특히 한국의 선비사상에서 개혁의 해답을 얻을 수 있다고 보았다. 그는 민주주의를 보통 사람들이 사회의 특별한 지위를 차지한 사람들의 특권을 철폐하기 위한 사회운동에서 출발하였다고 파악한다. 보통 사람들이 정치적 관점에서 바라보는 사회조직의 원리라는 것이다.

이러한 견지에서 김경동 선생님은 대의정치(국민의 정부), 참여정치(국민에 의한 정부), 그리고 책임정치(국민을 위한 정부)의 문제를 "자본주의적 민주주의"에서 찾고 있다. 즉, 1원1표의 자본주의의 논리와 1인1표의 민주주의의 원칙 사이의 모순이다. George Soros가 간파한 대로, 지나치게 강력한 경쟁과 너무 부족한 협동은 참을 수 없는 불평등과 불안정을 가져오는 원인에 다름 아니다. 현대 문명에서 경쟁적인 자본주의 안에서 성취를 추구하는 활력을 돋우는 불평등과 민주주의가 약속한 공동체를 단결시키는 평등 사이의 균형이 사라지고 있는 것이다. 동양의 음양변증법에 따르면 어느 극단으로 치달으면 반드시 한계에 부딪쳐 반대의 극단으로 되돌아오게 되어 있는 원리가 있다. 음양 간의 긍정적 상호작용에 의해 세상의 질서를 지키고 발전적 변동을 추구하려면 균형, 평형, 중용이 필수적이라는 우주론적 도의 변화의 원리이다.

김경동 선생님은 민주주의라는 이상과 현실 사이의 모순을 혁명적으로 바꿀 수 있다면 완벽한 민주주의를 실현하는 것이 전혀 불가능하지 않다고 본다. 그는 인류사회에서 다양한 조직원리를 역사에서 보아 왔지만 이제 서구식 민주주의 원리를 대체할 수 있는 대안을 고민할 필요가 있다고 제언한다. 그리하여 서구의 자본주의적 민주주의에 대한 대안으로서 동아시아 문화유산 중 유교사상에서 '분권적 · 다원적 · 공동체주의적 집합주의'라는 새로운 사회경제조직에 주목할 필요가 있다고 역설한다. 특히 다산 정약용 선생의 백성이 주인이며 아래로부터 정치를 하라는 '원목(原牧)'과 '탕론(蕩論)'에서 보이는 민본(民本)과 위민(爲民)과 안민(安民)의 원리가 현대 민주주의에 지니는 함의를 되새길 필요성을 제시한다. 여기에 정다산의 풀뿌리 수준에서 단계별로 인민의 추대로서 지도자를 선출하는 原牧과 그렇지 못하면 인민의 의사를 좇아 왕을 축출하는 湯論을 통해 민에 의한 정부론을 추가한다. 『목민심서(牧民心書)』는 부임에서 퇴관에 이르기까지 목민관의 자기관리(律己), 공직자의 기준에 맞는 임무수행(奉公), 인본적 가치로서 애민(愛民)을 강조했다는 점에서 배울 점이 많다는 것이다.

分權的 · 多元的 · 共同體主意的 집합주의라는 새로운 사회경제조직에서는 부와 권력이 소수의 엘리트층에게 독과점적으로 집중해 있지 않고 문화적 다원성을 널리 그리고 일상적으로 수용할 수 있다. 그렇지만 분권화와 다원주의는 극단으로 치달으면 사회의 해체까지도 초래할 수 있는 위험성이 있으므로 이를 완화하고 감소하기 위해서는 공동체주의적 집합주의 원리도 요구하게 된다. 이처럼 표면상 상반하는 원리를 대대적으로 위치시키는 것은 상호간에 약점과 단점을 교정하면서 순환적으로 상호작용하는 역동성을 드러내면서 이를 효율적으로 관리하는 특징을 중시하는 음양변증법의 논리에서 차용한 것이다.

이러한 사회경제조직의 특성은 다음과 같은 조건을 충족시킬 수 있어야 한다. 1) 지속적 경제성장, 2) 생태환경의 보호와 보전, 3) 건강한 민주정치, 4) "뒤쳐져 따돌림을 받는" 사람들, 즉 일반적인 복지혜택을 박탈당하거나 그로 인한 삶의 불만족을 품는 사람들이 없는 복지, 4) 구성원 모두가 문화적 자원을 향유할 수 있는 문화적 풍요, 그리고 5) 도덕적, 윤리적으로 건전한 사회를 지향한다. 이런 사회를 일컬어 "자발적 복지사회"라 지칭한다. 복지국가가 아니라 구성원들의 자발적 참여로 이루어지고 운영하는 사회를 말한다. 바로 이와 같은 사회의 모습에서 우리는 정치적 민주주의의 위상을 추구한다.

김경동 선생님은 한국의 실학파 유학자인 다산 정약용의 사상에서 군주의 선출과 교체에 관한 한층 더 명확하고 자세한 언명을 보기로 든다. 다산의 "원목"이라는 글에서 다음과 같이 인용한다:

"태초에 오로지 '민' 즉 백성만이 있었다. 왕이 어떻게 존재하였겠는가! 인민은 자연스러운 집합체 속에 살고 있었다. 그러다가 사람들이 이웃과 다툴 일이 생겼지만, 해결책이 없었다. 한 노인장이 있어 공정한 말을 하여 사건을 바르게 해결하는 모습을 보였다. 사방의 이웃들이 그의 판단에 승복하고 향장이라 이름하는 마을의 우두머리로 모셨다. 여러 마을의 사람들끼리 다툼이 일었으나 해결책을 찾지 못하자, 탁월한 지혜와 지식을 갖춘 어르신에게 올바른 판단을 요구하여 답을 얻으니 여러 마을의 사람들이 그 사람을 오백 호의 수장으로 모셨다. 오백 호 마을들이 모인 지방에서도 같은 방식으로 문제를 해결하자, 지혜롭고 유식한 어른을 현장으로 모셨다. 이들 현장이 마찬가지로 지방 장관을 추대하였고 사방의 장관들은 그들 중 한 사람을 자기들의 지도자로 모시고 제왕이라 불렀다. 이리하여 제왕의 기원은 다름 아닌 마을의 우두머리 향장에서 비롯한 것이다. 그러므로 군주는 백성을 위하여 있는 사람들이다."

마찬가지로 "탕론"이라는 글에서 지도자(왕)는 아래로부터 뽑아 올려야 하며 그렇기에 임금이 임금 노릇을 제대로 못할 때는 백성들이 들고일어나 폐위를 시켜도 문제가 없다고 지적한다.

"왕이 어떻게 해서 태어났는가? 비 오듯이 하늘에서 떨어졌는가? 샘물처럼 땅에서 솟아났는가? 아니다. 다섯 가구가 모여 추대하니 그 사람이 '린(隣)'의 장이 되었다. 다섯 개의 '린'에서 한 사람을 추대하니 그가 '현(縣)'의 장이 되었다. '현'의 장들이 함께 추대하여 영주를 추대하고, 영주들이 선출한 사람이 왕이 되었다. 그러므로 왕은 백성들의 뜻으로 임명된 사람이다. … 따라서 다섯 가구의 백성들이 자기네 '린'의 장을 좋게 생각하지 않으면 저들이 회합을 하여 새로운 대표를 추대할 것이다. … 영주들이 왕을 좋아하지 않으면 모임을 갖고 새로 왕을 뽑을 것이다. … 어찌하여 이를 왕에 대한 징벌이라 할 것인가?"

여기서 김경동 교수님이 구상하는 대안적 민주주의론에서 지도자 선출 방식에 관한 구상이 나온다. 주로 통치자의 선출 절차와 그에 준한 퇴출의 정당성을 주장하는 범위까지만 취급하는 것을 넘어 정부를 구성하는 또 한 범주의 구성원인 관료 혹은 공직자 선발의 기준을 다루는 데서 새로운 모습의 민주적 원리를 발견할 수 있다는 것이다. 이렇게 볼 때, 정부를 구성하는 과정을 풀뿌리 수준에서 인민으로부터 단계별로 추대하여 지도자를 선출했다는 사실과 그 원리를 그대로 원용하면 이번에는 인민의 의사를 좇아 왕을 축출할 수도 있다는 것이다.

그와 맥을 같이 하는 민본과 위민의 원리는 다산의 법사상에서도 나타난다: "이정은 백성의 희망을 좇아 법을 제정해 당정에게 올리고, 당정은 백성의 희망을 좇아 법을 제정해 주장에게 올리고, 주장은 국군에게 올리고, 국군은 황상에게 올린다." 자고로 모든 법은 인민을 편리하고 편안하게 하여야 한다. 이처럼 법의 제정도 천명과 백성의 뜻에 굳건히 기초해야 하고 법의 집행도 인민을 해롭게 하지 않고 은덕과 혜택을 가져다주도록 해야 한다. 그러려면 형사제도 또한 유교적인 예와 덕에 기초하여 집행해야 한다. 유교에서 말하는 형으로서 벌하기보다 덕으로서 예를 보여주어야 한다.

유가의 전통에서 공자는 성인(聖人)이고 맹자는 아성(亞聖)이다. 유교 전공자들에게 공자는 '生民未有'("인간이 태어난 이래 공자와 같은 성인은 존재하지 않았다")로 간주된다. 예수, 부처, 무함마드와 동격이다. 그만치 공맹(孔孟)의 학문과 이상은 높았다. 공자는 포용적이고, 반면 맹자는 독선적이었다. 그들은 천하를 주학(周學)하며 사람은 얻었지만 세상은 구하지 못했다. 그럼에도 후세에 제세(濟世)를 위한 많은 가르침과 깨달음을 남겼다. 공자는 민의 信義(신뢰)를 얻지 못하면 나라가 설 수 없다 하였다. 민본이 가장 중요한 이유는 인간의 본성을 하늘이 내린 것이고, 본성에 따르는 것을 道라 하며, 道를 닦는 것을 가르침이라 한다. 그러므로 君主(정부)는 그처럼 소중한 민의 복리와 번영을 달성하는 데 진력해야 한다. 爲民은 德治와 仁政이 핵심이다. 정치인은 도덕적으로나 현실적으로 올바르게 국민을 이끌어야 한다는 것이 위민이다.

德治란 군주가 선하기를 원하면 민도 선해질 것이므로 도덕적으로나 현실적으로 이름에 걸맞은 사람이어야 한다는 正名論이다. 仁政이란 인자하지 못하고도 나라를 취한 자는 있어도, 인자하지 못한 군주가 제국을 차지한 자는 없었다. 덕치와 인정으로 정부는 생활에 쓰는 물품을 헛되이 낭비하지 않고 혼자 쓰려고 사사로이 감추어 쌓아 두지도 않는다. 자신의 사리를 위해서만 힘쓰지는 않았다. 그런 까닭에 음모, 도적, 난신적자와 같은 말이 생겨날 빌미조차 없고 바깥 문을 잠그는 일이 없는 이상적인 공동체가 온 세상에 이루어진다. 이를 일컬어 大同社會라 한다. 유교에서 이상적 군주가 요순(堯舜) 임금이다. 대동사회는 공평과 조화와 평화가 이루어진 현대적으로 표현하면 공화주의 아래 균분과 평화가 작동하는 사회이다. 공자와 맹자가 살던 춘추전국 시대는 난세(亂世)로서 천하위가(天下爲家)의 소강사회(小康社會)를 거쳐 천하위공(天下爲公)의 대동사회로 갈 수 있다고 보았다. 그러나 요순시대는 M. Weber가 파악한 대로 소규모의 가산관료제 국가로서 권력과 부가 가족에 승계되는 사회였다. 공자는 상고주의(尙古主意)는 받아들이지만 복고주의(復古主意)를 따르지 않았다. 그는 대동사회를 지나가버린 이상향으로 보고 실현 가능한 제2의 좋은 사회로 소강사회를 제시했다. 오늘의 중국 지도부가 온포(溫飽)사회에서 소강사회를 거쳐 부유(富裕)사회에서 대동(大同)사회로 나아갈 것을 국가비전으로 구체화하고 있는 맥락이다.

서양과 동양을 통틀어 조선만치 519년이란 오랫동안 존속한 왕조는 찾아보기 드물다. 정도전의 ＜조선경국전(朝鮮經國典)＞은 신유학(新儒學), 즉 성리학(性理學)에 입각하여 불교의 윤회와 달리 만물을 상생의 과정을 통해 창진(創進)하는 것으로 보았다. 김경동 선생님에 의하면 조선왕조는 선비라는 파워 엘리트[3]에 기반한 비교적 탄탄한 체제였다. 군주와 귀족 사이에 대간, 경연, 사관을 통한 상호 견제가 이루어졌고, 그리고 대사헌, 홍문관, 어사 등 감시제도가 있었다. 그러나 시간이 지나면서 체제가 흔들리기 시작했다. 성리학에 대한 양명학의 비판도 있었으나 유교는 선비의 독점물로 대중화되지 못하였다. 실학이 나온 배경이다. 원래 선비란 권력과 지위를 탐하지 않는 존재이다. 선비는 출세 자체보다 관직을 통해 자신의 신념을 펴는 기회를 얻을 뿐이다. 士로서 관직보다 道를 실행하는 유교 이념의 인격체이다. 이러한 선비는 인의예공(仁義禮公)의 덕목으로 사회의 올바른 방향을 제시하고 백성을 교화하는 책무가 있다. 벼슬길에 나가지 않는 처사(處士)로서 학문과 도리를 연마하고 후진을 가르친다. 그러나 조선 후기에 들어서부터 선비가 직위를 갖는 사대부(士大夫)가 되면서 고담준론을 일삼고 형식주의에 빠지게 되었다. 유교는 지배계층의 규범적 윤리로서 민중을 계도하기보다 억누르기에 그쳤다. 그 담지자로서 사대부는 만민을 위하기보다 군주에 충실하면서 관직은 자신과 일가를 위한 것이 되고 말았다. 사색당쟁에서 보듯 선비의 일탈이며 정신의 왜곡이 일어난 것이다.

김경동 선생님은 민주주의의 작동을 위하여 두 가지 차원 - 직접 참여와 간

3 조선왕조에서 士大夫로서 선비는 중국의 紳士, 일본의 さむらい와 마찬가지로 구조적 리더십을 행사했다고 말할 수 있다.

접 참여 – 에서 제도개혁의 방안을 제시하고 있다. 이를 위한 전제조건으로 선출된 대표들의 끊임없는 자기수양이 필수이고, 국민들도 성숙하고 교양을 갖춘 시민으로 선거 등에 적극적으로 참여해야 한다.

먼저, 직접 참여를 유도하기 위하여 지역단위 회합의 상향식 확장, 소셜 미디어의 활용, 군집행동 등 세 가지 형식이 있다. 타운 홀, 티파티, 커피숍 모임 등 근린 집단에서 시작하여 더 큰 지역단위로 확장하는 토론과 숙의가 가장 바람직하다. 소셜 미디어는 시민들 사이의 대화와 소통에 기여하지만 특정 정치인과 집단에 의해 조작될 수 있다. 군집행동은 대정부 소통이 어려울 때 유효하지만 이념적 선동에 의해 폭력적으로 흐를 수 있다. 다음으로, 간접 참여를 강화하기 위하여 선거에 의한 대의제의 새로운 모형으로 추대형 선출의 제도화가 필요하다. 대표 기구도 하나는 일반 대표 기구로서 1인1표 상향식으로 추대하며, 다른 하나는 전문 대표 기구로서 각 분야의 전문가 집단이 능력주의에 의거하여 상향식으로 추대한다. 선출이나 추대의 방식도 소규모 단위 지역(예: 근린 집단)에서 선출한 대표 후보자를 다음 단계로 큰 지역에서 다시 일반시민이 투표하는 방식이나, 소단위 추대 후보자들이 다음 단위 지역에 모여 더 큰 단위 지역 후보자들을 호선하는 간접선거 방식도 가능하다.

이미 지적하였듯이 민주주의는 '선출하는 다수'가 '선출된 소수'에 의해 거꾸로 지배받는 모순을 지닌다. 한국도 그러한 대의민주주의의 위임과 대리의 문제를 극복해야 한다. 지방분권과 주민자치를 통한 풀뿌리 민주주의의 강화가 하나의 해결책이 될 수 있다. 지역수준에서 숙의와 공론화를 통한 분권과 자치는 시민의 참여를 아래로부터 강화시켜 줄 수 있다. 주민발안, 주민투표, 주민소환 등이 그것이다. 스위스는 란츠게마인데를 통해 주민자치를 실시하며, 1년에 4~5번에 걸쳐 중대 사안마다 국민투표를 통해 정책결정을 한다. 미국이 민주주의가 조기에 정착할 수 있었던 것은 지방에서 주민자치를 통한 시민의 정치참여와 권력공유에 기인한다. 한국의 경우 읍면동–시군구–광역 시도에 걸쳐 전국 '시민의회'의 구성은 소규모 민주주의의 부활을 통해 국가권력의 전제화를 방지할 수 있다. 일종의 '열린 민주주의'이다(Landemore, 2020 참조). 전국적 단위의 시민의회는 풀뿌리 수준에서 분권과 자치를 통해 한편으로 일반대중의 정치적 무관심과 反정치 정서를 바꾸고 다른 한편으로 의회의 親엘리트적 기득권 성향의 입법기능을 바로잡는 데 도움을 줄 수 있다.

선비사상에서 언급한 대로 대표로 뽑힌 사람들은 물질적, 사회적으로 특별한 대우나 업무 관련 이외의 어떤 특전도 받지 않고 순전히 국민을 위해 봉사에 매진한다는 신념으로 헌신해야 한다. 유럽 국가들 중 핀란드 사례를 참고할 수 있다. 국회의원은 보수가 없고, 업무와 관련하여 수당만 받는다. 차량과 기사도 없다. 자신의 고유 직업으로 생계를 유지한다. 의회의 사무처에서 전문위원들로부터 의원의 직무 수행을 위해 자료 수집과 연구 보조를 받는다. 우리처럼 여러 명의 보좌인력을 두지 않는다.

Ⅳ. 못 다한 이야기

일찍이 Max Weber는 자유의 이념이 근대문명을 탄생시켰지만 자체의 합리화 과정에서 시장과 조직의 출현이 학문의 자유 실현을 어렵게 하고 있다고 지적한 바 있다. 그는 <직업으로서의 학문>에서 대학을 압박하는 외부의 정치개입에 대해 비판하면서 가르치는 것이 다른 직업과 마찬가지로 하나의 기술이 되고 있다고 개탄하였다. 그는 공부한다는 것은 비록 학문에 문외한인 주위의 사람들로부터 조롱을 당하더라도 자기 영역을 깊이 팔 수 있는 자아도취, 즉 열정을 갖는 것이 중요하다고 말했다. “결코 종결되지도 않으며 종결될 수도 없는” 문제들을 인생의 가치로 여기고 공부하는 것에 대한 자아도취, 즉 열정으로 뭉쳐진 소명의식이 중요하다고 역설했다.

김경동 선생님은 한평생 교수라는 외길만 걸으면서 공부만 해 오신 분이다. 대학에서 보인 행정력으로 보면 정부의 각료나 국회의 의원을 해도 교육이나 문화 분야의 현안 파악과 정책 수립에 관해 뛰어난 역량을 발휘하셨을 것으로 생각한다. 그러나 그는 학문의 길을 고집했다. 사회발전을 위한 자신의 가치와 이념의 확장을 위해 정치에 나갈 수 있더라도 성공하기가 지극히 어려운 것이 현실정치이기 때문이다. 학자는 이론으로 이상에 다가서지만 정치는 거짓으로 현실을 호도하는 경향이 있다. 그러므로 학자는 정치참여 이전에 이상과 현실의 격차를 메우려는 공공적 역할이 더욱 중요하다.

한때 Weber는 정치의 세계에 들어서려 했다. 거짓으로서의 정치를 이겨 보려 한 것이다. 제1차 세계대전 직후 패전과 혁명의 소용돌이 속에서 Weber는 뮌헨대학에서 ＜직업으로서의 정치＞에 대해 학생들에게 얘기했다. 흔히 베버를 국가주의자라고 비난하지만, 그가 국가를 "주어진 영토 안에서 폭력의 수단을 정당하게 독점하고 있는 결사체"라고 규정한 데는 남다른 이유가 있었다. 패전으로 끝난 전쟁에서 수많은 젊은이들을 죽음으로 이끌었고 새로운 혁명의 물결 아래 젊은이들을 동원하려는 국가라는 수사(修辭)를 우리식으로 말하자면 자신의 영역을 지키려는 '괴물'로 고발한 것이다. 당시 현실주의적 세계관 아래 지고지선의 결사체로 간주된 국가라는 우상에 대한 도전이었다. Weber가 보기에 전쟁과 혁명의 배후에 국가라는 수사를 통해 권력을 악마적으로 오도하는 정치인의 기회주의가 자리잡고 있다고 본 것이다.

Weber 자신이 전쟁 당시 그가 병원장을 지냈던 프랑크푸르트에서 국회의원에 나서려 했으나 공천을 받지 못했다. 그가 나선 이유는 '생업으로서 정치'를 하는 정치꾼(politician) 대신 '소명으로서 정치'를 위한 정치가(statesman)로 나서고 싶었기 때문이다. 그가 '신념윤리(Gesinnungsethik)'가 학자에게 중요한 만큼 정치가에게 '책임윤리(Verantwortungsethik)'의 중요성을 강조한 배경이다.

김경동 선생님은 정치와는 선을 그었던 것으로 안다. 한때 특정 대선 후보를 위해 헌신한 적은 있었지만 본인이 정치를 하기 위한 것은 아니라고 이해한다. 입신과 양명을 따르는 정치꾼을 몰아내고 쇄신과 대안을 추구하는 정치가에게 대한 기대라고 보고 싶다. 지금도 마찬가지이지만 한국의 더럽고 추잡한 정치를 순화시키고 싶은 충정의 발로가 아니었든가 회상한다. 그는 이후 정치와는 완전히 단절하고 학문에 전념하면서 자발적 시민참여를 통한 사회발전을 위해 자원봉사활동에 전념해 왔다.

김경동 선생님은 대학에서 중앙 행정을 맡으면서 특유의 비범한 기획력과 집행력을 보인 것으로 안다. 그러나 선생님은 합리성을 추구하는 분으로 교수, 학생, 직원 등에게 신뢰에 기반하여 소통을 하신다. 그러다 보니 남들이 한 얘기는 그대로 믿고 따르는 분이다. 그게 강점이자 약점이었다. 선생님이 약주를 즐기셨다면 제가 한 말씀 드릴 기회가 있었을 터인데 지금 되돌아보면 그렇지 못한 것이 죄송하고 아쉽다.

대체로 대학교수는 자기 분야의 권위자라는 의식 아래 자존심이 강하고 독선적인 점이 없지 않다. 그러나 교수사회도 현실에 물들면서 학교 보직을 둘러싼 이해관계로 인해 소시민적 속세화(俗世化)로부터 자유롭지 못하다. 한국의 대학은 오래전부터 진리의 전당으로서 어려움에 마주해 있다. 교수, 학생, 직원 모두 살아남기 위해 각각 도생하다 보니 최고 권위를 갖는 고등교육을 위한 공동체는 사라지고 있다. 최근의 교수를 두고 "불의는 참아도 불이익은 참지 못한다"는 힐난이 있다. 돈이나 힘 되는 것이라면 굳이 양보하지 않는다. 이제 대학에서 교수는 비판적이라기보다 기능적으로 되어가고 있다. 일부 교수들이 '세일즈맨'이 되거나 '폴리페서'를 자처하고 있다. 지식의 공공성을 통해 계몽과 해방에 나서야 할 교수가 출세와 명리에 빠져 절제의 모습을 보여주지 못하고 있지 않은가.

[참고문헌]

김성국. 2002. "김경동의 사회학." 호산浩山 김경동 교수 정년기념 논총 간행위원회 편. 『현대사회와 인간(1): 성찰의 사회학』. 박영사. pp. 391-415.

임현진. 2001. "지성의 변조: 민주주의로의 이행과 시민사회의 성장." 『한국의 지성 100년: 개화 사상가에서 지식 게릴라까지』. 민음사. pp. 225-267.

정수복. 2022. 『아카데미 사회학의 계보학』. 푸른역사.

최정호. 2002. "한국의 르네상스人이자 휴머니스트." 김경동 저. 『미래를 생각하는 사회학』. 나남. pp. 9-13.

Amsden, Alice. 1989. *Asia's Next Giant: South Korea and Late Industrialization*. New York: Oxford University Press.

Bellah, Robert N. 1957. *Tokukawa Religion: The Values of Pre-Industrial Japan*. Glendale: The Free Press.

Berger, Peter and Hansfried Kellner. 1991. *Sociology Reinterpreted: An Essay on Method and Vocation*. 임현진·김문조 역. 『사회학의 사명과 방법』. 한울아카데미.

Burawoy, Michael. 2007. "For Public Sociology." pp. 23-84 in *Public Sociology:*

Fifteen Eminent Sociologists Debate Politics and Profession in the Twenty-first Century, edited by Dan Clawson et al., Berkeley, CA: University of California Press.

Dahl, Robert A. 1971. *Polyarchy: Participation and Opposition*. Yale University Press.

Evans, Peter B. 1995. *Embedded Autonomy: States and Industrial Transformation*. Princeton, NJ: Princeton University Press.

Hofheinz, Jr. Roy and Kent E. Calder. 1982. *The East Asian Edge*. New York: Harper and Row.

Johnson, Chalmers. 1982. *MITI and the Japanese Miracle: The Growth of Japanese Industrial Policy, 1925-1975*. Stanford: Stanford University Press.

Kim, Kyong-Dong. 1994. "Confucianism and Capitalist Development in East Asia." in *Capitalism and Development*, edited by Leslie Sklair. London: Routeledge.

Kim, Kyong-Dong. 2017. *Korean Modernization and Uneven Development: Alternative Sociological Accounts*. Singapore: Palgrave.

Landemore, Hélène. 2020. *Open Democracy: Reinventing Popular Rule of the Twenty-First Century*. Princeton, NJ: Princeton University Press.

Morishima, Michio. 1981. *Why Japan Has 'Succeeded'?*. Cambridge: Cambridge University Press.

Pacheco Pardo, Ramon. 2022. *Shrimp to Whale: South Korea from the Forgotten War to K-Pop*. Oxford University Press.

White, Gorden (ed). 1988. *Developmental States in East Asia*. London: Macmillan.

杜維明. 1990.『儒家傳統的現代轉化』. 北京.

새로운 사회발전 패러다임의 구상과 정립

김 문 조*

Ⅰ. 김경동 사회발전론의 생성 배경

1948년 신생 독립국으로 출범한 대한민국이 건국 초창기의 혼란과 이어진 전란의 참화로 난경을 벗어나지 못하자 보다 나은 상태로의 변화를 촉구하는 발전이 초미의 국가적 관심사로 대두했다. 김경동 교수의 사회발전론은 그러한 시대 상황에 대한 지적 대응이라 할 수 있다.

당시 사회발전에 관한 염원의 기저에는 피폐한 민생에 대한 우려가 팽배해 있었다. 따라서 경제성장을 통한 빈곤 탈피가 최우선 과업으로 꼽혔다. 이에 이승만 정부는 부흥부 산하 산업개발위원회로 하여금 경제개발3개년계획안(1960~1962)을 마련토록 하였으나 4.19 혁명으로 미처 실행에 이르지 못했다. 새로 등장한 장면 정부는 그것을 국토건설사업으로 확장해 1961년 3월에 착수하였다. 하지만 같은 해 5.16 쿠데타로 집권한 군사정부는 그것을 경제 중심의 원안으로 되돌려 1962년부터 경제개발 5개년계획을 실시했다. 네 차례에 걸친 경제개발 5개년계획의 추진으로 경제성장의 모멘텀은 확보할 수 있었으나, 수출지향적 공업화를 통한 성장위주의 정책으로 산업간, 직종간, 지역간 불균형이 심화하자 제5공화국 정부는 1982년도부터 경제개발에 국민복지의 증진이라는 목표를 추가한 경제사회발전계획을 시행하였다. 이 과정에서 1960년대 후반부터 당시까지 김경동 교수가 발표한 일련의 저작, 요컨대 『발전사회학서설』(1966), 『발전의 사회학』(1979), 『현대사회와 인간의 미래』(1980), 『경제성장과 사회변동』(1983), 『한국사회의 변동과 통합의 원리』(1992), 『한국사회변동론』(1993), 『개발의 문화와 문화적으로 다듬어진 발전』(1994), 『변증법적 신문명론』(1995), 『21세기를 위한 한

* 고려대학교 명예교수

국사회발전론(상)』(1996), 『21세기를 위한 한국사회발전론(하)』(1997), 『근대화론』(1999) 같은 논저들이 긴요한 정책적 길잡이가 되었음에 틀림없다.

Ⅱ. 모태로서의 근대화론

사회학이 19세기 서구사회의 개탄스러운 혼돈 상황에 대한 지적 대응으로 출범했음은 주지의 사실이다(Zeitlin, 1968). 그러한 학풍은 1895년 에밀 뒤르켐이 보르도 대학에 사회학과를 설립하면서 제도화하기 시작한 강단사회학(academic sociology)으로 전승되었으며, 20세기 전반에 주도적 위치를 차지하게 된 기능주의 사회학과 함께 공고화한다. 그러나 조화와 균형을 통한 사회질서의 복원을 강조한 기능주의 사회학은 1960년대부터 사회변동에 대한 설명력이 취약하다는 비판에 직면하게 된다. 따라서 기능주의 사회학은 분화와 진화를 기본으로 하는 자체적 변동 모형을 제시하기도 했고 분석적 기능주의로의 수정을 꾀하기도 했다. 그럼에도 갈등이론을 위시한 대안 이론들의 도전이 거세지자 차츰 종전의 주도력을 상실하면서 이론적 각축 상태로 들어서게 된다(Gouldner, 1970). 이 같은 지적 혼란기임에도 불구하고 요행히 1950대부터 안정과 풍요의 번영기를 맞게 된 서구사회의 기능주의 사회학자들은 산업화·도시화·조직화를 근간으로 한 근대화론을 정립해 상당 기간 사회발전 담론을 주도하였다(Moore, 1963).

근대화 개념은 서구사회가 밟아온 전통사회에서 근대사회로의 행로를 합리화(rationalization) 과정으로 풀이한 막스 베버의 근대성 논의에서 발원한 것이라 할 수 있다(Weber, 1948[1920]). 하지만 그 기능주의적 버전인 근대화론은 낙후된 전통사회가 서구 선진국이 밟아온 행로와 유사한 발전의 길에 들어섬으로써 보다 나은 상태로 귀결된다는 수렴 논지를 본령으로 한다(Inkels, 1960; Kerr, Dunlop, Harbison and Myers, 1960; Moore, 1963). 이는 미국을 위시한 서유럽 선진국들의 근대화가 세계의 다른 지역에도 보편적으로 적용될 수 있는 표준임을 시사한다. 즉, 모든 전통사회가 서구 제국의 근대적 궤적을 답습함으로써 발전 대열에 동참하게 될 것이라는 근대화론에는 "근대화는 곧 서구화"라는 함의가 내재되어 있다(Kim, 2022).

Ⅲ. 근대화론을 넘어서

1960년대 후반부터 근대화가 모든 사회에 동일하게 적용되지 않는다는 반론이 제기되기 시작한다. 가장 대척적 입장을 표방한 것이 종속이론이나 세계체제론 계열에 속한 것들이다. 종속이론의 논지는 유효 자원이 가난한 저개발국의 '주변부'에서 부유한 국가의 '중심부'로 흘러가면서 전자의 희생으로 후자가 풍요롭게 된다는 명제로 응축할 수 있다. 중심부만큼 고도화된 자본과 기술력을 갖추지는 못했지만 주변부보다는 앞선 산업과 기술 기반을 보유한 '준주변부'라는 것을 설정해 이분체계의 경직성을 완화시킨 세계체제론도 기본 논지는 종속이론과 다를 바 없다. 모두가 국가 간 '빈익빈 부익부' 현상을 자본주의 세계질서에서의 불평등한 교환에 의한 필연적 결과로 풀이한다(Chew and Lauderdale, 2010).

라틴아메리카나 아프리카 등 남반구의 역사적 체험을 주축으로 한 이들 반근대화 담론은 모든 사회가 선진국 진영에 속하는 서구사회들과 유사한 단계를 거쳐 발전하게 된다는 근대화론의 일원론적 해석을 거부하면서, 오늘날의 저개발 지역은 개발 이전의 선진 지역과 흡사한 상황에 처해 있으므로 빈곤에서 탈피하려면 선진국으로부터의 투자 유치나 기술이전, 세계 시장과의 긴밀한 통합 등 다양한 수단을 통한 개방적 발전 경로를 따라야 한다는 근대화론자들의 주장을 정면으로 반박했다(Cohen and Kennedy, 2000).

근대화론의 옹호론자와 비판론자 간의 첨예한 대립은 중심과 주변 또는 선진국과 후진국 간의 이해관계의 소산으로 인식되기도 했지만, 서구사회의 경험에서 도출된 근대성 개념에 대한 비판적 사고로 이어져 대안적 근대성(alternative modernity), 다중적 근대성(multiple modernities), 복수적 근대성(plural modernities), 다종적 근대성(varieties of modernity) 등 근대적 발전에 관한 새로운 착상을 추동했다(Eisenstadt, 2000; Gaonkar, 2001; Schmidt, 2006). 이런 입장을 취한 학자들은 근대성은 문화 전통이나 역사적 상황에 따라 매우 다양하고 역동적 형태로 표출되기 때문에 근대화 과정은 다면적으로 이해되어야 한다는 견해를 공유한다.

근대성에 대한 또 다른 입장은 '성찰적 근대성' 이론가들로 불리는 이들의 논의에서 발견된다(Beck, Giddens and Lash, 1994). 성찰적 근대성 논자들은 산업사회의 특징인 근대성(제1의 근대성)이 환원 불가능한 우연성과 함께 살아가는,

더 복잡하고 덜 통제 가능한 세계에 사는 근대성(제2의 근대성)으로 계승된다고 주장한다. 이때 자기 모니터링 과정으로서의 성찰은 사회생활의 필수적 과정일 뿐만 아니라 사회적 탐구의 핵심으로 간주된다. 『위험사회*Risikogesellschaft*』의 저자 울리히 벡은 "우리는 진보가 자기 파괴로 변할 수 있고 한 종류의 근대화가 다른 종류의 근대를 약화시키고 변화시키는 성찰적 근대화 단계에 접어들고 있다"고 선언하면서, 성찰적 근대화란 초기 탈근대화에 이어 근대가 또 다른 단계로 재근대화 되는 것을 뜻한다는 견해를 피력한다(Beck, 1986). 그것은 산업사회의 조건을 해체하고 다른 단계의 근대성으로 도약하는 길을 역설하는 근대성의 급진화를 함의하는바, 이는 "근대 산업사회의 병폐는 합리성의 과잉이 아니라 합리성의 결여, 즉 만연한 비합리성이므로 억압된 불확실성을 흡수하는 합리성의 급진화를 통해 치유될 수 있다"는 울리히 벡, 볼프강 본스 및 크리스토프 라우의 주장으로 뒷받침 된다(Beck, Bonss and Lau, 2003).

Ⅳ. 독창적 사회발전론의 구축

궁극적으로 웅장한 영산(靈山)과 같은 거대이론(grand theory) 급의 발전론을 꿈꾼 호산(浩山) 김경동 교수는 일단 '발전'이란 무엇이며, 무엇을 위한 발전인가라는 발전 가치에 관한 개념적 논의를 통해 사회발전론의 외연적 확장을 시도한다. 아울러 확장된 논의 공간에 토착화, 문화, 전통사상, 인간주의 및 성숙 논리와 같은 테제를 접목해 사회발전론의 내포적 확충을 도모함으로써 문명론 반열에 이르는 장대하고 포괄적인 사회발전 패러다임을 축조하고자 했다.

1. 개념적 논의를 통한 외연적 확장

1) '발전'이란 무엇인가?

역사적 개념으로서의 근대화와 달리 발전은 통사적 개념임을 강조한 김경동 교수는 일차적으로 프랑스어 'développer'에서 기원한 'development'의 의미 분석에 착수해 우리말로 뒤섞여 번역되는 '개발'과 '발전'의 차이를 다음과 같이 구분한다. 양자가 저열한 상태에서 나은 상태로의 변화를 지향하는 전향적 용어임이 분명하나, 전자는 국가나 조직체가 정책적, 의도적으로 추구하는 것인 반면, 후자는 다양한 주체들이 추구하는 명시적·암묵적 활동 모두를 포괄하는 함축성 높은 개념이라는 것이다(김경동, 2002: 89). 하지만 개념 구분 과정에서 우리는 보다 중요한 점을 간파할 수 있다. 양자가 모두 우상향의 진전을 기본 전제로 하지만, '개발'은 변화의 방향에 대한 이의가 불필요할 만큼 진전 목표에 대한 합의가 달성된 상태를 전제하는 것인 반면, '발전'은 그러한 행보가 바람직한 것인가에 대한 이견이나 논쟁이 제기될 수 있는 용어라는 점이다. 예컨대 팔레비 왕정을 무너뜨린 1979년 이란 이슬람 혁명은 구체제 옹호자들이나 서방 세계에는 산업화에 역행함으로써 경제 위기를 초래한 퇴행적 사태로 이해됨직한 반면, 이슬람 근본주의 신봉자들에게는 이슬람 신앙에 기초한 공화정 수립으로 국가적 존위를 높였다는 점에서 발전적 계기로 받아들여질 수 있다.

즉 합의적 목표가 주어진 개발의 경우와 달리 발전이냐 아니냐에 대한 판단은 준거 기준에 따라 달라질 수 있는데, 그 점은 성장론 대(對) 분배론 혹은 산업주의 대(對) 생태주의 등의 논쟁에서 쉽게 판독할 수 있다. 즉, 발전이나 아니냐에 대한 판단은 어떤 잣대를 들이대느냐에 따라 달라지는데, 이는 무엇을 위한 발전인가라는 발전가치에 관한 쟁점으로 연결된다.

2) 발전가치: 무엇을 향한 발전인가?

"나의 발전론에서 가장 기본적이면서 다른 이론들과 차별적인 요소는 바로 발전이라는 개념의 가치함축성이다"라는 언명으로 발전가치의 중요성을 지적한 김경동 교수는 '더 나은 삶'을 향한 사회발전의 목표를 구성하는 핵심 가치(the core development values)로 '삶의 질적 향상' 및 '삶의 기회 확대'라는 두 가지 사항을 제시한다.

'개인의 총체적 안녕(an individual's total well-being)'으로 정의되는 삶의 질(quality of life)이란 인간존엄성이 보장된 행복한 삶을 의미하는 것으로, 개인이 타고난 능력과 재능 및 정치적·사회적·경제적 환경에서 선택하고 행동할 수 있는 기회를 향유할 수 있는 역량을 키워야 한다는 복지경제학자 아미타 센이나 사회철학자 마사 누스바움 같은 연구가들이 역량 강화의 준거 개념으로 제시함으로써 학계 안팎으로 널리 전파한 개념이다(Sen, 1985; Nussbaum, 2011). 추후 개인의 전반적인 행복과 삶에 대한 만족도를 대변하는 용어로 굳혀진 삶의 질은 인간 존재의 다양한 측면과 연루되어, 삶의 편익과 직결된 객관적 차원 및 심리적·정신적 충족감에 해당하는 주관적 차원을 동시적으로 포괄하게 된다.

한편, 김경동 교수는 막스 베버가 계급론에서 한 사회에서 개인이 누릴 수 있는 물적 이익이나 불이익으로 정의한 생활기회(life chance) 개념을 원용해, '삶의 기회(opportunity of life)'라는 발전가치의 또 다른 축을 제시한다. 불평등 사회에서는 교육, 소득, 의료, 주거와 같은 자원들에 대한 접근이 차등화한다. 이처럼 층화된 세상에서는 '분배 정의(distributive justice)'가 첨예한 이슈로 부각할 것이 당연하나, 그는 분배 상의 부정의나 불공정뿐 아니라 인간으로서 누려야 할 가장 원초적이고 기본적인 자유, 요컨대 자기 의지대로 판단하고 행동할 수 있는 자율성을 삶의 기회의 요체로 추가한다(김경동, 2002: 94). 바로 이 대목에서도 경제성장론을 넘어선 사회발전론을 정초하려는 그의 소신을 판독할 수 있다.

2. 논제 보강을 통한 내포적 확충

1) '토착화' 테제

한국 사회과학계에 토착화(indigenization) 논의가 본격화된 시기는 우리 학술연구가 지나치게 선진국 의존적이라는 위기의식이 고조된 1970년대부터였다. 물론 그 이전에도 사회발전에 관한 자주적 이론의 필요성이 거론된 경우가 없지 않다. 예컨대 1967년 동국대학교에서 개최된 근대화 심포지엄에서 "한국 근대화의 이념과 방향, 그것은 우리 스스로가 찾아야지 남이 해줄 수 있는 것이 아니다"라는 발언이 오간 사례 같은 것을 들 수 있지만, 대부분 원론적 수준에 불과한 것이었다. 그러다가 70년대에 들어서면서 학문 거의 전역에서 선진국 이론을 원용해 설명하지 않은 것이 드물 정도로 학문수입국 상태를 벗어나지 못하고 있다는 자성이 토착이론에 대한 관심을 환기시켜 학문의 토착화 문제를 주제로 한 저작이나 토론이 속출하게 된다(김광웅, 1979).

이를 입증하는 구체적 사례 두어 가지를 소개하자면, 첫째가 1984년 유네스코 한국위원회가 창립 30주년을 맞아 한국사회과학연구협의회와 공동주최한 "한국사회의 자생적 발전"을 주제로 한 학술행사였고, 둘째는 이듬해 서울대학교 사회과학연구소가 주최한 종속이론 국제회의였다. 진보적 성향의 소장학자들이 맑스주의 사회구성체론에 기초한 신신민지 국가독점자본주의론이나 식민지반봉건사회론 등을 내세운 학술운동도 이에 포함시킬 수 있다(김경동, 2002: 45-46).

관찰, 측정 및 실험과 같은 과학적 방법을 통해 시공간적 조건과 무관한 보편적 진리를 추구해야 한다는 과학적 탐구의 정명은 자연과학에서는 물론이요 사회현상에 관한 과학적 접근을 목표로 하는 실증주의 사회과학의 공통된 이상이었다. 그러나 주어진 맥락에 따라 다양한 접근과 해석이 불가피한 사회과학에서는 "맥락적 특성을 외면한 보편적 진실에 도달할 수 있는가"라는 의문이 간단없이 제기되어 왔다. 더구나 자연주의자와 신칸트학파, 혹은 비판적 합리주의 진영과 프랑크푸르트학파 간의 방법론 논쟁(Methodenstreit)과 맞물린 보편성-특수성 논쟁은 사회과학적 지식의 타당성 문제를 촉발시켜 시공간적 맥락을 감안한 토착이론의 필요성을 사회과학계에 각인시켰다. 때마침 서구 선진국 학자들이 자국의 체험을 바탕으로 구축한 근대화론이 우리 학계 안팎에서 각광받게 되자 그에 필적할 수 있는 토착적 사회이론에 대한 기대도 더불어 상승하게 되었다. 본질적으로 앞서 언급한 종속이론이나 세계체제론, 혹은 다중적, 복수적, 다종적 근대성론 같은 근대화론의 파생 이론들도 역사적 체험이나 현장의 특성을 반영한 토착이론 범주에 귀속시킬 수 있다. 하지만 그들 역시 이 땅이 아닌 외지의 산물인지라, 자생적 사회발전론을 생성하자는 우리 학계의 열망을 온전히 충족시키지 못했다.

김경동 교수는 1966년 고려대학교 아세아문제연구소가 개교 60주년 기념행사의 일환으로 미국 국제개발처의 지원 하에 개최한 ＜아시아 근대화의 제 문제＞로부터 1984년 유네스코 한국위원회가가 창립 30주년을 맞아 한국사회과학연구협의회와 공동으로 주최한 ＜한국사회의 자생적 발전＞ 등 사회발전을 주제로 한 여러 학술행사에 두루 참여했다. 특히 1985년 제5공화국 초의 엄혹한 시절에 당시 정황으로 거의 불가능하다고 여겨졌던 종속이론 국제회의의 조직위원장을 맡아 행사를 이끌어가게 된 김경동 교수는 근대 서구사회에서 발원한 근대화 동력이 세계 전역으로 파급되는 과정에서 그것이 아무리 서방중심성을 지니고 있다 하더라도 받아들이는 사회의 특수성에 따라 상이한 반응을 초래한다는 점을 절감케 된다(Kim, 1973). 그럼에도 서구 근대성이 서구사회의 역사적 산물이라는 엄연한 사실을 부정하거나 역동적 차원인 근대화의 위력을 폄하하는 오리엔탈리즘에 매몰되는 대신, 근대화 과정을 토착적으로 파악할 수 있는 독창적 이론의 탐색에 주력했다. 그 일차적 산물이 "적응적 변동에 의한 근대화의 토착화 과정"을 핵심으로 한 '신근대화론(neo-modernization theory)'이다(김경동, 2002: 2-3장).

2) '문화' 테제

신근대화론의 요체라 할 수 있는 '적응적 변동'의 기저에는 문화접변(cultural acculturation) 개념이 자리한다. 문화변용(文化變容)이라고 불리기도 하는 문화접변(文化接變)은 상이한 문화를 지닌 두 집단이 지속적으로 접촉하면서 서로의 문화에 영향을 끼쳐가며 변화하는 현상을 뜻하는 것으로, 이는 아무리 강고한 문물도 타지로 전파되는 과정에서 소정의 교란이나 저항을 동반치 않고 일방적으로 파급되는 경우란 존재하지 않는다는 점을 시사한다. 근대화를 비대칭적 형태의 '기울어진 문화접변(tilted acculturation)'으로 규정하는 김경동 교수는 토착적 사회발전 과정에서의 문화의 역능을 다음과 같이 기술한다.

> 근대화란 일차적으로 서기 1500년을 전후해 서유럽 사람들이 삶의 질적 향상을 위하여 일으킨 주요 정치경제적, 사회문화적 변동을 가리키지만, 아울러 그 변화가 전 세계로 전파되면서 일어난 국제적 문화접변에 접한 나라들이 이에 대응해 생존을 도모하는 과정에서 각기 나름대로 적응적 변동을 시도하면서 서양이 촉발한 근대화 자체를 토착화하는 문화적 반응을 일컫는다(김경동, 2002: 67).

이처럼 토착적 근대화 과정을 개진하는 단계에서 김경동 교수는 문화접변이라는 개념틀에 크게 의존하는데, 그가 "사회발전론에 문화를 끌어들이고자 한(bringing culture back in the discourse of social development)" 이유는 무엇일까? 근대화의 경우처럼 한 사회가 외부로부터 가해지는 변화의 물결에 반응을 할 때, 외부적 충격을 수용할지 아닐지를 판별하는 수문장 역할을 문화가 대표한다고 본 까닭이다. 이러한 인식은 문화의 세계화 현상을 중점적으로 연구해 온 프랑스의 인류학자 장 폴 바르니에의 “문화는 차이를 만드는 놀라운 기계”라는 발언으로부터도 족히 유추할 수 있다(Warnier, 1999). 외적 변화의 압력에 대한 적부 판단 과정에서 가장 탁월한 변별적 역할을 수행할 수 있는 것이 ‘유형 유지라는 잠재적 기능(latent pattern maintenance function)’의 전형으로 꼽히는 문화라는 것이다(Parsons, 1961).

지금까지 문화는 주로 다음 세 가지 방식으로 이해되어 왔다. 첫째는 “갈고 뿌리고 돌보고 거두는 공력을 통한 고양된 정신 활동의 소산”이라는 고전적 문화관이고, 둘째는 “지식, 신앙, 예술, 도덕, 법률, 관습 등 사회성원으로서의 인간에 의해 획득된 능력과 습관을 포함한 제반 활동의 복합적 총체”라는 인류학적 문화관이며, 셋째는 “상징으로 구현된 의미의 유형(patterns of meaning embodied in symbols)”이라는 상징적 문화관이다(Griswold, 1994). 그런데 이들 모두의 공분모는 문화란 사물이나 현상의 본원적 속성을 넘어선 부가적 의미를 우리에게 일깨움으로써 세상을 새롭게 바라볼 수 있는 해석적 역능을 발휘한다는 논지가 아닐까 한다. 이러한 추정은 클리포드 기어츠의 *Interpretation of Cultures*라는 저작에 등장하는 “인간은 자신이 자아낸 ‘의미의 그물망에 틀어 앉은 거미와 같은 존재(Man is an animal suspended in webs of significance he himself has spun)”라는 대목에서 확인할 수 있다(Geertz, 1973: 5).

세상에 대한 새로운 해석을 통해 삶의 의미를 증진하게 되면 세상은 이전에 비해 보다 살만한 가치가 있는 처소로 인식되는데, 이 같은 문화의 힘은 이른바 ‘생활세계’ 영역이 ‘체계’ 영역보다 중시되어가는 현대사회에서 비중을 더해갈 것으로 예상된다. 따라서 소유의 시대(age of having)가 존재의 시대(age of being)로 전환되면서 강화될 문화의 역능을 앞서 논급한 김경동의 이원적 발전가치 도식에 병합하게 되면 사회발전 모형은 [그림 1]과 같은 3원적 형태로 재구성할 수 있다.

이 같은 조처를 통해 토착적 전환의 산물인 신사회발전론은 선후진 어느 지역에든 두루 통용될 수 있는 보편 이론으로 발돋움할 수 있다. 즉, ‘특수’에서 ‘보편’으로의 이론적 도약을 기할 수 있는데, 무엇보다 ‘문화적 개화의 목표가치’, ‘선진 문화사회’ 혹은 ‘문화로 다듬은 발전’과 같은 제하의 논의에서 드러난 문화에 관한 그의 각별한 관심과 통찰이 김경동 교수의 신사회발전론을 보편타당성을 지닌 이론체계로 향도한다.

[그림 1] 3원적 사회발전 모형

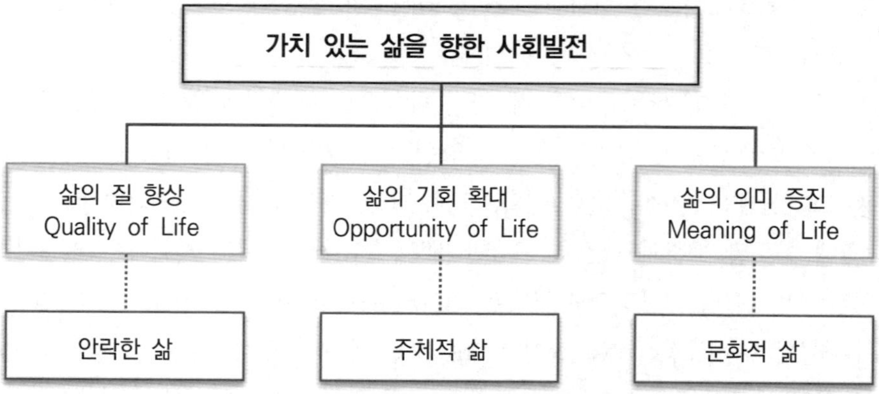

3) '유교' 테제

김경동 교수가 실질적으로 문화적 차원이 병합된 확충적 시각에서 한국사회의 발전과정을 검토할 때 아마도 가장 공을 들인 부분이 '유교문화권'으로 불리는 동북아의 정신세계에 뿌리내린 유교 전통일 것이다. 유교는 중국 춘추시대에 공자와 맹자가 체계화한 사상이자 학문이요 사람으로서 지켜야 할 도리인 윤리 규범에 관한 도덕체계로 알려져 있다. 김경동 교수 역시 유교를 종교, 철학, 정치이념, 사회규범 및 수기의 도라는 다양한 측면으로 이해하는데(김경동, 1993: 111-113), 그것이 지금까지 사고나 행위 양식의 형태로 우리 실생활에서 적지 않은 영향력을 끼쳐 왔다는 점에서 유교를 문화체계로 간주해 무방할 듯하다.

대부분의 사회과학자들은 오랜 동안 유교문화가 근대적 사회발전의 저해 요인이라는 근대화론자들의 입장에 동조해 왔다. 그러나 일본이 일찍이 선진국 대열에 합류하고 아시아의 네 마리 용이라 불리는 한국, 홍콩, 싱가포르, 대만에 이어 중국까지 고도성장을 구가하게 되자 유교문화가 오히려 사회발전의 증진 요소가 아니냐는 이론이 한때 반짝하기도 했다. 그러다가 1990년대 말 한국을 위시한 아시아 신흥공업국들이 금융위기를 맞이하자 유교문화에 대한 기대 가치가 다시 잦아들었는데, 이 같은 엇갈린 평가를 "유교문화에는 사회발전에 대한 긍부정적 요소가 공존한다"는 양가론이나 "그때는 맞고 지금은 틀리다"는 식의 상황 논리로 봉합하고 넘어갈 일은 아니라고 생각한다. 필자는 한국 유교문화에는 기본적으로 다음과 같은 세 가지 정신적 요소가 내재해 있다고 본다.

현세주의: 죽음을 천명(天命)으로 받아들여 그것을 사람이 관여할 수 없는 영역으로 간주한 유교는 생시에 전폭적 의미를 부여하는 현세주의적 관점의 전형으로 꼽힌다. 이는 대속을 통해 하느님과의 관계를 회복해 영원한 생명을 누릴 수 있는 소망을 담지한 기독교와 대비되며, 육신의 속박에서 풀려 현세의 고통과 번뇌를 벗어나는 해탈을 제시하는 불교와도 구분되는 것이다. 이러한 유교의 현세중심적 사고는 『논어』 제11편 선진(先進)에 나오는 다음과 같은 구절, 제자 계로가 귀신을 섬기는 것에 대해 묻는 말에 "사람도 섬기지 못하면서 어찌 귀신을 섬길 수 있느냐"라든가, 죽음에 대한 질문에 "삶도 알지 못하는 데 어찌 죽음을 알 수 있겠느냐"라는 공자의 응답으로부터 직감할 수 있다.

윤리성: 윤리는 사회적 존재로서의 나와 타인이 서로에게 마땅히 지켜야 할 사회적 규범을 말한다. 윤리가 사회적 관계의 표준으로 정의되는 것도 그 때문이다. 윤리의 '윤(倫)'자에는 무리[類]·또래[輩]의 뜻이 담겨 있으며, '리(理)'는 이치·이법(理法)·도리(道理)의 뜻을 지닌다. 즉, 물리(物理)가 사물의 이치에 해당하는 것이라면 윤리는 사람과 사람 사이의 관계, 즉 인간관계의 이법(理法)을 의미한다. 유교에서는 부자(父子)·군신(君臣)·부부(夫婦)·장유(長幼)·붕우(朋友)라고 표현되는 오륜(五倫)을 인간관계의 기본으로 보고, 그 실천적 측면인 실천덕목으로 친(親)·의(義)·별(別)·서(序)·신(信)이라고 하는 오상(五常)을 제시한다. 요컨대, 오륜오상을 강조하는 유교 사상에는 인간 사이에 지켜야 할 도리로서의 윤리적 요소가 짙게 반영되어 있다(최근덕, 2004).

인존정신: 공맹 이후 유학의 핵심원리로 대두된 것이 인(仁), 의(義), 예(禮), 지(智), 신(信)이다. 이들 중 단독으로 이용되기보다 다른 원리들이 효과적으로 발현되도록 돕는 보조적 성격을 지닌 '신(信)'을 제외한 앞의 네 가지 이념적 원리의 근저에는 인간에 대한 존중을 뜻하는 인존정신이 포진해 있다. 성리학자들이 천명(天命) 연구와의 관련성 하에 도덕적 가치에 대한 논의에서 제시한 '인간존귀시(尊貴視)' 관념이 그 거증이라 할 수 있는데, 심지어 그들과 궤를 달리한

탈성리학적 실학자 유형원이 '노비제 폐지론'을 뒷받침하고자 할 때 행한 발언인 "누구나 다(같이) 하늘에서 내린 사람"이라는 '천민론(天民論)' 역시 유교적 인존 정신의 표현으로 삼을 수 있다(윤사순, 2016: 313).

이들 세 가지 속성 중 생시의 삶에 전폭적 가치를 부여하는 현세주의는 기존 질서에 대한 순응적 태도를 조장함으로써 사회변혁 의지를 감퇴시킨다는 견해는 대체적으로 유효한 가설로 받아들여지고 있다(Weber, 1959[1920]; Goldstone, 1991). 세속적 복락에 대한 집착이 대안적 의미 창출의 길을 차단함으로써 혁신적 사회발전에 걸림돌이 될 것이라는 지적도 유교적 현세주의의 퇴행적 속성을 뒷받침하는 논거에 속한다. 그러나 유교문화의 윤리성이나 인존정신에는 목적합리성으로 과(過)합리화 되어가는 사회체계의 부작용들을 제어하거나 해소할 수 있는 잠재력이 내재해 있다고 여겨지는데, 오랜 기간 유교사상을 탐구한 김경동 교수도 그것이 '정치적 선택성 원리'에 맞춰 유연성 있게 활용되면 사회발전에 도움이 될 것이라는 긍정적 메시지를 여러 대목에서 밝히고 있다(김경동, 2002: 69-75).

4) '인간' 테제

김경동 교수는 유교적 덕목을 문화 범주에 배치한 독창적 사회발전 도식을 통해 유교문화권 국가들의 사회발전 동학을 새로운 시각으로 파악할 수 있는 길을 열었는데, 그러한 사회발전론의 토착적 버전에는 '사회발전' 담론에서 소홀히 취급될 수 있는 '사람'을 논의의 중심권으로 이끌어냈다는 의의를 부여할 수 있다. 이에 따라 삶의 질, 삶의 기회 및 삶의 의미를 기축으로 한 3원적 사회발전 모형의 한 축인 문화 범주에 유교문화를 탑재한 새로운 사회발전론에서 "누구를 위한 발전인가?"라는 사회발전의 향유 주체를 새로운 의제로 추가할 수 있다.

김경동 교수는 학자 생활 초창기부터 지금에 이르기까지 사회 속의 인간이 사회 연구의 궁극적 관심사여야 한다는 인간중심적 입장을 견지함으로써 인간주의 사회학자의 표상으로 알려져 왔다(정학섭, 2022). 그러한 면모는 인류학자 이문웅 교수와의 구조주의-인간주의 논쟁에서도 여실히 드러났는데, 학문 특성상 구조를 강조할 법한 그가 오히려 인류학자보다 더 인간주의적 입장을 취했다는 사실은 실로 이례적이고 흥미로운 단면이 아닐 수 없다(박형준, 2003). "사회발전론의 인간주의적 전환(humanist turn in social development theory)"이라는 언표로 축약할 수 있는 그 구체적 증좌는 "사회적 가치는 인간주의 가치로서, 인간주의가 지향하는 핵심은 '사람중심(people-centered)의 생각이다"라는 그의 발언에서 명백히 드러난다(김경동, 2019: 144). 요즘 대선 캠페인에 '국민 행복'이 '국가 발전'을 대신하고 그에 대한 국민의 공감도도 높아가는 추세를 놓고 보면, 김경동의 사람중심적 발전론이 얼마나 선각적이었는가를 다시금 깨닫게 된다.

이때 특기할 만한 사항은 김경동 교수의 인간주의는 행위자로서의 개인, 즉 개인의 자발성·창의성·자유 의지 등을 중시하는 상징적 상호작용론이나 현상학적 사회학 연구가들의 입장을 넘어선 별도의 함의를 내포하고 있다는 점이다(김성국, 2022: 114). 다름 아닌 유교사상의 윤리관이나 인존의식에서 특화된 인간주의의 면모로서, 그가 조선시대 아동교육에 『천자문』 다음 단계로 쓰였던 『동몽선습(『童蒙先習』의 첫 구절 "하늘과 땅 사이 만물의 무리 중 가장 존귀한 것이 오직 인간이다(天地之間 萬物之衆, 惟人 最貴))"를 인용한 사실을 단초로 삼을 수 있을 것 같다(김경동, 2019: 145). 이러한 통찰은 유교사상에 대한 깊은 이해 없이는 불가한 것으로, 단순히 예기치 않은 '뜻밖의 횡재(Serendipity pattern)'로 치부할 수만은 없을 것 같다. 김경동 교수가 오랜 미국 생활을 마치고 귀국해 최초로 수행한 연구 프로젝트의 주제가 한국인의 유교적 가치관이었으며(김경동, 1964), 이를 계기로 유교를 중심으로 한 동양사상에 천착해 우리 사회이론 만들기에 부심해 왔기 때문이다.

김경동 교수의 인간주의는 "사회가 성립하려면 정서적 기초로서의 인(仁)을 필수로 한다. '인'은 글자 그대로 사람 인(人), 둘 이(二), 두 사람이다. 곧 인간관계를 가리킨다"는 점을 전제로 하는데(김경동, 2019: 145), 그것은 다음과 같은 동서양 인간관의 비교를 통해 명료히 식별할 수 있다. 영어에서 개인을 뜻하는 단어는 'individual'으로서, 이는 '나누다'라는 동사 divide에서 유래된 dividual에 부정접두사 in이 합쳐진 것이다. 이로부터 서양의 인간관은 더 이상 나눌 수 없는 사회구성의 기초 단위인 개인, 즉 인간이란 용어의 '인(人)'에 방점을 둔 것이라 말할 수 있다. 그에 반해 사람과 사람 사이의 도리인 윤리나 타인을 존중하는 인존성에 역점을 두는 유교적 인간관은 인간이란 언표의 '간(間)' 쪽에 방점을 부여하는데, 이때 서구의 개인주의 인간관과 변별되는 유교적 인간관의 뿌리는 "나뉠 수 있는 인간"을 뜻하는 분인(分人, dividual) 개념에서 포착할 수 있다고 본다(김문조, 2022: 22-23).

대인 관계에 따라 양상을 달리하는 다채로운 자아를 뜻하는 분인은 '일식(日蝕)'이라는 작품으로 1999년 120회 아쿠타가와상을 수상한 일본 소설가 히라노 게이치로(平野啓一郎, 1999)의 '나란 무엇인가'라는 철학적 에세이를 통해 세간에 널리 알려지게 되었지만, 원래는 문화인류학 연구가들이 "인간에 대한 개념이 문화권에 따라 달라지는가?"라는 주제에 관한 연구를 수행하는 과정에서 개인중심적 서구와 공동체 의존성이 강한 비서구 지역을 개인-분인의 이분법으로 특화하면서 도출한 개념이다(Smith, 2012). 예컨대, 집안에서의 가족관계, 직장에서의 동료관계 혹은 교회에서 맺어지는 교우관계 등 인간은 교류 상황에 따라 다양한 모습을 취하게 되는데, 이때 '나'라는 존재는 독립적 개체로서의 개인이 아니라 상호작용하는 타자들과의 관계에서 드러나는 부분적 자아의 총합이라는 것이 분인론의 골자인 것이다.

서구적 인간형인 개인이 모여 사는 사회에서는 개인의 권익이나 복지, 또 집합적 연대나 결속이 사회질서의 초석으로 간주된다. 반면 유가적 분인의 모임에서는 타자에 대한 이해나 공감을 통한 심정적 교합이 사회적 통합과 안정을 담보하는 관건이 된다. 따라서 분인 개념을 출발점으로 한 '분합적(分合的)' 인간관계야말로 인간주의적 사회발전론을 낳게 한 비기(祕器)로 꼽지 않을 수 없다.

5) '성숙' 테제

지금까지 삶의 의미 증진을 조장하는 문화적 삶에 무시하지 못할 영향을 끼쳐온 우리 유교문화는 김경동 교수가 독창적 사회발전론을 개진하는 데 큰 몫을 행사했다. 유교사상에 의존해 서구권 식자층에서는 찾아보기 힘든 인간주의적 사회발전 도식을 구상한 김경동 교수는 그것을 성숙 테제로 이관해 성장중심적 사회발전론을 상보(相補)할 수 있는 성숙사회론을 창안, 세계무대로 발송한다(Kim, 2007, 2017a, 2017b, 2017c).

성숙이라는 용어는 사회과학 분야에서 월트 휘트먼 로스토가 경제발전 5단계 설의 일환으로 최초로 사용한 바 있지만(Rostow, 1960), 그것이 대안적 사회발전의 목표로 주목받게 된 것은 노벨물리학상 수상자 데니스 가보르의 *Mature Society*라는 책이 발간된 무렵부터라고 할 수 있다. 양적 확대와 대량 소비를 뒷받침하는 성장사회는 더 이상 가능하지도 바람직하지도 않은 만큼 자유와 문화, 삶의 질을 바탕으로 한 성숙한 사회로의 전환이 불가피하다는 것이 핵심적 논지였는데, 그러한 견해는 같은 해 로마클럽이 인류의 위기에 관한 프로젝트 보고서를 바탕으로 엮은 책 『성장의 한계 *The Limits to Growth*』의 출간과 함께 성장경제체제를 대신할 수 있는 성숙사회 모형을 세계적으로 전파하는데 크게 기여했다(Gabor, 1972; 메도즈 · 메도즈 · 랜더스, 2021[1972]).

사전적 의미의 '성장(成長)'이 사람을 비롯한 생체의 크기나 규모가 커지는 것이라면, '성숙(成熟)'은 생체의 균형적 발육, 특히 신체적 성장을 뒷받침하는 정신적 · 의식적 발달을 뜻하는 것으로, 2010년 서울에서 개최된 G-20 정상회담을 앞두고 '국격 높이기' 과제의 일환으로 제안된 '성숙한 세계 일류국가'라는 캐치프레이즈에 마음이 쏠린 김경동 교수는 "성숙한 사회 가꾸기 모임" 같은 사회운동단체 활동에 적극 참여하면서 성숙 개념에 준거한 성숙사회론 구축에 공력을 쏟아왔다.

성숙이라는 용어가 인간을 위시한 생체의 변화에 대한 논의에서 유래한 것인 만큼, 일단은 "성숙사회란 성숙한 사람들이 살아가는 사회"라는 동어반복적(tautological) 진술이 설득력을 지니게 된다. 이런 입장에서 김경동 교수는 일차적으로 지그문트 프로이트, 조지 허버트 미드, 장 피아제 같은 심리학 대가들의 이론을 원용해 개인이 성숙한 인격의 소유자로 변모해 가는 발달 과정을 탐구했다. 그러나 성숙사회의 달성 조건이 사람에게만 달린 것이 아니라는 자각과 함께 사회유기체론적 관점에 의거한 사회 담론에 천착해 마침내 "(기능적) 분화와 통합을 거듭하면서 생존력을 확보해 가는 대외적응력이 성숙사회의 요체"라는 결론에 이르게 된다(김경동, 2019: 220-234).

그런데 김경동 교수는 이런 방향으로의 진전 과정은 엔트로피 과잉으로 인한 혼돈 상태에 빠질 위험성이 커 자원이나 에너지 투입-산출을 효율화하여야 하며, 효율성 경쟁에서 파생할 수 있는 부작용에 대한 합리적 조치가 수반되어야 한다는 단서를 덧붙인다. 요컨대, 사회체계는 효율성과 직결된 목적합리성 뿐 아니라 목적합리성과 대비되는 가치합리성이 동시적으로 작동해야 한다는 것으로(김경동, 2019: 234-238), 바로 이러한 가치합리성이 성숙사회를 좌우하는 궁극적 요건임을 간접적으로 시사한다.

6) '문명' 테제

성숙사회론을 통해 성장 외에 사회발전을 표상할 수 있는 성숙이라는 또 하나의 개념적 날개를 갖추게 된 김경동 교수는 양대 개념을 활용해 두 가닥 핵염기 사슬이 교차하는 DNA 이중나선구조를 방불케 하는 사회발전 모형을 고안, 초장기적 시간대의 문명사적 행보까지 꿰뚫어 볼 수 있는 장대하고 전면적인(gigantic and panoramic) 사회발전 패러다임을 정립한다.

근자에 신기술에 대한 높은 기대감을 견지하는 가트너사(Gartner Inc.)를 위시한 연구진들은 기술 발전의 궤적을 과대광고주기 모형(hype cycle model)으로 제시한 바 있다(Steinert and Leifer. 2010). 그런데 이를 중간 과정을 사상한 간결한 형태로 단순화하면 궁극적으로 S자형 성장곡선(sigmoidal growth curve)로 치환할 수 있다고 본다. 투약효과나 학습이론에서 효용이론 등에 이르는 다양한 현상들에 높은 설명력을 발휘해 온 S자형 성장모형은 거시적 사회변동의 경우에도 적용 가능하다(Bell, 2006[1973]). 그럴 경우, 인류 문명사는 [그림 2]로 표시한 "확대성장 및 침하정체"의 반복 과정으로 이해할 수 있다.

[그림 2] S자형 모형으로 바라본 문명 발전 행로

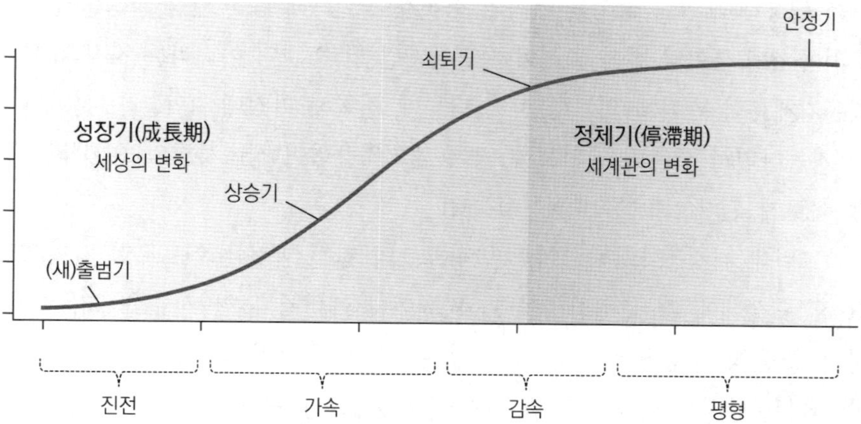

이때, 성장세가 꺾이는 정체기를 모든 활동이 부진한 암흑기로 단정하기 쉽다. 하지만 그것을 새로운 성장 동력을 예비하는 관념이나 사상이 생성되는 '의식적 빅뱅' 시기로 받아들일 수 있는데, 철학자 칼 야스퍼스가 말한 인류 정신사의 획기적 비상 시기인 '차축(車軸)시대(Axial Age)', 혹은 문예부흥이나 종교개혁이 촉발한 계몽주의 시대가 바로 그러한 시기에 해당한다고 말할 수 있다(Jaspers, 2011[1953]). "관념에 의해 형성된 세계상(world images)이 마치 철로의 전철수처럼 이해관심의 역학에 따라 움직이는 인간 행위의 궤도를 결정해 왔다"는 사회사상가 막스 베버의 진술도 그러한 견해를 뒷받침하는 주장에 다름 아니다(Weber, 1948[1920]: 280). 그럼으로써 통설적으로 성장, 팽창, 번영을 구가하는 상승기에 대비되는 정체기를 심화성숙을 통한 내재적 발전의 기간으로 긍정적으로 바라볼 수 있는 안목이 주어지게 된다.

김경동 교수는 학자생활 초창기부터 성장 위주의 경제 제일주의에 비판적이었으며, 물적·가시적 개선에 치중하는 성장 담론 자체에 대해서도 회의적 입장을 견지해 왔다(배규한, 2022: 161). 따라서 그의 성숙 담론은 외형적 성장 담론에 대한 대안적 논리를 제공함으로써 문명 발전의 궤적을 보다 균형적으로 인식할 수 있는 단초를 제공했다는 점에서 큰 의의를 부여할 수 있다고 본다.

V. 맺음말 : 사회발전론에서 사회발전 패러다임으로

무릇 세상을 보다 크게 생각하고, 보다 넓게 바라보며, 보다 깊이 파고드는 인물이어야 대가(大家)로 인정받는다고 한다. 사회발전에 대한 거국적 여망에 부응해 김경동 교수는 이들 세 가지 요건에 유념하면서 장대하고 포괄적이며 심도 있는 사회발전론의 정립에 진력해 왔다. 우선 1970-80년대의 사회과학계 동향을 헤아려 서방 세계의 역사적 체험을 바탕으로 한 획일적 근대화론의 한계를 초극할 수 있는 토착적 발전론의 창출에 주력해 삶에 의미를 부여하는 문화의 역능을 감안한 신사회개발론을 창안하였고, 거기에 유교, 인간, 성숙 및 문명 테제를 접목해 독자적 자생이론을 보편이론의 수준으로 격상시켰다. 보편에서 특수 또 특수에서 보편을 오고 가는 일련의 변증법적 장정을 통해 마침내 동서를 철(綴)하는 웅대한 사회발전 패러다임을 축조한 것이다.

역사학에서의 거대사(big history)를 방불케 하는 이러한 거대사회학적 성과(big-sociological enterprise)는 악기 연주에 비견하자면 솔로 독주에서 소규모 실내악이나 협주곡을 거쳐 장대한 교향악에 이르는 장르를 넓혀 온 탄주의 산물이라 할 수 있다. 물론 "요즘같이 복잡다단한 세상에 크고 많은 것이 능사냐"라는 최소주의적 반론이 얼마든지 제기될 수 있다. 그러나 폴 비릴리오나 앤서니 기든스 같은 질주론자들이 지적하듯 사회변화의 속도가 날로 고조되는 것이 작금의 추이인 만큼(비릴리오, 2004[1977]; 기든스, 2000[1999]), 보다 긴 시간대나 넓은 범역으로의 지적 확장은 현 시점에서 거의 불가피한 일이라고 본다. 촌각을 다투는 기술개발에 편승해 급진적으로 변모하는 사회체계의 초장기적 변화에 주목하는 유발 하라리 유(類)의 문명 담론에 대한 대중적 열기가 바로 그 점을 실증한다.

학문적 마에스트로 김경동 교수는 오늘날의 시대 상황과 선택적 친화력을 더해가는 거대이론 수준의 사회발전 패러다임의 정립을 선도해 왔기에 그의 위업은 당대 어느 누구도 범접하기 힘든 경지에 도달했음이 분명하나, 풀어야 할 숙제도 적지 않다고 본다. 성숙사회에 관한 논의에는 아직 정돈될 부분이 남아 있을 뿐 아니라, 사회발전의 경로나 템포도 보다 면밀한 논구를 요하는 미제(未濟)의 영역에 머물러 있다. 지금까지의 기세로 미뤄 봐서는 선생님께서 잔여 부분을 감당코자 앞장서실 것이 분명하나, 혹여 끝내지 못한 과업이 주어진다면 그것은 호산(浩山) 선생의 학은을 입은 후학들이 기꺼이 떠맡아야 할 몫이다.

[참고문헌]

김경동. 1964. "태도척도에 의한 유교가치관의 측정." 『한국사회학』 1: 3-22.

_____. 1966. "발전사회학서설." 『한국사회학』 2: 21-32.

_____. 1978. 『인간주의 사회학』. 민음사.

_____. 1979. 『발전의 사회학』. 문학과지성사.

_____. 1980. 『현대사회와 인간의 미래』. 평민사.

_____. 1983. 『경제성장과 사회변동』. 한울.

_____. 1992. “한국사회의 변동과 통합의 원리.” 『세계의 문학』 1992 겨울호: 133-172.

_____. 1993. 『한국사회변동론』. 나남.

_____. 1994. “개발의 문화와 문화적으로 다듬어진 발전.” 『사회비평』 11: 219-237.

_____. 1995. “변증법적 신문명론.” 『철학과 현실』 1995 여름호. 44-58.

_____. 1996. “21세기를 위한 한국사회발전론(상).” 『문학과 사회』 36: 1833-1869.

_____. 1997. “21세기를 위한 한국사회발전론(하).” 『문학과 사회』 37: 363-372.

_____. 1999. “근대화론.” 『한국사 시민강좌』 25: 172-196.

_____. 2000. 『선진한국, 과연 실패작인가?』. 삼성경제연구소.

_____. 2002. 『한국사회발전론』. 집문당.

_____. 2019. 『사회적 가치: 문명론적 성찰과 비전』. 푸른사상.

김경동 외. 2004. 『근대화: 그 현실과 미래』. 한국학술정보[주].

김광웅. 1979. “사회과학연구방법의 토착화에 관한 소고: 정치학 국제정치학 행정학분야.” 『행정논총』 17-2: 146-170.

김문조 외. 2022. 『탈사회의 사회학』. 한울.

김성국. 2002. “김경동의 사회학.” 호산 김경동 교수 정년기념논총간행위원회 엮음. 『현대사회와 인간 (1): 성찰의 사회학』 박영사: 391-415.

_____. 2022. “김경동의 사회학(Ⅱ): 선생가외 불역락호(先生可畏 不亦樂乎).” 『사회사상과 문화』 25-4: 103-147.

기든스, 앤서니. 2000[1999]. 『질주하는 세계』. 박찬욱 옮김. 생각의나무.

메도즈, 도넬라 · 데니스 메도즈 · 요르겐 랜더스. 2021[1972]. 『성장의 한계』, 김병순 옮김. 갈라파고스.

박형준. 2003. “[한국 지성과의 대화 ③] 인간주의 사회학의 개척자 김경동 교수.” 『월간중앙』 2003년 12월호: 54-70.

배규한. 2022. “미래사회학의 시각에서 본 김경동 교수.” 『사회사상과 문화』 25-4: 149-186.

벨, 다니엘. 2006[1973]). 『탈산업사회의 도래』. 김원동·박형신 옮김. 아카넷.

비릴리오, 폴. 2004[1977]. 『속도와 정치: 공간의 정치학에서 시간의 정치학으로』. 이재원 옮김. 그린비.

윤사순, 2016. 『근본원리로 살핀 한국의 유학사상』. 두양사.

정학섭. 2022. “김경동 교수의 생애와 가치지향, 그리고 학문.” 『사회사상과 문화』 25-4: 57-101.

최근덕. 2004. 『유학 강의』. 성균관출판부.

Beck, U. 1986. *Risikogesellschaft: Auf dem Weg in eine andere Moderne*. Suhrkamp.

Beck, U., W. Bonss and C. Lau. 2003. “The Theory of Reflexive Modernization: Problematic, Hypotheses and Research Programme.” *Theory, Culture & Society* 20-2: 1-33.

Beck, U., A. Giddens and S. Lash. 1994. *Reflexive Modernization: Politics, Tradition and Aesthetics in the Modern Social Order*. Polity.

Chew, S. and P. Lauderdale. (eds). 2010. *Theory and Methodology of World Development: The Writings of Andre Gunder Frank*. Springer.

Cohen, R., and P. Kennedy. 2000. *Global Sociology*. New York University Press.

Eisenstadt, S. 2000. “Multiple Modernities?” *Daedalus* 129: 11-29.

Gabor, D. 1972. *Mature Society*. Praeger

Gaonkar, D.(ed). 2001, *Alternative Modernities*. Duke University Press.

Geertz, C. 1973. *The Interpretation of Cultures: Selected Essays*. Basic Books.

Goldstone, J. 1991. *Revolution and Rebellion in the Early Modern World*. University of California Press.

Gouldner, A. 1970. *The Coming Crisis of Western Sociology*. Basic Books.

Griswold, W. 1994. *Cultures and Societies in a Changing World*. Pine Forge Press.

Inkeles, A. 1960. “Industrial Man: The Relation of Status to Experience, Perception, and Values.” *American Journal of Sociology* 66: 1-31.

Jaspers, K. 2011[1949]. *Origin and Goal of History*. Routledge.

Kerr, C., J. Dunlop, F. Harbison and C. Myers. 1960. *Industrialism and Industrial Man*. Harvard University Press.

Kim, Kyong-Dong. 1973. “Toward a Sociological Theory of Development A Structural Perspective.” *Rural Sociology* 38: 462-476.

__________. 2007. “Reflections upon the Dilemmas of Civilization: The

Wisdom of Yin-Yang Dialectics." in *East Meets West: Civilizational Encounters and the Spirit of Capitalism in East Asia. Series: Social Sciences in Asia, Volume: 15*. Brill: 11-33.

_______________. 2017a. *Korean Modernization and Uneven Development: Alternative Sociological Accounts*. Palgrave Macmillan.

_______________. 2017b. *Alternative Discourses on Modernization and Development: East Asian Perspectives*. Palgrave Macmillan.

_______________. 2017c. *Confucianism and Modernization in East Asia: Critical Reflections*. Palgrave Macmillan.

Kim, Mun-Cho. 2022. "Cosmopolitan Sociology, A Significant Step but Not the Final Task for Post-Western Sociology." in Laurence Roulleau-Berger, Li Peilin, Seung Kuk Kim and Shujiro Yasawa (eds). *Handbook of Post-Western Sociology: From East Asia to Europe*. Brill: 204-218.

Moore, W. 1963, *Social Change*. Prentice-Hall.

Nussbaum, M. 2011. *Creating Capabilities: The Human Development Approach*. Harvard University Press.

Parsons, T. 1961. "An Outline of Social System." in T. Parsons, et. al. (eds). *Theories of Society*. Free Press: 30-128.

Rostow, W. 1960. *The Stages of Economic Growth: A Non-Communist Manifesto*. Cambridge University Press.

Schmidt, V. 2006. "Multiple Modernities or Varieties of Modernity?" *Current Sociology* 54-1: 77-97.

Sen, A. 1985. *Commodities and Capabilities*. North-Holland.

Smith, K. 2012. "From Dividual and Individual Selves to Porous Subjects." *The Australian Journal of Anthropology* 23: 50-64.

Steinert, M. and L. Leifer. 2010. "Scrutinizing Gartner's Hype Cycle Approach." *PICMET 2010 Proceedings*, July 18-22, Phuket, Thailand © 2010 PICMET.

Warnier, J. P.1999. *La Mondialisation De La Culture*. Editions La Decouverteet Syros.

Weber, M. 1959[1920].*The Protestant Ethic and the Spirit of Capitalism*. Charles

Scribner's Sons.

________. 1948[1920]. *From Max Weber: Essays in Sociology*. in G. Mills and C. W. Mills.(eds). Routledge.

Zeitlin, I. 1968. *Ideology and the Development of Sociological Theory*. Prentice-Hall.

한국 미래사회 연구의 선구자 김경동 교수

배 규 한*

Ⅰ. 미래연구 관련 인연

김경동 교수님의 성함을 처음 들은 것은 1970년 대학입시 면접시험장에서였다. 면접관 교수님[1]이 영어원서를 보여주며, "읽어보고 개요와 학생의 생각을 말해 보라."고 하셨다. '사회발전'에 관한 것이기에 답변을 드렸더니, "지금 미국에 있는 김경동 선배가 그쪽으로 공부하고 있는데 혹시 배울 기회가 있을지 모르겠네."라고 말씀하셨다. 그러나 선배님은 내가 졸업할 때까지 귀국하지 않으셨다.

1977년 대학원에서 김경동 교수님 강의를 처음 들었다. 교재는 영어원서였는데 역시 사회발전에 관한 내용이었다. 김 교수님은 석사학위 논문 주제 선택과 작성을 지도해 주셨고, 유학을 떠날 때는 추천서도 써 주셨다. 박사학위 취득 후 귀국해 서울대학교 사회과학연구소 특별연구원으로 있는 동안에는 김 교수님을 연구소장으로 모시고 국제학술회의 등 여러 행사와 다양한 프로젝트를 수행했다.

국가적 차원에서 미래를 전망하고 정책을 연구한 한국 최초의 미래준비 기구는 1989년 5월에 출범한 "대통령자문 21세기위원회"다. 대통령이 임명한 39명은 인문학, 사회과학, 과학기술 분야는 물론 변호사, 기업인, 국악인까지 각계각층의 다양한 전문가들을 망라했다. 필자는 훌륭하신 선배님들의 추천을 받아 유일한 사회학자로 참여했다. 21세기위원회는 수많은 다학문 간 토론을 통해 장기적·종합적 미래전망에 근거한 국가발전 전략과 바람직한 정책을 모색했으며, 5년간의 연구를 종합해 『21세기의 한국』이라는 최종보고서(21세기위원회, 1994)를

* 백석대학교 석좌교수, 국민대학교 명예교수. 前 한국연구재단 초대 사무총장, 청소년보호위원장, 한국청소년정책연구원장

1 입학해서 보니 그때 면접관은 이만갑 교수님이셨다.

대통령에게 제출했다.[2]

21세기위원회 경험을 바탕으로 필자는 1992년에 한국에서는 처음으로 "미래사회론"이라는 대학교 정규강좌를 개설했으며, 강의내용을 정리하여 1995년에 『미래사회학』이라는 교재를 출간했다. 이 책은 사회학의 새로운 분야를 제시했지만 젊은 학자로서 약간 주제넘은 일이라 생각하여 조심스러웠다. 그런데 어느 자리에서 김경동 교수님이 '사회학 연구의 지평을 넓혔다'는 의미로 격려해 주셔서 마음이 편해졌다. 그래서 개정판(배규한, 2000)을 낼 때도 제목을 그대로 썼고, 이후 필자의 주 연구 분야로 삼았다.

김경동 교수님은 국내는 물론 국제적으로도 많은 연구와 저술을 하여 여러 차례 학술상을 받으신[3] 석학으로, 필자는 그의 업적을 논하거나 평할 만한 위치에 있지 않다. 그런데도 이 글을 쓰는 것은 '미래사회'라는 같은 분야를 연구하고, 인연이 많아 가까이서 뵈었다는 사실 때문이다. 이 글은 먼저 사회학자로서 김경동 교수님의 연구와 활동이 미래연구로 이어진 통로를 보여주기 위해 사회학과 미래학의 형성과정 및 미래학의 특성을 요약한다. 이어 김경동 교수님[4]의 연구 성과를 살펴보면서 미래연구에 어떤 선구적 역할을 했는지, 그리고 그의 활동이 미래연구 토양을 일구는데 얼마나 기여했는지 분석한다.[5]

Ⅱ. 사회학과 미래연구

사회학 연구의 핵심주제가 뭐냐고 물으면 필자는 인간 · 사회 · 미래라고 대답

2 위원들은 장기적인 학제 간 토론과 정책개발 경험을 바탕으로 이후 사회 각 분야에서 실제로 미래정책 수립과 집행에 기여했다. 고위 공직자나 국책연구원장 등으로 일한 위원들을 생각나는 대로 적어보면, 김달중, 김상철, 김영무, 김한중, 류우익, 양수길, 오세정, 이달곤, 이상우, 이원덕, 이원영, 정구현, 차영구, 최영명, 최협, 한상준, 한승주 등이다.

3 수상경력은 중앙문화대상 학술대상(1993), 자유경제출판문화상(1994), 20세기 업적상(American Biographical Institute, 1999), 성곡학술문화상(2001), 탄소문화상 대상(대한화학회, 2013), 인촌상(2014), 경암상(2017) 등이다.

4 객관적 서술을 위해 이하에서는 김경동 교수님에 대한 존칭을 사용하지 않기로 한다.

5 필자는 이 글과 같은 내용을 두 번 쓴 적이 있으며(배규한, 2002; 2022), 이 글은 이전 글들을 수정 · 보완한 것이다.

한다(배규한, 2021: 2). 인간과 사회에 대해서는 이론의 여지가 없지만, 미래에 대해서는 동의하지 않는 사람도 많다. 이런 분들도 사회학이 창시된 과정(배규한, 2021: 18-20)을 돌아보면 생각이 바뀔 것이다.

사회학은 콩트(Auguste Comte, 1798-1857)에 의해 창시되었다. 프랑스대혁명(1789) 직후의 혼란기에 성장한 콩트는 "어떻게 하면 무질서와 혼란을 극복하고 새로운 질서와 안정을 이룰 수 있을까?"라는 문제의식을 지녔다. 생시몽의 연구조수로 일하던 콩트는 1822년에 그와 공동으로 "사회재조직에 필요한 과학적 작전계획"[6]이라는 논문을 발표했다. 이 논문의 핵심은 사회를 재조직하기 위해 자연현상의 법칙을 연구하는 물리학처럼 사회현상의 근본 법칙을 탐구할 '사회물리학'(social physics)을 창립해야 한다는 것이었다.

콩트는 생시몽과 결별한 후 자신의 연구에 정진하여 마침내 『실증철학 강의』라는 대작을 1830년부터 1842년까지 6권 연작으로 출간했다. 우선 콩트는 인간의 지식(또는 학문)이 신학적·형이상학적·실증적 세 단계의 발전과정을 거친다고 주장했다. 그는 실증과학의 가장 바탕에 수학이 있고, 그 토대 위에 천문학·물리학·화학·생물학 등이 있으며, 이들 위에 사회를 과학적으로 연구하는 학문이 형성될 수 있다고 보았다. 그 실증적 학문이 바로 1822년 논문에서 주장했던 "사회물리학"이라는 것이다.

콩트는 새로운 학문을 체계화하면서 이름도 새로 지었는데, 사회(socius)에 관한 진리(logos)를 탐구하는 학문이라는 뜻으로 두 단어를 조합하여 '사회학'(sociologie)이라고 명명했다. 그는 사회학의 연구 영역을 '사회 정학(靜學)'과 '사회 동학(動學)'으로 나누었다. 사회 정학은 쉽게 변하지 않는 본질적 요소인 구조와 제도, 질서와 안정 등을 연구하는 영역이고, 사회 동학은 끊임없이 변하는 사회의 변동 원인이나 동력, 그 과정과 결과 등을 연구하는 영역이다. 콩트는 "예견하기 위해 관찰하고, 예방하기 위해 예견한다."(Voir pour prevoir, prevoir pour prevenir.)는 명언을 남겼다(배규한, 2002: 272-274).

콩트가 사회학을 창시하면서 주창한 2대 명제는 '새로운 질서 모색'과 '과학적 방법 사용'인데, 이 두 가지는 오늘날 미래학이 추구하는 문제의식과 같다(배규한 2002: 273). 사회학의 초기 문제의식뿐 아니라 이후 200년간 발달 과정에서

6 나중에 콩트는 이 논문을 "1822년의 대 발견"이라고 스스로 높이 평가했다.

지속적 관심을 보여온 문제들, 예컨대 바람직한 사회질서 모색, 과학적 연구방법, 행위자로서 인간에 관한 관심, 각종 사회문제 해결 등은 모두 미래학이 탐구하는 주제와 깊이 관련되어 있다. 사회학은 태어날 때부터 미래를 연구하는 학문이었다.

Ⅲ. 미래학의 형성과정과 중요성

1. 미래에 대한 인식 변화와 미래학

인간의 사고능력은 만물의 영장이 되게 하는 힘인 동시에 불안을 안겨주는 요인이기도 하다. 미래를 생각할 수는 있는데 알 수는 없기 때문이다. 그래서 인간은 고대부터 미래를 알려고 노력했다. 플라톤은 철인 왕이 지배하는 이상적 사회를 그렸는데, 이는 이후 수 세기에 걸친 유토피아와 디스토피아 논쟁의 시작이었다. 기독교 선지자들은 미래의 재앙을 경고하면서도 인간이 얼마나 하나님 뜻에 부합하는 행동을 하느냐에 따라 달라질 수 있다고 했다. 그들은 미래란 결정돼있는 것이 아니라 인간들 스스로 형성해 나가는 것임을 알고 있었던 것 같다.

미래에 관한 고대 사상은 체계적인 학문으로 발전하지 못했다. 중세의 암흑기 동안 미래로 향한 관심이 모두 하늘로 향했기 때문이다. 미래에 관한 관심은 르네상스 이후 되살아난다. 모어(Thomas More)의 『유토피아』는 미래학 발전에 중요한 역할을 했으며, 18세기 이후 사회진화론은 미래연구를 더욱 증폭시켰다. 머셔(Sebastien Mercier)는 1770년에 『서기 2440년』이라는 책을 출간했으며, "현재는 미래를 잉태하고 있다."는 명언을 남겼다(배규한, 2021: 83-86).

체계적 미래 연구의 중요성을 인식하기 시작한 것은 20세기 이후이다. 1902년에 영국의 웰스(H. G. Wells)는 미래를 체계적으로 연구해야 한다고 강조했다. 미래연구를 독립된 학문영역으로 명명했던 사람은 길필란(S. C. Gilfillan)이었다. 그는 1907년에 미래를 연구하는 학문을 mellontology[7]라는 이름으로 부르자고

7 mellontology의 어원은 '미래의 사건들'이라는 그리스어이다.

제안했다. '미래학'이란 이름이 널리 쓰이기 시작한 것은 미국으로 망명한 독일 정치학자 플레히트하임(Ossip K. Flechtheim)이 'futurology'란 용어를 사용하면서[8] 미래에 대한 대학강의를 시작한 1943년부터이다(배규한, 2002: 274).

미래 연구가 사회적으로 주목받게 된 계기는 제2차 세계대전 중 미국이 추진한 맨해튼 프로젝트의 성공이었다. 이때 '연구개발(R&D)'이라는 개념이 등장했으며, 1946년 더글라스 항공사의 The Rand Corporation[9]을 필두로 대기업들이 R&D 부서를 설치하기 시작했다. 특히 The Rand는 델파이기법, 시나리오법 등의 미래연구 방법을 개발하여 이후 미래학 발달에 크게 기여했다.

미국은 1961년 국립우주항공국(NASA)을 설립해 1969년에 인간을 달에 착륙시키는 쾌거를 이루었다. 원자폭탄 개발과 인간의 달 착륙 이후 R&D는 미래를 바꿀 수 있는 개념으로 알려졌다. 1961년 프랑스에서 Futurible 협회가 창립되고, 1966년에는 미국에서 세계미래학회(World Future Society)가 출범했다. 이후 로마클럽이 발간한 『성장의 한계』(1972)는 미래연구를 널리 알리는데 크게 기여했다(배규한, 2000: 30-32).

2. 미래의 종류와 미래 전망의 원리

미래 연구의 대상은 구체적 현상이 아니라 미래의 어떤 시점에 추정되는 상태이다. 미래는 확정된 것이 아니므로 예언(predict)하는 것은 불가능하다. 그러나 미래의 개념을 분석적으로 보면 일부 예측(forecast) 가능한 영역도 있다.

미래는 결정론적·확률론적·불확정 세 가지 영역으로 구분될 수 있다(배규한 2021: 78-79). 결정론적 영역이란 물리현상처럼 어떤 법칙에 따라 설명되거나, 장기적 추세처럼 연속성을 지닌 영역을 말한다. 이것은 '있을법한 미래'(probable future)이며, 이론이나 객관적 자료 등을 통해 비교적 정확히 예측될 수 있는 미래이다.

'확률론적 영역'은 일기예보나 평균수명 등 확률분포가 어느 정도 알려진 미

8 세계미래학회(WFS)는 1975년에 미래를 연구하는 학문의 명칭에 관한 회원조사를 통해 'futuristics'를 사용하도록 권고한 바 있다.

9 Rand를 풀어서 읽으면 바로 R&D이다.

래를 말한다. 이것은 '있을 수 있는 미래'(possible future)로서 일어날 가능성이 있는 미래이다. 결정론적 영역과 확률론적 영역은 과거 · 현재 · 미래의 시간 축으로 이어지는 연속성의 세계이며 예측과 전망의 대상이 될 수 있다.

그러나 '불확정 영역'은 예측될 수 없는 미래이다. 미래는 인간 사회의 수많은 변수가 작용하여 만들어지는 결과물로서 대부분 불확정 영역에 속한다. 이것은 확률론적 접근의 의미가 없고 과학적으로 예측될 수 없는 미래이다.

미래를 전망하는 기법은 수없이 많으며, 널리 쓰이는 것만 해도 50여 가지나 된다. 그러나 수많은 기법의 바탕에 깔린 기본원리는 크게 세 가지로 요약될 수 있다(배규한 2021: 80-83).

첫째, 과거 · 현재 · 미래를 하나의 시간 축 위에 연속해 나타나는 현상이라고 보는 '연속성의 원리'이다. 그러나 이 원리가 모든 것이 변하지 않고 남아 있다거나 반복된다는 정태적 시각을 의미하는 것은 아니다. 변하는 것도 많지만 그 변화는 과거의 어떤 추세에 따라 연속해서 이루어질 것으로 가정하는 것이다. 시계열분석 자료를 이용해 미래를 투사하는 기법을 '추세외삽적 예측'이라고 한다.

둘째, '유추의 원리'이다. 모든 현상에는 발생의 인과적 연관성과 순서가 있으며, 그 인과관계와 발생 순서를 관찰하면 미래를 예측할 수 있다. 예컨대, '갑'이라는 현상이 있고 이어 '을'이라는 현상이 나타났는데 이 두 현상 간에 인과관계가 있었다면, 장차 '갑'과 유사한 현상이 일어날 때는 곧 '을'과 유사한 현상이 뒤따를 것으로 예측하는 것이다. 추세외삽적 예측은 귀납적 추론에 따라 미래를 예측하는 데 비해, 이론적 예측은 일반적 원리나 법칙에 의한 연역적 절차를 따른다.

셋째, 불확정 영역의 미래는 과거의 자료 분석으로 전망하기 어려운데, 이때 사용하는 방법이 '직관적 예측'이다. 이것은 연구자의 주관적 통찰력에 의존해 전망하는 방법이다. 인간의 뇌는 슈퍼컴퓨터와도 같아서, 한 분야를 오래 연구한 전문가는 수많은 자료를 보며 연구역량을 축적해 왔기 때문에 특별한 직관력을 가질 수 있다는 데 근거를 둔다. 델파이(Delphi) 기법이 대표적이다.

3. 미래학의 특성과 미래연구의 중요성

미래가 과학적 분석의 대상이 될 수 있느냐에 대해서는 이견이 존재한다. 실증과학의 입장에서는 미래란 불확정 상태이므로 과학적 연구의 대상이 아니라고 본다. 미래연구가 독립적 학문이 될 수 있느냐에 대해서도 학자마다 견해가 다르다. 독립적 학문이 될 수 없다는 주장은 미래 연구의 대상 자체가 확정돼 있지 않고 여러 분야가 중복되는 영역이라는 점을 든다.

미래연구를 '학문'으로 보는 시각은 연구방법의 과학성에 근거를 둔다. 미래학은 체계적이고 객관적인 자료수집과 분석을 통해 가설을 수립하고, 관찰을 통해 검증하는 과학적 연구방법을 사용한다. 통상 응용 분야도 학문으로 인정하는 관행에 비추어 본다면, 미래학도 하나의 독립된 학문으로 볼 수 있다는 것이다. 미래학은 확정된 상태를 설명하거나 분석하는 것이 아니라, 앞으로 전개될 역사를 조심스럽게 내다보는 과학이다(배규한, 2021: 97-98).

미래연구는 구체적 예언(prediction)이 아니라 전반적 추세를 예견(forecasting)하는 것이며, 가능한 부분적 예측을 근거로 전체를 전망한다. 미래연구는 바로 행위자의 선택이나 행위에 따라 미래가 달라질 수 있다는 신념에서 출발하며, 오늘의 결정이 내일 어떤 결과를 초래할지 체계적으로 탐색할 수 있게 해 준다. 미래연구는 가능한 여러 대안적 미래들(alternative futures)을 보여줌으로써 바람직한 정책 방향을 모색할 수 있게 한다. 또 의사결정권자를 설득하거나 다양한 이해집단 간 합의를 끌어내는 근거가 되기도 한다. 요컨대, 미래 연구의 궁극적 목적은 예측을 넘어선 대안 모색이다.

미래 연구의 의의는 다음과 같다. 첫째, 과거와 현재의 일반화된 경향이나 추세를 찾아냄으로써 예측의 수준과 질을 높인다. 둘째, 미래 예측은 예기치 못한 돌발 사태에 대비하고 이에 대응할 수 있는 지식을 제공한다. 셋째, 사회 성원들의 상상력과 창의력을 자극하며 미래지향적 사고의 틀을 갖게 한다. 넷째, 가능한 미래들을 찾아내어 비교·평가함으로써 성취 가능한 바람직한 미래의 모습을 제시한다. 다섯째, 바람직한 미래에 관한 사회 성원 간 공감대를 형성하고, 이를 구체화하는 방안을 모색할 수 있게 해준다(배규한, 2021: 89-90).

Ⅳ. 김경동 미래 연구의 다섯 기둥

김경동 교수는 한국에 미래 연구의 씨를 뿌리고 토양을 가꾸는 선구적 역할을 해 왔다. 그의 연구는 대부분 현실의 치밀한 분석에서 출발하지만, 궁극적 지향은 늘 바람직한 미래가 무엇이며, 어떻게 그러한 미래를 이루어 갈 수 있을까 하는 데 있었다. 그는 사회학이나 미래연구 외에 시(詩) 동인으로 활동하며 시집을 출간하는가 하면, 그림을 그리고 기타 연주를 즐기는 등 다양한 활동을 해왔다. 이처럼 다양한 관심과 감성이 그를 미래를 상상하고 그리는 학자로 만들었을 것이다.

1960년대 이후 김경동 교수의 미래연구 업적을 살펴보면 사회발전, 인간주의, 문화의 고유성, 정보사회론, 미래 사회의 이상형 등 다섯 가지 큰 주제로 이루어져 있음을 알 수 있다. 앞의 네 가지는 바람직한 미래 사회를 만들어가기 위한 초석이며, 김 교수는 이들을 바탕으로 모든 사람이 높은 삶의 질을 누릴 수 있는 미래 사회의 이상형을 모색해 왔다.[10]

1. 바람직한 미래를 향한 발전주의[11]

사회학자로서 연구를 막 시작한 김경동 교수의 "순진한 사명감"은 전후(戰後) 폐허 한국의 심대한 문제를 해결하는 것이었다. 그는 1961년 미국 유학 중 통계 위주의 방법론에 실망하여 1년 만에 석사학위만 받고 귀국했다. 그 후 한국의 사회문화적 성격을 규명하기 위해 유교적 가치관을 연구하기로 하고 하버드-옌칭연구소로 2차 유학을 갔다. '근대화를 위해 문화적 전통을 탈피해야 한다'는 당시의 분위기 속에서 오히려 전통문화에 바탕을 둔 근대화와 발전이라는 시대적 과제를 탐구하기로 한 것이다(2022: iii-v).

이후 김경동 교수는 발전연구의 메타사회학에 뜻을 두고 구조적 변동과 근대화 및 사회발전에 관한 연구를 계속했다(1966; 1967). 특히 근대화와 발전의 문제에 대한 새로운 이론적 관점을 제시하기 시작하면서(1970; 1971), 미국 학술지

10 이하 괄호 안 참고문헌에서 저자 이름이 없는 것은 모두 김경동 교수 저작이다.
11 이 부분은 배규한(2002: 277-278)의 내용을 수정·보완한 것이다.

에 새로운 발전이론을 제창하는 논문을 발표하기도 했다(1973; 1975). 이를 바탕으로 한국 사회의 통합적 발전이론을 제시하는 등 한국의 경제성장과 근대화의 성격규명을 시도했다(1977a; 1979b; 1979c; 1979f; 1979g).

김경동 교수는 발전연구의 방법론을 개발하는 한편, 자신의 이론과 방법을 가지고 한국의 경제성장에 대한 해석을 시도했다(1983a; 1984a; 1984b; 1985a; 1988b). 이후에도 꾸준히 사회발전에 관한 연구를 계속했다(1993; 2002b; 2008). 이러한 연구들이 종합되고 모이는 곳은 결국 한국 사회의 발전을 위한 전략과 정책이었다(1996d; 1997a; 1999).

발전에 관한 김경동 교수의 기본적인 생각은 당시까지만 해도 '경제성장'을 곧 '발전'으로 오인하고 있던 사회적 인식을 바로 잡는 것이었다(1979e; 1994c; 2005c). 그는 발전을 가치 함축적인 개념으로 파악하고, 이상적인 발전가치들을 정리한 다음 이러한 가치에 바탕을 둔 바람직한 사회구조의 특성을 정리하고자 했다(2010a).

김경동 교수의 이러한 시도는 미래란 행위자의 가치관과 선택적 행위에 따라 창조되는 것이라는 확고한 신념을 보여준다. 그는 다수의 사회구성원이 바람직한 미래상에 합의한다면, 구성원들의 노력으로 그러한 미래를 성취해 나갈 수 있다고 본 것이다. 실제로 한 사회의 미래는 발전의 방향이나 목표를 어떻게 설정하고, 가치합의를 어떻게 이루며, 제한된 자원을 어떻게 투입할 것인가에 따라 전혀 달라질 수 있다. 이러한 점과 관련하여 김경동 교수는 미래연구에서 '정치적 선택성의 원리'를 매우 중요한 분석개념으로 사용했다(1984d; 1985c).

정년 퇴임 후에는 전문적·기술적으로 분석하는 스페셜리스트(specialist)보다 종합적 지성을 지닌 제너럴리스트(generalist)의 안목으로 한국의 발전론을 이론화하는 데 집중했다. 동양의 주요 사상적 조류에서 추출하여 나름의 독자적이고 자주적인 문명론적 관점에 기초한 대안적 담론을 제시하고자 시도한 것이다. 그리고 마침내 동아시아의 근대화를 서양이 아닌 동양의 시각에서 이론적·역사적으로 분석하는 대작을 출간했다(2017a; 2017b; 2017c).

2. 인간 중심의 미래를 위한 인간주의[12]

김경동 교수는 인간의 사회적 실존과 문화적 규제를 인정하면서도 동시에 개인의 자율성이 살아 있는 인간관과 사회관을 굳건히 견지했다. 미래는 저절로 다가오는 것이 아니라 여러 요인에 의해 창조되지만 가장 중요한 변인은 행위자로서의 인간이다. 그리고 그 결과는 당연히 인간의 자유와 풍요를 증진하는 내용이어야 한다. 그는 일찍이 인간주의 사회학을 주창했으며(1977b; 1978a; 1978b; 1979a; 1980a), 이후에도 일관되게 인간주의 사상을 미래 연구의 바탕에 두었다(1996b).

그의 인간주의 사회학에 따르면, 인간은 사회화의 경험에 따라 가치나 인식의 틀을 형성하고 그에 따라 행동한다. 그 과정은 사회문화적 체계의 기대에 부응하여 화합하는 것이다. 그러나 김경동 교수는 인간은 사회문화적 환경에 단순히 로봇처럼 수동적으로 반응하는 존재가 아니라는 사실을 강조한다. 인간은 문화와 제도에 순응하면서도 스스로 자율성을 지닌 존재로서 문화에 자신의 흔적을 남긴다는 것이다(1978a).

김경동 교수는 사회학적 연구를 하나의 인간적인 실존경험으로 여겨 사회현상의 어둡고 비천한 면을 몸소 느끼고자 했으며, 사회이론 속에서도 늘 그러한 요소를 고려해 왔다. 김경동 교수는 현실을 인정하면서도 항상 그보다 발전한 제도와 구조를 추구하였기에 미래의 이상적 사회형을 향한 꿈을 키웠으며, 그 꿈을 이룩하기 위해 인간에 대한 믿음을 더욱 굳건히 했다.

김경동 교수의 인간주의적 신념은 사회발전에 대한 열망과 더불어 자연스럽게 미래사회 연구에 집중하게 하는 원동력이 됐다. 사회발전은 우주의 무엇보다 소중한 개개인을 위해 중요한 것이며, 그러한 발전을 이루기 위해서는 사회구성원 하나하나의 가치관, 인식과 태도, 그리고 이에 바탕을 둔 행위가 중요하다는 것이다(1977b; 1977c). 현대사회에서 누구나 조직을 벗어날 수는 없지만, 조직 속에서의 삶이 인간화되어야 함을 강조했다(1982a).

사회학적 연구에서 흔히 딜레마에 빠지는 "문화냐 구조냐? 인간이냐 제도

12 이 부분은 배규한(2002: 278-279)의 내용을 수정 · 보완한 것이다.

냐?"라는 질문을 놓고 본다면, 김경동 교수는 분명하게 문화와 인간을 강조하는 입장이다(1979d).[13] 김경동 교수가 주요 연구 주제로 삼아온 사회발전, 인간주의, 문화의 고유성, 정보사회, 미래사회의 이상형 등은 별개의 것이 아니라 상호 긴밀히 연결돼있는 것이며, 바로 김경동 교수가 사회학적 연구를 통해 평생 이루고자 한 학문적 목표였던 것 같다.

3. 고유문화에 바탕을 둔 미래설계[14]

김경동 교수는 그동안 서양문명의 학문관에 파묻혀 있었다는 자각을 통해 한국 사회를 올바로 이해하고 바람직한 미래를 설계하기 위해서는 동양의 문화적 특성과 한국 고유의 가치를 알아야 한다고 생각했다(1983b). 그는 1960년대 초부터 한국인의 가치관을 파악하는 데 유교적인 요소가 중요함을 인식하고, 유교 가치관을 분석하고 측정하는 연구를 시작했다(1964a; 1964b). 미래 창조 과정에서 무엇보다 인간이 중요하다고 보는 김경동 교수가 인간이 몸담고 호흡하는 고유문화를 강조한 것은 당연한 일이다.

김경동 교수는 미국에서 강의하고 있을 때 미국 교수들이 흔히 유교나 도교가 어떤 사상이냐고 물어 동양철학을 진지하게 공부해 봐야겠다는 생각을 했다고 한다. 그는 1977년 귀국 후 유교와 근대화라는 쟁점에 집중해 노장사상을 섭렵하기 시작했다(2022: v). 특히 유교·도교 등 동아시아와 한국의 고전 사상을 현대적으로 재해석하여 사회학적 이론을 정립하고, 동양문화의 고유 개념들을 체계화하여 한국인의 사회적 행위와 의식, 사회관계와 조직원리 등을 설명하고자 했다.

이러한 작업은 서구의 통계적 방법만으로는 될 수 없는 일이므로 그는 한국문화를 연구하기 위한 방법론에도 큰 관심을 기울였다(1980c; 1996f). 예컨대, 중국 고전인 주역(周易)이나 역경(易經)의 사상과 이론, 그중에도 음양학(陰陽學)을 비롯해 중용(中庸)사상이나 노장(老壯)사상을 사회학적으로 재해석해 한국 사회

13 김경동 교수는 퇴계가 선조에게 진언했다는 "법과 관습은 말(末)이고, 본(本)은 사람의 마음"이라는 말에 깊이 공감하고 있다.

14 이 부분은 배규한(2002: 279-280)의 내용을 수정·보완한 것이다.

의 특성을 규명한다든가 한국 사회 변동이론을 정립하고자 시도했다(1983c; 1984c; 1989a; 1994e).

1980년대부터는 유학의 주요 사상체계인 음양변증법의 기본원리와 그로부터 추출하는 사회변동의 이론 틀을 현대적으로 개발하여 한국인의 가치관과 사회의 성격을 규명하는 데 적용하기 시작했다(1983b). 구체적으로 '한'(恨) 같은 한국 사회 고유의 개념이나 '기'(氣) 같은 동아시아 전통 속의 개념을 끌어내어 한국의 시각에서 한국의 경제성장과 발전을 새롭게 해석하는 작업을 시도했다(1980b; 1988b; 1990c; 1994d). 문화적 차원에서는 산업사회의 새로운 국제질서 창조를 위해 산업화 과정에서의 문화변동을 분석했다(1980c; 1982b).

이러한 과정에서 김경동 교수는 발전의 일반이론에 대한 하나의 독창적 관점을 제시했다. 예컨대, 역경의 원리에서 새로운 노사관계의 틀을 모색했다(1981; 1996c). 그리고 서구 시각의 근대화이론에 대한 문제점을 날카롭게 비판하면서, 그 대안으로 '인의예악지신'(仁義禮樂智信) 같은 동양적인 '교양'의 손길이 닿은 '문화적으로 다듬은'(cultured) 발전을 통해 선진문화사회(先進文化社會)를 이룩해야 한다는 새로운 이론을 주창했다, 이러한 주장은 여러 국제학술회의에서 큰 주목을 받았다(1994e; 1996f; 1997b).

1990년대 후반부터 김경동 교수는 유교와 경제성장, 유교와 자본주의 발전의 친화성을 강조하기 시작했다(1994d; 1997b). 이러한 주장은 곧 한국의 전통문화에 바탕을 둔 사회발전론(1996d; 1997a)으로 이어졌으며, 서양의 근대성(modernity)이 한국에서 문화적으로 어떻게 변용됐는지 보여줌으로써(1979g; 1980c; 1982b) 근대화의 대안적 시각을 제시했다(2004; 2005b; 2005c). 그리고 사회적 가치에 대한 문명론적 성찰과 비판(2019)을 통해 유교적 가치는 21세기 서방 세계에서도 유용한 가치임을 강조했다(2014a; 2017c).

4. 정보사회에 대한 기대와 우려[15]

세계 문명은 과학기술의 발달을 통해 발전한다. 개별적 기술이 누적되면서

15 이 부분은 배규한(2002: 281~282)의 내용을 수정·보완한 것이다.

한 시대를 특징짓는 수많은 관련 기술들의 체계를 형성하는데, 이것을 '사회기술'(social technology)이라고 한다. 역사상 새로운 시대를 열어간 사회기술의 예로는 농경사회를 만들어낸 농경기술, 산업사회를 형성한 산업기술 등을 들 수 있다.

1980년대 후반부터 김경동 교수는 정보기술(information technology)의 발달이 사회에 심대한 변화를 초래할 것으로 보고 새로운 도전과 대응에 주목하기 시작했다(1986; 1988a; 1990b). 그는 정보통신 혁명의 사회적 함의, 과학기술 개발의 전망과 사회적 영향, 과학기술 혁신의 인간적·문화적 요인 등의 탐구에 큰 관심을 보였다(1985d; 1989b; 1989c; 1989d).

1990년대 이후 김경동 교수는 정보통신기술의 발달이 초래할 미래 사회제도의 모습에 깊은 관심을 보이면서, 계층제도(1995d), 노사관계(1996c; 1996e), 교육제도(1985b; 1998), 방송제도(1990a) 등 각 제도 영역의 새로운 질서와 구조를 모색하는 연구를 했다. 그리고 미래사회 전반을 조망하면서 정보화와 사회변동(1990b; 1994a; 2008), 국제화와 지방화(1994b; 1995c) 등의 현상에 주목했다.

2000년대 이후 김경동 교수는 정보사회를 넘어 디지털 기술의 급속한 발달을 보면서, 사이버 시대의 삶(2000a; 2005a), 올바른 사이버 문화(2000b; 2001a; 2001b) 등 사회변동에 따른 미래 연구(2002a; 2002c)에 선구적 노력을 기울였다. 미래는 결국 인공지능을 장착한 기계와 더불어 살아가는 세상이 될 것으로 전망하면서, 그는 인간의 인간다움을 어떤 모습으로 지켜나갈 수 있을지 상상해 보고 독창적 해결책을 모색할 것을 제안한다(2022: 603-632).[16]

서양의 해결책은 주로 비인격적·기계적 수단과 물질적 유인을 통한 법적 제재와 형벌적 제도에 의존하는 것인데, 이것은 이미 효력을 잃었다고 주장한다. 김경동 교수는 인류가 끝없이 과학기술의 발전만 추구하고 인간의 영혼 깊숙이 자리한 문제에 깊은 관심을 기울이지 않는다면 결국 사회 전체가 파국에 이를 것임을 경고한다(2022: 592-594).

16 김경동 교수가 제시하는 한국 나름의 독창적 해결책은 다음 절에서 다룬다.

5. 미래사회의 이상형 탐구[17]

김경동 교수는 1960년대 이래 계속 한국 사회의 발전 문제에 천착해 왔는데, 그가 추구하는 바람직한 미래는 인간의 이상과 가치에 따라 창조되고, 인간의 자유와 자율에 따라 끊임없이 변하면서 환경에 적응해가는 '유연하고 열린 사회'였다. 이러한 비전에 대해 이전에도 단편적으로 연구했지만(1995a; 1995b; 1996a; 2010b; 2018), 최근에는 드디어 그간의 연구 성과를 바탕으로 이상적인 미래 사회의 모형을 만드는 작업에 나섰다.

김경동 교수는 우선 사회적 기업, 기업의 사회적 책임, 사회공헌, 사회적 경제 등 최근 경제경영 분야에서 새로 주목받는 '사회'라는 화두에 주목했다. 음양변증법적 사회변동론의 이론적 틀로써, 사회적 가치라는 주제가 생명을 얻게 된 과정과 기업윤리, 사회적 공헌, 자원봉사운동 등이 생성 전개되어온 과정을 분석했다. 미래지향적 관점과 문명사적 시각으로 접근하여 사회적 가치의 철학적 의미를 규명하고, 미래지향적 비전 제시를 위한 사회적 가치체계의 준거 틀을 만들었다(2019: 314-347).

그는 과학기술문명이 자아낸 온갖 세기말적 상황에서 전 지구적으로 생태적 혼란과 겹친 정치·경제적 위기의 저변에는 '도덕성의 마비'가 도사리고 있다고 진단했다. 이러한 인류의 문제를 해결할 새로운 미래를 구상하기 위해 그는 이상(理想)사회의 이념형을 제시하고 실현방안을 모색했다. 접근법은 역시 인간주의적 관점에서 문화론적으로 접근하는 방식이다. 먼저 동서양의 대표적 철학자의 이상사회 상을 검토하고, 한국 선비문화의 철학적 담론, 이상적 인간상, 정치·경제사상, 사회개혁론 등을 살펴보면서 음양변증법의 변동원리와 미래지향적 사회관을 제시했다(2022: 195-533).

선진사회의 기본요건과 성숙한 사회의 기본 틀을 정리한 다음, 김경동 교수가 제시한 미래사회의 이념형은 "문화적 교양으로 정화한 성숙한 선진사회"이다(2000b; 2022: 556-589). 새로운 사회의 비전은 선비문화의 주요소를 복원하고 수정하여 실현함으로써 이룰 수 있다고 보았다.[18] 다원화·분절화된 디지털 시대의

17 이 부분은 배규한(2022: 166-168)의 내용을 수정·보완한 것이다.
18 조선 시대에 사회변혁을 미래지향적으로 추진한 사례로서 향약 운동을 들었다.

사회개혁을 선비의 안목으로 수행하기는 어렵겠지만, 공동체 형성, 자원봉사운동 등으로 현대화할 가능성은 충분하다고 했다.[19]

김경동 교수는 서양문명이 감당할 수 없는 인류의 미래 문제 해결을 위해 새로운 선비문화 창달이라는 대과업을 시도해볼 만하다고 주장한다. 문화의 전 지구화 현상에 따라 K-pop이나 K-drama가 전 세계로 전파되는 것처럼, 신문명의 도래에 적합한 새로운 '선비문화'의 세계화도 충분히 가능하다는 것이다. 우선 도덕적 사회로 거듭나기 위한 뼈아픈 성찰에 기초한 독창적 프로그램을 창안해 모본을 보일 필요가 있다고 한다. 사회 전체의 관심 속에 새로운 공동체를 세우기 위해 실험적 사회·문화운동을 시작할 필요가 있는데(2014b), 그는 여러 부문의 전문가와 실천가 집단이 모여 기획하고, 재정적 지원을 마련해 헌신적으로 추진한다면 충분히 가능하다고 주장한다(2022: 618-632).

Ⅴ. 미래 연구의 토양을 위한 기여

1. 한국미래학회 창립발기인[20]

'한국미래학회'는 1968년 7월 6일 서울 아카데미하우스에서 '서기 2000년회'라는 이름으로 출범했다. 김경동 교수는 발기인[21]으로 참여했고, 당시 정회원은 28명이었다(한국미래학회, 2019: 69). 세계적으로 미래연구가 1960년대에 활기를 띠기 시작했고, '세계미래학회'가 1966년에 출범했으며, 미래 연구의 대중적 확산에 기여한 '로마클럽'이 1968년에 결성된 것을 고려하면, 한국미래학회는 세계적 추세에 뒤떨어지지 않고 미래 연구의 기치를 올린 셈이다. 김경동 교수는 창립총회 세미나의 사회를 맡았고, 이후 학회 운영과 활동에서도 아래의 인용처럼 핵심 인물 중 한 사람으로 참여하며 미래연구 활성화와 저변 확대에 기여했다.

19 김경동 교수는 퇴임 후 20여 년간 실제로 자원봉사운동과 공동체운동에 참여했고, 교육 재능 나눔 등을 실천했다.

20 이 부분은 배규한(2002: 282-283)의 내용을 수정·보완한 것이다.

21 발기인 6명(이한빈·최정호·김경동·전정구·이헌조·권태준) 중 최정호·김경동 두 분만 생존해 계신다.

“젊은 김 박사는 뭇 선배·동학들을 제치고 월례회의 학제적(inter-disciplinary) 담론에서 언제나 자연스럽게 좌장의 자리를 맡게 되었던 것이다. 제제다사(濟濟多士)의 백가쟁명(百家爭鳴)이 자칫 질서와 향방을 잃고, 사공이 많아 배를 산으로 몰고 갈 즈음이면, 항상 김 박사가 선수(船首)에서 확고하게 키를 잡아 토론을 정리하고, 논의의 방향을 잡아주곤 했다”(최정호, 2002: 10).

한국미래학회는 발족한 다음 달부터 월례회를 개최하여 세계적인 미래연구 동향, 새로운 학문으로서의 미래학, 한국의 미래상 등에 관한 토론을 계속하며, 『미래를 묻는다』라는 제호로 학회지를 발간하기 시작했다. 1971년에는 『서기 2000년의 한국에 관한 조사연구』라는 연구보고서를 과학기술처에 제출했는데, 이것은 한국에서 델파이(Delphi) 기법을 사용한 최초의 연구였다. 한국미래학회는 지금도 한국 미래연구의 본산으로서 활발한 활동을 전개하고 있다.

한국미래학회 회원 명단을 보면 가히 한국을 대표할 만한 학자나 지식인이 총 망라돼 있다. 한국미래학회는 학문적으로 미래연구에 크게 기여했을 뿐 아니라, 실제로 국가정책의 형성과 집행에도 큰 영향을 미쳤다. 나아가 회원 중 다수가 국무위원이나 국책연구원장 등으로 참여해[22] 미래를 개척하며 오늘의 한국 사회를 만드는 데 크게 기여했다.

한국미래학회는 2018년 11월에 창립 50주년 자축 행사를 하였으며, 그날의 강연원고와 반세기 활동 기록을 모아 기념 책자(한국미래학회, 2019)를 발간했다. 이 자료에 따르면, 창립 이후 월례회를 지속해 왔고, 그 결과물로 『미래를 묻는다』 시리즈 11권, 『한국인의 삶』 시리즈 9권, 한국의 미래를 찾기 위한 단행본 18권을 발간했다.

22 ‘한국미래학회’ 회원으로 활동하다가 장관급 또는 국책연구원장으로서 실제 정책개발과 집행에 참여한 회원들을 적어보면, 김광웅, 김숙희, 김재익, 김종인, 김진현, 김호길, 배규한, 서정욱, 성기수, 오명, 이상우, 이상주, 이상희, 이한빈, 이홍구, 정범모, 정수창, 조순, 주학중, 최형섭, 한배호, 한승수, 한완상, 함병춘, 황인정 등이다. 이들의 면면만 보더라도 ‘한국미래학회’가 한국의 미래구상과 추진에 얼마나 기여했을지 짐작할 수 있다.

2. 산업노동분과학회 초대 회장[23]

필자가 유학을 마치고 귀국한 1984년 말까지만 해도 한국에서 '산업사회'는 아직 '미래'로 인식되고 있었다. 산업·노동 분야 전공학자는 손가락으로 꼽을 정도였는데 이때부터 늘어나기 시작했다. 이들이 하나의 학문적 공동체를 형성하게 된 계기는 1989년 6월 29~30일 제주대학교에서 열린 한국사회학회 전기사회학대회였다.[24]

한국에서는 급격한 산업화·민주화로 1987년부터 노사분규가 급증했고, 기업은 공장자동화와 고부가가치 제품 생산체제로 전환을 모색하고 있었다. 이러한 시대적 상황에서 산업과 노동에 대한 사회적 관심이 크고 실용적 요구도 많았지만, 학문적 연구는 아주 미흡한 실정이었다.

진지한 연구의 필요성을 느껴오던 10여 명의 젊은 사회학자들이 상기 학술대회에서 산업노동분과를 조직해 열띤 토론을 벌이는 가운데, 앞으로 함께 연구해 나가자는 공감대를 형성하게 됐다. 그날 저녁 비공식 모임에서 서로의 연구결과를 발표하며 현실을 진단하고 분석할 모임을 계속 가질 것에 합의했다.

바로 다음 달(1989.7)부터 필자의 연구실, 한국사회과학도서관 세미나실 등에서 매월 정기 토론모임을 가졌다. 필자가 대우학술재단에 콜로키움 지원을 신청해 1990년 4월부터 지원받으면서 월례회는 한층 더 활기를 띠게 됐다. 2년 반 동안의 연구모임을 거쳐 1992년 3월에 정식으로 '한국사회학회 산업노동분과학회'를 창립했다.[25]

산업노동분과학회를 창립하는 과정에서 준비위원들(배규한·유홍준·이은진·이정택)은[26] 김경동 교수에게 초대 회장을 맡아 줄 것을 제안했고 그는 흔쾌히 수락했다. 한국사회학회 회장까지 지낸 분이 신설 분과학회의 회장을 맡는 것은 이례적인 일로서, 김경동 교수가 한국의 미래를 설계하는 연구와 후진 양성에

23 이 부분은 배규한(2002: 284-285)의 내용을 수정·보완한 것이다.

24 당시 한국사회학회 회장이 김경동 교수였다.

25 한국사회학회에는 '분과학회'나 '지역학회' 제도가 없었는데, 김경동 회장 재임 기간에 관련 규정이 만들어졌다.

26 창립발기인은 상기 준비위원들 외에 김훈, 박승희, 박준식, 송호근, 신광영, 유팔무, 이상철, 이숙종, 이종구, 임영일, 조순경, 조형제 등이었다.

얼마나 적극적이었는지 짐작하게 한다. 그 후 김경동 교수는 연임까지 하며 산업노동분과학회(이후 '산업노동학회'로 확대 개편)의 기반을 다지는 일에 진력했다.

3. 정보사회학회 초대 회장[27]

1990년대 중반 이후 한국에서도 정보화의 물결이 뚜렷한 모습을 드러내기 시작했다. 많은 미래학자는 정보와 지식이 생산성의 핵심 요소가 되는 '정보사회'가 조만간 도래할 것으로 예견하면서 여기 대한 연구와 대비의 필요성을 강조했다. 사회학계에서도 젊은 학자들을 중심으로 정보사회에 큰 관심을 가지고 공론의 장을 마련해 보자는 의견이 대두했다.

이들은 1996년 6월 14~15일 전남대학교에서 열린 한국사회학회 전기사회학대회에서 "미래 정보사회 연구의 가능성과 한계"라는 집담회를 마련하고 김경동 교수를 사회자로 모셨다. 이날의 발제자는 배규한(미래에 대한 사회학적 접근의 가능성), 윤영민(사이버 스페이스의 사회학적 의미), 구자순(미래연구와 한국사회론), 황승연(원격수업의 확산과 문제점) 4인이었다.

이 집담회에서 이루어진 진지한 토론은 반년간의 숙성을 거쳐 이듬해에 작은 결실을 보게 된다. 30여 명의 학자가 1997년 1월 17일 서울대학교 교수회관에 모여 '정보사회학회'를 창립한[28] 것이다. 이날 창립총회에서 회원들은 초대 회장으로 김경동 교수를 만장일치로 추대했다.

정보사회학회는 2년여 활동을 거치면서 사회학자뿐 아니라 여러 관련 분야 학자와 전문가들로 확대하는 것이 좋겠다는데 의견을 모았다. 그것은 무엇보다 정보사회에 대한 다학문간 공동연구의 필요성을 절감했기 때문이다. 마침내 1999년 4월 9일 광화문 교보빌딩에서 '사단법인 한국정보사회학회'로 확대 재창립하였다.[29]

이후 한국정보사회학회는 정보기술, 나아가 정보사회에 대한 학제 간 연구

27 이 부분은 배규한(2002: 285-287)의 내용을 수정·보완한 것이다.

28 창립과정에 적극적으로 참여했던 회원은 상기 집담회의 발제자들 외에 김규원·김명수·김문조·김용학·김환석·박길성·윤정로·이건·이영희·이윤희·이장영 등이다.

29 창립회원 외에 발기인으로 강대기·류승호·류영달·손세일·손연기·이상희·전성우·한상진 등이 새로 참여했다.

와 교육 기능을 활발히 수행했다. 세미나, 심포지엄, 연구 프로젝트, 학회지 발간 등의 활동을 통해 정보사회에 대한 거시적 주제에서부터 정보기술에 대한 미시적 주제에 이르기까지 폭넓은 연구를 수행하며, 그 성과를 공유하고 확산함으로써 개인적 삶의 질과 국가적 경쟁력 제고에 기여해 왔다.

김경동 교수는 정보사회학회 창립의 시발점이 된 집담회를 사회자로서 이끌었을 뿐 아니라. 정보사회학회 창립을 거쳐 사단법인 한국정보사회학회로 확대된 이후까지 회장직을 맡아 그 기반을 다지는데 크게 기여했다. 회장직을 후배에게 넘긴 후에도 한동안 한국정보사회학회 이사장으로서 든든한 후견인 역할을 계속했다.

4. 미래 사회 강의

김경동 교수는 일찍부터 미래를 조망하거나 정책을 수립하기 위해서는 장기적이고 거시적인 시각이 필요하다고 보았으며, 따라서 문명론적 또는 문명사적 관점의 중요성을 강조했다(2025: 134-136). 1990년대 후반부터는 그간 축적해온 미래연구 성과를 직접 차세대 학생들에게 전하기 시작했다. 1996년 2학기부터 서울대학교 사회학과에 'Society of the Future'라는 이름의 영어강좌를 개설해[30] 강의하기 시작한 것이다(2002a: 7). 그는 이 강의를 2002년 정년 퇴임할 때까지 계속했다.

정년 퇴임 후에는 서울대 외에 다른 대학으로까지 미래 강의를 이어 나갔다. "The Future and Development Studies"라는 제목의 영어강의를 KDI 국제정책대학원(2001.8~2012), KAIST 경영대학원(2011.1~2015.6), 경희대학교 평화복지대학원(2015.8~2018.2), 그리고 국립인천대학교(2018.3~2019.7)에서 19년이나 계속했다. 미래 사회 강의를 하면서 학생들에게 "특정 이념에 몰입하지 말고, 사회학처럼 다양한 시각을 공부하라."고 늘 조언했으며, "열린 마음으로 유연하게 세상을 바라보고, 자신의 길을 모색하는 것이 중요함"을 강조했다(2025: 185).

강의에서는 먼저 프레임의 심리학(Psychology of Frame)을 소개했다고 한다.

30 1990년대 후반 서울대학교 여러 학과에서 영어강좌를 개설하려는 움직임이 있었는데, 사회학과에서는 미국 대학교수 경력이 있는 김경동 교수에게 영어강좌 개설을 요청했다고 한다.

프레임이란 사물의 구조를 특징짓는 모습을 일컫는데, 인간의 마음이나 심리 작용에도 이러한 틀이 지각과 인지 과정을 좌우하며, 지적 활동이나 행동·인생관·세계관 등에 영향을 미친다는 것이다. 이 마음의 프레임에 따라 합리와 불합리, 성공과 실패, 행복과 불행, 화합과 갈등이 달라질 수 있다. 미래를 준비하는 과정에서 무엇보다 어떤 마음의 프레임을 갖추느냐가 중요하므로 먼저 올바른 마음의 프레임을 갖도록 노력해야 함을 강조한 것이다. 강의내용은 대학과 시기에 따라 조금씩 달랐지만, 주요 내용은 대략 다음과 같았다.

① Why We Study the Future? (왜 미래를 공부하는가?)
② Development, Policy & Planning (발전(개발), 정책 및 계획)
③ What Do We Mean by Future? (미래란 무엇을 뜻하는가?)
④ How Do We Study the Future? Science of the Future (미래는 어떻게 연구하는가? 미래의 과학(사회학))
⑤ Features of Major Changes and the Future Society (미래를 자아내는 변동과 미래 사회의 특성)
⑥ Challenges We Face Looking to the Future (미래에 직면할 도전의 성격)

Ⅵ. 맺음말

김경동 교수는 한국에서 '미래연구'라는 개념이 등장하기 전부터 미래연구에 관심을 가졌을 뿐 아니라, 한국에 미래연구의 씨를 뿌리고 토양을 가꾸며 후학들을 기르는 선구자 역할을 했다. 그리고 사회학 이론과 방법론을 토대로 사회발전론, 인간주의, 한국의 고유문화, 정보사회론 등의 주제에 연구를 집중함으로써 이상적인 미래 사회 모색과 실천 노력을 계속해 왔다.

정년 퇴임 후에는 자원봉사활동에 적극적으로 참여하여 본인이 늘 강조하던 "인간주의 사회학"의 실천에 나섰다(2014b). 서초구 자원봉사센터 회장을 시작으로 서울특별시 자원봉사센터 이사장, 한국자원봉사포럼 회장 등을 역임했고, 지금도 한국자원봉사포럼의 명예회장으로 활동 중이다(2025: 180).

미래 관련 학술 활동도 여전히 활발하다. 대학강의 외에도 특강형태의 강연을 계속했다. 2015년에 KAIST 문술미래전략대학원이 설립한 '미래세대행복위원회' 위원장을 맡아 아직 태어나지 않은 미래 세대에게 행복한 삶을 만들어 주고자 노력했으며, 새로 출범한 '미래학회'의 고문을 맡기도 했다. 또 세계적 미래학 대가인 벨(Wendell Bell) 교수와 대담을 했고, 프랑스의 기 소르망(Guy Sorman) 박사를 인터뷰하기도 했다.

2025년 6월에는 한국미래학회장 박성희 교수와 인터뷰 형식을 통해 "우리의 눈으로 대한민국을 본다"(2025)라는 제목으로 본인의 학문적 여정과 대한민국의 발전과정에 관한 연구의 핵심을 간결하게 피력했다. 가치관을 중심에 둔 사회발전 연구와 한국의 문화적 특성을 기반으로 서구 이론의 토착화를 위한 연구를 평생 해왔다는 말씀이 기억에 남는다. 지금도 대한민국학술원 회원으로서 일생의 연구 성과를 바탕으로 한국 사회학의 토착화와 세계화를 위한 연구와 집필활동을 계속하고 계신다. 지난 6월 말에는 선비문화를 세계에 알리는 영문 저서 원고를 완성했다고 한다.

글을 마치며 "선생님은 어떻게 이처럼 많은 연구와 다양한 활동을 할 수 있었을까?" 생각해 본다. 그의 연구업적 목록을 보면 우선 다양하고 방대함에 놀라지 않을 수 없다. 저서 21권, 공저·편저 25권, 국내 영문 저서 2권, 영문공저 5권, 해외출간 5권(편저 2권 포함), 번역서 3권(그중 한 권은 영역임), 국문연구보고서 41권, 영문연구보고서 7권, 비학술서(시집, 칼럼집 등) 10권, 그리고 국문 논문 161편, 국내발표 영어 논문 58편, 해외발표논문(영어·불어·일어·중국어) 46편, 서평 5편, 중단편 소설 4편 등이다. 이 숫자를 단순 합산해 보면 단행본 119권, 논문 등 기타 274편이며, 활동 기간을 35년으로 잡으면 매년 평균 3.4권의 책과 7.8편의 논문 등 글을 쓴 셈이다.

교수님이 이처럼 많은 연구업적을 쌓을 수 있었던 것은 뛰어난 두뇌와 풍부한 상상력, 체계적 사고, 탁월한 영어, 성실함과 근면성 등에 기인한다는 데 이견이 없을 것이다. 그 외에 한 가지 더 보탠다면 그의 탁월한 행정 능력을 들고 싶다. 그가 학내외에서 많은 행정 직책을 훌륭히 수행했음은 다 아는 사실이지만, 개인적으로 경험한 사례를 몇 가지만 적어본다.

1978년에 석사학위 논문 주제를 정하지 못해 고심하다가 김경동 교수님을 찾아뵈었는데, 불과 30여 분 상담하는 동안 논문 주제는 물론 연구방법까지 다 결정하고 나왔다.[31] 석사학위 취득 후 미국 유학을 위한 추천서를 받으러 갔을 때는 지원대학과 전공 등을 물어보시더니 바로 타자기 앞에 앉아 추천서를 여러 장 타이핑해[32] 주셨다. 그리고 유학 중의 공부계획이며 생활방식까지 자상하게 조언해 주셨다.

1985년 1월 박사학위 취득 후 귀국 인사를 드리러 갔더니, 당시 서울대학교 사회과학연구소장을 맡고 계시던 선생님께서 "올해 연구소에 일이 많으니 2월부터 특별연구원으로 나와서 도와달라."[33]고 하셨다. 특별연구원으로 있는 1년간 종속이론 국제학술회의, 의식구조 조사연구, 국내학술회의 등 정말 일이 많았다.

종속이론 국제학술회의는 6월에 열렸는데 2월부터 초청장을 보내는 등 준비를 시작했다.[34] 당시 한국에서 종속이론은 불온시 되던 때였으므로, 일부 외국학자의 입출국은 국정원이나 경찰의 사전 승인을 받아야 했고, 회의 진행 과정에서 정부나 경찰이 긴장하는 사건도 많았다.[35] 결과적으로 아민(Samir Amin), 오도넬(Guillermo O'Donnell) 등 세계 각국의 저명한 종속이론가 17명, 국내 학자 36명이 참가하여 25편의 논문을 발표하고 토론했으며, 그 결과는 책으로 출간되었다(1987). 회의 후에는 참가자 전원에게 경주와 울산을 견학시켰다.[36] 이 회의는

31 그 결과는 석사 논문으로는 드물게 동아일보(1980.5.16. "정권 바뀔 때마다 정치오염, 굴절 심한 교과서")와 일간스포츠(1980.5.15. "권력에 시달린 국민교 교과서")에 보도되기도 했다.

32 당시에는 '워드 프로세서'라는 개념조차 없었고, 모든 공문서나 논문을 타자기로 작성했다. 주요 조직에는 대부분 '타이피스트'라는 별도의 직업이 있을 정도로 타이핑은 하나의 기술이었다.

33 "도와달라"고 하셨지만, 사실은 갓 귀국한 제자에 대한 배려였을 것이다. 배려에 대한 부담을 느끼지 않게 하는 이러한 방식이 선생님의 어법이다.

34 휴대전화나 이메일이 없던 때라 항공우편을 주고받았다.

35 예컨대, 아민은 입국할 때부터 기자들이 몰려 "제3세계, 외채 안 갚아도 돼" 같은 자극적인 기사들을 쏟아냈으며, 서울대 특강 때는 전국 대학에 "아민 선생 특강, 서울대로 집결하라"는 대자보가 붙어 불상사를 우려해 급히 장소를 변경해야만 했다. 회의 기간 나와 조교 2명이 힐튼호텔에 24시간 상황실을 운영했는데, 새벽 1시에 남대문 경찰서에서 "지금 외국인 참가자가 남대문 시장에서 대학생들을 만나고 있으니 유의하라."는 전화가 오기도 했다. 그는 포스터-카터(Aidan George Foster-Carter)였는데, 회의 후에 한국을 더 살펴보겠다고 해서 비자를 연장해 주기도 했다. 그 외 참가자들의 부탁도 다양하고 많았다.

36 외국 종속이론가들은 이 회의를 계기로 한국에 대한 인식을 크게 바꾸었는데, 아민은 물론 북한을 찬양하던 포스터-카터조차 친한 인사로 바뀌었다.

한국에서 음지에서 번성하던 종속이론의 명암을 햇볕에 드러낸 최초의 학술회의였다.

국제학술회의를 준비하는 한편, 국무총리실 의뢰로 "청소년 의식구조 조사연구" 프로젝트도 진행했다. 당시 10~24세 청소년 13,459,000명을 초·중·고·대학생, 근로, 농촌, 미진학(무직), 비행(보호, 가위탁), 시설(육아원, 심신장애, 부랑아, 직업보도) 청소년 등 9개 그룹으로 나누어 10,280명을 표집하여 면접원들이 직접 찾아가 면접조사를 하였다. 이 엄청난 조사연구를 1년에 마치고 최종보고서(정원식 외, 1985)까지 제출했다.

그해 11월에는 "해방 40년 가치의식의 변화와 전망"이라는 국내학술회의도 개최했다. 사회 각 분야를 10개(정치, 경제, 대외관계, 교육, 계층, 근로자, 가족, 여성, 청소년, 대학생) 분과로 나누어 이틀간 발제하고 토론하는데 50여 학자들이 참여했다. 그 결과는 단행본(서울대학교 사회과학연구소 편, 1986)으로 출간되었다.

이처럼 여러 대규모 행사를 하는 중에도 분기별 논문집 『사회과학과 정책연구』 발간 등 연구소의 일상적 업무가 많았다. 이 모든 일을 김경동 소장님은 차질 없이 진행하셨다. 연구소 인력이라야 특별연구원 1명, 여직원 1명, 대학원생 조교와 조교보 각 1명이 전부였다. 이 인력으로 그 많은 일을 해낼 수 있었던 것은 김 소장님의 탁월한 리더십과 행정력 덕분이었다.[37]

1989년 김경동 교수가 한국사회학회 회장을 맡으셨을 때 나는 총무를 맡아 도와 드리게 됐다. 지금은 학회 일을 4~5명의 운영 이사가 분담하지만, 당시는 총무 한 사람이 거의 모든 일을 다 맡아서 했다. 그 한 해 동안 춘계·추계 학술회의 등 각종 연례행사 외에, 1957년 한국사회학회 출범 이후 한 번도 개정된 적이 없었던 한국사회학회 회칙 전면개정, 그때까지 없었던 분과학회 규정 제정, 지역학회 규정 제정 등 시대변화에 맞게 제도화하는 일을 참 많이 했다. 이러한 일도 김경동 회장의 탁월한 행정력이 아니면 이루기 어려웠을 것이다.

37 혹시 일이 잘못되거나 실무자가 실수를 했을 때도 김경동 교수님이 화를 내거나 야단치시는 것을 본 적이 없다. "거참~ 할 수 없지 뭐" 하고는 바로 수습책을 지시하신다.

[참고문헌]

21세기위원회. 1994. 『21세기의 한국』. 서울프레스.

박성희(편). 2025. 『다시 대한민국을 상상하다』. 21세기북스.

배규한. 1995. 『미래사회학』. 사회비평사.

______. 2000. 『미래사회학』(개정판). 나남출판.

______. 2002. "김경동과 미래사회학." 김경동, 『미래를 생각하는 사회학』. 나남출판. 269-294.

______. 2021. 『자유로운 미래를 위한 사회학』. 박영사.

______. 2022. "미래사회학의 시각에서 본 김경동 교수." 『사회사상과 문화』. 25(4): 149-186.

서울대학교 사회과학연구소(편), 1986. 『해방 40년 가치의식의 변화와 전망』. 서울대학교 출판부.

정원식 · 김경동 · 김신일 · 배규한 · 최일섭. 1985. 『청소년 의식구조 조사연구』. 서울대학교 사회과학연구소 국무총리실 특별연구보고서.

최정호. 2002. "한국의 르네상스人이자 휴머니스트." 김경동. 『미래를 생각하는 사회학』. 나남출판. 10-11.

한국미래학회(편). 2019. 『한국미래학회 50년』. 나남.

(이하는 모두 김경동 교수의 저작임)

1964a "교과서분석에 의한 한국사회의 유교 가치관 연구." 『이상백 박사 회갑기념논총』. 을유문화사. 333-368.

1964b "태도척도에 의한 유교 가치관의 측정." 『한국사회학』 1: 3-22.

1966 "발전사회학 서설." 『한국사회학』 2: 21-32.

1967 "Social and Cultural Aspects of Modernization." 84-95 in *Asian Conference on Church and Society: Report to the Asian Churches*. East Asian Christian Conference.

1970 *Urbanization and Economic Development: With Special Reference to the Korean Development*. Seoul National University, Population and Development Studies Center Monograph No. 6.

1971 "Industrialization and Industrialism: A Comparative Perspective on Values of

Korean Workers and Managers." *ILCORK Working Paper* No. 1. Social Science Research Institute, University of Hawaii.

1973 "Toward a Sociological Theory of Development: A Structural Perspective." *Rural Sociology* 38: 462-476.

1975 "Social Change in South Korea." *Journal of Korean Affairs* 4(4): 3-15. Washington, DC.

1977a "근대화의 새로운 이해를 위한 사회학적 접근." 『세계의 문학』 4(여름): 14-31.

1977b "사회학적 인간관과 인간주의 사회학." 『문학과 지성』 8(3, 가을): 840-883.

1977c "The International Dynamics of Modernization: Some Theoretical Issues and Humanistic Concerns." National Academy of Sciences, *Humanities and Social Sciences* 16: 277-306.

1978a 『인간주의 사회학』. 민음사.

1978b "발전의 가치와 메타사회학: 인간주의적 접근." 『세계의 문학』 7(봄): 16-45.

1979a *Man and Society in Korea's Economic Growth: Sociological Studies*. Seoul National University Press.

1979b 『발전의 사회학』. 문학과 지성사.

1979c 『근대화: 그 현실과 미래』(이홍구 외 공저). 서울대학교 출판부.

1979d "사회구조의 변화와 인간." 행동과학연구소, 『미래사회의 인간문제』. 73-88.

1979e "근대화와 발전에 대한 오해와 이해." 『세계의 문학』 12(봄): 16-37.

1979f "발전의 사회학적 이론." 『문학과 지성』 35(봄): 140-159.

1979g "Socio-Cultural Implications of Economic Growth in Korea." 83-107 in Se-Jin Kim and Chi-Won Kang(eds.), KOREA: A Nation in Transition. Seoul: Research Center for Peace and Unification.

1980a 『현대사회와 인간의 미래』. 평민사.

1980b "공업화의 사회적 충격과 미래의 과제: 한국사회의 전통적 요소와의 상호작용을 중심으로." 한국정신문화연구원, 『역사적 맥락에서 본 현대 한국문화의 방향』. 143-174.

1980c "Cultural Dimensions in Creating a New International Order in Asia: Some Conceptual and Empirical Observations on 'Tilted' Acculturation between Korea and Japan." pp. 223-250 in Asiatic Research Center(ed.), *Korea-*

Japan Relations: Issues and Future Prospects. Seoul: Korea University.

1981 "<易經>의 원리에서 찾아본 노사관계의 사회학."『세계의 문학』 20(여름): 218-237.

1982a "조직된 삶의 인간화." 한국미래학회,『미래를 묻는다』 7: 67-78.

1982b "Industrialization and Culture Change." pp. 243-256 in *Report of the Study on Economic Development and Social Stratification*. Seoul: Korean Social Science Research Council.

1983a『경제성장과 사회변동』. 한울.

1983b "한국인의 가치의식과 삶의 質." 이홍구 외,『한국사회의 전통과 변화』. 범문사. 461-499.

1983c "<老子>와 현대사회학: 서설적 고찰." 도원 유승국박사 회갑기념눈문집,『동방사상 논고: 그 본질과 현대적 해석』. 1143-1157.

1984a『한국사회의 발전논리』(정원식 외 공저). 홍사단 출판부.

1984b "한국의 공업화와 사회변동."『현대사회』 14(여름): 2-22.

1984c "한국사회 특성고(1): 사회학적 접근 시론." 한국외국어대학교,『東園 金興培박사 고희기념논문집』. 295-317.

1984d Changes and Political Selectivity in the Development of Industrial Democracy in the Republic of Korea." *Economic and Industrial Democracy* 5: 445-467.

1985a *Rethinking Development: Theories and Experiences*. 서울대학교 출판부.

1985b "한국의 미래와 고등교육의 과제." 한국교육개발원,『한국고등교육의 미래전망과 발전전략』. 7-24.

1985c "한국사회의 발전과 근대화에 있어서 정치적 선택성의 원리."『한국사회의 변동과 발전』. 범문사. 3-20.

1985d "정보통신혁명과 인간의 의사소통."『과학과 기술』 18(11): 9-12.『민주주의 한국정치』. 범문사. 267-287.

1986『전기통신학술연구보고서: 정보사회의 도전과 대응』(김경동 외 공동연구). 정보통신부.

1987『*Dependency Issues in Korean Development: Comparative Perspectives*』(edited by Kim, Kyong-Dong). Seoul National University Press.

1988a 『90년대 과학기술혁신의 방향』(김세원 외 공동연구). 한국과학기술재단.
1988b "The Distinctive Features of South Korea's Development." 197-219 in Peter L. Berger and Michael H. H. Hsiao(eds.), *In Search of an East Asian Development Model.* New Brunswick, NJ: Transaction Books.
1989a "사회문화의 동향: 20년의 흔적을 더듬어." 한국미래학회(편), 『미래를 되돌아 본다』. 나남. 35-44.
1989b "과학기술 혁신의 인간적 · 사회적 요인." 『과학기술정책』 1: 29-34.
1989c "사회적 갈등과 기술개발의 전망." 『기술혁신 촉진을 위한 정책체계에 관한 연구』. 한국과학기술원 과학기술정책연구평가원. 275-288.
1989d "과학기술 개발과 사회문화적 여건." 『과학과 기술』 21(3): 58-63.
1990a 『방송제도연구보고서: 2000년대를 향한 한국방송의 좌표』(김규 외 공동연구). 방송제도연구위원회.
1990b "정보화시대와 한국사회의 변동." 『전기통신논총』 1: 107-117.
1990c "Development, Modernization and Confucianism." 83-100 in *Report: International Conference on Culture and Development in Asia* (March 5-7, Fukuoka, Japan). Sponsored by the United Nations University.
1993 『한국사회변동론』. 나남.
1994a 『국가사회 정보화 촉진방안에 관한 연구』(곽수일 외 공동연구). 서울대학교.
1994b "국제화와 지방화: 개념적 고찰." 한국사회학회(편), 『국제화 시대의 한국사회와 지방화』. 57-78.
1994c "Reflections on the Non-economic Factors in Korea's Economic Development." 41-56 in Sung Yeung Kwack(ed.), *The Korean Economy at Crossroad.* Westport, CT: Praeger.
1994d "Confucianism and Capitalist Development in East Asia." 87-106 in Leslie Sklair(ed.), *Capitalism and Development.* London: Routlege.
1994e "The Culture of Development and the Idea of 'Cultured' Development: Keynote Speech." 3-17 in Manwoo Lee et al.(eds.), *Culture and Development in a New Era and in a Transforming World*. Seoul and Paris: The Institute for Far Eastern Studies, Kyungnam University and UNESCO.
1995a "21세기 '선진문화사회'로 가는 길." 한국학술진흥재단 광복 50주년 기념사업

위원회, 『광복 50주년 기념논문집(10): 미래』. 57-80.
1995b "변증법적 신문명론." 『철학과 현실』 여름호: 44-58.
1995c "한국의 지역정보화 현황과 정책." 『사회과학과 정책연구』 17(1): 225-259.
1995d "The Middle Class in Korea: National Report." Population and Development Studies Center, Seoul National University.
1996a 『그래도 한국에는 비전이 있다: 비전의 사회학』. 집문당.
1996b "미래사회와 인간주의." 김형국 편, 『한국의 미래와 미래학』. 나남. 35-50.
1996c "21세기 '한국형' 노사관계 이념의 탐구." 서울대 경영대학 노사관계연구소 (편), 『한국노사관계의 새 지평』. 다산출판사. 9-32.
1996d "21세기를 위한 한국사회발전론(상)." 『문학과 사회』 36(겨울): 1833-1869.
1996e "노사협력: 21세기 인식의 대전환을 위한 이론적 관점." 『노사관계연구』 7: 1-14.
1996f "Toward Culturally 'Independent' Social Science: The Issue of Indigenization in East Asia." 63-72 in Su-Hoon Lee(ed.), *Sociology in East Asia and Its Struggle For Creativity*. Madrid: International Sociological Association.
1997a "21세기를 위한 한국사회발전론(하)." 『문학과 사회』 37(봄): 364-392.
1997b "Confucianism, Economic Growth and Democracy." *Asian Perspective* 21(2; Fall): 77-97.
1998 『한국교육의 사회학적 진단과 처방』. 집문당.
1999 "21세기를 위한 한국사회발전론." 수암장학문화재단, 『수암논집』. 39-49.
2000a "사이버 시대의 도래와 삶의 질." 아산사회복지사업재단, 『사이버 시대의 삶의 질』.
2000b "Toward 'Cultured' Cyberculture: A Civilizational Perspective." *Culture in the Cyber Age*. The Asia-Europe Forum Report. Gyeongju World Culture EXPO 2000: 55-68.
2001a 『한국의 인터넷 생태계 구조에 대한 연구』(한준 외 공동연구). 서울대 사회발전연구소.
2001b "'교양을 갖춘' 사이버 문화를 향하여: 문명론적 관점." 경주세계문화엑스포 2000 조직위원회, 『사이버 시대의 문화』. 17-36.
2002a 『미래를 생각하는 사회학』. 나남.

2002b 『한국사회발전론』. 집문당.

2002c 『사이버 시대의 사회변동』(박길성 외 공저). 집문당.

2004 "Modernization as a Politico-Cultural Response and Modernity as a Cultural Mixture: An Alternative View of Korean Modernization." Paper presented at the International Conference (April 7-9, Beijing) on "The Course of Modernization in the Countries and Regions of East Asia," organized by the International Committee of Historical Sciences(CISH), the Association of Chinese Historians and the Institute of World History of the Chinese Academy of Social Sciences.

2005a "사이버 세계의 게임플레이어: 정보사회의 인간과 자아에 대한 성찰." 한국학술단체연합회 한국학술현황점검 심포지엄(12월 2일), 『21세기, 인간을 다시 생각한다』. 77-98.

2005b "Modernization as a Politico-Cultural Response and Modernity as a Cultural Mixture: An Alternative View of Korean Modernization." *Development and Society* 34(1): 1-24.

2005c "Convergent Adaptations and Divergent Reactions to Globalization as the Extended Process of Modernization." Keynote Speech, International Conference on "Globalization and Socio-Cultural Changes in Comparative Perspective." organized by the Korean Sociological Association (October 21), Seoul.

2008 "발전과 변동의 사회학." 대한민국학술원, 『한국의 학술연구: 정치학·사회학』(인문사회과학편) 제9집: 710-775.

2010a "한국 경제성장의 사회학적 이해를 위하여." 『제도와 경제』 4(2): 5-29.

2010b "성숙사회의 비전과 전략." 한국연구재단 심포지엄자료집, 『인간다운 삶을 위한 인문사회 연구』. 87-128.

2014a "Is Confucianism Still Relevant in the Twentieth Century World?" Keynote Speech. The 21st Century Human Value Forum(July 3-6, Andong).

2014b "Corporate Volunteering in Korea: Current State and Future Tasks." Keynote Speech, Korea Forum of Volunteerism. 2011 East Asia Civil Society & Volunteerism Forum(October 30, Jeonju).

2017a *Alternative Discourses on Modernization and Development: East Asian Perspectives.* Palgrave Macmillan (London & New York).

2017b *Korean Modernization and Uneven Development: Alternative Sociological Accounts* Palgrave Macmillan (London & New York).

2017c *Confucianism and Modernization in East Asia: Critical Reflections* Palgrave Macmillan (London & New York).

2018 "현대 민주주의의 위기와 미래 민주주의의 유가적 구상." 『미래연구』 3(2): 5-76.

2019 『사회적 가치: 문명론적 성찰과 비전』. 푸른사상.

2022 『선비문화의 빛과 그림자: 지식인 파워 엘리트의 사회학』. 박영사.

2025 "우리의 눈으로 대한민국을 본다." 박성희 엮음, 『다시 대한민국을 상상하다』. 21세기북스. 126-197.

김경동 교수, 선비문화론과 법고창신적 계승

정 학 섭*

Ⅰ. 문제제기

호산 김경동 선생을 1977년 3월, 관악산 기슭 아래 서울대 8동 어느 강의실에서 처음 뵌 지 거의 반백년의 세월이 흐르고 있다. 폭염의 냉기 속에서 천학비재한 제자는 호산 선생의 모습과 생애와 업적과 가치지향의 사상을 가늠해보며, 호산 선생 만년의 거질(巨帙) 『선비문화의 빛과 그림자』(2022,박영사)를 환기시켜 본다. 우리 사회구조와 사람들의 의식(consciousness) 및 가치지향(value orientation) 형성·실체의 뼈대가 무엇인지를 호산 선생의 그늘 아래서 새삼 되새겨 보게 된다.

성리학을 새롭게 집대성하고자 했던 주희(朱熹, 1130-1200)는 『대학(大學)』의 '성의(誠意)'에 대한 주석에서, "나는 내 뜻(意)을 소중하게 여기며 정성(誠)을 다해 살고 있는가?"를 목숨걸듯 진지하게 궁구했다. 호산 선생의 『선비문화의 빛과 그림자』(2022, 박영사, 682쪽)는 미수(米壽)에 즈음한 한 사회학자의 위대한 사유체계의 산물이다. 그는 거기서 주희와 같은 궁리로써 우리 한국 사회와 한국인의 의식과 가치지향, 사상체계의 뿌리와 뼈대를 추적하며 궁구하고 있다. 그는 이 최근의 역작을 통해, 사회학적 시간(time)과 공간(space), 지식(knowledge) 기반(fundamental)의 그물(A. 토플러적 관점)에 걸리지 않고 새로운 사회학적 인식의 지평을 열고 있다.

호산 선생의 선비문화 탐구는 한국사회의 가치관 형성과 한국문화의 토대에 대한, 『주역(周易)』 '원시반종(原始反終)'적 연구의 일환이다. '만물의 시초를 고찰하여 삶의 원리를 알고, 만물의 마지막을 궁구하여 죽음의 원리를 안다'는 원시반종적 한국문화 천착의 결실이다.

* 전북대학교 명예교수, 미래인력연구원. 징비포럼 원장

호산 선생의 사회학적 관심(sociological concern)의 범위는 광대하고 그 천착의 깊이는 심해(深海)와도 같다. 만년에 이르러 우리 한국사회와 한국인의 뿌리이자 뼈대, 선비문화에 대한 그의 사회학적 사회사상적 탐구는 여기에 이르렀다. 이 대작의 결실은 향후 후학들로 하여금 우리 문화의 원형, 우리 의식의 근저, 우리 가치관의 뿌리 연구에서 늘 향도적 역할을 할 것이다. 선비문화에 대한 호산 선생의 연구는 향후 우리 사회에서 '넓고 넓되 은미한(費而隱)' 위상을 갖게 될 것이다. 주자의 해석으로 '비란 용(用)의 광범위함이요, 은이란 체(體)의 은미함이다.' 그런 만큼 이 저서는 앞으로 이 분야 연구의 커다란 광맥으로 자리잡게 될 것이다. 나아가 동양정신과 가치에 대한 사회학적 탐구의 등대가 될 것이리라.

호산 선생께서는 문사철에 해박한 사회학자이시면서 풍류도인적 삶의 향유자(享有者)시다.[1] 고운 최치원이 논의한 우리 민족 고유의 풍류 철학은 무엇인가. "나와 다른 것들을 이해하고 포용하는 태도(包含三敎), 인간의 도리를 숙지하고 연마하는 정신(相磨道義), 음악과 예술을 사랑하는 삶(相悅歌樂), 자연산수 친화적인 생활(遊娛山水), 상생과 나눔을 실천하는 하늘 같은 삶(接化群生)"이 바로 풍류의 삶이다. 호산 선생께선 바로 이 같은 풍류의 삶을 살아오셨다고 볼 수 있다. 호산 선생의 경계를 넘나드는 열린 정신과 다름을 인정하는 포용력은 '군자불기(君子不器)'적 통섭이요 지향이라 하지 않을 수 없다.

호산 선생께서는 이 방대한 역저(力著)를 통하여, 조선시대 선비들과 그 철학사상, 선비문화의 형성과정 및 특성, 현대적 계승 문제 등을 논의하고 있다. '글을 읽고 지식을 쌓아 전파하며 실천하는 지식인'으로서 선비와 그 문화, 지식인의 권력 및 파워엘리트 등을 중심으로 개념 및 분석틀을 마련하고 있다. 그 분석 프레임을 통해 다음과 같은 핵심 주제들을 다룬다.

문명사적 대전환의 충격에서 선비문화의 요청, 조선시대 선비문화의 철학적 담론, 조선시대 선비의 이상적 인간상=수기(修己)의 철학과 실천지침, 선비의 이상적 세계관과 정치·경제·사회사상 및 활동, 조선시대 파워엘리트의 선비문화, 시대정신으로서의 새로운 선비문화 등을 탐색하고 연구 분석하였으며 나아

1 호산 김경동(2022: 270-277)은 선비의 풍류문화에 대해 자세히 서술하고 있다. 풍류의 의미, 풍류의 유형(독락·동락), 풍류문화의 공간적 측면(점 중시, 선 중시, 점과 선의 복합 공간) 등에 대한 고찰이다.

가 선비문화와 인류의 미래를 전망하고 있다. 그런 다음 복합적인 위기 및 위험, 세기적인 구조변동의 대전환 속에서 우리 사회가 지향해야 할 바람직한 사회적 가치 및 규범 체계와 문화를 제시하고 있다. 선비와 선비문화의 렌즈를 통해 조선시대를 새롭게 야심적으로, 사회과학적으로 통합적 관점에서 분석하고 성찰하고 있는 문제작이자 대작이다.

'선비'란 일반적으로 '유학사상의 인문학적 소양을 갖춘 조선 사회의 지식인상(知識人像)'을 일컫는다(김기현, 2009:13). 여기서 '지식인'은 보통 독서하는 사람, 글을 짓는 학자, 학식은 소유하면서도 출사(出仕)하지 않는 이들을 통틀어 일컫는 개념이라 볼 수 있다. 연암 박지원이 「양반전」에서 '독서왈사(讀書曰士)'라 했는데, 이들 선비의 독서는 어렸을 때부터 죽을 때까지 일상사처럼 하되 아주 철저하게, 지독할 정도로 수행하였으며 여러 가지 방식으로 치열하게 토론도 하면서 늘 성찰적 자세를 취하였다.

선비는 문사철(文史哲)의 필수과목들을 체득하고 시서화 또한 체질화했다. 이성과 감성이 잘 조화된 인간상을 이상형으로 여겼다. 문자향과 서권기(책에서 나오는 기운)가 흘러넘쳐야 좋은 그림과 글씨가 나온다고 보았다. 도문일치론(道文一致論)의 인식이다. 감성의 발현인 인정과 인간으로서 지켜야 할 도리인 의리를 잘 조화시키는 사람이 되고자 최선을 다했다. 중용적 인성론의 소유이다(정옥자, 2007: 24-25).

그들은 글을 읽고 토론하며 저술 작업을 하면서 그러한 독서와 토론, 저작을 통해 자기 수양을 했다. 나아가 자기가 속한 공동체와 국가에 바람직하게 기여하고자 최대한 노력했던 지식인들이다. 퇴계 이황(1501-1570)이 강조한 '말씀을 세움으로써 후세에 가르침을 남기는 일(입언수후, 立言垂後)'은 선비가 공동체 구성원과 국가에 적극적으로 기여해야 하는 중차대한 임무이다. 율곡 이이(1536-1584)는 『동호문답(東湖問答)』에서 '선비로 세상에 태어나 경세제민에 마음의 포부를 두어야 함(士生斯世, 莫不以經濟爲心)'을 주장했다. 이는 바로 선비의 '경세제민(經世濟民, 정치에 참여하고 백성의 곤궁한 삶을 구제함)'적 역할을 환기한 것으로 볼 수 있다.[2] 그렇다고 하여 조선시대 유학자 모두가 선비였던 것은 아니며, 그

2 이율곡은 선비의 여섯 유형으로, 대신(大臣)·충신(忠臣)·간신(奸臣)·천민(天民)·은자(隱者)·학자(學者)를 논의하고 있다.

임무 수행을 긍정적 측면에서만 평가할 수 있는 것도 아니다.

그런데 오늘날 21세기 복합적 위기와 위험사회에서 우리들이 '선비'를 환기하고 '선비문화'의 창조적 계승을 논의하는 까닭은 무엇일까? 조선조 500년 공동체를 작동시키고 운용한 힘의 철학사상적, 이념적 지향의 기초를 어디에서 찾을 수 있을 것인가? 우리는 21세기 인공지능(AI) 정보사회와 4차 산업혁명의 급격한 변동에서, 사회적 규범과 가치지향의 혼란을 경험하고 있다. 이러한 변환과정에서 인간관계와 윤리의 근본적 변화를 체험하며 선비문화와 그 정신을 소환하는 소이(所以)는 무엇일 것인가?

선비를 유가사상의 지식인이라 일컬었다. 그런데 오늘날처럼 다양하고 복잡한 지식 정보를 수집, 분석, 해석, 활용함으로써 상품화하는 지식인상과는 크게 차이가 있다. 이 같은 성격의 지식 활동은 오히려 '구이지학(口耳之學, 귀로 들어 입으로 풀어먹는 학문)이라 하여 오히려 부정적으로 보았다. 조선시대 선비들은 수기안인(修己安人)'[3]을 지향하였다. 무엇보다도 먼저 '위기지학(爲己之學)'[4]을 학문의 목표로 삼았다.

선비들의 목표와 지향은 '수양공부를 통해 참된 자아를 실현하고 완성하여 타자들 또한 스스로를 성취하고 완성할 수 있게 하려는' 것이었다. 죽을 때까지 잠시도 쉬지 않는, '조문도 석사가의(朝聞道 夕死可矣)'[5]와 같은 태도의 지속이었다고 볼 수 있다. 사물과 현상을 탐구하여 진리를 성취하고자 하는 학문은 격물치지(格物致知)에 기초하고 있다. 격물치지는 성의(誠意), 정심(正心), 수신(修身), 제가(齊家), 치국평천하의 실현을 지향했다.[6]

21세기 AI혁신과 4차 산업혁명 시대에 선비문화 및 정신을 새롭게 환기하는 것은 절실한 과제다. 이러한 선비문화 및 정신의 문제의식은 바로 유학사상의 '수기안인(修己安人)'적 태도와 지향에 근거하고 있다. '참된 자아실현의 완성과

3 자기 자신을 철저하게 수양공부하고 그 바탕과 힘으로 타자들의 목표를 성취하게 하는 학문.

4 남에게 보여주기 위한 학문이 아니라 무엇보다도 자기 자신의 참된 자아를 완성함을 목표로 삼는 공부. 『논어』 헌문편 참조.

5 아침에 진리를 깨달을 수 있으면 저녁에 죽어도 좋다는 결연한 지향과 자세.

6 『대학』 전문에, "大學之道 在明明德, 在親民, 在止於至善. 知止而后 有定, 定而后 能靜, 靜而后 能安, 安而后 能慮, 慮而后 能得."이라 하였는데, 참된 자아를 완성하기 위해 사물에 이르러 앎을 깨우치는 방법이 바로 이 知止·有定·能靜·能安·能慮·能得의 여섯 단계라고 볼 수 있다.

타자의 성취'라는 지향은 어느 시대 어떤 사회에서도 요청된다. AI 시대, 고도복합적 위험사회에서는 더더욱 요청되고 유효한 함의(implication)를 지니고 있다.

Ⅱ. 선비, 선비정신, 선비문화[7]

선비는 '참된 자아'를 사람의 도덕적 본성에서 추구하고, 삶의 구체적 현실에서 실현하기 위해 평생토록 최선을 다한다. 천리(天理)의 도덕적 본성 추구는 인간의 참된 본성을 성찰하고 회복하는 것을 의미한다. 참된 본성은 오상(五常), 즉 인의예지신(仁義禮智信)으로서 사람으로서의 존재가 그 속성에 걸맞게 됨을 의미한다. 선비는 오상 중에서도 특히 '인(仁)'과 '의(義)'를 그 핵심 덕목으로 삼는다.

'인(仁)'은 '어질다'는 개념을 뛰어넘는다. 모든 생명 개체를 껴안고 아우르며 함께 하는 '사랑의 친밀성'과 '공감·배려의 연대성'으로 가치 범주화할 수 있다. 선비는 이 '사랑의 친밀성과 연대성'에서 인간 존재의 고유성과 고귀한 생명성을 추구한다. 이러한 속성을 삶의 현실에서 실현하는 것을 자기 자신의 실천적 과제로 삼는다. 이런 까닭에 "사랑은 하늘이 내려준 존귀한 벼슬이요, 사람들이 사는 편안한 집"[8]이다. 그래서 "선비는 뜻을 넓고 굳게 지니지 않으면 안된다. 짐은 무겁고 길은 멀기 때문이다. 사랑하는 일을 자신의 임무로 여기니 그 짐이 또한 무겁지 아니한가. 죽은 다음에서야 발걸음을 멈출테니 그 길이 또한 멀지 아니한가."[9]라는 인식과 책무를 체득하는 것이다.

한편 '의'는 의로움이자 올곧음이며 의리(義理)이다. 『논어』 헌문편에 '견리사의(見利思義)'라는 구절이 있다. 사사로운 이익에 이끌리거나 사로잡힐 때는 의롭고 올곧음을 환기하라는 주문이다. 삿됨을 극복하고 올바른 이치를 따르라는 함의가 아니고 무엇이랴. 안중근 의사도 '견리사의(見利思義) 견위수명(見危授命)'의 구절을 가슴에 품고 목숨 걸며 의리를 지켰던 것이 아니겠는가. 선비는 공자

---

7 '선비, 선비정신, 선비문화'에 대한 논의는 정학섭(2022)의 글을 수정보완하였다.

8 『맹자』 公孫丑上편 7장. "孔子曰, 里仁爲美 擇不處仁焉得智·夫仁天之尊爵也 人之安宅也 莫之禦而不仁 是不智也."

9 『논어』 태백편 "士不可以不弘毅 任重而道遠 仁以爲己任 不亦重乎 死而後已 不亦遠乎."

의 언술처럼, 오직 '의(義)'에 따라 바른 이치를 실천함이 있을 뿐이며[10] 그 어느 한쪽에 치우칠 수 없는 것이다. 그런 만큼 선비의 '나아가고 물러남'의 출처(出處) 또한 단호하고 결연하며 개결(介潔)할 수밖에 없다.

『맹자』에 "사랑이 사람의 마음 속에 있는 것이라면 의로움은 사람들이 가야 할 길"[11]이라고 했다. 사랑은 마음의 덕성이다. 정주학적(程朱學的) 관점에서 볼 때 곡식의 씨앗처럼 그 씨앗이 '살려고 하는 본성(生之性)'이라고 할 수 있다. 의로움은 그러한 사람이 지향하지 않으면 안되는, 고유한 본연의 임무이다. 조선시대 선비들이 '예의염치(禮義廉恥)[12]야말로 한 사회를 지탱해 주는 네 가지 법도(율곡 이이)'라고 강조했던 그 의로움이라 할 수 있다. 의로움을 지키고 행하지 못할 경우, 부끄러움의 '치(恥)'[13]가 수반된다. 그래서 선비들은 '우러러 하늘에 부끄럽지 않게, 아래로는 사람들에게 부끄럽지 않게'[14] 하려고 최선을 다했던 것이다.

그렇다면 선비문화 및 정신의 뿌리는 무엇일까? 유학사상의 핵심이라 할 수 있는 극기복례(克己復禮), 충서사상(忠恕思想), 공경지심(恭敬之心)이 그 밑바탕에 자리잡고 있다. 호산 선생의 『선비문화의 빛과 그림자』 후속 작업에서 우리는 선비문화의 기저에 대해 심도있게 논의할 수 있을 것이다. 인과 의, 이에 관련된 서술을 사회학적 측면에서 재해석하고 통합해내면 유관적합성을 제고할 수도 있을 것이다. 여기서는 향후 논의의 자료로서 원론적 사항 몇 가지를 정리해 두기로 한다.

10 『논어』 里仁편 10장. "군자는 천하의 일에서 오로지 주장함도 없으며, 그렇게 하지 않는다는 것도 없어서 의(義)를 따를 뿐이다(子曰, 君子之於天下也 無適야 無莫也 義之與比)."

11 『맹자』 告子上편 11장. "孟子曰, 仁人心也 義人路也."

12 예의바르게, 의롭게, 청렴하게, 부끄럼 없이 살고자 하는 덕목이다. 채원정(蔡元定) 같은 학자는 "혼자 잠을 자더라도 이불에 부끄럽지 않게, 혼자 어딜 가더라도 자신의 그림자에 부끄럽지 않게(獨寢不愧衾, 獨行不愧影)" 살고자 힘썼다는데, 이 같은 선비정신은 우리들에게 올바름을 어떻게 지켜야 할 것인지를 늘 환기시켜 준다.

13 '치(恥)'는 사람들이 거짓말하고 부끄러운 짓을 저지르고 할 때, 자기도 모르게 귀밑이 발갛게 되는 현상에서 비롯되었다고 한다.

14 『맹자』 盡心上편 20장. "仰不愧於天 俯不怍於人 二樂也."

1. 극기복례의 정신

사람은 누구나 인의예지(仁義禮智)의 덕성을 지니고 태어난다. 그런데 이 덕성은 현실사회의 구체적 상황 및 조건에서는 이기주의적 성향 탓에 잘 작동되지 못한다. 그래서 우리에겐 덕성의 함양(涵養)과 체찰(體察)이 부단히 요청된다. '자기 자신을 잘 수양하여 마음을 바르게 하는 것(修己正心)'은 바로 '극기복례(克己復禮)'를 지향한다. 공자는 극기복례가 바로 '인(仁)', 곧 사랑이라고 단언한다.[15]

사랑(love)과 연대(solidarity)는 자기중심적인 이기주의를 극복하고, 타자와 더불어 상생을 추구한다. 공경과 정성으로 상호작용하고 예(禮)로써 상호 존중하는 태도를 취한다. 서로 '예의를 갖춘다'는 것은 공경지심(恭敬之心)을 지니고 상호작용하는 것이다. 공자는 사랑의 구체적 조목(條目)으로 네 가지를 제시한다. '예가 아니면 보지 말고(非禮勿視), 예가 아니면 듣지 말며(非禮勿聽), 예가 아니면 말하지 말고(非禮勿言), 예가 아니면 행동하지 않는(非禮勿動)' 것이다.[16] 사회학적으로 환언할 경우, 예는 인간관계의 방종 및 일탈(deviance)을 사회적으로 통제(social control)하기 위한 장치이다. 예는 외재적 사회규범(social norm)이자 사회적 가치체계(social value system)인 것이다.

그런데 극기복례에서 '사사로운 이기주의를 극복한다는 것(超克)'과 '예를 지키고 존중하며 회복한다는 것'이 현실적으로는 용이하지 않다. 예(禮)는 자아와 타자 사이에 존재하는 구체적 차이(difference) 및 분별(differentiation)을 상정한다. 그런데 사사로운 이기주의를 극복한다는 것은 현실적인 차이나 분별을 극복해야 하는 과제를 제기한다. 개인과 집단 모두 사랑의 친밀성, 공감과 배려의 연대를 구체적으로 형성하고 지향해야 하는 까닭이 여기에 있다. 이 같은 지향과 실천은 나날이 새로워지려는 확연대공적(廓然大公的)[17] 태도를 요청한다.

15 "안연顏淵이 '사랑이 무엇입니까'하고 물으니, 공자께서 '자기의 사욕私慾을 이겨 예禮에 돌아감이 사랑하는 것이다. 하루라도 사욕을 이겨 예에 돌아가면 천하가 사랑으로 귀착歸着한다. 사랑하는 것은 자기 자신에게 달려 있으니, 어찌 남에게 달려 있겠는가.'라고 하셨다(顏淵問仁 子曰 克己復禮爲仁 一日克己復禮 天下歸仁焉 爲仁由己 而由人乎哉." 『論語』 顏淵편 1장).

16 『論語』 顏淵편 1장. 顏淵曰 請問其目 子曰 非禮勿視 非禮勿聽 非禮勿言 非禮勿動 顏淵曰 回雖不敏 請事斯語矣.

17 확연대공(廓然大公)이란 '크게 열린, 공변된' 마음과 태도를 일컫는다. 이것은 "만물을 자신의 존재 깊이 아우르면서 그들의 생성발육을 도우려는 뜻"(김기현, 2009:109)을 지향한다.

확연대공의 태도는 대인지심(大人之心)[18]에서 비롯된다. 대인지심은 맹자(孟子) 대장부론(大丈夫論)[19]과 밀접하게 연관된다. 대인지심은 사람과 사람 사이의 관계를 새롭게 설정한다. 확연대공이란 무엇인가. 호연지기(浩然之氣)의 기상[20]과 상통한다. 이는 근대성이 빚은 물질주의 가치와 무한 경쟁이 도출한 일탈과 불안, 갖가지 위험 현상에서 탈각하려는 마음가짐이다. 타자와의 결속 및 유대감, 친밀성을 강화함으로써 "만민은 나의 형제요 만물은 나와 더불어 지내는 이웃(民吾同胞 物吾與)."[21]이라는 관점을 취한다. 바로 사랑의 친밀성과 배려의 연대성으로 상호작용하고 함께 공동체를 운용하려는 것이다. 사람의 고유한 본연적 속성을 존중하고 서로 '생성과 발육'을 협력함으로써 '차별없고 조화로운 삶'을 구성할 수 있다.

'타자 및 만물이 나 자신과의 존재 관련 속에 내재되어 있다'는 시각은 유의미하다. "만물이 모두 나에게 갖추어져 있으니, 그 이치를 내 몸에 돌이켜서 성실히 행하면 이보다 큰 즐거움이 없을 것"[22]이라는 맹자의 주장과도 상통한다. 여기에서 '그 이치'란 '나 자신에게 갖추어져 있는 만물'의 함의를 지니고 있다.

한편 극기복례를 달성할 경우 천인합일의 경지에 도달할 수 있다는 선비들의 확신이 있었다. 천인합일은 사람과 자연이 하나의 질서로 조화되는 경지이다.

---

18 『孟子』 離婁 下 11, 12장. 11장=孟子曰 大人者 言不必信, 行不必果, 惟義所在. 12장=孟子曰 大人者, 不失其赤子之心者也. 주자는 12장의 주석에서, "대인의 마음은 온갖 변화를 통달하고, 적자의 마음은 순일(純一)하여 거짓이 없을 뿐이다. 그러나 대인이 대인이 될 수 있는 까닭은 바로 외물에 유인되지 않아서 순일하여 거짓이 없는 본연의 마음을 온전히 함에 있기 때문이다. 그러므로 이것을 확충하면 알지 못하는 바가 없고 능하지 못하는 바가 없어 그 큼을 다할 수 있는 것이다."라고 해석했다.

19 『孟子』 滕文公 下 2장. "맹자께서 말씀하셨다. (…) 이 세상에서 가장 넓은 집(사랑)에서 살고, 이 세상에서 가장 바른 자리에 서며(예의), 이 세상에서 가장 큰 길(의로움)을 걷나니, 뜻을 펼 기회가 주어지면 만민과 더불어 그것을 행하고, 그렇지 않으면 혼자만이라도 그 길을 가리라. 부귀도 이 뜻을 어지럽히지 못하고, 빈천도 이 뜻을 변절시키지 못하며, 권세나 무력도 이 뜻을 꺾지 못할 것이니, 이를 일러 대장부라 한다(居天下之廣居 立天下之正位 行天下之大道, 得志 與民由之 不得之 獨行其道, 富貴不能淫 貧賤不能移 威武不能屈, 此之謂大丈夫)."

20 『孟子』 公孫丑 上 2장. "(…) 공손추가 말하였다. '감히 묻겠습니다. 무엇을 호연지기라 합니까?' 맹자께서 말씀하시길, '말하기 어렵다.' '그 기됨이 지극히 크고 지극히 강하니, 정직함으로써 기르고 해침이 없으면 (이 호연지기가) 천지의 사이에 꽉차게 된다(敢問, 何謂浩然之氣, 日難言也. 其爲氣也 至大至剛, 以直養而無害, 則塞于天地之間)."

21 『退溪全書』一「聖學十圖(西銘)」, 200쪽.

22 『孟子』 盡心 上, 孟子曰, 萬物皆備於我矣. 反身而誠, 樂莫大焉. 强恕而行, 求仁莫近焉.

자아와 타자가 조화되고 사람과 하늘이 조화되는 대동사회, 상호 애경(愛敬)의 이상사회를 선비들은 꿈꾸고, 확신하며 그 실현을 위해 끊임없이 애썼다(정옥자, 2007: 23-24).

2. 충서지도의 정신

한편 유학사상에서 선비정신으로 늘 강조하는 것은 '충서지도(忠恕之道)'이다. 맹자는 "서(恕)의 노력만큼 인(仁)을 획득하는 데 긴절한 것은 없다(强恕而行求仁莫近焉)"고 주장한다. 이것은 "우리 도(道)는 한 가지 리(理)가 만 가지 일을 꿰뚫고 있다."[23]고 했을 때의 바로 그 충서(忠恕)의 사유체계에 기초하고 있다. 충서란 무엇인가? 주자는 이에 대해 다음과 같이 해석한다.

> 자기 마음을 지극히 다하는 것이 충(忠)이며, 자기 자신의 마음 잣대로써 타자를 대하는 것이 서(恕)이다. 공자의 한 가지 리(理)가 혼연하여 널리 응하고 곡진하게 마땅함은, 비유하건대 천지가 지성무식(至誠無息)하여 만물이 각기 제나름대로의 역할을 다하는 것과 같다. … 지성무식이란 도(道)의 본체이니 만수가 일본인 것이요, 만물이 각기 제나름대로의 역할을 다한다는 것은 도의 용(用)이니, 일본(一本)이 만수(萬殊)가 되는 것이다. 이 같은 관점에서 볼 때, 일이관지의 실제를 볼 수 있다. 혹자가 말하기를 '중심(中心)이 충(忠)이 되고 여심(如心)이 서(恕)가 된다'고 한 것도 뜻이 통한다.[24]

정자(程子)는 "충서(忠恕)는 일이관지(一以貫之)이니, 충이란 천도(天道)요 서란 인도(人道)이며, 충이란 무망(無妄, 사망詐妄함이 없는 것)이요 서란 충을 이행하는 것"[25]이라고 주장한다. 문자 그대로 충서란 '한결같이 진실한 마음으로 타

---

23 『논어』 里仁편 15장. 子曰 參乎 吾道一以貫之. 曾子曰唯. 子出門人問曰 何謂也. 曾子曰 夫子之道 忠恕而已矣.

24 『논어』 里仁편 15장에 대한 주자의 집주. 盡己之謂忠 推己之謂恕 而已矣者 竭盡而無餘之辭也. 夫子之一理 渾然而泛應曲當 譬則天地之至誠無息 而萬物各得其所也. 自此之外 固無餘法 而亦無待於推矣. 曾子有見於此而難言之 故借學者盡己推己之目以著明之 欲人之易曉也. 蓋至誠無息者 道之體也 萬殊之所以一本也. 萬物各得其所者 道之用也 一本之所以萬殊也. 以此觀之 一以貫之之實 可見矣. 或曰 中心爲忠 如心爲恕 於義亦通.

25 『논어』 里仁편 15장에 대한 주자의 집주. 忠恕一以貫之 忠者天道 恕者人道. 忠者無妄 恕者所以行乎忠也.

자의 상황 내지 조건을 헤아려 그 처지를 배려하고 보살피는 것'이다. 이러한 태도와 정신이야말로 '공감·배려의 연대성'이다. 타자에 대해 한결같고 충직한 마음을 지니고 부끄럽지 않게 행위하는 것, 그리하여 서로의 마음이 일치하는 대대적(對待的) 관계를 일컫는다.

한편 퇴계 이황(1501-1570)은 충서적(忠恕的) 가치지향과 태도가 일상 생활의 구체적 윤리 덕목으로 실천돼야 함을 강조하고 있다. 그는 『성학십도』에서 오륜(五倫)의 실천 원리들을 제시하고 있다.[26] 그 중에 "내가 원하지 않는 일을 남에게 행하지 말라," "일이 뜻대로 되지 않을 경우 그 문제의 원인을 자기 자신에게서 찾아내라"는 대목은 이 글의 주제와 관련하여 주목할 만하다. 이러한 관계 윤리는 역지사지(易地思之)하는 성찰적 반성의 자세이다. 타자에 대해 겸손과 관용, 배려와 보살핌을 일상적으로 실천하는 것을 강조한다. 상경여빈적(相敬如賓的) 관계를 형성하는 것이기도 하다.

이 같은 충서의 정신은 자기중심적인 이기주의를 극복하고, 타자의 상황 및 관점에서 타자를 이해(understanding)하려는 공감의 자세로 전환한다. 사람 사이의 관계와 그 상호작용에서 충서적 태도를 견지한다는 것은 서로가 서로를 존중하고 섬기는 마음가짐과 정신을 경험하게 한다.

퇴계는 이와 관련하여 누구든 일상생활에서 "자신이 나서고 싶을 때에는 남이 먼저 나서도록 도와주고, 자신이 뜻을 펼치고 싶을 때에는 남이 먼저 뜻을 펼치도록 도와주라."[27]고 권면한다. 인간관계에서 이처럼 섬김의 정신을 구체적으로 실행해야만, '천지만물을 자신과 한 몸으로 여기는' 인자(仁者)의 경지에 이르게 된다고 본다. 『논어』 위령공편에 나오는, "내가 원하지 않는 일을 타자에게 행하지 말라(己所不欲 勿施於人)"는 가르침은 관계 윤리의 소극적 측면이다. 그런 한편, '자기가 입신영달하고자 하면 타자를 먼저 그렇게 될 수 있도록 하는(己欲立立人, 己欲達達人)' 태도와 지향은 관계 윤리의 적극적 측면이다.

26 『성학십도』 白鹿洞規圖.

27 『논어』 옹야편 28장. 夫仁者 己欲立而立人 己欲達而達人에 근거한다. 공자 스스로도 이러한 태도야말로 사랑을 실현할 수 있는 최선의 방법(能近取譬 可謂仁之方也已)이라고 설파한다. 이에 대해 주자도 "자기 자신으로써 타자에게 미침은 인자의 마음이니 이러한 경지는 천리가 두루 관통하는 것이다. 사랑의 본질적 측면을 이보다 더 절실하게 표현하기는 어렵다(以己及人 仁者之心也. 於此觀之 可以見天理之周流而無間矣. 狀仁之體 莫切於此)"라고 해석한다.

3. 공경지심의 정신

공자의 제자 유자(有子)는 “조화의 소중함을 알아서 조화를 추구하기만 하고, 예(禮)로써 절제하지 않는다면 이 또한 행할 수 없다.”[28]고 주장한다. 이는 예의 근본이 공경에 기초해 있다고 보기 때문이다. 이에 대해 범조우(范祖禹)는 “모든 예의 체(體)는 경(敬)을 주장하고 그 용(用)은 조화를 귀하게 여기니, 경은 예가 확립되는 것이요 조화는 악(樂)이 말미암아 생겨난 것”[29]이라 해석한다.

‘덕성에 기초한 사랑과 공경의 정신’은 타자와 인격을 교류하고 생명 존중의 정신을 공유한다. 이는 서로의 삶을 제고(提高)하여 성취시켜주려는 호혜(互惠). 공경(恭敬)의 태도이다. 주자는 “비록 사랑을 하고자 한다 해도 공경의 마음을 갖지 않으면 사랑을 이룰 수 없다.”[30]고 갈파한다. 또한 “사랑의 실천에 관한 제자들의 질문에 공자께서 답변하신 것이 다 달랐지만, 그 큰 요점은 공경으로 입문처를 삼으셨다는 점”[31]이라고 역설한다. 맹자는 심지어 “먹이기만 하고 사랑하지 않으면 돼지로 사귀는 것이요, 사랑하기만 하고 공경하지 않으면 이는 상대방을 짐승처럼 기르는 것이나 다름없다.”[32]고 역설한다. 그는 ‘공경의 정신에 바탕을 둔 실질적인 사랑’[33]의 중요성을 일깨우고 있다.

공자가 중궁(仲弓)으로부터 인(仁)에 대해 질문을 받자, “문을 나서서 사람들을 만날 때는 마치 큰 손님을 대하듯 정중히 하고, 사람들에게 일을 시킬 때에는 큰 제사를 받들 듯 경건해야 한다.”[34]고 대답한다. 이 또한 타자를 사랑으로 대할 때도 공경지심에 기초해야 함을 강조한 것이다. 주자는 이에 대해 다음과 같이 주석하고 있다.

28 『논어』 학이편 12장. 有所不行知和而和, 不以禮節之亦不可行也.

29 『논어』 학이편 12장 주자집주. 范氏曰 凡禮之體主於敬, 而其用則以和爲貴. 敬者禮之所以立也和者樂之所由生也.

30 『朱子書節要』 「答張欽夫」, 76쪽.

31 위의 책 「答石子重」, 192쪽.

32 『孟子』 盡心 上 37장. 孟子曰, 食而弗愛 豕交之也, 愛而不敬 獸畜之也.

33 위의 책 盡心 上 37장에서 恭敬而無實, 君子不以虛拘라 하여 “공경을 하되 실질적인 것이 없으면 또한 허망한 것이기에 군자가 그런 데 얽매일 필요가 없다.”고 주장한다.

34 『論語』 「顔淵」편 2장. 仲弓問仁 子曰 出門如見大賓 使民如承大祭.

공경함으로써 자기 몸을 지키고 서(恕)로써 남에게 미친다면, 사의(私意)가 용납할 곳이 없어서 마음의 덕(德)이 온전해질 것이다. 안에서나 밖에서나 원망함이 없다는 것은 또한 효험으로써 말씀한 것이니, 스스로 상고(尙古)하게 한 것이다 … 내가 살펴보건대, 극기복례(克己復禮)는 건도(乾道)요, 경(敬)을 주장하고 서(恕)를 행함은 곤도(坤道)이다. 배우는 자가 진실로 경(敬)과 서(恕) 사이에서 종사하여 얻음이 있으면 또한 장차 이길만한 사욕(私慾)이 없게 될 것이다.[35]

'공경에 바탕을 둔 실질적인 사랑'의 중요성은 퇴계의 편지에서도 확인할 수 있다. 갓 혼인한 손자에게 건넨 글을 보자.

부부는 인륜의 시작이요 만복의 근원이므로 아무리 친밀하다 하더라도 역시 서로 방정하게 행동하고 조심해야만 하는 사이이다. 세상 사람들은 모두 예의와 공경심을 잃고서 그저 가깝게만 지내다가 마침내는 서로 얕보고 업신여겨 못하는 짓이 없는데, 이 모두 서로 손님처럼 공경하지 않는 데에서 생겨나는 일이다. 그러므로 집안을 올바르게 지켜 나가려면 마땅히 부부 사이부터 조심하지 않으면 안된다. 천만번 경계하여라.[36]

퇴계 이황 또한 '공경에 바탕을 둔 사랑'을 환기시킨다. 일심동체라는 부부의 경우조차 "서로 공경하기를 손님 대하듯이(상경여빈, 相敬如賓)" 상호작용해야만 진정한 사랑에 이를 수 있음을 강조하고 있다. 상경여빈(相敬如賓)의 고사(故事)[37]에 나타나고 있는 것처럼, 사랑의 법도(法度)는 "문밖을 나서서 사람들을 만날 때는 손님을 대하듯 하고, 일에 임해서는 제사를 받들 듯이 하는 것(출문여빈, 出

35 『論語』 顔淵편 2장 朱子集註. 敬以持己 恕以及物 則私意無所容 而心德全矣. 內外無怨 亦以其效言之 使以自考也. … 愚按克己復禮 乾道也. 主敬行恕 坤道也 … 然學者誠能從事於敬恕之間 而有得焉 亦將無己之可克矣. 주경행서(主敬行恕)는 경(敬)을 주장하고 서(恕)를 행하는 것으로 '出門如見大賓 使民如承大祭'는 주경(主敬)이고, '己所不欲 勿施於人'은 행서(行恕)이다. 건도(乾道)는 천도(天道)이고 곤도(坤道)는 지도(地道)로서, 지도는 천도의 큼에 미치지 못한다. 중궁(仲弓)의 공부가 안연(顔淵)에게 미치지 못하므로, 안연의 극기복례는 건도이고 중궁의 주경행서는 곤도라 한 것이다(성백효, 2009: 333 역주 참조).

36 『退溪全書』二 「與安道孫」, 311-312쪽. 이 부분과 관련하여 자세한 내용은 정학섭(2021)을 참조할 수 있다.

37 『春秋左氏傳』 「僖公 下」 33년.

門如賓하고 승사여제, 承事如祭)”이다. 부부관계를 비롯한 여러 사회적 관계(social relationship)의 친밀성과 태도도 이와 같아야 한다는 함의이다. 이처럼 서로 정중하게 예의를 갖추고, 상호 공경하면서 애착(愛着, attachment)을 지녀야 한다는 권면이다. 『예기(禮記)』의 저자가 “친밀하게 지내면서도 공경하고, 경외하면서도 사랑해야 한다”[38]는 권유 또한 이를 뒷받침한다.

Ⅲ. 21세기가 요청하는 선비와 선비문화

오늘날 21세기 4차 산업혁명 시대에 요청되는 새로운 선비상과 그 문화는 무엇일까? 선비문화가 현대적으로 계승되고 있지 못한 심층적 원인은 무엇일까? 고도복합적 위험사회, 4차 산업혁명 시대 AI와 로봇 중심의 다차원적 사회에서 인간관계의 성격도 근본적으로 변화하고 있다. 변화를 예측하기 어려운 상황에서 선비문화를 21세기의 새로운 대안 문화로 만들기 위해 어떠한 전략 전술이 동원돼야 할 것인가. 우선 위에서 논의한 선비, 선비정신을 바탕으로 바람직한 선비상(像)을 몇 가지로 나누어 정리해 본다. 각 항목에서 제시하는 '바람직한 사람과 문화'의 내용은 배타적으로 구분되지 않고 서로 중첩될 수도 있다.

1. 인간주의를 지향하고 실천하는 사람과 문화

김경동 교수의 사회학은 인간주의 사회학이라고 할 수 있을 만큼, 그가 지향해온 가치는 늘 휴머니즘 내지 인간주의적 사상에 기초하고 있다. 이 저서에서 선비와 선비문화를 논의하고 있는 기초와 목표 또한 인간주의적 가치지향에 있다고 볼 수 있다. 이미 살펴본 바와 같이, 조선시대 유학사상의 핵심적 가치 또한 인간주의이며 그 토대로서의 '인(仁)', 그 사랑과 규범 및 제도적 지향이다.

『시경』의 저자가 읊은 '타인이 갖고 있는 마음을 나 자신이 헤아린다'[39]는 태도 또한 바로 불인지심(不忍之心)이 되살아나는 정서적 척척(戚戚)함 내지 감동

38 『禮記』 曲禮 上. 狎而敬之 畏而愛之.

39 『시경』 小雅巧言편. 他人有心 予忖度之. 『맹자』 양혜왕 상편 7장에도 보인다.

함에 가닿는다. 타자에 대한 이러한 헤아림의 지향이 오늘날의 공감(empathy)과 배려(care)가 아니고 무엇이랴. 맹자의 “내 노인을 노인으로 섬겨서 남의 노인에게까지 미치며, 내 어린이를 어린이로 사랑해서 남의 어린이에게까지 미친다면 천하를 손바닥에 놓고 움직일 수 있다.”[40]는 언술도 이와 유사한 맥락을 지니고 있는 것이다.

이와 함께 인간주의 내지 휴머니즘을 향념(向念)하는 선비는 타자가 알아주든 말든 한결같이 자득(自得)하는 태도를 견지한다. ‘덕성을 높이고 의로움을 실천하는 것’을 생활화하고 또한 즐거워하면, 자존 자중함으로써 세상의 권세와 영화에 덜 사로잡히게 되고 외물의 유혹에 덜 빠지게 된다. 그래서 오늘날의 선비 또한 구체적 현실과 생활에서 ‘삶을 구하여 사랑을 해침이 없고, 몸을 죽여 사랑을 이루는’[41] 것이다.

2. 타자를 자기 자신처럼 대하고 섬기는 사람과 문화

상대방을 배려하기 이전에 먼저 자기 마음을 진실하게 할 것을 전제한 것은 진실하지 못한 배려가 거짓되거나 속임수에 지나지 않기 때문이다. 그래서 공자는 “사람이 사는 이치는 곧음 내지 정직이니 그렇지 않으면서 사는 것은 죽음을 요행히 면한 것과 같다.”[42]고 강조한다. 그 마음의 중심 자리에 측은지심, 즉 이해득실의 타산을 내던지며 타자와 합일적으로 공감하여 그 처지를 이해하고 배려하는 태도가 기초하고 있음은 두말할 나위가 없다. 유가사상이 위기안인(爲己安人)을 그토록 강조하는 까닭도 이와 같은 것이다.

자기 자신이 하려고 하지 않는 바를 타자에게 강요하지 않는 것이 기소불욕(己所不欲) 물시어인(勿施於人)이다.[43] 자신의 지향과 타자의 지향을 일치시키려

40 『맹자』 양혜왕상 7장. 老吾老 以及人之老 幼吾幼 以及人之幼, 天下可運於掌.

41 『논어』 위령공편 8장. 子曰, 志士仁人 無求生而害人 有殺身而成仁.

42 『논어』 옹야편 16장. 子曰 人之生也直 罔之生也幸而免. 이에 대해 程明道는 “사람의 본래 이치는 곧음 내지 정직한 것인데, 망은 정직하지 않은 것이다. 그러면서도 사는 것은 요행히 면한 것일 뿐이라(생리본직 망부직야. 이역생자 행이면이)”고 주석한다.

43 이의 적극적 측면이 바로 “인자(仁者)는 자신이 나서고 싶을 때에는 남이 나서도록 도와주고 자신의 뜻을 펴고 싶을 때에는 남이 뜻을 펼치도록 도와준다”(『論語』 雍也편. 夫仁者 己欲立而立人 己欲達而達人)는 구절이라고 할 수 있다.

는, 추기급인(推己及人)은 바로 공감·배려의 정신이다. 이러한 정신들이 바로 서(恕)이며 사랑의 친밀성이다. 그런 만큼 우리는 자아와 타자를 분리하고 고립시키는 폐쇄적 개인주의를 탈각 해야 한다. 그런 만큼 만물의 생성·발육에 성실하게 헌신함으로써 물아일체(物我一體)를 지향하는 사랑의 친밀성을 추구하지 않을 수 없다.

물아일체라고 하여 모든 사람과 만물을 일률적으로 똑같이 대하고 사랑하는 것은 아니다. 이것은 "물(物)과 아(我)의 근원적인 일체성을 말하려 한 것일 뿐이며, 한편으로 일상의 실천 현장에서 사랑을 대상에 따라 달리 행하려 한다. 이른바 차등애(差等愛)가 그것이다."(김기현, 2009: 157). 이를테면 맹자(孟子)가 어버이에 대한 사랑(친친, 親親)과 만민에 대한 사랑(인민, 仁民), 그리고 만물에 대한 사랑(애물, 愛物)이 같을 수 없다고 역설했던 것과 거의 비슷한 맥락이다. 사랑의 정신은 동일하지만, 부모·만민·만물에 대한 애정의 정도가 같을 수가 없다. 또한 그 친밀성의 방법에서도 어버이에 대해서는 혈육의 정에 바탕하여 공경과 봉양으로, 타인들에 대해서는 따뜻한 배려와 인격의 존중으로, 그리고 만물에 대해서는 그를 아끼고 보호하는 마음으로 실현되어야 하는 것이다. 이 모든 사랑의 친밀성에는 '성기성물(成己成物)의 정신을 함양하고 실천하는' 수양공부가 자리잡고 있다.

3. 평생토록 수양공부하고 지행합일하는 사람과 문화

주지하다시피 오늘날의 사회는 고령사회로서 사회계층의 차이를 막론하고 누구에게나 평생 학습이 절실히 요청되는 시대이다. 이 같은 시대에 우리는 어렸을 때부터 평생토록 독서하고 수양공부했던 조선 시대 선비들을 롤모델로 삼지 않을 수 없다. 그들은 어린 시절부터 죽을 때까지 시(詩)·서(書)·화(畵)와 함께 갖가지 경사문집(經史文集)에 대한 독서와 토론을 생활화했었다. 그들 수양공부의 목표는 늘 '참된 자아의 완성과 타자의 성취'라는 수기안인(修己安人)에 있었다.

한강(寒岡) 정구(鄭逑, 1543-1620)라는 학자는 선비의 수양공부와 관련하여 사체(四體)의 정신을 강조했다. 온몸으로 인식하고(體認), 온몸으로 성찰하고(體察), 온몸으로 체험하고(體驗), 온몸으로 실천한다(體行)는 전력투구의 정신이다.

사리를 탐구하여 앎을 성취하고자 하는 격물치지의 수양공부는 성의(誠意), 정심(正心), 수신(修身), 제가, 치국, 평천하의 실현을 추구했던 것이다. 수기안인과 성기성물의 추구는 '인간의 본성을 성찰적으로 인식하여 자기 자신의 삶 속에서 온몸으로 실현하려는' 인간주의 사회학이다. 사회와 구조의 인간주의화를 추구하는 사회철학이라고도 할 수 있다. 선비정신과 문화의 창조적 지성화의 근거 또한 이 같은 측면에서 발견할 수 있을 것이다.

4. 정명론과 각득기소론을 지향하는 사람과 문화

유학사상에서 정명론(正名論)과 각득기소론은(各得其所論)은 밀접하게 관련되어 있다. 우선 인재의 등용 내지 적재적소주의와 관련하여 '거직조왕(擧直錯枉)'의 원칙을 강조한다. '곧은 사람을 들어쓰고 굽은 사람을 제자리에 두는' 인재 발탁과 배치의 원칙이다. 『논어』 안연편의 사례는 아래와 같다.

> 번지가 인(仁)이 무엇이냐고 묻자 공자는 '다른 사람을 사랑하는 것(愛人)'이라고 답한다. 이어서 '안다는 것(知)'은 무엇이냐고 묻자 '사람을 볼 줄 아는 것(知人)'이라고 말한다. 그런데 번지가 이 말을 잘 이해하지 못하자 공자는 '곧은 사람을 들어 쓰고 모든 굽은 사람은 제자리에 두면, 굽은 자로 하여금 곧아지게 할 수 있다'고 말한다.[44]

『중용』의 저자는 '지극한 성실함(성誠)'으로써 자아를 완성하고 타자를 완성하게 해주는, 즉 '성기성물(成己成物)'을 선비의 중요 덕목으로 제시한다.[45] 지도자의 경우 '성기성물'은 현실적으로 인재의 발탁과 등용에서 잘 드러난다고 볼 수 있다. 그래서 『중용』에서는 천하를 다스리는 9가지 방책을 제시하고 있다. 먼저 수신을 제시하고 나머지는 모두 신민들을 어떻게 친근하게 하거나 발탁 등용하며 서로 조화롭게 지내게 할 수 있을 것인지를 주장하고 있다.

44 『論語』 顔淵편 22장. 樊遲問仁, 子日 愛人. 問知, 子日, 知人. 樊遲未達, 子日 擧直錯諸枉, 能使枉者直.

45 『中庸』 25장. 誠者, 非自成己而已也, 所以成物也. 成己, 仁也. 成物, 知也. 性之德也, 合外內之道也.

> 무릇 천하를 다스림에는 구경(九經)이 있다. 곧 몸을 닦는 것, 어진 이를 높이는 것, 친척을 친히 하는 것, 대신을 공경하는 것, 여러 신하들의 마음을 보살피는 것, 여러 백성들을 자식처럼 돌보는 것, 백공들을 오게 하는 것, 먼 지방의 사람을 회유하는 것, 제후들을 따르게 만드는 것이다.[46]

『중용』의 저자는 이어서 인재를 발탁하고 등용하며 그들을 잘 보살피는 공력(功力)에 대해 다음과 같이 강조하고 있다.

> 몸을 닦으면 도가 확립되고, 어진 이를 높이면 의혹되지 않고, 친척을 친히 하면 숙부와 형제들이 원망하지 않고, 대신을 공경하면 혼란하지 않고, 여러 신하들의 마음을 보살펴주면 선비들이 커다란 예로써 보답하고, 여러 백성들을 사랑하면 백성들이 권면하고, 백공들을 오게 하면 재정이 풍족해지고, 먼 지방의 사람들을 회유하면 사방 사람들이 그에게 귀의하고, 제후들을 은혜롭게 대하면 천하가 곧 그를 두려워한다.[47]

현명하고 유능한 이를 발탁하여 잘 등용하려면 우선 그에 대한 신뢰가 있어야 할 것이다. 그래서 맹자는 '아랫자리에 있으면서 윗사람의 신임을 얻지 못하면 백성을 다스리지 못할 것(居下位而不獲於上, 民不可得而治也-이루하편)'이라고 하지 않았던가. 또한 지도자는 발탁 대상이 되는 인물에 대해 '미루어 헤아리는 능력'을 지니는 것이 중요하다.[48]

호산 선생께서는 인재발탁 및 배치의 적재적소주의를 『중용』의 중(中), 정(正) 사상과 결부시켜 논의한다. 모든 것은 처해야 할 바른 자리(正位)가 있고, 행함에 있어 바른 때(正時)가 있기 때문이라고 본다. "임금은 임금, 신하는 신하, 아버지는 아버지, 아들은 아들 노릇을 제대로 해야 한다(君君臣臣父父子子)"는 『논어』 안연편의 정명론을 수용하고 있다. 그리고 정중(正中)만이 아니라 시중(時中) 또한 강조한다.

---

46 『中庸』 20장. 凡爲天下國家, 有九經. 曰, 修身也, 尊賢也, 親親也, 敬大臣也, 體群臣也, 子庶民也, 來百工也, 柔遠人也, 懷諸侯也.

47 『中庸』 20장. 修身則道立, 尊賢則不惑, 親親則諸父昆弟不怨, 敬大臣則不眩, 體群臣則士之報禮重, 子庶民則百姓勸, 來百工則財用足, 柔遠人則四方歸之, 懷諸侯則天下畏之.

48 성기성물의 원칙, 인재 발탁과 등용의 적재적소주의에 대해서는 정학섭(2022b: 191-193)을 참조하시기 바란다.

"정중이란 천명에 따라 '도'에 어긋남이 없이 자기의 자리를 온전하게 지키고 과욕을 부리지 않아서, 모든 변화의 양극적 다양성을 선(善)의 정당성으로 지향시키는 이념적 중용이고, 시중은 그때그때의 시간적 상황에 꼭 맞는 처신을 하며, 시대와 사회의 현실 속에서 적절한 적응방법을 확보하는 상황적 중용이다. 물론 이 둘은 서로가 대립적인 것이 아니고 변증법적인 상호성의 관계로 이해한다. (…) 여기서 우리는 적응성이라는 개념과 균형 또는 평형이라는 말과 만난다."[49]

5. 사사로운 이기주의를 극복하고 공동체를 존중하는 사람과 문화

조선시대 선비들의 최대 관심은 공의(公義)의 실현이었다고 볼 수 있다. '사사로운 욕망을 억제하고 공동선을 보존하는(遏人慾 存天理)' 것이 공의 실현의 전제이다. 자아와 타자가 현실 사회에서 공생하고 상생할 수 있는 공동선을 구축하는 것이 공의 실현의 첩경이다. 인정과 의리의 두 기준이 평형(equivalence)을 이루는 사회구조를 형성함으로써 공의 실현의 구체적 모습을 기획할 수 있다. 모든 구성원이 소외되거나 배제되지 않는, 생활기회(life chances)를 공평하게 공유할 수 있는 사회가 살기 좋은 공의의 세상이다.

선비들은 왕정체제의 제도적 한계 속에서도 박기후인(薄己厚人)의 정신을 사회화했다. 타자에게 후하고 자신에게는 박하게 하는 정신에서 청렴성이 나타나게 된다. 청렴정신이 청백리의 바탕이기도 하다. 선비들의 명분 중시는 선비정신의 의리 및 지조와 직결돼 있다. 그들은 시류에 영합하는 것을 비루한 것으로 여겼고, 역사의식에서 시시비비의 춘추정신을 신봉했다. 예의염치를 중시했던 그들은 상부상조와 평화공존의 지향이 공동체와 국가 헌신에도 적용돼야 한다고 확신하기도 했다(정옥자, 2007: 56-57).

호산 선생께서는 '유학과 공공성의 쟁점'을 논의하며 수기(修己)의 이념으로서 '인' 철학을 크게 주목하고 있다. '인=애인(愛人)'이라는 해석을 수용하고, 이는 바로 '인간은 동떨어진 개체가 아니라 상호의존적으로 상호관련성을 지닌 총체론적(holistic) 맥락 속의 인간관(김경동, 2022: 233)'이라고 평가한다. 이러한 관념은 일종의 공동체주의적(communitarianistic) 인간관이기도 하고 유기체적 생태

49 호산 김경동(2022: 546-551)을 참조하시기 바란다.

론(ecological)의 인간관이기도 하다는 것이다. "선비의 인간관은 이러한 특성을 지닌 것으로 이해할 때 그러한 인간이 갖춰야 할 자아는 공동체적 자아이고 이러한 자아의식을 구비하기 위해서는 수기, 수신으로 자신을 닦고 나아가 자신이 그 속에서 유기적 구성원인 공동체를 위한 삶을 살아야 한다는 이념으로 자리한다(김경동, 2022: 234)"고 보고 있다.

호산 선생께서는 '선비문화와 공공성 복원'과 관련하여 "공적인 충동으로서 도심(道心)이 인심(人心)에 묻혀 사사로운 욕심으로 흘러가는 것을 막기 위한 처방이 나와야 한다.(…) 공공성 복원은 결국 각자의 개인적인 욕심을 극복하고 남을 배려하고 아끼는 '인(仁)'의 발현인 공적인 도심을 지키려는 부단한 노력을 요한다(김경동, 2022: 602)"고 강조한다.

Ⅳ. 마무리

유학사상은 선비들로 하여금 다함없이 수양공부함으로써 진리를 추구하고 참된 자아를 완성하도록 요청한다. 그 바탕 위에서 타자들 또한 그러한 삶을 추구하고 성취하도록 최선을 다해 연대하고 돕는다. 이 같은 유가사상과 선비의 태도 및 지향은 인간주의 철학과 사상이다. 선비정신, 선비문화의 기초는 스스로 절제하며 삶을 성찰하는 데 있다. 또한 선비는 평생에 걸쳐 공부하고 연구하는 태도와 정신을 지니고 철저하게 '인의(仁義)를 지향(orientation)한다.

선비의 '대장부' 정신에 비춰볼 때 오늘날 우리의 지식인상은 어떠한가. '천하의 넓은 집에서 살고, 천하의 가장 바른 자리에 서서, 천하의 대도를 걷는(居天下之廣居, 立天下之正位, 行天下之大道)' 대장부에 비견하여 우리는 누구인가. 세속의 잡다한 욕망에 물들지 않고 절개를 지키며 자신의 세계를 완성해 나가고자 했던 선비상은 어디에 있는가. 겸재 정선 진경산수화에 표출된, '깎아지른 듯한 바위와 거침없는 폭포의 기상'은 어떻게 되었나.

입신양명의 어원은 '자아를 확립하여 진리와 도의를 행함으로써 이름을 후세에 날린다(立身行道 揚名於後世)'는 뜻이다. 그런데도 작금의 우리 지식인은 '입신행도'는 몰각하고 수단방법 가리지 않는 '양명'만을 좇고 있지 않는가. 권력자에 굽신거리고 구걸하며 빼앗은 부귀로써 약자 앞에 거드름피고 잘난 체하는, 맹자의 그 염족지인(饜足之人)은 아닌가.

한국사회와 구조변동에서 선비문화와 선비정신은 한국인의 가치지향과 행위에서 변환을 일으키는 근원적 힘이자 메커니즘이다. 그 힘의 성격은 주역의 건곤적(乾坤的) 작동성[50]이라 볼 수 있다. 선비문화의 긍정적 측면이든 부정적 측면이든 간에 … 어떤 이는 선비정신의 양 측면, 즉 수직성(위계서열의 규범)과 수평성(대동적 평등주의, 물아일체론)을 거론하고 있기도 하다. 그래서 호산 선생께서도 저서명을 『선비문화의 빛과 그림자』로 정하셨을 것이다.

참 선비들에게 학문 내지 수양공부는 진정한 자아실현을 위한, 위기지학(爲己之學)이었다. 호산 김경동 선생 또한 참된 선비로서 일평생 위기지학을 추구해왔다. '지나치게 이기적이고 외물에 휘둘리는 자아를 최대한 극복하여 관계 윤리와 규범을 회복함으로써' 극기복례를 지향했다. '한결같은 충심을 견고하게 늘 마음의 중심에 두고, 서로의 지향을 하나 되게 함으로써' 충서지도를 실천하려 했다. '공감과 배려의 연대감과 사랑의 친밀성으로 상경여빈함으로써' 공경지심으로 삶의 충성(忠誠)을 다해 왔다.

만년의 역작 『선비문화의 빛과 그림자』는 극기복례와 충서지도와 공경지심의 이론과 실제를 집대성하려는 노작(勞作)이다. 호산 선생께서 필생에 걸쳐 탐구해왔던 한국 문화의 뿌리, 한국사회와 한국인의 의식 및 가치관의 골격, 참된 지식인상의 전형, 한국사회 위험 현상의 미래통찰적 대안 등에 대한 사회학적 관심의 결정판이라 할 수 있다.

누군가가 '글을 쓸 때 각 쪽마다 스스로 의심과 두려움, 때로 캄캄한 공포를 느낀다'고 했다. 호산 선생의 구순을 기려, 천학비재한 제자가 스승의 주옥같은 저서를 두고 글을 쓰려니 그러한 느낌이 절실하다. 스승의 방대하고 심원한 담

50 건곤(乾坤)이란 우주의 근원적인 힘이지만, 여러 가지 인간사와 인간의 마음에도 적용될 수 있는 개념이다. 옛사람들이 주역을 세심경, 즉 마음을 닦는 경전이라고 한 데는 이유가 있었던 것이다. 건은 역동적으로 삶을 이어가고 살리고자 하는 생명력이며 창조력이다. 곤은 그 생명력을 현실에서 실현할 수 있는 폭넓은 포용력을 지닌 실천력이며 구체적인 현실감각이다. 이 두 가지가 균형감 있게 조화를 이룰 때 다양한 변화와 소통이 가능해진다. 문제는 땅에 처박히지도 하늘로 너무 높이 올라가지도 않는 균형감이다. 하늘과 땅 사이에서의 고공비행이다. 이 균형감각을 시중(時中)이라고 할 수 있다. '그때 그 상황에 가장 적절하고 합당한 행위' 혹은 '시의적절한 행위'라고 풀 수 있다(정이천, 2015: 21-23).

론을 제대로 깨치지 못하고 더듬거리며 주절거린 듯하여 부끄럽고 참담하다. 그러나 미호(渼湖) 김원행(金元行, 1702-1772)이 동춘당(同春堂) 송준길(宋浚吉, 1606-1672)을 기리며, '스승의 초상화와 강의록이 남아있지 못한 것'을 한탄했었는데, 우리는 호산 선생의 사진첩과 거대한 저작집을 갖고 있으니 얼마나 다행스런 일인가. 이제 끝으로 천하의 서정시인 퇴계 이황의 다음 구절을 천하의 서정시인 호산 김경동 선생님께 새롭게 읊조려 드리고자 한다.

> 어떤 때는 바위에 앉아 샘물을 튀기며 장난을 치기도 하고 대에 올라 구름을 바라보기도 한다. 또 어떤 때는 물가의 돌에서 고기를 살펴보기도 하고 배에서 갈매기를 가까이 하기도 한다. 마음 내키는 대로 가서 자유롭게 노닐다 보면 눈 닿는 곳마다 흥이 일어난다. 경치를 만나면 흥취가 이루어지는데 흥이 극에 달해 돌아온다. 그러면 온 집이 고요하고 도서는 벽에 가득하다. 책상을 마주하고 잠자코 앉아 조심스레 마음을 가다듬고 연구 사색하여 왕왕 마음에 깨달음이 있기만 하면 다시 기뻐서 밥을 먹는 것도 잊었다. (…) 잠시 한쪽에 놔두었다가 때때로 다시 끄집어내어 마음을 비우고 생각하고 풀어 보면서 스스로 풀리기를 기다린다. 오늘 이렇게 하고 내일도 또한 이렇게 할 것이다.[51]

[참고문헌]

『논어』, 『맹자』, 『대학』, 『중용』, 『주역』, 『예기』

『퇴계전서』

국제문화재단 편. 1982. 『한국의 선비문화』. 서울: 시사영어사.

김경동 2022. 『선비문화의 빛과 그림자』. 파주: 박영사.

김상준·김용환 외. 2013. 『500년 공동체를 움직인 유교의 힘』. 파주: 글항아리.

김기현. 2009. 『선비』. 서울: 민음사.

51 『도산잡영』 「병기(并記)」에서. "或坐石弄泉, 登臺望雲, 或磯上觀魚, 舟中狎鷗, 隨意所適, 逍遙徜徉, 觸目發興, 遇景成趣, 至興極而返, 則一室岑寂, 圖書滿壁, 對案嘿坐, 兢存研索, 往往有會于心, 輒復欣然忘食, 其有不合者, 資於麗澤, 又不得, 則發於憤悱, 猶不敢强而通之, 且置一邊, 時復捻出, 虛心思繹, 以俟其自解, 今日如是, 明日又如是."

김병일. 2015. 『선비처럼』. 파주: 나남.
______. 2019. 『퇴계의 길을 따라』. 파주: 나남.
김윤제 외. 1997. 『안동의 선비문화』. 서울: 아세아문화사.
박균섭. 2015, 『선비정신연구: 앎, 삶, 교육』, 서울: 문음사.
백승종. 2018. 『신사와 선비』. 서울: 사우.
성백효 역주. 1990(2015개정증보). 『논어집주』. 서울: 전통문화연구회.
__________. 1991(2006개정증보). 『맹자집주』. 서울: 전통문화연구회.
__________. 1991. 『대학·중용 집주』. 서울: 전통문화연구회.
__________. 1998. 『주역전의 상·하』. 서울: 전통문화연구회.
유교문화박물관. 2022. 『선비들의 출처, 나아감과 물러남』(2022 정기기획전). 안동: 한국국학진흥원.
정광호. 2003. 『선비: 소신과 처신의 삶』. 서울: 눌와.
정옥자. 2002(2006). 『우리 선비』(우리가 정말 알아야 할). 서울: 현암사.
정이천(주해). 2015. 『주역』(의리역의 정수 정이천 易傳 완역, 심의용 옮김). 파주: 글항아리.
정학섭. 2016. "부부 가족의 섬김 친밀성에 대한 유가사상적 성찰." 『한국학논집』 64, 계명대 한국학연구원. 7-37쪽.
______. 2017. "사물의인화의 Friendship과 친밀성의 전이." 『사회사상과 문화』 20(4). 동양사회사상학회. 91-125쪽.
______. 2021. "21세기 한국사회 결혼·가족의 위기와 퇴계사상의 대안." 『퇴계사상의 확장성 재조명』. 퇴계아카데미 2021년 가을 강연 자료집. (사)퇴계학진흥회. 26-87쪽.
______. 2022a. "김경동 교수의 생애와 가치지향, 그리고 학문." 『사회사상과 문화』 25(4) 특집: 혜안과 논찬-호산 김경동(서울대). 동양사회사상학회. 57-101쪽.
______. 2022b. "류성룡의 서번트 리더십과 경세활동." 『서애연구』 제5권. 서애학회. 179-224쪽.
최석만·정학섭 외 2016. 『현대사회의 위기와 동양사회사상』. 서울: 다산출판사.
한영우. 2010. 『한국선비지성사』. 파주: 지식산업사.

한국의 경제발전과 유교*

김 상 준**

Ⅰ. 주목할 글 둘 – 1985년, 피터 버거와 김경동

김경동 선생님께서 최근 유교에 대해 발언을 자주 하시고 여러 글과 책을 내고 계시지만 실은 아주 오래 전부터 유교에 대해 많은 글을 써오셨다는 사실은 잘 알려지지 않은 듯하다(이하 존칭 생략). 한국 사회과학계에 '유교자본주의' 바람이 분 것은 1990년대 중반부터다. 유교에 대한 풍향계가 바뀌기 시작한 시점이다. 그러나 그 훨씬 이전인 1985년에 김경동 선생이 바로 그 문제에 대해서 주목할 만한 글을 발표한 바 있다는 사실은 더욱 잘 알려지지 않았다.

1985년 6월, 뉴욕의 카네기 카운슬 본부(Carnegie Council's headquarters)에서 "In Search of an East Asian Development Model"을 주제로 한 컨퍼런스가 열렸다. 보스턴대의 피터 버거(Peter L. Berger) 교수가 1984년 대만에서 발표했던 글 "An East Asian Model?"을 기조 논문으로 하여 11명의 미국과 동아시아(일본, 대만, 한국, 홍콩, 싱가포르) 학자들이 참가하여 글을 발표했다. 김경동 선생은 이 자리에 초청받은 유일한 한국학자였다. 이때 발표된 논문들은 1988년에 단행본 *In Search of an East Asian Model*에 수록 출간되었다(Berger & Hsin-Huang ed., 1988).[1]

피터 버거의 논문(Berger, 1988)의 제목은 "동아시아 모델?"이라고 의문형을 달고 있었지만, 그 내용은 대담한 것이었다. 그는 근대적 발전 또는 근대성이,

---

* 김경동 선생님의 학은을 직접 입지 못한 필자는 이 글을 쓰는 데 부족함이 많았다. 최근의 김경동 선생님의 육성 회고 대담(김경동, 정학섭 외, 2022), 이번 문집 작업을 위해 보내주신 선생님의 '이력과 저작 목록', 그리고 김성국 선생님의 최근 글(김성국, 2022)의 도움을 크게 받았다.

** 경희대학교 명예교수

1 이하 이 책에서의 인용은 괄호 안에 쪽수만 표기하는 것으로 한다.

유럽과 북미에서 시작하여 2차대전과 유럽 제국(帝國)의 해체를 경과하며 제3세계 국가로 팽창해갔다는, 1950~1960년대 사회과학의 정설이었던 "서양 모델의 전지구적 팽창(planetary expansion of the Western case)"이라는 이론적 전제를 의문에 부쳤다. 동아시아 경제발전으로 이러한 "서양중심적인 관점(Western-centered perspective)"은 "더 이상 적절하지 않게 되었다고 단언(quite simply … no longer adequate)"하였다(3,4).

동아시아의 경제발전에 주목한 것이 물론 피터 버거가 처음은 아니다. 1970년대 후반부터 일부 시사지 언론인과 미래학자들로부터 그런 견해가 제시되기 시작했다. 일본에 이어 대만, 한국, 싱가포르, 한국 등의 경제적 부상이 주목을 받았기 때문이다. 일본만이 주목을 받았을 때는 '일본 예외' 정도로 간주되었을 뿐이었다. 그러나 이제 일본에 이어 소위 '작은 4룡'이 부각되고 일본을 포함한 그 모두의 공통 배경에 유교가 있다는 사실이 부각되었다. 이들 논의에서 교육열, 성취 의욕, 근면 윤리, 가족 및 소속 단위 강조, 질서 존중 등이 유교적 특성으로 간주되었고 이는 (자본주의적) 경제발전에 긍정적 요인으로 평가되었다.

피터 버거는 사회학자답게 이러한 논의에 베버적 시각을 입혔다. 베버가 프로테스탄트 윤리와 자본주의 정신을 연결시킨 것처럼 그 역시 유교 윤리와 자본주의 정신을 연결해보려 하였다. 버거는 자신이 베버적 전통 속에서 훈련받은 사회학자임을 자처하면서도, 베버 자신이 살아있었다면 현재 동아시아에서 전개되는 현실을 보면서 "음, 내가 틀렸었군!"이라고 말하였을 것임이 분명하다고 자신한다(7). 버거가 보기에 지금까지 근대화의 길은 유럽과 북미의 자본주의적 발전의 길과 소련과 그 주변의 사회주의적 길, 두 개가 존재했는데, 이제 동아시아 경제발전으로 '제2의 자본주의적 발전의 길'이 존재할 수 있음을 알 수 있게 되었다. 그는 이 세 가지 경로가 각각 다른 화학 요소로 이뤄진 서로 다른 실험인데, 모두 근대화=현대화(modernization)라는 같은 결과를 낳고 있다고 하였다.

아울러 버거는 유교와 함께 대승불교 전통이 현세근면과 현세구원의 정신을 일구는 데 일조했다고 보았다. 버거는 동남아시아와 함께 동남아의 ASEAN 국가들에도 경제발전이 확산될 수 있을 것으로 보았는데, 이는 (그가 밝히고 있지는 않지만) 유교와 대승불교 전통을 보유한 동남아 화교층을 염두에 둔 언급이 아니었을까 추측해 본다.

Ⅱ. 1985년의 김경동 교수는 어떻게 생각했을까?

이미 젊을 적부터 『실제의 사회적 구성』 등의 명저로 세계 사회학계에서 확고한 위치를 확보한 저명한 미국 사회학자의 이렇듯 무게 실린 기조 논문이 향도하는 컨퍼런스에서 과연 한국의 사회학자 김경동 교수는 어떠한 입장을 밝혔을까?

김경동 선생은 필자와의 통화에서 이 글을 1985년 발표하기 전에 1981년 일본 동경의 The Japan Institute of Labor에서 열린 The 1981 Asian Regional Conference on Industrial Relations에서 발표했던 글("Explorations into the I CHING, the Classic of Change, in Search of Alternative Models for Asian Industrial Relations" [Kim, 1981])이 당시 제기되고 있던 동남아시아 경제발전 모델 담론을 의식하고 쓴 최초의 글이라고 알려주셨다. 1981년과 1985년의 발표 글들이 당시 당신이 생각하기 시작했던 한국 사회학의 '토착화'에 대한 관심에서 비롯된 것이었다는 말씀도 하셨다.[2]

그렇다면 김경동 선생은 이미 1980년대 초(또는 그 이전)부터 해외에서 제기되고 있던 동아시아 그리고 동남아시아 경제발전 모델에 대한 논의를 접하고 있

2 김경동 교수의 최근 대담을 보면 교수 초년기에 유교에 관한 논문 둘(김경동, 1964a, 1964b)을 발표했고, 또 그것이 학계에서 잊혀졌던 사정에 관한 흥미로운 이야기가 있다(김경동, 정학섭 외, 2022: 15): "한국의 사회학자가 해야 할 우선적 주제란 무엇일까를 궁리하다 첫 번째 연구과제로 떠오른 것이 유교 연구였어요. 한국사회가 갖은 우여곡절 끝에 변화를 모색하기 시작하는데, 그 전에 그럼 우리나라는 그 오랜 전통을 유지해오던 유교문화를 어떻게 유지하다가 이제는 거의 잊어버리기 시작했는지를 알아보는 일부터 하기로 한 것입니다. 그리하여 당시 진단학회 회장이시던 이상백 선생님께 상의 말씀을 드렸는데, 매우 좋은 과제라 하시며 진단학회가 관리하던 하버드-옌칭 연구소의 한국학 연구비를 주선해 주셨어요. 그 무렵, 하루는 유교 가치관 연구를 하려는데, 일단은 가치관 척도를 작성해서 시민 표본에게 질문하는 방법으로 접근하려 하지만, 그 전에 조선사회의 유교적 규범의 표준이라 하는 경국대전 같은 걸 내용 분석해보는 것이 어떻겠습니까 하고 상백 선생님께 여쭈었더니, 조금도 거침없이 하시는 말씀이 기왕 새로운 방법을 공부하고 왔으니 의식조사를 하지, 옛날 것 분석하는 건 나중에 해도 될 거라는 것이었습니다. 그렇게 시작한 연구 결과는 우선 사회학회가 창간한 한국사회학 제1집에 첫 번째 논문으로 발표를 했고, 또 한 가지는 가치관의 변화를 추적하기 위해서, 소년 시절의 교육 내용을 담은 교과서를 근대화 전의 조선 시대는 소학을, 일정시대는 수신을 그리고 광복 후 교재로는 공민을 비교 분석하는 내용분석법을 적용하여 검토하는 논문을 이상백 선생님 회갑기념총서에 게재하였어요. 유감스럽게도 이 두 편의 글은 당시의 관련 학계가 거의 외면하다시피 해서 결국 역사의 뒤안길로 밀려 버렸던 것입니다."

었다는 말이 된다. 김경동 선생의 저작 목록을 보면 알 수 있지만 선생은 오랜 시간 국제적 학문담론, 시사담론에 항상 민감하고 정보에 빨랐다. 그리고 항상 거기에 빠르게 응하는 글들을 남겼다.

1985년의 뉴욕 컨퍼런스가 피터 버거의 무게 있는 주제 논문을 중심으로 한 것임을 고려해 보면, 김경동 선생의 발표문은 상당히 파격적이다. 동아시아, 동남아시아 그리고 동남아시아의 다른 여러 나라들의 경우에 대해서는 피터 버거의 견해가 설혹 적용될 수 있는 점이 있다고 하더라도, 그 견해가 한국의 경제발전에 대해서만큼은 그 독특성(distinctive features)을 충분히 밝혀주지 못하고 있다고 주장하고 있는 셈이다. 도전적으로 보이기까지 한다. 다른 나라의 경우에 대해서는 내가 길게 말하지 않겠다, 내가 그쪽 전문가도 아니니까. 그러나 한국의 경제발전과 유교의 관련 문제에 대해서만은 나의 견해가 피터 버거 교수의 견해와 좀 (사실상은 크게) 다르다는 것을 분명히 하고 싶다는 뜻이 분명히 드러난 글이다. 야심적이다.

1985년 뉴욕에서 발표되고 1988년 출판된 김경동의 글 “The Distinctive Features of South Korea’s Development”(Kim, 1988)의 전체 요지를 먼저 짧게 요약해본다. 전통 한국(조선) 사회에서 신유교(정주학, 주자학)의 영향은 최상층 지배 엘리트로 제한되어 왔을 뿐이다. 한국인의 일반의식은 주로 토속 무속신앙(shamanism, indigenous religion, folk practice)의 구복적 해원(解冤)의식, 그리고 민간 대승불교와 도교 공통의 구복적 현세주의가 지배해왔다. 신유교의 성격은 권위적(authoritarian), 서열적(hierarchical), 형식적(formalistic), 의례적(ceremonial)이다. 이러한 특징은 일본의 식민지 통치를 겪으면서 일본의 군국주의적 유교의 영향을 받아 더욱 경화(硬化), 악화되고 군사화되었다. 이러한 (부정적) 특징들은 근대 자본주의적 경제발전을 위한 (긍정적) 합리성과는 별 관련이 없다. 한국인의 일반적 성격상 특징은 거듭된 고난과 역경 속에서 응축된 비이성적인(irrational) 무속적 한(恨) 의식에서 보다 뚜렷하다. 한국의 경제발전은 억눌리고 짓밟히고 뒤떨어졌으나 해소할 길 없었던 응축된 한을 풀어갈 돌파구를 찾기 시작한 데서 비롯한다. 그 돌파구는 박정희 군사정부가 1962년부터 시작한 경제개발 5개년 계획이었다. 돌파구를 찾지 못한 비이성적 동기가 경제개발로의 질주라는 합리적인 출구를 찾아 해소되는 ‘적응적 변화(adaptive change)’ 과정은 프로테스탄티

즘의 비이성적 구원 열망이 자본주의적 축적 논리라는 합리적 출구를 찾아 해소된다는 막스 베버의 논리와 유사하다.

이렇듯 흥미로운 논지를 어떻게 읽어야 할까? 19세기 중후반에서 20세기 중후반까지 1백년, 동아시아 내부에서의 '반유교' 의식은 사뭇 보편적이었다고까지 할 수 있다. 좀 더 정확히 말하면, 이 기간 점점 더 강해지다가 20세기 마지막 10년에 들어서야 비로소 조금씩 그 추세가 약화되기 시작했다고 할 수 있다. 그러나 그 '반유교 의식'의 강도는 나라마다 차이가 있었다. 그 강도가 가장 약했던 곳은 일본이었다. 일본의 유교는 무인 유교로서 그 성격이 중국과 조선의 문인 유교와는 큰 차이가 있다. 그럼에도 일본 특유의 충과 직분 윤리는 그들 나름대로 소화한 일본형 무인 유교에서 자라난 것이다. 그들은 메이지 유신 역시 매우 유교적인 것으로 생각했다. 막부 유교보다 더욱 정통 유교적인 것이 천황 유교, 메이지 유교라고 생각했다. 그리고 그 메이지 유교는 (정통 유교 체제보다) 더욱 발전한 서양의 선진적 문물을 성공적으로 잘 흡수한 공로가 있다고 보았다. 그래서 일본에서는 예나 지금이나 유교에 대한 강한 증오나 거부감이 별로 없다. 설혹 일부(전면 서구화파)에 있다고 하더라도 그 강도는 중국과 한국에 비교가 되지 않는다. 반면 중국과 조선에서는 유교에 대한 거부감이 훨씬 강했다. 유교 때문에 나라가 망했다는 의식이 강했기 때문이다. 그 거부감이 더욱 강했던 곳은 그중에도 조선이다. 조선은 중국보다 더욱 철저히 망했기 때문이다.

김경동의 1985년 논문에는 그러한 '망국유교'에 대한 거부감과 반발이 여실히 드러나 있다. 그렇기에 서양에서 유교를 재평가하는 동향에 대해 사뭇 결기를 세워 반론을 펼친다. 물론 그 반론은 동아시아에 대한 일반론이 아니라 최소한 '한국에 대해서만은'이라는, 조심스러우나 지혜로운 단서를 달고 있다. 서양의 저명 학자의 견해라면 우선 굽히고 들어가는 것이 요즘의 풍토에서도 완전히 불식되지 못한 모습인 것을 생각해 보면, 아직 한국의 국격과 학문적 지위가 오늘날만큼 높지 못했던 1985년 당시에 저명한 피터 버거의 발제 논문의 기조에 어떤 측면에서는 맞서는 것으로까지 보이는 김경동의 글에서 나는 국제적 경륜과 안목을 갖춘 변경 중견학자의 자존심과 기백을 엿본다.[3]

3 이 문집에 실린 김성국, 임현진, 배규한 교수의 글을 보면 1985년 뉴욕 카네기 카운슬의 국제 컨퍼런스가 열렸던 같은 6월에 서울대학교 사회과학연구소는 "Dependency Issues in Korean

Development: Comparative Perspectives"에 관한 국제학술회의를 서울의 힐튼호텔에서 개최하였다고 한다(6월 6~8일). 소장인 김경동 교수가 이 국제회의의 조직위원장을 맡았고 종속이론을 전공한 서울대 임현진 교수, (학위를 마치고 귀국한) 배규한 박사가 조직위원장의 지휘 아래 국내외의 정치학, 경제학, 사회학 분야에서 발전 문제를 전공하는 주요 학자들을 섭외했으며, 이 당시 세계체제론, 국가독점자본주의론, 주변부 자본주의론, 종속이론, 종속적 발전론, 관료권위주의론의 주창자라 할 Samir Amin, Guillermo A O'Donnell, Michel Holder, Ulrich Menzel, Raymond D. Duvall, Dieter Senghaas, Herbert Schiller, Peter Evans, Aidan G. Foster-Carter, Christopher Chase-Dunn, John Wang, Dennis L. McNamara 등 저명한 해외 학자 17명, 국내 학자 36명이 참가하여 25편의 논문을 발표하고 토론했다고 한다. 당시 김경동 교수의 국제적 활동 범위와 왕성한 활동력을 잘 보여주는 대목이다.

이 글이 내게 특별히 흥미로웠던 것은 2000년 6월 필자가 컬럼비아 대학에서 유교를 주제로 학위논문을 마치고 돌아왔을 때 가까웠던 주변 지인들의 반응과 유사한 무엇을 느꼈기 때문이다. 대부분의 즉각적 반응은 부정적이었다. 왜 학생운동과 노동운동을 했던 사람이 미국까지 가서 유교에 대한 학위논문을 썼단 말인가? 학생운동, 노동운동, 민주화운동과 유교는 상극 아닌가? 나를 가까이 알았고 운동권과 관계가 깊었던 사람들일수록 반응이 그랬다. 특히 70년대 80년대 시국적으로 뜨거웠던 사회학과 동문들의 반응은 거의 대부분이 (물론 모두는 아니었다) 그랬다.

돌아보니 그 핵심에는 김경동 선생의 1985년 논문에서 보이는 바와 같은 망국유교에 대한 강렬한 거부감이 있었다. 여기서 서울대 사회학과 운동권 동문들과, 그 운동권과 불화했던 김경동 교수의 공통분모를 본다. 물론 꼭 같다는 것은 아니다. 운동권 동문들은 유교와 민주화 사이의 상극을, 김경동 선생은 유교와 경제발전(산업화, 자본주의화) 사이의 상극을 보았다. 그러나 그 바탕에는 한국의 '전근대적' 전통(문화적-제도적 유산, 관습, 사회적 성격)에 대한 부정적, 비판적 또는 냉소적 평가가 공통분모로 깔려있다.[4]

1985년 즈음이었다면 유교에 대한 내 생각 역시 (별로 생각할 겨를이 없었지만) 이 둘과 크게 다르지 않았을 것 같다. 따라서 이 흥미로운 글을 좀 더 상세히 살펴보는 것은 내 생각의 변화 경로를 다시금 돌이켜 보는 일이기도 하다.

4 그러나 이렇듯 당시 일반화되어 있던 조선인 성격론, 한국 국민성론에 대립하거나 또는 이를 보완하는 운동권의 '민중론'이 존재했다는 점을 지적해두어야 하겠다. 수탈적 유교양반 체제 아래 수탈체제에 저항하고 대동(大同)의 민중적 이상을 추구했던 일종의 민중적 성격론 또는 저항적 민중주의가 면면히 흘러 이어지고 있다는 인식이다.

Ⅲ. 자세히 읽기(close reading)

이 글("The Distinctive Features of South Korea's Development" [Kim, 1988])은 4개의 절로 구성되어 있다. 1. 도입과 한국 근대사의 간략한 소묘, 2. 한국 사회에서 전통적 요소들, 3. 비이성적 힘(nonrational forces)에 기반한 적응적 변화, 그리고 4. 결론. 각 절의 내용을 순서대로 읽어가면서 논평해 본다.

1. 도입과 역사적 개괄

동아시아 경제발전에 베버의 시각을 적용하는 최근 흐름에 대해서 이 글은 한국 경우의 독특성(distinctive features)을 보여주려 한다. 유교 조선은 가난하고 당쟁으로 분열된 나라로 19세기 '외부 세계'(서양과 일본)의 도전에 적절히 응하지 못하여 일본의 식민지가 되었다. 일본은 일본식 유교로 포장된 권위주의적 군사주의(authoritarian militarism coated by the Japanese version of Confucianism)로 (유교통치에 익숙한) 조선을 통치·착취하였고(colonial rule and economic exploitation), 조선의 산업화를 거의 추구하지 않았다(hardly pursued). 해방 이후 남북분단과 전쟁으로 국가와 사회는 타락한(corrupt) 상태였다. 1962년 시작된 박정희 정부의 경제개발 5개년 계획이 비로소 산업화의 문을 열었다. 1961년에서 1983년까지 주요 경제지표의 획기적 변화는 이를 압축한다(197~200, 이하 괄호 안 글은 모두 인용자 추가임).

이 절의 조선사에 대한 서술은 40~50년대 학번 김경동 선생 세대와 60~80년대 학번 운동권 세대의 대체적인 인식과 큰 차이가 없을 것 같다. 해당 부분을 직접 옮겨본다.

> 유교 학자관료 또는 양반 계급에 의해 5백년 간 통치되어온 조선은 19세기 중후반 외부세계(the outside world)에 처음 노출되었을 때 가난한 농업사회였을 뿐이다. 이 나라는 정치적 지배 그룹 간의 분파 투쟁(당쟁)으로 찢겨있었고, 귀족층(양반)과 관료의 부패와 농민 착취로 인하여 피폐·궁핍화되었고, 거듭된 농민 반란으로 타격을 받아, 이 사회의 체제와 양반지배의 정당성은 심각하게 훼손되고 흔들린 상태였다. 이렇

> 듯 이미 너무나 허물어져 버린 상태의 조선은 일본의 제국주의적 침탈의 도전에 맞설 만한 힘이 없었다. 18세기부터 전통주의적 유교 이데올로기에 도전하는 새로운 사상이 단속적으로 출현하기도 했지만(필경 실학을 말하는 것이리라), 결코 근대 자본주의 발전으로 나가는 주목할 만한 내재적 힘으로 성장하지 못했다. 때로 농업 개혁의 징후도 있었지만 결국 쓸려나가고 말았다. 착취적인 전통 체제 아래서는 경제발전과 유관한 중요한 혁신을 위한 어떤 인센티브도 존재하지 않았다. (198)

일본 식민지 통치 방식에 대한 서술도 큰 차이가 없을 듯하다. 다만 운동권이라면 여기에 더해 조선인의 국내외 독립투쟁과 항일투쟁을 강조했을 것이다. 해방 이후 전쟁까지의 상태 그리고 전쟁 이후 박정희 정권의 등장까지의 과정에 대한 서술에서도 인식이 중첩되는 부분이 많다고 할 수 있다.

> 2차대전 패배로 일본이 한국을 떠났을 때 한국은 산업 기반도 잘 훈련된 경영관리, 기술관리 인력이 결여된 채 거의 버려진 상태였다(almost deserted). 해방과 함께 남과 북은 미국과 소련의 통제 하에 분할되었다. … 3년 동안의 전쟁은 나라를 쑥밭으로 만들어놓았다. 재건 과정에서 주로 미국의 경제원조를 통해 일군의 경영자층이 등장했다. 그들은 성장과정에서 여러 정치적 커넥션과 정부로부터의 특혜를 이용했다. 부패와 권력남용, 선거부정, 그리고 수반된 병리현상(malaise)으로 인해 이승만 대통령 정권은 1960년 전국적인 학생 항거 앞에 무너졌다. 이어진 장면 정부는 1961년 6월 박정희 장군과 그의 군부 쿠데타 세력(junta)이 무혈로 정권을 잡았을 때 자신을 제대로 정비할 시간도 미처 제대로 갖지 못했다. (198)

2. 한국사회의 전통적 요소들

2절은 당시까지 한국의 여러 학자, 언론인들에 의해 제기되었던 한국인의 성향, 사회성격, 가치론의 요약이다. 먼저 여섯 개로 정리한 내용을 보면 대체로 부정적이고 냉소적이다는 인상이다. 구한말 외국인의 관찰기에서부터 1980년대 초반까지의 여러 연구와 언급들을 짧게 요약한 것이다. 김경동 선생의 견해로 정리한 것은 아니지만, 이러한 선택에는 일정한 주관적 선별 기준이 들어갈 수 밖에 없다. 이하는 관련 전문이 아니라 일부 구절을 따온 것이다.

1) **개인 퍼스낼러티와 성격**: 극히 감정적. 감정적 분출, 급한 성격, 과도한 행동. 차분하고 이성적인 태도의 결여. 자기중심적이면서 의존적. 자기성찰과 책임성의 결여. 미적 완전성 추구의 미진 또는 결여.
2) **행동경향**: 소비적 낭비적 행태. 위장된 탐욕과 이기적 욕망. 게으르고 지저분함.
3) **개인간 상호관계**: 보통 이상의 환대(unusual hospitality). 프라이버시를 침해할 정도의 과도한 친절. 취약한 법준수 의식. 자기와 타인의 체면의 강조. 독자적 윤리기준(ethical righteousness)이 아니라 체면 도덕(moral pretext)이 중요. 타인의 평판에 의존. 자기표현을 꺼리고 타인 특히 상급자 눈치를 본다. 비행동(inaction), 수동성, 집단 규범에 종속성.
4) **사회조직의 원리들**: 강한 권위주의. 부모, 노소, 남녀, 상하 지위에 따른 서열 관계. 강한 신분상승 지향. 우리주의, 연고주의, 배타주의. 정치적 분파주의.
5) **세계관(world views)**: 세속주의. 현세적 보상 중시. 목적을 달성하는 데 있어서 바르고 이성적인 방법(just and rational means)에 대해 별 관심 없음(relative neglect). 운명주의. 보수주의. 강자에 대한 굴종. 하인근성(flunkyism, 노예근성?). 열등의식.
6) **일반가치(general values)**: 자연, 장수, 조상, 다산, 득남, 부, 대식 과음, 타인의 인정(認定), 따듯한 인정(人情), 공감, 교육 배움, 평화, 안전과 정적(quiet).

위 대목들은 1929년생이신 필자의 선친께서 필자가 아주 어릴 적 밥상머리 훈화로 주셨던 한국인론과 매우 흡사하다. 1960년 4.19 동이이자 국민교육헌장 세대인 필자는 선친의 비관적 냉소적 한국인론에 대해 종종 나름의 반론을 펴다가 필경 꾸중을 듣곤 했다. 이제 작고하신 부친이 사셨던 세상이 그렇게 험했으니 어쩔 수 없으셨겠다는 안쓰러운 생각도 든다.

2절에서는 이어 유교와 무속(샤머니즘), 불교, 도교 언급이 나온다. 조선의 신유학(성리학)은 권위주의적, 형식주의적, 형이상학적 도덕 교리로서 그 이념적 영향은 소수의 유교적 문인 지배층(ruling literati class)에 한정되었다고 했다. 다수의 일반 평민(common people)의 의식 세계는 가장 크게는 샤머니즘, 다음 불교, 끝으로 (민간종교로서) 도교가 지배했다. 그 세 종교는 비이성적(nonrational), humanistic(인간주의적? 적절한 번역이 될지 모르겠다), 세속적(현세적? secular) 특징을 가지고 있다. 한국화한 유교도 현세적이다. 그러나 유교는 세 민간종교의 미신적 경향을 억누르는 역할을 했다. 이후 식민지 시기 근대교육과 경제정책의 영향으로 그 의식이 일부 합리화되었지만(rationalized), 감정적이고 personalistic 한(체면을 중시하는? 역시 적합한 번역인지 모르겠다) 끈질긴(tenacious) 성향을 바꾸는 데는 역부족이었다. 식민통치 아래서의 지극히 뒤틀어진 상황과 조건은 그러한 성향을 오히려 더욱 강화시키기도 하였다.

이러한 전통적인 성격적 특징과 반대되는 것은 서양의 민주적, 이성적, 과학적, 산업적 가치와 그에 부합하는 인간형 모드인데, 이러한 요소는 해방 이후 그리고 한국전쟁 이후 주로 미국을 통해 들어와 점차 영향력을 발휘하기 시작했다, 그러나 바탕에 깔린 전통적 요소는 약간 약화되었을 뿐 늘 존속해왔다. "오늘날(1985년)에도 한국인들은 여전히 매우 감정적이고, 거칠고, 공격적이고, 미신적이며, 깔끔하지 못하다. 다만 더 이상 게으르지는 않을 것이다. (The Korean people are still very emotional, crude, aggressive, superstitious, and untidy but may no longer be lazy.)"(204)

이어지는 이 절의 마무리 대목은 역설적이나 야심적이다. 약간의 의역을 양해 바란다.

> 한국의 주요 전통 종교들(유교, 무속, 불교, 도교)은 한국인과 한국사회의 합리화에 거의 아무런 영향을 주지 못했다. 그럼에도 한국은 경제 영역에서 산업 자본주의사회를 성공적으로 창출하면서 눈에 띄는 진보를 이루었다. 그러한 발전을 이룩하는 데 적대적(inimical)이거나, 잘 보아준다고 해도 그다지 친화적이라 보기 어려운 모든 종류의 전통적 힘에 묶여 있었음에도 그러하다. 이렇듯 꼬여있는 출발점으로부터 나는 한국의 경제발전에 고유한 특징적 면모들을 드러내 보려고 한다. (204)

이어지는 3절은 이 논문의 백미다.

3. **비이성적 힘에 기반한 적응적 변화**(Adaptive Change Based on Nonrational Forces)

3절은 1) 동기화(motivation) 2) 인적자원의 질(quality of human resources) 3)

동원과 조직(mobilization and organization)의 3개의 소절(항)로 구성된다. 여기서 핵심은 1) 동기화다. 억눌린 심리적 동기가 경제발전의 폭발적 추진력으로 극적으로 전환하는 메커니즘이다. 이 폭발적 동기화를 축이자 엔진으로 하여, '인적 자원의 질'과 '동원과 조직'이라는 바디(body)가 입혀진다.

1)항 동기화는 다시 3개의 소소절(목)으로 구성된다. (1) 문화접변(acculuration) (2) 존재불안-안보불안과 살아남기(insecurity and survival) (3) 한(恨)의 심리학.

김경동에게 근대화(modernization)란 외부로부터 온 서양 근대를 수용하고 적응하는 과정이다. "좋든 싫든(if you like it or not)" 이것은 명확한 현실이다(205). 19세기 말에서 일본에 병합되기까지 조선은 근대의 수용과 적응에 실패했다. 이것이 '1차 문화접변의 실패'다. 그 결과는 참혹했다. 식민통치를 받았고 동족 간 전쟁까지 했다. 그러나 이제 1962년 경제개발 5개년 계획으로부터 시작하여 1985년 오늘날까지 한국(South Korea)은 경제개발에 성공했다. '2차 문화접변의 성공'이다. 그토록 길었던 어둠과 고통의 터널을 어떻게 빠져나올 수 있었는가?

어둠과 고통이 길수록 "수치와 당혹(shame and embarrassment)"도 깊어졌다. 유구한 역사와 문명에 대한 자부가 클수록 근대화의 세계 대열에서 멀리 뒤처진 자신의 모습에 대한 부끄러움과 당혹감은 커진다. 일제로부터의 해방도 출구나 해법을 주지 못했다. "두 개의 코리아(the two Koreas)"는 3년 동안 지독한 전쟁을 했다. 정전 이후에도 "북으로부터의 또 다른 침략(invasion)의 위협"이 "실제적이든 조작된 것이든" 상존했다. 이러한 존재불안 또는 안보불안(insecurity)은 "1960년의 폭력적인 학생 시위"로 정권이 무너지면서 가중되었다(206). 5.16의 정당성은 이 안보불안을 어느 정도 해소했다는 데 있었다. 그러나 그 정당성은 성공적인 경제성장을 통해서만 완전히 확보할 수 있는 것이었다. 존재불안, 안보불안은 우선 북으로부터의 항시적 위협의 존재, 그리고 패전 후 다시금 빠르게 경제적 강자로 부상하고 있는 일본과의 국력 격차가 커지고 있다는 사실로부터 왔다.

> (이러한 상황에서) 경제성장을 통해 국민국가(nation-state)를 확고하게 건설한다는 (박정희 정부의 경제개발) 프로젝트는 국민(people)의 동기화의 핵심을 찔렀다. 대중(people)의 불안감을 증폭함으로서 대중(people)의 동기화를 유발할 수 있다는 것은, 베버 사회학을 해석하는 한 가지 방식이다. 즉 경제적 행위를 심리적으로 풀이하는 것

이다. 이러한 불안감에서 비롯한 긴장은 해소되어야 한다. 그리고 이러한 긴장의 해소 과정에서 방출되는 심리적 힘은 사회적 행위의 다양한 영역으로 흘러 들어간다. 한국의 경우, 그것은 경제적 영역에서 이루어졌다. (206)

이미 앞서의 서술에서 여러 번 언급되었지만, 부정적 심리요인을 긍정적 행동요인으로 전환시키는 핵심 기제로 김경동 선생이 이 글에서 회심의 카드로 내놓은 것은 한국인 고유의 한(恨, hahn) 의식이다.

이 감정들은 누적된 좌절감, 필요충족이 되지 않는 반복적 박탈, 또는 자신의 욕망에 대한 항상적인 억압과 반드시 연관되어 있을 것이다. 누적되었으나 억압되어, 불만과 원한의 중핵이 인간의 심리에 똬리 틀고, 이것은 심신과 심리에 병리적 상태를 야기할 수 있다. 그러나 일단 그것이 풀려나면, 그것은 엄청난 심리적 힘이 될 수 있다. (207)

이 힘을 풀려나게 한 것은 확대된 문화접변을 통해 얻게 된 후진성의 뼈저린 자각에 있다. 과거의 오랜 문명국가로서의 자부심이 높을수록 현재 자신이 빠져있는 궁핍과 낙후의 상태에 대한 각성("수치와 당혹")의 강도는 높아진다. 그 각성을 행동으로 전환시킬 계기를 1962년 이후의 경제개발 프로젝트가 주었다. 일단 억눌린 에너지가 흘러나갈 채널이 열리자 성취욕과 경쟁열이 터지고 교육과 신분상승을 향한 맹렬한 행진이 시작되었다.

이어진 (2) 인적자원의 질과 (3) 동원과 조직 부분은 짧게 약(略)해도 무방할 것이다. 이미 앞서 언급되고 예고되었던 내용들이기도 하다. 인적자원의 질은 뜨거운 교육열을, 동원과 조직은 중앙집중적 권위주의(centralized authoritarianism)를 강조한다. 그러나 그러한 기제들 역시 주로 문화접변을 통해, 즉 미국, 일본을 중심으로 외부와의 접촉과 교류의 증가를 통해 점차 근대적 형태로 형성되어간 것으로 본다. 이 과정에서 유교체제의 전통적 요소가 미친 영향은 없지 않지만, 직접적 관련은 약하거나 피상적인 것으로 정리된다.

이제 끝으로 글 결론부의 요점을 정리해 본다. 저자는 피터 버거의 제안이 나름 근거가 있지만, 동아시아의 다른 국가들, 특히 한국의 경우에는 "유교가 근대화에 오히려 부정적인 영향을 주었다"는 것이 "대부분의 내부 저자들(most indigenous authors)의 견해"라고 하였다(214~215). 칭송받아온 유교의 전통적 훈육, 수련(discipline)이란 자본주의적 훈육, 합리성과는 관련이 거의 없었고, 가족 집단주의도 강점이 될 수도 있지만 부패의 고리가 될 수 있으며, 유교국가 권위주의라는 것도 전통적 형태라기보다 최근 역사의 정치적 경제적 상황에 맞게 적응변화·문화접변한 것으로 보아야 한다고 하였다. 정중하게 풀어가는 다음과 같은 대목은 매우 과감하기도 하다.

> 피터 버거 교수의 가설은 주목할 가치가 있다. 그러나 (동아시아와 한국의 근대적) 적응성 자체도 베버가 근대 서양 자본주의 정신에서 추출한 "합리성"을 낳을 수도 낳지 않을 수도 있는 것이다. 그런 특수한 합리성이 자본주의적 발전에 필수적인 것인지도 토론거리다(debatable). … 아무튼 나는 지금까지 (한국의 근대화, 경제발전 과정에서) 주된 동력은 합리적이라기보다 모종의 비합리적인 것(something nonrational)이라고 본다. (217)

Ⅳ. 나가며

이후 김경동 교수의 유교에 대한 견해는 점차 폭넓게 수용하는 방향으로 변화해왔다.[5] 이러한 변화 역시 세계 상황의 흐름에 대한 날카로운 관찰을 한시도 늦추지 않았던 성실성, 날카로운 분석력 그리고 빠른 판단의 결과라고 생각한다. 아울러 선생은 이후 동아시아 전반의 뚜렷한 부상을 일찍이 주장해 왔던 '문화접변'의 성공 사례로 풀이하고, 그러한 성공을 통해 동아시아와 한국이 '대안적 근대성'을 표상하는 차원에 도달한 것으로 보고 있다. 이에 관해서는 이 논집의 여러 다른 글들이 소상히 밝혀줄 것으로 안다.

일본에서 시작하여 네 마리 용으로 그리고 중국과 동남아로 확장해 간 경제발전의 연쇄는 유교문화권이 새로운 세계경제의 중심축으로 부상해간 과정이기도 했다. 유교문화권의 세계적 비중이 이렇듯 커질 수 있는 것에 놀라면서 동시에 그러한 현상이 역사적으로 보면 오히려 200년 이전의 세계 상황으로의 회귀

5 김경동 교수의 저작 목록을 보면 상세히 알 수 있다. 그렇듯 확충된 견해의 종합으로는 Kim (2017a, 2017b, 2017c) 참조.

이기도 하다는 사실을 새롭게 인식하는 계기가 되기도 했다. (어떻게 그렇듯 명백한 사실을 그토록 오랫동안 잊고 있었을까?) 2차 대전 후 냉전기 미국 중심의 자본주의 국제분업 체제에서 주변에서 반주변을 거쳐 이제 21세기 탈냉전기에 이르러 새로운 중심으로까지 빠르게 이동해간 동아시아의 위상 변화는 분명 수백 년 단위의 문명적 교호와 부침의 세계사적 장기과정(longue durée)으로 이해할 필요가 있다.

김경동 교수의 1985년 논문을 자세히 읽은 것은 지금 읽어도 여전히 신선하고 놀라운 점이 있기 때문이다. 어떤 점에서 신랄하고 냉소적이기까지 하지만, 분명 선생이 살아오신 시대의 한국사회의 상태와 한국인의 멘탈러티에 대한 솔직한 표현이기도 하다. 급속히 이루어진 한국의 경제성장은 모호한 종교와 경제라는 추상적 관계보다 아주 고통스럽게 뒤틀려있던 정치, 경제, 사회, 군사적인 역사 맥락 속에서 보는 것이 훨씬 사실적이다. 1993년 세계은행의 보고서 *The East Asian Miracle* 이후 우후죽순처럼 쏟아져 나왔다가 1997~1998년의 IMF 사태로 급속하게 약화된 '유교자본주의론'에 비해 훨씬 냉철하고 균형 잡힌 견해를 이미 그 10여 년 전에 보여주었다.

선생은 막스 베버가 "서양 자본주의 정신에서 추출한 합리성"을 하나의 "특수한 합리성"일 뿐이라 하였고, 그런 종류의 "특수한 합리성"이 "자본주의적 발전에 필수적인 것인지"를 의문에 붙였다. 필자 역시 그러한 특정한 종교적 윤리 체계를 자본주의 발전과 인과적으로 묶은 막스 베버의 시도가 역사적으로 타당한 것인지 상당한 의문을 가져왔다. 자본주의란 결코 수학공식이나 특정 윤리원칙에 따라 돌아가는 무엇이 아니다. 현실 속의 자본주의란 매우 폭력적이었던 군사정치적 세계 팽창 과정에서 탄생했고, 현재도 그런 힘 속에서 움직인다. 선생의 1985년 논문 역시 한국 자본주의의 성장 과정을 그러한 권력관계 속에서 분석한 글이라 할 수 있다.

그 글이 1960년대 이후 한국의 산업화 동력의 고유한 특징을 잘 짚어주었지만, 빈자리가 크게 느껴지는 부분은 한국의 민주화 과정에 관한 언급이다. 물론 경제발전과 종교문화의 관계라는 이 글의 주제와 직접적인 연관이 없기 때문이라고 볼 수도 있지만, 경제개발 과정에서 계급 동원, 지역 동원의 편향성과 이러한 문제들로 인해 발생한 저항운동 그리고 너무도 빈발했던 긴급조치와 비상계엄 사태에 대한 언급이 전혀 없음은 아쉽지 않을 수 없다.

김경동 교수의 유교관이 식민지 시대, 해방 후 혼란과 3년의 참혹한 전쟁, 전후 한국의 부패상과 이를 이겨내야 했던 비상한 상태 속에서 형성되었던 것이었다면, 필자의 유교에 대한 생각은 1980년부터 한국의 민주화운동에 참가해왔던 체험 속에서 자라났다. 물론 80년대에 현장에서 뛸 때는 민주화와 유교를 연관시켜 따로 생각해 보지 않았다. 그럴 여유가 없었다. 다만 민주화운동에서 두드러졌던 몇몇 인물들의 모습 속에 과거 조선유교의 직유(直儒)의 풍모가 보인다는 막연한 생각 정도였을 것이다.

1990년대 들어 뒤늦게 다시 공부하기로 생각한 것은 소련동구권 붕괴와 냉전 종식 때문이었다. 세계가 내가 알고 있던 세계사의 전개 논리와 전혀 다른 맥락으로 흐르고 있다고 느꼈다. 세계사의 지축과 지각이 변동하고 있는 것 같았지만, 그것이 무엇인지 이해하기 어려웠다. 그런 고민으로 뉴욕에 왔지만, 처음에는 유교가 관심이 아니었다. 우선 서양 세계의 사상적 발전사를 거슬러 올라가면서 많이 읽었다. 물론 한국의 상황과 늘 교차하면서 읽었다. 오랜 고민 중 어느 순간 깨달음 같은 순간이 왔다. 권력과 윤리의 오랜 긴장이라는 점에서 동과 서는 완전히 통하고 있었다. 유교가 특히 그랬다. 그렇듯 새롭게 뜬 눈으로 본 유교에는 새롭게 알게 된 놀라운 점들이 많았다. 유교가 부정되어 왔던 지난 100여년 동안에도 계속 움직여왔고, 미래 역시 그럴 것으로 보였다. 크게 보면 1990년대는 거대한 문명전환이 시작되는 시점이었다. 그리고 그 전환은 지금도 지속 중이다. 여기서 유교문명의 자원은 중요한 역할을 할 수 있다고 생각한다.[6]

앞서 말한 바와 같이 필자의 유교에 대한 생각은 1980년 이래부터 1992년까지 그리고 어쩌면 오늘까지도 한국민주화운동에 일원으로 참가했던 체험 속에서 숙성해왔다. 그 체험의 의미를 밝히는 것이 늦깎이 공부의 목적이었다고도 할 수 있겠다. 실제로 그 이후 오늘날까지 공부하는 과정에서 그 체험들이 계속 중첩되고 재해석되는 것을 경험한다. 시간이 지날수록 세계적으로도 주목받고 있는 한국의 민주화운동은 유교권 내에서도 강한 독자적 특징을 가졌던 조선유교의 두터운 영향을 빼고는 제대로 설명하기 어려운 것으로 보인다.

이 글을 쓰면서 문제를 보고 겪은 당사자의 시대와 세대 그리고 위치와 관

6 김상준(2011, 2021) 참조.

점에 따라 유교에 대한 인식이 상당히 다를 수 있음을 다시금 확인하게 된다. 필자의 세대 위치와 문제 파악의 관점(이론적 이해관심)은 김경동 선생님과 달랐지만, 필자 역시 권력화, 기득권화한 과거 집권 유교의 부정적 모습에 대해 많은 비판을 했다. 그러나 그런 모습이 유교의 기원도 본령도 아니었음을 이제는 분명히 알게 되었다. 선생님의 지난 글을 다시 읽으면서, 독자적 관점을 세우려 하셨던 기백을 배우고, 시대에 따라 달리 부각될 수 있는 유교의 여러 측면을 늘 함께 유념해야 함을 다시 새기게 된다. 아울러 연세가 높아 가실수록 유교에 대한 이해와 포용의 폭을 더욱 넓게 열어주심에 경의와 감사를 느낀다.

[참고문헌]

김경동. 1964. "태도척도에 의한 유교가치관의 측정." 『한국사회학』 1: 3-22.

______. 1964. "교과서분석에 의한 한국사회의 유교가치관 연구." 『이상백박사 회갑기념논총』: 333-368. 서울: 을유문화사.

김경동, 정학섭, 유승무, 최우영, 이명호. 2022. "호산(浩山) 김경동 교수와의 대담: 한국사회학과 동양사상의 만남을 중심으로." 『사회사상과 문화』 25/4: 1-55.

김상준. 2011. 『맹자의 땀 성왕의 피』. 아카넷.

______. 2021. 『붕새의 날개 문명의 진로』. 아카넷.

김성국. 2022. "김경동의 사회학(Ⅱ): 선생가외 불역락호(先生可畏 不亦樂乎)." 『사회사상과 문화』 25/4: 103-148.

Berger, Peter. 1988. "An East Asian Development Model?." *In Search of an East Asian Development Model*. Ed. by Peter Berger and Hsin-Huang Michael Hsiao. Transaction Books: New Brunswick, NJ.

Kim, Kyong-Dong. 1981. "Explorations into the I CHING, the Classic of Change, in Search of Alternative Models for Asian Industrial Relations." pp. 218-237 in *Agenda For Industrial Relations in Asian Development: Proceedings of the 1981 Asian Regional Conference on Industrial Relations*. Tokyo: The Japan Institute of Labor. (Also translated and published in Japanese.

The Monthly Journal of the Japan Institute of Labour 23(8): 40-51.

______. 1988. "The Distinctive Features of South Korea's Development." *In Search of an East Asian Development Model*. Ed. by Peter Berger and Hsin-Huang Michael Hsiao. Transaction Books: New Brunswick, NJ.

______. 2017a. *Korean Modernization and Uneven Development: Alternative Sociological Accounts*. London & New York: Palgrave Macmillan.

______. 2017b. *Alternative Discourses on Modernization and Development: East Asian Perspectives*. London & New York: Palgrave Macmillan.

______. 2017c. *Confucianism and Modernization in East Asia: Critical Reflections*. London & New York: Palgrave Macmillan.

호산 김경동 교수의 근대화 3부작 :
'사회의 품격'과 '공공성' 연구에 주는 함의

이 재 열*

이 글은 호산(浩山) 김경동 교수(이하 호산 선생) 연구의 종합 결정판이라고 할 수 있는 근대화론 3부작(Kim, 2017a; 2017b; 2017c)에 대한 서평으로 시작했다(Yee, 2017). 3부작은 호산 선생의 연구 전반을 아우르는 종합을 시도한 저작이며, 다루는 내용과 범위에서 독자를 압도하는 방대한 내용을 담고 있다. 또한 영문 저작으로서 한국적 맥락을 독자들에게 친절하게 설명하고 있다. 이 글에서는 서평의 형식을 빌어 우선 3부작의 내용을 소개한 후, 그간 필자의 연구에 중요한 통찰력의 원천이 된 '핵심발전가치'에 대한 호산 선생의 논의를 토대로, 최근 활발하게 논의되는 사회적 웰빙, 그리고 이를 구성하는 사회의 품격 및 '공공성' 관련 다양한 연구가 어떻게 호산 선생의 연구로부터 영감을 받아 발전했는지 살펴보고, 향후 한국사회 연구에 주는 함의에 관해 논의하고자 한다.

Ⅰ. 3부작의 주요 내용

한국의 발전모델은 세계 근대화 역사에서 예외적인 성과로 간주된다. 해외 관찰자들에게 한국의 근대화 모델은 경제성장과 정치 민주화 모두에서 매우 인상적인 성과를 끌어낸 것으로 보인다. 그러나 대부분 한국인은 한국이 풍요의 역설과 민주화의 역설로 고통받는 나라로 여긴다. 사람들은 수십 년 전 빈곤한 시기보다 덜 행복하다고 느낀다. 한국의 자살률은 세계 최고 수준이며, 출생률은 세계 최저 수준이다. 특히 젊은 세대의 불만은 더욱 심각하고, 사회갈등은 위협

* 서울대학교 사회학과 교수

적인 수준으로 진행되고 있다. 이러한 역설들은 한국근대화의 주요 원동력이 무엇이었는지, 무슨 일이 일어났는지, 그리고 이 역설을 어떻게 설명할 수 있는지에 대한 질문을 제기한다. 호산 선생의 3부작은 이러한 질문에 대한 해답을 제공한다. 3부작은 상호 연관된 주제로 구성되어 있는데, 간략히 그 내용을 소개하면 다음과 같다.

1. **『근대화와 발전에 대한 대안적 담론: 동아시아적 관점』**(Alternative Discourses on Modernization and Development: East Asian Perspectives)

이 책은 서구중심의 근대화 및 발전이론의 한계를 비판하고, 한국의 경험을 토대로 대안적 사회학적 이론을 제시한다. 호산 선생은 근대화를 서구에서 시작되어 전 세계로 확산된 특정한 역사적 과정이라 정의하고, 발전은 본질적으로 '삶의 가치'를 지향하는 가치 함축적인 개념이라고 구분 짓는다. 근대화는 서구에서 시작되어 전 세계로 확산되는 '팽창주의적' 경향을 보였는데, 이 과정에서 비서구 사회들은 서구 근대화의 물결을 거의 일방적으로 수용할 수밖에 없는 '기울어진(tilted) 문화접변'을 경험했고, 이는 서구중심의 학문적 패러다임이 비서구 사회에 강제적으로 적용되는 '사회과학 제국주의'로 이어지기도 했다는 진단이다. 이 책에서는 비서구 사회의 '탈식민주의' 및 '토착화' 노력의 일환으로, 동아시아 고전 사상(주로 유교 및 도교)과 한국인의 일상생활 세계에 내재된 개념들을 활용하여 근대화와 발전을 설명하는 '문화적으로 독립적인' 사회학 담론을 제시한다.

기울어진 문화접변에 대한 비서구 사회의 적응 변화는 '정치적 선택성'과 '문화적 선택성' 원리에 의해 이루어진다고 보았는데, 정치적 선택성이란 근대화 과정에서 사회의 지배 엘리트가 외부 문화 수용 여부 및 방식에 대해 중요한 의사결정을 내리고, 이 결정은 권력 분배 구조의 특성(유연성 vs. 경직성)과 사회 내 다양한 세력(민중, 지식인, 경제계) 간의 역학관계에 의해 영향을 받는다는 것을 의미한다. 문화적 선택성이란 정치적 결정은 궁극적으로 사회가 보유한 문화적 자원과 친화력, 준비 정도에 기반하여 이루어지며, 문화가 정치적 결정의 이면에

작용하여 어떤 외부 문화를 선택적으로 수용하고 토착화할지 안내하는 역할을 한다는 것이다.

이러한 선택적 적응의 결과로 각 사회는 서구 원형과는 다른 '대안적 근대성(alternative modernity)'을 형성하며, 이는 기존 문화(전통), 외부 문화(서구), 그리고 변화하는 사회의 끊임없는 창조물들이 융합된 고유한 문화적 혼합물이 된다는 주장이다.

호산 선생은 서구 중심 근대화론에 대한 대안으로 동아시아의 문화적, 지적 자원과 경험을 바탕으로 근대화와 발전을 이해할 것을 제안한다. 근대화는 가치 중립적인 역사적 개념으로, 발전은 본질적으로 가치 함축적 개념으로 재구조화하여야 한다는 것이다. 단순한 경제성장을 넘어 '행복한 개인'과 '행복한 공동체'와 같은 '핵심 발전 가치'를 평가의 기준으로 삼아 '교양 있는(cultured) 발전'을 추구해야 한다고 역설한다. 행복한 개인은 삶의 질과 기회에 의해 빚어지는 자아실현의 수준이 높아야 가능하고, 행복한 공동체는 문화적-도덕적 번영에 의해 습관화되는데, 이는 구조적 유연성과 사회의 질이 높아야 가능하다고 보았다.

특히 주목한 것은 교양 있는 선진사회의 원리를 구현하는 데 있어, 유교의 6개 덕목인 인(仁), 의(義), 예(禮), 악(樂), 지(智), 신(信)을 새롭게 하여 조직원리로 삼고, 이를 기반으로 과도한 중앙집중 권력과 과도한 개인주의를 모두 넘어서 분권화로 다양성을 존중하면서도 공동체의 연대와 책임의식을 가지는 '자발적 복지사회'를 건설해야 한다고 보았다. 이는 유교 사상이 제시하는 이상적인 공동체 상으로서, 재능 있는 자가 공공을 위해 봉사하고, 모두가 서로를 아끼며, 자원이 공평하게 분배되고, 범죄가 없는 사회. 즉 대동사회(大同社會)의 이상과도 일맥상통한다.

2. 『**한국의 근대화와 불균등 발전: 대안적 사회학적 설명**』(Korean Modernization and Uneven Development: Alternative Sociological Accounts)

이 책에서 호산 선생은 제1권에서 소개한 이론적, 개념적 틀을 한국 근대화에 적용하여 설명한다. 한국이 제2차 세계대전 이후, 특히 1960년대 경제 개발

계획을 시작한 이래 경험한 대규모 사회변동의 의미를 해석하고, 이를 '선택적 근대화' 및 '대안적 근대성'이라는 틀로 분석한다. 한국의 급속한 경제성장을 가능하게 한 요인으로 비경제적 측면에서 특히 '정치적 선택성과 문화적 선택성'이 상호작용했음을 강조하며, 이에 대해 자세히 설명한다. 한국의 근대화는 '정치적 의사 결정의 산물'이었으며, 1962년부터 시작된 일련의 5개년 경제개발 계획은 "교도 자본주의"라는 기치 아래 정부가 자본 형성, 자원 배분, 사업 선정 등 주요 경제정책에서 주도권을 쥐고 민간 부문은 국가 목표 실현을 위한 경제 활동에 참여했는데, 이는 경제 성장을 통해 정권의 정당성을 확보하려는 정치적 동기와 결합하여, '빠른 성장을 위한 중앙집권적 권위주의 조직 원칙'을 유지하게 했다는 것이다.

호산 선생은 정치적 선택뿐 아니라 한국 고유의 문화적 요소들이 근대화 과정에서 사람들에게 동기를 부여하고 조직해 내는데 중요한 역할을 했다고 보았다. 한국사의 특징인 외세 침략, 내부 분열, 그리고 분단으로 인한 '깊은 불안감과 생존 본능'은 경제적 성취를 향한 강렬한 동기로 작용했다는 것인데, 특히 한국인의 집단 무의식 속에 자리 잡은 '한(恨)'은 좌절, 박탈감, 억압 등 복합적인 감정의 축적으로, 일단 해소되면 엄청난 정신적 동력으로 전환될 수 있고, 이러한 한의 해소는 활기찬 '기(氣) 에너지'로 분출되어 경제성장이라는 국가적 목표에 전념하게 하는 강력한 원동력이 되었다고 보았다. 아울러 한국은 비교적 높은 수준의 교육을 받은 인구를 가지고 있었으며, '남다른 교육열'이 존재하여 인적 자원의 질을 높여 경제발전에 필수적인 문화적 준비와 서구 근대성에 대한 문화적 친화력을 제공했다고 보았다.

문화적 선택성은 사회조직 원리에서 잘 드러난다. 정(情)과 인정(人情)을 기반으로 한 정서주의, 혈연, 지연, 학연 등 연고(緣故)를 바탕으로 한 개인적 유대관계, 강한 집단주의로 인한 내부 결속과 외부인에 대한 배타성과 파벌주의, 체면(體面)과 눈치, 명분(名分)론, 권위주의적 위계질서 등의 한국인의 심리적, 문화적 습관은 전통시대와 비교해 변하지 않았으며, 전체 근대화 과정에 근본적인 영향을 미쳤다는 것이다.

호산 선생은 한국 근대화의 특징을 급진성, 폭발성, 과잉성으로 요약한다. 식민지배, 갑작스런 해방과 분단, 한국전쟁, 군사 쿠데타 등 예측 불가능하고 급작스러운 역사적 사건들이 빈번하게 발생하여 사회에 엄청난 충격과 혼란을 낳았다는 점에서 '급진적'이었고, 급격한 산업화와 함께 도시 인구, 기술 혁신, 조직, 소비가 '폭발적'으로 증가하여 도시 문제, 환경오염, 정보 격차 등의 부작용을 낳았으며, 빨리빨리 문화로 대표되는 과도한 성과 추구와 과열 경쟁으로 인해 특히 교육 분야에서 극심한 경쟁과 사교육비 폭증, 학생들의 정신적 고통, 그리고 직무 불일치 문제를 야기하였다는 점에서 급진적 극단주의와 '과잉 반응'의 악순환이 사회 갈등을 심화시켰다고 보았다.

호산 선생은 근대화의 결과에 대해 매우 비판적이다. 한국은 5개년 경제개발 계획과 같은 계획적 변화를 추진했으나, 국가의 분단과 경제 제일주의 정책으로 인해 목표가 편향되거나 왜곡되었고, 민주주의 발전, 생태적 보존, 사회복지 등 다른 중요한 가치들이 희생되었다고 본다. 아울러 인구에서 드러난 '예기치 못한 변화'에 대해 언급한다. 정부의 성공적인 가족계획 캠페인으로 시작한 인구억제책이 세계 최저 수준의 출산율로 귀결되고, 이는 급속한 고령화와 맞물려 부양 부담 증가, 사회적 고립, 급격한 결혼율 감소와 이혼율 증가와 맞물려 가족 구성의 변화(1인 가구 증가)와 공동체 해체로 이어지고 있다고 진단한다.

호산 선생은 근대화가 사회와 삶의 질에 부정적 영향을 미치며, 경제적 성공은 이후 사회적 실패의 씨앗이 되는 순환적 과정을 만들어낸다는 점에 주목하고, 음양(陰陽) 변증법을 도입하여 한국 근대화 과정에서 나타난 힘들의 변화하는 관계와 불균형에 대해 설명한다. 국제적 차원에서는 한국이 수동적인 '음'의 위치에서 점차 능동적인 '양'의 위치로 변화했으나, 여전히 서구 문화의 지배적 영향력이 강하며, 국내적으로는 국가(陽)와 기업(陰), 노동(陰)의 관계가 경제 성장에 따라 변화했지만, 여전히 국가의 권위주의적 위계질서가 잔존하며, 문화적-구조적 지체 현상이 나타난다고 본다. 호산 선생은 특히 한국의 민주주의 발전 과정에서 정치 제도의 형식적 진전에도 불구하고, 정치문화와 사회구조 측면에서 미숙한 지체 양상을 보인다고 주장한다. 정당, 정치과정과 관행, 정치적 의사 결정, 정치참여의 작동 방식을 검토한 후, 그는 "정치 행위자들이 시대착오적이고 비합리적이며 비윤리적인 행동 양식을 떨쳐버리지 못하고, 오래된 문화 패턴에 완고하게 집착하며 시대착오적인 구조적 메커니즘에 갇혀 있다는 것이 오히려 미스터리하다"고 결론짓는다. 이러한 난해함은 공공의식과 공적 책임감의 부족에 기인한다는 진단이다.

호산 선생은 한국의 근대화가 물질적·물리적 삶의 질을 엄청나게 향상시켰음에도 불구하고, '핵심 발전 가치'의 기준에서 볼 때 질적인 측면에서는 여전히 긍정적이고 행복하다고 단정하기 어렵다고 결론짓는다. 개인의 삶의 질과 기회, 사회적 질, 구조적 유연성, 그리고 도덕적·윤리적 기준의 향상에는 미흡한 부분이 많다는 것이다. 그는 지속 가능한 경제성장, 성숙한 자유민주주의, 포용적이고 인간적인 복지, 품격 있는 도덕적·윤리적 기준, 그리고 풍요로운 문화적 삶을 지향해야 하며, 한국사회가 역사의 잠에서 깨어나 진정한 발전을 위한 새로운 여정에 나서야 할 때라고 역설한다.

3. 『**동아시아에서의 유교와 근대화: 비판적 성찰**』(Confucianism and Modernization in East Asia: Critical Reflections)

이 책은 동아시아 세 국가, 즉 중국, 한국, 일본이 근대화를 겪으면서 유교가 어떻게 변화하고 영향을 주고받았는지를 깊이 있게 탐구한다. 선택적 근대화라는 저자 고유의 분석 틀을 활용하여, 유교적 전통이 근대화 과정에서 단순히 장애물이거나 촉매제가 아니라 정치적 선택성과 문화적 선택성에 따라 다면적으로 활용되거나 변형되었음을 강조한다.

호산 선생은 유교와 근대화에 대한 기존의 담론이 서구 학계의 시각 변화에 따라 극단적인 진폭을 보여 왔다고 비판한다. 제2차 세계대전 이후 동아시아의 '후발 근대화' 시기(제2의 물결)에는 서구 문화가 경제, 기술, 군사적 우위로 인해 일방적으로 유입되는 국제적 문화접변 과정에서 동아시아 사회가 전통을 포기해야 한다는 인식이 지배적이었기 때문에 유교가 근대화에 적대적인 요소로 간주되어 폐기되어야 할 대상으로 여겨졌다는 것이다. 그러나 1980년대 이후 한국, 대만, 싱가포르, 홍콩 등 '네 마리 용'의 눈부신 경제성장이 시작되자, 서구 지식인들은 이 성공의 원인을 문화적 요인, 특히 유교 윤리에서 찾기 시작했고, 유교가 막스 베버가 분석한 프로테스탄트 윤리와 유사한 '기능적 등가물'이 될 수 있다는 주장이 제기되었고, 근면, 검소, 교육 중시, 공동체 의식, 가족주의, 권위 존중 등의 유교적 특징이 긍정적 요인으로 부각되었다. 그러나 1997년 아시아 금융위기가 닥치자, 다시 유교는 족벌주의, 연고주의, 권위주의 등 실패의 원인으로 지목되어 비판의 대상이 되었다.

호산 선생은 이러한 극단적 담론 변화가 유교의 복잡성과 다면성을 간과한 '코끼리 만지기'식 접근에서 비롯되었다고 지적한다. 유교는 시대와 사회, 학파에 따라 다양한 형태로 존재했으며, 유교와 근대화의 관계를 이해하기 위해서는 유교의 특정 요소가 특정 맥락에서 어떻게 선택되고 적응되었는지를 면밀히 분석해야 한다고 주장한다.

그는 동아시아 근대화의 역사를 두 가지 물결로 나눈다. 첫 번째 물결은 19세기 말부터 20세기 초, 제2의 물결은 1945년 이후로 나누어 중국, 한국, 일본의 구체적인 경험을 비교 분석한다.

첫 물결의 시기에 중국은 중화라는 유교적 세계관에 기반한 쇄국정책을 유지하다 아편전쟁 이후 서구의 압력에 직면했으며, 중체서용(中體西用) 원칙에 따라 자강 운동을 시도했으나, 깊이 있는 개혁 없이 실패했고, 의화단 운동과 같은 민중 봉기에는 유교적 요소와 기독교적 요소가 혼합되었다. 5.4운동 이후에는 맹렬한 반유교주의가 표출되었으나, 손문(孫中山)의 삼민주의나 장개석(蔣介石)의 신생활운동처럼 유교의 덕목(효, 충, 인, 의 등)을 국가 통합과 국민의 도덕적 역량 강화에 활용하려는 정치적 유교화 시도도 나타났다. 한국(조선)은 중국보다 더 엄격한 주자학적 신유교 정통주의를 고수하며 '화이론'에 입각한 위정척사(衛正斥邪) 정책으로 서양 세력을 배척하려 했다. 일본의 위협이 커지자 동도서기론(東道西器論)으로 입장을 유연화했으나, 갑오개혁 등 일련의 개혁 시도는 국내외 혼란 속에서 좌절되었고, 일제 강점기에는 유교의 지배적 위상이 상실되었다. 반면 일본은 도쿠가와 시대에는 쇄국정책을 고수했으나 서구 문물에 대한 인지도가 중국이나 조선보다 높았고, 서구의 압력에 직면하자 기민하게 적응하여, 화혼양재(和魂洋才)를 내세워 서구 과학기술과 제도(의회 제도, 헌법 등)를 도입하면서도 일본 고유의 국체(國體) 개념과 신도(神道)를 통해 천황을 신격화했으며, 유교는 봉건 지배 체제를 유지하고 사회 통합을 위한 윤리적 규범으로 효과적으로 정치화되어 활용되었다.

호산 선생이 제시하는 근대화의 제2의 물결은 1945년 이후에 해당하는데, 이 시기 수립된 중화인민공화국에서 공산당은 유교에 대해 '비판적 계승' 정책을 표방하며 마르크스주의와 양립 불가능한 요소를 배제하고 사회주의 건설에 유용한 사상만 채택했고, 문화대혁명 시기(1965-1976)에는 유교를 '구사상, 구문화, 구풍속, 구습관'의 '네 가지 옛것'으로 지목하여 완전히 제거하려 했으나, 덩샤오핑 이후 국수주의적 문화 정체성 강화와 사회 통제를 위해 유교가 재활성화되는 '정치적 유교화' 현상이 나타났다.

해방 후 한국에서 유교는 종교나 국가 이념으로서 국가의 직접적인 간섭은 적었으나, 서구 근대화 이론의 영향으로 전통문화, 특히 유교가 근대화의 장애물로 인식되었다. 그러나 1960년대 이후 경제성장이 가시화되면서 유교가 근대화의 촉매제가 될 수 있다는 인식이 확산하였고, 지식인들 사이에서 유교 연구가 활성화되었다. 박정희 대통령은 유신(維新) 체제를 수립하면서 유교의 충효 사상과 공동체 가치를 '국민 윤리' 교과과정을 통해 강조하는 '유교의 정치화' 또는 '근대성의 유교화'를 시도했고, 한국사회에는 가족주의, 연고주의, 교육열 등 유교적 전통이 일상생활에 깊이 뿌리내려 근대화 과정에 영향을 미쳤다.

제2차 세계대전 패전 후 일본에서는 국가가 의도적으로 유교를 활용하는 일은 종식되었으나, 가족제도나 일상생활에서는 효, 연장자 존중, 위계질서 등 유교적 가치가 여전히 강하게 남아있었다. 1990년대 이후 일본 사회가 침체하고 도덕적 혼란을 겪으면서 『논어』 연구와 '공공성 철학' 운동을 통해 유교적 가치를 재조명하려는 움직임이 지식인들 사이에서 나타났는데, 이는 '공공성'을 회복하고 개인주의를 넘어선 공동체 정신을 강조하려는 시도였다.

호산 선생은 유교가 21세기에도 여전히 유의미하다고 주장한다. 세계화와 근대화의 부작용으로 인한 극단적 개인주의, 공동체 해체, 물질주의, 생태계 파괴 등의 문제에 직면한 인류에게 유교는 중요한 대안적 지혜를 제공할 수 있다는 것이다. 유교는 근대화의 직접적인 청사진을 제공하지는 않지만, '좋은 사회'로 나아가기 위한 '문화적 발전'의 원형을 제시한다고 보는데, 유교의 핵심적 가치를 다음과 같이 재해석한다.

인(仁, Benevolence)을 통해 '사랑'과 '상호 연결성'을 강화하며, 파편화된 현대 사회에서 공동체 회복을 위한 '인간적인 관계에 대한 갈증'을 해소하고, 의(義, Righteousness)를 통해 '정의로움'과 '올바름'을 바로잡아 무분별한 이윤 추구와 부패로 인한 사회 질서 혼란을 바로잡는 기초를 만들며, 예(禮, Propriety)라는 '올바른 행동'과 '절제'를 통해 혼란한 현대 사회에서 '품위 있는 인간다운 삶'을 위한 절차적 질서와 품격을 회복하며, 악(樂, Music)을 통해 인간의 감정을 조절하고 사회적 조화를 이루는 중요한 기능으로, 혼돈 속에서 마음의 평화를 찾는 데 기여하며, 지(智, Wisdom), 즉 '앎'과 '판단력'을 중시하여 정보 과잉 시대에 인간다운 삶에 유익한 지식과 정보를 분별하는 지혜의 중요성을 강조하고, 신(信, Trust), 즉 '신뢰'와 '성실함'을 통해, 불신과 불신이 만연한 현대사회에서 가장 중요한 사회적 자본임을 역설한다.

이와 더불어, 천인합일(天人合一) 사상에 기반한 '총체적 생태주의'는 인간과 자연의 조화를 추구하며 지속가능한 발전을 위한 새로운 세계관을 제시한다. 호산 선생은 이러한 가치를 실현하기 위한 조직원리로 '자발적 복지 사회'와 '탈중심적 다원적 공동체적 집단주의'를 제안한다. 이는 '극단적이지 않은 중용, 유연성 및 적응성'이라는 유교적 원리(음양 변증법)에 기반하며, 국가주도의 거대 복지 체제가 아닌 시민사회의 자발적인 참여와 공동체적 연대를 통해 인간적인 복지사회를 구현하는 것을 목표로 한다.

결론적으로 호산 선생은 유교를 "유교적 풍미를 지닌 민주주의"나 "유교적 특성을 지닌 자본주의"와 같이 문화적 요소로 접근하며, 오늘날 유교가 인류 문명의 문제에 대한 해답의 한 부분으로서 선진사회를 건설하는 데 기여할 수 있는 소중한 문화적 자원임을 강조한다. 이를 위해서는 유교를 종교적 요소에서 분리하여 순수한 도덕적, 윤리적 원리 체계로 제시하고, 문화적 편견을 극복하며 유연한 태도로 유교 사상을 수용하고 재해석하는 노력이 필요하다고 역설한다.

Ⅱ. 3부작이 주는 함의

호산 선생의 근대화 3부작은 한국과 동아시아의 현대화, 발전, 유교 사상에 관한 질문과 논쟁을 종합한 역작이다. 방대한 지적 자원들을 종합하고 독자적으로 체계화한 결정판이다. 후학의 처지에서는 평가하고 논의하기가 조심스럽지만, 후학들에게 다양한 통찰을 주며, 읽는 이마다 나름의 독해가 가능케 하는 깊이 있는 저작으로서 장점이 있다는 데 주목하여, 필자가 그간 관심을 가져온 주제, 즉 관계론적 사고와 사회의 품격과 사회적 웰빙, 그리고 공공성이라는 관점에서 호산 선생의 저작이 주는 함의에 대해 살펴보았다.

1. 실체론에서 관계론으로

가장 먼저 언급하고 싶은 바는 관계론적 이론구성의 좋은 사례라는 점이다. 관계론은 존재론적으로 실체론과 대비되며, 방법론적으로 개인주의나 전략적 선택론과 대비되는 인식론적이고 철학적인 이론체계이다. 실체론적 사고가 분명한 경계를 가진 집단이나 조직, 불변의 정체성에 주목하는 반면, 관계론적 시각은 정체성을 유동적인 것으로 보며, 다양한 사건이나 행위의 연쇄적 맥락 속에서 반복적으로 나타나 '실체'의 지위를 갖는다고 설명한다. 공동체가 규칙성을 가지려면 규범과 가치 공유, 공통의 정체성 형성, 응집성과 소속감을 바탕으로 한 참여가 필요하다(Emirbayer, 1997; 이재열 · 임현진 편, 2016:7). 호산 선생의 3부작은 이러한 관계론적 시각으로 읽을 경우 더 풍부하게 많은 경험적 사례를 해석하는 자원으로 활용할 수 있다.

첫째, 호산 선생이 강조하는 '정치적, 문화적 선택성'과 '적응적 변화'로서의 근대화는 근대화가 선형적이고 정해진 경로를 따르는 실체적 과정이 아니라, 각 사회 내부 행위자들의 역동적인 상호작용과 선택의 결과물이라는 관계론적 인식을 보여준다. 이는 서구중심의 단일한 근대화 모델을 벗어나 다중적 근대성을 옹호하는 그의 입장과 맥을 같이 한다.

둘째, 한국인의 '마음의 습관'(개인주의, 관계주의, 집단주의 등)에 대한 그의 분석은 이러한 습관이 고정된 실체가 아니라 사회적 관계 속에서 끊임없이 재생산되고 발현되는 유동적인 정체성의 측면으로 이해될 수 있다. 즉, 이 '습관'들은 사회적 상호작용의 맥락에서 반복적으로 나타나 사회 전반에 영향을 미치는 패턴을 형성한다. 따라서 어떤 국면에서는 매우 부정적인 사회적 결과를 초래하기도 하지만, 동일한 요인들이 때로는 매우 긍정적인 결과를 낳기도 한다.

셋째, 호산 선생이 국제적 문화 접변과 내부적 적응 변화를 설명하기 위해 활용한 음양 변증법이나 유교의 영향을 해석하는 선택적-적응적 모델은 관계론의 핵심인 지속적인 상호작용과 균형, 그리고 맥락 적응을 강조하는 것으로 볼 수 있다. 유교 또한 고정된 이념 체계가 아니라, 선택과 역사적 조건에 따라 그 강점과 약점이 다르게 발현되는 유동적인 '관계의 양상'으로 해석된다. 호산 선생의 음양이론을 동원한 설명에는 동의하기 어려웠지만, 만일 이를 관계론적인 논리로 재구성한다면 충분히 일반화된 이론으로 재구성할 수 있을 것이라 생각된다.

넷째, 호산 선생이 한국 민주주의를 '신화'라고 칭하고 공공성 의식과 공적 책임감의 부족을 지적하는 것은 단순히 제도의 부재가 아니라, 제도적 틀은 갖추었으나 그 제도 안에서 작동해야 할 사회적 관계와 시민들의 신뢰, 참여 등의 '사회성'이 제대로 구현되지 못했음을 비판하는 것으로 이해할 수 있다. 이는 실체론적 시각(제도의 존재 유무)을 넘어 관계론적 시각(제도 안의 역동적 관계)으로 사회문제를 분석하는 입장과 일맥상통한다. 이러한 입장은 권력을 독점하려는 리바이어던과 그 힘을 구속하는 시민들의 참여가 만들어내는 팽팽한 긴장 관계가 만드는 좁은 회랑에서의 동태적 과정으로 민주주의를 재해석하는 최근의 논의들과도 연결된다(Acemoglu and Robinson, 2019).

호산 선생은 명시적으로 '관계론'을 내세우지는 않았지만, 그의 이론적 지향은 사회현상을 고정된 실체가 아닌 유동적인 관계의 맥락 속에서 이해하려 한다는 점에서 관계론적 사고와 깊이 공명한다. 특히 그의 '분권화된 다원적 공동체주의적 집단주의'라는 이상적인 사회 모델은 가장 바람직한 공동체성을 밑으로부터의 개인의 참여와 상호작용을 통해 드러나는 '출현적 속성'으로 본다는 점에서 관계론적 논의에서 진행되어 온 사회의 품격이나 공공성 개념과 일치한다.

2. '좋은 사회'와 '사회적 웰빙'

호산 선생은 자신의 근대화론이 상대주의적 다중근대성론으로 빠지지 않게 하는 규범적 기준으로 '핵심 발전 가치(Core Development Values)'를 강조한다. 역사적인 근대화 경로의 다양성, 그리고 서구 근대화의 압도적 팽창주의적 영향에 대해 인정한다 하더라도, 도달한 근대성이 얼마나 '좋은 사회'를 만들었는지에 대해서는 객관적 평가가 가능하다는 입장인 것이다. 그는 발전의 핵심가치로 개인의 행복과 공동체의 행복을 제시한다. 개인의 행복은 삶의 질, 삶의 기회, 그리고 자기실현 수준에 의해 결정되고, 공동체 수준의 행복은 문화적-도덕적 번영, 구조적 유연성, 그리고 사회적 품격에 의해 측정될 수 있다고 보았다. 이는 단순히 물질적 성장을 넘어선 총체적인 삶의 질과 사회적 관계의 중요성을 강조하는 것이다.

관계론적 사고는 개인의 인격 완성 및 자아실현이 건강하고 자유로운 공동체 속에서만 가능하다고 믿는 공동체주의와 연결된다. 공동체주의는 극단적 개인주의와 전체주의적 국가주의 모두의 문제점에 대한 반성에서 시작되었다. 일군의 학자들은 이상적인 공동체를 '사회의 품격이 높은 사회'라고 정의한다(이재열, 2019). '사회의 품격'은 1990년대 중반 이후 유럽 학자들이 사람들의 일상 삶의 질을 포괄적으로 파악하기 위해 제안한 개념으로, 암스테르담 선언에도 1,000명 이상의 유럽 학자들이 서명했다(Van der Maesen et al, 2005).

서울대 사회발전연구소에서 중점연구소 사업으로 진행한 '한국사회의 질'에 대한 일련의 연구는 호산 선생의 문제의식을 구체적인 경험적 연구에 적용한 사례이다(이재열 외, 2015). 그리고 이 연구는 중국어로 번역되어 중국 사회학자들이 이 문제에 공감하고 있음을 알 수 있다(李在烈, 2020). 사회의 품격은 '공동체가 제공하는 사회, 경제, 문화생활에 참여하여 개인이 자신의 잠재력과 복지를 극대화할 수 있는 상생적 관계 맺기가 가능한 정도'를 의미한다. 이는 '개인의 자기실현'과 '사회적 맥락에서 구성되는 다양한 집합적 정체성' 간의 상시적인 긴장과 길항관계의 함수로 설명된다.

사회의 품격은 크게 두 가지 축을 교차하여 살펴볼 수 있다. 행위자와 구조를 가르는 수직축(사회성의 구성 및 발현의 장)은 개인의 자기실현 과정이 가족, 공동체, 기업, 제도 등과 같은 집단 정체성과 분리될 수 없음을 강조한다. 개인의 자아실현과 집합적 정체성 형성 간에는 쌍대성(duality)의 원리가 작동하여, 사회적 규범이 개인들의 행위 결과로 구성되면서 동시에 개인의 선택에 영향을 미친다. 따라서 개인에게만 초점을 맞춘 사회는 불평등과 배제를 야기하고, 강력한 집단주의는 개인의 자유를 질식시키므로, 개인과 집단 간의 적절한 조화와 균형이 필요하다.

체계와 생활세계를 가르는 수평축(상호작용의 장)은 행정이나 경제와 같은 공식적인 '시스템'과 가족이나 공동체, 시민사회와 같은 비공식적인 '생활세계' 간의 긴장과 갈등을 다룬다. 하버마스가 지적했듯이 근대성은 생활세계의 식민화를 가져오는 경향이 있어 소외와 박탈감이 증대될 수 있다. 반대로 생활세계의 갈등과 개인들의 참여가 체계에 영향을 미쳐 제도를 변화시킬 수 있으며, 이는 '정치적 참여'나 '사회적 승인'의 과정이 된다. 체계와 제도가 일상생활 속에 수용되는 과정은 '이질성의 통합과 타협'을 통해 체제의 정당성을 구현하는 것이며, 이 과정에서 소통이 가장 중요하다.

사회의 품격은 네 가지 핵심 영역에서 지향하는 가치와 이를 구체화할 수 있는 현실적 조건에 의해 결정된다. 이 네 가지 영역은 다음과 같다(Yee and Chang, 2011; 이재열 외, 2015).

- **사회경제적 안전성(Socio-economic security)**: 사람들이 물질적, 환경적 자원에 얼마나 접근 가능한지를 의미한다. 빈곤, 질병, 재해, 실업으로부터의 안전 등 기본적인 욕구가 충족되면 '안전사회'로, 그렇지 못하면 '위험사회'로 분류된다.
- **사회적 포용성(Social inclusion)**: 시민들이 성별, 인종, 연령 등 바꿀 수 없는 기준에 의해 차별받지 않고 다양한 제도와 사회적 관계에 보편적으로 접근 가능한가를 보여준다. 이는 '포용사회'와 '차별사회'를 구분하는 기준이 된다.
- **사회적 응집성(Social cohesion)**: 사람들 사이의 관계가 얼마나 공통의 정체성과 가치 규범 위에서 작동하는지, 즉 사회적 결속과 연대감을 의미한다. 일반화된 신뢰, 제도에 대한 신뢰, 이타심, 시민 참여 의식, 다원주의와 관용성 등을 통해 파악되며, '신뢰사회'와 '불신사회'를 가른다.
- **사회적 역능성(Social empowerment)**: 개인이 자신의 역량이나 능력을 발휘하고 공동체 일에 참여할 수 있는 정도를 나타낸다. 이는 문자 해독률, 미디어 활용, 투표율, 자발적 결사체 참여율 등으로 측정되며, '활력사회'와 '무기력사회'를 구분하는 지표가 된다.

호산 선생의 사회발전 핵심가치 논의는 필자의 사회적 웰빙 논의와 긴밀하게 연결되어 있고, 그 내용을 채우는데 큰 이론적 자원이 되었다. 첫째, 한국사회가 놀라운 경제성장과 민주화를 이루었음에도 불구하고, 국민들의 불행감과 사회적 갈등이 심화되는 '풍요의 역설'과 '민주화의 역설'을 겪고 있다는 인식은 공통된 출발점이다(이재열, 2015; 2019a). 이는 단순히 경제적 지표를 넘어서는 새로운 발전 지표가 필요하다는 호산 선생의 문제의식에 공감하여 그 내용을 '사회적 웰빙'으로 구체화한 것이다. 둘째, 호산 선생은 발전의 궁극적 목표를 '행복한 개인'과 '행복한 공동체'로 제시하며, 이는 각각 자기실현과 삶의 질/기회, 그리고 구조적 유연성 및 사회의 질/문화적·도덕적 번영을 통해 달성된다고 본다. 필자가 주장하는 '사회적 웰빙'은 '개인의 건강(개인적 웰빙)'과 '사회의 건강성(사회적 웰빙)'의 통합적 개념이다. 그리고 그 내용으로 몸, 마음, 관계, 집합의식이라는 네 가지 다차원적 영역을 설정하여 설명할 수 있다(이재열·박상희. 2017). 급격한 사회변화로 인한 구조적 긴장과 개인의 신체적·정신적 건강 사이의 밀접한 연관성이 두드러지는 상황에서 사회적 웰빙은 개인의 건강과 사회의 건강성이라는 두 차원의 결합으로 정의하며, 이 두 차원이 동적으로 상호 연계되어 있다고 본다. 사회적 웰빙은 궁극적으로 개인이나 공동체가 긍정적인 삶을 경험하기 위해 필요한 것을 총체적으로 지칭하는 개념이며, 개인의 웰빙은 환경이나 사회 생태계가 다층적인 지원과 기회를 제공할 때 가능하다는 전제 위에 서 있다. 사회적 웰빙을 구성하는 네 가지 핵심 영역과 이에 대응하는 역량은 다음과 같다(이재열·박상희. 2017; Yee, 2024).

- **몸(신체적 웰빙):** 신체적 역량. 개인이 신체적으로 얼마나 건강하다고 인식하고, 병을 앓더라도 일상생활을 유지할 수 있는지를 나타낸다.
- **마음(정신적 웰빙):** 인지적 역량. 분석력, 사고력, 추상력, 언어, 상상력, 이해력 등 인지적 복잡성을 이해하는 능력과 심리적 안정감을 의미한다.
- **관계(정서적 웰빙):** 정서적 역량. 사회적 감수성, 공감과 소통 능력, 타인과의 적절한 관계 형성, 사회적 지원망 활용, 공동체 기여 등을 나타낸다.
- **집합의식(영적 웰빙):** 영적 역량. 삶의 의미, 궁극성, 집단적 자존심, 가치지향, 공동체 소속감, 신뢰, 문제 해결 자신감 등을 포함하며, 사회적 응집성의 토대가 된다.

필자는 콜만(Coleman)의 보트 모델(Boat Model)을 응용하여 거시적 사회 조건(예: 공공성 수준, 경쟁주의, 신뢰 수준)이 개인에게 스트레스와 긴장을 야기하며(문제 공간), 개인의 적응 및 대응 능력에 따라 다양한 반응이 나타나고, 이것이 궁극적으로 사회의 공공성이나 규범을 재생산하는 데 기여한다고 설명한 바 있다(행위 공간). 이는 건강이 미시적, 거시적 기원을 가지며, 이 두 차원이 동적으로 상호 연계되어 있다는 점을 강조한 것이다.

호산 선생이 언급한 개인의 행복 개념인 '자기실현'과 '삶의 질 및 기회'는 필자가 생각하는 개인의 건강을 구성하는 '몸(신체적 역량)'과 '마음(인지적/심리적 역량)' 영역과 직접적으로 연결된다. 특히 '저항 자원으로서의 역량(competence)' 개념, 즉 개인이 스트레스를 관리하고 건강을 유지하는 능력은 호산 선생이 말하는 '삶의 기회'가 개인의 행복을 조건 짓는 방식과 일맥상통한다. 특히 마음 역량은 불교나 유교에서는 전통적으로 심학(心學)의 영역에서 다루어온 것으로서 의미가 있다.

호산 선생은 공동체 수준의 행복을 측정하는 '구조적 유연성'과 '사회의 질', 그리고 '문화적·도덕적 번영'을 제시하는데, 이는 필자가 분석한 사회의 건강성과 '사회적 관계(관계 영역)' 및 '집합의식(정신 영역)'과 깊이 연결된다. 호산 선생이 강조하는 유교적 이상주의의 핵심 가치(인, 의, 예, 지, 신)는 '관계' 영역에서 중요한 '사회적 감수성, 공감과 소통 능력, 공정성·투명성 인식, 사회적 지원망'과 '집합의식' 영역에서 중요한 '공동체 소속감, 신뢰, 집단적 자존심, 가치지향'과 같은 사회적 자본 및 규범적 측면으로 구체화할 수 있다.

호산 선생이 이상적인 사회의 모습으로 제시하는 '분산적 다원적 공동체주의적 집단주의'는 필자의 연구에서 '공공성'과 '사회의 품격'으로 구체화되었다(이재열, 2015, 2019b; Yee and Chang, 2011, Yee, 2024). 호산 선생은 개인의 경험(미시)과 사회 구조적 변화(거시)의 상호작용을 중요한 분석 틀로 삼았다. 특히 한국 근대화가 세계 체제적 요인과 내부적 문화적 요인 모두에 의해 조건 지어졌다고 보았다. 호산 선생의 문제의식을 이어받아 단순히 경제성장에만 초점을 맞추는 것이 아니라, 사회적 품격과 웰빙이라는 포괄적인 틀 안에서 개인의 행복과 공동체의 번영을 동시에 추구해야 한다는 논의로 이어진 것이다. 결론적으로, 호산 선생의 사회발전 핵심가치 논의는 최근의 사회적 웰빙 개념화의 토대와 문제의식을 공유하며, '개인의 행복'과 '공동체의 행복'은 '개인의 건강'과 '사회의 건강성'이라는 구체적인 다차원적 웰빙 영역으로 확장될 수 있다고 생각한다.

3. 선택적 근대성의 명암: 세월호 참사와 팬데믹 대응

호산 선생은 유교가 동아시아 현대화에 미친 영향을 '선택적-적응 모델'로 해석하며, 유교가 종교적, 철학적 시스템부터 일상생활의 양식에 이르기까지 다양한 면모를 가지고 있음을 보여준다. 그는 유교 가치의 강점과 약점이 역사적 조건과 선택에 따라 다르게 발현된다고 보는데, 이를 '관계론적 시각'에서 '변형적 연속성' 개념과 연결해 보면, 외형적인 근대화에도 불구하고 유교적 전통의 영향이 일상적 사회관계와 행동 양식에 지속적으로 남아 있어 한국의 공공성에 독특한 특성을 부여한다는 것으로 이해할 수 있다. 이는 필자가 서구중심의 공공성/사회적 질 이론의 유럽 편향성을 지적하고, 한국적 맥락에 맞는 측정 틀의 필요성을 주장한 것 (Yee and Chang, 2011)과 궤를 같이한다. 한국사회의 특수한 역사적, 문화적 맥락을 반영한 공공성 이해가 필요함을 시사하는 것이다.

공공성(公共性)에서 '公'은 공적인 것, 즉 제도나 시스템을, '共'은 공동의 것, 즉, 시민이 함께함을 뜻한다. 공공성은 공적인 시스템과 사적인 생활세계 간의 팽팽한 긴장과 길항 관계, 그리고 집단과 개인 간의 상호의존과 길항 관계에서 찾아진다. 결국 공공성은 공화를 의미하는 공정성과 공익성, 민주를 의미하는 시민성과 공개성을 포괄하는 개념이다. 필자는 공공성을 구체화하는 조건으로 공익성, 공정성, 공민성, 공개성을 제시한 바 있다(이재열 외, 2015; 이재열, 2019b). 공익성(Public Interest)은 사회 전반의 안전 제공 및 분배적 정의 실현과 밀접하게 관련된 공공재를 증진하는 정도를 의미하며, 여기에는 국방, 복지 시스템, 공교육, 공중보건 서비스 등이 포함된다. 공정성(Fairness)은 성별, 연령, 젠더 등 본인이 바꿀 수 없는 특성에 따른 차별 없이 다양한 제도와 서비스에 보편적으로 접근 가능한 정도를 측정하며, 공정성이 잘 작동하면 '포용사회'가 된다. 공민성(Participative Citizen)은 시민들이 공공 문제 관련 의사결정에 얼마나 적극적으로 참여하는지를 나타낸다. 문해율, 신문 구독률, 인터넷 보급률, 투표율, 자발적 결사체 참여율, 다양한 정치적 의사결정 기구의 존재 등이 지표로 사용된다. 그리고 공개성(Openness/Transparency)은 정보가 대중에게 얼마나 공개적으로 접근 가능한지를 나타낸다. 투명한 규칙과 폭넓은 신뢰가 작동하고 사회적 응집력이 유지되는 사회를 '신뢰사회'라고 부르며, 제도에 대한 신뢰, 이타심, 시민적 참여

의식 등이 지표가 될 수 있다.

서울대학교 사회발전연구소의 연구에 따르면, 한국의 공공성은 OECD 33개국가 중 33위로 최하위권에 속하며, 네 가지 구성요소 모두에서 낮은 순위를 보였다(장덕진 외, 2015). 2014년 일어난 세월호 참사는 공공성이 낮은 사회에서 경험하는 다양한 위험과 불안으로 뒤범벅된 재난의 구조를 상징적으로 보여준다. 세월호 참사를 앞에서 제시한 영역별 불안과 대응방식과 결합해 생각해보면 거의 모든 분야에서 실패했음을 알 수 있다.

첫 번째, 거대한 재난에 대비한 공익적 제도를 작동시키는 데 실패했다. 재난 상황에서 가장 기본이 되는 구조활동을 포기하고 민간기업에 이를 맡긴 해경의 선택은 공익성 개념이 전무한 국가의 모습을 적나라하게 보여주었다.

두 번째, 재난이 발생하기까지의 전 과정에서 규제기관들의 행태는 공정성과 거리가 멀었다. 친소관계에 의해, 그리고 연고적 동원이나 부패 고리를 통해 불법과 탈법을 눈감아주는 밀실거래와 야합이 판쳤다. 또한 구조와 사후 수습을 담당한 기관들의 행태에서도 전혀 공정성을 찾아볼 수 없었다. 그래서 만일 유사한 재난이 강남 학생들을 태운 배에서 발생했어도 정부의 대응이 같은 방식이었을지에 대해 의문을 제기하는 사람들이 많은 이유다.

세 번째, 사고의 수습과정에서도 공개성과 신뢰와는 거리가 멀었다. 탑승자와 구조자를 둘러싼 반복된 실수는 정부의 공신력을 땅에 떨어뜨렸다. 투명성의 결여는 사고의 원인으로 작용했을 뿐 아니라 사후 처리 과정에서도 반복되었다. 불신은 언론으로도 확산되었다. 사회적으로 신뢰받는 전문가들이 참여할 여지가 극히 제한되었다.

네 번째, 시민들의 참여는 극히 제한되었고, 정치과정은 왜곡되었다. 실제 문제의 본질은 엄청난 피해를 낳은 인적 재난이었음에도 불구하고, 정치권은 책임추궁과 비난의 정치화에 몰두하여 파행이 이어졌다. 반면에 시민들의 역할은 제한되었다. 많은 이들이 좌절과 분노감을 표시했지만, 정작 문제 해결로 이어지지는 못했다.

총체적인 공공성의 실종이었다. 공익을 위한 제도도 작동하지 못했고, 공정한 규칙도 없었으며, 신뢰할만한 규칙의 투명성도 없었고, 시민들의 역능성에 기반을 둔 참여도 결실을 거두지 못했다. 결국 세월호 참사는 그 원인에서 진행 과정, 그리고 사후 처리 과정 모두에서 한국의 취약한 사회의 질을 적나라하게 드러내었다. 그리고 그 취약성은 취약한 공공성과도 밀접하게 연관되어 있다.

반면에 코로나-19 팬데믹은 한국사회의 공공성이 맥락에 따라서는 매우 효과적으로 작동하여 위기를 극복하게 한 계기가 되었음을 잘 보여주는 사례이다(이재열, 2023). 팬데믹이 미친 사회적 영향을 이해하는데도 공공성 관점에서 드러난 취약성을 볼 필요가 있다. 팬데믹은 평온한 마을에 떨어진 포탄과 같은 외부적 충격이지만, 그 피해는 평소 드러나지 않던 사회적 취약성과 결합하여 현실화했기 때문이다. 각국의 공공성 구현 방식도 코로나19에 대응하는 과정에서 적나라하게 표출됐다. 중국은 2천만 명 이상이 거주하는 상하이를 일거에 봉쇄한 데서 보듯이, 국가와 집단을 위해 개인의 선택과 자유를 억누르는 국가주의적 통제사회의 모습을 드러냈다. 미국은 공공의료의 부재, 개인의 선택을 보호하기 위해 마스크 착용과 예방접종을 거부하는 자유지상주의(libertarianism), 그래서 공익성과 공정성이 취약한 사회의 맹점을 드러냈다.

한국이 코로나19로 인한 위기를 잘 넘길 수 있었던 이유는 그간 취약했던 공공성을 잘 구현하는 계기가 있었기 때문이다. 방역의 핵심은 상호의존이다. 자신을 보호하기 위해서는 타인과 공동체를 배려해야 하고, 공동체가 살기 위해서는 개인을 보호해야 한다. 신속한 정부 역할이 결정적이지만, 시민의식이 맞물려야 한다. 전문가의 과학적, 객관적, 확률론적 진단과 처방이 중요하지만, 일반인의 자발적 헌신과 공감 없이는 제한적이다. 그래서 역사적으로 성공적인 방역은 높은 공공성이 있어야 가능했다.

코로나 19 이전에 매우 낮은 사회의 품격과 부실한 공공성에 시달리던 한국에게 소위 K방역이라 일컫는, 한국의 공중보건 부문의 성공 요인은 '조직학습'이다. 과거 2015년 메르스 사태의 실패 경험에 대한 철저한 반성 위에서 대안을 찾는 '이중순환학습'을 거쳤다. 질병관리본부는 모든 정보를 공개하였으며, 외부 전문가들이 대거 참여하여 진단하고 처방을 찾아 방대한 백서를 만들었다. 코로나19 사태가 터졌을 때 바로 그 로드맵대로 대응했기 때문에 아주 성공적이었다. 메르스 사태 당시 질병관리본부의 실무책임자가 코로나19 사태에서는 질병관리본부장이 되어있었던 점도 도움이 됐다. 공익적 관점에서의 차별 없는 방역, 시민의 참여, 투명한 데이터 공개 등은 재난적 상황에서 높은 수준의 공공성을 발휘하는 토대가 됐다.

팬데믹이라는 위기상황에서 전통적인 유교문화권에서 발달한 '관계적 인간관'과 '인격주의 윤리(personalist ethic)'가 긍정적으로 발현된 것으로 볼 수 있는데, 이는 유교 문화에서 '나'는 독립적인 존재가 아니라 가족, 공동체, 국가 등 관계 속에 존재하는 존재로 이해되기 때문이다. 이러한 '인격주의적 공공성'은 공동체를 가족의 연장선으로 여기고 도덕적 책무감에 기반하여 정부 정책을 따르게 하는 '결속력(bonding power)'을 제공한 것으로 보인다. 시민들은 마스크 착용, 백신 접종 등 방역 수칙 준수뿐만 아니라 정보공개, 자원봉사 등에서 자발적이고 적극적인 참여(participatory citizen)를 했으며, 시민들의 헌신과 공감은 공공성 발휘의 중요한 토대가 되었다(Yee, 2023).

필자는 미국과 중국의 방역 대응과 한국을 비교할 때 한국의 독특한 공공성을 설명할 수 있다고 생각한다. 그리고 이는 호산 선생의 근대화론에 대한 경험적 검증을 가능케 한다고 생각한다. 미국은 개인의 자유와 공개성에 치우쳐 공익성과 공정성을 무시한 '자유지상주의적 공공성(Libertarian publicness)'을 보여 의료 시스템 붕괴와 경제적 불평등을 야기했다. 반면 중국은 강력한 국가 통제와 감시 중심의 '국가 중심 공공성(state-centered publicness)'을 통해 방역에 성공했지만, 개인의 자율성과 시스템의 공개성을 심각하게 침해했다. 반면 같은 유교적 전통을 가진 한국, 대만, 일본, 베트남 등은 '인격주의적 공공성'을 발휘하여, 국가와 시민사회 간의 협력, 개인과 공동체의 협력이 비교적 잘 이루어진 사례다. 이들 아시아 국가의 경우 공익성, 공정성, 공민성, 공개성 등 네 가지 공공성 구성 요소가 상대적으로 균형 있게 충족되었다고 평가할 수 있을 것이다. 반면에 중국은 공익성만을 내세우고 개인의 자유와 선택을 배제하였으며, 공개성의 원칙을 지키지 않은 매우 극단적인 형태의 대응이었다. 백지 시위에서 드러나듯, 국가주의적 감시사회는 완벽하게 개인을 억압하기는 어려운 위험성을 보여준 것으로 이해된다.

Ⅲ. 나가는 글

근대화론 3부작은 근대화, 발전, 그리고 유교 사상에 관한 질문과 논쟁을 포괄적으로 아우르는 역작이며, 후학들에게 다양한 통찰을 제공하고 국내외의 독자들에게 경험적 연구에서 유익한 해석의 틀을 제공하는 깊이 있는 저술이다. 필자는 호산 선생의 근대화론이 관계론적 이론 구성의 좋은 예로서, 근대화가 선형적이거나 고정된 과정이 아니라 사회 행위자들의 역동적 상호작용과 선택의 산물이라는 관계론적 인식을 잘 보여준다고 본다. 한국인의 문화와 마음의 습관은 사회적 관계속에서 끊임없이 재생산되고 발현되는 유동적 정체성으로서, 상황에 따라 긍정적, 혹은 부정적 결과를 낳을 수 있다는 점은 앞에 예시를 든 한국의 근대성이 맥락에 따라 세월호 참사와 같은 최악의 재난을 낳기도 했지만, 독특한 문화적 요소들이 동원되면서 팬데믹에 효과적으로 대응하는 공공성으로 드러나기도 했다는 점을 보여주고자 하였다. 이는 호산 선생이 제시한 근대화론이 실체론이나 일방적인 문화결정론을 벗어난 변형적 연속성론(transformative continuity)임을 보여준다.

호산 선생의 우려대로 한국사회는 물질적 성장에서는 놀라운 성과를 거두었지만, 핵심적 발전 가치를 구현하는 데는 매우 부족한 상황에 있다. 현재 한국사회가 직면한 '풍요의 역설'과 '민주화의 역설'은 한국이 성취한 근대성의 물질적 성과가 큰 반면, 삶의 질과 기회의 구현, 그리고 사회의 질과 구조적 유연성을 발휘하여 품격있는 '좋은 사회'로 가지는 못했다는 것을 보여준다. 과도한 지위 경쟁과 극도의 불안은 한국을 '세상에서 가장 우울한 나라'(미국 작가 마크 맨슨)로 만들었다. 자살률은 외환위기 때부터 늘기 시작해 현재 대한민국은 자살률 경제협력개발기구(OECD) 1위라는 불명예를 안고 있다. 특히 노인 자살률은 OECD 평균의 세 배에 가깝다.

대안은 호산 선생이 제시한 핵심적 발전 가치를 가장 중요한 지표로 하는 일이다. 경제협력개발기구(OECD)는 "국내총생산(GDP)를 넘어서라"고 조언한다. OECD 국가 중 경제성과는 상위권이지만, 국민 웰빙은 최하위인 한국에 아픈 지적이다. 뉴질랜드가 2019년 공표한 '웰빙 예산'은 시사적이다. 정부의 목표를 국민 웰빙 증진으로 정했다. 정부기관에 대한 신뢰를 높이고, 부패를 줄이며, 육체와 정신의 건강을 함께 높이고, 고용률을 끌어올리는 등이다. 외로움을 없애고 삶의 만족을 높이는 등의 목표도 있다. 뉴질랜드는 이런 목표들을 지표로 만들어 예산이 얼마나 지표를 개선시키는지를 따진다. 우리도 예컨대 호산 선생이 제시한 핵심적 발전가치를 국가발전의 지표로 만들고 이를 개선하는 데 국가적 노력을 경주하면 어떨까.

[참고문헌]

이재열. 2015. “사회의 질, 경쟁, 그리고 행복.” 『아시아리뷰』 제4권 제2호 (통권 8호).

이재열 외. 2015. 『한국사회의 질: 이론에서 적용까지』. 한울아카데미.

이재열 · 임현진 편. 2016. 『아시아는 통한다: 흐름과 관계를 통해 본 지도』. 진인진.

이재열. 2019a. 『다시 태어난다면, 한국에서 살겠습니까: 한강의 기적에서 헬조선까지: 잃어버린 사회의 품격을 찾아서』. 21세기북스.

이재열. 2019b. “시대적 전환과 공공성 그리고 사회적 가치.” 『한국행정연구』 제28권 제3호.

李在烈 作. 芦恒 译. 2020. 『韩国社会质量(从理论到适用)』 社会质量研究丛书. 社会科学文献出版社.

이재열 · 박상희. 2017. “사회적 웰빙 개념의 이론적 재구성.” 『보건과 사회과학』 44: 5-43.

이재열. 2023. “COVID19 팬데믹 이후의 뉴노멀: 디지털 기술, 플랫폼 사회, 그리고 공공성.” 『아시아 브리프』 서울대학교 아시아연구소 3(3).

장덕진 외. 2015a. 『세월호가 우리에게 묻다: 재난과 공공성의 사회학』. 한울아카데미.

Daron Acemoglu, James A. Robinson. 2019. *The Narrow Corridor: States, Societies, and the Fate of Liberty*. Penguin Books.

Emirbayer, Mustafa. 1997. “Manifesto for a relational sociology.” *American Journal of Sociology* 103 (2).

Kim, Kyong-Dong. 2017a. *Korean Modernization and Uneven Development: Alternative Sociological Accounts*. Singapore: Palgrave Macmillan.

Kim, Kyong-Dong. 2017b. *Alternative Discourses on Modernization and Development: East Asian Perspectives*. Singapore: Palgrave Macmillan.

Kim, Kyong-Dong. 2017c. *Confucianism and Modernization in East Asia: Critical Reflections*. Singapore: Palgrave Macmillan.

Van der Maesen, Alan Walker, and Margo Keiger. 2005. *European Network Indicators of Social Quality: Social Quality, the Final Report*. European Foundation on Social Quality.

Yee, Jaeyeol. 2017. "Trilogy on Modernization." *Development and Society*. Vol 46, No 3.

Yee, Jaeyeol, Dukjin Chang. 2011. "Social Quality as a Measure for Social Progress." *Journal of Asian Sociology* 40(2): 153-72.

Yee, Jaeyeol. 2023. Chapter 18 Risk Governance, Publicness, and the Quality of the Social, *Handbook of Post-Western Sociology: From East Asia to Europe* (Roulleau-Berger, Laurence, Peilin Li, Seung Kuk Kim, Shujiro Yasawa eds.). BRILL.

Yee, Jaeyeol. 2024. "Development, Culture, and Diverse Mechanisms of Social Well-Being in Asia." pp. 3-19 in *Social Well-Being, Development, and Multiple Modernities in Asia* (J. Yee, H. Harada, M. Kanai eds.). Singapore: Springer Nature Singapore.

한국 아카데믹 사회학의 대표, 김경동*

정 수 복**

Ⅰ. 한국 아카데믹 사회학의 계보

어느 학계에나 대내외적으로 그 학계를 대표하며 이끄는 지도적 인물이 있게 마련이다. 한국 사회학계의 주류 학맥은 아마도 이상백에서 이만갑을 거쳐 김경동으로 이어졌다고 보아야 할 것이다. 세 사람은 모두 서울대학교 교수라는 지위를 누렸고 여러 제자들을 양성했고 학계는 물론 사회적으로도 널리 알려진 인물들이다. 이상백과 이해영이 예상보다 일찍 세상을 떠난 이후 이만갑이 오랫동안 강단을 지키며 제자들을 양성했듯이, 김경동도 끝까지 강단을 지켰다. 한완상, 김진균 등 동료 교수들이 민주화운동으로 인해 해직교수가 되어 한때 강단을 떠나야 했던 것과 달리 김경동은 계속 학계에 머무르면서 연구와 강의 그리고 그 나름의 사회활동을 계속했다.

김경동은 이상백 그리고 이만갑에 이어 대한민국학술원에서 사회학을 대표하는 회원이 됨으로써 '강단사회학'을 대표하는 공인된 학자가 되었다.[1] 여기서 '강단사회학'이란 아카데미즘을 내세워 현실에 대한 비판적 관여를 자제하고 지배체제의 정당성을 인정한 범위 내에서 이루어지는 학문 활동을 뜻한다.[2] 제도

---

* 이 글은 정수복, 『한국사회학의 지성사 2: 아카데믹 사회학의 계보학』(푸른역사, 2021) 5부, 359-437쪽에 실린 "김경동과 아카데믹 사회학의 주류화"에서 비판적이거나 논쟁적인 부분을 제외하고 다소 수정한 것이다.

** 사회학자/작가

1 김경동은 2002년에 학술원 회원으로 선출되었다. 사회학자로서는 이상백이 학술원이 처음 만들어진 1954년 회원으로 선출되었고 1960년에는 고황경이 회원으로 선출되었다. 최문환은 1960년 사회학이 아니라 경제학으로 회원이 되었다. 1975년에는 이만갑, 1988년에는 홍승직이, 1998년에는 임희섭이 김경동에 앞서 학술원 회원으로 선출되었다. 2012년에는 신용하가 회원으로 선출되었고 홍승직의 타계 이후 2015년 임현진이 그 자리를 이어받았다.

2 김성국(2002: 404)에 따르면 김경동은 "스스로를 일관된 자유주의자"로 생각한다. 김경동은 시

권 사회학을 대표하는 강단사회학자 김경동은 당연히 1980년대와 90년대에 걸치는 사회학의 지나친 현실 참여를 부정적으로 평가한다. 그는 이렇게 말했다. "이념이 지나치게 승한 상태는 학문의 발전 자체는 물론이고 사회학 발전에 대한 기여에서도 부정적인 영향을 남긴다. 지난 60년의 역사에서 한국사회학이 이념적 편파성과 경직성에 휘말리지 않았다면 적어도 학문적인 성숙도는 지금에 비할 바가 아닐 정도로 가능했을지도 모른다."(김경동, 2006: 5-6).

한국의 강단사회학은 한국전쟁 이후 미국의 주류 사회학을 한국에 수입해서 한국현실에 적용하면서 나름대로 한국적인 사회학을 형성했다. 일본에 유학해서 사회학과 역사를 공부했던 이상백은 주로 이론적인 사회학사를 가르쳤지만 후학들에게는 늘 과학적 사회 조사방법을 강조했다. 이만갑은 이상백의 그러한 뜻을 따라 1955년에서 1956년 약 1년 동안 록펠러재단의 지원을 받아 코넬 대학에서 방문교수 자격으로 조사방법을 배우고 귀국했다. 미국 연수에서 돌아온 이만갑에게 처음 조사방법을 배운 김경동(1964c: 55)은 1961년 미국 미시건대학에 유학하여 1년 만에 석사학위를 마치고 귀국했다. 유학 시절 통계학과 조사방법 과목을 열심히 들은 김경동은 귀국 이후 1962년 11월 3일 한국사회학회에서 "최근 사회조사방법의 문제점"이란 제목의 발표를 통해 당시 유행하고 있는 조사방법의 맹목적 수용과 적용을 반성하고 그 문제점을 지적했다. 당시 서울여대 사회학과에서 가르치던 김경동은 이상백의 연구비 지원으로 1964년 사회의 유교적 가치에 대한 연구보고서를 작성했다. 김경동(1996b: 347)의 증언에 따르면 이상백은 『경국대전』과 향약에 나타나는 유교적 가치 분석보다는 태도척도에 의한 유교적 가치관 측정에 큰 관심을 보였다고 한다. 김경동은 이를 두고 이상백이 "한국사회의 특성을 새로운 방법으로 연구하는 일을 격려하시려 했던 것"으로 이해하고 조사방법을 활용하는 경험적 연구를 계속했다. 이런 점에서 보았을 때 사회조사방법을 활용하는 경험적 연구를 새로운 사회학이자 과학적 사회학이라고 보는 주류 사회학의 전통은 이상백에서 이만갑을 거쳐 김경동 세대에 이르러 형성된 것이라고 볼 수 있다.[3]

장경제를 인정하되 그 문제점을 정책으로 보완할 것을 요구하는 정치적 자유민주주의자이다.

3 김경동뿐만 아니라 한완상과 임희섭을 비롯하여 1950년 중반에서 1960년대에 서울대학교 사회학과를 다닌 사람들은 거의 모두 이만갑의 강의를 들으면서 조사방법론을 열심히 공부했다.

김경동은 1968년 서울여대를 떠나 서울대학교 사회학과 전임강사로 있던 중 1969년 다시 유학을 떠나 1972년 코넬대학에서 박사학위를 받고 노스캐롤라이나 주립대학에서 가르쳤다.[4] 그러다가 1977년에 서울대학교 사회학과 교수로 귀환했다. 김경동(2006: 5)의 다음과 같은 발언은 그가 이상백과 이만갑에 이어 한국의 강단사회학을 대표하는 사회학자임을 보여준다.

> "사회학 자체는 초기부터 사회주의 이념 성향에 반대하는 실증철학을 주창한 데서 시발했으며 우리 학계에 가장 큰 영향을 미치는 미국 중심의 사회학 또한 이념과는 거리가 먼 실증주의에 굳게 뿌리박고 있음에도 불구하고, 한국사회학은 특이하게도 한국사회의 좌파적 정치 이념과 깊은 연관 속에서 변천과 반전을 거듭해왔다."

김경동(2006: 11)은 지난날을 회고하면서 1980년대 광주항쟁 이후 학생운동과 노동운동의 급진화 과정에 기여한 맑스주의 비판사회학을 염두에 둔 듯 다음과 같이 말하기도 하였다.

> "이념으로 무장된 학문은 그 본질적 폐쇄성과 경직성으로 말미암아 종국에 가서는 학문 자체의 발전에 지장이 있으며, 사회의 발전에서도 이념에 맹목적인 정책은 한계를 넘지 못한다. 개방적이고 다원적인 특성을 자랑하는 사회학에서 특정 이념을 처음부터 배제하는 것은 문제가 있지만, 특정 이념을 고집하는 것은 삼가는 것이 바람직하다. 사회를 비판적으로 바라볼 수 있는 안목을 기르는데 하나의 자극제로서 이념적 상대성이 허용되어야 하지만 한 가지 이념이 좌우하는 학문은 장래가 없다."

강단사회학은 이념적으로 중립 또는 다양성을 주장하면서 실증주의에 기초한 사회조사방법을 활용하는 경험적 연구의 축적을 강조한다. 김경동은 1955년 대학에 입학하여 이만갑의 사회조사방법 강의를 들으면서 런드버그George A. Lundberg의 *Social Research*(1942), 구드William J. Good와 하트Paul K. Hatt의 *Methods in Social Research*(1952)라는 조사방법 분야의 저서들을 알게 되었는데 특히 구드와 하트의 책은 "마치 경전처럼 들고 다니면서 참고"했다고 회고하기

4 김경동이 석사학위는 미시건대학에서 했는데 박사학위는 이만갑이 방문교수로 가서 조사방법론과 농촌사회학을 배우고 귀국한 코넬대학에서 했다는 점이 흥미롭다.

도 했다.[5] 김경동(1983C: xix)은 이만갑 교수의 화갑기념논문집에 실린 "이만갑 교수의 학문세계"라는 글에서 학창시절을 회상하면서 이만갑이 "당시 거의 황무지였던 실증적 경험적 조사연구 특히 서베이 리서치survey research의 체계적인 접근을 우리 학계에 소개하는 일에 앞장섰을 뿐만 아니라 실지로 그 기법을 활용하여 자료를 모아 분석하는 작업에 착수한 것이다."라고 평가하기도 했다. 김경동(김경동, 이온죽, 김여진, 2009: vi)은 1986년에 이온죽과 함께 펴낸 조사방법론 책의 머리말에서 자신이 이만갑을 이어 조사방법론 연구의 계승자임을 다음과 같이 밝혔다.

> "끝으로 이 책은 특별히 올해로 서울대학교에서 정년퇴임을 하신 이만갑 선생님께 삼가 바치고자 한다. 우리나라 사회조사 분야 개척자의 한 분이신 선생님께 제자로서, 후학으로서 각별한 은혜와 총애를 받은 바 있는 지은이들로서는 이 보잘것없는 작품으로나마 감사한 마음을 조금이라도 대신하고자 하는 것이다."[6]

아래에서는 한국 아카데믹 사회학을 대표하는 김경동 사회학의 내부 구성을 사회학 이론과 방법론, 인간주의 사회학, 발전과 변동의 사회학, 엘리트주의적 사회조화론, 문화적으로 독립적인 사회학이라는 다섯 갈래로 나누어 살펴본다.

Ⅱ. 김경동 사회학의 내부 구성

1. 김경동의 사회학 이론과 방법론 논의

김경동(1989a: 5-6)은 사회학의 과제를 두 가지로 구분해서 보았다. 그 하나는 "학문으로서의 사회학"을 발전시키는 일이고 다른 하나는 "사회에 대한 사회학의 책임"을 다하는 것이다. 이 두 개의 과제 가운데 김경동은 첫 번째 과제의 수행에서 뛰어난 업적을 남겼다. 그는 외국 이론을 소개하면서도 한국적인 이론

5 김경동, 이온죽, 김여진(공저), 『사회조사연구방법-사회연구의 논리와 기법(개정판)』(박영사, 2009), iv쪽. 1986년에 처음 나온 이 책은 한 해도 거르지 않고 매년 재판을 인쇄했다고 한다.

6 김경동은 학창 시절 이만갑이 학생들에게 "제자들이 선생을 밟고 일어나서 발전해야 한다"고 말한 것에 감동을 받고 가슴 깊이 새겼다고 증언했다(2016년 6월 9일 인터뷰).

을 수립하려고 노력했으며 한국사회에 대한 수많은 구체적인 연구를 남겼다. 말하자면 김경동은 한국의 아카데믹 사회학을 대표하는 사회학자라고 볼 수 있다. 아카데믹 사회학의 기본은 사회학 이론과 연구방법론이다. 모든 사회학적 연구는 이론적 관점에서 문제를 제기하고 경험적인 자료를 수집하고 분석하는 방식으로 진행되기 때문이다.[7] 김경동은 대학 안에서의 사회학 교육을 위해 사회학 이론과 방법론에 대한 두 권의 책을 썼다. 『현대사회학의 쟁점: 메타사회학적 접근』(1983)과 『사회학의 이론과 방법론』(1989)이 그것이다. 후자는 전자에 실렸던 서양 사회학의 이론과 방법론을 개관하는 다섯 편의 글을 추려내고 그 이전에 나온 『인간주의 사회학』(1978)에 실렸던 "사회학의 예술성-인간주의 사회학의 방법론"과 그 이후에 쓴 "사회학의 개방성과 다양성," "한국사회학의 방법론의 탐색," "행위이론의 쟁점," "권위주의적 사회구조와 사회적 갈등," "감정의 사회학," "「노자老子」와 현대사회학," "「역경易經」의 사회학적 도식" 등을 추가함으로써 사회학 이론과 방법론에 대한 김경동의 폭넓은 사유를 보여준다. 『현대사회학의 쟁점』이 서구사회학 이론과 방법론 소개에 치우쳤다면 『사회학의 이론과 방법론』은 서구사회학 이론을 좀 더 파고 들어가는 한편 동아시아적 사회이론을 모색하려는 김경동의 고유한 이론적 사유를 드러내고 있다.[8]

김경동은 이론과 방법론에 대한 논의에 그치지 않고 사회조사방법론에 대한 저서도 출간하였다. 우리나라 사회학계 최초의 조사방법론 책인 이만갑의 『사회조사방법론』(1963)의 1979년 개정판은 이만갑, 한완상, 김경동 공저로 나왔다. 이후 김경동은 1982년과 1983년에 경제학자 이승훈, 행정학자 김광웅 등과 함께 『사회과학방법론』을 출간했고 1986년에는 이온죽과 함께 『사회조사연구방법:

---

7 배규한(2002: 287)에 따르면 "김경동 교수는 사회학 이론 및 방법론을 토대로 사회발전, 인간주의, 노사관계, 사회복지, 정보사회론 등의 주제에 역량을 집중함으로써, 이상적인 미래사회의 구조 틀을 모색하려는 노력을 계속해 왔다."

8 김경만(2015: 23)은 김경동의 『현대사회학의 쟁점』에 실린 글들이 "대부분 외국 학자가 이미 정리해 놓은 이론을 '또 다시' 정리하는 형식을 취하고 있다"고 비판했다. 그러나 김경만이 김경동의 『사회학의 이론과 방법론』에 실린 글들을 포함시켰다면 평가가 달라졌을 것이다. 물론 김경만은 동양사상을 재해석하면서 한국적 사회학 이론을 구성하려는 김경동을 비롯한 동료 사회학자들의 노력을 실현 가능성이 없는 불모의 작업으로 본다. 그럼에도 불구하고 김경만을 포함해서 한국사회학자 어느 누구도 아직까지 김경동의 저서들이 갖는 스케일을 능가하는 사회학 이론과 방법론에 대한 저서를 내놓지 못했다.

사회연구의 논리와 기법』을 출간했다. 이온죽과 공저한 책은 한국 대학의 사회학과에서 필수과목으로 가르치는 사회조사방법론 과목의 기본도서가 되었다. 이 책의 2009년 개정판은 김경동, 이온죽, 김여진 세 사람의 이름으로 나왔다.

김경동은 사회학 개론, 사회학 이론, 사회조사방법론 등 사회학과에서 기본 교육을 시키기 위한 저서를 출간했을 뿐만 아니라 1960년대 이후 한국인의 가치관과 사회의식에 대한 경험적 조사 연구를 계속했다.[9] 김경동이 1992년에 펴낸 『한국인의 가치관과 사회의식-변화의 경험적 추적』은 그가 1960년대 공업화 초기에서 시작하여 1970년대 고도성장기와 1980년대 전환기를 거쳐 1990년대에 이르기까지 실시한 경험적 조사연구의 결과를 집대성한 저서이다. 이 책의 1장에 실린 "교과서 분석에 나타난 유교가치관의 단면"은 원래 1964년에 나온 『상백 이상백 박사 회갑기념논집』에 실린 글로서 김경동은 의식조사에서 질적 분석과 더불어 태도 척도를 사용했다.[10] 김경동은 이 저서에서 근로자, 경영자, 관리자, 대학생 등의 경제발전관, 근로관, 직업관, 노사관계관, 계급관, 소외의식, 정치의식의 변화를 추적할 수 있는 경험적 조사 연구의 자료를 축적했다. 이 저서는 김경동의 말대로 자료집인 동시에 한국의 사회변동에 대한 연구서이기도 하다.

앞서 언급했듯이 김경동은 사회학의 여러 분야에서 시대에 앞서 선구적인 업적을 남겼는데 1978년에 쓴 『인간주의 사회학』에서 "사회학의 예술성"에 대해 논의했고, 같은 해에 『한국사회학』 12집에는 "복지사회의 사회학적 이론-자발적 복지사회의 이념과 실제"라는 선구적인 글을 발표했으며, 1989년 한국사회학회 회장 취임연설이기도 한 "감정의 사회학-서설적 고찰"이라는 글을 발표함으로써 최근에 들어서야 한국사회학계에서 논의되는 몇몇 쟁점들의 씨앗을 뿌려놓기도 했다(김경동, 1978: 76-113; 1989b: 114-148; 1989a: 1-22).

9 김경동은 사회학개론이나 조사방법론뿐만 아니라 고등학교 『사회·문화』 교과서(김경동, 1996a)도 집필함으로써 고등학교에서 대학에 이르는 많은 학생들에게 사회학의 기본을 가르친 사회학 교육자 역할을 담당했다.

10 김경동(1964c)이 1964년 1월 학자생활 최초로 출간한 논문의 제목은 "최근 사회조사 방법의 문제점"이었고 이어서 『한국사회학』 1호에 발표한 "태도척도에 의한 유교가치관의 측정"(김경동, 1964a)은 한국사회학의 역사에서 최초로 태도척도를 활용한 연구였다.

2. 김경동의 '인간주의 사회학'

김경동의 사회학을 한마디로 정의하자면 '인간주의 사회학'이라고 부를 수 있을 것이다.[11] 김경동은 1977년 서울대학교 사회학과 교수로 귀환한 직후인 1978년에 펴낸 『현대의 사회학』이라는 사회학 개론서를 인간주의라는 관점에서 집필했고, 그에 이어서 같은 해에 『인간주의 사회학』이라는 제목의 저서를 펴냈다. 이후 그가 쓴 모든 저서를 '인간주의'라는 관점에서 읽을 수 있을 것이다.

그렇다면 김경동이 말하는 인간주의 사회학이 무엇인가? 김경동(1978a: 11)에 따르면 '인간주의'란 "사람을 귀히 여기고 사람답게 살 잠재력을 가진 존재로 인정"하는 입장이다. 그것은 '인간중심적'people-centered 전망으로서 "사람에 대한 인간적인 동정심 같은 것을 그 밑바탕에 깔고 있다." 다시 말해서 인간주의적 전망은 "인간은 스스로가 인간의 문제를 해결할 능력과 책임이 있다는 가정 위에, 어떤 초자연적 신성神性의 존재가 개입하거나 불가변의 자연법칙이 작용함으로써 인간의 문제가 해결되기를 기다린다는 견해를 배격한다. 그뿐 아니라, 인간의 삶은 그 자체가 목적이요, 사람이 어떤 다른 목적을 위한 수단이나 단순한 대상물로 간주되어서는 안 되고, 인간생명의 지고의 가치를 인정하기 때문에 모든 다른 형태의 존재와 엄격히 구별되어야 한다는 신념 위에 서 있다"(김경동, 1978b: 43).[12]

일반적으로 인간주의적 전망을 가진 사회학자라면 해석학적 전통을 따르는 것이 보통이다. 그럴 경우 연구 방법도 과학적 방법보다는 인문학적 방법을 활용

11 나는 김경동이 귀국한 직후인 1977년 가을 연세대학교 사회학과에서 주최한 강연회에서 김경동 교수의 인간주의 사회학 강의를 처음 들었다. 이 강연은 "인간주의 사회학이 왜 이 시대에 문제가 되는가?," 『연세사회학』 3호(1978), 53-58쪽에 실려 있다. 1979년 그의 첫 영문 저서의 제목인 *Man and Society in Korea's Economic Growth: Sociological Studies*에도 '인간'man이 들어있고 2002년 3권의 정년기념논총을 아우르는 제목인 "현대사회와 인간"에도 '인간'이 들어 있다.

12 인간주의를 어떻게 정의할 것이냐는 토론의 대상이 될 수 있다. 특히 인간 사회의 현실을 넘어서는 초월적 세계와의 관계는 논란의 대상이 될 수 있다. 뒤르켐은 인간성을 감히 훼손할 수 없는 성스러운 영역에 속하는 것으로 보았고 김우창(1993: 124)도 인간이 약한 존재이기는 하지만 "모든 압력에 완전히 굴복하지 않고 스스로 긍정하고 스스로 부과한 원리에 따라 행동할 수 있다는 비극적이고 자랑스런 의식-제한된 인간의 현실을 높은 원리 속에 초월하려는 것이 휴머니즘의 핵심"이라고 보았다.

하는 것이 일반적이다. 김경동(1978b: 44) 스스로도 다음과 같은 입장을 밝혔다.

> 인간주의 사회학은 "그 방법론에 있어서도 인간현상을 마치 자연현상과 같은 차원에서 다루려는 자연과학주의적 실증주의 사회학을 꺼린다. 지나치게 기술적인 엄정성을 강조하다가 보면 단조롭고 불모해지기 쉬우므로 인간을 마치 동물이나 기계처럼 생각하게 되는 것을 혐기嫌忌한다. 좀 더 구체적으로 인간주의적인 성향을 띤 사회학자는 그 자신이 자기와 같은 사람을 연구하는 인간이라는 사실을 가장 유리하게 이용하려는 자세로 사회학에 임한다. 사회학자도 사람을 연구하는 사람이니까 물리학자나 화학자가 자기의 연구대상인 자연현상에 접근할 때에 지니지 못하는 내면적인 이해에 입각한 지식을 얻을 길이 있다. 자기가 연구하는 대상을 향해 주관적으로 그의 '신발을 신어볼 수 있는' 감정이입empathy이 가능하고 그의 구실을 자기도 머릿속으로 해 볼 수 있고, 그의 삶(사회생활을 포함하여)에 대한 주관적 이해에 도달할 수 있다고 믿는다. 이런 동정적 이해를 가지고 사회학은 물리학과 같은 정밀 정확한 공식주의적 접근으로는 달성하지 못하는 인간 이해를 이룩하여야 한다."

그러나 김경동(1978b: 43-44)은 자연과학적 경험주의에 입각한 실증주의 사회학과 해석학적 전통을 따르는 인문주의적 사회학을 두 개의 진영으로 갈라놓고 논쟁을 벌이는 것을 거부한다. 그가 볼 때 "실증주의 사회학과 인간주의 사회학을 두 개의 진영으로 갈라놓고 논쟁을 벌이는 것은 좁은 소견이다. 인구문제, 생태학적 현상, 대규모의 공식적 조직체, 사회계층문제 등은 객관적이고 수량적인 접근을 필요로 한다. 하지만 인간의 자아문제, 사회화, 문화현상 및 복잡 미묘한 사회과정 등에 대한 연구에서는 인간주의적 접근이 필요하다. (…) 이런 뜻에서 우리는 실증주의와 인간주의 모두 인정하면서 인간의 자연계와 도덕 세계를 한곳에 모으고 과학과 인문예술의 두 세계를 이어주는 가교의 구실을 하는 '제3의 문화'로서의 사회학의 발전을 꾀하여야 할 줄 안다." 그는 과학과 인문학을 상호배타적인 두 개의 세계로 보지 않고 그 둘을 이어보려는 입장을 취했다.[13]

김경동은 1960년대 초 첫 번째 유학 시절 통계학 수업을 들을 때 "골수 실증주의 선생의 독서목록에 실려 있던 밀즈C. Wright Mills의 『사회학적 상상력』

13 뒤에서 다시 논의하겠지만 실제 경험적 연구에서 김경동은 인간주의적인 방법을 발전시키지 못하고 실증주의적 양적 분석으로 일관했다.

을 읽으면서 인간주의 사회학에 대한 생각을 키워"나갔다.[14] 김성국(2002: 401)은 김경동의 인간주의 사회학이 "1970년대 초부터 미국사회학계에서 활발하게 거론된 인간주의 사회학의 영향을 한편으로 수용하면서, 다른 한편으로는 그 당시 한국사회의 군화에 짓밟히는 그야말로 비인간적인 사회현실을 목도하면서 '인간'이라는 다소 추상적이고 애매하기는 하지만, 어떤 강력한 상징적 메시지를 함유하는 개념을 통하여 이론과 현실의 간격을 좁히려고 했던 것이 아닌가 싶다"라고 해석했다. 김경동의 인간주의는 가치이기도 하지만 인간의 창조적 행위 가능성을 인정하는 인간관이기도 하다. 배규한(2002: 279)에 따르면 김경동이 "그리고자 했던 바람직한 미래는 인간의 이상적 가치에 의해 창조되고, 인간의 자유와 자율에 따라 끊임없이 변하면서 환경에 적응해나가는 '유연하고 열린 사회'였다."

김경동의 인간주의 사회학은 사회학계를 넘어 타 분야 사회과학자들에게도 널리 인정을 받았다. 1970년대 후반 널리 읽히던 학술계간지 『현상과 인식』은 1978년 여름 '사회과학의 인간주의적 접근: 문제와 반성"이라는 특집을 마련했고 도시계획 분야의 전문가 김형국은 김경동의 『인간주의 사회학』을 염두에 두면서 "지방개발의 인간주의적 접근"이라는 논문을 발표하기도 했다.[15] 김형국(1984: 122-132)은 이 글에서 사람을 통한, 사람에 의한 사람을 위한 지역발전의 방향을 논의했다. 그 이유는 "지역발전의 궁극적 대상도 사람이며, 지역발전의 원동력도 사람에 있다는 점에서 지역발전에서 사람의 역할은 주목의 대상"이 될 수밖에 없기 때문이다. 여기서 우리는 김경동의 인간주의 사회학의 확산을 보게 된다. 언론학자 최정호(2002: 12-13)는 김경동의 인간주의 사회학에 대해 이렇게 썼다.

> "김경동의 사회학의 중심에는 언제나 모든 사색의 알파와 오메가로서 '인간'이 자리 잡고 있었다. '인간주의'를 선언하고 나선 그의 학문 중반기의 역작 『인간주의 사회학』

---

14 2015년 9월 1일 인터뷰에서 김경동은 1960년대 초 자신의 유학 시절 체험을 이야기했다. 본인은 원래 통계분석을 좋아하지 않았는데 일부러 고급 통계 과목을 택해서 들으면서 당시 한국사회의 현실을 생각할 때 이런 고급 통계분석이 무슨 의미가 있는지 회의가 들었다고 한다. 귀국 직후인 1962년 11월 3일 한국사회학회에서 발표한 그의 첫 번째 논문(1964c: 55)은 사회조사방법의 "맹목적 수용"을 반성하고 "극도의 자연과학주의적 사회조사 방법"의 문제점을 지적하고 있다.

15 『현상과 인식』 제2권 제2호(1978년 여름) 특집에는 이문웅, 이종수, 조명한, 안병준 등의 글이 실려 있다.

은 인간이 소외되고 인간의 전체성을 상실해간 한국의 산업화 과정에서 탄생한 배경을 갖고 있지만, 그것은 그러나 21세기의 정보화 과정, 정보화 사회라는 새로운 문맥 속에서도 그 적실성이 재조명되리라고 나는 믿는다. 결국 김 박사는 오늘의 한국사회가 낳은 전통적 의미에서의 휴머니스트라고 할 수 있다. 인간주의, 인도주의, 인문주의의 모든 의미에서 그는 휴머니스트이다. 그는 인간을 그 전체성에서 파악하려 하고 있고 스스로 전체적인 인간을 살고자 하는 듯싶다. 인간은 비단 이성적 존재일 뿐만 아니라 감성적 존재요 행위하는 존재이다. 김 박사의 이성은 학문을 하고, 김 박사의 감성은 시를 쓰고, 김 박사의 행위는 강의를 통해 표현된다. 그 점에서 김 박사는 이탈리아 르네상스 시대의 휴머니스트처럼 다재다능한 보편인으로서 현대 한국의 '르네상스인'이라 할 수 있다."

3. 김경동의 '발전과 변동의 사회학'

김경동의 지적 관심은 해방 이후 특히 1960년대 이후 한국사회의 바람직한 발전 방향을 설정하고 그의 실행에 도움이 되며 그 과정에서 발생하는 여러 문제들에 처방을 내릴 수 있는 사회학적 지식의 구성에 있었다. 이는 김경동만이 아니라 1930년대 중후반에 태어나 전쟁과 무질서, 빈곤과 무의미를 경험한 세대의 학자들이 공유하는 일반적 관심이라고 볼 수 있다. 그런데 김경동은 평생 그 문제를 자신의 학문 세계의 주제로 삼은 학자라는 점에서 다른 학자들과 구별된다. 그의 사회학적 관심의 큰 줄기를 '사회변동론', '사회발전론', '근대화론' 등으로 부를 수 있을 것이다. 김경동 스스로도 그 세 가지 용어를 다 사용하지만 그 가운데 하나를 선택한다면 '사회발전론'을 택해야 할 것이다. 왜냐하면 김경동(2002a: 3) 자신이 2002년 정년을 맞이하여 자신의 "학문적 여정에서 하나의 획을 긋는 대미"로 펴낸 책이 『한국사회발전론』이기 때문이다. 그러나 김경동은 1993년에 『한국사회변동론』이라는 제목의 책을 펴내기도 했다. 그러므로 그의 사회학을 '발전과 변동의 사회학'이라고 부를 수 있을 것이다.[16]

발전과 변동에 대한 그의 관심은 아주 오래된 것이다. 1960년대 미국에서

16 김경동(2008: 710-775)은 한국사회학의 분야별 연구사를 정리한 책에서 "발전과 변동의 사회학"이라는 제목의 논문을 집필하기도 했다. 이 논문에서 그는 한국 사회학자들이 사회변동론과 사회발전론 분야에서 쓴 논문과 저서를 총괄하여 정리하고 있다.

수입된 '근대화이론'이 우리나라 사회과학계의 중심 관심이었을 때 20대 후반 약관의 김경동은 에버렛 E. 헤이건의 "사회변동 이론에 대하여-경제성장은 어떻게 시작되는가?"라는 제목의 영문 저서를 『경제사회학』(1965)이라는 제목으로 번역 출판했다.[17] 그 직후인 1966년에는 『한국사회학』 2호에 "발전사회학 서설"이라는 논문을 발표했다.[18] 이어서 1973년에는 "Toward a Sociological Theory of Development: A Structural Perspective"라는 영문 논문을 *Rural Sociology*에 발표했으며, 1979년에는 『발전의 사회학』을, 1980년에는 『현대사회와 인간의 미래』를, 1983년에는 『경제성장과 사회변동』에 이어 『한국사회변동론』을 출간했고, 1985년에는 *Rethinking Development* 라는 제목으로 영문 저서를 출간했으며, 2000년에는 『선진한국 과연 실패작인가?』를 펴냈고 2002년에는 『한국사회발전론』과 『미래를 생각하는 사회학』을 펴냈다.[19] 2017년에 출간된 영문 저서 3부작(Kim, 2017a; 2017b; 2017c)에도 '근대화'modernization와 더불어 '발전'development이라는 용어가 들어있는데 이 저서는 그의 '발전과 변동의 사회학'을 집대성하고 있다.[20] 그가 1960년대 이후 2000년대에 이르는 40년이 넘는 학자 세월 동안 펴낸 저서들을 보건대 '발전과 변동의 사회학'은 김경동 사회학의 기본 줄거리임을 확인할 수 있다.

김경동의 발전과 변동의 사회학은 미국사회학자들의 사회변동론을 나름대로 변형시키고 자신의 인간주의적 관점을 가미하여 발전시킨 것이다. 그 첫 작품이 1979년에 출간된 『발전의 사회학』이다. 이 책은 1960년대 중반 이후 김경동이

17 에버렛 E. 헤이건(지음), 김경동(옮김), 『경제사회학』(을유문화사, 1965) 원본은 Everette E. Hagan, *On the Theory of Social Change-How Economic Growth Begins*(MIT Press, 1963)이다. 무려 789쪽에 달하는 방대한 저서의 역자 서문(헤이건, 1965: 3)에서 김경동은 당시의 지적 상황을 이렇게 파악했다. "요즈음 우리나라와 같이 발전하려는 사회에 있어서 학자들이나 정치인이나 또는 일반의 관심을 끄는 중요한 문제의 하나가 사회변동의 문제인 듯하다."

18 이 글은 이후 이루어진 김경동의 '발전사회학'의 이론적 관점이 들어있는 중요한 논문이다. 이 글에서 김경동은 발전의 목표와 도달 방법은 보편적인 것이 아니라 발전을 추구하는 나라의 문화와 가치, 의도와 미래상 등에 의해 달라짐을 강조하고 있는데 이런 입장은 2017년에 출간된 그의 영문 3부작까지 이어지고 있다.

19 김경동(1983c: xx)은 이만갑의 사회학적 관심이 1960년대 이후 근대화와 개발 등의 주제로 기울었다고 보았는데 그렇다면 김경동은 이만갑으로부터 사회조사방법만 계승한 것이 아니라 '발전과 변동의 사회학'이라는 연구 주제도 이어받은 것이다. 그런 점에서 이상백, 이만갑, 김경동으로 이어지는 주류 학맥을 다시 한번 확인할 수 있다.

20 이 영문 저서의 초고를 읽게 해주신 김경동 교수님께 감사드린다.

15년간 계속 천착한 발전이라는 주제로 쓴 연구 논문들을 하나로 모아놓은 저서이다. 이 책에 대한 서평에서 박재묵(1979: 245)은 이렇게 썼다.

> 『발전의 사회학』은 "발전이론에 관한 최초의 단행본이라는 점에서, 그리고 일관성 있게 인간주의적 입장을 견지하고 있다는 점에서 높은 평가를 받을 수 있을 것이다. 특히 『발전의 사회학』에서 제시된 '구조적 융통성의 이론'은 김경동 교수가 평소에 주장하던 인간주의적 전망이 구체적인 이론 구성에서 어떻게 나타나고 있는가를 보여준다는 점에서 의의가 크다고 할 수 있다."

그러나 박재묵(1979: 246)은 김경동의 인간주의적 발전론이 갖는 한계를 다음과 같이 지적하기도 했다.

> "발전이론이 이상과 현실간의 거리를 단축코자 하는 인간의 노력에 관한, 그리고 그것을 추진시키고자 하는 지적 활동이라면 이는 미래의 이상을 제시하는데 그치지 않고 현실에 대한 철저한 분석이 병행되어야 할 것이다. 현실의 분석을 통해서만 이상이 구체화 될 뿐만 아니라 효과적인 전략도 마련될 수 있기 때문이다. 저자가 주장하듯이 '이상과 현실의 변증법적 역학을 이해하지 않으려는 이론은 그 값어치가 적기 때문이다.' 인간주의적 발전이론은 인간에 대한 낙관론적 믿음을 강조함으로써 현실에 대한 분석을 소홀히 하고 있다. 이러한 일종의 회피적 낙관론을 극복하기 위해서는 현실 속에서 비인간적 구조에 대항하여 투쟁하는 인간 본래의 생산적 창조적 본성을 부각시켜야 할 것이다. 인간주의는 이러한 인간을 부각시킬 때 역사 속에서의 참모습을 회복하게 될 것이고 인간주의를 더욱 인간주의적으로 변모시킬 수 있을 것이다."

박재묵은 김경동의 일반적 사회발전 이론을 한국사회의 발전이론으로 발전시키기 위해서 한국사회의 역사적 변동과정에 대한 역사적 접근과 세계체제론적 접근에서 한국사회를 구체적으로 연구할 것을 제안했다. 그러나 김경동은 이 책 이후에도 한국사회의 역사 변동에 대한 역사사회학 또는 사회사 연구의 성과를 포괄하는 종합적 시도를 보여주지 못했다.[21] 앞으로 다음 세대 학자들 가운데서

21 김경동은 2016년 6월 9일 인터뷰에서 자신은 원래 역사 현상에 큰 관심이 없어서 대학 재학 시절에도 유홍열이 담당한 동양사와 이병도가 가르친 국사 두 과목 모두에서 학점이 좋지 않

김경동의 사회발전론 또는 사회변동 이론과 신용하와 그 후속 사회사 연구자들이 축적한 한국 근현대 사회사 연구 작업의 성과를 포괄하는 한국적 사회발전론을 구성할 수 있는 학자가 나오기를 기대해야 할 것이다.

김경동은 김성국(2002: 397)과 나눈 대담에서 이렇게 말했다.

> "지금도 나는 근대화modernization를 얘기하고 있어요. 나는 근대화는 아직도 죽은 말dead horses이 아니라고 생각해요. 지금도 살아 있어요. 그리고 근대화는 문화적 대응cultural response이죠. 내가 영어 책 하나를 준비하고 있는데, 부제를 '다른 편에서의 조망'a view from the other side라고 할 예정이에요. 너희들(서구식)의 근대화가 아니라, 우리들의 근대화는 아직도 끝이 아니다. 그것은 문화적 현상으로 보아야 한다. 난 일관되게 근대화를 주장하고, 발전론도 이런 측면에서 접근하고 있어요,"

김경동은 사회변동 과정에서 가치관, 태도, 사회의식 등 문화적 차원의 중요성을 강조했다. 그는 사회변동의 문화적 차원을 분석했으며 이상적인 사회변동의 목표 설정에도 문화적 차원의 의미를 강조했다. 김성국(2002: 402)은 김경동의 문화적 차원에 대한 강조를 다음과 같이 요약했다.

> "김경동은 사회발전에 있어서 '문화'의 핵심적 역할과 위상을 어느 누구보다도 줄기차게 강조해 왔다. 맑시스트적 저발전低發展론의 근간을 이루는 정치경제학적 구조결정론 대신에 그는 교육, 가치, 의식, 전통 등 문화주의적 재구성 내지 재형성에 주목한다. (…) 문화에 대한 김경동의 거의 집착에 가까운 애정은 '한국적인' 혹은 '동양적인' 사회발전의 모델을 구축해 보고자 하는 그의 청년기적 야심과 함께 시작된 것이다. 이제 그는 문화의 중요성을 세계사적 차원에서, 그리고 시대사적 맥락에서 '문명'의 문제로 확대하여 논구한다."

김경동(2002a: 429-519)이 바라는 이상적인 사회는 '선진문화사회'advanced cultured society이며 그런 사회에 도달하기 위해서는 '문화로 다듬은 발전' 또는

았다고 말했다. 아편전쟁에 대한 동양사 기말보고서에서는 사건의 전개보다는 아편전쟁의 사회적 의미에 대해 썼더니 낮은 학점이 나왔다고 말했다. 김경동은 이를 두고 자신이 대학생 시절부터 역사적 관점보다는 사회학적 문제의식을 가지고 있었다고 해석했다.

'문화적 교양을 갖춘 발전'cultured development이 필요하다.[22] 문화적 교양과 안목을 가지고 인간성을 업그레이드 시키는 발전, 그래서 모두가 교양과 안목을 가진 시민이 되는 사회, 그것이 김경동이 바라는 이상적인 사회발전의 방향이다. 문화의 차원을 강조한 김경동(김경동·박형준, 2003: 56)은 권위주의 체제하의 한국 사회가 발전하는 과정에서 '정치적 선택성'political selectivity의 원리가 행사하는 압도적 메커니즘에도 불구하고 그것이 '문화적 선택성cultural selectivity'에 의해 구조적으로 제약 보완 수정된다는 점을 일깨우고자 하였고 사회발전이 결코 경제성장으로 환원될 수 없다는 점을 다음과 같이 강조했다.

> "경제개발을 발전과 동의어로 사용하면 안 된다는 것이 내 지론입니다. 사회발전은 경제개발을 수단으로 한 목표 가치이지, 경제발전의 하위 수단이 아닙니다. 1960년대 말부터 내가 주장했던 것이지요. 발전은 구성원들의 삶의 질, 그리고 인간적 품격과 정신적 가치, 문화 등을 포괄하는 개념입니다. (…) 경제제일주의에 매몰된 나머지 인간이 빠지고 문화가 빠지고 교양이 빠진 개발이 된 것이지요. 이것은 온전한 의미에서 발전이 아닙니다."

김경동(2002a: 494-495)은 '문화로 다듬은 발전'이 가능하기 위해서는 '구조적 유연성의 원리'the principle of flexibility와 중용의 원리가 중요하다면서 "불필요한 충돌과 갈등"을 피하고 "타율적인 강제나 어떤 무리나 편파나 과도함이나 부족함이 없고 가장 인간적인 것을 선택해야 한다"고 주장했다. 김경동(1989a: 341)이 말하는 구조적 유연성이란 "삶의 가치를 중심으로 하는 발전의 핵심가치를 드높이고 실현하는 데 긴요한 자원의 증대와 자발적 동원을 장려해주는 구조적 조건으로서 일차적으로 발전에 기여하는 특성이다.(…) 유연성이 높은 구조에서야 비로소 사회적 갈등은 자발적이고, 때로는 일반화하면서 결코 난폭하지 않고, 그 결과는 자칫하면 더욱 더 경직되고 권위주의적 구조를 조장하기 쉬운 급진적 사회주의적 혁명이 아니라, 한층 더 유연하고 민주적인 구조를 장려하는 정규적이고 점진적인 개혁이 될 것이다. (…) 이와 같은 구조적 유연성을 증대시키기고 사회의 발전을 도모하기 위해서는 사회의 자발적 부분voluntary sector

22 김경동(2002a)의 13장, '선진문화사회론'과 14장, '문화로 다듬은 발전'을 볼 것.

을 키우고 그 기능을 장려하며 그 부문이 지니고 있는 자원동원의 잠재력을 충분히 발휘할 수 있도록 권장하여야 한다.”

김경동은 정년을 맞이하여 지난날의 연구를 되돌아보면서 선진한국을 이루기 위해서는 경제의 성장, 정치의 선진화, 복지의 선진화, 사회적 공정성 성취, 사회적 안전망 구축 등과 더불어 도덕의 선진화가 중요하다고 다음과 같이 말했다.

> “기초생활에서의 의식과 행동이 최소한의 규칙을 지키고 사회질서에 지장을 주지 않으며 인간 상호간에 존중하고 대우하며, 이익이 다른 사람이나 집단에 대해 너그러움을 갖도록 하는 것이 중요합니다. 도덕적 선진화가 이루어지면 눈살을 찌푸리게 하는 저질의 인간이 극소화됩니다. 그러면 평화로워지지요. 함부로 감정으로 날뛰는 것이 아니라 합리적 제도를 가지고 문제를 다루는 데 익숙해져야 합니다. 거칠고 제멋대로 생각하고 퇴폐적인 데 탐닉하는 정신생활이 지배해서는 선진화할 수 없지요.”(김경동·박형준, 2003: 60-62).

4. 김경동의 엘리트주의적 사회조화론

김경동은 늘 경직된 태도를 경계하고 유연한 태도를 지향했다. 그는 1960년대 이후 억압되고 경직된 사회를 바꾸어가는 변화 원리로 ‘유연성의 원리’를 제시했다. 그는 유연성의 원리에 따라 ‘유연하게 열린사회’를 지향하며 변화하는 상황에 유연하게 대처하려고 했다. 김경동은 성격적으로 갈등하는 것, 경쟁하는 것, 극단적인 것을 별로 좋아하지 않았으며 맑스주의 이론에 대해서도 큰 매력을 발견하지 못했다.[23] 그는 언제나 양극단을 피하고 조화와 중용을 추구했다. 그와 같은 경향성은 두 개의 대립되는 입장이 부딪칠 때 양비론이나 양시론의 입장을 취하게 만들었다. 이런 김경동의 태도를 두고 송호근은 서울대 사회학과 조교 시절 “선생님의 사회학은 깃발 없는 기수입니다”라는 조크를 던지기도 했다(김성국, 2002: 401).

김경동의 학자 경력에서 가장 중요한 사건 가운데 하나로 1982년에 강신표

23 김경동은 2016년 6월 9일 인터뷰에서도 자신의 그러한 성격에 대해 이야기했는데 그 전에 김성국(2002: 401)과의 인터뷰에서도 거의 비슷한 이야기를 했다. 그래서 1981년 한국사회학회에서 강신표가 ‘학문적 근거’ 없이 행한 ‘인신공격’에 가까운 비판도 그저 웃어넘겼다고 한다.

가 김경동의 사회학을 두고 내린 '문화제국주의 시대의 매판사회학'이라는 평가일 것이다. 김경동은 강신표의 비판에 대해 직접적인 대응은 하지 않았지만 이후 그의 이론에는 한국과 동아시아 사회의 전통 사상을 사회학적으로 재해석한 개념들이 등장한다.[24] 김경동은 미국사회학 이론의 소개나 적용을 넘어 한국의 문화와 한국적 상황을 염두에 둔 '유관적합한'relevant 사회학을 하기 위해 노력했다. 김경동은 『역경』의 음양과 중용 등의 개념을 활용하면서 조화 지향적 갈등론을 전개했다. 김경동(1989a: 340)은 "우리가 모색할 것은 건설적인 갈등을 일으키고, 그것을 적극적인 방향으로 규제 해결해 나가는 길이다"라고 썼다. 그런데 이런 김경동의 갈등관은 한국사회학의 역사에서 주류를 형성한 이만갑(1980: 15, 31)의 다음과 같은 갈등관과 동일선상에 있다.

> "계층 간의 갈등은 어느 사회에나 있는 것이고 또 갈등 자체는 언제나 사회에 나쁜 영향만 주는 것은 아니다. 갈등이 있고 불만을 표시했을 때 상대방은 그 도전이나 비판에 대해서 자기를 수호하고 자기의 정당성을 주장하기 위해 보다 정의에 입각한 책임 있는 행동을 취하게 된다. 또한 도전을 하거나 항의를 하는 측으로서도 자기의 행동의 정당성을 제쳐놓고 일방적으로 상대방을 비판할 수가 없기 때문에 책임성이 있고 신중해지기가 쉽다. 그러므로 정도가 지나치지 않으면 갈등은 오히려 피차를 튼튼하게 하고 전체를 발전시키는 데 기능적인 작용을 할 수 있는 것이다. (…) 그러나 갈등이 지나치게 첨예화되면 한 편이 다른 편을 말살하는 투쟁으로 번져서 엄청난 혼란과 상처를 가져올 뿐 아니라 쌍방을 모두 말살하는 결과를 가져올 위험성마저 없지 않을 것이다."[25]

이런 입장에서 김경동은 '노동운동'을 연구하기보다는 '노사관계'를 연구했다. 1980년대 들어서 한국의 진보적 사회학을 표방하는 젊은 학자들이 마르크스주의의 입장에 서서 노동운동을 활성화시키기 위한 계급론과 노동과정론 연구에 몰두하고 있었다. 이런 상황에서 김경동은 『노사관계의 사회학』을 펴냈는데 그

24 강신표(2005: 260)는 아래의 인용문에서 보듯이 자신의 비판이 결과적으로 김경동의 사회학 연구에 영향을 미쳤다고 생각한다. 그러나 자신의 지나친 비판에 대해서는 사과했다. "내가 김경동 교수에게 한 비판은 나름대로 그의 연구 방향에 변화를 가져왔겠지만 동시에 그의 '가슴에 멍'든 상처를 입힌 것은 내가 사과해야 한다. (…) 아무튼 '결자해지'해야 하니 이제 인생 70에 그에게 용서를 빈다."

25 원래 사회적 갈등의 창조적 순기능을 이론화한 학자는 루이스 코저(1980)이다.

는 이 책의 서문에서 다음과 같이 그 집필 이유를 밝혔다.

> "이념적으로 마르크스주의적 지향을 극복하려는 것이고, 이론과 방법론에서 정치경제학을 수용하면서도 사회학적인 안목을 부각시키려는 것"이다. "노사관계를 근본적으로 갈등적인 관계로 규정은 하지만, 협동과 통합에로의 길을 모색하는 데 궁극의 목표를 두고자 했다. (…) 적어도 학문적으로는 지금 유행하다시피 하는 연구들에 대한 균형잡이 구실을 하게 되기를 희망한다. 이것이 작은 발판이 되어 미묘하고 심각한 노사관계의 전개가 건설적인 방향으로 이루어지도록 우리 학계가 긍정적인 기여를 하게 되기를 염원해 본다"(김경동, 1988a: iv-v).

결과적으로 김경동의 사회변동론에는 사회갈등과 사회운동이 차지하는 부분이 미약하다. 김경동은 사회변동이 사회적 갈등이나 대립을 통해 이루어지는 측면보다는 위로부터의 합리적 계획, 정책, 동원을 통해 이루어지는 부분을 더 중시하는 엘리트주의적 경향을 보였다. 이 지점이 바로 김경동이 한완상과 결정적으로 달라지는 지점이다. 그가 2002년 정년을 맞이하여 펴낸『한국사회발전론』에는 발전을 이끌어갈 '주체'들을 일곱 가지 범주로 구별하여 제시하고 있는데 행위의 주체들은 '발전'이라는 주어진 목표를 실현하기 위해 각자 맡은 일을 충실히 하는 사람들로 제시된다. 발전의 목표나 발전의 과정에 대해 이견을 갖고 갈등에 들어가는 가능성이 사전에 배제되어 있다. 그 구체적 내용을 제시하자면 정치인은 자기 혁신을 이루어야 하고, 관료집단은 거듭나야 하며, 기업인은 기업인다워야 하고, 근로자는 주인의식을 가져야 하며, 지식인은 각성해야 하고, 여성들은 능력을 개발하고 올바른 가정교육을 해야 하며, 교육자는 자질을 향상해야 한다는 것이다. 각자 자기가 맡은 역할을 충실히 하면 사회적인 조화가 이루어지고 발전이라는 목표를 달성할 수 있다는 기능론적 주장이다. 김경동(2002a: 514)은 노동자들이 불만을 가지고 노동운동에 참여하기보다는 "근로자도 이제는 주인의식을 가지고 기업과 국민경제의 성장과 발전에 동참하려는 헌신 몰입의 자세를 갖추어야 한다"고 주장했다. 결국 김경동의 발전과 변동의 사회학은 정치인, 관료, 기업가가 앞장서고 근로자와 지식인, 여성, 교육자 등이 각자 자기에게 주어진 역할을 충실히 수행하면 된다는 엘리트주의적 '사회조화론'의 입장에

선다.[26]

김성국(2002: 405)과의 대담에서 털어놓은 그의 다음과 같은 발언은 그의 엘리트주의적 조화론의 입장을 잘 보여준다.

> "나는 엘리트가 사회를 운영하는 체제가 건전하다고 보아요. 포퓰리즘은 안 됩니다. 공개적으로는 이런 말을 안 하려고 했는데, 어느 순간에 가서는 말해야죠. (…) 건전한 엘리트가 이끄는 공정한 사회가 우리의 목표가 되기를 바랍니다."

김경동(2002a: 515-516)은 자신의 저서에서도 건전한 엘리트가 지배하는 체제에서 "무엇보다도 중요한 원칙 한 가지는 사회구성원들 모두가 어떤 계층이나 집단이나 공동체에 속하든 간에 과거에는 자신의 권리를 찾는 데 지나치게 집착하였던 점을 반성하고, 이제부터는 각자가 자신의 책임이 무엇이며 그 책임을 어떻게 하면 다 할 수 있을지를 항상 생각하면서 사회의 진정한 발전에 동참하겠다는 각오를 해야 한다"고 주장했다.

5. 김경동의 '문화적으로 독립적인 사회학'

1980년대 초 김경동(1983a: 1)은 한국사회학의 토착화라는 흐름에 대해 자신의 입장을 이렇게 밝힌 바 있다.

> "좋건 싫건, 현대 학문의 전개사는 서양이 주도해 왔기 때문에, 우리가 토착화를 겨냥할 때 현시점에서 우선되어야 하는 과제는 서양 것을 수용한 바탕 위에 우리의 것이 이해되고 가미되는 한계를 벗어나기 어렵게 되어있다. 물론 이제부터는 그렇게 쌓은 우리의 학문 전통을 바탕삼아 외래의 것이 뿌리내리는 단계로의 질적 전환이 이루어져야 하고, 그런 준비가 되고 있는 줄 안다. 학문의 성격을 논할 때 흔히 특수성과 보편성이 도마에 오르곤 한다. 토착화란 어디까지나 이 둘의 변증법적 조화를 뜻하는 것이지, 그 어느 하나로 기우는 것을 일컫지 않는다. 참다운 특수성이란 남이 도저히

26 김경동(1989a: 343)은 모든 사람을 위한 삶의 질적 향상과 삶의 기회 증대를 위한 발전을 위해서는 구조적 유연성이 필요한데 그 구조적 유연성을 키우는 일은 "엘리트나 소수 권력층의 손에 크게 달려 있다"고 보았다. 한국의 기업엘리트에 대한 그의 공저(김경동 외, 1999)도 볼 것.

알아차릴 수 없는 것을 남이 알아들을 수 없는 말로 묘사하는 일이 아니라, 남들이 이해하기 어려운 우리의 것을 누구나 파악할 수 있는 보편적인 말로 표현할 때 빛이 날 것이다."

위의 인용문 마지막 문장에서 말했듯이 김경동은 한국적 전통과 한국적 상황에서 나온 한국적 사회학을 우리끼리만 하는 것이 아니라 영어로 표현하고 발표하여 외국학자들에게 이해시키고 인정받는 일을 중요하게 생각했다(Kim, 1996: 63-72). 김경동은 일찍 고등학생 시절부터 영어에 뛰어난 재능을 보였는데 그런 어학 능력은 사회학자가 된 이후 미국을 포함하여 다른 나라의 사회학자들과 활발하게 교류활동을 벌이는데 크게 기여했다.[27] 국제학회에서 한국사회학을 대표하게 된 김경동은 1980년대 이후 줄 곳 한국사회학의 아이덴티티 문제를 의식하면서 한국이 경험한 사회변동의 특징을 한국적인 개념과 이론으로 포착하고 설명하려는 시도를 계속했다. 그의 한국적 사회학 구성을 위한 노력은 두 가지 방향으로 진행되었는데 그 하나는 한恨, 기氣, 눈치, 체면, 명분, 기싸움, 연고(연줄), 인정, 정서 등 한국적 개념들을 사회학적 개념으로 다듬는 일이고 다른 하나는『역경易經』등 동양의 고전을 활용하여 노사관계 등을 설명하면서 더욱 일반화된 음양변증법적 사회갈등과 사회변동이론을 정립하는 것이다.[28]

김경동이 미국을 중심으로 한 서구사회학을 한국화시키려는 노력은 1980년대 초 "김경동의 사회학은 문화제국주의시대의 매판사회학"이라는 강신표의 비판에 우회적으로 답하는 것으로 볼 수 있다. 김성국(2002: 392-393)에 따르면 김경동은 "1980년대 초의 격정적인 시대적 분위기를 반영하는 강신표의 고강도 비판에 대해 '학자는 이론과 객관적 자료를 가지고 비판해야 한다'면서 자신의 지금까지의 학문세계에 대한 떳떳한 신념을 감추지 않았다." 김경동은 정년을 앞두고 우

27 그는 대구 계성고등학교 시절 고등학생 영어 스피치 대회에 나가 입상한 경력을 가지고 있다. 그때 그는 학교 측의 배려로 미군들에게 직접 영어 스피치 교육을 받기도 했다. 김경동은 1990년대에 다니엘 벨, 랠프 다렌도르프 등 세계적인 시회학자들과 텔레비전 방송을 위해 대담을 하기도 했다.

28 김경동은 "외국의 어떤 이론들을 가져와도 잘 설명이 되지 않는 부분들"을 한, 기, 눈치, 체면 등의 개념을 이용하면 잘 설명할 수 있다면서 "우리 사회를 설명하는 우리 나름의 이론을 개발하려는 노력을 끊임없이 경주해야 한다"고 말하기도 했다(김경동·박형준, 2003: 69).

리 문화풍토에서 나온 개념에 대한 자신의 관심이 강신표의 비판이 있기 이전인 1970년대 미국 체류 시절부터 있었던 것임을 다음과 같이 밝히기도 했다.

> "처음 유교 공부를 시작할 때는 학문을 토착화하겠다는 그런 의식은 없었어요. (…) 그 생각의 핵심은 우리 사회는 우리 식으로 연구해야 한다는 것이었죠. 우리 식이 뭐냐? 그걸 조금 더 의식적으로 느낀 것은 외국에서 살면서였어요. 유교 불교 도교(…) 왜 이런 것을 잊고 있었는가라는 생각이 들었죠. 이걸 깨달은 게 1970년대 미국에 있으면서였고요"(김성국, 2002: 394).

김경동은 자신의 저서 『한국사회변동론』(1993: 136, 156-157)에서 자신이 추구하는 '한국적 사회학'의 기본 얼개를 다음과 같이 제시했다.

> "사회조직의 원리라는 그물을 던져서 건져 내었다고 했을 때 잡히는 한국사회의 특성을 살펴보기 위해서 『역경易經』의 인식구조를 일차적으로 원용하면서 이로부터 도출해 낼 수 있는 몇 가지 파생적 특성도 아울러 언급하고자 한다. (…) 여기서 우리가 문제를 파악하는 하나의 인식틀로서 바로 전통적인 요소라고 할 수 있는 음양적인 이분구조의 유용성에 관하여 생각하는 일부터 시작해 보기로 한다. 지금까지의 이분 구조적 전통문화 인식이 그 나름의 장점을 지니고 있음에도 불구하고, 그 자체가 지니는 분석적 힘을 충분히 활용해 오지 못한 것은 그것에 함축되어 있는 역동적인 원리를 사회변동의 역학에다 적용하는 작업을 아직 시도하지 않았기 때문인 것 같다. 대대적對待的 관계의 환류작용이 갖는 조정기능을 소로킨Pitirim A. Sorokin의 순환론적·변증법적 사회변동이론에서 제시하는 한계이론과 결부시킬 때 현실성 있는 설명을 가능케 한다. 그것은 바로 태극의 원리로 단순화될 수 있는 것이기도 하다."

김경동(1980b; 1995; 200a)은 역경의 원리를 노사관계에 적용하면서 동아시아적 갈등론을 "변증법적 신문명론"으로 발전시키기도 했다. 그가 제시하는 음양 변증법적 접근은 양과 음의 관계를 서로 경쟁하면서도 서로를 살리고 발전시키는 요소로 파악한다. 음과 양은 둘이면서 하나요, 하나이면서 둘이라고 본다.

> "음양 대대적 변증법의 논리를 따르면 '노'와 '사'는 서로 이해 관심이 다른 상대이기

는 하지만 동시에 그들은 서로를 필요로 하고 서로가 없으면 각자 존재 이유가 없는 관계에 있다. 그뿐만 아니라, 생각해보면 이들은 또한 호혜적이고 보완적인 관계에 있다. 이 점을 우리는 지금까지의 어느 이론에서도 찾아보지 못했다"(2002b: 261).

김경동의 "문화적으로 독립적인 사회학" 만들기에 대해 어떻게 평가할 것인가? 먼저 김필동(2002: 32-33)의 평가는 이렇다.

> "김경동의 작업은 서양 사회학 이론과 동양 사상의 접목을 시도하면서 이를 '일반이론'의 수준에까지 고양시키려는 문제의식을 갖고 있어 주목을 받아 왔다. (…) 동양사상으로부터 사회학적 요소를 개념적으로 추출해내는 과정(아직은 대부분 '이론적 재구성'의 단계에는 미치지 못한 것으로 보인다)이 고전에 대한 철저한 이해를 바탕으로 한 것인가에 대한 의문과 함께 이를 현실에 적용할 때 해석하는 작업에도 진정한 '설명'이라기보다는 아직은 소박한 '유추'의 수준에 머물러 있기 때문이다."

김경만(2015: 40, 44)은 김필동의 비판에서 한 걸음 더 나아가서 김경동이 "유교 전통을 사용해서 한국적 이론을 만들었다고 주장했지만 그가 애초부터 이론이 무엇인지를 이해하지 못했다"고 본다. 김경만(2015: 44)은 김경동이 시도한 '기'나 '한' 같은 개념들을 사용한 한국사회에 대한 설명은 개념들의 연결망을 구성하지 못하고 있기 때문에 이론적 설명이 되지 못하고 동어 반복적이며 '뻔한 얘기'에 불과하다고 비판했다.[29]

그러나 김성국(2002: 407)에 따르면 김경동의 동양사상에 대한 사회학적 관심은 주역과 도가사상을 거치면서 그의 독특한 문화주의와 신문명론으로 개화되었다.

> "그리하여 김경동은 마침내 『역경易經』을 통해 한국사회의 특성을 구명할 수 있는 한국적 동양적 혹은 토착적 논리를 발견한다. (…) 김경동의 음양변증법과 신문명론이야말로 동양주의와 서구적 세계관이 서로 융합할 수 있는 가능성을 선구자적으로 개척하고 있다."

29 김경동은 누구라도 자신의 저서를 잘 읽어보면 여러 개념들이 서로 엮어지면서 한국의 사회현상을 '설명'하고 있음을 알게 될 것이라고 말했다(2016년 6월 9일 인터뷰).

김경동은 은퇴 이후에도 한국적 또는 동아시아적 바탕의 사회학적 관점을 만들려고 노력하고 있다. 우리 것을 찾아서 자주적이고 독자적이고 토착적인 이론을 만들고 그것을 젊은 세대에게 물려주면 그것이 우리 사회 전체를 바꾸는 데 기초가 될 것이라고 생각하기 때문이다.[30] 김경동은 강신표(2014: 55-98)와 달리 음양을 '대대적 인지구조'로 해석하는 것을 넘어서 '변동의 원리'로 파악한다. 세상만사의 생성변화를 음과 양의 다양한 관계로 해석하고 예측할 수 있다고 본다. 그렇다면 김경동은 강신표의 1982년 고강도 비판에 대해 오랜 세월을 두고 응답한 것이라고 볼 수 있다. 토론은 눈에 보이지 않는 방식으로 오래 지속된다. 2005년 강신표(2005: 260)는 김경동의 '동아시아 사회학'을 인정하면서 "후배 사회학자들이 김경동의 '동양철학'에 기초한 사회학 논의'들을 왜 읽으려고 하지 않는지 알 수 없다. 언젠가 먼 훗날에 그의 노력이 제대로 평가될 날이 오리라 기대한다. 강신표의 비판에 따라 그의 연구방법에 많은 수정이 있었던 것만으로도 나는 그에게 감사한 마음을 전하고 싶다"고 썼다.

김경동은 은퇴 이후에도 자신의 학문을 영어로 종합하는 작업을 계속하여 그 결과가 Palgrve Macmillan 출판사에서 세 권의 저서로 출간되었다(Kim, 2017a; 2017b; 2017c). 1권, 『근대화와 발전에 대한 대안적 담론: 동아시아의 시각』, 2권, 『불균등 발전과 함께한 한국의 근대화: 대안적인 사회학적 설명』, 3권, 『동아시아에서의 유교와 근대화: 비판적 성찰』로 구성된 김경동의 영문 저서 3부작의 출간은 국내외에서 이루어진 그의 학문 경력의 화려한 마감으로 기록될 것이다.

Ⅲ. 김경동, 한국 아카데믹 사회학의 대표

김경동은 한국 아카데믹 사회학을 대표한다. 그는 이미 오래 전에 비판사회학을 염두에 두고 아카데믹 사회학을 대표하여 다음과 같이 자신의 생각을 밝혔

30 동서양 이론의 잡종화를 시도하고 있는 김성국(2015: 448)은 "문명전환의 동아시아적 차원을 강조하는 김경동으로부터 큰 시사를 받았다"고 인정했고, 김경동의 수제자 가운데 한 사람인 배규한(2002: 279)은 "김경동 교수는 미래를 설계하고 이를 성취해나가는 방법을 모색함에 있어서 동양의 문화적 특성이나 한국 고유의 가치에 바탕을 두려고 했다"고 밝혔다.

다(김경동, 1989a: 7).

> "사회학의 문제의식과 비판적 성찰의 날카로움은 급진성을 드러내는 게 틀림없다. 그러나 그것이 곧 특정 형식의 사회운동을 정당화하는 근거가 될 수는 없다. 어떤 이가 사회학을 바탕삼아 특정 이념을 제창하고 이를 실현하기 위한 구체적 정치 운동들을 추진한다고 해서 그것이 사회학의 본성 때문이라고 하는 것은 학문을 옳게 이해하지 못한 소치이다. (…) 사상운동을 펴는 일은 개인과 집단의 실천적 행위이고, 사회학이라는 학문의 본령이 아니다. 사회학자는 혁명가도 될 수 있지만, 혁명을 반대하는 운동가도 될 수 있고, 혁명과는 무관한 실천가의 모습을 띨 수도 있다."

2002년 김경동의 정년퇴임을 맞이하여 김성국(2002: 391-392)은 김경동의 업적을 종합적으로 평가하고 기리는 논문에서 "김경동 교수는 명실상부하게 한국을 대표하는 세계적인 사회학자"라고 평가했다. 김성국은 그러한 평가의 근거를 다음과 같이 제시했다.

> "여기서 '한국을 대표한다'는 규정은 연구업적이 타의 추종을 불허할 만큼 양적으로나 질적으로 수월하다는 것이며 '세계적이다'라는 찬사는 국제학술지와 국제학술대회에 가장 많은 논문을 게재·발표하였을 뿐만 아니라, 연구내용이 '한국적 고유성과 세계적 보편성'을 융합하고 있다는 점에서 한국사회학의 토착화와 세계화를 동시에 달성하고 있기 때문에 부여된다. 요컨대 김경동은 한국사회학과 세계사회학을 아우르는 사회학적 전통에 있어서 위대한 사회학자의 한 사람으로 분명히 기록되어야 할 것이다."

김성국(2002: 392)은 같은 글에서 위의 일반적 평가를 다음과 같이 구체화하고 있다.

> "김경동의 연구업적과 학문 세계를 조금이라도 관심을 기울여 본 사회학자라면 그가 현대 한국사회학의 기틀을 잡고, 골격을 세웠다는 점을 인정하지 않을 수 없을 것이다. 연구저작은 물론이고, 사회학의 교육과 교재개발, 국내외의 주요 학술대회 개최 및 한국사회학회의 활성화, 각종 정책수립에 대한 지적 참여와 개입을 통하여 바깥으로는 사회학의 위상을 제고하고, 안으로는 사회학의 내실을 다지는 기여를 하였다."

사실상 김경동은 지금까지 한국의 사회학자 가운데 여러 분야에서 가장 방대한 연구업적을 기록한 학자이다. 사회발전론과 사회변동론에 대한 그의 기본 관심은 노사관계, 사회계층, 지역개발, 교육문제, 대중문화, 언론문제, 인구문제, 환경문제, 과학기술, 정보사회, 자원봉사, 종교문제 등 사회학의 여러 분야로 확산되었다. 그는 한국사회의 변동에 따라 새롭게 발생한 갖가지 문제들을 사회학적 분석으로 거의 일일이 대응했다. 김성국(2002: 391)은 김경동의 그런 학문적 작업을 두고 "시대의 흐름과 요구에 민감하게 대처하면서도 상품의 브랜드를 끝까지 고수하는 유연전문화flexible specialization의 다품종 소량생산"이라고 평하였다.

김경동의 수제자 가운데 한 사람인 배규한(2002: 269-279)은 2002년 김경동의 학문적 업적을 이렇게 요약했다.

> "개인적 인연뿐만 아니라 사회학자라는 공식적인 입장에서 보더라도 김경동 교수님의 폭넓은 활동과 방대한 업적은 제자에게 존경과 경외의 대상이다. 선생님은 1978년에 개론서 『현대의 사회학』을 출간하셨는데, 이 책은 개정을 거듭하여 지금까지도 가장 널리 사용되는 교재 중의 하나이다. 이후에도 지금까지 사회학 이론과 방법론, 사회변동, 발전과 근대화, 노사관계, 교육제도, 직업 및 계층 등의 분야에서 국문 학술 연구서적 14권, 영문 연구서적 2권, 논설 및 수상집 5권, 시집 2권을 출간하였으며, 번역서나 공동저서 및 편저서는 수십 권을 펴내셨다. 그 외에도 수십 편의 연구보고서와 수백 편의 논문을 발표하셨다. 김경동 교수님은 수량적으로는 물론 질적으로도 거의 타의 추종을 불허하는 저술 및 연구 활동을 통해 국내외에서 활발하게 전개해온 석학으로서, 1993년에는 (중앙일보에서 수여하는) 중앙문화대상 학술대상, 1994년에는 (전경련에서 수여하는) 자유경제출판상, 2001년에는 (성곡재단에서 수여하는) 성곡학술문화상을 수상하기도 했다."

김경동은 2013년에는 대한화학회에서 수여하는 탄소문화상 대상을 수상했는데, 서울연합뉴스는 2013년 11월 28일 "2013년 탄소문화상 대상 김경동 카이스트 경영대학 초빙교수"라는 제목하에 "김경동 교수는 사람 중심의 사회학을 연구해 과학적 합리성을 보편적으로 적용하고, 국민이 과학기술을 이해하는 데 기여했다. 사람 중심의 인간주의 사회학을 주창하여 삶의 심미적 차원을 고양시키고 부드럽고 아름다운 삶이 가능한 사회를 위해 연구했다"고 보도했다.

서울대학교 사회학과 교수로 재직하다가 김영삼 정부 시절 청와대 수석비서관을 역임한 이각범(2002: 3)도 김경동의 학문적 업적을 이렇게 정리했다.

> "浩山 김경동 선생님은 사회학자로서 급변하는 우리나라의 사회적 변화에 대한 분석과 그 현실적 대안을 만들기 위하여 분주하게 학문의 외길을 걸어오셨다. 선생님의 엄청난 다작多作은 사회이론에서부터 사회조사방법까지 방법론의 다양한 제시를 하였을 뿐만 아니라, 사회변동론에서 시작하여 사회구조분석에까지 동태적 관찰과 정태적 고찰을 아우른다. 또한 선생님은 우리 사회의 교육문제, 과학기술개발, 문화에 대한 이해, 스포츠, 민족 갈등, 복지에 대한 문제 등 다양한 문제와 과제에 대한 연구업적을 내셨다. 선생님의 50권에 이르는 방대한 저서에 이르러 일일이 그 제목을 열거할 수는 없다. 다만 '한'恨 '부드러움' '기'氣 등 보통의 사회학 연구에서 접할 수 없는 제목을 접하면서 인간주의 사회학을 강조하는 선생님의 학문적 특징과 폭을 읽을 수 있다. 선생님은 다양한 연구와 그 구체적이고 세밀한 실천의 업적을 쌓으셨으나 우리 사회 변화의 분기점마다 이에 적절한 학문적 참여를 주도하셨다는 점을 특히 언급하지 않을 수 없다. 산업사회와 노사관계에 대한 저작, 그리고 최근의 정보사회론에서 시대의 변화를 읽는 선생님의 예리한 통찰을 보게 된다. 이러한 맥락에서 선생님은 정년을 불과 몇 년 앞두고 한국정보사회학회를 조직하셔서 정보사회를 이해하고, 그 변화의 방향을 밝히고자 하는 학문 연구의 구심점을 마련하셨다."

김성국, 배규한, 이각범이 서울대 사회학과 출신이라면 고려대 사회학과 출신으로 동아대 교수를 하다가 국회의원으로 활동하고 현재 부산 시장으로 일하는 박형준(김경동 · 박형준, 2003: 54)도 김경동에 대해 이렇게 썼다. 김경동은 "수많은 저작을 통해 거시사회학과 미시사회학, 주류사회학과 비판사회학, 강단사회학과 재야사회학을 넘나드는 통찰력(으로) 한국사회에 대한 '진단과학'으로서의 사회학의 위상을 확립했다. (그 과정에서) '사회과학의 인간화'와 '인간학적 사회학'을 주장"했다.

김경동과 함께 한국미래학회를 이끌었고 베를린 특파원 출신으로 연세대 신방과 교수를 역임했던 최정호(2002: 11)는 김경동에 대해 이렇게 썼다.

“일찍이 현대사회학의 메인 스트림이라 할 전후의 표준사회학을 철저히 공부함으로써 훌륭한 방법론적 기초를 다져둔 김 박사는 (…) 한국사회학을 그 프론티어에서 한 세대 이상 이끌어온 대 석학이다. (…) 농경사회에서 산업사회로, 산업사회에서 다시 정보사회로, 이 나라가 우리들의 당대에 숨 가쁜 사회변동의 격랑기를 겪어오는 고비고비마다 ‘그때 그곳’에서 제기된 모든 중요한 문제에 대해 김 박사는 사회학도로서의 관심을 기울여 취재하고, 조사하고, 연구하고, 이론화하고 그를 통해 학문적으로 발언해 왔다.”

위에 제시한 여러 사람들의 평가에서 드러나듯 한국 아카데믹 사회학을 대표하는 김경동은 사회학의 이론과 방법론 그리고 발전사회학과 사회변동론을 비롯하여 사회학의 여러 분야를 광범위하게 소개했고 그런 이론적 방법론적 자원을 활용하여 한국사회에 대한 구체적인 경험 연구도 풍부하게 진행했다. 그는 사회학의 여러 분야에 대한 단행본을 집필했고 복지사회와 자원봉사의 사회학, 예술로서의 사회학, 감정사회학 등의 분야에서 시대에 앞선 연구 과제를 제시하기도 했다. 이상백에서 이만갑을 거쳐 김경동에 와서 큰 열매를 맺은 한국 아카데믹 사회학은 앞으로 김경동이 제시한 바 ‘문화적으로 독립적인 한국사회학’의 길을 걸으며 동아시아 사회학을 넘어 세계사회학에 기여하는 사회학으로 발전해 나가야 할 것이다.[31]

[참고문헌]

[김경동의 저서 및 논문]

김경동. 2014. “오늘 뭐해? 그냥 밥이나 같이 먹자/우리가 남이가?.” 정진홍 등 공저. 『길 위에서의 기다림』. 푸른사상. pp. 116-141.

_____. 2012. 『자발적 복지사회: 미래지향적 자원봉사와 나눔의 사회학』. 아르케.

_____. 2010. 『기독교 공동체 운동의 사회학』. 한들출판사.

_____. 2009a. “‘남기고 싶은 이야기’ 유감.” 남풍회 숙맥 동인(엮음). 『저녁 놀, 느린

31 김경동이 구순에 이르러 발표한 최근 논문, Kim Kyong-Dong, “Quo Vadis Science, Technology, and Society,” 『한국사회학』 제59집 제2호(2025), 155-183쪽은 그런 연구의 일환이다.

걸음』. 푸른사상. pp. 252-258.

______. 2009b. “우리는 진짜 멋진 교육을 받았지.” 남풍회 숙맥 동인(엮음). 『저녁 놀, 느린 걸음』. 푸른사상. pp. 259-266.

김경동·이온죽·김여진(공저). 2009. 『사회조사연구방법-사회연구의 논리와 기법(개정판)』. 박영사.

김경동. 2008. “발전과 변동의 사회학.” 대한민국학술원. 『한국의 학술연구: 정치학·사회학』. 대한민국학술원. pp. 710-775.

______. 2007a. 『급변하는 시대의 시민사회와 자원봉사』. 아르케.

______. 2007b. “유산과 상속의 이름.” 『문학저널』 2007년 2월호. pp. 74-140.

______. 2007c. “물고기가 사라진 텅 빈 어항.” 『계성문학』 23집. pp. 228-254.

김경동. 2006a. “격변하는 시대에 한국사회학의 역사적 사명을 묻는다-한국사회학 50년의 회고.” 『한국사회학』 제40집 4호. pp. 5-6.

______. 2006b. “한국사회학의 전환기, 55학번의 위상.” 『다시 출발선에 서서: 동문들이 쓰는 사회학과 60년』. 서울대학과 사회학과 60년 편집위원회 편. 선인. pp. 142-149.

______. 2006c. “슬픈 코메디.” 『문예중앙』 2006년 겨울호. pp. 129-152.

______. 2005. “광기狂氣의 색조色調.” 『문학사상』 2005년 9월호. pp. 104-158.

김경동/박형준. 2003. “한국지성과의 대담(3): 인간주의 사회학의 개척자 김경동 교수, 절름발이 정치가 사회발전 발목 잡아.” 『월간중앙』 2003년 12월호. pp. 54-70.

김경동. 2002a. 『한국사회발전론』. 집문당.

______. 2002b. 『미래를 생각하는 사회학』. 나남.

김경동 외(공저). 2002c. 『사이버 시대의 사회학』. 집문당.

김경동. 2000a. 『선진한국, 과연 실패작인가? 김경동의 문명론적 성찰』. 삼성경제연구소.

______. 2000b. 『시니시즘을 위하여』. 민음사.

김경동 외(공저). 1999. 『기업엘리트의 21세기 경제사회 비전』. 문학과지성사.

______. 1998. 『한국 교육의 사회학적 진단과 처방』. 집문당.

______. 1996a. 『사회·문화』. 법문사.

______. 1996b. “무심한 듯 한 표정의 자상하신 스승님.” 상백이상백평전출판위원회.

『상백 이상백 평전』. 을유문화사. pp. 344-347.
______. 1995. “변증법적 신문명론.”『철학과 현실』1995년 여름호. pp. 44-58.
______. 1993.『한국사회변동론』. 나남.
______. 1992.『한국인의 가치관과 사회의식』. 박영사.
______. 1989a. 『사회학의 이론과 방법론』. 박영사.
______. 1989b. “감정의 사회학-서설적 고찰.”『한국사회학』22집. pp.1-22.
______. 1988a.『노사관계의 사회학』. 경문사.
______. 1988b. 『인간과 사회의 변증법』. 조선일보사.
______. 1983a.『현대사회학의 쟁점-메타사회학적 접근』. 법문사.
______. 1983b.『경제성장과 사회변동』. 한울.
______. 1983c. “이만갑 교수의 학문세계.” 서울대학교 사회학연구회 편.『한국사회의 전통과 변화-이만갑교수화갑화갑기념논총』. 범문사: xv-xxv.
______. 1981. “역경易經의 원리에서 찾아본 노사관계의 사회학”『세계의 문학』6권 2호. pp. 218-237.
______. 1980a.『현대사회와 인간의 미래』. 평민사.
______. 1979.『발전의 사회학』. 문학과지성사.
______. 1978a.『인간주의 사회학』. 민음사.
______. 1978b(1985, 1997 개정판).『현대의 사회학』. 박영사.
______. 1978c. “인간주의 사회학이 왜 이 시대에 문제가 되는가.?”『연세사회학』3호. pp. 53-58.
______. 1978d. “복지사회의 사회학적 이론: 자발적 복지사회의 이념과 실제.”『한국사회학』12호. pp. 7-23.
______. 1966. “발전사회학 서설.”『한국사회학』2호. pp. 21-32.
______. 1964a. “태도척도에 의한 유교가치관의 측정.”『한국사회학』1호. pp. 3-22.
______. 1964b. “교과서 분석에 의한 한국사회의 유교 가치관 연구.”『이상백 박사 회갑기념논총』. 을유문화사. pp. 333-368.
______. 1964c. “최근 사회조사방법의 문제.”『합동논문집』(계명대, 서울여대, 숭실대, 대전대) 1호. pp. 55-63.

KIM, Kyong-Dong. 2025. *Quo Vadis Science, Technology, and Society*.『한국사회학』

제59집 제2호. pp. 155-183.

__________________. 2017a. *Alternative Discourses on Modernization and Development: East Asian Perspective*. New York: Palgrave and Macmillan.

__________________. 2017b. *Korean Modernization with Uneven Development: Alternative Sociological Accounts*. New York: Palgrave and Macmillan.

__________________. 2017c. *Confucianism and Modernization in East Asia: Critical Reflections*. New York: Palgrave and Macmillan.

Kim, Kyong-Dong. 1996. "Toward Culturally Independent Social Science : The Issue of Indigenizatoin in East Asia." in Su-Hoon Lee (ed.), *Sociology in East Asia and Its Struggle for Creativity: Proceedings of ISA Regional Conference for Eastern Asia*. Korea, Montreal. pp. 63-72.

__________________. 1985. *Rethinking Development: Theories and Experiences*. SNU Press.

__________________. 1979. *Man and Society in Korea's Economic Growth: Sociological Studies*. SNU Press.

[그 밖의 논문 및 저서들]

강신표. 2014. 『우리 사회에 대한 성찰적 민족지』. 세창출판사.

_____. 2005. "한국이론사회학회의 방향에 대한 작은 제안." 『사회와 이론』 6호. pp. 243-272.

_____. 1983. 『한국사회학의 반성』. 현암사.

김경만. 2015. 『글로벌 지식장과 상징폭력-한국 사회과학에 대한 비판적 성찰』. 문학동네.

김봉석. 2016. "이만갑의 사회학." 『한국사회학』 50권 2호. pp. 41-66.

김성국. 2015. 『잡종사회와 그 친구들: 아나키스트 자유주의 문명전환론』. 이학사.

_____. 2002. "김경동의 사회학." 호산浩山 김경동 교수 정년기념 논총 간행위원회(엮음), 『현대사회와 인간(1): 성찰의 사회학』. 박영사. pp. 391-415.

김용직. 2000. "이색스러움, 그 겉보기와 속내." 김경동, 『시니시즘을 위하여: 김경동 사회비평시집』. 민음사. pp. 8-15.

김우창, 1993(1981). 『지상의 척도』. 민음사.

김종영. 2015.『지배받는 지배자: 미국 유학과 한국 엘리트의 탄생』. 돌베개.

김필동. 2002. "한국사회 이론의 과제와 전략: '토착화론'을 넘어서."『한국사회학』제36집 2호. pp. 23-49.

김형국. 1984. "지방개발의 인간주의적 접근,"『국토계획』(대한국토계획학회) 19권 1호(통권 40호). pp. 122-132.

김형국·권태준·강홍빈(공저). 1985.『사람의 도시』. 심설당.

박재묵. 1979. "서평: 인간주의적 발전이론에 있어서 이상과 현실"-김경동의『발전의 사회학』(문학과지성사).『한국사회학연구』(서울대학교사회학연구회) 제3집. pp. 229-246.

배규한. 2002. "김경동과 미래 사회학." 김경동.『미래를 생각하는 사회학』. 나남. pp. 269-279.

부르디외, 피에르. 2005.『호모 아카데미쿠스』. 김정곤·임기대 공역. 동문선.

선내규. 2010. "한국사회학 장의 낮은 자율성과 한국 사회학자들의 역할 정체성 혼란."『사회학연구』(서강대학교 사회과학연구소) 18집 2호. pp. 126-176.

신용하. 2012. "서평: 김경동의『자발적 복지사회』."『한국사회학』46집 4호. pp. 294-301.

이각범. 2002. "머리말." 김경동 외.『사이버 시대의 사회학』. 집문당.

이만갑. 1980.『한국사회-그 갈등과 대응』. 다락원.

이성용. 2003.『여론 조사에서 사회 조사로』. 책세상.

_____. 1999. "역자후기: 한국사회과학자의 존재이유." 하워드 베커(Becker, Howard).『사회과학자의 글쓰기』. 이성용·이철우 옮김. 일신사. pp. 259-310.

정수복. 2021.『한국사회학의 지성사 2: 아카데믹 사회학의 계보학』. 푸른역사.

_____. 2016. "이상백과 한국사회학의 성립."『한국사회학』50권 2호. pp. 1-39.

_____. 2015.『응답하는 사회학-인문학적 사회학의 귀환』. 문학과지성사.

최정호. 2002. "한국의 르네상스人이자 휴머니스트." 김경동,『미래를 생각하는 사회학』. 나남. pp. 9-13.

코저, 루이스. 1980,『갈등의 사회적 기능』. 박재환(옮김). 한길사.

헤이건, 에버렛 E. 1965.『경제사회학』. 김경동 옮김. 을유문화사.

김경동 사회학의 성찰 :
『한국사회발전론』을 중심으로

정 일 준*

Ⅰ. 김경동 사회학의 위상과 이 글의 초점

김경동의 학문은 한국 사회학이라는 학술 장(academic field)에서 중심적 위치를 차지한다. 그의 사회학은 지난 두 세대에 걸친 한국의 사회발전 과정과 더불어 성장하고 성숙했다. 그의 학문 활동은 한국 사회가 유례없는 고도성장을 통해 압축 현대성(compressed modernity)을 성취한 시기와 겹친다. 따라서 김경동의 사회학을 이해하고 평가하는 작업은 '한국 사회발전을 어떻게 볼 것인가?'를 둘러싼 정치학, 경제학 등 여타 사회과학 학문 분과들뿐 아니라 역사학계의 평가와도 얽혀있다. 김경동 사회학의 한국 사회학에서의 위상을 "아카데믹 사회학의 주류화"라고 평가하기도 한다(정수복, 2022). 이러한 분류는 '한국 사회학의 지성사'라는 맥락에서 일부 수긍할 수 있는 지점도 있다.[1] 그렇지만 이러한 학계 안에서의 상대적인 자리매김만으로는 김경동의 학문 활동과 업적을 가늠할 수 없다. 후학이 감히 범접할 수 없을 정도로 학문의 세계가 넓고도 깊기 때문이다.

김경동은 서구 중심의 사회학 이론을 비판적으로 검토하고, 동아시아의 전통사상과 문화를 바탕으로 한 대안적 이론을 제시하고자 노력했다. 유교 가치와 음양변증법적 상호작용의 역동성을 활용하여 한국 사회변동과 사회발전을 설명하고자 했다. 나아가 인간 중심의 사회학과 문화적 교양을 강조하는 문명론적

* 고려대학교 사회학과 교수

1 정수복은 2022년 한국 사회학의 지성사 네 권을 펴내면서 각각 『한국 사회학과 세계 사회학』, 『아카데믹 사회학의 계보학』, 『비판사회학의 계보학』, 『역사사회학의 계보학』이라고 명명했다. 김경동의 사회학은 제2권 아카데믹 사회학에서 5부로 다루었다. "1부 이상백과 한국 사회학의 제도화," "2부 배용광과 대구·경북의 사회학," "3부 이만갑과 아카데믹 사회학의 형성," "4부 이해영과 아카데믹 사회학계의 형성," "5부 김경동과 아카데믹 사회학의 주류화."

접근을 통해 미래 사회의 방향성을 모색했다. 전통과 현대의 대화를 통해 미래 전망을 추구하는 '르네상스적 지식인이자 휴머니스트'였다. 그의 연구 영역은 실로 방대하다. 사회학 이론 및 방법론, 한국 사회 분석 및 진단, 사회발전론 및 문명론, 정보사회학 및 미래학 등에 두루 걸쳐 있다. 한 명의 사회학자가 평생 다루기에도 벅찬 연구 주제들을 기민하면서도 깊이 있게 다루었다. 그리고 이러한 연구 성과들을 꾸준히 영어 논문과 영문 저서로도 발표하여 서구 학계에 한국 사회학의 위상을 드높였다(Kim, 2017a; 2017b; 2017c).

이 글은 김경동 사회학에 대한 본격적이고 전면적인 리뷰나 평가가 아니다. 한국 사회발전론이라는 특정 주제에 초점을 맞춰 탐색적으로 검토하고자 한다. 그는 『발전의 사회학』(1979), 『현대사회와 인간의 미래』(1980), 『경제성장과 사회변동』(1983), 『한국인의 가치관과 사회의식』(1992), 그리고 『한국사회변동론』(1993) 등 여러 저술을 통해 한국의 사회변동과 사회발전을 다각도로 검토했다. 『한국사회발전론』(2002)은 김경동의 40여 년에 걸친 한국 사회 연구를 이론적이고 경험적으로 집대성한 저작이다.

Ⅱ. 사회발전 연구: 한국적 발전이론 모색

김경동은 정년을 맞아 은퇴하면서 출간한 『한국사회발전론』 머리말에서 자신의 "학문적 천착의 주종을 이루는 것이 **한국사회의 근대화와 발전에 대한 이론적 탐구**"라고 밝혔다(강조 필자). 책의 목차는 다음과 같다.

제Ⅰ부 근대화 및 발전 담론의 전개

제1장 근대화론과 발전론의 배경

제2장 한국의 근대화 및 발전 담론의 개관

제Ⅱ부 근대화와 발전의 새로운 이해: 이론적 관점

제3장 신근대화론

제4장 발전에 대한 새로운 해석

제Ⅲ부 유교, 아시아의 가치 그리고 근대화

제5장 유교와 근대화

제6장 '아시아의 가치'와 근대화 담론의 허와 실

제7장 초기 근대화와 좌절의 역사: 정약용의 '유교개혁'

제Ⅳ부 한국의 근대화: 사회변동의 특징

제8장 한국의 사회변동: 주제 접근법에 의한 성격규명

제9장 한국근대화의 특성

제10장 한국전쟁의 사회적 충격

제11장 도시화와 공업화의 사회적 충격

제12장 IMF위기의 사회학

제Ⅴ부 미래를 위한 신발전론

제13장 '선진 문화사회'론

제14장 '문화로 다듬은 발전'

제Ⅰ부에서는 서양에서 시작된 근대화가 전 지구적으로 확산되는 과정을 살핀다. 이어 한국에서의 근대화 및 발전 담론을 개관하는데, 국가 부문과 학계를 구분하고 전자를 먼저 다루고 있다. 이러한 구성은, 저자가 근대화는 서양이라는 **외부에서 시작하여** 한국 국가에 의해 **위로부터 부과된** 담론이라는 점을 인지하고 있다고 해석할 수 있다(강조 필자).

제Ⅱ부에서는 근대화와 발전을 새롭게 이해하는 이론적 관점으로 신근대화론을 제시한다. 먼저 근대화라는 용어에 대한 예비적 고찰을 통해 근대화의 역사성을 도출한다. 역사적 과정으로서의 근대화는 첫째, 국제적 문화접변(international acculturation) 과정으로 정의한다. 근대화는 일종의 기울어진 문화접변(tilted acculturation)이라는 특징을 나타낸다고 본다. 비대칭적 변동 과정이라는 것이다. 저자는 서양학자들이 '근대화=서구화'로 규정하는 입장을 비판한다. 근대화 과정에서 "제국주의적 식민화라는 매우 일방적인 정치경제적 침탈과 점령의 양상이 드러나기도 하였다"는 것이다(66쪽). 저자는 후발국의 근대화에 대한 올바른 이해를 추구하면서 서양 학자들과는 다른 새로운 해석을 제시한다. 적응적 변동(adaptive change)과 근대화의 토착화(indigenization of modernization)라는 개념 제시가 그것이다. 저자는 근대화 자체를 하나의 문화적 반응(cultural response)으로 간주한다.

저자가 제시하는 신근대화론의 이론적 원리는 다음과 같다. 첫째, 정치적 선택성의 원리(the principle of political selectivity)이다. 둘째, 문화적 선택성(the principle of cultural selectivity)의 원리이다. 셋째, 사회적 시스템의 성격이다. 저자는 첫 번째 원리에서 하위 범주로 구조적 유연성의 원리(the principle of structural flexibility)를 강조한다. 이때 구조적 유연성이란 "① 일차적으로 자원배분에서 상대적으로 소외당하고 박탈당한 다수가 자신들에게 정당하게 돌아올 자원의 배당을 공정하게 받을 수 있기를 요구할 수 있을 뿐 아니라 실지로 그 몫을 획득할 수 있도록 허용하는 구조적 조건을 일컫는 동시에, ② 그러한 구조를 가능하게 하는 사회적 결정행사에 정당하게 참여할 기회를 누구에게나 공정하게 제공하는 구조적 특성을 가리키기도 한다"(74쪽). 저자는 구조적 유연성이 증대되는 과정이 사회발전(societal development, development of society)이라고 본다.

제Ⅲ부에서는 유교와 근대화를 다룬다. 유교라는 문화적 요소가 근대화라는 포괄적인 사회변동에 끼친 영향에 초점을 맞춘다. 문화와 경제 간의 관계에 대해서는 크게 문화론(culturalism)과 제도론(institutionalism) 및 구조론(structuralism)으로 나뉜다. 저자는 명시적으로 전자의 입장을 취한다. 사회변동의 원인이나 요인은 워낙 다양해서 사회변동을 이론적으로 해명하는 작업은 매우 복잡하다. 따라서 일반 이론이라 해도 유관성이 높은 것들을 선별적으로 이론 체계 속에 포함할 수밖에 없다고 본다. "문화현상으로서의 유교를 앞세우고 그것이 경제성장을 위시한 근대화 과정에서 어떤 의미있는 구실을 한 것인지를 체계적으로 점검하는 데 초점을 맞출 것"이라는 전략이다(118쪽).

제Ⅳ부에서는 한국의 근대화라는 사회변동의 특징을 살핀다. 사회변동의 일반적 특성으로 급격성, 폭발성, 과도성을 지적한다. 변화 추진 방법의 특성으로는 변화의 의도성, 목표의 편파성, 수단의 파행성, 근시안적 안목과 행태, 외화내빈과 형식주의를 꼽았다. 이어서 한국 근대화의 특성도 주제별로 살피고 있다. 흥미로운 지점은 한국전쟁, 도시화와 공업화, 그리고 "IMF위기"를 살피고 있는 장들이다. 한국전쟁의 가시적 결과라 할 수 있는 인구·생태적 변화, 경제적 손실, 사회구조와 조직의 변동 및 정치적 결과를 다루고, 나아가 전쟁의 문화적, 인간적 충격을 다루었다. 맺음말에서는 두 가지 당부를 부연했다. "첫째, 전쟁의 결과와 충격에 대해서 논의할 때는 **북한의 피해와 변화도 고려**하는 것이 옳다. … 둘째, 전쟁의 사회문화적 충격을 분석할 때 마치 **오늘의 모든 문제나 현상의 근원이 전쟁에 있다는 식으로 단일 요인에 의한 인과적 결정론에 빠지지 않도록 조심해야** 한다"(344쪽. 강조 필자).

제Ⅴ부에서는 미래를 위한 신발전론을 제안한다. 발전의 목표 가치를 함축하는 것이 "선진문화사회(Advanced 'Cultured' Society)"의 이념이다. 저자는 이 가치를 실현하기 위한 수단으로서 우리가 추구하기를 촉구하는 발전 과정은 "문화로 다듬은 발전(cultured development)" 또는 "문화적 교양을 갖춘 발전"이 되어야 한다고 주장했다. 저자는 선진화의 조건으로 지속적 경제성장, 생태계 보호와 생명 존중, 정의로운 복지사회, 민주주의 정착, 문화적 선진사회, 도덕적 성숙사회를 제시했다. "문화로 다듬은 발전"은 개발 연대에 팽배했던 "개발문화(the culture of development)"의 한계를 지적하면서 나온 제안이다.

문화로 다듬어 교양을 갖춘 발전은 다음과 같은 질문에 대한 대답에서 출발해야 한다. "① 누구를 위한 발전인가? ② 무엇을 위한 발전인가? ③ 어떻게 하는 것이 발전인가? 다시 말하면, 어떤 수단과 방법으로 발전의 가치를 실현하고 목표를 달성할 것인가?"(489쪽). 저자는 첫째 질문에 대해 발전이 잠재력의 열어젖힘이라면 이는 '인간'과 '사회'의 발전이어야 한다고 강조한다. 모든 개인과 모든 사회가 발전의 혜택을 받는 대상이며 발전의 주체라는 것이다. 둘째 질문에 대해서는 삶의 질적 향상, 삶의 기회의 신장, 선진문화 사회의 실현을 꼽는다. 셋째 질문에 답하면서 구조적 유연성의 원리와 중용의 원리를 다시 강조한다. 저자는 한국 사회발전을 위한 개혁 과제도 구체적으로 제시한다. 끝으로 발전을 이끌어갈 사람들의 변화를 촉구한다. 정치인, 관료 집단, 기업인, 근로자, 지식인, 여성, 교육자 등을 지목한다. 저자는 결론에서도 발전을 제대로 이룩하기 위해서는 "인간 요소"가 가장 핵심적이라고 다시금 강조한다(517쪽).

Ⅲ. ≪한국사회발전론≫과 한국 사회발전: 한국 발전 과정의 단독성 (Singularity)?

『한국사회발전론』은 1960년대 초반부터 2000년대 초반까지 40여 년에 걸친 저자의 연구가 집대성된 저작이다. 그동안 한국 사회가 겪은 사회변동은 가히 천지개벽에 가까운 총체적 사회 전환(total societal transformation)이었다. 근대화 또는 사회발전의 출발점에서의 한국 사회와 지금의 한국 사회는 이름만 같을 뿐 다른 대상이다. 저자의 시선은 2000년대 초반에 멈춰있다. 이 저작을 20여 년이 지난 오늘날의 시각에서 평하는 것은 시대착오이다. 나는 오히려 지난 20년 동안 축적된 사회과학 지식에 기대어 김경동의 문제의식과 이론틀을 후학이 어떻게 계승하여 발전시켜 나갈 수 있을지 탐색하고자 한다.

첫째, 한국 사회의 실체(entity) 또는 범위(boundary)를 강조하는 방법론적 일국주의(methodological nationalism)의 존재론(ontology)을 넘어 관계론적 접근을 도입하고자 한다. 한국은 해방과 전쟁을 거치며 군대의 초국적화가 제도화되었다. 건국 초기부터 외국에 유학했던 지식인들이 사회 각계에서 활약했다. 이는 엘리트의 초국적 연계가 한국 사회발전에 중요한 역할을 했음을 의미한다. 한국 근대화는 무엇보다 세계시장에 참여하는 '수출주도산업화'로 추진되었다. 기업의 세계시장과의 연계가 한국 근대화의 핵심 축이었다. 최근의 전 지구적인 K컬처(K-culture) 붐은 한국 문화의 전 지구화 또는 한국인 감성의 전 지구적 보편화를 의미한다. '할리우드 키드'가 아카데미 감독상을 수상한 사건은 한국인의 정체성이 세계시민 정체성과 표리 관계를 이룬다는 징후가 아닐까?

둘째, 저자는 근대화를 '역사적 과정'이라고 본다. 그런데 이는 자연적인 역사 과정이 아니라 인위적 역사 만들기 프로젝트였다. 2차대전 후 냉전 체제 아래서 미국식 근대성 창출을 위한 미국의 글로벌 헤게모니 프로젝트의 일환이었다. 미국의 군산학복합체의 발전 담론이 바로 근대화론이다(정일준, 2003). 이는 근대화론이 처음부터 미국 학계의 사회 이론으로 출발한 게 아니라, 국무부와 국방부의 제3세계에 대한 관심사를 대학 연구소에서 학제(interdisciplinary) 연구를 통해 뒷받침한 국가 만들기(nation building) 작업의 일부였다는 실증 연구들을 통해 널리 알려졌다(Gilman, 2003; Ekbladh, 2010).

셋째, 저자가 사회발전에서 경제성장률, 소득 수준, 도시화율 같은 양적 지표가 다가 아니라고 비판하고 발전의 가치 함축을 지적한 것은 탁견이다. 한국 개발 문화의 부정적 측면을 비판한 것도 주목할 만하고, 세계체계 속에서 주변부 후발국들의 개발 문화를 언급한 것도 눈에 띈다. 그런데 일국 내부에서건 아니면 자본주의 세계체계에서 주변국이라는 지위에서 발생하는 문제들이건 이를 통합적으로 사고하지 못하고 따로 고찰하는 것은 문제이다. 모순과 위기를 내포한 전 지구적 자본주의 발전의 불균등결합발전의 독특한 산물로 사회발전의 문제점들을 사고할 수 있어야 한다(Anievas and Matin, 2016).

넷째, 저자는 한국 사회발전을 "이론적 탐구"한다고 주장한다, 그런데 여기서 과연 이론이란 무엇인가? 사회 이론(social theory)은 사회현상을 인과적으로 설명하고 해석적으로 이해하려는 이론 프레임이다, 사회구조, 사회변동, 사회제도, 사회조직, 사회운동, 권력, 정체성 등을 분석하는 데 사용된다. 다양한 사회 이론들이 있는데, 어떤 이론은 현실을 이해하거나 설명하는 데 그치지 않고 현실 비판을 통해 사회변혁을 지향하기도 한다. 또한 이론은 어떤 방식으로 사회현상을 연구해야 하는가에 대한 방법론적 지침을 제시한다.

[표 1] 이론 프레임의 양식화된 유형학

	문화주의 프레임	합리주의 프레임	구조주의 프레임
지배적 범주	사회적 규칙	행위자	자원
행위자 개념	사회규범에 의해 구성됨	목적지향적 개인	사회구조에 의해 구성됨
사회적 규칙 개념	구성적이고 규제적인 코드	행위자에 대한 제약	엘리트가 통제하는 도구
자원 개념	사회적으로 구조화된 실체	개인에게 효용있는 실체	구성적인 물질적 실체

자료: Mahoney, 2021: 217

앞의 [표 1]에 따르면 김경동의 이론 프레임은 문화주의이다. "인간주의 사회학," "문화로 다듬은 발전," "선진문화사회" 같은 핵심 개념에서도 문화가 강조된다. 구조주의나 합리주의 프레임에서도 한국 사회발전을 설명할 수 있다. 그런데 어떤 이론 프레임을 취할 것이냐는 문제를 학자 개인의 이론적 취향에 따른 '선택성'에 맡겨놓을 수 있을까? 학문의 장에서는 다양한 패러다임의 공존과 경쟁이 필수 조건이면서 미덕이 될 수 있다. 그런데 현실의 사회 세계에서는 어떠한가? 어떤 변수 또는 요소가 근대화와 사회발전에 더 영향을 끼쳤는가 하는 평가 문제는 현실에서 자원 분배와 권력 배분의 치열한 쟁점이다.

다섯째, 저자는 근대화의 토착화(indigenization of modernization)를 주장한다. 그런데 근대화가 총체적인 사회 전환을 수반하는 존재론적 천지개벽을 의미한다면, 근대화를 토착화한다는 말은 어떤 의미일까? 주지하다시피 근대화는 근대 사회뿐 아니라 근대인을 창출한다. 만약에 근대화된 개인이 자기 고향의 땅에 뿌리박고 살아가기보다는 도시나 타국의 어떤 장소나 개인과 연결되어 상호작용하며 생활한다고 하면, '토착화'란 무엇을 이르는 말일까? 근대화는 생활세계의 시공간을 변형하고 개인의 정체성 자체를 구성하고 또 재구성한다. 근대화의 주체는, 적어도 초기 국면에서는, 국가이고 따라서 국가 주도 경제개발이나 사회발전이 가능했다. 그렇지만 지구화(globalization) 국면과 디지털 전환(digital transformation)에 이르면 상황은 달라진다. 국가가 주도하거나 중심이 될 수 없다. 주도권은 대체로 기업으로 넘어가고 일부 개인에게 주어진다. 그렇다면 "토착화할 토양은 과연 어느 곳?"이냐는 의문이 제기된다.

이상의 문제 제기는 『한국사회발전론』의 저자에게로 오롯이 향하는 것이 아니다. 학문 후속 세대로서 어느덧 정년이 멀지 않은 필자 세대가 나눠서 지고 가야 할 과제이기도 하다.

Ⅳ. 보완적 연구 프로그램: 비교역사분석과 불균등결합발전

필자는 한국 사회발전을 설명할 보완적 연구 프로그램으로 비교역사분석과 불균등결합발전 이론을 소개하고 한다. 김경동은 비록 선택적으로 문화주의 프레임에 기울었지만, 문화주의를 합리주의뿐 아니라 구조주의와도 결합한 통합적 연구 프로그램을 제시할 수 있다고 본다.

1. 비교역사분석(comparative historical analysis: 약칭 CHA)은 사회과학의 방법론 중 하나로, 시간적 또는 공간적 비교를 통해 역사 과정과 거시 사회적 결과를

체계적으로 이해하려는 접근법이다.[2] 비교 연구, 역사적 맥락에 대한 감수성, 그리고 이론 구축을 결합하며, 질적 해석과 인과 분석을 두루 활용한다(Mahoney and Rueschemeyer, 2003; Mahoney and Thelen, 2015; Kreuzer, 2023). 먼저 CHA는 국가 형성, 경제발전, 혁명, 제도 전환 등 다양한 사례들을 비교하여 결과의 유사성과 차이점을 분석한다. 둘째, 역사적 과정 추적(process tracing)이다.[3] 통계적 변수 분석보다 사건의 시간적 연속성(temporal sequence), 중요한 역사적 분기점이 되는 결정적 국면(critical juncture), 그리고 경로의존성(path dependence)을 중시한다. 이로써 과거의 경로가 어떻게 미래를 제약하며 동시에 가능하게 하는지를 분석하고자 한다.[4] 셋째, CHA는 시간적·공간적 맥락에 민감하다. 그리하여 '몰역사적(ahistorical)' 일반화를 지양하고, 분석을 구체적인 역사적 맥락 속에 배치한다.[5] 특히 시점(timing)과 우연성(contingency)이 인과관계에 미치는 영향을 강조한다. 자본주의나 산업화의 기원 분석, 근대국가와 국제관계의 형성, 제국주의와 식민주의, 탈식민 국가들의 상이한 발전 경로, 혁명의 발생 여부, 다양한 민주화

2 고전 사회학자로는 마르크스(Karl Marx)와 베버(Max Weber)가 대표적이다. 현대 사회학자로는 배링턴 무어 주니어(Barrington Moore Jr.), 스카치폴(Theda Skocpol), 틸리(Charles Tilly), 아리기(Giovanni Arrighi), 홉슨(John Hobson), 마호니(James Mahoney), 그리고 스타인메츠(George Steinmetz) 등이 이 전통을 이어가고 있다.

3 과정 추적은 역사사회학, 비교정치학과 국제관계학에서 주로 사용하는 질적 연구 방법이다. 특정 사건이나 결과에 이르게 된 인과 메커니즘을 한 사례 안에서 단계별로 추적한다. "X가 Y를 유발한다"는 단순 상관관계 서술을 넘어, "X가 Y를 어떻게 만들어내는지" 그 구체적 역사 과정을 시간 순서에 따라 세밀하게 분석한다. 연구자가 제시한 가설 및 연구 질문에 따라, 진단적 증거(diagnostic evidence)를 체계적으로 수집하여 분석하고, 개별 사례에 대한 인과 추론을 이끌어낸다. 진단적 증거는 어떤 현상, 사건 또는 결과에 대한 특정한 설명 또는 원인을 강하게 지지하거나 배타적으로 뒷받침하는 증거로서 CHA에서 핵심 개념이다. 이는 특정한 인과관계나 가설에만 부합하며, 다른 경쟁 가설들과는 부합하지 않는 증거이다. 따라서 발견될 경우, 특정 가설의 신빙성을 강하게 높여주지만, 반대로 부재하거나 반대되는 증거가 발견될 경우, 해당 가설이 기각될 가능성도 커진다. 따라서 '일반적인 증거'와 달리 가설 간의 선별력을 갖춘 증거를 의미한다.

4 통계 방법이 다수 사례에서 인과 효과(effect)를 추정하는 데 반해, 과정 추적은 단일 사례 내(within-case analysis)에서 인과 메커니즘(causal mechanism)을 규명하고자 한다. 즉 인과관계의 '블랙박스'를 여는 것이 목적이다.

5 수얼은 각각 목적론적, 실험적, 사건적이라 명명한 세 가지 시간성(temporality)을 구분한다(Sewell, 2005). 한국 사회가 왜 발전할 수밖에 없었는지를 사후에 목적론적으로 해석하거나, 한국의 발전 경험을 다른 시대나 동시대의 다른 사회와 비교하려고 하는 시도가 실험적 시간성에 포획된 몰역사적 접근이다.

경로, 권위주의의 다양성, 지구적 불평등과 불균등결합발전 등의 주제를 다룬다.

방법론적 특성으로는 대체로 소수 사례(small-*N*)를 비교하는 사례 기반 분석이다. 맥락에 대한 두터운 서술(thick description)에서 출발하여 과정 추적을 통한 인과 분석을 추구한다. 이때 역사학자들이 주로 사용하는 일차 자료뿐 아니라 사회학, 정치학, 경제학, 인류학 등 각 분과 학문의 동료 연구자들이 일정하게 분류하여 정리해 놓은 이차 자료도 종합적으로 활용한다. 이를 통해 이론과 경험 사례를 효과적으로 연결하여 풍부한 역사적·맥락적 통찰을 제공하는 한편, 거시 사회변동의 장기적인 인과 과정을 설명하고자 한다. 물론 사례 수가 제한되어 이론적 일반화를 하거나 특정 이론을 검증하기 어려울 수 있다. 또한 제한된 사례에 대해서는 방대한 역사 지식이 전제되어야 한다. CHA는 인과관계, 역사적 우연성, 시간성(temporality)을 중시하면서, 대규모 사회변동과 장기적 경로를 설명하려는 유력한 연구 전략이다. 특히 한국의 근대국가 형성, 자본주의의 발전, 사회혁명, 민주화 등의 주제를 다룰 때 매우 유용한 접근 방법이다. 인과 경로를 구체적으로 설명할 수 있고, 시공간적 맥락의 깊이 있는 분석이 가능하며, 이론 검증·이론 구축·가설 정교화에 유용하다. 물론 연구에는 엄청난 시간과 자원이 필요하다. 연구 과정에서 연구자가 편향된 증거를 선택할 위험이 크다. 성공적으로 연구가 진행되어도 연구 결과를 다른 시대와 지역에 적용하여 일반화할 가능성은 크지 않다. 그렇지만 한국 사회학자들이 해명해야 할 분단체제, 한국 자본주의 발전, 한국 민주주의, 한국 문화의 지구화 등은 단독적(singular) 현상이다.

2. 불균등결합발전(uneven and combined development) 이론은 한국 자본주의의 형성과 발전을 연구하는 데 매우 유용한 역사사회학 분석틀이다. 이 이론은 시간적·공간적 이질성, 역사적 비동시성, 외부 국제질서·세계시장과의 결합을 강조한다. 한국과 같은 후기·후발 주변부 국가가 어떻게 독특한 방식으로 자본주의 발전과 민주화를 이루었는지 설명하고자 한다(정일준, 2019).

이에 따르면 한국이 자본주의 산업화를 시작했을 때 이미 세계는 자본주의에 의해 구조화된 공간이었다. 따라서 후발, 후기·후발 자본주의 국가들은 선진 자본주의 국가의 경로를 그대로 따르지 않고, 전통적 요소와 근대적 요소를 결합한 비동시적 발전 경로를 걷는다. 따라서 단위 사회 안에서 사회발전은 불균등(uneven)하며, 그 불균등한 요소들이 안팎으로 결합(combined)되어 독특한 사회구조를 형성한다. 따라서 한 사회의 후진성은 단순한 지체(遲滯)가 아니라, 낡은 것과 새로운 것의 비동시적 공존이며, 그것들의 결합이다.

이를 한국 자본주의 발전에 적용하면 다음과 같다. 이론적으로는 선진국 발전 경로를 그대로 답습하는 '단선적 발전론(linear development theory)'을 비판하고, 후발국의 발전은 항상 세계체계와의 비대칭적 관계 속에서 구성된다는 점을 강조한다. 사회발전의 내면에는 혼종성, 사회 갈등, 파열이 있다. 이는 사회체계 수준에서 모순의 반복과 생활세계 영역에서 지속적인 위기로 나타난다. 따라서 한국 자본주의는 단순한 '성장 서사'가 아니라, 다중적 시간과 공간의 뒤엉킴 속에서 형성된 역사적 특수성(singularity)을 갖는 체제로 이해해야 한다. 한국 자본주의는 자생적 시장 형성과 확대보다는 일제 식민지 유산에 더하여 미국 원조와 냉전 지정학이라는 외부 조건과 결합하여 성장했다(Anievas and Nişancioğlu, 2015). 냉전 체제, 분단 체제, 그리고 한미 동맹이 한국 사회발전에 끼친 영향을 보다 정교하게 분석해야 한다. 그러나 이들 외부 조건을 국가 내부의 국가 주도 산업화 전략, 강력한 관료 체제, 재벌 중심 축적 구조 등과 결합하여 독자적 발전국가를 형성한 것은 독보적이다. 세계사에서 유례없는 압축 근대화가 급속히 진행되는 한편, 농촌 몰락, 지방 소멸, 비정규직 노동 확대, 청년 세대의 상승 이동 단절 등 국내의 불균등성이 심화되었다. 결과적으로 지역 격차, 계급 격차, 젠더 불평등이 비동시적으로 구조화되면서 한국 사회발전은 평균적 상향 이동을 통한 동질화가 아닌 분절적 각개약진을 통한 파편화와 이질화가 극대화되는 방향으로 치닫고 있다. 지금이야말로 한국 사회발전의 내외 조건과 과정 그리고 '의도치 않은 결과'를 정교한 방법론적 접근을 통해 종합적으로 연구할 때이다. 이는 사회학 내부에서 문화적·제도적 접근을 통합하는 임무일 뿐 아니라, 여타 사회과학 분과 학문들과 나아가 역사학의 접근법을 전면적으로 수용하는 과제이기도 하다. 진리는 총체적이면서 구체적이기 때문이다.

[참고문헌]

김경동. 1978ㄱ. 『현대의 사회학』. 박영사.

______. 1978ㄴ. 『인간주의 사회학』. 민음사.

______. 1979. 『발전의 사회학』. 문학과지성사.

______. 1980. 『현대사회와 인간의 미래』. 평민사.

______. 1983. 『경제성장과 사회변동』. 한울.

______. 1988. 『인간과 사회의 변증법』. 조선일보사.

______. 1992. 『한국인의 가치관과 사회의식』. 박영사.

______. 1993. 『한국사회변동론』. 나남.

______. 2002. 『한국사회발전론』. 집문당.

정수복. 2022. "김경동과 아카데믹 사회학의 주류화." 『아카데믹 사회학의 계보』. 푸른역사: 359-437.

정일준. 2002. "4·19와 6·3 사회운동의 비교연구: 한국 사회변동과 미국의 개입." 『진단과 대응의 사회학』. 박영사: 241-276.

______. 2003. "미제국의 제3세계 통치와 근대화이론: 군산학복합체와 근대화이론의 탄생." 『경제와 사회』. 2003년 봄호: 125-147.

______. 2004. "근대화론: '팍스 아메리카나' 위한 미국의 제3세계 발전담론." 『현대사상 키워드 60』. 신동아 2004년 신년호 특별부록』: 136-141.

______. 2019. "한국의 장기 부르주아 혁명 한 세기: 불균등 결합발전으로 본 '3·1혁명'에서 '촛불혁명'까지." 『사회와 역사』. 2019년 가을호: 7-45.

Anievas, Alexander and Nişancioğlu, Kerem. 2015. *How the West Came to Rule: The Geopolitical Origins of Capitalism*. Pluto Press.

Anievas, Alexander and Kamran Matin (eds). 2016. *Historical Sociology and World History: Uneven and Combined Development Over the Longue Durée*. Rowman & Littlefield.

Ekbladh, David. 2010. *The Great American Mission: Modernization and the Construction of an American World Order*. Princeton University Press.

Gilman, Nils. 2003. *Mandarins of the Future: Modernization Theory in Cold War America*. The Johns Hopkins University Press.

Kim, Kyong-Dong. 2017a. *Alternative Discourses on Modernization and Develop-*

ment: East Asian Perspective. Palgrave and Macmillan.

________________. 2017b. *Korean Modernization with Uneven Development: Alternative Sociological Account*. Palgrave and Macmillan.

________________. 2017c. *Confucianism and Modernization in East Asia: Critical Reflections*. Palgrave and Macmillan.

Kreuzer, Marcus. 2023. *The Grammar of Time: A Toolbox for Comparative Historical Analysis*. Cambridge University Press.

Mahoney, James. 2010. *Colonialism and Postcolonial Development: Spanish America in Comparative Perspective*. Cambridge University Press.

______________. 2021. *The Logic of Social Science*. Princeton University Press.

______________. and Dietrich Rueschemeyer (eds). 2003. *Comparative Historical Analysis in the Social Sciences*. Cambridge University Press.

______________. and Kathleen Thelen (eds). 2015. *Advances in Comparative Historical Analysis*, Cambridge University Press.

Sewell, William H. 2005. "Three Temporalities: Toward an Eventful Sociology." *Logics of History: Social Theory and Social Transformation*. The University of Chicago Press: 81~123.

[후기] 나의 공부 길과 김경동 교수님의 학은

나는 1982년 서울대 사회계열로 입학한 후 1983년 사회학과에 진입했다. 1982년 대학 첫 학기 "사회학개론"(강사 한상진) 강의 교재가 김경동 저 『현대의 사회학』(1978)이었다. 사회학 개론서가 여러 권 출간되었지만 지금도 이 개론서를 능가할 저서는 없다고 확신한다. 김경동 교수님은 박사학위논문 심사위원장을 맡아주셨다. 사회학이라는 학문에 입문한 후부터 박사학위 취득에 이르기까지, 내 사회학 여정의 시작과 끝에 교수님이 계셨다. 학위를 마치고 2000년 9월부터 2003년 2월까지 시애틀 소재 워싱턴 주립대(University of Washington, Seattle)에서 방문교수로 연구와 강의를 겸하게 되었다. 교수님의 정년 소식을 듣고 퇴임 논총에 기고할 수 있었다(정일준, 2002).

사회학과로 진입한 1983년 봄 체육대회 후 '언덕 위의 흰 집' 삼역재(三亦齊)에서 선생님과 사모님으로부터 융숭한 대접을 받았다. 대학원 진학 후에는 매년 신년하례식 후 선생님 댁을 순방했다. 매년 방문 때마다 사모님이신 이온죽 교수님께서 푸짐하게 상을 차려주셨다. 그렇지만 학부에서는 선생님 강의를 들을 기회가 없었다.

1986년 대학원 1학기 '사회학이론'을 수강했다. 긴 탁자가 놓인 7동 3층 세미나실에서 진행된 수업이었다. 따로 발제자와 토론자를 정하시지 않고 자연스럽게 문제 제기와 토론을 유도하셨다. 학생들은 누구도 선뜻 입을 열지 않았다. 선생님 눈길이 학생들을 쭉 훑어보시다가 결국 내게 떨어지곤 했다. 나는 "누군가는 뭐라도 말해야 했기에," 자신도 잘 이해하지 못하는, 교재를 읽은 소감을 주섬주섬 떠들었다. 놀랍게도 교수님은 내 발언이 끝나면 내용 이해의 부실함이나 논리의 허점을 지적하시기보다 내가 한 말에 의미를 부여해 주시고 격려해 주셨다. 성적도 A+를 주셨다. 당시 학과 조교이던 선배들도 내가 높은 학점 받은 것을 보고 놀라워했다. 석사과정을 마치고 특수전문요원 시험에 합격하여 6개월간 군 복무를 마치고 박사과정에 진학했다.

박사과정에서도 김경동 교수님께 한 과목을 수강했다. 정해진 주제 없이 학생들이 각자 자기가 연구 중인 주제를 매주 발전시켜 발표하는 수업이었다. 나는 '북한의 민주주의'를 연구 주제로 잡았다. 처음 박사과정에 진입할 때부터 북한을 주제로 다루고 싶었다. 석사논문 주제가 해방 직후 남북한 분단 정권 수립과정에 대한 실증적 연구였다. 1980년대 중반 미국의 'G2 보고서'와 좌익계 신문과 잡지가 출간되었다. 국내와 해외, 좌익과 우익을 아우르는 자료를 바탕으로 해방 정국을 입체적으로 파악하고자 했다. 박사과정에 진학하면서 한국전쟁 이후 남북한의 사회발전 경로가 나뉘는 계기와 과정을 비교 분석하고 싶었다. 사실 부모님 두 분 모두 월남민이시다. 대학 진학 후 나는 이북5도청 장학금을 받아서 학업을 계속할 수 있었다. 내 경우 북한에 대한 관심은 이념적인 동기에서 촉발된 것이 아니라 가족사에서 유래한 바 크다. 기말 보고서를 제출했다. 김경동 교수님께서는 경험적 조사연구 없이 당이나 정권의 공식 문서와 자료들만 가지고 진행하는 연구의 한계와 위험성을 지적했다. 이 조언이 박사논문 주제를 남북 관계에서 한미 관계로 바꾸게 된 결정적 계기가 되었다. 현지 조사도 불가하고 다양한 시각에서 작성된 믿을 만한 일차 자료가 부재하거나 부족한 조건에서 북한 관련 박사학위논문을 작성하기는 사실상 불가했다. 학문적 관심과 문제의식도 신뢰할 수 있는 자료와 적절한 분석 방법 없이는 성취 불가하다는 점을 깨닫게 해주셨다.

박사과정 수료 후 1993년 미국 이스트 랜싱에서 개최된 국제 학술대회에 참석했다. 당시 위스콘신 대학(University of Wisconsin-Madison)과 시카고 대학(University of Chicago)에 재학 중이던 동기들을 만났다. 학업에만 전념하는 모습과 잘 갖춰진 도서관 시스템에 한편으로 놀라고 또 부러웠다. 귀국 후 지도교수이신 임현진 교수님께 미국 방문 소감을 가감 없이 말씀드리고, 한미 관계 연구차 미국 대통령 도서관과 국립문서보관소를 방문하고 싶다는 소망을 말씀드렸다. 임 교수님의 배려로 1994년 하버드 옌칭연구소 방문연구원(Visiting Fellow, Harvard-Yenching Institute)에 지원하여 1995년 선발될 수 있었다. 1995년 9월부터 1998년 2월까지 다섯 학기 동안 매 학기 세 과목씩 청강했다. 다른 수강생들과 똑같이 읽을거리를 읽고 토론에 참여한다는 조건으로 청강을 허락받았다. 사회학과(Ezra F. Vogel; Yasmin Soysal; Peggy Levitt), 정치학과(Roderick MacFarquhar; Seyla Benhabib; Steven K. Vogel), 역사학과(Akira Iriye; Herbert P. Bix) 등의 수업을 가리지 않고 청강했다. '동아시아 산업발전의 비교사회학', '세계체계의 정치사회학', '사회발전론', '발전의 정치경제학', '중국현대정치사: 천안문', '일본현대정치', '미국-아시아 국제관계사', '일본현대사', '미국외교정책', '비판이론', '사회운동론' 등을 하버드대에서 청강하고, MIT에서 암스덴(Alice H. Amsden) 교수의 '경제발전론' 수업도 들었다. 방학 때를 이용하여 '케네디 대통령 도서관'과 '존슨 대통령 도서관' 그리고 '미국국립문서보관소'에서 한국 관련 문서 자료를 수집했다. 'IMF 위기'로 암울한 조국에 1998년 2월에 돌아와 논문 작성에 집중했고 이듬해에 완성했다.

졸업 이후에도 크게 은혜를 입었다. 2013년 고려대 사회학과 교수로 부임한 후 첫 번째 연구년을 맞이했다. 나는 중국어 능력을 향상하고 싶었다. 워싱턴대에서 가르칠 때부터 방학 때마다 중국어를 학습했다. 한미 관계에 더해 한중 관계도 본격적으로 연구하고 싶었는데, 중국어 능력은 필수였다. 연구년을 맞아 중국 대학에 가서 한국 사회에 대해 가르치며 어학연수도 하고 싶었지만 여의치 않았다. 그러던 차에 김경동 교수님을 찾아뵈었다. 그 자리에서 대만 중앙연구원

(Academia Sinica)의 마이클 샤오(Hsin-Huang Michael Hsiao) 교수에게 추천장을 써 주셨다. 그해 11월부터 2014년 6월까지 중앙연구원에서 방문교수 자격으로 연구와 중국어 학습에 전력할 수 있었다.

돌이켜보면 서울대 사회학과에서 신용하 교수님께 '민족'을, 김진균 교수님으로부터 '민중'을, 임현진 교수님께 '민주'를 배웠다. 내가 김경동 교수님께 배운 것은 다른 교수님들로부터 배운 내용과 사뭇 달랐다. 문제의식이나 연구 주제, 연구 방법이 아니라, 연구자로서의 기본 자세와 학자로서 동료들을 대하는 태도를 배웠다. 한마디로 학자로서의 교양과 인품을 폭넓게 배웠다. 교수가 되어 박사논문 지도를 하다가 문득 내 박사논문 지도교수와 심사위원들을 떠올리곤 한다. 얼마나 지적하고 싶은 허점들이 많았을까? 하고 싶은 말들을 목구멍 아래로 삼킬 때마다 나는 김경동 교수님의 학자로서의 이론적 유연함과 스승으로서의 실천적 너그러움을 떠올린다. 내가 연구자로서, 또 지도교수로서 학계에서 어떤 미미한 역할이나마 수행하고 있다면 그것은 호산 선생님으로부터 받은 학은(學恩) 덕분이리라.

선구자의 어깨 위에서 미래를 보다 : 김경동 선생의 가르침과 차세대 미래연구

서 용 석*

Ⅰ. 서론

현대사회는 기술혁신과 가치관의 빠른 변화 속에서 미래를 선제적으로 예측하고 대비해야 할 과제를 안고 있다. 사회학과 미래학의 접점에서 이러한 문제의식을 일찌감치 통찰한 학자가 바로 김경동 선생이다. 그는 일생을 통해 한국 사회학의 지평을 미래로 확장하면서, 미래에 대한 학문적 사유와 사회적 실천을 겸비한 선구자적 역할을 수행해왔다. 이제 우리는 이전보다 훨씬 더 빨라진 변화의 시대에 그의 학문 세계를 재조명함으로써, '선구자의 어깨 위'에서 미래를 바라보고자 한다. 이는 단순한 과거 업적의 회고가 아니라, 김경동 선생의 사상을 토대로 미래의 대안을 구상하고, 새로운 연구 방향을 모색하려는 노력이다.

김경동 선생의 학문 세계를 돌아보는 일은 여러 가지 이유에서 의미가 깊다. 첫째, 그는 한국 사회변동론과 미래 연구의 개척자로서 사회발전과 미래 예측에 대한 독자적 담론을 구축하여 한국 사회학의 지평을 넓혔다(배규한, 2022). 둘째, 그가 강조한 인간주의적 가치와 공공 지성은 기술 만능주의로 치닫는 오늘날에도 유효한 지적인 나침반을 제공한다. 셋째, 선생이 몸소 실천한 지식인의 사회적 책임은 차세대 연구자들에게 학문과 현실을 잇는 모범적 자세로 남아 있다(배규한, 2022).

이러한 맥락에서 본 논문은 김경동 교수의 사상과 업적을 검토하고, 거기에서 도출되는 통찰을 바탕으로 미래 연구의 새로운 과제를 제시하고자 한다. 본고는 에세이 형식을 취하지만, 내용 전개는 학술적 분석 방법에 기초한다. 우선, 김경동 교수의 학문적 여정과 사상적 유산을 살펴보기 위해, 선생의 주요 저서

* KAIST 문술미래전략대학원 교수

와 논문, 그리고 배규한(2022) 교수의 평론인 「미래사회학의 시각에서 본 김경동 교수」 등의 2차 문헌을 검토하였다. 이를 통해 김경동 사상의 핵심 개념을 추출하고, 그것이 오늘날 갖는 의의를 분석한다. 아울러 AI 혁명으로 대변되는 기술 진보, 기후위기, 인구구조 변화 등이 견인하는 문명사적 대전환기를 조망하면서 김경동 사상으로부터 얻을 수 있는 시사점을 도출하고자 한다.

논문의 각 절은 김경동 선생의 사유를 과거와 현재, 미래의 맥락과 연결짓는 서사로 구성한다. 먼저, 제2절에서는 김경동 선생의 학문적 여정과 사상적 유산을 조망한다. 사회변동론, 정보사회 이론, 미래사회학의 개척 및 공공 지성으로서의 활동을 중심으로, 그의 학문이 한국 사회학에 끼친 영향을 분석한다. 제3절에서는 김경동 사상의 핵심 개념을 세 가지 축으로 정리한다. 첫째, '선택하는 미래'라는 철학을 통해 윤리적 사회 예측의 방향성을 조명하고, 둘째, 한국의 고유한 문화적 구조와 맥락에서 풀어낸 통찰을 고찰하며, 셋째, 문명 전환기에서의 가치와 제도적 상상력을 탐색한다.

제4절은 김경동 사상의 현대적 적용 가능성을 중심으로 차세대 미래 연구의 과제를 제시한다. 인공지능, 기후위기, 인구구조 변화, 글로벌 패권 교체기 등 새로운 사회적 도전에 직면한 오늘날, 김경동적 접근이 어떻게 재맥락화될 수 있는지를 논한다. 마지막 제5절에서는 앞선 논의를 종합하여 김경동 사상이 오늘날 갖는 지속 가능한 지적 유산으로서의 의미를 평가한다. 아울러 차세대 연구자들에게 던지는 학문적 요청과 격려의 메시지를 통해, '선구자의 어깨 위에서 미래를 보다'라는 의미를 성찰하고, 차세대 연구자들에게 전하는 지적 유산과 격려의 메시지를 제시한다.

Ⅱ. 김경동 교수의 학문적 여정과 사상적 유산

1. 사회변동 연구와 한국사회학의 지평 확장

김경동 선생의 학문적 여정은 서울대 사회학과 교수로 재직하며 한국적 사회변동 이론을 체계화한 것으로부터 시작한다. 당시 많은 사회과학자들이 서구 이론을 수용하는 데 치중했지만, 김경동 선생은 한국 고유의 역사·문화를 반영한 대안적 발전 담론을 개척했다. 예컨대 그는 한국 사회를 올바로 이해하고 바람직한 미래를 설계하기 위해서는 동양의 문화적 특성과 한국 고유의 가치를 알아야 한다고 일갈하며, 동양문화와 유교적 가치에 근거한 발전이론을 주창했다(배규한, 2022; 163). 이러한 관점은 한국의 산업화 시기의 경제성장 담론에 문명사적 성찰을 불어넣은 것이었다. 실제로 선생은 산업화와 사회변동을 다룬 저술들에서 물질적 성장뿐 아니라, 문화적·윤리적 기반의 중요성을 역설하였다(김경동, 1979; 1980; 1985a; 1985b; 2002; 2019). 그의 대표적 저서인 『발전의 사회학』(1979)과 『한국사회발전론』(2002) 등에는 서구 중심 이론을 비판적으로 수용하면서 한국사회의 발전 경로를 새롭게 해석하려는 이러한 지적 노력이 녹아 있다.

김경동 선생은 사회변동에도 남다른 통찰을 보여주었다. 그는 1980년대 이후 한국이 겪은 압축 성장과 민주화, 정보통신 혁명 등의 과정을 분석하면서 '사회변동의 한국적 모델'을 제시하고자 했다. 예컨대 『현대사회와 인간의 미래』(1980)와 『한국사회변동론』(1993) 등에서 그는 경제·산업 구조의 변화뿐 아니라 세대 간 갈등, 가치관 변화와 같은 미시적 차원의 변동까지 아우르는 입체적 접근을 취했다(김경동, 1980; 1992; 1993). 특히 정보사회로의 이행에 대해 그는 비교적 이른 시기부터 주목하였는데, 정보기술이 새로운 문명을 창조하고 인간 삶을 풍요롭게 할 가능성과 동시에 사회적 부작용을 지적한 선구적인 학자였다(배규한, 2002: 165-166). 1980년대 중반부터 『정보사회의 도전과 대응』(1986) 등의 연구를 통해 정보화시대의 의사소통과 사회변동을 분석하였다(김경동, 1985; 1986). 이러한 연구 여정은 한국사회학의 지평을 과거와 현재에서 미래로 확장한 업적으로 평가된다.

2. 미래학과 사회 예측에 대한 선구적 접근

김경동 교수는 단순히 과거와 현재의 사회변동을 해석하는 데 머물지 않고, 미래를 향한 학문적 탐색에도 앞장섰다. 그는 1960년대 후반 일찍이 미래 연구의 필요성을 인식하여 한국미래학회[1]의 태동기에 창립 멤버로 참여하였고, 이후

1 1968년 창립된 한국미래학회는 당초 '서기 2000년회'라는 이름으로 발족했다. 이 학회는 대한민국에서 처음으로 '미래'를 학문적인 담론의 주제로 삼았다는 점에서 선구적인 의미를 지닌

미래학의 이론과 방법론을 사회학에 접목하는 데 힘썼다(배규한, 2022). 당시 미래학은 국내에 생소한 분야였으나, 김경동 교수는 사회학자이자 미래학자로서 이 분야를 개척하여 '사회 예측(social forecasting)'의 학문적 위상을 높였다. 그는 서울대에서 '미래사회학' 강의를 개설하여 대학원 제자들에게 미래를 연구 주제로 삼는 법을 가르쳤다(배규한, 2022). 이 같은 노력 덕분에 김경동 선생은 후학들에게 국내에서 미래학 분야를 개척한 대표적 사회학자로 통한다.

선생의 미래학적 접근은 시나리오 기법과 사회 예측 원리를 한국사회 맥락에 적용하려는 시도로 나타났다. 그는 미래를 하나로 단정하지 않고 '복수의 가능한 미래(alternative futures)'를 상정하여 대비해야 한다는 입장을 견지했다. 가령 김경동 선생은 '미래란 예측의 대상이기보다는 선택과 창조의 영역'이라는 신념으로, 사회가 원하는 미래상을 능동적으로 설계해야 한다고 강조하였다. 이러한 철학은 『미래를 생각하는 사회학』(2002)에 잘 나타나 있는데, 이 저서에서 그는 사회학적 상상력으로 미래의 여러 경로를 탐색하면서, 미래를 '예견(forecasting)' 할 뿐 아니라 '형성(inventing)'하는 사회학의 역할을 역설하였다(김경동, 2002). 그는 과거와 현재의 연장선상에서 미래를 예측하는데 그치지 않고, 가치 지향적인 비전으로 미래를 그려내야 한다고 주장하였다.

또한 김경동 선생은 일찍이 미래 예측에서 과학기술의 양면성을 강조하였다. 그는 정보혁명과 생명공학 등 신기술이 가져올 밝은 미래를 그리는 동시에, 그로 인한 사회문제와 윤리 딜레마를 지적했다(배규한, 2002: 165). 기술이 인류의 삶을 풍요롭게 하지만 사회변동, 제도화 과정에서 부작용과 부적응 문제를 야기할 수 있음을 지적하면서 이에 대한 대응방안의 모색을 주문했다. 이는 기술 낙관론 일변도의 미래 담론에 경종을 울린 것으로, 이후 등장한 디지털 격차, 개인정보 침해 등의 문제를 예견한 통찰이었다. 이러한 균형 잡힌 시각 덕분에 김경동 교수는 사회 예측 분야의 선구자로서 국내 정책 입안과 공론장에도 큰 영향력을 미쳤다.

다. 특히 주목할 점은 학회가 전공 분야와 직능 분야의 경계를 허물고 범 학문적인 토론과 연구의 장을 마련했다는 것이다. 이는 당시 학계에서는 매우 혁신적인 시도였으며, 미래 문제의 복합성을 일찍이 인식하고 통합적 접근의 중요성을 강조했음을 보여준다.

3. 지식인으로서의 책임과 공공 지성의 실천

김경동 선생의 학문 여정에서 또 하나 두드러지는 부분은 지식인의 사회적 책임의식과 이를 행동으로 옮긴 공공 지성의 실천이다. 그는 학교의 연구실에만 머무르지 않고, 축적한 지식을 사회에 환원하기 위해 다양한 공적 활동에 헌신하였다. 특히, 김경동 선생은 시민사회의 성장에도 깊은 관심을 가졌는데, 이는 그가 학문적으로 강조한 '자발적 참여와 공동체 정신'을 현실에서 구현하려 한 노력과 맥이 닿아 있다. 이러한 그의 사상은 『급변하는 시대의 시민사회와 자원봉사: 철학과 과제』(2007), 『자발적 복지사회: 미래지향적 자원봉사와 나눔의 사회학』(2012), 『자원봉사의 New 패러다임』(2016) 등에 잘 나타나 있다.

1990년대 후반 외환위기와 사회갈등의 시기에 김경동 선생은 건강한 시민사회 구축을 위한 운동을 이끌었다. 그는 <시민사회포럼> 대표를 맡아 2000년대 초반까지 시민단체들과 함께 성숙한 민주사회의 비전을 논의했고, <성숙한 사회 가꾸기 모임>의 공동대표로서 시민의식 향상 캠페인을 전개하였다(한국중앙자원봉사센터, 2015). 무엇보다 주목할 점은 그의 자원봉사 활성화 운동이다. 김경동 교수는 "자발적 복지사회"라는 개념을 주장하며, 정부 주도의 복지에서 벗어나 시민들이 주체적으로 나눔과 봉사를 실천하는 사회를 꿈꾸었다(김경동, 2012). 이러한 신념 아래 그는 2000년대에 한국자원봉사포럼의 초대 회장으로 선출되어 전국의 자원봉사 리더들을 규합하고 봉사 문화 확산에 앞장섰다(한국중앙자원봉사센터, 2015). 심지어 정년 퇴임 후 일어난 사회봉사단체 활동과 지역 공동체 운동에도 적극적으로 참여하여, 본인이 주장한 미래 창조를 현실 속에서 몸소 실천하는 모습을 보였다(배규한, 2022: 149).

김경동 선생의 이러한 공공 지성은 학자와 시민 사이를 잇는 가교역할을 했다. 그는 대학 강단에만 머무르지 않고 신문 기고와 대중 강연을 통해 사회 담론을 선도했다. 교육, 가치, 미래세대, 행복 등의 주제로 인문학 콘서트나 언론 인터뷰에 응하면서, 대중에게 깊이 있는 통찰을 전달하였다. 이를 통해 지식인의 책무인 사회 계몽과 공론 형성에 크게 이바지한 것이다. 가령 한 신문 인터뷰에서 김경동 선생은 미래세대의 권리를 헌법에 보장해야 한다고 역설하며, 현재세대의 책임과 미래세대의 복지를 연결짓는 식견을 보여주었다(김대현, 2015). 이처럼 학술, 정책, 시민사회 세 영역을 종횡무진하며 지식인의 사회적 책무를 몸소 실천한 김경동 선생의 삶은 후학들에게 큰 귀감이 되고 있다. 그의 학문적 유산은 사상과 이론뿐 아니라, 품격 있는 지성인의 삶 자체로도 우리에게 전승되고 있는 셈이다.

Ⅲ. 김경동 사상의 핵심 개념과 오늘의 의의

1. 선택하는 미래와 사회 변화의 방향성

김경동 선생의 사상에서 무엇보다 두드러지는 것은 '미래는 선택하는 것'이라는 철학이다. 그는 미래를 단순히 다가오는 운명으로 간주하지 않고, 현재의 선택과 노력에 따라 다양한 모습으로 펼쳐질 수 있는 영역으로 보았다. 이런 관점에서 김경동 선생은 사회구성원들이 어떤 미래를 만들고자 하는지 자문해야 한다고 강조했다. 미래를 예측하는 것에 그치지 말고, 바람직한 미래의 상(像, Image)[2]을 그려 능동적으로 대비해야 한다는 것이다. 예컨대 김경동 선생은 일찍이 미래는 예측의 대상이 아니라 비전으로 그려내야 한다고 역설하였는데, 이는 사회 각 분야가 미래지향적 목표와 가치를 분명히 설정해야 함을 뜻한다. 이러한 '선택하는 미래' 관점은 오늘날 기후변화나 기술 위험처럼 우리의 선택에 따라 미래 결과가 크게 달라질 수 있는 문제들에 특히 유효하다.

또한 김경동 교수는 미래비전의 방향성에 있어서 인간 존엄과 공동체적 가치를 최우선에 놓았다. 그가 말하는 바람직한 미래란 "인간 중심의 미래"이며, 기술과 경제가 아무리 발전해도 인간다움이 유지되어야 함을 강조하였다(배규한, 2022: 149). 예컨대 『미래를 생각하는 사회학』에서 그는 인간의 자유와 창의성이 꽃피는 미래, 공동체의 연대와 도덕성이 살아있는 미래를 사회가 함께 선택해야 할 지향점으로 제시한다. 이러한 비전은 경제성장률이나 물질적 풍요만을 좇는

---

2 네덜란드 출신의 사회학자이자 미래학자인 Fred Polak은 1955년(1973 영문판)에 펴낸 그의 저서 『The Image of the Future』에서 사람들이 갖고 있는 미래의 '이미지'가 한 사회의 문화와 운명을 결정짓는 핵심 요소라 보았다. Polak은 미래 이미지가 긍정적이면 문명은 번영하고, 이러한 이미지가 약해지면 사회적 쇠퇴가 시작된다고 주장했다(Polka, 1973).

근시안적 미래관을 비판하면서, 미래의 질(質)을 고민하게 만든다. 특히 그는 미래세대가 살아갈 환경과 문화의 질을 논하며, 현세대가 미래세대의 이익을 대신 고려해줄 의무가 있다고 다음과 같이 역설했다.

> 자연생태계는 계속해서 훼손되고 환경오염과 자원의 과다한 이용, 고령화와 저출산에 따른 복지재정 악화 등이 미래세대에게 큰 부담을 주고 있다. 세대 간 소통 단절과 문화적 간극이 커질 경우 자원배분의 공정성 문제가 세대 간 충돌로 이어질 수 있다. 기성세대가 지금처럼 기득권을 고집한다면 미래세대는 우리가 누리는 번영을 맛볼 수 없다. 우리 자손들이 본인들의 의지와 무관하게 낙후된 사회로 내몰리고 있다. 그 책임은 전적으로 기성세대에 있다 … . 아메리카 대륙의 인디언들은 후세를 위한 역할을 고민할 때 7세대를 내다봤다고 한다. 그들에게 미래는 200년을 내다보는 장기적인 것이었다. 그런데 우리는 과연 어떻게 하고 있나. 모두가 미래를 위해 살고 있지만 현실에 급급한 나머지 미래를 의식할 여유가 없다. 이제 의식의 전환이 필요하다. 후손에게 나쁜 영향을 줄 요인들은 기성세대가 제거해야 한다(김대현, 2015).

요컨대 김경동 교수의 '선택하는 미래'란 미래에 대한 윤리적 선택을 의미하며, 그것이 사회 변화의 방향을 결정짓는다는 통찰을 담고 있다. 오늘날 전 지구적 위험과 기회 앞에서 이 통찰은 더욱 빛을 발한다. 우리의 미래는 정해진 운명이 아니라, 우리의 가치 선택과 집단 지성이 빚어낼 작품이라는 깨우침이기 때문이다. 김경동 선생이 우리에게 남긴 질문 "우리는 어떤 미래를 선택할 것인가"는 여전히 현재진행형으로 울림을 준다.

2. 한국 고유의 문화적 구조와 한국적 맥락에서의 통찰

사회학의 오랜 화두인 구조와 행위의 이중성에 대해서도 김경동 선생은 독자적인 통찰을 보여주었다. 그는 거시적 구조와 미시적 행위의 상호작용을 중시하면서, 한국 사회의 특수한 맥락에서 이를 고찰하였다. 서구 사회이론에서 구조 대 행위의 논쟁이 추상적으로 전개되는 경향이 있다면, 김경동 선생은 구체적인 한국사회 현실 속에서 구조와 행위의 역동적 균형을 모색한 것이다.

우선 그는 문화, 제도와 같은 구조적 요인을 깊이 성찰하였다. 앞서 살펴보았듯, 김경동 선생은 서구 보편주의에 입각한 구조 이론을 그대로 받아들이기보다 한국 고유의 문화적 구조를 부각시켰다(배규한, 2022: 163). 유교적 가족주의, 공동체 의식, 교육열 등 한국사회를 지탱하는 가치와 규범을 구조의 일부로 보고, 이러한 문화 구조가 개인의 행위에 미치는 영향을 강조했다. 예컨대 산업화 시기의 노동윤리를 논할 때 그는 유교문화권의 근면성, 교육 수준 등의 구조가 경제성장에 기여한 측면을 분석하였다. 또한 정보사회에서의 제도화 과정을 이야기할 때도 서구와 다른 한국적 경로의 가능성을 모색했다. 이는 한국사회를 바라보는 구조적 시야를 넓혀주었다.

동시에, 김경동 선생은 인간의 주체적 행위와 역동성을 무엇보다 중시했다. 그는 "인간주의"를 지향한 학자답게 개인의 의식 변화와 실천이 사회변동을 이끄는 원동력임을 강조하였다(배규한, 2022). 예컨대 그는 동아시아 금융위기 등 격변기에 사회구조의 제약 속에서도 개인과 집단의 창의적 행위가 새로운 질서를 만들어낼 수 있음을 강조했다. 1997년 IMF 경제위기 당시 시민들의 자발적 금 모으기 운동, 노사정 협력을 통한 위기 극복 노력 등을 두고 그는 위기 상황에서 구조를 변화시키는 행위의 힘을 역설했다. 무엇보다도, 개인의 윤리적 선택과 행동(예컨대 자원봉사 참여)이 사회구조(복지체계, 공동체 문화)에 변화를 줄 수 있다고 본 그의 시각은, 우리가 당면한 많은 문제들 - 기후위기에 대한 생활양식의 변화, 저출산과 고령화로 인한 복지 수요의 증가, 가족의 해체와 공동체 붕괴 등 - 에 시사하는 바가 크다. 사회구조의 틀을 인정하되, 그 속에서 주체적으로 길을 찾는 인간의 능동성을 믿었던 김경동 선생의 통찰이 오늘의 한국 사회에도 여전히 유효한 이유가 여기에 있다.

3. 문명 전환기에서의 가치와 제도적 상상력

김경동 선생의 사상은 인공지능이 이끄는 기술 혁명, 기후위기 등 문명사적 전환기에 요구되는 가치와 상상력에 대해서도 풍부한 시사점을 제공한다. 그는 인류 문명이 산업사회에서 정보사회로, 또 정보사회에서 새로운 단계로 넘어가는 전환의 순간마다 사회학자로서 예리한 통찰을 제시해 왔다. 특히 가치관의 재정립과 제도의 혁신이라는 두 가지 축을 중심으로 미래 사회를 구상한 점이 주목된다.

첫째, 가치의 측면에서 김경동 선생은 동서양 문명의 조화로운 결합을 추구했다. 서구 문명이 이루어낸 과학기술, 민주주의 등의 성과를 인정하면서도, 그 한계를 보완할 동양적 가치의 중요성을 강조한 것이다. 예컨대 물질문명으로 인한 인간성 상실이나 환경 파괴 문제에 대해 그는 유교적 인(仁) 정신, 불교의 자비심 등 동양 사상의 인간존중, 생태 존중 가치를 상기시켰다. 이러한 가치관을 바탕으로 선생은 한국사회가 지향해야 할 미래상으로 "선진문화사회"를 제시한다. 선진문화사회란 경제적 선진을 넘어서 문화적 품격과 교양이 갖춰진 사회로서, 김경동 선생은 이를 "동양적인 '교양'의 손길이 닿은 '문화적으로 다듬은' 발전"으로 성취할 수 있다고 보았다(배규한, 2022: 149). 다시 말해, 서구 과학기술에 동양의 문화적 교양을 입혀 인간다움과 풍류가 살아있는 문명을 만들자는 구상이다.

이는 그의 저서 『사회적 가치: 문명론적 성찰과 비전, 2019』에서도 잘 드러난다. 혼란한 현대사회 속에서 사회적 가치의 의미와 중요성을 철학적·사회학적으로 해석한 이 책에서, 김경동 선생은 미래 문명이 추구해야 할 가치로서 공공선, 인간 존엄, 생태적 균형 등을 역설하고 있다(김경동, 2019). 요컨대 문명 전환기에 우리가 붙들어야 할 나침반은 인간을 위한 가치, 공동체를 위한 윤리라는 것이 그의 주장이다. 물질적 풍요나 기술 진보만으로는 새로운 문명의 지속가능성을 담보할 수 없으며, 가치 중심의 성찰이 수반될 때 비로소 문명적 위기를 극복할 수 있다는 통찰이다.

김경동 선생이 특히 애정을 가진 제도적 실험은 시민사회 영역의 제도화였다. 그는 앞서 언급한 여러 시민단체 활동을 통해, 관과 시장을 넘어서는 제3의 영역으로서 시민사회가 튼튼히 자리 잡아야 한다고 역설했다. 예컨대 한국자원봉사포럼이나 성숙사회 아카데미와 같은 조직을 설립·운영한 것은 새로운 사회제도의 씨앗을 뿌린 것으로 볼 수 있다.

또한 선생은 정년퇴직 이후에도 KAIST 문술미래전략대학원에서 '미래세대 행복위원회' 위원장으로 활동하며, 학계·산업계·시민이 함께 미래세대의 행복을 증진할 방안을 모색하는 혁신적 거버넌스 모델을 실험하였다. 이처럼 김경동 교수는 현실의 제약에 안주하지 않고, 미래지향적 상상력을 발휘하여 제도의 변혁을 모색한 것이다. 이러한 태도는 오늘날 우리 사회가 직면한 새로운 문제들 - 예컨대 기본소득, 기후위기 대응 거버넌스, AI 윤리 규범 등 - 에 대해 과감하고 창의적인 해법을 찾도록 격려한다.

결국 김경동 사상의 핵심 개념들은 문명 전환기의 나침반과 지도로서의 역할을 한다. '선택하는 미래'는 방향을 제시하는 나침반이고, 인간주의적 가치와 제도적 상상력은 그 방향으로 나아가는 구체적 경로에 해당한다. 선생이 남긴 이러한 지적 유산은 우리에게 끊임없이 질문을 던진다. 과연 우리는 어떠한 가치 위에 미래를 세울 것인가? 그 미래를 실현하기 위해 기존의 틀을 어떻게 바꾸어낼 것인가? 김경동 선생은 답을 강요하지 않았지만, 그의 사유를 따라가다 보면 우리 시대에 필요한 성찰과 용기가 무엇인지 깨닫게 된다. 그것이 바로 그의 사상이 오늘날에도 살아 숨 쉬는 이유일 것이다.

Ⅳ. 차세대 미래 연구의 과제와 지적 전환

1. 기술 대전환기와 새로운 탐색

21세기 중반을 향해 가는 지금, 우리는 또 한 번의 기술-사회 대전환기를 맞이하고 있다. 인공지능의 급속한 발전, 바이오 기술과 우주기술의 진일보 등은 사회구조와 삶의 방식을 근본적으로 바꾸어놓을 조짐을 보인다. 이러한 변혁의 소용돌이 속에서 차세대 미래 연구자들에게 주어진 과제는 막중하다. 김경동 선생이라면 이러한 상황을 어떻게 바라볼까? 아마도 그는 새로운 기술이 만들어낼 미증유의 기회와 위험을 모두 직시하며, 그 사회적 함의를 탐색하라고 조언할 것이다.

김경동 선생이 강조하던 과학기술의 양면성, 즉 과학기술의 발전이 새로운 문명을 창조할 수 있지만 동시에 부작용과 부적응을 초래할 수 있음을 늘 상기할 필요가 있다. 그의 이러한 통찰은 인공지능과 기후위기의 시대에도 그대로 적용된다. 차세대 연구자들은 인공지능 윤리, 기후 정의와 같은 주제를 사회학적 상상력으로 다루어, 기술혁신이 인류의 복지와 지속가능성에 긍정적으로 기여할 수 있는 미래상과 정책 방안을 제시해야 할 것이다.

첫째로, 생성형 인공시대의 사회 변화를 연구하는 것이 시급하다. 생성형 AI(Generative AI)나 피지컬 AI(Physcial AI) 등과 같은 파괴적 기술의 발전은 노동시장, 교육, 인간관계에 일대 변혁을 가져올 것으로 예상된다. 차세대 미래연구는 인공지능으로 인한 일자리 재편과 인간의 역할 변화, 인공지능과 인간의 공존, 정보 진위와 여론 형성 구조의 변화 등을 심층 분석해야 한다. 김경동 선생의 방법론을 계승한다면, 우리는 단순 기술 예측을 넘어 인간 중심의 AI 활용 시나리오를 모색해야 한다. 이를 위해 철학, 사회학, 법학, 윤리학 등의 인문학적 연구가 요구된다. 김경동 선생이 정보사회학회를 창립하여 기술과 사회의 접점을 탐구했던 것처럼, 이제는 인공지능 시대의 미래학을 본격적으로 전개할 때이다.

둘째로, 기후위기와 지속 가능한 미래에 관한 탐구가 핵심 과제로 떠오른다. 지구온난화와 환경 변화는 미래세대의 삶을 위협하는 중대한 도전이며, 기술 발전만으로 해결할 수 없는 사회·문화적 전환을 요구한다. 차세대 연구자들은 에너지 전환, 생태공동체, 녹색 기술의 사회적 수용 등 폭넓은 주제를 연구하면서, 기후위기 대응을 위한 사회시스템 혁신 방안을 고민해야 한다. 김경동 교수의 시각을 빌리자면, 이는 문명 전환기의 핵심 가치 – 인류와 자연의 조화 – 를 구현하는 일이기도 하다. 가령 탄소중립 사회로 이행하는데 필요한 생활양식의 변화와 제도 개편을 상상하고, 그 과정에서 나타날 갈등과 협력을 예측·관리하는 것이 미래 연구의 중요한 영역이 될 것이다.

셋째로, 글로벌 복합 위기와 미래 거버넌스도 새로운 탐색 분야다. 팬데믹, 국제질서 재편, 양극화 등 복잡하게 얽힌 글로벌 이슈들 속에서 미래를 전망하려면, 종전의 단일 국가나 단일 분야 관점으로는 부족하다. 차세대 미래 연구자들은 글로벌 시나리오를 그려보고, 초 국경적 도전에 대응할 미래 거버넌스 모델을 연구해야 한다. 김경동 선생은 평소 "한국적 시각에 갇히지 말고 세계사의 흐름 속에서 미래를 보라"고 강조하며, 동서양 문명의 대화, 남북통일 이후의 미래상 등 거시적 관점에서 연구 주제를 제시하곤 했다(문화일보, 2010). 이처럼 큰 역사적 맥락에서의 미래 조망이 필요하며, 이는 다양한 문화권의 학자들과 교류하고 협업하는 글로벌 미래연구 네트워크를 구축하는 과제로 이어진다.

결국, 문명사적 대전환기의 새로운 탐색에서 중요한 것은, 김경동 선생의 학문적 태도였던 종합적 지성과 예리한 문제의식을 계승하는 일이다. 사회학적 통찰, 과학기술에 대한 이해, 인문학적 성찰이 어우러진 연구만이 복잡한 미래 문제를 다룰 수 있다. 차세대 연구자들은 한쪽 눈으로는 최첨단 기술을, 다른 쪽 눈으로는 인간과 사회의 본질을 바라보며 두 눈을 모두 활용해 미래를 탐색해야 한다. 선구자의 어깨 위에 선 우리는, 그가 밝혀놓은 등불을 들고 더 깊고 어두운 미지의 미래 영역을 향해 나아가야 할 것이다.

2. 사회 전망에서 '시나리오적 사고'와 '서사적 윤리'의 필요성

미래연구 방법론 측면에서, 김경동 선생의 유산을 바탕으로 발전시킬 중요한 개념이 '시나리오적 사고'와 '서사적 윤리'이다. 앞서 '선택하는 미래' 부분에서 언급했듯이, 김경동 교수는 단일한 예측이 아니라 복수의 가능성을 열어두는 사고를 중시했다. 이는 오늘날 미래학의 핵심기법 중 하나인 시나리오 플래닝과 맞닿아 있다. 급변하고 불확실성이 큰 환경에서는 어떤 한 가지 미래를 예단하기보다, 여러 개의 '그럴듯한(plausible)' 미래 시나리오를 만들어 대비하는 것이 합리적이다.

차세대 미래 연구자들은 김경동 선생이 보여준 유연하고 개방적인 사고를 계승하여, 미래에 일어날 수 있는 다양한 상황을 스토리 형태로 전개해 보는 연습이 필요하다. 가령, 인공지능 발전에 따른 긍정적 시나리오와 부정적 시나리오, 기후변화 대응이 성공한 경우와 실패한 경우 등 양극단과 그 사이의 여러 경우를 설정해보고, 각각에서 사회구조와 삶이 어떻게 달라질지 논리적 서사를 구성해야 한다. 이러한 시나리오적 사고는 정책 입안자나 기업 전략가에게도 유용하여, 미래에 대한 대비책의 폭을 넓혀준다. 김경동 교수는 생전에 정부 미래위원회 자문을 할 때 언제나 "Plan A뿐 아니라 Plan B, Plan C를 준비해야 한다"고 조언했다고 전해진다. 이는 바로 시나리오적 접근을 일상화하라는 뜻이었다.

그러나 시나리오를 만드는 데 그쳐서는 충분하지 않다. 김경동 선생의 사상을 이어받는 미래연구라면, 거기에 '서사적 윤리'를 결합해야 한다. 서사적 윤리란, 미래에 대한 '이야기(narrative)'를 함에 있어서 지켜야 할 윤리적 원칙과 책임을 의미한다. 미래 시나리오는 단순한 공상이 아니라, 현실에 영향을 미치는 힘을 지닌다. 어떤 미래 서사는 공포를 자아내어 사회를 위축시킬 수도 있고, 반대로 근거 없는 낙관을 퍼뜨려 대비 태세를 늦출 수도 있다.

따라서 미래를 이야기하는 사람에게는 윤리적 숙고가 요구된다. 이는 미래 담론을 전개할 때 사실에 입각하면서도 인간의 존엄과 희망을 잃지 않는 균형 감각을 유지하라는 뜻으로 해석할 수 있다. 가령 기후위기의 미래를 논하면서 단순히 암울한 종말론에 그친다면 이는 윤리적으로 무책임할 것이다. 대신 과학적 경고를 정확히 전달하되, 동시에 대응을 통해 개선할 수 있는 여지를 함께 이야기하여 행동을 촉구하는 편이 바람직하다. 이것이 바로 서사적 윤리가 지향하는 바다.

또한 서사적 윤리에는 포용성과 공정성의 원칙도 포함된다. 미래 이야기에서 누구의 목소리가 대표되는가도 중요한 윤리 문제이기 때문이다. 김경동 교수는 미래세대, 사회적 약자 등 직접 발언하기 힘든 집단의 이익을 대변해야 한다고 일찍부터 강조했다. 그는 "미래세대는 현재에 발언권이 없지만, 그들의 권리를 현재 세대가 대변해야 한다"는 주장을 <미래세대 행복위원회>에서 늘 강조했다. 따라서 미래 연구자들은 시나리오를 작성할 때 아직 태어나지 않은 이들, 소외된 지역과 계층의 시각까지도 상상력을 통해 포함하려는 노력이 필요하다. 예컨대 기술 발전 시나리오라면 첨단 기술 수혜 계층뿐 아니라 기술로 일자리를 잃을 노동자의 삶도 함께 그려보고, 기후 시나리오라면 부유한 나라뿐 아니라 빈곤한 섬나라 주민의 운명도 함께 서사에 담아내야 하는 것이다. 이러한 포용적 서사가 곧 윤리적 서사다.

정리하면, 차세대 미래연구에서는 시나리오적 사고의 개방성과 서사적 윤리의 책임성이 결합되어야 한다. 이는 김경동 선생의 학문정신과도 일맥상통한다. 그는 늘 다양한 가능성을 검토하면서 인간과 사회에 대한 따뜻한 시선과 책임감을 잃지 않았던 학자였다. 오늘의 미래 연구자들이 그의 어깨 위에서 더 나은 미래를 그리고자 한다면, 복잡한 미래를 향한 상상력에 윤리의 나침반을 장착하는 일을 소홀히 해선 안 될 것이다. 미래에 관한 우리의 이야기들이 더욱 진실하고, 더욱 인간다운 방향을 가질 때, 비로소 김경동 선생이 꿈꾸었던 "교양 있는 미래사회"에 한 걸음 더 다가설 수 있을 것이다.

3. 김경동 사상의 계승과 확장을 위한 제언

김경동 교수의 풍성한 지적 유산은 미래 연구의 밑거름이 되고 있다. 이를 계승·확장하기 위해 몇 가지 연구적 제언을 덧붙이고자 한다. 첫째, 김경동 사상의 체계적 재조명 작업이 필요하다. 현재 배규한 교수를 비롯한 제자들이 김경동 선생의 업적을 정리하고 미래학적 의의를 평가한 바 있지만, 향후 그의 저술 전반을 아우르는 종합 연구가 필요하다. 예컨대 김경동 선생의 주요 저서들에서 일관되게 흐르는 개념(인간주의, 문명론, 미래 창조 등)을 비교분석하고, 그것을 현대 이론들과 대화시키는 연구가 이루어진다면 학문사적 가치가 클 것이다. 이는 단순히 한 석학을 기리는 작업을 넘어, 한국 사회학과 미래학의 정체성을 확립하는 데 기여할 것이다.

둘째, 김경동식 문제 해결 접근법을 현실 문제에 적용하는 후속 연구를 제안한다. 예를 들어 그가 강조한 "자발적 복지사회" 개념을 오늘날 사회복지 시스템에 접목한 실증연구를 해볼 수 있다. 지역공동체에서 시민 자율 참여가 복지 향상에 끼치는 효과를 분석한다든지, 코로나19 시기에 나타난 자원봉사 네트워크의 역할을 조명함으로써 김경동 이론의 현실 적실성을 검증하는 것이다. 또 다른 예로, 김경동 선생의 "선진문화사회" 이론을 발전시켜 21세기형 선진문화사회의 지표와 정책과제를 도출하는 연구도 의미 있을 것이다. 문화적 품격과 사회적 포용력을 측정하는 지표를 개발하고, 한국사회가 경제 선진국을 넘어 문화 선진국으로 나아가기 위한 조건을 모색해 보는 작업이다. 이는 최근 중요성이 대두되는 사회적 가치 연구와도 연결되어 김경동 교수의 사상을 발전적으로 계승하는 한 방향이 될 수 있다.

셋째, 차세대 학자들의 네트워킹과 담론 형성을 제언한다. 김경동 선생은 학회와 포럼을 통해 끊임없이 지적 교류를 장려했던 분이다. 그의 유산을 이어받아, 미래학과 사회학을 아우르는 젊은 학자들의 연구공동체를 활성화할 필요가 있다. 이를테면 '퓨처 소사이어티 콜로키움' 같은 이름으로 정기 세미나를 열어 기술, 환경, 인구, 문화 등 각 분야 미래 이슈를 논의하고 협동 연구하는 장을 만들 수 있다. 이러한 모임에서 김경동 선생의 논저를 함께 읽고 토론한다면, 자연스럽게 그의 관점이 새로운 연구에 녹아들고 확장될 것이다. 학제 간 연구를 위한 플랫폼을 구축하는 것도 방법이다. 김경동 교수는 생전에 이공계와의 대화를 중시하여 KAIST 등에서 융합연구를 시도했는데, 이러한 노력은 앞으로 인문사회와 과학기술의 연계를 강화하는 형태로 이어져야 한다. 인공지능이나 환경 공학 등 미래 유망 분야의 공학자들과 사회학자, 철학자들이 함께 참여하는 '김경동 미래포럼'(가칭)을 개최해보는 것도 그의 정신을 실천하는 방안이 될 수 있다.

마지막으로, 교육을 통한 계승을 강조하고 싶다. 김경동 선생이 남긴 학설과 가치는 대학 교육과 대중 교육을 통해 차세대에게 전달되어야 한다. 대학의 관련 과목에서 그의 개념과 사례를 커리큘럼에 포함하고, 청소년 대상 미래교육 프로그램에서도 김경동 교수의 통찰을 소개하면 좋을 것이다. 예컨대 고등학교 사회과목에서 미래사회 단원을 가르칠 때 김경동 선생의 예견과 우리 사회의 변화라는 소주제를 다루어보는 식이다. 이는 차세대에게 학문의 뿌리를 인식시키고 자긍심을 심어주는 일이기도 하다.

요약하면, 김경동 사상의 계승과 확장은 기존 유산에 대한 체계적 연구, 현실 적용 연구, 학제적 네트워크 형성, 교육적 전파를 통해 이뤄질 수 있다. 이러한 노력을 통해 김경동 선생이 우리에게 남긴 지적 DNA는 계속 진화하며 새로운 시대의 문제들을 푸는 열쇠로 기능할 것이다. 우리는 김경동이라는 거인의 어깨 위에서 옛 지혜와 새로운 통찰을 함께 얻음으로써, 다가올 미래를 향한 든든한 나침반을 손에 쥘 수 있을 것이다.

Ⅴ. 결론

김경동 선생의 학문적 여정과 미래에 대한 가르침을 돌아보면서, 우리는 크고도 근원적인 질문들과 마주하게 된다. 과연 좋은 사회란 무엇인가? 인간의 존엄성과 공동체적 가치는 어떻게 지켜낼 것인가? 미래를 대비하는 우리의 자세는 어떠해야 하는가? 이러한 질문들은 김경동 교수의 평생 학문 활동이 우리에게 남긴 숙제라 할 수 있다. 그는 명확한 정답을 제시하기보다는, 스스로 사색하고 답을 찾도록 이끌어주었다. 예컨대 그의 저서 『미래를 생각하는 사회학』은 미래를 비관도 낙관도 아닌 성찰과 선택의 대상으로 그리면서, 독자들에게 미래에 대한 자기 질문을 던지게 만든다. 이렇듯 김경동 선생의 유산은 수많은 물음표의 형태로 우리에게 남아 있으며, 그 물음표들은 현재진행형으로 우리의 사고를 자극하고 있다. 그리고 우리는 그 물음표들을 따라 새로운 느낌표를 만들어가는 과정에 있다.

'선구자의 어깨 위에서 미래를 보다'라는 것은 앞선 세대의 통찰을 딛고 더 넓은 지평을 바라본다는 뜻이다. 김경동 선생이라는 거인의 어깨 위에 선 우리의 시야에는, 그가 아니었다면 보이지 않았을 풍경들이 펼쳐져 있다. 한국사회학에 토착적 관점을 심어준 덕분에 우리는 서구 이론만 좇지 않고 우리 사회의 특수성을 꿰뚫어 볼 수 있게 되었다. 미래학을 개척해준 덕분에 우리는 불확실한 내일을 두려움만으로 대하지 않고 과학적이면서도 인간적인 상상력으로 그려볼 수 있게 되었다. 공공 지성의 모범을 보여준 덕분에 우리는 학문의 궁극적 목적이 인류 공동의 행복에 있음을 되새기게 되었다. 이러한 의미에서, 선구자의 어깨 위에서 미래를 생각한다는 것은 곧 겸손한 자신감을 갖는 일이라 하겠다. 거인의 어깨 덕에 멀리 보이지만, 동시에 그 높이에 스스로 다다른 것이 아님을 알기에 겸손해지는 자세 말이다. 김경동 선생이 평생에 걸쳐 보여준 겸허함과 열정의 조화는 우리가 본받아야 할 지적인 품격이기도 하다.

끝으로, 차세대 연구자들에게 김경동 선생이 남기는 지적 유산과 격려의 메시지를 생각해 본다. 그것은 아마도 이런 것이 아닐까: '두려워하지 말고 미래를 직시하라. 그러나 항상 인간에 대한 애정을 품어라.' 김경동 교수는 어려운 사회현실 앞에서도 결코 비관에 머무르지 않았고, 언제나 애정 어린 시선으로 대안을 모색했다. 차세대에게도 그는 같은 당부를 하고 있을 듯하다. 급변하는 기술, 불안한 국제정세, 신종 위기들은 분명 만만치 않은 도전이지만, 선생의 지적 유산은 이를 헤쳐 나갈 나침반과 지도를 제공한다. 그가 일깨워준 인간주의적 가치, 복수의 미래에 대비하는 지혜, 지식인의 사회적 책무 의식은 앞으로도 우리 사회를 지탱해 줄 소중한 자산이다. 우리는 이 자산을 이어받아 계승의 책임과 확장의 의무를 진다.

김경동 선생의 학문과 삶이 던지는 울림은 세대를 넘어 지속될 것이다. 선구자의 어깨 위에서 미래를 보다 - 이는 곧 그의 높이에 만족하라는 뜻이 아니라, 그 높이에서 더 먼 미래를 내다보고 새로운 높이에 도전하라는 부름이다. 우리 모두 그 부름에 응답하여, 각자의 자리에서 더 나은 미래를 선택하고 창조해 나갈 때, 김경동 선생이 남긴 거대한 발자취에 비로소 참된 경의를 표하는 일이 될 것이다.

[참고문헌]

[단행본]

김경동. 1985a "한국의 공업화와 산업민주주의: 정치적 선택성의 원리에 의한 이해." 『민주주의와 한국정치』. 범문사. 267-287.

김경동. 1992. "한국의 사회변동과 세대문제." 한림과학원 총서 10『지성의 현장』. 나남. 157-171.

김경동. 1993.『한국사회변동론』. 서울: 나남출판.

김경동. 2002.『미래를 생각하는 사회학』. 서울: 나남출판.

김경동. 2007.『급변하는 시대의 시민사회와 자원봉사: 철학과 과제』. 서울: 아르케.

김경동. 2012.『자발적 복지사회: 미래지향적 자원봉사와 나눔의 사회학』. 서울: 아르케.

김경동. 2019.『사회적 가치: 문명론적 성찰과 비전』. 서울: 푸른사상.

김경동. 2016. "자원봉사의 학문적 가치와 의의." (사)한국자원봉사포럼 · (사)한국자원봉사학회 편.『자원봉사의 New 패러다임』. 지문당. 13-31.

김경동. 2022.『선비문화의 빛과 그림자: 지식인 파워 엘리트의 사회학』. 서울: 박영사.

Polak, F. L. (1973). *The Image of the Future* (E. Boulding, Trans.). Amsterdam: Elsevier Scientific Publishing Company. (Original work published 1955).

[논문]

김경동. 1979a. "기술과 사회변동."『과학과 기술』12(6): 27-32.

김경동. 1979b. "사회구조의 변화와 인간." 행동과학연구소 편.『미래사회의 인간문제』. 서울: 행동과학연구소. 73-88.

김경동. 1980. "미래연구와 사회학." 한국사회학회 편.『70년대 한국사회: 변동과 전망』. 평민사. 11-39.

김경동. 1985b. “정보통신혁명과 인간의 의사소통.” 『과학과 기술』 18(11): 9-12.
김경동. 1986. “정보통신혁명의 사회적 함의.” 서울대 사회과학연구소(편). 『정보화사회: 도전과 대응』. 서울대학교 출판부. 3-14.
배규한. 2022. “미래사회학의 시각에서 본 김경동 교수.” 『사회사상과 문화』 25(4): 141-186.

[신문기사 및 온라인 문헌]

문화일보. 2010. “<파워인터뷰> 김경동 명예교수는 … 주류 · 재야학문 통찰, 사회학의 위상 확립.” https://www.munhwa.com/article/10716348
김대현. 2015. “선진국, 미래세대 권리 헌법 보장… 한국도 기본법 만들어야.” 『주간조선』. https://weekly.chosun.com/news/articleView.html?idxno-8597
한국중앙자원봉사센터. 2015. “한국 자원봉사의 뿌리를 찾아서.” https://blog.v1365.or.kr

제2부

김경동의 연구활동 : 탐구와 계승

김경동 교수가 Fellow로 정다산 연구를 시작한
워싱턴의 스미소니언 연구소

常春의 浩山 先生께 드리는 늙은 제자의 글

이 각 범*

Ⅰ. 호산 선생과의 만남 - 학부 시절

浩山 先生의 강의를 처음 들었던 때가 학부 2학년 1학기였던 1968년이었다. 선생님은 독일 관념철학 냄새가 물씬 나는 마로니에 교정과는 다소 어울리지 않는 사회통계 수업을 하셨다. 사회통계가 사회학에서 얼마나 중요한 과목인지 그때만 해도 알지 못했다. 통계수업이라면 수학과에 가서 제대로 들어야 하는데, 사회와 통계의 어울리지 않는 조합으로 전체사회의 조망 대신 부분사회의 분석 기법만 배우는 것이 아닐까 하는 철없는 기우를 하던 때였기 때문이다.

그때 30대 초반의 김경동 선생님은 수업시간에 불쑥 "담배가 떨어졌는데, 누구 담배 가진 학생이 있나" 하면서 학생들과의 격의 없는 대화를 시도하셨다. 지방 출신의 한 학생이 "지금 담배 한 대 값이 15원입니다."라고 하면서 담배 한 까치를 드렸는데, 유머코드가 맞지 않아서 생긴 어색한 장면에 옆에서 지켜보던 우리도 난처해했던 기억이 난다. 결국 선생님이 동전 두 잎을 쨍그렁 소리 나게 주시면서 어색해하셨던 장면을 생각하면, 요새도 젊은 세대 앞에서 아무도 즐겁지 않은 아재 개그를 하시는 분들을 이해하게 된다. 국가별 문화코드가 다르듯이 사회적 경험이 다르면 개그 코드 역시 다르기 때문이다.

실증적 탐구자이면서도 "사회학의 문예 부흥" 꿈도 갖고 계셨던 김경동 선생님은 10대 시절 문학 소년이 아니셨을까 하는 생각을 가끔 한다. 야유회 때는 직접 기타를 치면서 노래를 부르셨고 가끔 댁에서 피아노도 치셨던 것으로 알고 있다. 그럼에도 불구하고 30대 끝자락에 서울대에 부임했던 나보다도 훨씬 젊은 나이에 서울대에 부임하셨던 김경동 교수님을 가까이에서 뵐 수 있는 기회를 학

* KAIST 기술경영학부 명예교수. 前 서울대 사회학과 교수, KAIST 기술경영학부 교수, 대통령 정책기획수석비서관, 대통령소속 국가정보화전략위원회 위원장

부시절에는 더 이상 갖지 못했다. 그 이유는 내가 사회학 공부에 재미를 붙이지 못하고 겉돌았기 때문이다. 결과적으로 학부 시절 내내 김경동 선생님의 다른 강의도 듣지 못하였다.

내가 사회학과를 지망하게 된 동기는 사회구조를 중심으로 사회 전체에 대해 분석하고 이해함으로써 우리 사회의 문제를 해결하고 우리나라를 발전시키는 데 기여하겠다는 바람에 있었다. 그런데 사회학과 1학년 1학기, 전공필수 과목인 '사회학 개론' 첫 수업에서 들은 사회학의 위상은 나의 기대와 너무나 달랐다. 사회학이란 이름 때문에 내용도 모른 채 전공을 선택하였다는 후회를 많이 하게 되었다. '사회학이란 무엇인가'를 소개하는 첫 수업에서 배운 사회학은 사회과학의 한구석에 불과할 뿐 내가 기대하였던바, 사회 전체를 조망하고, 사회적 변화를 지향하는 학문이 아니었다. '사회'라는 이름 아래 사회과학의 전 분야를 자유자재로 넘나들며 공부할 수 있을 것 같았던 사회학은 Auguste Comte가 종합사회학을 제시하였던 태동기 시절에 불과하였다는 것이다.

Comte 이후의 사회학은 오히려 사회과학 중 독립성을 갖춘 한 분야(legitimate discipline)로 인정받기 위해 애쓰는 후발 사회과학처럼 보였다. 학문적 대상이 너무 광범위하다는 이유로 독립된 학문으로 인정받지 못하는 것이 문제라면 다른 학문의 영역에서 문제의식에 대한 해답을 추구하면 될 텐데, 왜 굳이 사회학이라는 이름을 얻기 위하여 스스로 학문적 영역까지 축소해야 하는 것인지 이해할 수 없었다. 마치 예술을 위한 예술(l'art pour l'art)을 하고 있는 것처럼 보였다.

1학년 1학기 첫 개론 수업에서 받은 사회학에 대한 인상은 한국에서 배울 수 있는 제도로서의 사회학 대신 내가 바라던 공부를 하기 위한 방도를 찾아 방황하게 만들었다. 바로 그 시기에 나는 학생운동에 본격적으로 발을 내디뎠고, 이른바 "부르주아 사회학" 대신 사회주의 서적에 더 많은 관심을 갖게 되었다. 3학년 시절 비 오던 어느 날 동기생 전태국이 마르크스의 '정치경제학 강설' 영문판을 신문지에 둘둘 말아 조심스럽게 우리 집으로 갖다 주었다. 한 시간에 겨우 한 페이지 읽는 부실한 영어 실력으로 듬성듬성 읽으면서도 마치 큰 공부하는 것처럼 착각하였다. 정기구독 신청한 '창작과 비평'이 출간되는 날을 기다려 빠짐없이 구독하고, 대학 4년 동안 "사회학 공부는 사회학과가 아닌 백낙청 선생님의 '문학비평' 수업에서 제대로 배웠다."고 독백하던 유치한 때이기도 하였다.

내가 갖고 있던 문제의식을 실천할 수 있는 대안을 찾아 방황하던 학부 4학년 때 나의 졸업논문은 「랄프 다렌도르프의 '산업사회의 계급과 계급갈등'에 대한 비판」이었다. 독일 사회학의 새로운 별 다렌도르프(Ralf Dahrendorf) 교수의 마르크스 자본론에 대한 비판서를 사회주의에 대한 막연한 동경만 가지고 있던 학부생의 유치한 변론적 시각으로 비판한답시고 해본 논문습작이었다. 이때 독일 사회학은 사회과학 중 하나의 분과학문으로 인정받기 위해 스스로 연구대상과 연구방법에 많은 제약과 한계를 짓는 기존 사회학의 굴레를 벗고 자유롭게 공부해볼 수 있는 좋은 대안이 될 수 있겠다는 생각을 하게 되었다. 이것이 대학 졸업 이후에 독일로 유학가야겠다고 결심한 계기가 되었다.

Ⅱ. 유학시절의 독일사회학

내가 독일에서 유학했던 대학은 두 곳이었는데, 두 곳 모두 독일을 대표하던 사회학자가 기획하여 설립한 대학이다. 그 중 첫 번째로 간 대학은 앞서 언급한 바의 런던정경대(London School of Economics and Political Science) 총장을 지낸 랄프 다렌도르프 교수가 바덴-뷔르템베르크(Baden-Wuerttemberg) 洲의 위촉을 받아 설립한 Konstanz 대학이었다. 라인강과 다뉴브강의 시원인 보덴호수(Bodensee) 湖畔에 설립된 대학으로서 세계적인 명성을 가진 랄프 다렌도르프 교수답게 세계 어디에 내놓아도 손색없는 체계적인 사회학 교육과정을 갖추었다.

한 학기를 이수한 다음 내가 옮겨 간 대학은 헬무트 쉘즈키(Helmut Schelsky) 교수가 노르트라인-베스트팔렌 洲의 위촉으로 설립한 새로운 reform university 빌레펠트 대학(Universitaet Bielefeld)이었다. 돌아가신 황성모 교수님의 스승이었던 쉘즈키 교수는 평소 학제 간 연구의 중요성을 무척 강조하셨던 분이셨다. 그 분의 학문관이 고스란히 투영되도록 신설된 대학이었다. 독일대학으로는 유일하게 사회학부를 단과대학급인 독자 학부 (Fakultaet)로 만들면서 사회학부가 사회과학 안에서 학제 간 연구의 중심이 되도록 설계되었다. 이는 대학 전체의 학부 구성과 사회학부 안에서 개별 학과(unit) 구성이 어떻게 이루어졌는지를 보면 분명히 알 수 있다. 빌레펠트 대학이 설립될 당시의 학부 구성으로는 인문사회 분야에서 사회학부 외에 문학/언어학부, PPP학부(철학/심리학/교육학), 법학부, 역사학부, 경제학부가 있었다. 자연과학 분야로는 수학부, 물리학부, 화학부, 생물학부가 있었다.

사회학부 안에서 개별 학과에 해당하는 Schwerpunkt(Unit)로는 ◻ 법과 국가, ◻ 사회학이론(시스템이론) ◻ 지역계획, ◻ 조직과 인사관리, ◻ 발전정책과 발전계획 등 6개 주전공 분야가 있었다. 이와 더불어 부전공 주제로 ◻ 정치경제학, ◻ 사회경제사, ◻ 국제관계론 등이 제시되었다. 또한 전공과는 별도로 계획과 결정론(Theory of Planning and Decision Making)이 석사과정의 필수과목으로 지정되었다.

독일과 프랑스를 휩쓴 거대한 학생운동으로 두 나라의 정치와 문화를 크게 변화시켰던 1968년에 설립된 빌레펠트 대학은 초대(超大) 캠퍼스 건물 한 채 안에 독자학부(Fakultaet)가 모두 위치할 수 있도록 설계되었기 때문에 완공에 8년 이상이 소요되었다. 내가 가기 1년 전에 캠퍼스가 완공되어 건물의 시멘트 냄새와 플라스틱 냄새가 채 빠지지 않은 상태였다. 골치 아픈 공기를 마시면서도 정말로 좋았던 것은 '사회학 중심대학' 빌레펠트대학이 출현함으로써 사회학의 학문적 정체성이라는 굴레에서 벗어난 곳에서 공부할 수 있게 되었다는 점이었다. 독일사회학에서는 사회학이 sociology인가, 아니면 societalogy인가 하는 논쟁이 오랫동안 있어왔다. sociology를 주장하는 측에서는 사회의 political, economic, cultural 부문에 관련한 연구는 각각의 분야를 담당하는 정치학, 경제학 등의 분과과학에 맡기고, 사회학은 이들 부문과 확실하게 구별되는 social 분야를 전담하는 학문으로 자리잡아야 한다고 하였다.

societalogy로서의 사회학을 주장한 학자로서는 쉘즈키 교수를 비롯하여 사회적 과정론의 기념비적 저작 '문명의 과정'(der Prozess der Zivilisation)을 저술한 노버트 엘리아스(Nobert Elias) 교수 등이 있었다. 이들 학자들은 사회적(social) 현상이란 정치, 경제, 문화 등 사회과학의 인접 분야는 물론 철학적, 심리적 요인 등이 복합적으로 작용하여 생긴 현상이므로 고립된 개별학문 분야에서만 전체사회의 연구를 수행하는 데에는 상당한 한계가 따른다고 하였다. 쉘즈키 교수는 일찍이 "정치적 혼란과 경제공황, 사회 해체과정에 처한 독일에서 Hobbes 사상이 나치즘의 철학적 기반으로 자리 잡게 된 연유"를 연구하여 독일 학계에 큰 반향을 불러일으켰다.

독일사회학의 거장 쉘즈키 교수가 설계한 빌레펠트대학 사회학부에서 나는 주전공으로 '발전정책 및 발전계획'을, 부전공으로 '정치경제학'을 공부하였다. 석사(Diplom) 논문은 그 당시 유행하던 종속이론 중에서 기술적 종속(technological dependence)을 주제로 한 산업화전략에 관하여 썼다. 이어서 박사과정에 진학하여 지도교수님의 제안으로 국제분업의 심화 과정에서 한국의 노동시장 구조가 어떻게 변화하는가를 분석한 논문을 쓰게 되었다.

석사를 마치고 막 박사과정에 진출하여 논문 준비를 하는 과정에서 3개월간 일시 귀국하였을 때 서울대 사회학과에서 은사 선생님들을 찾아뵈올 기회가 있었다. 선생님들께 오랜만에 인사드리면 간혹 독일 가서 전공을 다른 학문으로 바꾸었는지 물어보시는 분들도 계셨다. 김경동 교수님은 "내가 앞으로 많이 배워야겠는데, 천천히 시간을 가지고 같이 더 얘기를 해보자"라고 하시며, 경제학과 교수님 한 분과의 점심 약속을 위해 일어나셨다. 그 당시 사회학계에서 가장 많은 논문을 쓰고 계시던 김경동 선생님이 "내가 앞으로 많이 배워야겠다."고 하신 말씀은 그냥 의례적 말씀인 줄 알았다. 그런데 그로부터 딱 7년 후에 김경동 선생님이 조직하신 큰 국제학술회의에 참가하여 발표하라는 말씀을 들었다.

Ⅲ. 종속이론 국제학술회의의 성과

1985년에 김경동 교수님은 당시까지 우리나라 대학가에서 한창 유행하던 종속이론과 주변부자본주의론에 종지부를 찍기 위하여 종속적 발전에 관한 국제회의를 개최하셨다. 종속이론을 시작하였던 유럽과 남미국가들에서는 이미 짧은 논쟁의 기세가 수그러들기 시작하였을 때, 한국에서는 反帝·反獨裁 운동의 일환으로, 또 자유시장경제에 대한 민중민주주의의 도전으로서 종속이론이 활발한 논쟁기에 접어들고 있었기 때문이다. 종속이론이 시작할 때의 핵심적 주장은 몇몇 종속국가의 경제적 저발전은 글로벌 자본주의 체계 속에서 선진국과 맺은 불평등한 관계로부터 기인했다는 단순하면서도 도식적인 내용이었다.

1970년대 후반에 이르러 종속적 관계를 청산하는 방식을 놓고 종속이론가들은 크게 두 진영으로 나누어졌다. 한편은 종속적 관계가 저발전의 직접적 원인이므로 주변부(periphery) 국가들은 중심부(center) 국가들과 경제적 교섭을 단절(dissociation) 해야만 발전할 수 있다는 입장이고, 다른 한편에는 중심부국가와 주변부국가의 관계는 영구불변의 甲乙 관계가 아니라 세계시장을 통한 교섭관계의 일시적 단계에 불과하다는 입장이 있었다. 후자의 입장에서 볼 때 종속관계는 주변부국가가 중심부로 진출할 때 사다리 역할을 할 수 있으므로 종속적 발전(dependent development)으로 이어질 수 있다는 이론을 전개하였다.

중심부와 주변부 국가들의 경제적 관계를 단절해야 한다는 주장을 한 진영에서 대안으로 제시한 모델국가는 자력갱생 (self-reliance) 노선을 추구했던 중국, 주체사상을 강조했던 북한 등이었다. dissociation 측의 대표적 학자는 이집트-프랑스 이중국적의 사미르 아민(Samir Amin) 교수, 라틴 아메리카의 임마뉴엘 월러스틴(Immanuel Wallerstein) 교수, 독일의 디터 젱아스(Dieter Senghaas) 교수 등이었다. 이들과 대칭적 입장에서 종속적 발전론을 주장했던 대표적 학자로는 후에 브라질 대통령으로 선출되었던 까르도소(Fernando Henrique Cardoso) 교수 등이 있었다.

김경동 교수님이 기획하고 주관하신 '종속이론과 한국의 발전'에 관한 국제회의는 세계적 진보 사상의 흐름에 편승하면서도 논의에 대한 실시간 접근을 하지 못하고 있던 한국의 대학가에 종속이론의 세계적 주역들이 어떻게 그들의 생각을 바꾸었는지를 알려주는 중요한 계기가 되었다. 나도 이 회의에서 '국제분업과 한국의 자동차부품산업'이라는 주제로 논문을 발표하였다.

초기의 종속이론은 값싼 원자재를 공급하는 후진국과 비싼 공산품을 판매하는 선진국 사이에 존재하는 불공정한 교역조건(Terms of Trade)으로 인해 후진국은 저발전에 머무를 수밖에 없다는 점으로부터 시작하였다. 국제분업이 심화된 시기를 맞아 종속이론가들은 종래 산업간 교역(inter-industrial trade)이 아닌 한 산업의 전체공정 중에서 노동집약도가 높은 부문만 임금이 낮은 지역으로 이전하여 생산하는 산업 내 교역(intra-industrial trade)을 중심으로 자신들의 주장을 수정·강화하였다. 비록 산업생산을 한다고 하더라도 새로운 국제분업이 가치사슬의 일부만 위탁받아 생산하는 생산국(host country)의 산업발전에는 파편적 효과만 남길 뿐 비산업국의 산업화에는 이르지 못하므로 종속적 질서는 새로운 기술적 연관 속에서 오히려 구조적 고착화에 이른다는 주장이었다.

나는 이에 대해 한국의 자동차산업이 부품산업의 기반 없이 완성차 조립생산부터 시작하여 1980년대 중반 당시까지 이르는 과정을 서술하였다. 그것은 자동차산업 전 공정의 국산화율을 높여가는 과정이었으며, 이를 통해 자동차산업의 전후방 연관효과(Forward- and Backward Linkage Effect)를 높여가는 과정이었다. 학술논문인지라 처음 1950년대에 미군이 쓰다 버리는 수송 차량 엔진과 변속기를 재활용하고 강판을 제조할 제철산업이 없는 관계로 미군이 버리는 드럼통을 자르고 망치로 펴서 용접한 차체로 덮어쓴 슬픈 역사까지는 언급하지 않았다.

1960년대에 접어들면서 처음에 SKD(Semi Knock-Down) 방식을 시작으로 CKD(Complete Knock-Down) 방식을 거쳐 완성차를 조립하여, 1976년에 made in Korea로 첫 수출을 시작한 현대의 포니 자동차를 예로 들었다. 자동차산업의 발전 과정에서 외국 거대기업과 제휴하는 파편화된 공정의 위탁생산에만 머물지 않고, 처음부터 끝까지 가치사슬을 완성하기 위한 계획과 생산요소의 투입이 있었음을 밝혀내었다. 현대자동차를 예로 들면서 전(全) 공정의 국산화 100% 실현을 위하여 필수적인 R&D 기능의 수행이 있었음을 보여주었다. 엔진을 비롯한 핵심부품의 자체개발을 전략적 목표로 세우고, 전체설계와 상세설계를 위한 연구개발을 동시에 진행하는 한편, 부품업체와의 공동개발을 위한 기술 협력도 강화해 가고 있다는 사실을 기술하였다.

김경동 교수님이 조직한 '종속이론과 한국의 발전' 국제회의는 우리나라 언론에서 큰 관심을 가지고 보도하였다. 회의 말미에 '종속과 저발전'의 저자 사미르 아민 교수의 인터뷰가 주요 일간지의 전면 기사로 게재되었다. 인터뷰 요지는 '종속은 저발전의 원인이다'라는 본인의 지론을 접고, "한국은 세계시장에서 수출을 통하여 경제적 발전을 이룩한 대표적인 나라이다."라는 사실을 밝힌 것이다.

북한을 종속극복의 성공적 사례로 본 외국학자들은 현대 포니차가 출시와 더불어 수출을 시작했던 1976년 당시 "한국경제가 드디어 망하는 길로 들어섰다"고 하였다. 북한이 소련에 농업용 '또락또 공장건설'을 위해 원조해줄 것을 요청했을 때 소련은 "사회주의 분업의 원칙에 따라 북한은 농업국가로서, 소련은 공업국가로서 분업하여 발전하면 사회주의 형제국들 모두가 번영할 수 있다"며 거절한 바 있었다. 이에 김일성 주석의 교시에 따라 소련으로부터 트랙터 단 두 대를 수입하여 부품을 완전히 분해한 뒤에 reverse engineering 방식으로 북한 스스로 또락또를 생산하여 전 집단농장에 배분하였다고 하였다. 또한 포니차 한 대 가격이 일본 Mazda 323 모델과 같은 가격인데, 세계 어느 나라에서 Mazda 대신 포니를 사겠느냐며 비웃었다.

그렇게 주장하던 인사들 중 대표적인 학자인 아민 교수가 이번 회의를 통해 한국을 종속적 발전의 대표적 실례로 들었다. 한국 종속이론가들의 실망감은 컸고 그들의 입지는 그만큼 좁아졌다. 대신 레닌 제국주의론의 후신인 주변부자본주의론이 비판이론의 간판으로 등장하였다. 이와 더불어 전대협이 지휘하던 대학가에서는 북한의 핵개발이 가시화될 때까지 저항운동의 상징적 구호로 「反戰·反核」을 외쳤다.

김경동 교수님은 '종속과 한국의 발전' 회의의 거의 전 과정에서 사회를 보며 회의의 방향을 이끄셨다. 회의가 성공적으로 마무리되기까지 김경동 교수님의 영어 실력도 한 몫을 했다. 참석자들 중에는 김 교수님이 한국어로 사회를 보실 때보다 영어로 보실 때가 더 자연스럽다고 말하는 사람들도 더러 있었다. 사실 영어가 제2외국어인 나 같은 사람이 보기에 많이 부러운 대목이었다.

김 교수님이 갖고 계신 세계 학계의 두터운 인맥 관계가 종속이론을 주제로 한 국제학술회의가 큰 규모로 개최될 수 있었던 중요한 밑거름이 되었을 것으로 추정된다. 김경동 교수님은 우리 지도교수 두 분을 비롯하여 외국에서 온 저명한 학자들을 거의 빠짐없이 식사 초대하셔서 사회학적 담론을 이어가셨다.

김경동 교수님은 서구 학계에서 쇠퇴의 길을 걷던 마르크시즘이 1970년대 중반 생산양식접합론(Articulation of Modes of Production)이라는 최후의 명제를 걸고 추상적 논쟁을 거듭하다 동반 몰락했던 경험도 보셨다. 생산양식접합론은 원산지 독일 등지에서 쇠퇴하면서 그 잔불이 일본산 짝퉁을 거쳐 한국으로 옮겨붙으면서 사구체(social formation 사회구성체) 논쟁이라는 이름으로 전대협이 지휘하는 대학가에 크게 번졌다. 김 교수님은 독일 사회학계에서 한물간 이론이 콘사이스 형태로 한국에 와서 소모적 논쟁으로 이어짐을 독일 교수들과 함께 안타까워하셨다. 오늘날 우리나라 정치엘리트의 주류가 된 386운동권이 이 논쟁을 통해 학습한 인사들이다.

Ⅳ. 常春의 김경동 교수님

김경동 교수님은 나의 대학 12년 선배이시다. 내가 정년 퇴임한 해가 12년 전인데, 김 교수님은 아직도 현직 교수 생활을 하고 계신다. 이미 늙어버린 제자에 비해 두 배로 젊게 사시는 셈이다. 원래 엄청난 다작으로 "생각만 하면 글이 나온다"는 선배 교수들의 평을 받고 계신 분이지만, 아직도 학계에서 새로운 분야의 연구와 논의가 시작되면 새로운 연구를 주저하지 않는 분이시다. 내가 독일에서 일시 귀국하여 뵈었을 때 "내가 많이 배워야겠는데"라고 하셨던 말씀의 의미가 그냥 하신 말씀이 아니라 끊임없이 새로운 연구의 여정을 시작한다는 뜻임을 뒤늦게 알 수 있었다.

김경동 교수님의 사회학은 사회학의 영역을 수세적으로 지키려는 축소지향형이 아니다. 경제학을 비롯한 인접 학문들이 실천하는 것처럼 학문의 경계를 계속 넓혀나가는 확장지향형 사회학이다. 40여 년 전 내가 새로 귀국한 신진학자로서 사회학회에서 발표를 하면 논문의 구체적 내용보다는 "그게 사회학 논문입니까?" 하는 질문으로 토론시간을 허비하던 때가 많아 안타까웠다. 김경동 교수님은 당연히 그런 질문과는 반대로 새로운 견해에 대하여 격려하는 입장이셨다. 사회와 관련된 모든 분야는 사회학의 연구대상이 된다는 것을 직접 연구로서 실천하고 계시기도 하다. 교수님의 사회학에는 많은 다양성이 녹아 있다. 사회적 맥락에서 思想을 이해하고, 行爲를 설명하며, 集團을 분류하는 것은 사회학의 본령이다. 그러나 속해 있는 집단이나 출신 지역, 출신 성분(계급)으로 개인을 규정하는 기계론적 사회학주의와 김 교수님의 다원주의적 사회학 사이에는 많은 거리가 있다.

김 교수님이 흔히 '삶의 질'로 통용되는 학문적 용어를 '삶의 결'로 바꾸어서 사용해야 한다고 강조하시는 이유는 사회라는 집단적 범주 속에서 자칫 捨象될 수 있는 개인적 다양성을 존중해야 하기 때문이라고 나는 이해하고 있다. 문학적 소양, 음악과 미술에 대한 이해, 정지화면으로는 설명할 수 없는 백남준의 미술세계처럼 끊임없는 사회적 변화에 대한 감수성이 김 교수님의 사회학적 지평을 넓히는 중요한 요소가 되고 있다.

항상 常春의 젊음을 유지하시며 학문적 에너지를 쏟고 계신 浩山 先生의 九旬 壽筵을 축하드리면서 늙은 제자의 拙稿를 올린다.

호산(浩山)의 〈사회계층〉과 〈원자력과 지역이해〉 연구

홍 두 승*

호산 김경동 교수님의 연구영역은 매우 광범하며, 사회과학, 특히 사회학 내에서도 지금까지 여러 분야에 걸쳐 많은 업적을 내셨다. 그중에서도 필자 자신이 많은 관심을 가져왔던 <사회계층>과 <원자력과 지역이해> 분야에서 호산의 기여를 살펴보고자 한다.

Ⅰ. 사회계층 연구

호산은 계층 연구에 깊은 관심을 가지시고 1977년도에 ≪정경연구≫에 발표한 "사회변동과 사회계층"을 시작으로 이 분야에서도 많은 연구업적을 쌓으셨다(호산의 <사회계층 연구업적> 참조). 특히 주목되는 연구는 신흥공업국에 있어서의 중간계급(중산층)의 역할 비교연구를 들 수 있다. 1990년대에 대만의 장경국(蔣經國)재단(Chiang Ching Kuo Foundation)으로부터 연구비를 지원받은 대만 중앙연구원(Academia Sinica)의 샤오(Hsin-Huang Michael Hsiao) 교수 주도로 한국, 대만, 홍콩, 싱가포르 등 동아시아 4개국 공동연구가 수행되었다. 한국 측에서는 호산 선생을 중심으로, 구해근(하와이대), 양종회(성균관대) 교수가 참여하였으며, 필자는 2차년도에 합류하였다.

세미나는 각국을 순회하면서 이루어졌으며, 연구여행뿐만 아니라 동아시아 여러 나라를 살펴보는 좋은 기회를 갖기도 했다. 2차년도인 1990년에는 서울대 인구및발전문제연구소(현 사회발전연구소)가 주최하고, 럭키금성경제연구소와 서울경제신문이 후원하는 국제학술토론회를 호암교수회관에서 개최한 바 있다. 각

* 서울대학교 사회학과 명예교수, 학교법인 한민학원(한민고등학교) 이사장

연구자들은 개별적으로 학술논문을 작성, 발표하였으며, 그 결과는 샤오의 편집으로 대만의 중앙연구원 민족학연구소에서 두 권의 영문 저서로 발간되었다(Hsiao, 1993, 1999).

1차년도인 1993년에 발표된 "한국의 중간계급연구: 이론 및 방법론적 검토"라는 제목의 논문이 주목된다(Kim, 1993). 이 논문에서 호산은 한국 사회학자들에 의해 수행된 한국의 중간계급에 대한 주요 경험적 연구결과를 검토하고, 중간계급 연구의 이론적, 방법론적 특성을 소개한 바 있다. 특히 주목되는 부분은 중간계급에 관한 대부분의 연구가 중간계급을 단지 한국사회의 전반적인 계급구성의 한 부분으로만 다루었을 뿐, 중간계급 그 자체에 대한 심층적 분석은 아니었고, 또한 대다수의 연구들이 중간계급으로 분류되는 대상자들의 태도에 관한 조사결과를 보고하는 데에 국한되었다는 점이 지적되었다.

국내에서 초기에 수행된 사회계층 관련 이상백 · 김채윤(1966)의 선구적 연구가 직업, 소득, 주관적 계급의식, 직업 및 교육 이동을 통해 사회계층의 형태를 찾아보려 했음을 소개한다. 이어서 Koo & Hong(1980)의 계급모형을 검토한다. 이 모형은 계급 구분의 기준으로 생산수단의 소유 여부, 노동력의 구매 또는 판매 여부, 육체/정신노동 여부 등의 기준을 사용하여 자본가계급, 신중간계급, 노동계급, 쁘띠부르주아지, 주변계급 등으로 구분하고 있다. 급속한 산업화 시기(1960-75년)에 산업노동자들의 수는 크게 증가하였고, 신중간계급 또한 두 배로 증가하였다. 특히 하위 사무직, 여성 화이트칼라 노동자가 급격히 증가하였고, 쁘띠부르주아지(구중간계급)와 도시 주변계급(농촌이주자) 역시 증가하였으며, 반면에 농업종사자는 지속적으로 감소하였음을 밝힌 바 있다.

또한 호산은 1992년에 표본수 711명을 대상으로 수집한 조사자료를 분석하여 "한국 중간계급의 사회적 태도와 정치적 성향"이라는 제목의 논문을 발표하였다(Kim, 1999). 이 논문은 한국 중간계급의 정치적 성향은 다양하고 다원적일 것이라는 가설을 제시하고 이를 검증한 것이다. 특히 한국의 중간계급이 민주화 과정에서 사회 안정화의 동력이 되고 있는지, 아니면 보다 급진적인 노동계급에 의해 계급투쟁으로 이끌려 가고 있는지에 대한 문제 제기에서 시작하여 투표행위를 통해 본 정치적 성향, 자의식, 민주주의와 사회운동에 관한 견해 등의 주제를 다루고 있다.

특히 중간계급의 하위범주를 중상계급(upper-middle class), 신중간계급(new middle class), 구중간계급(old middle class)으로 세분화하고, 중간계급 내에서의 차이와 이들과 노동계급(working class)과의 차별성에 주목하였다. 주요 분석 결과를 정리하면 다음과 같다.

먼저 중상계급의 특성을 살펴보면, (1) 투표참여율은 모든 계층범주 중에서 가장 높다. (2) 집권당에 대한 선호도가 가장 높고, 직전 선거에서는 보수적 소수당에 대한 지지 비율이 가장 높았다. (3) 소비자운동, 환경운동, 여성운동 등에 대한 지지도는 높지만, 학생운동, 노동운동, 교원노조운동 등에 대해서는 부정적 견해가 강하다. (4) 대졸자와 고졸자 간의 임금격차는 정당하다고 생각한다. (5) 빈곤은 불가피하며, 정부의 책임이 없는 것은 아니지만. 성공하기 위해서는 개인의 노력이 가장 중요하다. (6) 거대기업이 보여주는 과대한 권력에 대해서는 여러 계층 중 가장 비판적이지만, 노동자들에게 더 많은 권력이 주어져야 한다는 데 대해서는 별로 동의하지 않는다.

신중간계급은 (1) 투표참여율에 있어서는 노동계급과 함께 가장 낮다. (2) 시위참여율은 중간계급의 하위범주 중 가장 낮다. (3) 중간계급 전체에 대한 인식은 긍정적이지 않다. (4) 빈곤층에 대해서는 무관심하다. (5) 여성운동, 학생운동, 노동운동 및 교원노조운동에 대해 강한 지지를 보여준다. (6) 소득분배가 불공정하다는 점에 크게 동의하며, 빈곤이 불가피하다는 견해에 대해서는 동의하지 않는다.

구중간계급의 특성은 좀 더 복합적이다. 중간계급의 다른 하위범주보다 비중간계급에 좀 더 가까운 것으로 나타난다. (1) 투표참여율은 중간 정도이다. (2) 후보자의 선택은 여당과 주요 야당 사이에 거의 양 갈래로 나뉘고 있다. (3) 선거운동과정에서 시위 참가 등, 보다 적극적인 경향을 보이는데, 자신이 선호하는 후보자에게 투표하도록 다른 사람들을 설득하는 데 있어서는 보다 적극적이다. (4) 중간계급 전체에 대한 선호도는 가장 낮으며, 성향은 비중간계급에 좀 더 가깝다. (5) 사회운동에 대한 지지도에 있어서는 중상계급 및 신중간계급과 차이가 있으며, 여성운동에 대한 지지도는 가장 낮다. 학생운동, 노동운동, 교원노조운동 등에 대해서는 신중간계급보다 지지도가 낮지만, 중상계급보다는 높다. (6) 사회관은 전반적으로 신중간계급과 유사하다.

한편 통제집단으로 설정한 도시하층계급은 비교적 보수적인 견해를 보인다. 제시된 정치적, 사회적 쟁점에 대해, 때로는 노동계급보다 중상계급에 더 가까운 견해를 보인다. 요약해 보면, 중간계급과 비중간계급의 차이를 보건대, 우리나라에서 중간계급은 사회정의와 민주주의의 결여에 대해 보다 비판적이며, 비중간계급은 노동자와 노동운동에 대해 보다 더 공감하고 있다는 점이 지적되고 있다. 또한 중상계급은 보수적이고, 사회현상에 대해 우호적이고 방어적이며, 신중간계급은 현재의 조건들에 대해 보다 비판적이고, 구중간계급은 그 중간 정도이며, 때로는 노동계급에 더 유사한 태도를 보이고 있음을 논의한다.

호산의 〈사회계층〉 분야 연구업적

호산의 사회계층 관련 분야 논저를 연도별로 정리해 본다.

1977 "사회변동과 사회계층." ≪정경연구≫ 152: 42-69.

1979 "현대사회와 중간계급: 신중간계급의 사회학 시론." ≪사회연구≫ 2: 1- 37.

1983 "직업의 사회경제적 속성과 계급구분."(최태룡 공저). ≪사회과학과 정책연구≫ 5(3): 1-30.

1985 "한국인의 경제발전관: 도시중간계급의 의식구조연구."(이온죽 공저), 서울대 인구및발전문제연구소(편), ≪사회변동의 이론과 실제≫ 59-83. 서울대학교출판부.

1985 "Middle-Class Perceptions of Economic Development and External Relations in Korea."(1985, with Lee On-Jook). *Journal of East West Studies* 14(2): 35-65.

1986 "한국인의 계급관: 경험적 조사연구." ≪사회구조와 사회사상≫ 543-567. 심설당.

1991 "한국 중간계급 연구동향." 서울대학교 사회학연구회 편, ≪사회계층: 이론과 실제≫ 117-142. 다산출판사.

1993 "Studies in the Middle Class in Korea: Some Theoretical and Methodological Considerations." pp. 23-54 in Hsin-Huang Michael Hsiao (ed.), *Discovery of the Middle Class in East Asia*. Taipei, Taiwan: Institute of Ethnology, Academia Sinica, Taipei, Taiwan.

1995 "矛盾した政治意識: 韓國,"特輯: 擡頭するアシアの中産層. ≪世界≫ 616(12): 2-75.

1999 "Social Attitudes and Political Orientations of the Korean Middle Class." pp.

243-256 in Hsin-Huang Michael Hsiao (ed.), *East Asian Middle Classes in Comparative Perspective*. Taipei, Taiwan: Institute of Ethnology, Academia Sinica.

Ⅱ. 원자력과 지역이해 연구

필자는 우연한 기회에 호산의 제안으로 원자력 분야와 인연을 맺게 되었다. 어느 나라나 원자력발전을 하고 있는 이상, 발전과정에서 부산물로 발생하는 폐기물의 처리문제는 난제가 되고 있었다. 원자력 발전과정에 종사했던 사람들이 사용했던 가운, 덧신 등 중저준위 방사성폐기물과 일정 기간 사용한 후 교체하게 되는 폐연료봉(사용후핵연료), 즉 고준위 방사성폐기물을 어떻게 처리해야 할 것인가를 고심하게 된다. 이를 해결하기 위해 당시 주무 부서였던 과학기술처에서 방사성폐기물 처분장 확보 문제를 검토하게 되었고, 대상지역으로 안면도의 고남면 지역이 거론되고 있었다. 이와 같은 사실이 언론보도를 통해 외부에 알려지면서 안면도 지역주민들의 거센 반발이 일어났다. 파출소를 파괴하고, 안면도로 연결되는 교량을 봉쇄하는 등, 강한 저항이 발생하자 정부는 이 계획을 원점에서 다시 검토하기로 결정했다.

나아가서 과학기술처 장관을 과학기술 분야 전문가가 아니라 포괄적 사회적 인식을 갖고 있다고 판단되는 인사를 후임 장관으로 임명하기에 이르렀다. 후임 장관은 서울대 사회학과를 졸업하고 동아일보 논설위원으로 재직 중이었던 김진현 선생으로, "안면도 민란-진실로 주민들의 행동이라 믿고 싶지 않다"라는 제목의 사설을 1990년 11월 9일(금)자 신문에 게재한 바 있다. 김진현 선생의 회고에 따르면, "과학기술 전문가들이 이 문제를 전혀 해결하지 못하고 있다. 당신 아니면 안 된다"라는 메시지가 대통령으로부터 전달되었다고 한다. 회고록에는 "나도 동아일보도 과기처도 놀란 과기처 장관 임명"이라는 소제목이 붙어 있다(김진현, 2022).

김진현 장관 취임 이후 국민 신뢰와 객관성 보장을 위해 김 장관의 사회학과 1년 후배이신 호산께 연구과제를 부탁하셨고, 호산은 필자가 소장으로 있던 인구및발전문제연구소가 이 과제를 맡아서 추진해 주도록 제안하셨다. 연구소가 "방사성 폐기물 부지 확보 및 지역협력방안 연구"의 용역을 맡게 됨에 따라 학내에서는 연구책임자인 호산 선생을 중심으로 네 분의 교수, 그리고 충남대 등 지역 대학 4곳의 여러 교수들이 공동연구자로 참여하였다.

1991년 12월에 연구결과를 발표하였으며, 가능한 후보지로 강원도 고성 등 6개 지역이 포함되었다. 연구결과를 토대로 지역별 공개토론회를 개최하였다. 이 과정에서 후보 검토지역 주민들의 저항은 거세였다. 당시 노태우 정부는 임기가 얼마 남지 않은 시기였으며, 김영삼 정부도 그다음 행보를 하기에는 많은 어려움을 겪었던 것으로 기억하고 있다.

이때의 연구보고서는 그 후 서울대학교출판부에서 ＜인구및발전연구총서＞로 출간되었다(김경동·홍두승, 1992). 이 연구총서는 ＜원자력과 사회과학＞, ＜원자력에 대한 인식＞, ＜반원자력운동＞ 등 3개 부로 구성되어 있다. 이 연구를 위해 원자력에 대한 국민의식조사를 위시하여, 영남, 호남, 영동, 충청 등 4개 지역에서 원자력에 대한 지역 정서를 파악하기 위한 사회조사가 별도로 진행되었다. 이 연구총서의 머리말에 적혀 있는 내용을 일부 직접 인용하면 다음과 같다.

> "본 총서는 한국원자력연구소로부터 발주된 용역연구의 결과에 기초하고 있다. 1990년 안면도 사태 이후 정책당국에서는 방사성폐기물 처분부지를 마련하기 위한 기초연구를 서울대학교 인구및발전문제연구소 등 전국의 5개 대학 부설 연구소에 의뢰한 바 있었다 … 방사성폐기물 부지선정이란 사회적으로나 지역적으로 매우 민감한 주제여서 국민적 합의를 도출하는 일은 극히 어려우며, 아직도 그 해결의 실마리가 보이지 않고 있다. 이러한 주제를 사회과학도들이 다룬다는 것은 매우 곤혹스러운 일이었다. 학문적 양심에 비추어 객관성을 유지하고 원만한 문제해결을 위해 건설적 제안을 하고자 하는 소박한 의도가 많은 경우에 이해당사자들에게는 왜곡 이해되곤 하였다. 첨예하게 대립되어 있는 지역주민과 정책당국 사이에서 어떠한 건설적인 해결의 접합점을 찾는 일이 과연 불가능한 것인가? 당사자들 간에 인내를 가지고 지속적으로 노력을 기울인다면 다소 시간은 걸리겠지만 풀릴 수 있는 여지는 남아 있다고 생각된다. 이러한 기회에 사회과학과 자연과학이 공유할 수 있는, 또한 공유하여야 할 영역을 발견하였다는 것이 이 연구에서 얻는 매우 소중한 성과라 할 것이다 … . 1992년 6월 편자"(김경동·홍두승, 1992).

이 연구과업을 진행하면서 일본 후쿠시마(福島) 원자력발전소를 운영하고 있는 도쿄전력(東京電力)의 도쿄 홍보관과 방사성폐기물 처분장이 위치한 아오모리현(青森縣)의 로카쇼무라(六ヶ所村)도 호산 선생을 모시고 몇 차례 방문했으며, 호산께서는 원자력 관련 현지 전문가들과 지역 관할 관청의 담당 공무원들을 만나 방사성폐기물 관리현황을 청취하기도 하였다. 로카쇼무라에는 일본 최대규모의 핵연료사이클 시설이 건설되어 있다. 이 시설에는 우라늄 농축시설, 사용후핵연료 재처리시설, 저준위폐기물 매설센터, 고준위폐기물 저장관리센터 등이 설치되어 있다.

지금 우리나라의 방폐장 선정과 폐기물 처리 사업은 그 당시 호산 선생께서 밑그림을 그리신 것이 매우 중요한 토대가 된 것이라 할 수 있다. 이와 같은 선생의 선구적 노력은 이후 <사용후핵연료 공론화위원회>의 활동으로 이어졌고, 필자가 위원장직을 맡아 이 일을 마무리하는데 참여하게 되었다(사용후핵연료 공론화위원회, 2015).

[참고문헌]

구해근(Koo, Hagen). 1982. "A Preliminary Approach to Contemporary Class Structure." pp. 45-66 in *Society in Transition: With Special Reference to Korea*, edited by Yunshik Chang *et al.* Seoul: Seoul National. University Press (구해근. "현대 한국계급구조에 관한 시론." 『한국사회의 재인식』. 한울. 1985. 번역수록).

김경동 · 홍두승(편). 1992. 『원자력과 지역이해: 사회과학적 접근』. 서울대학교 출판부.

김진현. 2022. 『대한민국 성찰의 기록: 김진현 회고』. 나남출판.

사용후핵연료 공론화위원회. 2015. 『사용후핵연료 공론화, 609일간의 기록』. 미간행 보고서.

이상백 · 김채윤. 1966. 『한국사회계층연구』. 민조사.

Hsiao, Hsin-Huang Michael(ed.). 1993. *Discovery of the Middle Class in East Asia*. Taipei, Taiwan: Institute of Ethnology, Academia Sinica.

________________. 1999. *East Asian Middle Classes in Comparative Perspective.* Taipei, Taiwan: Institute of Ethnology, Academia Sinica.

Kim, Kyong-Dong. 1993. "Studies in the Middle Class in Korea: Some Theoretical and Methodological Considerations," pp. 23-54 in H.-H. Michael Hsiao (ed.), *Discovery of the Middle Class in East Asia.*

________________. 1999. "Social Attitudes and Political Orientations of the Korean Middle Class." pp. 243-256 in *East Asian Middle Classes in Comparative Perspective.*

Koo, Hagen, & Hong, Doo-Seung. 1980. "Class and Income Inequality in Korea." *American Sociological Review* 45(August): 610-626.

[후기] 호산(浩山) 김경동 교수님의 구순(九旬)을 축하드리며

필자가 호산 선생을 처음 뵌 것은 대학 2학년 때인 1969년 어느 따스한 봄날, 동숭동 (구)문리대 강의실에서 선생께서 담당하신 사회학과 전공필수과목인 <사회통계>를 수강하면서였다. 당시 선생께서는 30대 초반으로 매우 젊으셨고, 사회학과 68학번 동기들과 군 복무 후 복학한 3년 선배(65학번)들도 모두 선생님을 좋아했었다. 수강생들이 날씨 좋은 봄날 강의실에 있기 싫어 수업을 간단히 마치고 가까이에 있는 창경원에 봄나들이 함께 가시자고 선생님을 졸라 즉석 봄소풍 간 기억이 지금도 새롭다.

그 후 호산 선생께서는 미국으로 건너가셔서 Cornell 대학에서 박사학위를 취득하시고, North Carolina 주도인 Raleigh에 소재한 North Carolina State University 사회학과 교수로 재직하시게 되었다. 이즈음 결혼 전 이 대학에 유학가 있던 필자의 아내를 만나러 갔다가 그 학교에 선생님이 계신 것을 알고 연구실로 찾아가 뵙게 되었다. 선생께서는 댁으로도 초대해 주셔서 사모님도 만나 뵐 수 있었다.

그 후 1979년 여름방학 중 잠시 귀국하여 인사차 선생님 연구실에 들렀을 때, 선생님께서는 마침 서울대에 사회학과를 비롯하여 사범대학 사회교육과와 사회과학연구소에 교수 공채 공고가 난 것을 보여주시면서 한번 응모해 보라 조언해 주셨다. 아직 학위논문도 완성되기 이전이었는데, 격려까지 해주셔서 너무 감사하고 황송한 마음은 지금도 깊이 간직하고 있다.

호산 선생의 학문과 삶에서 다양성, 융통성 그리고 관용

박 재 묵*

Ⅰ. 학은의 시작

호산 김경동 선생님은 미국 대학에서 교수로 재직하시다가 1977년 4월에 서울대학교 사회학과에 부임하셨다. 당시에 필자는 석사과정을 이수하고 논문을 준비하고 있었다. 따라서 필자가 선생님의 강의를 들을 수 있었던 것은 1979년에 대학원 박사과정을 이수하면서부터였고, 수강 과목은 현대사회학이론, 발전사회학 등이었던 것으로 기억된다. 현대사회학이론 수업에서는 당시 새롭게 부상하고 있었던 여성주의사회학, 불교사회학, 해석학적 사회학, 세계체제이론 등 실로 다양한 사회학적 관점들을 접할 수 있었고, 발전사회학 수업을 통해서는 사회발전이론 내부의 다양한 패러다임을 비교해 볼 기회를 가질 수 있었다. 수강생의 수가 적고 수업도 발표·토론식으로 진행되었기 때문에 호산 선생께서 강의 중에 강조해서 하신 말씀의 일부는 지금도 기억에 남아 있다. 그중에서도 대표적인 것은 문제를 보는 관점의 다양성에 대한 강조였다.

대학원생 시절에는 강의실 바깥에서도 선생님의 지원과 도움을 많이 받았다. 1979년경 호산 선생께서 서울대 부설 사회과학연구소의 부소장 직책을 맡으시면서 연구소 내의 간사라는 직책에 필자를 추천해 주셨다. 간사는 조교와 같은 공식적인 지위가 아니긴 했지만, 매달 받는 보수가 있어 안정적으로 공부를 하는 데 큰 도움이 되었다. 보수보다 더 큰 의미를 갖는 것은 소속 교수들의 연구를 도와주면서 연구 수행과 관련된 다양한 경험을 할 수 있었다는 점이다. 나

* 1981년부터 충남대 사회학과 교수로 재직하였고, 정년퇴직 후 대전세종연구원 원장을 거쳐 현재는 충남대 사회학과 명예교수로 있다.

중에 사회과학연구소가 사회과학연구원으로 승격되면서 발행이 중단되기는 했지만, 당시에는 사회과학연구소가 『사회과학과 정책연구』라는 제호의 학술지를 발행하고 있었다. 이 논문집을 창간할 때, 제호를 만들기 위해 규장각 고문서 담당자의 도움을 받아 금속활자 인쇄본을 들추면서 집자를 했던 기억이 지금도 새롭다. 집자를 통해 만들어진 제호가 한동안 사용되다가 나중에 조순 총장이 쓰신 제호로 바뀌었다.

지금은 사라졌지만 당시에는 지금 학생들이 생각하기 어려운 풍습이 대학가에 있었다. 학생들이 교수 집에서 식사와 술을 대접받는(?) 일이 그것이다. 교수의 초청을 받아 집을 방문해서 음식을 대접받는 경우가 대부분이었지만, 그렇지 않은 경우도 더러 있었던 것 같다. 사제지간의 돈독한 관계나 어려운 학생들에 대한 교수의 배려에서 시작된 일이겠지만, 때로는 학생들의 무례에 가까운 실수가 일어나는 경우도 없지 않았다. 호산 선생님의 댁도 대학원 학생들이 자주 방문하는 곳 중의 하나였다. 선생님 댁은 학생들 사이에서 '언덕 위의 하얀 집'으로 통했다. 세배를 다닐 때는 마지막 종착지를 선생님 댁으로 정하는 경우가 많았는데, 그 이유는 오랜 시간 자유롭게 즐기는 것이 허용되었기 때문이다. 당시 대학원생이 누린 즐거운 시간은 선생님 내외분이 베푸는, 세상 어디에서도 경험할 수 없는 무한 관용 덕분이다.

선생님께서 지금도 대학 바깥의 강의 초청에 응하시면서 활동을 왕성하게 하고 계신 것으로 알고 있는데, 앞으로도 건강을 잘 유지하면서 오래오래 학식과 경륜을 사회에 되돌려 주실 수 있기를 기원한다.

Ⅱ. "종속이론만이 발전이론은 아니다."

필자가 선생님을 처음 뵙게 된 1970년대 후반은 종속이론이 한국의 젊은 사회학도들 사이에서 태풍 같은 바람을 불러일으킨 시기이다. 누구나 알고 있는 일이지만, 종속이론은 라틴 아메리카의 역사적 경험, 즉 대미 종속관계의 결과로서 발생하는 저발전(underdevelopment)의 심화를 분석하고, 제3세계 국가들이 이러한 저발전의 굴레로부터 벗어나기 위해서는 중심부 국가와의 관계를 단절하거나 최소한 약화시키고, 혁명 등을 통해 내부를 개혁하는 것이 필요하다고 주장한다. 그런 점에서 종속이론은 매우 급진적인 이론이다. 연구 분야에 따라 차이가 있기는 했지만, 적어도 발전사회학 학도들 사이에서는 종속이론의 바람이 매우 세차게 불었다. 국내에서 종속이론을 다룬 최초의 저술로 알려진 염홍철 편저의 『제3세계와 종속이론』(1980)이 1980년대 초에 출판되었으므로 그 이전까지는 외국 도서로 공부할 수밖에 없었다. 하지만 외국 도서의 구득이 쉽지 않았던 시기여서 종속이론 관련 서적도 대체로 '불법' 복사판으로 읽게 되는 상황이었다. 이런 제약 하에서도 종속이론 관련 단행본과 저널은 사회과학도들에게 매우 널리 보급되었고 이론적 지지 세력을 확장해 나갔다.

종속이론 중에서도 '고전'이라고 할 수 있는 도스 산토스(Dos Santos)나 프랭크(A. G. Frank)의 저술이 널리 읽혔고, 그중에서도 특히 많이 읽힌 책은 프랭크의 *Latin America: Underdevelopment or Revolution*(1969)이 아닌가 생각된다. 또한 종속이론 관련 저널로는 *Latin American Perspectives*와 *Monthly Review*가 많이 읽혔다. 단행본과 마찬가지로 저널도 복사판으로 제작되어 보급되었다. 말할 필요도 없이 이러한 한국의 지적 동향에는 당시 한국이 처해 있었던 정치적, 경제적 상황, 즉 장기간 지속된 억압적 권위주의 정치체제와 외부 의존성과 불평등 심화를 특징으로 하는 경제체제 등이 배경 요인으로 작용하고 있었다.

필자 역시 한때 종속이론에 심취된 젊은 사회발전 학도였다. 발전이론을 폭넓게 공부하지 못한 상태에서 한 쪽 이론에 심취되었고 종속이론에 대한 강한 충성심 때문에 그 방향으로 경도될 수밖에 없었다. 선생님께서는 필자의 치우친 학문적 자양분 섭취를 자주 지적해 주셨다. 이러한 지적은 수업시간에는 물론 가끔은 강의실 바깥에서도 이루어졌는데, 지적의 핵심은 결국 종속이론 등 비주류의 특정 이론에 경도되지 말고 주류 사회학의 다양한 관점을 폭넓게 공부해야 한다는 말씀이었다. 당연한 지적을 쉽게 받아들이지 못한 것을 부끄럽게 생각하고, 이 기회를 빌려 친절하게 지적해 주신 데 대해 감사를 드리고 싶다.

Ⅲ. 스승의 저술에 대한 제자의 서평

사회발전과 사회변동은 호산 선생의 주요 연구 주제였다. 사회발전 내지 사회변동에 관한 단행본을 네 권쯤 내셨고, 제호에 발전이라는 단어를 붙인 책으로 좁혀서 보더라도 두 권의 단행본을 쓰셨다. 두 권의 단행본은 『발전의 사회학』(1979)과 『한국사회발전론』(2002)이다.

필자는 1979년 당시 서울대 사회학과에서 발행하던 『韓國社會學硏究』의 편집 책임을 맡은 교수로부터 요청을 받고 서평을 쓰게 되었는데, 그 서평이 바로 그해에 발행된 호산 선생님의 『발전의 사회학』을 대상으로 한 것이었다. 서평의 제목은 "인간주의적 발전이론에 있어서 이상과 현실"(박재묵, 1979)이었다. 이 서평은 18쪽에 이르는 제법 긴 글이었다. 최근에 사회학과 동료 교수를 지낸 분과 카톡으로 주고받은 이야기를 소개하자면, 그분은 '논문급 서평'이라고 했다. 내용은 불문하고 우선 분량이 그렇다는 뜻이다.

박사과정 학생이었던 필자가 교수의 저술에 대해 서평을 쓴다는 것은 결코 쉬운 일이 아니었다. 서평을 쓰기는 했지만, 발표 후에도 여러 차례 그 일이 잘한 것인지 스스로 되돌아보기도 했던 다소 떨떠름함을 남긴 일이었다. 필자에게 서평 요청이 오게 된 것은 당시 『韓國社會學硏究』가 주로 대학원생의 학위 논문이나 기고로 이루어져 왔다는 점과 필자가 적어도 그 당시에는 발전사회학에 큰 관심을 갖고 공부하고 있었다는 점 때문이 아닌가 생각된다. 이런 경위로 스승의 저술에 대해 제자가 서평을 쓰는 일, 누구도 쉽게 나서기 어려운 일이 필자에게 맡겨지게 되었다. 지금 생각해 보면 좀처럼 거절하지 못하는 성격 때문에 영민하게 대처하지 못했던 것 같다.

위에서 서평이 장문의 글이라는 것을 말한 바 있는데, 서평이 이처럼 길어지게 된 것은 기왕 서평을 쓰기로 했으면 적당히 써서는 안 되고 제대로 써야만 한다는 중압감이 크게 작용한 탓이 아니었을까 생각된다. 지금 읽어보면, 길게 썼다고 꼭 제대로 쓴 것은 아닌 것이 확실하고, 내용에 있어서도 부족한 부분이 여럿 있어 부끄러움을 느끼게 된다. 45년 전에 작성된 서평을 바탕으로 삼아 『발전의 사회학』에 대해 살펴보고자 한다.

Ⅳ. 호산 선생의 사회발전 이론

호산 선생님의 『발전의 사회학』은 다음의 몇 가지 점에서 주목을 받을 만한 저술이다. 첫째로, 사회발전 문제를 다룬 한국 사회학계 최초의 본격적인 저술이다. 1년 전에 한국사회과학연구소가 편집한 『사회발전연구』가 출판되기는 했지만, 이 책은 9인의 논문을 편집한 것이라는 점에서, 호산 선생의 『발전의 사회학』을 최초의 본격적인 저술로 꼽아도 좋을 것이다. 다만, 이 책도 호산 선생께서 약 15년에 걸쳐 발표한 논문을 묶은 것이어서, 저자가 시인하고 있듯이 '곳곳에 중복이 있고' 일관된 체계를 갖추고 있지 않음을 지적할 수 있다.

둘째로, 『발전의 사회학』에서 저자는 새로운 발전이론을 구성하고자 했다. 당시까지만 해도 발전 분야의 외국의 다양한 관점과 이론들을 국내에 소개하는 글은 적지 않게 발표되고 있었지만, 독자적인 발전이론을 구축하고자 하는 시도는 거의 보이지 않았다. 그런 점에서 호산 선생의 이론 구성 시도는 주목받아 마땅하다.

이 책에서 이론 구축 작업은 주로 제1부에서 시도되고 있다. 제1부의 제목은 '발전사회학의 이론 전개'라고 붙여졌고, 여기에 6개의 논문이 담겨 있다. 6개 논문 중에서도 두 번째 논문인 '발전의 사회학적 이론'이 제1부의 중심 논문이라 할 수 있고, 나머지 논문들은 내용 면에서 이 논문을 지원하는 관계에 놓여 있다. 이 두 번째 논문의 핵심 개념이 '구조적 융통성'(structural flexibility)이라는 점에서, 필자는 서평을 쓰면서 호산 선생의 사회발전이론을 '구조적 융통성의 이론'이라고 부를 수 있다고 했다(박재묵, 1979: 235).

셋째로, 호산 선생의 사회발전이론, 즉 '구조적 융통성의 이론'은 호산 사회학의 트레이드마크라 할 수 있는 '인간주의사회학'의 분야별 적용 사례라고 할 수 있다. 다시 말해서 '구조적 융통성의 이론'은 호산 선생이 1년 전에 펴낸 『인간주의사회학』(1978)에서 제시한 바 있는 '인간주의적 전망'이 사회 각 분야 연구에서 어떻게 구현되는가를 보여주는 대표적인 사례가 될 수 있다는 말이다. 호산 선생께서도 이 책의 제1부에서 그의 발전이론이 추구하는 바 기본지향이 '인간주의적인 믿음에 바탕한 것'이라고 밝힌 바 있다(김경동, 1979: 149).

여기에서 '인간주의적 전망'을 상세하게 다루는 것은 맥락을 벗어나는 일이 되겠지만, 이해를 돕기 위해 저자가 정의한 바를 소개해 본다면, 다음과 같이 정리할 수 있다. '인간주의적 전망'을 한마디로 줄여 말한다면, '인간중심적'(people-centered) 전망이라 할 수 있고, 좀 늘여서 말한다면, '어디까지나 인간가치의 존중과 인간에 대한 믿음과 동정심과 연좌감에 입각한 책임의식과 주관적인 삶의 세계에 대한 깊은 이해에 바탕을 둔 지향'이라 할 수 있다(김경동, 1978).

호산 선생의 사회발전이론을 제대로 이해하기 위해서는 몇 가지 주요 개념에 대한 이해가 필요하다. 첫째로, 발전된 사회란 어떤 사회를 말하는 것일까 하는 것이다. 요약해서 말하자면, 발전된 사회는 '좋은 인간', 즉 '자아완성'과 '잠재력의 실현'을 성취할 수 있는 사람이 많은 사회이다. 그런데 인간이 '자아완성'과 '잠재력의 실현'을 이루기 위해서는 그에 앞서서 '삶의 기회(life chances)'와 '삶의 결(quality of life)'이 증진되어야 한다. 다시 말해서 하위 욕구가 충족되어야 상위 욕구의 충족이 가능해진다는 것이다. 여기에서 우리는 매슬로우(Abraham Maslow)의 욕구 피라밋 이론과의 연관성을 확인할 수 있다.

다음으로 이해가 필요한 개념은 구조적 융통성이다. 사람들이 '삶의 결'과 '삶의 기회'를 증대시킬 수 있으려면, 사회경제적 정의와 정치적 자유라는 발전가치가 보장되어야 하고, 그러려면 구조적 융통성이 필요하다고 본다. 사회구조적 측면에 초점을 맞추어 말하자면, 발전의 과정은 구조적 융통성을 증진시키는 사회적 변동이라고 할 수 있다. 그렇다면 구조적 '융통성'은 도대체 무엇인가? 저자에 따르면, 구조적 융통성은 "사회구조가 상대적으로 박탈되고 소외된 다수로 하여금 자기네의 정당한 자원의 배당을 요구할 뿐만 아니라 그 몫을 실지로 얻을 수 있게끔 허용하는 정도"(김경동. 1979: 60)이다.

호산 선생의 구조적 융통성의 개념은 그 당시까지 사회학계에 등장했었던 다른 많은 이론가들의 개념을 연상시킨다. 이들 개념에는 기능주의 이론가들은 물론 갈등이론가들의 주요 개념들도 포함되어 있다. 예를 들면, 다렌도르프(R. Dahrendorf) 류의 제도화된 갈등, 파슨즈(T. Parsons)의 기능주의적 신진화론에서 등장했던 적응력의 향상(adaptive enhancement), 스멜서(N. Smelser)의 '분화에 따른 통합(differentiation cum integration)', 아이젠슈타트의(S, N. Eisenstadt)의 '변화의 흡수', 초닥(S. Chodak)의 체계성의 성장(growth of systemness) 등이 그런 것들이다. 필자는 1979년에 서평을 쓰면서 구조적 융통성의 이론은 '부분적으로 갈등론을 흡수한 신진화론에 가깝다'고 했고, 특히 갈등의 편재성을 인정하면서 이를 수용하는 능력이 체계 내에 있다고 보고 있다는 점에서 아이젠슈타트의 변화흡수의 개념과 유사하다고 말한 바 있다(박재묵, 1979: 241).

마지막으로 이해가 필요한 부분은 구조적 융통성을 증가시키기 위한 전략으로서 '자발적 조직체'와 '리더십'이다. 저자는 '구조적 융통성을 증진시키는 길로서 사회적 성원들이 수단적인 자발적 결사체들을 구성하고 그것을 통해 저들의 요구를 관철시킬 수 있어야 한다'고 주장하고 자발적 결사체의 내적 결함을 보완하기 위해서는 리더십이 필요하다고 보았다(김경동, 1979: 134).

필자는 서평에서 자발적 조직체의 활성화가 사회의 구조적 융통성을 증진시킬 수 있다는 주장은 일종의 순환적 인과관계를 내포하고 있는데, 이것이 이론적으로 타당한가의 문제를 상당히 길게 논의한 바 있다. 저자에 따르면 구조적 유통성을 증가시키기 위해서는 자발적 조직체의 활성화가 요구되고, 자발적 조직체가 활성화되기 위해서는 다시 구조적 융통성이 요구된다. 저자는 구조적 융통성이 갈등집단의 형성·조직의 결정적 요인인 결사동맹의 자유가 존재할 수 있는 조건으로 보면서, 동시에 구조적 융통성을 증진시키는 방도로서 자발적 조직체를 들고 있기 때문이다.

이에 대해 필자는 순환적 인과관계를 설정했다고 해서 이것이 반드시 이론구성의 문제점이라고 볼 수는 없다고 주장했다. 왜냐하면 구조적 융통성과 자발적 조직체 활성화 간의 관계를 정태적인 것으로 볼 경우에는 논리적 순환에 빠질 위험이 있는 것으로 볼 수도 있지만, 하나의 동태적인 과정으로 파악한다면, 이들 사이에 누적적 상호강화의 관계가 있는 것으로 볼 수 있기 때문이다. 필자는 서평에서 누적적 상호강화의 과정을 그림으로 설명한 바 있다. 저자 역시 이러한 누적적 상호강화의 과정을 염두에 둔 것으로 해석되지만, 이러한 누적적 상호강화의 과정을 출발시킬 수 있는 최소한의 구조적 조건을 보다 분명하게 제시하지 않은 것은 아쉬운 부분으로 남아 있다. 아마도 저자가 생각하고 있었던 최소한의 조건은 다른 맥락에서 자주 언급되고 있는 정치적 자유의 보장이 아닐까 생각해본다.

호산 선생의 사회발전이론은 서구의 다원주의 사회를 모델로 삼고 그런 사회로 나아가기 위한 조건들을 탐색하고자 했다고 할 수 있다. 그 조건으로서 구조적 융통성과 자발적 조직체가 제시되었다. 그런 점에서 호산 선생의 사회발전이론은 서구사회를 모델로 삼았다고 보아도 좋은 것 같고, 점진적 변화의 과정을 중시한다는 점에서 온건한 이론이라 할 수 있다. 그러나 다른 한편으로 책이 출판된 1970년대 후반의 상황을 고려해 본다면, 호산 선생의 사회발전이론이 당시 시대적 과제였던 사회 민주화의 길을 제시하고 있다는 점도 주목되어야 할 것이다. 어떤 점에서 구조적 융통성의 증가와 자발적 조직체의 활성화는 당시의 한국사회가 민주적 다원주의사회로 나아가기 위해 해결해야 할 매우 중요한 과제였기 때문이다. 많은 사람들의 시선이 정치제도의 민주화와 경제적 불평등 해소에 쏠려 있었고 점진적이 아닌 급진적 변화에 쏠려 있었기 때문에, 호산 선생의 이론이 갖고 있는 사회 민주화 이론의 의미가 제대로 평가받지 못한 것으로 보인다.

책이 나온 후 10년이 지난 후에 비로소 우리 사회에서는 결사체 혁명이 도래하고 구조적 융통성도 증가하는 큰 변화를 맞이했으니, 호산 선생이 사회 민주화의 미래를 앞서서 내다봤다고 할 수도 있다. 후학으로서 호산 선생께서 시작하신 사회발전 연구와 이론화 작업을 이어받아 진전시키지 못한 점이 부끄러울 따름이다.

[참고문헌]

김경동. 1978. 『인간주의사회학』. 민음사.

김경동. 1979. 『발전의 사회학』. 문학과지성사.

김경동. 2002. 『한국사회발전론』. 집문당.

박재묵. 1979. "인간주의적 발전이론에 있어서 이상과 현실." 한국사회학연구 제3집: 229-246.

염홍철(편저). 1980. 『제3세계와 종속이론』. 서울: 한길사.

Frank, Andre Gunder. 1969. *Latin America: Underdevelopment or Revolution*. Monthly Review Press.

김경동 교수의 인간주의사회학과 인권

정 진 성*

필자는 김경동 교수께 직접적인 지도를 받지는 않았으나, 이번 구순기념문집에 참여하는 기회를 통해 김 교수의 깊은 인권적 통찰과 관점을 발견하게 되었다. 김 교수의 학문에서 중심축을 이루고 있는 '사회발전'은 보다 나은 사회로의 변동을 의미하는 가치함유적인 개념이며, 그 최종 목표는 '인간존중'이 실현되는 사회이다. 그러한 사회에서 사람들은 구조에 종속되기보다는 '자발적으로 봉사'하는 삶을 영위한다. 인간주의사회학과 사회봉사의 사회학이 사회발전론의 관점과 방법이 되고 있으며 학문을 실천으로 이어지게 한다. 이 글은 이러한 김경동 교수의 사회학 흐름을 '인권'의 관점을 가지고 짚어보고자 한다.

Ⅰ. 인간 중심의 사회발전

필자가 대학을 다녔던 1970년대, 사회발전론은 사회학의 큰 줄기로서 중요하게 연구되고 있었고, 그와 더불어 후진국사회발전론, 제3세계론, 근대화론, 종속이론 등의 논의도 진지하게 이루어지고 있었다. 그런 한편에서 인간주의사회학이 사회학도들의 마음에 여유를 주었다. 실증주의와 가치자유가 엄정한 틀을 만들고 있을 때, 인간의 존엄과 창의성을 사회의 궁극적 지향으로 보고 사회정의의 가치를 사회학에 함축하려는 시도는 매우 신선했다. 김경동 교수가 사회발전의 목표를 인간존엄성의 실현으로 정의한 것은 이러한 놀라운 시도의 맥락에 있다. 1978/1979년 비슷한 시기에 『인간주의사회학』과 『발전의 사회학』[1]을 출

---

* 서울대학교 사회학과 명예교수, 유엔 인종차별철폐위원

1 『발전의 사회학』은 그간에 저술한 논문들을 모아, 1979년 민음사에서 발간한 책인데, 이것은 같은 이름으로 2004년에 한국학술정보에서 다시 출판된 것으로 보인다. 필자는 2004년 출판된

간하여, 사회학의 지향과 방법을 후학들에게 제시했던 것이다. 뿐만 아니라, 김경동 교수는 이러한 인간주의적 사회발전 과정에서 개인의 자발성과 자원봉사의 중요성을 지적했다. 이것은 후에 『자발적 복지사회』(2012년)라는 저서에서 종합했으며,[2] 은퇴 후 김 교수 자신의 자원봉사라는 실천으로 귀결되었다.

김경동 교수는 사회변동이라는 중립적 개념만이 사회과학의 연구대상이 된다는 주류사회학의 기존 관념을 비판하고(1966/2004:12)[3] 좀 더 나은 방향으로 나아간다는 가치함유적 개념인 사회발전(development)에 집중했다. 그는 가치판단으로부터 도피하려는 노력은 애초에 잘못된 방향으로 나가는 것이라고 지적했다(1979/2004: 56). 그는 사회구조 중심의 실증주의 주류사회학이 사실은 가치함축적인 개념을 많이 포함하면서도 다루기를 꺼려하거나 조심스럽게 접근한다고 지적하고, 그러나 최근 인간주의 사회학의 전망들이 고개를 들기 시작하고 가치를 드러내놓고 다루기 시작했다고 진단했다(1978c/2004: 132). 그는 신사회학(new sociology), 자성적(reflexive) 사회학, 급진적(radical) 사회학, 비판적(critical) 사회학 등 주류 실증주의 사회학과 다른 관점을 보이는 사회학을 포괄적으로 지칭하여 인간주의적(humanistic) 사회학이라고 보았다(1978b:191). 그는 이러한 사회학 연구들은 인간을 중심에 놓는다는 공통점이 있는데, 그것은 사회학을 단지 객관적 기술의 도구로 보는 실증주의적 관점을 넘어서, 사회 변화의 동력이자 도덕적 나침반으로 본 것이다.

사회발전의 척도는 개인이 구조적 조건 속에서 얼마나 자유롭고 평등한가의 정도라고 보고, 그 과정이 어떻게 구체화되는지를 탐색했다. 선진문화사회 또는 성숙한 사회의 목표는 인간이 인간답게 잘 사는 사회(1996: 45), 인간의 참된 해방과 완벽한 자아실현이 가능한 사회이며, 인간주의의 회복을 미래사회의 이념적 정향이라고 보았다. 인간주의란 타인의 인권을 존중하며 인간의 존엄을 믿고 서로 협동하는 것이라고 정의하고(1996: 44), 발전을 근대화의 장래를 결정하고자 하는 인간주의적 안간힘(1979c/2004: 96)이라고도 말했다. 그는 사회를 분석할 때

저서를 구입할 수 있어서 이 책에 근거하여 이 글을 작성했다는 점을 밝혀둔다.

2 『인간주의사회학』, 민음사, 1978; 『발전의 사회학』, 한국학술정보, 1979; 『자발적 복지사회』, 아르테, 2012.

3 이 글은 김경동 교수의 저술에 기초하여 인용은 모두 김경동 저술에 국한했다. 따라서 인용에 저자 이름(김경동)은 생략했다.

인간의 주체성과 도덕적 판단 능력을 핵심 변수로 간주했다. 이것은 구조기능주의적 설명이나 마르크스주의적 경제결정론과는 다른 관점이었다. 그는 인간이 단순히 사회구조에 의해 형성되는 수동적 존재가 아니라, 사회 속에서 의미를 창출하고 사회를 재구성하는 존재라고 주장했다.

이러한 인간 중심의 사회학은 한국사회의 급속한 산업화와 도시화 과정에서 인간 소외, 공동체 해체, 가치 혼란 등 다양한 문제를 분석하고 대안을 제시하는 데 중요한 이론적 틀을 제공하였다. 김경동 교수는 개발국가의 권위주의적 통치에 주목하고 시민민주정치를 주창했다(2012: 26). 경제성장을 이유로 표현의 자유와 노동권이 제한되고, 지역 간 불균형이 심화되는 현실을 비판적으로 분석한 것이다. 그는 아시아, 아프리카, 라틴아메리카의 제3세계 국가들에서 유사한 문제들이 발생하고 있음을 인식하고, 국제적 비교를 통해 발전의 보편성과 특수성을 동시에 분석하고자 하였다. 이는 그가 국제사회와 지속적으로 소통하며, 한국적 경험을 세계적 담론과 연결지으려 했던 노력의 일환이었다. 이와 같이 김 교수의 발전사회학은 경제적 지표에만 의존하지 않고 사회발전을 보다 입체적이고 윤리적인 시각으로 재정립하는 데 기여하였다.

Ⅱ. 사회통합과 사회정의

김경동 교수의 발전사회학은 근대화와 산업화, 도시화 및 경제적 성장의 과정 이면에서 자라는 사회적 갈등과 모순, 사회적 배제까지 분석하려는 시도였다. 우리 사회가 경제성장에 치우쳐 권위주의의 고통을 겪던 시기에 노동문제, 정치적 참여, 지역불균형, 성차별, 세대갈등에 주목하고, 인간의 삶의 질과 공동체의 지속가능성을 핵심 지표로 강조한 것이다. 김 교수는 정치적 참여, 교육 기회, 문화 향유 등 전반적인 삶의 질과 관련된 이러한 사회발전이 민주적 사회통합에 의해 가능하다고 지적하고, 사회적 연대와 갈등의 조정이라는 두 가지 측면에서 이에 접근했다. 그는 그와 관련된 윤리적 규범과 도덕적 기초를 제시하고자 했는데, 여기서 매우 중요한 주장을 한다. 즉 민주적 사회통합은 '사회정의'의 실현에 의해서만 가능하다는 것이다(1968: 36-54). 실증주의 사회학 연구 흐름에 사회적 차원의 가치지향을 결합한 것이다.

그는 발전이란 인간이 인간답게 살 수 있는 조건을 만드는 것이며, 이는 사회적 약자들이 억압에서 해방되는 것을 포함한다고 주장했다(1996: 10). 당시에 한국사회에서 아직 이주노동자 문제가 심각한 사회통합의 문제로 떠오르지 않았기 때문에 김 교수의 갈등 조정과 연대, 포용적 발전은 국내의 노동, 지역, 세대 갈등, 젠더 문제 등에 국한되었으나 연대와 포용의 문제를 제기한 것은, 자유권과 사회권을 넘어 소위 제3세대 인권, 즉 연대의 권리를 사회발전의 맥락에서 발전시킨 선구적 작업이라고 할 수 있다.

Ⅲ. 사회발전의 다양한 축: 전통, 개인과 공동체, 권리와 책임

김경동 교수는 우리 사회의 가부장제적 전통을 억압 기제로 보고 극복해야 할 과제로 보았지만, 전통을 모두 일률적으로 극복해야 할 것으로 보지는 않았다. 오히려 사회학이 발생한 서구의 이론에 매몰되는 것을 경계했다. 그는 토착적 경험과 역사, 문화에 기반한 사회학이 필요하다고 보았고, 한국사회에서 인간관계, 공동체 의식, 윤리 등을 사회학적으로 해석하고, 이를 통해 한국사회의 특수성과 보편성을 동시에 이해하고자 했다. 이것은 사회발전이 단선적인 과정이 아니라 다양한 경로를 만들 수 있다는 분석(1966/2004: 20)으로서, 사회발전론에 대한 중요한 기여이다.

김경동 교수는 서구의 근대화 과정에서 개인을 의사결정의 책임 있는 준거로 인정한 것은 발전을 가능케 한 가장 핵심적인 요인으로 작용했다고 보았다(1968/2004: 37). 그러나 동시에 공동체의 중요성을 지속적으로 강조했는데, 이것은 개인의 권리와 능력 강화뿐 아니라 책임의식도 중시해야 한다는 주장과 같은 맥락에 있다.

Ⅳ. 자발적 복지사회와 자원봉사

김경동 교수는 인간중심의 사회발전은 인간이 강제에 의해 움직이는 것이 아니라, 사람들 스스로가 자기네의 진정한 욕구와 원망이 무엇인지를 의식하고 결정하도록 하는 데서 시작된다고 보았다. 사람은 성장할 수 있는 잠재력을 지니고 스스로 실현시키는 성향을 보여준다는 믿음이 인간과 사회에 대한 인간주의적 해석의 기본이라는 것이다(2004: 114). 인간주의사회학과 발전의 사회학과 함께 일찍부터 '자발적 복지사회'의 개념을 발전시킨 점이 이러한 맥락에 있는 것이다(1978/2004: 142-152).

그는 복지사회의 핵심가치를 물질적 신체적 삶의 결, 정신적 심리적 삶의 결, 정의, 자유라고 규정했는데(1978b/2004: 131), 이것은 곧 발전의 궁극적인 핵심가치이기도 하다. 즉 그 사회를 구성하는 사람들의 참된 욕구가 무엇인지 스스로 집합적으로 찾아내고, 이를 충족시키기 위해 자발적으로 결정에 참여하고 책임지는 조직원리라고 보았다. 성숙한 시민사회의 핵심은 자발성이라는 것이다. 시민민주주의의 정착과 발전을 위해서 인간을 위한 창의성, 도덕성 교육을 증진해야 하며(2011: 24-30), 그러한 가치들을 증대시키는 방향으로 사회구조 자체가 변동하는 것을 발전이라고 할 수 있다는 것이다.

그는 지식인의 사회적 책임, 사회학의 공공성, 그리고 연구자의 실천적 개입 등을 통해 사회학이 실제로 사회에 기여할 수 있어야 한다고 주장하며 발전을 위한 정책 결정 과정에서 시민사회와 자발적 조직체의 역할을 강조하였다(2004: 157). 발전은 국가 주도가 아닌 시민참여와 협치를 통해 이루어져야 하며, 특히 소외된 계층의 목소리가 정책에 반영되어야 한다고 보았다. 학문이 추상적 비판에 머무르지 않고, 실제 정책에 영향을 미치고, 나아가 더 나은 사회를 설계하는 데 기여해야 한다는 것이다. 이것은 후에 자원봉사의 사회학으로 연결된다.

사회변동의 큰 줄거리를 짚어보면서 그러한 시간적 맥락에서 "왜 이 시점에서 우리 사회는 자원봉사와 나눔 운동을 강조해야 하는가?"라고 그는 묻는다(2012: 51). 복지문제가 당연히 국가의 몫이라는 논리를 벗어나서 이제는 시민사회의 민간부문이 더 적극적으로 참여해야 할 시대가 되었다고 그는 전망한다. 이러한 학문적 신념에서 은퇴 이후에도 김경동 교수의 사회학은 멈추지 않고,

'자원봉사의 사회학'이라는 새로운 장을 열었다. 이것은 지속적으로 사회와 연결되는 학자의 실천적 지향이었다. 김 교수는 자원봉사를 개인의 도덕적 선택이나 종교적 사명에 그치는 것이 아니라 현대 시민사회 발전의 핵심 요소로 보았으며, 시민의 자발적 참여가 사회적 신뢰를 형성하고 공동체의 회복을 이끌어낼 수 있다고 주장했다. 이는 그가 평생 일관되게 강조해온 '인간 중심의 사회학'과 정확히 맞닿아 있다.

그는 특히 고령화 사회에서 자원봉사의 중요성을 강조하였다. 은퇴한 세대가 단절과 소외 속에 방치되는 것이 아니라, 사회에 기여하는 제2의 역할을 수행할 수 있도록 제도적 기반을 마련해야 한다고 주장한다. 그는 이와 관련된 연구와 실천을 병행하였으며, 다양한 시민단체와 노인복지 기관, 종교단체와 협력하여 자원봉사자 교육과 프로그램 개발에 참여하였다. 그는 자원봉사의 사회학을 통해 시민사회의 자율성과 윤리성에 주목하였다. 그는 국가에 의존하지 않고도 스스로 공동체를 돌보고 문제를 해결하려는 시민의 자발성을 민주주의의 실질적 기반으로 간주했다.

자원봉사는 바로 그 자발성과 연대의 구체적 표현이었다. 그는 서로 돕고 신뢰를 쌓는 과정에서 사회적 연대가 확장되고, 이는 결과적으로 민주주의의 내적 심화를 가능하게 한다고 보고, 실제 사례를 통해 한국사회에서의 자원봉사운동이 지닌 가능성과 한계를 분석하였다.

김경동 교수는 자원봉사의 실천을 통해 사회학이 다시금 일상으로 돌아가야 한다고 말하면서 학문과 실천의 새로운 융합을 시도했다. 그는 자원봉사를 단지 선행이나 봉사가 아니라 '함께 사는 삶'의 방식이자 '연결된 인간성'을 회복하는 사회적 장치로 인식하였다. 자원봉사의 사회학은 김경동 교수의 인간주의 사회학, 발전사회학, 인권·젠더 포용의 사상을 모두 통합한 결산이라 할 수 있다. 그의 삶과 학문은 은퇴 이후에도 생생하게 사회와 연결되어 개인의 실천과 학문적 업적을 확장하고 있다.

Ⅴ. 인간주의사회학과 "인권"

인권에 매료되어 인권연구와 인권활동에 빠져들었고, 후배들과 함께 『인권사회학』 단행본을 기획·출간하고 한국사회학회에 인권사회학 분과를 만들기도 한 필자가, 김경동 교수의 사회발전론과 인간주의사회학, 자원봉사의 사회학에서 매우 뿌리 깊은 인권의 함의를 재발견한 것은 말할 수 없이 큰 기쁨이었다. 그러나 동시에 왜 "인권"이라는 학술적 용어를 사용하지 않았을까, 일찍부터 인권사회학의 발전의 길을 터주셨더라면 하는 아쉬움이 느껴지기도 했다.

사회학은 서구에서 근대사회가 발전하면서 성립된 신생학문이다. 자본주의의 발전으로 구체제의 신분질서로는 새로운 사회의 계급 상황을 설명할 수 없게 되었을 뿐만 아니라, 근대국가의 형성 과정에서 이러한 계급체제와 국가 간의 관계를 규명할 학문적 과제도 새롭게 대두되었던 것이다. 중세로부터 벗어나 인간의 이성(합리성)에 대한 믿음이 이러한 과제를 풀어갈 학문의 설립을 밑받침했다.

이 시기에 같은 사회적 배경에서 이루어진 것이 '인권(human rights)' 개념이다. 자본주의의 발달로 인하여 새롭게 자유로운 시민으로 등장한 사람들의 권리와 평등이 주창된 것이다. 이렇게 볼 때 사회학과 인권은 근대사회의 쌍생아 같은 것이라고 할 수 있다. 김경동 교수의 인간주의사회학과 발전의 사회학이 서로 결합되어 이어져 온 것이 이것과 똑같은 과정이지 아닐까?

사회학에 인권의 개념은 성립기부터 내재해 있었다고 말할 수 있다. 인간의 이성과 사회의 진보에 대한 믿음이 공통의 기반이었고, 사회학 설립의 목적은 이러한 이성에 기반하여 보다 진보된 사회를 만들고자 하는 규범적인 것이다. 자연과학이 물질적 세계의 법칙을 규명하여 기술의 진보를 가져오듯이, 사회변동의 법칙을 규명하여 사회의 진보를 이끈다는 규범적 목적이 성립기 사회학자들에게서 공통적으로 나타났던 것이다. 콩트, 뒤르켐, 베버, 마르크스 등 대표적인 고전사회학자들은 사회변동의 단계를 규정하고 어떠한 기제들이 이러한 변화를 추동했는가에 관해 연구했다. 이 학자들에게 있어서 사회는 진보한다고 하는 믿음은 확고했으며, 사회학 연구는 실증주의와 가치자유를 표방했음에도 불구하고 진보를 위한 노력이라는 규범적 의미를 강하게 내포했던 것이다.

이 사회발전론의 연구 흐름은 1960년대 근대화론과 종속이론(dependency theory), 제3세계 사회발전론으로 이어졌다. 1980대 말 이후 사회발전론의 맥이 크게 약화되었으나, 저개발국의 발전을 어떻게 이론적·실천적으로 풀어갈 수 있는가에 대한 규범적 문제의식은 여전히 절실하다고 보이며, 이 문제의식은 인권사회학의 한 흐름이라고 말할 수 있다. 바로 김경동 교수의 문제의식과 일치한다.

사회학은 또한 사회적 불평등과 소외, 빈곤, 소수자 문제와 다국적 기업, 노동계급, 제3세계, 다문화 연구 등 인권연구의 주요 대상에 관하여 사회과학에서 가장 주도적으로 연구를 이끌어 온 학문이다. 이미 사회학은 인권연구의 비옥한 토양을 가지고 있던 것이다. 이것은 1960-70년대에 피터 버거나 C. W. Mills와 같은 학자들로 이어져서 인간의 주체성, 의미 부여, 가치 지향성을 중시하면서 사회학이 인간다운 삶을 위한 학문이 되어야 한다고 주창했다. 이러한 인간주의 사회학의 맥락에 김경동 교수의 사회학이 자리하고 있다.

이 인간주의사회학에 '인권' 개념을 적극적으로 도입하면 어떨까? 주지하듯이 인권은 '사람이라면 누구나 가지고 있는 양도할 수 없는 권리'라고 정의된다. 고대, 중세시기에도 권리 개념은 있었으나, 이러한 '자연권'으로서의 인권개념은 근대에 들어 일련의 정치적 과정을 거치면서 인간 이성의 진화의 결과로서 성립되었다고 볼 수 있다. 이 다소 추상적이고 규범적인 개념은 세계가 두 차례의 큰 전쟁과 대량살육을 경험하면서 실체적 개념으로 명문화되기 시작했다. 유엔헌장과 보편적 인권선언, 그리고 시민적·정치적 권리규약과 경제·사회·문화적 권리규약, 인종차별철폐규약, 여성차별철폐규약, 장애인권리규약 등 여러 규약을 비롯하여 국제인권법에서 차근차근 발전시키고 있는 이 인권 개념을 사회학 연구에서 받아들이고 하나의 변수로서 분석하며 그것을 다른 사회학적 변수들과 연관시키면서 학문적 영역으로 받아들이기 시작한 것은 극히 최근의 일이다.

이미 철학에서 인권사상의 흐름이 연구되고, 정치학을 중심으로 사회과학에서는 국제사회에서 정립되어온 '인권' 개념이 규범적으로 접근되거나 질적, 계량적으로 다른 사회적 조건들과 연관하여 분석되고, 또는 사회구성적으로 해체하는 다양한 연구들이 진행되었다. 이후 교육학, 심리학 등도 가세하여, 사회학은 이들 여러 학문 분야들과 소통하며 인권연구를 발전시키고 있다. 미국사회학회에서 2010년에야 인권사회학 분과가 설립되었는데, 한국사회학회에는 그보다 1년 전인 2009년에 '글로벌리제이션과 인권' 세션이 만들어졌다. 이것은 사회학에서 후발분야인 인권사회학이 한국사회학자들에 의해 선도될 수 있다는 전망도 가능하게 한다.

이렇게 세계의 인문학과 사회과학 연구들이, 국제인권법을 중심으로 정립되어 유엔 등 국제사회에서 널리 통용되고 있는 인권의 개념들을 기본적 틀로서 공유하고 학술적 용어로 수용하고 있는 점에 주목할 필요가 있다. 김경동 교수의 문제의식인 개인의 자유와 사회정의가 이러한 인권개념 – 자유권과 사회권, 그리고 발전권, 환경권, 평화권 등 소위 3세대 연대의 인권 – 을 사용한다면 학문이 더욱 확장될 수 있지 않을까? 더욱이 김 교수는 아직도 개인의 자유권에 몰두하고 있는 서구의 인권 개념에 책임, 공동체, 자발성, 전통의 재해석[4] 등의 내용을 포함시켜 인권 개념 자체의 발전에 기여할 수 있다.

김경동 교수의 중요한 문제의식이며, 이미 사회학에서 다각적으로 연구되어 온 소외, 노동, 이주민, 젠더, 사회통합, 장애인, 노인인권 등도 유엔을 비롯한 국제사회에서 통용되는 개념과 논의를 폭넓게 받아들여 사용한다면 연구가 보다 국제적으로 확장될 수 있을 것으로 생각된다. 1990년대 초에 이주민 문제로 고민하던 서유럽의 사회과학자들이 주류 사회과학이 외면해왔던 사회정의와 공동체의 관점을 도입하여 사회적 포용성(social inclusion)에 주목하는 Social Quality 연구를 시작했으며, 이것은 일본과 대만으로도 확장되었고 한국에도 전달되었다. 서울대학교 사회발전연구소에서 필자가 소장으로 일했던 시기에 한국연구재단의 9년 중점연구 프로젝트 지원을 받아 발전시켰던 바 있다. 이 Social Quality 분석틀에도 인권 개념과 유엔의 문서들이 무리 없이 폭넓게 사용되었던 것을 볼 수 있다. 이제 이전에 시도되지 않았던 본격적인 인권연구가 질적, 계량적, 역사적 방법을 사용하여 학제적으로 확대되고 있다. 사회학 성립기부터의 사회발전의 문제의식과 비옥한 인권적 토양에 기초하고 이후 인간주의 사회학, 공공사회학 등의 강력한 실천적인 지향으로 발전되어온 인권의 개념은, 김경동 교수의 학문적, 실천적 경로와 일치한다.

4 책임과 공동체 함의는 현재 아프리카 인권헌장에서 발전시키고 있다. 전통과 자발성 등의 개념은 논의는 되지만 오용될 위험도 지적되고 있다.

[참고문헌]

김경동. 1966. “발전사회학 서설.” 『한국사회학』 제2집.

______. 1968. “발전적 사회통합의 윤리.” 『한국행정학보』 제12호.

______. 1978a. 『인간주의사회학』. 민음사.

______. 1978b. “복지사회의 발전사회학적 이론.” 『한국사회학』 제12집.

______. 1979a. “발전의 사회학적 이론.” 『문학과지성』 35호.

______. 1979b. 『발전의 사회학』. 문학과 지성사.

______. 1979c. “근대화와 발전에 대한 오해와 이해.” 『세계의 문학』 12호.

______. 1996. “미래사회와 인간주의.” 김형국 편, 『한국의 미래와 미래학』. 나남출판.

______. 2004. 『발전의 사회학』. 한국학술정보.

______. 2012. 『자발적 복지사회』. 아르케.

사회조사연구방법을 통한 가르침

최 태 룡*

Ⅰ. 김경동 교수님의 사회과학 방법론에의 공헌

김경동 교수님의 구순을 축하드리기 위해 사회과학 방법론에서의 업적과 관련하여 글을 쓰기로 했다. 김 교수님으로부터 사회조사와 관련하여 많은 것을 배웠고, 또 그것을 통해 일자리를 구해 오랫동안 학생들과 관계를 맺었지만, 막상 김 교수님의 업적을 정리하려고 하니 나의 부족함만 느낄 뿐이었다. 마침 요즘 현직 교수들을 만나면 글을 쓰는 데 있어 AI의 도움을 많이 받는다고 하기에, 나도 내가 쉽게 접할 수 있는 ChatGPT4.0의 도움을 받아 보았다.

먼저 ChatGPT4.0에 김경동 교수님의 사회학적 업적에 관해 물으니, "김경동 교수는 한국의 저명한 사회학자로, 그의 연구와 업적은 주로 사회과학 방법론과 사회 변화에 관한 것이다. 다음은 그의 주요 업적과 기여에 대한 개요입니다."라는 답을 주면서, 사회과학 방법론, 사회 변화와 발전, 문화와 사회구조, 학제 간 연구의 분야에 주요 업적과 기여가 있다고 하였다. 그래서 다시 ChatGPT4.0에게 "김경동 교수의 사회과학 방법론에의 공헌"에 관해 물어 다음과 같은 답을 받았다.

"김경동 교수는 사회과학 방법론 분야에서 다음과 같은 공헌을 했습니다.

1. 방법론적 통합: 김 교수는 질적 연구와 양적 연구 방법론의 통합적 사용을 강조했습니다. 그는 이 두 방법론이 상호보완적이며, 복합적인 사회현상을 이해하는 데 필수적이라고 주장했습니다.

2. 실증적 연구 강조: 그는 사회과학 연구에서 실증적 접근의 중요성을 강조했습니다. 이를 통해 사회현상의 객관적 분석과 이해를 추구했습니다.

* 경상국립대학교 사회학과 명예교수

3. 사회현상 분석: 김경동 교수는 사회현상에 대한 체계적이고 과학적인 분석을 통해 사회적 문제를 해결하고자 했습니다. 이를 위해 다양한 연구방법을 활용하여 데이터를 수집하고 분석하는 방법론을 개발했습니다.

4. 이론과 실천의 연결: 그는 이론적 연구가 실천적 문제 해결에 기여할 수 있도록, 연구 결과를 정책 개발과 사회적 실천에 적용하는 데 중점을 두었습니다.

5. 교육과 학문적 기여: 김 교수는 후학 양성을 통해 사회과학 방법론의 중요성을 알리고, 이를 교육과 연구에 접목시켜 많은 연구자에게 영향을 미쳤습니다.

이러한 공헌들은 김경동 교수가 사회과학 방법론의 발전에 기여한 중요한 요소들입니다. 그의 연구와 방법론은 사회과학 분야에서 많은 연구자에게 지침이 되고 있습니다."

다른 AI, 예컨대 구글 제미나이(Google Gemini)에서의 대답도 비슷하다. 이렇게 김경동 교수님의 사회과학 방법론 또는 사회조사연구에서의 공헌이나 업적은 누구든지 부인하기 어려울 정도로 크다. 아마 이 책에 첨부된 <김경동 교수 연보>에서도 그런 부분은 잘 드러나는데, 국문 학술서 25권 중에서 방법론에 대한 저서는 1979년의 『사회조사방법론』에서부터 2009년의 『사회조사연구방법: 사회연구의 논리와 기법』(개정판)까지 6권이나 된다. 그리고 그 저서들 중에서 내가 판단하기에 가장 중요한 업적이라고 생각하는 것은 1986년의 『사회조사연구방법: 사회연구의 논리와 기법』과 2009년의 그 개정판이다.

Ⅱ. 강의경험에서 느낀 김경동 교수님의 사회조사연구방법

나는 1983년부터 2020년 퇴임 때까지 오랫동안 사회조사방법 또는 방법론과 사회통계 또는 사회조사분석을 강의하였다. 특히 1985년 경상대학교에 전임으로 강의한 후에 사회조사방법과 관련된 과목은 안식년으로 빠진 한 해를 제외하고는 거의 항상 내가 맡아서 강의하였다.[1] 그리고 그 강의를 하는 내내 대부분

1 아마 전임교수가 이렇게 오랫동안 사회조사방법(론)을 강의하는 것은 무척 드물 것으로 생각된다. 사회조사방법 강의는 젊은 교수들이 맡는 경우가 많은데, 내가 근무한 경상대 사회학과는 거의 32년 동안 한 번도 신임 교수를 뽑지 못해서, 내가 학과에서 가장 어린 편은 아니었지만, 전임으로 처음 맡았던 사회조사방법을 계속 맡게 되었다.

김경동 교수님의 『사회조사연구방법』을 교재로 사용하였다. 강의 경력 초반부에는 이만갑 교수님의 『사회조사방법』을 사용하기도 하였지만, 김경동 교수님의 『사회조사연구방법』 발간 이후에는 항상 나의 교재는 김 교수님의 것이었다. 때로 다른 교재를 사용하려고도 하였고, 그 유명한 얼 바비(Earl Babbie)의 번역본을 검토하기도 했지만, 결국 최종 선택은 김 교수님의 것이었다.[2]

최근에 이 글을 쓰기 위하여 경상국립대 도서관을 찾아서 사회과학연구방법(론) 또는 사회조사(연구)방법에 관한 교재들을 찾아보았다. 그리고 내린 결론은 그간에 김경동 교수님의 저서로 강의 교재를 사용한 것이 잘못한 선택이 아니었다는 것이다. 많은 사회조사방법(론) 교재 중 일부는 아예 사회조사분석사 시험에 초점을 맞춘 것이었기에, 애초에 대학 강의를 위한 것으로는 부적합하다고 생각된다. 사회조사방법을 배우는 것이 아니라, 어떻게 하면 사회조사분석사 시험을 통과하는 데 도움이 되는가에 중점을 둔 그러한 교재들이 너무 많다.

하지만 대학 강의용 교재 중에서도 의외로 자료수집에 대한 부분의 양이 적었다. 사회조사방법을 배워서 결국 자료수집을 해야 할 텐데, 의외로 그 부분에 대해 많은 양을 할애한 교재들이 적었다. 내가 살펴본 어떤 교재보다도 김경동 교수님의 교재가 자료수집 방법과 관련하여서는 가장 풍부하다고 생각되었다.[3] 김경동 교수님의 교재는 강의하는 교수의 도움이 부족하다고 하더라도 학생 혼자서 자료수집의 기법을 어느 정도는 익힐 수 있는 교재이었다.

많은 사회조사(연구)방법론 교재에서 실제 자료수집에 관한 분량이 적은 것이 이해되기는 한다. 사회조사방법에 관한 책들은 사회학의 어떤 분야에 비해서도 종수가 많다. 아마 사회조사방법 과목이 사회학과 졸업생들이 가질만한 거의 유일한 공식 자격증인 사회조사분석사 시험의 핵심 과목이기 때문이 아닐까 한다. 타 학과 학생들도 대부분 사회학과에서 전공필수로 지정되는 사회조사방법(론) 수업을 수강하여 시험에 대비하기도 한다.

그런데 사회조사방법론 교재의 다른 부분에 비해 구체적인 자료수집 방법

2 사회통계는 홍두승 교수의 『사회조사분석』 이후에는 항상 홍 교수님의 책이 나의 조사분석 과목 교재였다.

3 물론 김경동 교수님의 교재에는 전화 면접, 웹 조사, 온라인 조사 등의 최근의 기법들에 대한 소개가 소략하기는 하지만, 2009년에 개정판이 나왔다는 사실을 고려해야 한다.

부분은 소위 변별력을 충분히 가질 수 있는 문제를 출제하기가 그리 쉽지 않은 부분이다. 따라서 사회조사를 실제로 수행해야 하는 연구자나 실무자의 처지에서는 자료수집의 구체적 방법이 중요하지만, 시험을 대비하는 수험생에게는 자료수집 방법은 그리 중요하지 않은 셈이다. 사회조사분석사는 사회조사를 실무적으로 잘 수행할 수 있는 능력을 판별하는 자격증이기에, 사회조사방법 전체를 잘 알아야 하지만, 사회조사분석사 자격증을 따고서도 가장 중요한 자료수집의 구체적 방법은 잘 모를 수 있는 것이다.

그래서 나는 경상대학교에 근무하게 된 1985년부터 <사회조사방법> 수업시간에 설문지 작성이나 대면 면접 실습도 함께 하였다. 그래야 사회조사방법을 제대로 익힐 수 있다고 보았기 때문이다. 그런데 이론적 부분과 함께 실습도 함께 하려니 학생이나 교수나 너무 부담이 컸다. 그래서 2000년대 이후에는 <사회조사방법(론)>과 <조사분석(즉 사회통계)> 외에도 <사회조사실습>이라는 과목을 개설하여, <사회조사방법> 과목에서 (이론적으로) 배운 여러 사회조사기법을 실제로 실습시켰다.

<사회조사실습> 과목이 따로 있게 된 만큼 <사회조사방법>에서 배운 자료수집의 방법들을 가능한 한 많이 직접 수행하려 하였고, 크게 다음의 일곱 개의 과제로 나누었다.

1) 조사표 작성: 학생들이 스스로 조사주제를 선정하여, 그 조사주제에 맞추어 조사표를 작성한다.

2) 담당 교수가 만든 조사표를 가지고 진주시의 특정 조사구역에서 조사한다. 미리 2인 1조로 조를 편성하여, 할당된 조사지역을 답사하고, 대면 설문조사를 한다.

3) 진주지방법원의 재판정에 가서 재판정에 있는 특정 행위자의 행동을 일정 시간 관찰한다. 어떤 행동을 관찰할 것인가를 미리 계획하여 2인 1조로 관찰하고, 보고서는 각자 따로 제출한다.

4) 4~5인이 조를 편성하여, 특정 주제를 스스로 정한 다음에 학생들이 피면접자이며, 담당교수가 면접자가 되는 초점집단면접을 수행하면서 그 과정을 녹화하고, 그 녹화에서 각 참여자의 발화 시간을 측정하여 제출한다.

5) 최근의 경상대학교 졸업자 중에서 남녀 각각 1명을 선정하여, 취업 준비 과정과 취업 과정을 중심으로 30분 이상 심층 면접하여 결과 보고서를 제출한다.

6) 사회학과 학생들을 대상으로 5~6개 문항으로 구성되는 질문지를 만들어 전화조사를 수행한다. 질문지는 사전에 담당 교수로부터 확인받아 승인되어야 한다.

7) 조사가 다 끝난 다음에는 전체 조사에 대한 스스로 평가가 포함된 조사일지를 제출한다.

학생들은 이러한 수업을 무척 부담스러워하였지만, 대부분은 성공적으로 한 학기의 실습을 훌륭하게 마쳤다. 그런 과정을 통해 사회과학에서의 자료들이 어떻게 수집되고, 되어야 하는지 체감하기를 기대하였지만, 학부 학생들 수준에서 그러한 인식을 충분히 가지기는 어려울 것이라고는 생각한다. 단지 자료수집의 과정이 성실하기만 하면 거의 누구든지 충분히 잘 할 수 있는 것이며, 대부분 학생이 그 과정에서 충분한 성취감을 느꼈다는 보고를 받았다. 학생들이 가장 어려워했던 과제는 조사주제를 스스로 정하고, 그것에 맞추어 조사표를 작성하는 과제였다. 이 과제는 단순한 성실성만으로는 해결되지 않기 때문으로 생각한다. 결국 훌륭한 사회조사도 훌륭한 이론의 인도를 받아야 하는 법이다.

그 실습의 과정에서 학생들은 교수에게서 구체적인 기법 내지는 방법을 직접 듣고, 배우기도 하지만, 교재를 통해서도 많이 익히게 되는데, 그런 점에서 김경동 교수님의 『사회조사연구방법』은 커다란 도움이 되는 교재이었다. 김경동 교수님의 저작에서는 사회조사라고 하는 것이 많은 부분 조사자와 피조사자, 면접자와 피면접자, 관찰자와 피관찰자 사이의 상호작용으로 가능하다는 것을 여러 부분에서 보여준다. 거기에 더해, 나는 조사라는 것이 조사를 지휘 통제하는 사람과 자료수집을 실제 수행하는 사람과의 상호작용이 무척 많이 관여한다고 생각한다.

Ⅲ. 사회조사 활동 참여경험

사회학과 학생이었기에 학부 시절에도 여러 사회조사에 조사원으로 참여하였지만, 김경동 교수님 아래에서 조교를 하면서 여러 조사에 참여할 수 있었기에 사회조사방법과 사회통계를 강의하는 데 큰 도움이 되었다. 연구의 주제는 당연히 선생님께서 정하시지만, 조사계획서에 따라 설문지를 만드는 것부터 자료수집과 정리, 그리고 컴퓨터를 이용한 통계분석의 과정을 익힐 수 있었다.

사회조사방법의 구체적 기법 중에서 김경동 교수님으로부터 특히 뚜렷이 기억에 남을 만큼 배웠던 것은 예비 조사(pilot study)의 중요성과 계량적 관찰의 실제 활용이었다. 예비 조사를 책을 통해 배우기는 하였지만, 예비 조사가 어떤 것일 수 있고, 또 얼마나 중요한가를 실감한 것은 내가 조교로서 처음 관여하였던 1977년의 귀환이동 조사였다. 당시에 프로젝트의 주요 조사 대상은 보성군 출신으로 순천시, 광주시, 그리고 서울시에서 살다가 다시 보성군으로 돌아온, 즉 귀환이동 대상자이었다. 이들을 지금도 순천, 광주, 서울에 사는 체류자 집단과 또 보성에서 계속 거주하는 집단과 비교하면서 조사 분석하는 연구프로젝트였다.

이 프로젝트에서는 조사대상자인 귀환이동자와 유출자를 어떻게 찾을 것인가 하는 것이 일차적 과제이었는데, 연구실에서 생각하기로는 주민등록명부를 통해서 알아보자는 것이었다. 인구이동은 주민등록부를 통해서 확인할 수 있다고 생각하였기 때문이다. 그래서 보성군의 보성읍과 조성면 등의 몇 개 면사무소에 가서 주민등록부를 빌려 조사대상자를 찾았다. 그 과정에 주민등록 신고서를 하나하나 확인하면서 대상자를 찾았는데, 그 결과는 주민등록부의 무용성을 확인하는 것이었다. 공식적으로 지리적 이동하면 그것은 주민등록부에 기록이 되어야 하지만, 그렇지 않은 경우가 너무 많았다. 결과적으로 우리는 다른 방식으로 조사대상자들을 찾아야만 했다.[4]

계량적 관찰법은 조사 방법 책에는 나오지만, 실제로 그런 방법을 이용한 연구를 거의 보지는 못했다. 만약 김경동 교수님이 아니었다면 배우지 못했을 것이다. 두 차례 경험하였는데, 첫 번째는 1984년 서울대 사회과학연구소 조교로 서울대 신문학과 추광영 교수팀의 연구를 수행하면서 겪었다. 텔레비전과 라디오의 드라마 프로그램을 분석하여, 시민들의 질서 의식을 평가하는 과제로 기억하는데, 먼저 내가 프로그램들을 녹화 또는 녹음한 다음에 그것을 신문학과 학생 몇 명이 시청 또는 청취하면서 주어진 조사표에 따라 평정하는 방식으로 진행되었다. 내용분석 연구이었지만, 그 구체적 기법에서는 계량적 관찰법을 활용

4 당시에는 행정기관에서 주민등록부를 제삼자가 직접 열람하는 것을 허용하였다. 지금은 꿈꾸지 못할 일이다.

하는 것이었다.

두 번째 경험은 내가 경상대 교수로 재직하면서 김경동 교수님께서 주도하신 2000년의 "시민의식 행동관찰 조사"에 참여하면서 배울 수 있었다. 중앙일보 시민사회연구소가 주도하고 김경동 교수님께서 연구책임자로 주관한 연구이었는데, 그 조사의 진주(사천) 부분을 내가 관여함으로써 배웠다. 그때 어떻게 계량적 관찰 조사표를 만드는가를 배운 것이 사회조사실습 수업에서 큰 도움이 되었다.5

사회조사방법론 관련 교재에는 통계 부분이 들어있고, 김경동 교수님의 교재에도 상당히 많은 양을 차지하지만, 나는 통계와 관련하여서는 홍두승(설동훈) 교수님의 사회조사분석 교재가 가장 훌륭하다고 생각한다. 군대를 제대하고 복학하여 홍두승 교수님으로부터 배웠던 통계를 통해 "내가 그간에 정말 통계를 몰랐구나!" 하고 느꼈으며, "왜 통계를 그렇게 어렵게 여겼을까?" 하는 생각을 많이 하였다. 그리고 그런 배움의 내용이 나중에 홍두승 교수님의 책에 수록되자, 비록 비교적 작은 분량의 통계 교재이었지만 늘 사회통계 또는 사회조사분석 과목의 교재로 활용하였다.

김경동 교수님의 사회과학방법론에의 또 다른 기여의 큰 부분은 위에서 예를 든 관찰조사 연구를 포함하여 많은 사회조사를 수행하신 것이다. 이 책 뒤에 첨부된 김 교수님의 <연보> 중에 국문연구보고서의 상당 부분은 사회조사 보고서이고, 대부분 사회조사를 수행한 결과에 근거한 것이다. 예컨대, 1980년의 "도시에서의 적응과 농촌으로의 귀환이동"(『진단학보』9(10): 159-179. 이온죽 공저)은 1977년에 수행하신 귀환이동 프로젝트의 결과물이다.

나는 그 프로젝트의 석사과정 대학원생 조교이었다. 나와 김경동 교수님과의 인연은 1977년 교수님께서 다시 서울대학교로 부임하면서 시작되었다. 당시 교수님께서는 인구이동에 관한 프로젝트를 수행하면서 조교가 필요하였다. 대학원 1학년이었던 나는 조병희(서울대 보건대학원 명예교수)와 함께 조교로 일하면서 일을 도와드렸다. 나는 사회학과 학생으로 여러 사회조사에 조사원으로 참여하기도 했고, 특히 1976년 가을에는 졸업논문 발표를 앞두고서 한국교육개발원

5 전북대 사회학과 교수인 설동훈 교수께서 당시에 공동연구원으로 활동하였다.

의 한 연구프로젝트 설문조사로 10여 일간의 포항 출장 조사에 조사원으로 일하기도 했다. 하지만 단순한 조사원이었을 뿐이었다.

연구프로젝트의 조교로 일하면서 조사의 거의 전 과정에 참여한 것은 1977년이 처음이었다. 그 프로젝트는 귀환이동에 관한 연구였다. 그 프로젝트 조교로 1년 동안 일하였는데, 1학기에는 조병희와 함께 서울, 광주, 순천, 보성 등의 지역에서의 자료수집에 관여하였다. 특히 보성 지역에는 당시 서울대학교 사회학과 3학년 학생들과 함께 조사하였다. 일종의 출장 조사이었던 셈이다.[6] 당시에 조사원으로 활동한 학생들은 대부분 송호근(서울대 명예교수), 조병구(KDI 정년 퇴임) 등을 비롯한 75학번 3학년생들이었고, 군대에서 제대하여 늦게 3학년으로 합류한 이상철(제주대 명예교수)도 조사원으로 참여하였다.

보성 지역 등에서의 자료수집은 대체로 1학기에 끝났는데, 같이 일하던 조병희가 1학기를 마치고 군대에 가는 바람에 2학기에는 나 혼자서 후속 작업을 수행하였다. 그 과정에 조사표를 코딩하고, 펀치카드에 천공하고, 그것을 IBM 컴퓨터에서 SPSS를 이용하여 분석표를 만드는 과정을 익히고 배웠다. 당시에 그걸 제대로 잘할 줄 아는 사람이 드물어서 거의 혼자 독습으로 SPSS 프로그램을 익혔다.[7]

그렇게 계량적 자료수집의 시작과 거의 마무리까지를 하는 것이 쉽지는 않았지만, 당시로서는 아무나 가지기 힘든 경험이었고, 그 경력은 나의 삶에 큰 영향을 주었다. 군대를 제대한 이후에도 고영복 교수님의 조사를 도우며 약간의 용돈을 벌었고, 이후의 여러 직장을 가지는 데 결정적 도움이 되었다.

---

6 요즘은 그런 출장 조사가 거의 없지만, 당시만 하여도 서울대학교 학생들이 전국 여러 곳에서 숙박 조사를 하였었다. 특히 기억 남는 조사는 1976년 한국교육개발원 프로젝트로서 포항지역에서 거의 두 주일 정도 숙식하면서 조사하였던 것인데, 중간에 4학년 졸업논문 발표회가 있어서 중간에 논문 발표하러 왔다가 다시 내려갔던 기억이 있다.

7 SPSS manual이 당연히 영어로 된 복사본이었는데, 'default'라는 단어의 뜻을 몰라서 한창 고심했던 기억이 있다.

Ⅳ. 사회조사 경험과 취업

나는 군대를 제외하면 월급 받는 일자리는 단 세 곳이었다. 석사학위를 받을 무렵, 나중에 김환석(국민대 명예교수)의 제의로 한국과학기술원(KIST) 기술경영실에 위촉연구원으로 간 것이 첫 직장이라고 할 수 있는데, 그때 나를 데리고 간 가장 큰 이유는 설문조사를 하고 컴퓨터를 다룰 줄 안다는 것이었다. KIST에서는 UNESCO 프로젝트인 ICSOPRU(International Comparative Study on the Organization and Performance of Research Units)의 한국 자료수집과 분석을 하게 되었다. 전국의 여러 연구소나 연구원을 돌아다니면서 자료를 수집하기가 그리 쉽지는 않았지만, 특히 그 프로젝트에서 활용하는 OSIRIS라고 하는 통계 소프트웨어를 배운다고 고생하였다. 이전에 연구소에서 OSIRIS 소프트웨어를 활용한 예가 거의 없어서 다시 끙끙거리며 새로운 통계 패키지를 익혔다. 아울러 당시 KIST 내의 전산교육원에서 FORTRAN과 COBOL 기초를 조금 배워서 프로젝트를 마무리하였다.

두 번째 직장은 서울대학교 사회과학연구소이었는데, 당시 부소장으로 계시던 김경동 교수님께서 불러 주셨다. 당시 소장은 정치학과 이홍구 교수님이었고, 몇 달 뒤에 김경동 교수님께서 소장이 되셨다. 연구소 조교로 있으면서 서울대 사회학과 박사과정 학생이 되었는데, 당시 서울대 사회과학연구소에서 주관하는 여러 조사에 참여하였다. 그 과정에서 사회조사와 관련한 것을 다시 실질적으로 많이 배울 수 있었다. 특히 기억에 남는 조사는 동아일보와 일본 아사히신문의 공동 조사이었는데(아마 1984년), 나중에 알고 보니, 거의 최초의 한일 공동 조사라고 하였다. 연구소에서는 사회조사 이외에 다른 활동도 하였는데, 후에 고려대 법학과에 재직하신 박춘호 교수의 저서 출간을 도와드리기도 하였다.

서울대 사회과학연구소에 근무하면서 김경동 교수님으로부터 받은 큰 재산은 교수님께서 연구소의 기관지인 『사회과학과 정책연구』에 논문을 게재하면서 나를 공동 필자로 넣어주신 것이다(김경동·최태룡, 1983, "직업의 사회경제적 속성과 계급구분" 『사회과학과 정책연구』 5권 3호: 1-30). 연구소 조교로 일하면서 교수님들의 자료 정리와 같은 일을 하는 것은 당연하였기에, 직접 원고 작성에 전혀 관여하지도 않은 논문에 공동 필자로 올려주신 것에 매우 놀랐다. 그리고 늘 감사한 마음을 가지고 있다.

세 번째 직장인 경상대학교에 오게 된 것도 통계를 알고, 컴퓨터를 다룰 줄 안다는 이유가 컸다. 나와 비슷한 시기에 서울대 사회학과 조교로 일하다가 먼저 경상대에 온 지승종 교수께서 직접 사신을 보내 제안하였는데, 사회조사방법과 사회통계를 강의할 교원으로 충원된 것이다. 그리고 이후 퇴직할 때까지 계속 두 과목은 나의 담당 과목이 되었고, 그 과목들을 즐기면서 강의하였다. 그러니 사회조사방법이라는 매개를 통해 김경동 교수님으로부터 많은 것을 배웠고, 받았고, 또 누렸다. 다시 교수님에게 깊은 감사를 드린다.

김경동 교수님의 부인이신 이온죽 교수님으로부터도 많은 것을 받았다. 1977년에 수행한 귀환이동 프로젝트를 통해서 이 교수님과 첫 인연을 맺었고, 서울대 사회과학연구소 조교 시절에도 무척 자상하게 대해 주셨다. 때로 신림동에 있던 선생님 댁을 방문하여 밥을 얻어먹기도 하였지만, 가장 큰 기억은 1984년 추석 무렵에 하신 말씀이다.

당시 이온죽 교수님께서 추석 선물로 나와 또 다른 조교에게 양말 세트 선물을 주셨다. 그때 우리는 선생님께 "아무것도 못 드렸는데 … "라고 하니, 이 교수님께서는 "선물은 윗사람이 아랫사람에게 주는 거야, 아랫사람이 윗사람에게 주는 것은 뇌물이고."라는 요지의 말씀을 하셨다. 내가 평생에 새겨들은 말씀이었다. 이 교수님은 나중에 88올림픽과 관련한 학술모임에서도 저 멀리 진주에 있는 젊은 제자를 챙겨 불러주시기도 하였다. 나는 아직도 그런 은혜에 보답하지 못하고 있다.

온기(溫氣)와 냉소(冷笑) : 심상(心象)의 두 얼굴

송 호 근*

봄날 오후 산책길은 느긋하다. 행인도 별로 보이지 않고 신경은 나른하게 가라앉아 풍경을 가늠하지 못한다. 앞에서 약간 느릿하게 걸어오는 신사(紳士)에게 시선을 줄 필요는 없다. 그런데 신경이 쓰인다. 마스크를 썼지만, 그의 풍모를 금시 알아차린다. 김경동 교수다. 아니 은사님이다. 은사님과 나는 같은 동네에 산다. 나는 윗동네, 은사님은 아랫동네다. 직선거리로 불과 300여 미터, 골목을 달리면 5분 안에 닿는다. 필자도 은사로 불릴 연령에 이르렀지만, 그 말은 어쩐지 거북하다. 그런데 '나의 은사'는 자연스럽다. 은사님은 작은 봉지를 들고 있다. 반갑고, 송구하게 인사를 드린다. 이렇게 마주친 게 반갑고 자주 문안을 못 드린 게 죄송스럽다. 점심시간이 조금 지났기에 카페를 권한다. 커피라도 대접해 드려야 송구한 마음이 조금은 가실 듯하다. 그건 나의 주관이고, 혹시 은사님의 산책길을 방해하는 것은 아닌지 우려가 동시에 든다. 은사님은 자유롭고 싶은 눈치다. 나는 손에 든 봉지를 얼른 낚아챈다. 두 손도 아예 자유로워지시라고. 제가 귀가하면서 댁에 갖다 드리지요, 그런 말을 남기며 은사님을 배웅한다. 걸어가시는 은사님의 뒷모습에서 세월이 떨어진다. 그래도 힘이 실린 지팡이를 보면서 다소 안심한다. 나는 근처 마트에 들러 봉지 안에 든 과일과 유사한 열매 상자를 몇 개 더 골라 넣는다. 오늘 나는 배달 라이더다. 천천히 걷는 라이더, 비닐봉지에 은사님에 대한 기억의 글을 전하는 라이더.

Ⅰ. 온기

나이가 이토록 들었어도 사람을 진정 이해하지 못하는 건 순전히 기질 때문

* 한림대학교 도헌학술원 원장, 서울대학교 명예교수

인가, 아니면 자기 생각에 온 인생을 바쳐온 직업 때문인가. 고백하건대 은사님이 쓰신 시집 두 권과 네 편의 중단편 소설을 읽고서야 당신의 고민이 무엇이었는지 어렴풋이나마 짐작하게 됐다. 1977년 봄, 마흔을 갓 넘은 젊은 교수가 미국에서 건너와 강의실에 들어섰던 그 순간을 기억한다. 얼굴 윤곽은 뚜렷했고 목소리는 카랑카랑했다. 미국 모 대학에서 교수를 하다가 부임하는 길이라는 소문을 들었다. 지방 출신 수재들이 대부분이었던 강의실은 금시 호기심으로 술렁였다. 어떤 사람일까, 미국이라는 멀고 먼 선진국에서 가르치다 온 사람은? 젊은 신사였다. 무척 세련된 영어를 구사하는 교수였다. 행복해 보였다. 아마 모교 부임이라는 자긍심이 한껏 차 있었으리라. 부드러웠고 온화했다. 그게 다였다. 학생들의 이해력에는 한계가 있었다.

대학신문 학생 기자였던 나는 부드럽고 온화한 김 교수의 표정을 떠올리면서 기획기사를 궁리했다. '인간주의 사회학'과 '구조주의 사회학'의 지면 대결이었다. 김경동 교수의 상대는 인류학과의 이문웅 교수. 결과는 이문웅 교수의 판정승으로 끝났다. 순전히 나의 짐작이었지만, 구조가 세상을 잡아먹는 당시 현실에서 인간주의 사회학이라니? 인간주의가 무엇을 해 줄 수 있다는 말인가? 인간중시, 인간 중심, 인간 이해의 깃발을 높이 치켜든들 무소불위 박정희가 인간적으로 이해해줄까? 강의실까지 쳐들어왔던 전경과 사복형사들에게 인간학을 설교한들 그들이 하던 짓을 잠시라도 머뭇거리게 만들 수 있을까? 이상주의이자 유토피아의 말씀이었다. 우리는 술집에서 냉소와 함께 술잔을 들이켰다. 우리를 얽매고 있는 구조를 타파하려면 혁명의 기치를 높이 들어야 하고, 인간주의적 세상을 만들려면 구조를 교체해야 한다고 말이다. 학생들에게 인간주의 사회학은 하나 마나 한 소리로 들렸다. 기껏 그걸 깨우치려 미국까지 가야 했나? 술집에서 우리의 목청은 더욱 높아졌다. 철이 든 지금은 그 시절이 그립다. 사회학의 한계까지 가본 지금은 그 시절이 너무나 치졸해서 눈물겹다. 나는 사회과학엔 한계가 없다고 믿었다. 마르크스와 막스 베버처럼, 뒤르켐의 치열한 학문 인생처럼 사회과학의 천정까지 치고 올라갔던 그 시절의 패기로 나는 논문과 저서를 쏟아냈다. 한눈팔 겨를이 없었다. 그런데 이젠 알겠다. 김경동 교수가 왜 그런 인식세계를 택했는지를. 그의 마음은 따뜻하고, 그의 시선은 인간에게 있었다. 고전사회학의 주요 사상가들이 부딪힌 한계를 이미 알고 있었던 거다. 마르크스? 구조를 바꾸면 인간이 달라진다고. 결국은 '공산주의 인간형'이 목적지였다. '합리성'이란 배를 타고 항해했던 베버 역시 도달점은 인간이었다. 도덕과 윤리를 갖춘 인간, 지도자가 갖춰야 할 덕목인 심정 윤리가 그것이었다. 뒤르케임이라고 다르지 않았다. 시민윤리를 양성하는 기제를 찾아 항해한 끝에 도덕교육에 도달했다. 세기의 사상가들의 마지막 도달점은 공통으로 자기 수양이다. 인간주의 사회학이 바로 그런 것을 지향하고 있음을 뒤늦게야 깨달았다.

인간을 추상화하는 사회과학의 경향은 최근 들어 더욱 심화됐다. 사회과학엔 실존 인간이 없다. AI 문명 시대에 사회과학은 데이터 과학으로 변하고 있음은 누구나 다 안다. 인간은 수천만 명 데이터 자료 중 하나의 재료에 불과하고, 그것도 기호화된 미세 기표다. 인간의 고유한 속성인 감성도 자료로 연산화될 뿐이다. 미국 하바드 대학 교수인 쇼샤나 주보프(S. Zuboff)가 『감시자본주의 시대』(2019)에서 일찍이 디지털 '행동 엔지니어링'이란 개념으로 이런 사실을 간파했다. 행동 엔지니어링이란 현실 세계에 출현하는 각종 행동들을 조각으로 분해해서 코드화하고 이것을 측정 가능한 단위로 변화시키는 일련의 과정을 뜻한다. 기계언어, 머신 러닝을 할 수 있는 부호화된 단위 행위가 원자료다. 이 과정에서 렌더링(rendering)이 작동한다. 렌더링은 인간 경험을 데이터로 변환하는 과정인데 행동에서 무엇인가를 추출하고 계측해서 행동수정을 위한 제조공정으로 넘겨주는 것이다. 주체와는 상관없이 분해하고(이양), 코드화된 자료를 감시자본에 넘겨주는(투항) 일련의 과정에서 인간은 '고고학적 파편'이 된다. 가령 생체데이터, 수면 데이터가 렌더링되면 감시자본의 디지털 제조창에서 표적형 광고가 만들어진다. 행동 통제도 가능하다. 센서가 달린 스마트홈 기기가 무허가로 송출한 코드들이 행동 예측상품으로 재탄생한다. 렌더링 기능은 생체뿐만 아니라 감정과 감성, 목소리와 방언까지도 원자료로 검색해 비축한다. '인간'이 사라지고 대상화되는 과정이다. 첨단 과학기술의 함정 속에 인간이 내던져져 있었다.

은사님께 제가 미숙했다고 고백하면 받아주실까, 그건 모르겠다. 아마 '야 친구야'하고 씩 웃으실 테지. 그런 적이 있었다. 은사님은 최초의 저서 『현대의 사회학』 교정을 나에게 맡기셨다. 학생 기자라고 신뢰하셨던 거다. 그런데 인간주의 사회학에 대한 편견이 사라지지 않았던 그때 그것이 실수였음을 은사님도 몰랐다. 나의 직무 유기는 오자투성이 초판으로 들통났다. 은사님의 첫 마디는

'야 이 친구야'였다. 나는 당시 루카치(G. Lukács)에 빠져 있었다. 루카치는 이데아(영혼)를 좇는 인간의 상상력이 예술을 낳고 상상력의 유형에 따라 예술의 형식이 결정된다고 보는 논리적 구성으로 일원론 내지 합일론을 구축하려 했다. 소설은 이데아를 잃어버린, 결코 되찾을 수 없는 근대인의 운명적 형식이다. 그 운명을 뚫고 이데아로의 여행을 시도해야 한다는 것. "별이 총총한 하늘이 갈 수 있고 또 가야만 하는 길들의 지도인 시대, 별빛이 그 길들을 훤히 밝혀주는 시대는 복되도다"라는 유명한 구절로 시작하는 『소설의 이론』은 역사의 총체성(totality)에서 분리해 나온 근대인의 운명을 빗댄 문장이다. 총체성이란 궁극과 현실이, 이데아와 세속이, 본질과 현상이 합일된 상태다. 인식론의 세계, 방법론의 세계에서 총체성을 어떻게 구축할 수 있을까? 이 문제에 골똘했던 내가 『현대의 사회학』에 어떻게 신경을 쓸 수나 있었을까. 그런데 나는 이제 안다. 총체성은 인간주의로부터 시작된다는 것을. 총체성의 혁명을 염원했던 루카치가 문학과 비평 영역에서 시작했듯이, 나도 당시 사회학보다 문학에서 방황했다는 것을.

은사님은 시(詩) 세계에서 그 답을 찾으려 했다. 답이라기보다 사회학에 인간주의적 생기를 불어넣는 상상력의 원천으로서 시를 붙들고 있었다. 그는 외롭고 답답하면 시문(詩門)을 열었다. 사회과학자는 지도를 그리는 사람이고, 인문학자 내지 문학자는 길을 가는 사람이다. 길을 가보지 않으면 지도를 그릴 수 없다는 사실을 은사님은 몸소 체험으로 보여주셨던 거다. 사람들이 「대동여지도」는 알지만 정작 김정호가 전국 방방곡곡을 다니며 지형과 산세를 살필 때 어떤 생각을 했는지, 왜 힘든 여정을 마다하지 않았는지에 주목하지 않는다. 가보지 않고는 무슨 일이 일어나는지, 그 인간의 고뇌가 무엇인지 가름할 수 없다. 사회과학자는 우선 관찰자, 동반자가 돼야 한다. 논문과 저서에 동반과 공존의 감성이 스며들지 않고는 일반 사람들을 설득시킬 수 없다. 사회과학에 인간학의 체취가 빠지면 그냥 지식의 그물일 뿐이다. 인간의 체취를 은사님은 시 세계에서 뽑아 올렸다. 학문 활동이 가장 왕성한 40대 중반부터 퇴직할 나이에 이를 때까지 그는 두 편의 시집을 썼고, 퇴직 이후에는 네 편의 중단편 소설을 발표했다. 평소 논문 집필이 힘들거나 허무해질 때 문학 세계로 건너갔다는 말이다. 사회과학 논문과 저서가 저자에게 무람하게 던지는 허무와 허탈을 문학으로 달랬고 다시 원기를 회복했다. '야 이 친구야'라고 필자에게 던진 말을 아마 당신 자신에게도 자주 했을 것이다. 은신처에서 시인으로 변신한 자신을 탓하는 시가 그렇다.

> 문명의/치부를 송두리째 삼킨 쓰레기 고름/말고는 토할 것 없는/시인의 역겨움을/그의 너더분한 말짓거리 탓에/짓밟으려도/짓밟는 발이 악취로 가득하구나 (「詩人頌」, 1985).

오죽했으면 이렇게까지 자신을 냉소했을까, '시인을 기림'(頌)이라는 제목을 달고서. 짓밟고 싶은 자신을 어찌하지 못하는 시인의 토로다. 사회과학은 정제된 말과 개념의 얽음이지만 그곳에는 정작 벌거벗은 자신이 없다. 증발한다. 증발시키지 않으면 객관성을 상실한다. 이 객관성이 과연 인간을 구제할 수 있는지에 대한 강렬한 회의와 의구심이 그의 시 도처에 출현한다. 자아(自我)가 모습을 나타내는 것이다. 이 초라한 자아는 사회과학의 실패를 입증하는 풍경이 펼쳐질 때에 나타나 자신을 질책한다. 사회학자의 자아는 이미 상호주관성의 자아다. 너와 내가 처한 환경, 너와 내가 순종해야 할 사회구조의 외압이 너무나 강력하게 작용하는 곳, 그리하여 수긍할 밖에 다른 도리가 없는 풍경에 냉소의 언어를 쏟아 붓는다. 시적 자아(자율성)가 사회학적 자아(상호성)에 쏟아내는 언어다.

먼 옛날 근대 초기 김소월의 「진달래꽃」으로 발화한 자아는 자율성의 꽃이었다. '나 보기가 역겨워/가실 때에는/말없이 고이 보내드리'는 그런 자아, '죽어도 아니 눈물 흘리는' 것으로 충분한 자아였다. 그러나 '상호성'으로 나아가면 얘기는 달라진다. 문학평론가 정과리는 그의 저서 『한국 근대시의 묘상(苗床)연구』(2023)에서 근대적 자아의 출현을 '자율성'과 '상호성'으로 구분하고, 한용운의 「님의 침묵」을 상호적 자아의 원형으로 지정했다. '아아 님은 갔지마는 나는 님을 보내지 아니하였습니다/제 곡조를 못 이기는 사랑의 노래는 님의 침묵을 휩싸고 돕니다.' 김소월의 자아는 가는 님을 두고 '죽어도 눈물 흘리지 않는다'고 했지만, 한용운은 '보내지 않았다'고 했고 더 나아가 '나의 사랑의 노래가 님의 침묵을 휩싼다'고 했다. 가는 님을 붙잡고 변심을 요청하는 적극적 자아다. 김경동의 시적 자아, 자율적 자아는 역으로 이 적극적 자아의 실패가 증폭되는 곳에서 냉소를 뿜어낸다. 정작 초라한 자신을 너무나 뼈저리게 의식하면서도 말이다.

> ① 어지러이 솟구치는 고층건물/성장의 통계 차트/가난의 늪에 검은 그림자/길게 드

리우고/휘황찬란한 네온 불빛 높이 솟아/어둠을 삼킨 허영의 눈에/벌겋게 핏발 서리고/시커먼 연기 뿜는 굴뚝은 높이 솟아/숨 막히게 아쉬워진 숨 쉴 공기 (「망아지 예찬」, 1982).

② 암울하게 패어 가는 역사(歷史)에/입김으로 닦아 내어도 자욱한 성에/흐릿한 영상 흔들리는/기다림의 거울에/말없이 꽂히는 울분의 시선 (「겨울잠」, 1986).

개발시대가 우리에게 강요한 비인간화의 세계를 도망칠 수 없다면, '숨 쉴 공기조차 숨 막히게 아쉬워진' 그 시대에 울분과 냉소를 퍼부을 수밖에 없다(①). 울분과 냉소의 언어는 우리의 것이다. 그렇더라도 사회학자의 자아는 해결책을 찾아 시문(詩門)을 나서야 한다. 앞에서 시인 김경동은 '너더분한 말짓거리'를 토하는 자신을 얼마나 자학했는가. 시문을 나서는 시인의 심정에는 '기다림'과 '적극 탐사'가 섞인다. 개발시대에 대한 사회학적 분석이 도달한 해결책이 '시간을 요하는 것'(기다림)과 '바로 실행할 수 있는 것'(적극 탐사)으로 구성되는 것과 유사하다. 그는 기다린다, 울분의 시선으로(②). 정과리는 앞의 저서에서 소월과 만해 이후 자아의 묘상은 '기다림'과 '탐사'로 분화되었다고 분석했다. 떠난 님이 돌아오기를 기다리는 것과, 떠난 님 혹은 그 대체물이나 등가물을 찾아 탐사 여행을 떠나는 것이 그것이다. 울분과 냉소의 심성 역시 그것을 위무해줄 대안을 '적극 찾는' 시선과 '기다리는' 시선 두 가지로 진화한다.

뜨거운 뙤약볕에/땅껍질 갈라지고/스산한 바람 일어/흩날리는 낙엽은/갈라 터진 땅껍질 어지러이 뒤덮고/ … /안타까운 기다림에 시린 손 비비건만/봄은 정녕 어드메서/서성이고만 있는 걸까 (「봄은 어드메」, 1982).

아직 봄이 오지 않았다. 엘리어트(Eliot)의 「황무지」처럼 황량함을 싸늘하게 비판할 수 있는 선진국의 여유 있는 지성도 아니다. 황량한 문명의 그늘보다 더 혹독한 산업화와 개발시대의 비인간화 풍경이 사회학자로서는 어찌할 수 없다는 무력함을 김경동은 시로 달래고 시로 힘을 부추긴다. 그는 한국의 대표적 사회학자로 부상하던 중년에서 노년 초입까지 시 세계로 자주 망명해서 어떤 뚜렷한 성과를 내지 못하고 힘없이 주저앉는 객관의 학문을 냉소하고 문학의 참호에서 새로운 언어를 생성했다. 적극적 탐사의 각오를 다지는 것이다.

> 을씨년스러운도 얼어 굳은 겨울 밤/질곡의 동굴 속/불신의 늪을 헤매나/어설픈 걸음이 언정/어서 가야지, 가서 맞이해야지 (「여명」, 1983).

어서 가야지 … 가서 맞이해야지. 탐사다. 결심은 자주 꺾이지만, 서정의 마력이 그를 일으킨다. 서정(抒情)은 사회학자 김경동을 지성의 파수꾼으로 끌어올린 힘이다. 지성은 지식만으로 이뤄지는 역량이 아니다. 감성과 이성의 적절한 타협, 그리고 이성의 힘이 감성을 짓누르지 않게 만드는 자제의 균형이다. 아직은 어두운 여명처럼, 지성은 쓸쓸한 무엇인가를 한없이 기다린다. 기다리다가 어설픈 걸음일망정 여명을 맞으러 일어난다.

사회학의 내심(內心)은 문학이었다. 사회학적 상상력 이전에 문학적 상상력이 있었다. 문학적 상상력은 인간의 현실과 삶에서 피어올라 물안개처럼 증발해도 그 속에 사회의 실루엣이 어른거린다. 그 실루엣은 마치 운명처럼 보이지만 상상력의 힘, 바슐라르가 '역동적 상상력'이라 부른 그 존재변형의 힘이 실루엣을 부수고 새로운 존재를 창조한다. 개발시대, 성장의 시대에 무수히 출현했던 인간성 파괴의 현상들이 그의 시 세계에서 냉소의 대상으로 등장하는 이유다. 시인의 상상력으로 그 현상들은 여지없이 부서진다. 『너무 순한 아이』의 작은 미소, 세상 물정 모르는 그 아이의 순박한 말에 의해 자본가의 부도덕, 정치적 부패, 출세를 향한 속세의 몸부림이 부질없는 짓이 되고야 만다. 그럼에도 개발시대의 풍경은 인간주의 사회학자의 객관적 이해와 기대를 환상으로 만들어버렸다. 그러니 『너무 순한 아이』의 철없는 미소에 눈물지을 수밖에.

> 개발이란 이름의 배에 올라/거센 바람 파도 치는/풍요의 바다로 길 떠난 뒤부터/어차피 속절없는 외상 인생인 것을/들로 키를 재며/앞다투어 소금기둥 쌓기에/혈안이 되었나부다/ … /허욕의 날개 펴고/안간힘 써 퍼덕여도/비정의 통제탑은/방향 없는 비행 신호만/어지러이 쏟아 내겠지 (「너무 순한 아이」, 1982).

사회발전론의 세계적 대가(大家)가 한국의 경제성장과 개발이 가져온 그늘과 어둠을 목격하고 쓴 이 싯구에 '스산한 바람이 이는' 것은 당연하다. 사회발전론자가 원했던 풍경과는 멀리 떨어진 저런 결과를 항시적으로 목격해야 하는 심정이 어떠했을까. 시는 한탄과 경고를 상징 세계로 끌어들인다. 보릿고개 시대 배를 곯던 여인은 그악해지고, 남편도 아이들도 개발시대의 비정한 경쟁에 휘말리는 구조 법칙을 가름해야 할 임무가 사회학자에게는 존재 이유다. 그러나 빈손인 것을, 객관적 분석과 근사한 결론은 사족을 못 쓰는 것을, 어찌하랴. 구조보다 인간 이해가 먼저라는 그의 철학이 공감을 일으키는 대목이다. 개발시대의 풍경을 냉소하는 시인 김경동의 시선은 1970년대 대표적인 시인 이성부(李盛夫)의 시대 동정(同情)과 겹친다.

> 모두 서둘고, 침략처럼 활발한 저녁/철근공, 십여 명 아낙네, 스스로의 해방으로 사라진 뒤/빈 공사장에 녹슨 서풍이 불어올 때/나도 일어서서 가야 한다면/ … /돌아볼 아무런 역사마저 사라진다/ … /저 떨리는 민주의 일부, 시민의 일부/ 우리들은 모두 저렇게 어디론가 떨어져 간다 (이성부, 「우리들의 양식」, 1975).

시인은 저녁 공사장에서 뿔뿔이 흩어져가는 인부들의 등을 보고 있다. 먼 곳에도 희망의 그림자는 보이지 않는데 그 등에서 역사가 떨어지고, 민주와 시민이 떨어지는 것을 목격해야 한다. 어디론가 떨어져 가는 그들을 붙들고 새로운 시간을 약속해야 할 시인의 꿈은 허망하다. 개발시대 시인 이성부의 '우리들의 양식'은 그러했는데, 시인 김경동은 인간을 갈무리해 둔 채 자연에서, 떨어지는 낙엽에서 서정의 이탈과 낙하를 목격해야 했다. 사회학자로서 그는 아직 인간에 대한 희망을 포기하지 않았던 것이다. 낙엽에 낙망을 실을지언정, 현실 개혁의 꿈과 인간적 삶의 꿈을 간직해야 하는 사회학자는 시인이었다.

> 누구라 짓궂은/염색을 했으랴만/그 푸르름 어디 가고/그 윤기는 어찌하고/스스로 굳어버린 까칠한 그 얼굴에/흙빛을 머금고/숱한 이름들이 얼굴들이/우수수 바람에 흩날립니다/ … /피어났단 스러지는/잎새들 잎새들/역사(歷史)에서 한바퀴/빙그르르 빙그르/쳇바퀴 돌다가/우수수 바람에 흩날립니다 (「낙엽」, 1982).

시인 김경동은 역사의 정도(正道)를 붙들고 있었다. 정도는 현실이 아니다. 현실이 돼야 하는 그것을 현실 사회에 실현하고자 하는 욕망이 시 언어로 쏟아져 나왔다. '쳇바퀴 돌다 흩날리는 낙엽'을 두고 푸르른 역사의 봄 잎사귀를 그리는 시인의 모습이다. 베버와 마르크스, 세계의 주요 사회학자가 그러했듯, 자신의 학문 세계에서 현실이 어린 잎사귀를 푸릇푸릇 돋아낼 것을 믿었다. 장맛비를 맞으면서도 해가 돋을 것을 믿어 의심치 않았다. 자연 현상과 사물의 풍경을 바라보는 시인의 시선에 사회학적 개념이 불쑥불쑥 튀어나오는 이유다. 그것은 상호적 자아, 객관성의 고지를 향한 탐사를 돕는 팻말들이다. 자연처럼, 시간의 흐름을 따르라는 계시처럼 그 팻말을 기억하기만 한다면 우리가 고대하는 변화가 이뤄질 것이라는 믿음 말이다. 태풍이 들이닥쳐도 개일 날이 있을 것을 믿는 자연인처럼.

> 무심코 지나치던 남국의 태풍이/한바탕 폭우라도 쏟아놓는 날에는/허술한 축대만 속절없이 무너지고/간신히 얽어 매논 사회(社會)의 얼개도 어지럽게 금이 가고/빌어먹어도 날이 개야지/밤낮없이 짓누르는 잿빛 하늘 향해/후줄근한 주권(主權)/장마가 길어봐야 한 철인 것을/지루한 장마는 언제나 들려는지 (「장마」, 1982).

이 시를 쓴 연도가 1982년, 광주민주화운동 직후다. 허술한 축대가 무너지고, 주권은 후줄근하게 망가졌다. 국문학자 김윤식은 시 중간에 언뜻언뜻 출현하는 사회학적 개념이 사변적인 시의 흐름을 현실화하는 매개체이자 독자가 현실감각을 잃지 않게 만드는 이정표라 했다. 문학은 사회적 인식으로 단련되고, 사회적 인식은 문학에 의해 정련되는 순간 인문학의 정수가 완성된다. 시를 역사의식으로 단련시키는 작업은 일찍이 임화(林和)의 시 세계에서 실험되었거니와 이데올로기의 폐해를 너무나 처절하게 목격한 김경동은 자연 현상과 역사의식을 결합하는 방식으로 그의 시 세계를 구축해 나갔다. "그의 시와 사회학은 마침내 둘이 아니라 하나"라는 김윤식의 지적은 그런 소치에서 나온 말이다. 필자는 이렇게 말하고 싶다. 사회학자 김경동은 자연의 힘에서 사회적 사유의 원천을 보강하는 시인이라고. 여름 장마, 가을 햇빛, 봄의 따사로움에 사회의 작동을 이입해 비관을 낙관으로 변환하는 공력을 가진 시인이라고 말이다.

> 꿈을 머금고/어둠을 삼키는/굳어가는 믿음에 금이라도 갈세라/신선한 봄의 포근한 물기를 기약하여/파르르 회고(懷古)에 몸부림치는/가을 (「가을」, 1985).

가을은 회고로 몸부림친다. 그런 가을에서 봄을 보고, 겨울에서 여름을 기약하는 시인의 애뜻한 낙관적 믿음은 자연의 질서를 배반하는 사회적 법칙을 끝까지 뒤집고 싶은 사회학자의 혼신의 노력이다. 무너지는 둑을 한팔로 지탱하는 사회학자의 눈물겨운 사투를 논문과 저서에서는 드러내지 못한다. 시 세계로의 이주, 또는 시적 상상력을 사회학적 상상력의 버팀목으로 삼고자 하는 사회학자의 몸부림이 시어(詩語)로 터져 나오는 것이다.

Ⅱ. 냉소

울분과 냉소의 언어는 사회학자로 하여금 다시 현실과 마주하게 한다. 냉소적 언어의 배경에는 항상 온기가 흘렀다. 그 온기는 시적 심상을 적시고 사회학적 개념에 인간적 터치를 부여하는 공감적 감성이었다. 그러나 1990년대 들어서면 시인의 심상에서 온기가 걷히고 냉소가 폭증하는 것에는 어떤 곡절이 있을까. 퇴임 직전 상재한 두 번째 시집 『시니시즘을 위하여』(2000)의 제목도 그렇거니와 시선, 시어, 분위기가 사뭇 냉랭해졌다. 온기 대신 시니시즘이 자리를 차고앉았다. 1990년대라면 민주화 시대, 시인이자 사회학자인 김경동이 그토록 염원하던 민주화 시대에 왜 그는 온기를 걷어냈을까. 「시인송」의 자학적 상태로 결코 돌아가고 싶지 않았던 탓일까. 아니면, 그가 우연히 겪었던 개인적, 현실적 좌절이 감성의 샘을 고갈시켰을까. 필자가 기억하는 1995년 대학 총장 선거에서 그의 길을 가로막았던 외부적 손길에 정신적 외상을 입었을지 모른다. 아니면, 급작스럽게 한국을 덮친 1998년 외환위기 사태(IMF)에서 사회과학자로서의 직무유기와 죄책감을 떨치지 못했을지 모른다. 이런 추측을 가능하게 하는 암시가 퇴임 4년 후 발표한 중편 소설 「광기의 색조」(문학사상, 2005)에 은연중 드러나 있다. 그리고 두 번째 시집에 실린 「IMF」 제하의 시가 "나는 허울이다"(I am a Facade)로 시작해서, "나는 바보다"(I am Fool)를 거쳐 "나는 정말 웃기는 존재다"(I am real Funny)로 끝나는 것은 아무래도 심상치 않다. 사회학자로서 IMF가 엄습한 당시 상황 앞에서 망연자실한 자신에게 이렇게 물었다.

> 나는 IMF시대를 살아가는/정체모를 족속이다/나는 왜 여기에 서 있는가?/나는 무엇을 해야 하는가?/나는 어디로 가야 하는가? (「나는 F다 IAMF: IMF 시대의 자화상」, 『계성문학』 15).

어려운 시대에, IMF에 기습당한 시민들에게 가야 할 길을 알려줘야 할 사회학자가 자신에게 그렇게 물을 수밖에 없는 비애가 고스란히 읽힌다. 시집 제목이 『시니시즘을 위하여』(2000)이고, 부제도 「사회비평시집」이라 못 박은 것을 보면, 1990년대 시인 김경동은 처절한 시니시즘의 시간을 보냈던 것은 아닌지 짐작할 뿐이다. 시니시즘의 대상에 내가 있다. 그는 아예 서문에서 이렇게 썼다.

> 세상을 달관하여 관조하는 경지에 이르면 나도 가을 하늘처럼 투명한 서정시를 쓰게 되리라. 하지만, 아직은 설익어 떫은 말의 폭발일지언정, 문명과 정치와 사회를 비판적으로 때로는 시니컬하게 꼬집는 시를 쓸 수밖에 없음이 차라리 안타까울 따름이다(『시니시즘을 위하여』, 서문, 2000).

차라리 안타깝다! 시인은 그렇게 시인(是認)했는데, 발문을 쓴 김용직 교수는 시단에서 빈자리를 채울 '반어와 풍자의 시'라고 반겼다. 섬뜩한 칼날을 느끼게 하는 시들로 가득 찬 두 번째 시집을 필자는 펼치기가 두렵다. 허망한 세상에 대한 혐오의 시구(詩句)가 넘실거리고 가슴을 후벼 파는 자책이 번득이기 때문이다. 가령,

> 생에서 얻고 잃음은 무슨 의미 있을까/얻으면 잃게 마련 잊은 것도 찾게 마련/망실(亡失) 망실(忘失) 삶의 껍질 훌러덩 벗고 나면 무슨 흔적 남을까?/지금은 주체도 증발해 버린 허깨비 인생인 듯 헛헛하지만/다가오는 신천년은 알찬 석류알처럼 터져 비상하리라/오달진 꿈을 다독거려 본다 (「망실의 흔적」, 2000).

첫째 시집에서 시인 김경동은 시(詩)를 '사무사'(思無邪-사악함이 없는 순수한 생각)라 했는데, 둘째 시집에서 시는 시니시즘의 극치로 변했다. 인생은 허망한 헛껍데기, 주체는 증발한 상태에서 새천년 전야에 꿈을 꿔보는데, 그게 오달진 것임을 이미 안다. 상호성의 자아를 저버렸다. 기다림도 탐사도 저 멀리 가버렸다. 자아가

무너졌는가, 아니면 무너지는 자아에 경고를 주기 위함인가? 시 「COLLAPSE! 무너져 내림의 허탈을 읊음」(1995)은 시인의 그런 심상을 그대로 전해준다.

> 허욕이 폭발하는 소리(개구리 배터지는 소리)/비리가 폭로되는 소리/부실이 무너져 내리는 소리/부정이 곪아 터지는 소리 (「COLLAPSE!」, 1995).

허욕, 비리, 부실, 부정이라는 섬찟한 낱말들이 여과 없이 출현한다. 온기가 고갈된 가슴을 부여잡고 시인은 냉소의 끝자락까지 가본다. 가령, 「나도 베스트셀러 시인이 되고 싶다!」라는 반어법도 세상사 허욕을 빗댄다.

> 사랑을 별을/고독한 가녀린 가슴을/바람을 낙엽을/온갖 일상을/달콤하게 진솔하게 소녀들 주부들 감동 주고 (그리고 솔직히 간지랍고 범상하고)

해야 베스트셀러 시가 되는데, 정작 시인은 그렇게 하질 못한다. '가슴보다 앞서는/까칠한 지성/구름 위를 배회하는/관조의 시늉'을 시인은 절대로 할 수 없기 때문이다. 그의 시니시즘에 걸리지 않는 현상과 사물이 없을 정도다. 시니시즘이 진정한 관조의 세계로 나아가려면(그럴 필요가 없었을지도 모르지만) 해탈(解脫)의 강을 건너야 한다. 아니면, 신동엽처럼 '아사달과 아사녀가 손잡고 춤추는' 신화의 세계로 건너가거나.

그는 건너갔다. 퇴직 후에 쓴 작품에서 건너간 흔적이 보이고 건너간 땅이 보인다. 김경동 교수가 필자에게 건네준 미발표 시 이십여 편은 현실 세계에 발을 딛고 돌아본 환(幻)의 세계에 대한 동경이다. 어릴 적 예배당, 어머니와 아버지, 폭격에 주저앉은 고향 집이 등장한다. 그는 고향을 돌아봤지만 고향 잃은 망향객의 심정이다. 개발과 근대화로 시골은 따뜻한 공동체의 온기가 사라진 도시를 그래도 돌아보고 싶었던 거다.

> 포만에 숨이 차/농토를 임야를 삼키는 패권(覇權)/퍼지고/퍼지다/시골은 각박한 도회가 되었다 (도시, 『계성문학』 21호, 2005).

그 시골은 어린 시절 추억과 희열과 기쁨과 온기를 간직한 곳이다. 그런데 호주비행기라 불리던 제트전폭기가 고향 초가집을 순식간에 잿더미로 만든 이후,

> 챙겨봐야 건질 만한 건지조차 없는 짐을 메고/돌아보고 되돌아보면 발길 무겁던/어머니의 한 서린 눈에/전쟁의 열기로 눈물마저 말라버린/모질게도 추웠던/그해 겨울//다시 오리라 기어코/다시 오리라/다짐하고 다짐하며/다시 못 올 고향을 영영 등지고 말았다 (「버성김의 계절」, 『동연회통신』, 2005).

'영영 등졌던' 그곳엔 그래도 어머니와 아버지가 있다. 한 서린 가슴을 부여잡고 억척같이 생계를 챙기던 어머니가, 또는 집을 비우시고 어디론가 다니신 아버지가 계셨다. 아버지의 아버지가 빼앗긴 재산을 찾아 전국을 다니신 아버지는 "흠치교와 백백교 입맛에 닿는 대로/끌어안고 아파하며/그 참담한 젊음을/목탄 엔진처럼 활활 불사르셨다"(「아버지의 방황」, 2003)고 했다. 시인 김경동은 환의 세계에서 그 아픔을 헤아릴 수밖에 없다. 그것은 세상 현실에 배신당한 사회학자에게는 고통스러운 위로였다. 그러나 이제 물러나야 한다고 세상이 속삭인다. 세월이 그만큼 흘렀다. 현실에서, 환의 세계에서, 고통에서 시인은 물러나기를 자신에게 권한다. 노후에 들어서도 자신은 결코 현실의 전선에서 물러나지 않을 것을 알기에.

> 물러나 갈 곳 없으면/물러남을 물릴 건가/물러나 머물 곳 없으면/물어물어 새길 찾아 나아갈 건가/이제 물러남과 만나/함께 길 떠나면/세상이 훤하게 열리리라 (「물러나 새길 가기」, 미발표시).

'물러남과 만나 함께 길 떠나는' 그의 물러남은 물러남이 아니다. 세상을 훤하게 열어젖히는 새길 찾는 작업의 시작일 뿐이다. 어린 시절의 순수한 세계로부터 고통스런 위로를 전해 받은 시인 김경동, 그의 구순의 눈빛은 여전히 새길을 찾아 빛난다.

Ⅲ. 시에서 소설로

그에게 문학이란 무엇일까? '문학 없이 사회학이 성립되지 않는다'라는 명제다. 이 명제는 인간주의 사회학의 가장 중대한 믿음이자 소신이다. 문학은 인간의 삶의 가장 근원적 바탕에서 고뇌와 불안과 희열을 뿜어 올린다. 언어로 표출되는 인간의 고통과 기쁨, 심리적 불안과 생존의 신기성을 담는 그릇이 문학이라면 그곳에는 이미 사회적 탐구의 주제와 소재들이 넘실거리고 주관성과 상호성, 사회적 관계의 여러 유형들이 모습을 드러낸다. 인간적 체취에 개념을 부여하고, 개념 간 관계를 따지고 이론 체계를 부여하는 것이 사회학이다. 작가 김경동은 일찍이 인간주의 사회학을 주창할 때부터 그런 인식세계를 지향하고 있었다.

시인 김경동은 퇴직 후 소설 쓰기로 비중을 옮겼다. 글쓰기에 대한 사랑을 고백하는 어떤 글에서 "그러니까 진짜로 쓰고 싶은 글은 아무래도 소설이다"고 단언했다(미발표 수필, 「첫사랑의 세 가지 색깔」). 그의 시 세계를 파헤치던 필자에게 이 뜻밖의 단언은 조금 당혹스러웠는데 네 편의 중단편 소설을 읽다 보면 공감이 일기 시작하는 것은 웬일인가. 그는 2005년부터 3년간 네 편의 소설을 썼다.

"광기의 색조." 『문학사상』 9월호: 104-158(중편), 2005.
"슬픈 코미디." 『문예중앙』 116호(겨울): 129-152(단편), 2006.
"물고기가 사라진 텅 빈 어항." 『계성문학』(23): 228-254(단편), 2007.
"유산과 상속의 이름." 『문학저널』(2월호): 74-140(중편), 2007.

사실 소설은 많은 시간과 구상, 정교한 기획을 요구한다. 그것은 사회학적 상상력과 사촌지간이고 정교한 스토리, 얼개, 인물 창조가 필요하기 때문이다. 그런 조건과 영감이 만들어지면 사회학적 분석과 문학적 스토리텔링은 서로 경계가 허물어진다. 그는 이렇게 말한다.

한평생을 사회학과 씨름한 결과일까, 나의 시가 대체로 사회비평시 내지 풍자시의 냄새를 풍기는 것도 시 쓰기가 나에겐 일종의 사회학적 천착임을 암시하는지도 모른다. 마찬가지로 내가 앞으로 소설을 쓴다 해도 거기에는 분명 사회학적 분석의 칼날이 번득일 수밖에 없을 듯하다 (「첫 사랑의 세 가지 색깔」).

'앞으로'라고 자신에게 확약의 암시를 줬다. 김경동에게 시니시즘은 시에서 소설로 이주하는 징검다리였다고 하면 역설일까. 시니시즘의 냉소가 소설적 공간에서는 비애의 꽃을 피운다는 사실에 주목하고 있었던 거다. 욕구와 욕망의 복잡한 터널 속에 허우적대는 인간의 허접한 모습이 하나의 일관된 스토리로 형상화되면 작가 자신이 그런 냉소적 언어를 요청하지 않아도 된다는 사실이다. 게다가 고향의 기억과 어릴 적 축복에서 전해 받은 온기와 생기가 그의 문학적 감성을 새롭게 자극하기 시작했다. 네 편의 중단편 소설에는 시니시즘 이후의 냉소가 차분히 가라앉은 여백에서 온기를 피워내는 작가 자신이 자주 등장한다. 소설은 자신의 경험담을 서사(敍事)에 얹혀 차분하게 음미해볼 사유의 공간이다. 허구이자 진실의 서사에 자신을 숨기고 드러내는 일, 그리하여 '숨은 자아'가 표정을 짓고 '드러난 자아'가 성찰을 할 수 있는 상상력의 세계다. 네 편의 소설 속에는 작가 김경동의 개인적 경험담과 주변 공간에 대한 인간학적 관찰이 들어있는데 다양한 직종의 주인공들은 작가의 분신이다. 작가의 분신이라 해서 반드시 작가 자신일 필요는 없다. 윤동주의 「자화상」이 그러하듯, 우물 속에 비친 얼굴은 자신은 아니기 때문이다. 그것은 오염된 세상을 살며 스스로도 오염원으로 존재하는 사람들의 전형이다. 문학사회학자 루시엥 골드만이 밝혔듯, '소설은 타락한 세계에서 타락한 방법으로 진실을 추구하는 얘기'다.

시니시즘에서 서사로 이주한 작가 김경동의 소설 세계를 본격적으로 탐사해야 하겠지만, 시간과 지면 제한 상 미룰 수밖에 없다. 독자들의 양해를 구한다. 다만 '왜 소설을 쓰는가'라는 자문(自問)을 탐사한 소설가 이청준의 다음의 글을 인용하는 것으로 김경동의 문학 세계를 엿본 여정을 일단 맺으려 한다. 문학적 상상력으로 사회학적 세계를 완성하고 싶은 김경동의 욕망을 그대로 대변한다. 제목도 '언어사회학' 서설이다.

바깥 세계에 대한 복수심이나 그 현실의 질서를 자기 식으로 뒤바꿔 놓고 싶은 욕망이란, 보다 더 문학적인 발상법으로 말하자면 그것은 결국 그가 꿈꾸고 모색해 낸 새로운 질서로 그 세계를 지배하고 싶은 욕망에 다름 아닌 것입니다. (…) 또 그러한 지배에의 꿈으로 하여 현실의 풍속에서 패배하고 돌아온 작가 자신의 삶도 위로를 받고 구원을 받을 수가 있게 되는 것입니다 (이청준, 「언어사회학서설 3」).

배달 라이더가 은사님 집 앞에 도착했다. 비닐봉지에는 어리석은 제자가 쓴 회고의 글이 들어있다. 은사님은 오늘따라 더 먼 길을 돌아 허적허적 걸어오고 계시리라. 그의 걸음이 (김소월처럼) 허망한 인생의 덧없음을 즈려밟고 있는지, 아니면 (한용운처럼) '걷잡을 수 없는 허무의 힘을 옮겨서 새 희망의 정수박이에 들어 부었'는지는 모를 일이다.

권리와 권리의 충돌을 넘어

조 희 연*

Ⅰ. ‘이제는 돌아와 거울 앞에 서서’

이 표현은 산전수전을 겪으며 느끼고 배운 것들을 돌아보며 자신을 정리한다는 의미일 것이다. 김경동 선생님을 만난 것으로 치면, 50년이 되어간다. 우리 75학번은 선생님이 서울대 사회학과에 처음 부임하여 관계를 맺은 가장 초기의 학생들이다. 그러기에 우리는 더욱 각별했었다. 단지 교수로서만이 아니라, 선생님은 70년대 후반 그 각박하고 치열했던 시대의 현장에서 병풍 같은 은은한 배려와 지원을 아끼지 않은 스승으로 우리 곁에 있었다. 우리는 ‘사회조사방법론’과 ‘현대사회학’을 통해 사회학적 학습의 세례를 받은 제자들이었다. 나아가 학자로서 선생님이 서구 근대화의 경로를 절대화하는 단계를 넘어, 아시아, 유교, 동양의 특수성을 담아내어 한국근대화의 종별성(種別性)을 이론화하고자 할 때, 그의 문제의식에 영향을 받는 후배 학자였다.

그런데 최근에는 사회학 이론의 영역이 아니라 격동의 한국 사회에 대해 썼던 선생님의 단상과 에세이들에 시선이 간다. 사회학적 논문 쓰기가 아니라, 비(非)학자적 글쓰기를 통해서 말하고자 했던 것들에 눈길이 가는 것이다. 그가 『문학사상』에 “광기(狂氣)의 색조(色調)”로 등단한 소설가라는 것을 아는 사람은 적다. 그가 2000년대, “공익은 뒤로하고 / 사욕만 채우네 / 권리는 짓밟히고 / 권력만 활보하네 / 실력은 비웃음 사고 / 금력만 힘깨나 쓰네 / 노력은 쓸모없고 / 술수만 효험 있네 / 진실은 간데없고 / 거짓만 만연하네 / 말만 무성하고 / 실행은 가물었네 / 인격은 왜소하고 / 허상만 거창하네 // 우리의 정치엔 / 정치(正治)는 없고 / 패도(覇道)만 있네”라고 『시니시즘을 위하여』라는 시집에서 당시의 정

* 前 서울시 교육감

치에 대한 깊은 분노를 쏟아낸 것을 기억하는 사람도 많지 않다.

나는 선생님이 분노를 쏟아낸 그 정치의 개혁을 위해 분투했던 입장이었다. 그렇다 보니 정치 개혁이 가져오는 긍정성에만 집중했지, 거기에 수반되는 부정성, 그늘, 음지에 대해서 그다지 주목하지 못했다. 그런데 선생님은 현실에 분노하면서 그것이 동반하는 그늘을 주목했기 때문에 그에 대한 대안적 가능성을 찾고자 했던 것으로 보인다. 그의 여러 저작에 변주되면서 대안적 고민과 연결되어있는 것은 유교적 공동체주의와 선비문화이다. 2000년에 낸 『선진한국, 과연 실패작인가?』에서 그는 사회적 갈등의 양상과 그 과정에서의 핵심 문제로서의 '공동체 해체'의 문제를 주목하고 있다. 2000년에 펴낸 『위기 속의 민주주의』에서도 선생님은 민주주의 위기의 극복과 재건을 위한 대안으로서 유교사상을 천착하고 있다. 그는 『부드러운 사회를 위하여』라는 에세이집을 내면서도, '사람을 가꾸는 사회', '모두가 이기는 싸움'을 논하고 있다. 문명사적 대전환기에 겪는 도덕적 위기에 대한 해법으로 선비문화를 주목한 『선비문화의 빛과 그림자』도 그의 동일한 치열한 문제의식 위에 서 있는 것으로 보인다.

이제 나 스스로 '돌아와 거울 앞에 서니', 선생님의 문제의식을 다시 돌아보게 된다. 나는 "해 아래 새로운 것이 없고, 또 해 아래 모든 것이 새롭다"라는 생각을 요즘 많이 한다. 40년에 이르는 '긴 민주화'의 시대를 통해 많은 것을 '성공'적으로 성취했지만, 그 성공은 그에 따른 새로운 도전들, 즉 '성공의 위기'를 우리에게 가져왔다. 바로 그 지점에서, 선생님이 고민했던 것들을 되돌아보게 된다. 대안을 유교적 공동체주의에서 찾건, 선비문화에서 찾건, 초(超)개인주의에서 찾건, 분명 성공의 이면에서 새롭게 찾아온 위기의 현실에 대해, '해 아래 새로운 것이 없다'는 온고이지신(溫故而知新)의 관점에서 되돌아보고 성찰하고, 새로운 출구를 모색해야 한다고 생각한다.

Ⅱ. 권리와 권리의 충돌: 민주화의 '성공' 위에 새로 출현한 문제적 현실

2023년 7월 18일 '서이초 사건'이 발생하였다. 서이초등학교의 한 교사가 학교에서 자살한 사건이었다. 이 사건은 교육계의 사건이지만, 한국사회의 현실을 상징하는 사건이며, 그 안에 큰 사회적 진실이 담겨 있다고 생각한다. 당초 개인의 우울증에 의한 자살 사건으로 묻힐 뻔한 사건은, 2024년 2월 '순직 사건'으로 인정되었다. 7월 서이초 교사의 죽음을 계기로 전국의 수십 만의 교사들이 여의도에서 추모와 대책 촉구의 물결이 이어진 것을 모두가 기억할 것이다. 전 국민은 역설적으로 서이초 사건을 계기로 교사들의 '교권'이 어떤 상황에 있으며, 우리의 학교와 사회가 어떤 처지에 있음을 새롭게 인식하게 되었다.

한국사회는 산업화와 민주화를 모두 성공한 국가로 많은 발전도상국들로부터 선망의 대상이 되어있다. 더구나 선진국의 반열에까지 이르렀으니 그 선망은 더욱 강렬하다. K-문화가 세계인들에게 매력을 주는 것도 이런 것을 배경으로 하고 있을 것이다. 그런데 그 성공적인 산업화는 권위주의의 '그늘' 속에서 진행되었다. 권위주의의 핵심적 특징은 무소불능의 국가권력이 개인의 자유와 권리를 일상적으로 지속적으로 체계적으로 억압했던 것이다. 이 체제 아래서, 개인의 이익 추구는 국가적·민족적 과업을 명분으로 쉽게 제한되고 억압당했다. 예컨대 60년대 경부고속도로를 지금 건설한다고 해보자. 아마도 토지 수용과정에서 대한민국은 갈등으로 폭발해버릴 것이다. 그때는 조국 근대화라는 이름으로 개인의 재산권보다는 국가적 목표가 더욱 중요하게 인식되었고, 그에 반대하는 목소리들은 쉽게 묻혔다. 개인의 자유와 권리는 너무도 당연히 정권의 판단, 국가의 목표 아래 쉽게 무시되거나 억압되었다.

이후 이어지는 민주화 시대에는 민주주의라는 이름으로 이전 시기의 권위주의를 개혁하는 과정이었다. '긴 민주화 40년'의 시기가 이어졌다. 즉 개인의 자유와 권리에 대한 억압의 기제들이 해체되거나, 개인의 자유와 권리를 보장하기 위한 다양한 법 제도들이 확충되었다. 이런 과정에서, 사회적 약자의 자유와 권리 역시 이른바 '정치적 올바름(PC)'의 가치 아래 많이 신장되었다. 또한 국가적 목표 아래 쉽게 통제되던 개인의 이익추구 권리행위에 대해서도 충분한 보상이 이루어지고 정당하게 보장되는 식으로 변화하였다. 또한 개인의 이익도 법적 보장을 받게 되었으며, 개인의 이익추구는 정당한 것으로서 존중받게 되었다.

그렇게 우리는 성공한 산업화와 민주화 시대를 거쳐 우리는 선진국의 반열에까지 이르렀다. 여전히 권위주의 시대의 유산이 우리를 옭죄고 있다고 판단할 수도 있지만, 이제 우리는 민주화의 성과 위에서, 민주화 이후의 새로운 문제 현실에 응전해야 하는 과제 앞에 서 있다. 이 점에 우리의 시선이 가야 한다. 즉 개인의 자유와 권리가 상호충돌하기도 하고, 개인의 자유와 권리를 보장하기 위해서 만든 법제도를 어떤 개인들은 자기이익을 위해서 악용하는 사례도 많아지게 되었다. 모든 개인과 집단의 운영원리로 '최대이익주의'가 작동하게 되었다. 노조, 협회 등으로 당당하게 조직화된 모든 집단은 구성원의 최대이익을 추구하는 방향으로 움직이게 되었다. 법은 이를 보장하고 있다. 권리는 모든 개인과 집단의 '최대이익 추구'의 권리도 보장한다.

서이초 사태를 포함해서 광화문에서 수만명의 교사들이 운집하여 절규하는 속에서는, 일부 갑질 학부모의 부당한 '교권' 침해도 있다. 예컨대 가정의 아동학대를 방지하기 위해서 아이들의 권리보장을 위해서 만들어진 법제도('정서적 학대' 금지 조항 등)를 일부 학부모가 '내 새끼 지상주의'의 견지에서 악용하는 사례들이다. '내 새끼'의 최대이익 추구형 권리는 교사의 권리를 억압하고, 권리 주체로서의 교사의 자살로 이어진 사건으로 해석할 수 있다. 한 악성 개인이 학교 전체를 '쑥대밭으로 만든다'는 탄식도 있을 정도이다. 이것을 '교사 대 학부모'의 대립으로 볼 것이 아니다. 오히려 우리 사회와 우리의 행동 양식을 돌아보는 계기가 되어야 한다.

2023년 서이초 사건이 발생한 이후, 대책을 탐색하는 과정에서, 저경력(低經歷) 교사와의 간담회에서 교사에게 들은 이야기이다. 아이에게 애정을 표하기 위해서, 손을 잡거나, 하이파이브를 하거나, 허그를 하는 것도 혹여 학부모에 의해 정서적 학대로 항의받을 것을 우려해서 포기한다는 것이다. 선배 교사들은 '무리하지 말라, 최소한만 해라, 드라이하게 대하라, 문제행동에 개입하지 말라'는 충고를 후배 교사에게 하는 지경에 이른 것이다. 일부 극단적 학부모의 '내 새끼를 위하는' 합리적 행위가 이런 비합리적 결과를 낳는 지경에 이르렀다는 것이다.

소비자, 민원인, 주민의 자유, 권리, 이익을 보장하기 위해서 만들어진 제도, 행정, 법을 일부 악성 개인들이 악용하고 폭력적으로 행사하는 경우도 다반사이다. 이러한 '블랙 민원인'은 거의 대부분의 공공기관에 수없이 많다. 공중파에서 보도된 D초의 사례는 상징적이다. 그 학교의 한 학부모는 자녀가 부회장 선거에 떨어진 것에 불만을 품고(물론 개인의 입장에서는 기득권 유착으로 자신의 정당한 요구가 실현되지 않는다는 항의성 차원이 담겨있을 수 있다), 정보공개 신청 29건, 행정심판 8건, 국민신고 민원으로 24건을 제기한 경우도 있었다. 사실 이런 제도들은 관(官)이 주민 친화적으로 작동하도록 하고, 관의 투명성을 제고하며, 주민들의 자유와 권리를 보장하기 위한 목적으로 만들어진 제도들이다. 그런데 이것을 악용하기로 하면 끝이 없다. 이것은 전형적으로 민주화를 배경으로 만들어진 자유와 권리 보장을 위한 법제도를 자기중심적으로 악용하는 대표적 사례이다.

돌이켜 보면, 민주화를 배경으로 '민주시민교육'이라는 가치가 강조되었다. 나는 지난 10년 동안 민주시민교육을 강력히 추진한 교육감으로 알려져 있고, 그렇게 노력하였다. 그런데 나는 요즘 '공존형 민주시민교육', 때로는 '공화형 민주시민교육'을 강조하고 있다. 민주시민교육을 한 단계 보완하고 균형화하는 의미를 담고 있다. 우리가 민주시민이라고 할 때, 그 의미는 "과거 권위주의 시대에는 너의 자유와 권리가 무참하게 억압되었다. 권력 앞에서 주눅들지 말고, 당당하게 싸울 것은 싸우고 자신의 자유와 권리를 당당하게 지켜라"라는 것을 의미한다. 그렇게 자신의 자유와 권리를 지키는 당당한 시민이, 나아가서는 '전투적 시민'이 만들어져왔다. 그런데 지금은 바로 그 전투적 시민과 전투적 시민이 갈등하는 상황이 나타나고 있는 것이다. 이 전투성이 국가권력이나 기업권력 등 권력의 과도함을 향한 것은 그 자체로 의미가 있지만, 그 전투성은 많은 경우 개인과 집단의 최대이익을 지향한다. 현 단계 한국사회의 가장 기본적인 운영원리는 개인과 집단의 최대이익주의라고 해도 무방할 것이다. 모두가 치열하다 보니, 그 치열함이 상호충돌하면서 거대한 무질서적 갈등의 소지도 있게 되며, 이익충돌이 발생한다. 쓰레기 소각장 같은 혐오시설을 둘러싼 이른바 님비적 갈등은 말할 것도 없고, 집값 하락을 우려하여 특수학교 건립을 둘러싼 갈등도 한 예가 될 수 있다. 자유, 권리, 개인의 정당한 이익추구를 억압하는 권위주의 권력에 대항하는 전투성은 때로는 개인과 자기가 속한 집단의 최대이익 실현을 위한 전투성으로도 표현된다. 나아가, 개인의 자유와 권리의 상호충돌, 개인의 자유와 권리를 위한 도구를 개인의 이익을 위한 악용하는 것을 넘어서서, 타인에 대한 혐오와 공격, 적대도 확대되고 있다. 잘못하면 우리 사회가 정치학에서 말하는 '만인의 만인에 대한 투쟁' 상황에 돌입할 위기적 요소도 출현하고 있다. 정치는 이런 모습을 더욱 극단으로 표출하고 있다.

이제 우리는 선진국의 문턱에 있다. 우리는 산업화 시대의 보릿고개, 절대빈곤, 낮은 국민소득과 수출 부진 등 후진국적 문제들은 탈피했지만, 사회적, 경제적으로나 정치적으로나 전혀 다른 문제들에 직면하고 있다. 그런데 어떤 의미에서, 후진국적 문제를 해결한 이면에서, 우리는 새롭게 선진국적 문제들에 직면하고 있다.

Ⅲ. 대안적인 좁은 출구를 찾아서: 과거로 가는 길과 미래로 가는 길

이 새로운 도전 앞에 2개의 길이 각축하고 있다. 과거로 돌아가는 길과 미래지향적으로 나아가는 길이다. 2023년 서이초 사건과 관련해서도 현재 교사의 교육권 추락으로 상징되는 참담한 현실을 학생 인권 탓으로 돌리면서 과거로 돌아가려는 길도 존재한다. 그런 취지에서 '학생인권조례'를 폐지하라고 교육감인 나를 압박했고, 정치적, 사법적 갈등도 전개되었다. 나는 다른 방향을 천명하였다. 우리가 진정한 선진국으로 가는 것은 바로, 이러한 새로운 도전들을 과거로 돌아가지 않으면서 미래지향적으로 해결할 수 있는가에 달려 있다고. 학교의 예를 들면, 두발 규제, 지금은 폭력으로 간주되는 체벌, 성적(成績)에 의한 차별, '사랑의 매'의 부활로 가지 않으면서, 진정으로 선진국적 방식으로 '교권'을 바로 설 수 있도록 할 수 있는가. 나아가 학교의 새로운 민주적 '질서'를 확립하는 방향으로 나아갈 수 있는가.

학교라는 공간에서 나는 이러한 미래를 향한 길을 '공동체형 학교'를 만들어 내는 것이라고 표현한다. 지난 10여년 간 교육계에서는, '혁신교육'이라는 기치 아래, 과거의 권위주의적 학교를 민주적 학교로 전환하는 노력이 이루어졌다. 여전히 갈 길이 남아 있지만 학교에는 과거와 달리 '민주적 학교문화'가 거역할 수 없는 대세로 정착해 있다. 문제는 이제 우리가 그 '그늘'도 직시해야 한다는 점이다. 학생 및 학부모 모두의 권리가 존중되면서도, 그것이 각 교육 주체들의 방종과 과잉으로 흐르지 않으려면, 동시에 학교 교육의 중심에 있는 교사의 교육활동 권한이 충분히 존중되고 상호협력하는 '공동체형 학교'가 필요하기 때문이다. 이를 연장하여 공동체형 사회, 공동체형 정치, 공동체형 국가에 대한 고민 역시 필요하다. 그것을 공동체라고 불러도 좋고, 공화라고 불러도 좋고, 공존이라고 불러도 좋다.

사회 전체적으로도 다양한 노력이 가능할 것이다. '민주적 무질서'를 방지하기 위한 법제도 보완도 필요할 것이다. 행정적 차원에서 다양한 정책이 펼쳐질 수 있다. 작게는 '블랙 민원인'에 대한 공동체적 규제책도 필요할 것이다. 그러나 더 나아가서, 우리 모두의 인식적 전환, 문화적 전환이 필요하다. 그 출발은, 우리가 산업화 시대의 '그늘'을 응시하는 것만 아니라, 민주화 시대의 '그늘'까지도 응시하는 성찰적 시선이다. 개인의 자유와 권리 '주의' 위에 굳건히 서면서도, 권리와 책임의 조화, 개인과 공동체의 조화, 저항과 질서의 공존에 대해서 새롭게 고민하는 것이 필요하다.

대한민국 헌법 1조는 '대한민국은 민주공화국이다'라고 선포하고 있다. 그런데 지난 '긴 민주화'의 시기 동안, 우리는 민주성(性)은 치열하게 천착했지만, 공화성(性)은 치열하게 천착하지 못했다고 생각된다. 민주정은 공화적 원리가 없을 때 위기에 처할 수 있다는 인식을 우리가 새롭게 해야 한다.

학교를 작은 사회라고 할 때, 공동체형 학교를 사회에 투사해 보면, 우리가 어떻게 공동체형 사회를 만들어갈 것인가라는 문제가 된다. 권위주의를 극복하고 민주화 시대를 관통하며 우리가 성취해온, 개인의 자유, 권리, 정당한 이익추구를 그 자체로 존중하면서도, 그것이 상호충돌하는 현실에 대면하여, 이를 조절하고 균형점을 찾아갈 것인가.

이를 위해서는 '권리의 시대'를 살았던 우리들의 인식, 태도, 행동양식에 대해 돌아보면서, '권리와 책임의 시대'를 살아갈 우리들의 인식, 태도, 행동양식을 새롭게 생각해보아야 할 것이다. 그동안의 긴 민주화 30년이 '권리의 시대'였다고 하면, 이제 '권리와 책임의 균형을 생각해야 하는 시대'로 이행하였다는 인식이 필요하다.

권리와 책임의 균형은 개인이나 소속집단의 자유, 권리, 이익추구라는 과거의 행동 기준만 아니라, 합리성이라는 새로운 기준, 나아가 공동체 이익이라고 하는 새로운 행동 기준이 필요하다는 사고 위에서 가능하게 된다. 충돌하는 자유, 권리, 정당한 이익추구의 현실 앞에서, 이를 존중하면서도, 충돌하는 개인과 집단들이 합리성의 견지에서 그리고 공동체 이익의 견지에서, 접점을 찾아가야 한다.

Ⅳ. 나가며

『가르침의 재발견』이라는 책으로 교육계에서는 잘 알려져 있는 거트 비에스타(Gert Biesta) 교수는 '성숙(grown-up-ness)'을 "세계의 중심에 자신을 두지 않고 세계 속에 존재하는 것"이라고 설명했다. 그러면서 "세계에 존재하는 유아적 방식이 세계에 눈길을 주지 않고 자신의 욕망을 뒤쫓는 것이라고 한다면, 성숙한 방식은 우리의 욕망(욕구, 권리, 이해)을 억압하는 것이 아니다. 성숙한 방식이란 우리의 욕망을 점검하고, 의문을 갖고, 필요하다면 전환시키는 것이다"라고 규정한 바 있다. 성숙의 핵심은 극단성의 경계와 다원성의 인정·존중이라고 생각한다. 이런 점에서 세계가 부러워하는 한국의 민주주의가 그동안 치열한 '전투적 민주주의'로 존재해 왔다고 하면, 그 장점을 살리면서도 이제 '성숙한 민주주의'로 전환하는 고민과 토론이 필요하다고 생각한다.

최근에는 정치적 영역에서건 사회적 영역에서건 부족주의(部族主義)의 확산이 문제가 되고 있다. SNS 단톡방은 쉽게 이런 부족주의적 경향을 강화하는 동질적인 정보가 공유되고 재생산되고 그것을 신념화하는 경향이 강화되고 있다. 그러다 보니, 인식과 행동의 극단적 경향도 강화되게 된다. 세계를 나, 그리고 내가 속한 집단의 눈으로만 보지 않고 상대화시켜 볼 수 있는 역량, 그것이 성숙한 민주주의를 이루는 길이다. 온고이지신의 취지에서 이를 찾고 싶다. 김경동 선생님이 자신의 입장을 꾸준히 확장해 오신 취지 역시 거기에 있을 것이라고 생각한다.

근대화 프로젝트와 가족

이 정 옥*

Ⅰ. 들어가는 말

2023년에 합계 출산율이 0.72였다. 고령화의 속도가 가파르다. 2050년이 되면 한국 인구의 39.7%가 65세 이상이라고 하는 추계도 발표되었다.[1] 가족의 형태도 다양해지고 있다(함인희, 2024: 372). 가족의 해체, 사회공동체의 해체 문제가 사회정책으로 급부상하고 있다. 해체의 위험을 누구나 말하고 통합의 필요성을 강조하지만 어떻게 통합할 것인가라는 대안을 내지 못하고 있다. 이 글은 해체의 경고등이 켜져 있는 한국 가족공동체와 사회공동체의 재구성을 위한 단초를 찾기 위한 시론이다.

이 문제에 대한 사회학적 설명을 위해 김경동 교수님의 선행연구에 대한 독해를 시도해 본다. 1979년 『발전의 사회학』부터 1993년에 발간된 『한국 사회변동론』에 이르기까지 김경동 교수님은 한국사회의 변동을 설명하면서 이론적 차원에서는 발전사회학의 개념을 확장하고, 실천적인 차원에서는 발전의 방향을 제시해 왔다. 특히 사회변동, 근대화, 사회발전, 공업화라는 다양한 개념을 가치 자유적인 입장에서 정리해 보려는 시도를 지속적으로 감당해 오셨다. 한국사회의 변동 방향, 발전의 의지, 그에 따른 사회문제들은 도전하고 싶은 연구주제이지만 또한 피하고 싶은 주제이기도 하다(김경동, 1979: 11-16; 박재묵, 1979: 229-233).

김경동 교수님은 발전을 사회학의 보편주제로 설정하면서 동시에 한국사회의 특수성까지를 포괄하여 설명하려는 시도를 멈추지 않았다. 유교적 권위주의 사회의 그림자와 흰 그늘,[2] 근대화에 대한 사회적 열망, 압축적인 도시화와 공업

---

* 대구가톨릭대학교 명예교수, 제8대 여성가족부 장관

1 2024년 유엔, 세계 인구전망.

2 김지하는 어둠이 빛을 내포하고 있다는 차원에서 흰 그늘이라는 표현을 썼다. 유교와 전통의

화에 따른 불평등의 심화 문제를 서구와 비서구, 선진국과 개발도상국이라는 프레임을 벗어나 냉정한 사회학자의 눈으로 분석해 왔다(김경동, 1979; 김경동, 1989; 김경동, 1993). 한국사회가 현재 겪고 있는 사회문제는 김경동 교수님이 제기한 문제의식의 연속 선상에 있다.

선행 연구의 독해를 통해 1960년대에 집중적으로 시행된 근대화 프로젝트가 가족에 미친 영향을 시론적으로 검토하는 것이 이 글의 목적이다. 1960년대에 권위주의 정부에 의해 정치적으로 선택된 수출 지향적 공업화 정책은 사회발전 정책이었고, 해당 정책의 이론적 배경은 제2차 대전 후에 독립한 신생 독립국의 발전 처방전으로 제시된 근대화이론에 근거를 두고 있다.

사회발전을 위해 근대화이론이 처방하는 방향은 전통과 근대성을 대립적 구도로 설정하는 것이다(Alvin So, 1984: 55-56). 한국사회의 가족은 근대화와 대립 구도를 이루는 '전통'을 대표하는 제도이다. 조선왕조 500년의 통치이념이었던 유교적 규율의 직접적인 대상이 가족이기 때문이다. 권위주의 정부의 대표적인 근대화 프로젝트는 수출 지향적 공업화 정책과 산아제한 정책을 들 수 있다. 수출 지향적 공업화와 산아제한 정책을 통한 소가족화는 전통과 근대성을 대립 구도로 설정하는 '근대화이론'에 충실한 정책이었다. 이 글은 근대화 프로젝트를 통한 가족의 변화에 살펴보고 근대화 프로젝트에 대한 성찰적 입장을 공유해 보고자 하는 시도이다.

Ⅱ. 한국사회의 근대화 프로젝트

1876년부터 2025년에 이르기까지 역사적 우여곡절이 있었지만, 한국 사회변동을 선도해 온 흐름은 근대화 프로젝트였다(김경동, 1993: 92-96). 근대화라는 단어에 프로젝트를 결합한 이유는 의도된 기획이라는 점을 분명하게 하기 위함이다. 서구의 근대화 과정이 역사적인 변동과정인 데 비해, 비서구 지역에서의 근대화는 기획에 의한 '발전 프로젝트'의 일환이었다.[3] 서구의 근대화라는 역사적

잠재적 긍정적 역할을 인정한다는 태도에서 김지하의 개념을 차용하였다(김지하, 2018).

3 근대화 정책의 요체는 공업화로 수렴되며 공업화 정책은 국가 부문의 정치엘리트의 선택이었

경험을 사회과학의 발전이론으로 구체화하여 제2차 대전 후의 신생 독립국에 적용하였다(Alvin So, 1984: 36-37). 그런 의미에서 서구의 역사적 과정으로서의 근대화, 신생 독립국의 발전 처방전으로 제시된 근대화 이론, 발전정책으로 활용된 근대화 정책은 서로 다른 차원이다.

근대화 프로젝트는 근대화 정책의 한 부분이다. 서구 역사적 경험을 바탕에 둔 근대화이론은 정치적 차원의 민주화, 경제적 차원의 산업화, 종교적 차원의 세속화로 압축된다. 또한, 근대화의 주체이면서 대상으로서 근대인의 유형을 개념화하였다. 귀속성보다는 업적성을, 특수성보다는 보편성을 강조하는 '근대인' 개념은 수많은 유형 변수를 구성하면서 교육의 목표가 되면서 동시에 수단이 되어왔다. '근대인'적 행위 양식을 보이는 정도는 근대화의 지표로 활용되기도 한다.

근대인과 제도적 차원의 근대화는 상보적인 관계이다. 근대화이론에서 처방한 발전정책이 '발전'을 성취했는가는 별개의 차원이다.[4] 근대화이론에 대한 비판은 '서구화'에 경도된 나머지 전통을 지나치게 평가절하했다는 주장으로 이어진다. 서구화를 '종속'으로 규정하는 입장, 전통 부정이 문화적 사대주의와 아이덴티티의 상실을 초래한다는 논쟁과 비판이 이어졌다. 또한, 근대화이론은 전통의 역할을 강조하고 경로의 다양성과 역사성을 강조하는 신근대화론(Alvin So, 1984: 61), 포스트 모던, 성찰적 근대화 등의 다채로운 개념을 파생시켰다.

한국은 제2차 대전 후에 독립한 신생 독립국에 적용하였던 근대화 정책의 성공 사례로 자주 인용된다. 대한민국에서 근대화 정책의 적극적인 실행은 1960 대부터이다(김경동, 1993: 225). '조국 근대화'라는 슬로건을 앞세운 하향식 근대화 정책은 선택과 집중의 방식으로 이루어졌다. 수출 지향적 공업화 정책은 도시 중심이면서 전략산업 중심이었다. 경제성장 제일주의는 과도한 물질주의라는 그림자를 만들었고 과속형 진행은 다차원에서 '지체'와 '괴리'현상을 만들었다.[5]

특히 경제성장 위주의 공업화 정책은 정치적 민주화에 대한 사회적 요구와

다. 더 좁혀 보면 중산층 지향의 군부 엘리트가 추진 주체였다(김경동, 1993: 227-230).

4 김경동에 의하면, 발전은 구조적 유연성, 가치 함축성, 자발성에 입각한 통역사적, 단선적 과정이라는 점에서 서구역사에 기반을 둔 가치 중립적인 근대화 과정과 구별된다고 설명하고 있다(김경동, 1993: 85).

5 김경동은 이를 과불급의 충격과 혼란이라고 표현했다(김경동, 1993: 52-53).

첨예한 갈등을 빚었다. 근대화 프로젝트는 하향식 경제성장 정책과 상향식 민주화 운동으로 대립각을 이루면서 각각 산업화 세력, 민주화 세력이라는 정치지형을 구성하게 되었다. 최근에는 산업화와 민주화에 모두 성공한 나라라는 상호인정의 차원에 이르렀다. 그렇지만 물질주의적 가치관, 수도권 인구 과밀, 저출생 등의 사회문제와 정면으로 맞닥뜨리게 되었다. 선택과 집중을 위해 상대적으로 이면에 방치해 두었던 차원들이 파열음을 내고 있다.

Ⅲ. 가족 : 근대화 프로젝트에 대한 적응과 저항의 격전지

가족은 사회변동에 적응하면서 동시에 저항하는 제도이다. 사회변동 과정에서 가족이 전통적으로 담당하던 기능을 가족 이외의 사회제도가 담당하는 방식으로 분화해 왔다. 제사의 기능이 종교기관으로, 정치의 기능이 국가로, 생산의 기능이 기업으로, 교육의 기능이 학교로 분화하는 것을 근대화 또는 발전의 과정으로 이해하였다(이정옥, 2022: 6-10). 기능의 분화는 분업의 고도화이며 효율성을 높이는 것으로 여겨졌다.

기능의 분화가 통합의 구심을 구성하지 못하고 해체의 조짐을 보이면 사회문제가 된다. 통합의 구심은 가치의 공유를 통해 이루어진다. 생물체의 기관은 '생명의 유지'라는 정언적 명령에 따라 묻지도 따지지도 않고 분화된 기능을 통합적으로 수행한다. 그러나 사회는 가치합의가 이루어지지 않게 되면 해체의 징후가 된다. 자살률을 사회적 지표로 삼아 사회통합을 연구했던 에밀 뒤르켐의 고전적 문제의식은 유기체와 사회의 차이에 대한 분명한 인식 위에 이루어진 것이다.

조선왕조 500년 통치의 이념적 기반은 유교였으며 유교는 가족을 기반으로 한 거버넌스 시스템이다. 따라서 가법은 통치의 차원에서 규율되었다. 근대화이론에 입각한 근대화 정책을 집행하는 동안 가족은 전통으로서 해체의 대상이었다. 또한, 근대화이론이 서구화라는 지점에서 비판하는 민족주의적 입장에서는 가족공동체는 전통의 보루로 여겨진다. 근대화 프로젝트에 의한 해체의 원심력과 전통을 사수하려는 민족주의적 구심점이라는 상호 모순적인 역할을 동시에 요구받으면서 오늘에 이르렀다.

근대화 프로젝트의 이행은 '전통'을 근대적인 것과 대치하는 발상이다. 서구의 근대화 과정이 전통을 인정하면서 근대로 진입하는 방식인 데 비해, 비서구 지역의 근대화 프로젝트는 전통을 서구적 근대성과 대치하는 차원으로 설정하였다. 서구의 근대화 과정에서 가족은 형태 면에서는 핵가족화, 소가족화의 추세를 보였다. 기능적인 측면에서는 도구적 기능이 이양되고 정서적인 기능이 강조되면서 부부 중심가족이 등장하였다. 한국의 근대화 과정에서도 형태와 기능 면에서 핵가족화, 소가족화 추세가 이어진다.

차이점은 '전통'적 차원으로 여겨진 대가족적 관계망과 기능과 역할이 필요에 따라 선택적으로 호명되고 강조된다는 점이다. 형태상의 가족은 핵가구화되었지만, 온정적 가족주의에 대한 정서적 의존은 여전히 남았다. 아시아의 네 마리 용의 발전 모델을 설명하면서 유교적 가족주의에 기반한 가족 기업의 효율성을 강조한 바 있다(김경동, 1993: 124; Alvin So, 1984: 63-65). 중앙아시아 한인 가족 연구에서 나타나듯이 몇 차례의 국경이동, 이데올로기 이동, 왕조 국가에서 근대국가로의 이동에도 불구하고 본관과 성씨를 매개로 공동체적 소속감을 보이는 예도 있었다(이정옥, 1996: 149).

남북 간의 냉전적 대립 구도 속에서도 이산가족 찾기 프로그램은 상대적으로 지속성을 유지한 정책이다. 최근 탈북민의 탈북과정에 관한 연구에서 보면 확대가족의 연줄망이 이주 과정에서, 이주 후 정착 과정에서 중요한 기반으로 활용되는 것을 알 수 있다(최금희, 2025: 206). 가족관계의 공동체적인 유대가 긍정적인 면만 있는 것도 아니다. 혈연의 연고주의 채용에 대한 의혹이 끊이지 않고 있다(김경동, 1993: 96-97). 기업은 물론, 학교, 교회 등도 혈연을 매개로 상속되는 사례를 본다.

가족공동체에 대한 기대는 사회복지 정책을 지연시키는 결과와 연결되기도 한다. 가족 구성원의 돌봄, 사회화의 책임을 가족에 일임하는 방식이다. 가족생활의 현실이 변화하고 있지만, 가족에 대한 고정관념은 여전하여 현실과 관념의 괴리를 보인다. 이러한 괴리는 적절한 정책 개입을 통한 통합의 실마리를 놓치게 만들 수 있다는 우려를 낳고 있다.

Ⅳ. 근대화 프로젝트와 소가족화

가족정책과 관련된 근대화 프로젝트가 가장 집중적으로 작동한 영역은 가족계획 정책, 산아제한 정책이었다. 특히, 소가구화를 위한 출산 억제 정책은 유교적 가족제도의 최후의 보루였던 '남아선호사상'을 넘어 한 자녀 가족, 더 나아가 무자녀 가족 구성으로 이어졌다. 빈곤의 퇴치를 위해 자녀 수를 줄이는 것이 처방전이었다. '대를 잇기 위해 아들은 꼭 있어야 한다.'라는 전통적 통념을 '잘살아보세'라는 새로운 이념으로 치환하였다(이정옥, 2014: vi).

1961년 가족 계획사업이 국가정책으로 채택되었다.[6] 가족계획사업은 1980년까지 지속적으로 강화되었다. 그 후 1996년까지 명맥을 유지하다가 1996년에 이르러서야 정책을 선회하였다. 1962년부터 1966년까지는 '알맞게 낳아 훌륭하게 기르자'였다. 1967년부터 1971년까지는 '세 살 터울로 세 자녀만 35세 이전에 낳자'였다.[7] 1972년부터 1976년까지의 구호는 '아들 딸 구별 말고 둘만 낳아 잘 기르자' 였다. 1977년부터 1981년까지는 '하루 앞선 가족계획, 십 년 앞선 생활계획'으로 가족계획을 생활계획 개념으로 구성하였다.[8] 1982년부터 1990년까지는 '하나씩만 낳아도 삼천리는 초만원'이었다.[9]

1996년까지 이어진 가족계획 정책은 권위주의 정부의 자원 동원에 힘입어 빠른 속도로 진행되었다. 가족계획 정책과 전통적인 남아선호사상이 결합하면서 여아 낙태, 성비 불균형이라는 사회문제까지 초래하였다.[10] 1983년 합계 출산율

6 가족계획을 국가정책으로 채택한 인도와 파키스탄에 이어 세 번째였다(홍승아, 2014).

7 3명 자녀를 3년 터울로 낳고, 35세까지 단산하자는 뜻이다. 정부는 '아이 적게 낳기 운동'에 전력을 쏟았다. 당시 보건소나 '가족계획 지도원'에서는 무료로 불임시술을 해주기까지 했다(홍승아, 2014).

8 1961년부터 1981년까지 가족계획의 결과를 요약하면 아래 표와 같다.

연도	이상 자녀 수	15~44세 유배우자 피임률	합계 출산율
1961-1966	3.9명	16%	5.4명
1967-1971	3.9명	20%	4.3명
1972-1976	2.8명	44%	3.6명(1974)
1977-1981	2.7명	55%	2.8명(1980)

9 이상 자녀 수는 2.0명(1988년), 15~44세 유배우 부인의 피임 실천율은 77%(1988년), 합계 출산율은 1.6명(1988년)이었다(홍승아, 2014).

10 "30년이 넘도록 고도성장 정책과 함께 강력히 추진돼온 산아제한이 이제 사실상 폐지됐습니

이 2.06에 이르러 인구 성장을 저지하는 데 성공을 거두었다. 1996년에는 저출산의 위기감이 더해지면서 '산아제한' 정책을 종료하기에 이르렀다.

정부는 1996년 인구정책의 목표를 '산아제한'에서 '자질 향상'으로 변경했다. 출산정책은 "아이가 미래입니다," "아기의 울음소리, 미래의 희망 소리," "가가호호 둘셋 출산, 하하호호 희망한국," "허전한 한 자녀, 흐뭇한 두 자녀, 든든한 세 자녀" 등의 표어를 통하여 적극적인 출산장려 정책으로 급선회했다(홍승아, 2014: 2).

30여 년간 권위주의 정부가 당근과 채찍을 다 동원하면서 달성한 산아제한 정책을 출산장려정책으로 선회한 지 30여 년이 지났지만, 출산율은 계속 저하되고 있다. 2001년 초저출산율로 평가되는 1.3, 2005년 1.09, 2015년 1.24명, 2016년 1.17명, 2017년 1.05명, 2018년 0.98명, 2019년 0.92명 등 2024년까지 8년 연속 1.0을 밑돌고 있다(이재인, 2025: 281; 김석호, 2022: 2).[11] 정부는 2006년부터 16년간 280조 원을 투입하며 선진국의 여러 정책을 도입 실행하였지만 저출생 추세에 반전의 계기를 만들지 못하고 있다(송문희, 2024: 357).

1960년 합계 출산율 6.0명이 1990년에 1.5명으로 줄어든 흐름과 비교해 보면, 1996년 이후 추진된 출산 장려정책은 성과는 고사하고 가파르게 줄어드는 속도 조절도 못 하고 있다. 산아제한 정책이 경제적인 동기에 초점을 맞춘 결과 결혼, 자녀, 가족 구성의 개념이 경제적인 비용으로 환산되는 결과를 낳았다.[12] 출산의 비용에 관한 관심이 급증하고 사교육비 부담, 일 가정 양립의 부담, 주택 마련의 어려움 등이 결혼도 미루게 만들고 있다.[13] 전통이 결혼의 근거가 되었다

다. 가임여성 1인당 출생아 수가 1.75명으로 선진국 수준으로 떨어진 데다 남녀 성비가 100대 116으로 왜곡되고 있는 현실이 인구정책을 전면 수정할 수밖에 없도록 만들었습니다. 신인구정책에 따라 세 자녀 이상을 가진 공무원도 분만 시 의료보험 혜택과 가족수당 그리고 자녀 학비 보조를 받을 수 있게 됩니다. 기형아의 출산비율을 줄이기 위해 지금까지 저소득층 가정의 신생아에 대해 실시되던 무료 검진이 모든 신생아를 대상으로 확대 시행됩니다. 또 심각한 남녀 성비 불균형을 해소하기 위해 가족계획협회에 성비 연구소가 설치됩니다"(KBS 보도. 이화영 기자, 1996년 6월 4일).

11 2019년 기준, 한국은 OECD 국가 중 유일하게 합계 출산율이 0명대인 국가이다(김석호, 2022: 2).

12 "둘만 낳아 잘살아보자" "우리 집 부강은 가족계획으로부터" "덮어 놓고 낳다 보면 거지꼴을 못 면한다" 등 산아제한 정책의 표어를 보면 자녀 수가 경제적 비용으로 인식되는 것을 알 수 있다(홍승아, 2014).

13 2020년 기준 25세에서 49세 남성중 53%, 여성 중 67%만이 혼인한 상태이다(송문희, 2024:

가 낭만적 사랑이 결혼의 동기가 되는 시대를 지나, 결혼이 비용의 문제로 환원되면서 시장의 원리에 포섭되고 조건과 자원이 상호 거래되고 있다(함인희, 2024: 373).

Ⅴ. 근대화 프로젝트와 개인화

1인 가구의 비율이 급속하게 늘고 있다. 2000년에 15.5%를 차지하였던 1인 가구의 비율이 2022년에는 34.5%로 3집 중 한집은 1인 가구이고 가구 수로는 750만 가구에 이른다(최윤경, 2024: 380). 1인 가구 그 자체의 증가를 넘어 사회적 고립도 심화되는 것으로 나타난다. 1인 가구 가운데 32.3%는 몸이 아파서 집안일을 부탁할 때 도움받을 사람이 없다고 응답하였고 26.3%는 우울할 때 도움받을 사람이 없다고 했다.[14]

가족으로부터 분리된 개인의 정체성을 만들어내려는 시도와 신자유주의가 만들어 내는 개인화는 표면적으로 선택적 친화성을 보인다(이정옥, 2014: v). 일찍이 김경동 교수님은 급속한 도시화와 공업화를 통해 귀속적 제도가 와해되면서 등장한 개인화 경향은 제도적 지원을 받지 못하는 '결격형 개인주의'의 특성을 보이고 이는 사회통합을 저해한다고 예고한 바 있다(김경동, 1979: 35-37).

가족이 개인의 문제를 포용하는 공동체의 역할보다는 부담을 부과하는 것으로 인식되어 '위험 회피적 개인화'의 특성을 보인다고 해석하는 입장도 있다(함인희, 2024: 375). 원자화된 개인의 삶을 파고드는 것은 상품화된 시장이다. 최근의 가족 현상을 '가족의 미니멀화' 전략이라고도 한다. 표현적 개인주의가 친밀한 삶의 상품화와 결합하여 새로운 라이프 스타일로 등장하고 있다(함인희, 2024: 371-379).

상품으로 해결할 수 없는 영역에 정책이 개입하면서 돌봄 정책의 비중이 커지고 있다. 돌봄 국가, 사회권 국가라는 표현도 등장하고 있다. 돌봄의 수요도

359).

14 "곤란한 처지에 도움을 청할 수 있는 친구나 친지가 있는가"라는 질문에 "없다"라고 응답한 비율이 18.9%에 이른다. OECD 회원국 중 네 번째다(최윤경, 2024: 381).

늘고 공백도 보이는데 돌봄의 질과 돌봄의 성격에 대한 논의는 들어설 자리가 없다. 시장의 영역에 맡길 것인가 공공기관이 담당할 것인가, 돌봄 기관 중 어느 기관이 담당할 것인가의 논의만 무성하다. 담당 주체가 되는 기관이 보건복지부인가, 지방자치단체인가, 여성가족부인가, 교육부인가를 논하면서 정작 누가 돌봄을 담당하고 돌봄 역량은 어떻게 키우는가의 문제는 논외가 되고 있다. 돌봄 노동이 가지는 전인적 노동의 특성과 상품화하기 어려운 돌봄 역량에 대한 논의가 실종된다.

Ⅵ. 하향식 근대화 프로젝트의 그림자 지우기는 가능할까?

'가족' '고향'은 여전히 사회문제의 완충재로 작동해 왔다. 관념 속의 가족공동체와 감성으로서의 고향에 대한 향수가 원자화된 개인의 삶에 의지처가 되고 있다. 최근 인기리에 방영된 '폭삭 속았수다'라는 드라마에서도 성년이 되어가는 자녀의 뒷배로 가족공동체와 고향공동체가 등장한다. 유학 이동, 취업 이동, 맞벌이의 파고를 헤쳐가면서 고향 사람들과 가족은 최후의 보루로 등장한다. 가족공동체는 '개인화' 추세, 관료제화 추세,[15] 상품화의 추세라는 거센 해체의 압력에 맞서 간신히 드라마로 명맥을 유지하고 있다. 가족공동체와 농촌 공동체를 '마르지 않는 저수지'라도 되는 것처럼 경제성장을 위한 배후지로 마음껏 동원해 왔다. 저수지는 이미 말랐지만, 드라마의 상상 속에서는 어머니와 고향은 늘 존재해 왔다.

그런데 마른 저수지를 더 이상 외면할 수 없는 상황에 이르렀다. 한국사회 전체의 지속가능성에 대한 빨간 불이 켜진 상태이다. 김경동 교수님은 한국사회의 성공 경험이 너무 속도가 빠르다는 것, 경제에 치우침, 지나친 성취욕, 성장 수단으로서의 권위주의적 조직, 자연의 피폐, 기술 관료적 문명의존의 문제점을 지니고 있으며 성찰이 필요함을 지적한 바 있다(김경동, 1989: 399-400).

근대화에 대한 반성은 이미 이론적으로나 정책적으로 제시된 상태이다. UN

15 김경동 교수님은 사회발전의 가장 심각한 장애물로 관료적 조직체를 지목하고 있다(김경동, 1989: 342).

은 2015년부터 ‘발전’이라는 표현 대신 ‘지속 가능한 발전’이라는 개념을 도입하고, 2030년까지 지속가능 발전 목표를 제시하고 있다(이정옥, 2024: 350). 근대화의 성공 덫에 걸려 UN을 비롯한 지구촌 여러 나라에서 이미 인정하고 실행하고 있는 근대화에 대한 성찰, 전통의 재해석, 공동체의 복원, 지속 가능한 발전의 모색에 대한 행보가 더디다. 근대화의 그림자로 대표적으로 부상하고 있는 저출생, 지방 소멸의 문제에 대한 각종 대책이 무력한 이유에 대한 좀 더 근본적인 차원에서의 성찰을 찾기 어렵다.

페르낭 브로델의 주장처럼 장기 지속적인 생활세계를 구성해 왔던 공동체적 생활양식은 일단 파괴되면 회복이 더딜 수밖에 없다. 1960년부터 1980년 동안 근대화 정책으로 채택된 하향식 출산 억제 정책의 후과는 깊다. 속도전에 익숙한 근대인은 ‘대증 요법’적인 정책에 맴돈다. 예를 들면 디지털 기기, AI 기기, 외국인 유입(송문희, 2024: 362-364; 이정옥, 2025: 273-277)으로 문제를 단기적으로 대응하려는 태도이다. 그렇게 되면 마치 암 선고를 받은 환자가 적절한 치료 시기를 놓치는 것만큼 위험하다.

김경동 교수님은 발전의 가치는 궁극적으로 삶의 질을 넓히고 삶의 기회를 넓히는 것으로 보았다(김경동, 1989: 398). 하향식으로 속전속결로 파괴한 ‘공동체’는 아래로부터의 눈에 보이지 않는 지속적인 과정을 통해, 가치의 전환, 각성을 통해서만 가능하다. 공동체의 회복을 위해서는 보이지 않는 공동체의 기초를 다지기 위한 거름을 주는 장기적이고 느릿한 방식을 취해야 한다.

[참고문헌]

김경동. 1979. 『발전의 사회학』. 문학과 지성사.

김경동. 1989. 『사회학의 이론과 방법론』. 박영사.

김경동. 1993. 『한국 사회변동론』. 나남.

김석호. 2022. “저출산에 대한 사회심리학적 접근: 누가, 왜 결혼과 출산을 꿈꾸지 못하는가?” 『조사연구』 23권 2호: 1-33.

DOI http://dx.doi.org/10.20997/SR.23.2.1

김지하. 2018. 『흰 그늘』. 작가.

박재묵. 1979. “인간주의적 발전이론에 있어서 이상과 현실.” 『사회학 연구』. 서울대학교 사회학연구회. 229-246.

송문희. 2024. “저출생 문제와 외국인 가사 도우미 논쟁.” 『2024 대한민국 대전망』. 지식의 날개. 356-367.

이정옥. 1996. “중앙아시아 한인 가족의 구조와 변화.” 『사회와 역사』 48. 한국사회사학회.

이정옥. 2021. “가족 정책의 분절과 재통합의 전망: 공동체와 개인화의 융합.” 『가족과 커뮤니티』 4. 5-38.

이정옥. 2024. “여성현실의 다양화와 유엔협약체제.” 『2024 대한민국 대전망』. 지식의 날개. 346-355.

이정옥. 2025. “다문화 사회로 가는 여정: 갈등과 통합의 기로.” 『2025 대한민국 대전망』, 케이북스. 271-278.

이재인. 2025. “2025년 대한민국 합계 출산율 유지 반등 하락의 기로.” 『2025 대한민국 대전망』. 케이북스. 279-288.

최금희. 2025. 『초국적 이주와 가족 네트워크에 관한 연구: 북한 이탈 주민과 중국교포의 가족이주를 중심으로』. 대구가톨릭대학교 대학원 다문화학과 박사논문.

최윤경. 2024. “1인 가구 750만 시대, 사회적 고립이 위험한 이유.” 『2024 대한민국 대전망』. 지식의 날개. 380-389.

함인희. 2024. “생애주기의 탈 표준화와 가족의 미니멀화.” 『2024 대한민국 대전망』. 지식의 날개. 368-379.

홍승아. 2014. https://eiec.kdi.re.kr/material/clickView.do?clickyymm=201512&cidx=2288

Alvin Y So. 1984. *Social Change and Development, Modernization, Dependency and World System Theories*. Sage, Library of Social Research 178. London UK.

사회발전과 민주적 민군관계 : 호산 김경동 선생님의 문제의식과 그 확장

김 병 조*

Ⅰ. 들어가며: 스승의 영향과 제자의 길

1993년 5월 국방대학원(현재 국방대학교)에서 사회학 교수 공채 공고가 났고, 세부 전공은 '한국의 사회발전'이었다. 심사 과정에서 '한국의 사회발전'을 주제로 공개 강의가 있었는데, 나는 발전사회학을 전공하셨던 선생님의 저서를 주요 참고문헌으로 하여 강의안을 만들었다. 김경동 선생님께서는 국방대학원 응모를 지원해 주셨고, 채용이 확정되자 저녁을 사주시며 축하해주셨다.

김경동 선생님께서는 평생 '인간주의 사회학'을 탐구해오셨다. 사회학의 핵심 주제가 인간의 사회적 행동이라고 할 때, '사람 중심(people-centered)'으로 연구하는 것은 당연해 보인다. 그러나 '인간주의'라는 접두사를 통해 사회학이 '사람을 귀히 여기고 사람답게 살 잠재력을 가진 존재로 인정하는 것'을 기반으로 한 가치 지향적 학문이어야 함을 강조하신 것이다. 인간주의의 반대는 정체 의식의 상실이고, 소외이고, 구체적으로는 사물화, 일차원화, 규격화, 획일화 등이다. 그리고 현대사회가 인간주의적 사회가 아닌 자율성과 정체성이 사라지는 비인간화가 진행되고 있음을 우려하셨다(김경동, 1978).

그래서 근대화론을 기초로 사회발전을 연구하셨지만, 인간주의 사회학에서 바라본 사회발전은 단순한 경제성장이나 산업화가 아니라, 정치적·문화적 제도와 가치의 변화를 동반하는 것이어야 했다. 한국 근대화에 대해, 경제적 생활 수준을 높이고, 삶의 기회를 확대한 측면이 있지만, 심각한 사회적 갈등이 야기되고, 불신이 증폭되고, 사회적 유대에 금이 가는 충격이 있었기에 발전 가치의 표

* 前 국방대학교 교수

준으로 보아 미흡한 요소가 더 많다고 평가한다(김경동, 2002). 이러한 관점이 내가 발표한 '한국의 사회발전'에 포함되어 있었고, 이 점이 심사위원들에게 긍정적으로 인식되었던 것으로 짐작된다.

김경동 선생님은 1980년대 중반까지는 '사회발전'에 연구를 집중하셨고, 1987년 민주화 이후에는 '시민운동', '시민사회', '민주주의'로 연구 지평을 확장하신다. 특히 민주화 이후에 활발하게 등장한 NGO, 시민단체, 소비자운동, 환경운동 등이 민주사회로 가는 데 중요한 역할을 하는 것으로 파악한다.

민주화를 위해서는 경제성장이 중요한 기여 요소이지만, 민주화가 제도화되려면 국가와 기업으로부터 자율성을 갖는 '자발적 부문(the voluntary sector)'이 활성화되어야 한다. 자발적 시민사회는 사회의 주요 부문과 시민 각자에 대한 국가의 통제와 규제가 적정화할 것을 요구하고, 가치나 규범이나 신념의 차원에서 다원성을 존중하고, 이기적인 이해 관심보다 공동체와 사회 전체의 복리를 앞세우는 사회이다(김경동, 1996: 263-273). 자발적 시민운동은 사회구조적 모순을 자율적 방식으로 조정하는 메커니즘으로, 정체성과 자율성을 가진 인간주의 사회를 형성하는 데 필수적인 요소라 할 수 있다.

궁극적으로 인간주의 사회학이 바라는 사회는 '선진문화사회'였으며, 이에 선생님은 '문화로 다듬은 발전'을 깊게 탐구하셨다(김경동, 2002).

Ⅱ. 군대와 민주주의

선생님은 군대에 대해 전문적으로 연구하시지는 않았다. 그러나 한국전쟁이 한국의 사회변동에 큰 영향을 미쳤다고 분석하셨다. 한국전쟁은 인구·생태적 변화, 경제적 손실, 계층변동과 사회조직 교란, 쿠데타와 군사문화 중시로 이어지는 정치문화 변동 같은 외적 결과와 함께 가치관의 혼란, 사회의식의 전도 같은 문화적 인간적 충격을 주었다(김경동, 2002: 321-345).

특히 선생님은 같은 글에서 한국전쟁의 효과라 할 수 있는 두 번에 걸친 군사쿠데타를 비판하고, 군사문화의 특징 중 하나인 권위주의가 한국의 민주주의 발전을 저해한다고 강조한다. 쿠데타에 대해서는 한국 정치문화에 끼친 부정적 영향을 다음과 같이 정리하였다. 첫째, 쿠데타는 무력에 의한 정권 탈취기 때문에 정치의 정통성을 훼손시키는 데 결정적인 오류를 남겼다. 둘째, 쿠데타는 국가의 기율과 사회의 질서를 근본에서부터 교란하는 효과가 있어 기득권 제도에 대한 불신과 국민적 냉소주의를 유래시킨다. 셋째, 쿠데타에 이은 정권의 부패는 우리 사회의 부정과 비리의 원천이 되었다. 넷째, 군은 국방의 의무에 충실하기 위한 전문성을 최대한 키우는 데 주력해야 할 터인데, 정치개입에 맛을 들이면서 전문성에 손상이 갔다.

군사문화에 대해서는 전쟁으로 보강된 군사문화가 기본적으로 권위주의적인 정치사회 성향을 강화하였다고 진단한다. 중앙집권적 통제, 일방적 명령 중시, 의견의 획일성, 다양성에 대한 관용의 결핍, 폐쇄성과 불신, 남성적인 것의 중시, 참여 제한적인 권위주의가 분단에서 전쟁으로 이어지는 방어적이고 안보 지향적인 풍토에서 연유하였다. '인간중심'의 사회를 꾸미고자 하는 인간주의 사회학 견지에서 인간을 억압하는 권위주의는 극복하고 건전한 민주 문화를 정착시켜야 한다(김경동, 1996: 256-262).

1993년 출범한 정부는 대통령 스스로 정부의 성격을 '문민정부(civil government)'로 규정하고, '민간인 정부에 의한 군 통제'를 확립하는 데 주력하였다. 국방대학원이 국방부 산하 교육기관이어서 필자는 한국의 사회발전에 대해 강의하면서, 자연스럽게 군인과 군대, 민군관계 등에 관해 공부하게 된다.

민군관계는 군과 외부 환경의 상호작용을 연구하는 영역으로 정치학 및 사회학에서 주로 연구가 이루어졌다. 정치학에서는 시민사회를 보호하기 위한 군이 막강한 힘을 잘못된 방향으로 사용하면 오히려 시민사회의 안전을 위협할 수 있다는 점에 초점을 맞추어 연구해 왔고, 이를 통해 정치가 군을 통제하는 '문민통제' 관련 이론이 발전했다. 한편, 사회학에서는 군인이 수행하는 군사 안보 기능이 사회의 다른 집단과 다르다는 점에 주목해서, 군이 자신의 특수성에 집착하면 군과 사회가 이질화되고 심지어 군대가 사회로부터 고립될 수 있음을 우려하면서, '민군통합'의 중요성을 강조해 왔다. 그러나 민군관계가 제대로 발전하기 위해서는 정치학적 관심과 사회학적 관심을 구분하는 것이 아니라 결합하여야 한다.

이에 대해서는 현대 민군관계 연구의 비조인 헌팅턴의 다음과 같은 지적을 따라야 한다. "군사 제도는 군사안보 위협으로부터 사회를 지켜야 하는 '기능적 요구(functional imperative)'와 그 사회 내에서 지배적인 사회세력, 이데올로기, 제도 등에서 비롯된 '사회적 요구(societal imperative)'라는 두 가지에 힘의 역학관계에 의해 형성된다. 군사 제도가 사회적 요구만 반영한다면, 군사적으로 효과적인 기능을 수행하지 못할 수도 있고, 반면에 오직 기능적 요구에 의해서만 형성된 군사 제도는 사회 내부에서 통제되기 어려울 수도 있다. 이 두 힘의 상호작용이 곧 민군관계 연구의 핵심이다(Huntington, 1957: 2)."

군대가 기능적 요구와 사회적 요구를 균형되게 충족시켜야 바람직한 민군관계가 형성된다고 할 수 있다. 하지만 아쉽게도 헌팅턴은 『군인과 국가』에서 민군관계를 실제 분석할 때, 시민사회의 요구는 깊게 다루지 않고, 장교 집단과 국가와의 관계 분석에 초점을 맞추었다. 그리고 국가는 시민사회의 요구를 수용하여 정치를 통해 반영하는 것을 당연하게 생각하는, 국가가 시민의 대리인 역할을 충실하게 할 것이라는 대의 민주주의가 정착된 사회를 전제로 민군관계를 분석하였다. 그리고 사회적 요구는 사회의 지배적인 정치 이념이 군대의 보수적 현실주의 이념과 일치하느냐 일치하지 않느냐에 한정해서 다루고 있으며, 특히 자유주의와 보수주의를 대립적으로 간주하고, 두 이념 간의 공존이나 타협을 인정하지 않는다.

그렇지만, 민주주의 역사가 짧은 한국의 관점에서 볼 때, 국가가 시민사회의 요구를 제대로 반영할 것이라는 헌팅턴의 전제는 맞지 않는다. 그리고 자유주의와 보수주의는 민주주의에서 양자택일의 이념이라기보다 서로 공존하면서 경쟁하는 이념으로 보아야 한다. 그런 점에서 헌팅턴이 정치 이념의 차이로 군대와 사회 간의 관계를 파악하려는 시도는 잘못되었다고 할 수 있다. 사회적 요구와 관련된 군대와 사회 간의 관계는 시민이 갖는 '시민문화'와 군대가 갖는 '군대문화'에 어느 정도 공통점과 차이점이 있고, 서로 어떻게 공존하고 있는지를 분석하는 것이 맞는 방향으로 보인다.

결국 한국의 민군관계 연구는 정치와 군대에 대한 분석을 넘어 시민사회를 포함한 3자 관계로 분석하고, 제도 분석 외에 '문화'에 대한 연구를 추가해야 함을 의미한다. 민군관계 연구에 시민사회의 역할과 문화를 강조하게 된 것은 김경동 선생님의 민주주의에 대한 문제의식을 민군관계 연구로 확장한 것이라 할 수 있다.

Ⅲ. 민주화 이후 한국 민군관계 연구와 발전 방향

1987년 민주화에서 '문민정부' 시기까지 한국 민군관계 연구가 잠시 활발했지만, 1990년대 후반 이후 한국의 민군관계에 관한 연구는 충분하지 않다.[1] 민군관계 연구는 엘리트 민군관계와 사회적 민군관계로 구분된다(Rahbek-Clemmenson, 2013). 엘리트 민군관계 연구는 문민정부 이후 관심에서 멀어졌다. 그러나 민주화 이후에도 민주주의가 지속적으로 발전하기 위해서는 민주적 제도에 의해 군대를 포함한 여타 안보 관련 세력들이 통제되고, 또한 상호견제와 적절한 균형이 이루어져야 한다. 이는 민주주의가 발전된 국가에서도 예외가 아니다. 유럽에서의 사례연구에 따르면, 엘리트 민군관계에서는 민군 간의 갈등, 민간엘리트 간에 군을 둘러싼 갈등 등 다양한 갈등이 지속적으로 존재한다.

한편, 사회적 민군관계에 대한 논의는 상대적으로 활발했다. 병영사고가 지속되면서 '병영문화' 개선에 대한 논의가 많고, 군 복무와 관련된 '병역 비리', '병역거부'에 대한 논의가 상당수 이루어졌다. 또한 여성의 군 진출이 증가하면서 군대 내 성희롱 등이 이슈화되었다. 그리고 2013년 이후에는 방산 비리가 주목되면서 군 운영의 효율성과 투명성 제고를 요구하는 사회의 목소리가 높아지고 있다. 하지만 군 관련 사건이나 사고가 발생하면 그때마다 사후적으로 뒷수습에 나서는 형국이다. 그러다 보니 국민의 군대와 관련된 관심은 긍정적인 측면보다 부정적인 측면에 집중되는 경향이다. 그 과정에서 군대 자체를 부정하는 '반군(anti-military)' 논의도 등장한다. 군대가 일방적으로 한국사회에 악영향을 미쳤다는 식의 반군 논의는 비록 사회 전반에 미치는 영향력이 크지는 않지만, 민군관계 전반을 개선하는 데는 걸림돌이라 할 수 있다.

전체적으로 보아 민주화 이후 민군관계 관점에서 이루어진 종합적인 연구가 없는 실정이다. 부분적인 연구도 중요하지만, 민군관계에 관한 단편적인 연구를 벗어나 한국사회의 발전이라는 전체 맥락에서 민주화 이후 한국의 민군관계가 개선될 필요가 있다. 선진사회에 어울리는 민군관계가 형성될 필요성은 다음과 같이 정리할 수 있다.

1 민주화 이후 민군관계 연구 평가 부분은 김병조(2015)에서 발췌하였다.

첫째, 정치적으로 한국사회에 민주주의가 공고화되어야 한다. 이를 위해서는 정권교체에 상관없이 안정적인 엘리트 민군관계가 형성되어야 한다. 둘째, 경제적으로 한국사회는 성장과 복지의 균형이 이루어져야 한다. 국가 재정에서 큰 비중을 차지하는 군 운영도 효과성, 효율성, 투명성을 제고시켜야 한다. 이를 위해서는 군대 운영에 있어 민군협력이 확대되면서 군의 전문성과 책임성이 높아져야 한다. 셋째, 사회적으로는 인권이 보장되고 생명이 존중되는 사회로 발전해야 한다. 그렇게 되기 위해서는 군대문화와 시민문화의 조화가 필요한 데, 그 전제가 민군이 상대방의 특성을 충분히 이해해야 한다는 점이다. 넷째, 군사적으로는 대외적인 위협을 극복할 수 있는 군사대비태세 유지가 필요하다. 군이 높은 수준의 전문직으로 발전하려면 좋은 인재들이 군인직업을 택해야 하고, 군에 대한 국민의 높은 신뢰가 유지되어야 한다.

그리고 한국사회에 선진사회에 맞는 민군관계가 발전되기 위해서는 다음 4가지 요건이 충족되어야 한다고 보았다(김병조, 2008). 첫째, 군대는 사회적합성을 높이기 위해 좀 더 노력해야 한다. 군대에 대한 국민의 신뢰도는 상대적으로 높은 상태다. 그러나 평시 국방의 중요성을 시민사회에 알리는 노력을 강화하여야 할 것이며, 군 복무 중에 병사들의 인권이 침해되거나 시간을 낭비하는 일이 없도록 해야 한다. 둘째, 국가안보환경 변화에 맞추어 군 역할을 재구성해야 한다. 탈냉전 시대에 다중적이고 복합적인 안보위협에 대처하기 위해, 군대와 시민사회 간의 기능 배분을 검토하고 군이 어떠한 역할을 해야 하는지 체계적으로 재구성해야 한다. 셋째, 군에 대한 민주적 관리 방안을 만들어야 한다. 군대, 정치, 시민사회는 민주적 거버넌스 구축에 서로 협력해야 하며, 민군 간에 인식격차가 확대되지 않도록 해야 한다. 그리고 민군관계가 이상과 같은 방향으로 발전하기 위해서 넷째, 국방전문가집단, 예비역 조직, 국방NGO, 언론기관 등 시민사회와 군대 중간에서 매개역할을 할 수 있는 중간집단의 역할이 활성화되어야 한다.

Ⅳ. 12.3 계엄 사건과 민주적 민군관계로 발전하기 위한 구상

2024년 12.3 계엄 사건을 겪으면서, 한국의 민군관계가 선진사회에 적합한 민군관계로 발전하지 못했음이 드러났다. 한국에서 발생한 12.3 사건은 선출직에 의해 한국의 민주주의가 자칫 질식될 수 있었던 사건으로 기록될 것이다. 다행히 민주주의를 지키고자 하는 시민들의 열망과 1980년대 민주화 운동 결과로 만들어진 1987년 제9차 개정 헌법 조항이 작동되면서 계엄은 짧은 시간에 막을 내렸다.

하지만 12.3 사건이 계엄 선포와 연관되기에 군대가 중요한 행위자가 되었다. 그 결과 계엄 해제 이후 다수의 군 인사들이 구속되어 조사받는다. 한국사회에서 군대가 민주주의 체제를 위협하는 존재로 다시금 각인되고 있다. 한국 민군관계가 위기에 빠졌다.

왜 이렇게 되었을까? 필자는 12.3 사건과 관련해서 군대가 비판받는 형태를 보인 원인이 민주화 이후 한국의 민군관계가 1세대 민주적 민군관계를 확립하는 데 집중하는 가운데 발생한 역기능이 발로한 현상이라고 해석한다.[2] 1세대 민주적 민군관계란 '민간인 정부에 의한 군 통제'가 이루어지면 민주적 민군관계가 완성되었다고 보는 관점이다. 12.3 사건에서 민주주의 체제를 붕괴시킬 수 있는 명령에 군대가 적극적으로 거부하지 못한 것은 1세대 민군관계 확립이 부족해서가 아니다. 선출된 정부의 지시에 따르면 민주적 민군관계가 완성되었다고 보는 1세대 민군관계론이 갖는 내재적 한계인 것이다. 1세대 민주적 민군관계론이 갖는 한계는 다음과 같다.

첫째, '군대의 정치개입 근본 원인'이 군대의 정치개입 욕구에 있다고 가정한다. 그래서 선출된 정부의 명령에 따르는 것이 군의 정치적 중립 위반이 될 수 있다고 생각하지 않는다. 둘째, '군에 대한 통제 주체'를 정부, 특히 한국에서는 국군통수권자인 대통령, 그리고 대통령이 군정권과 군령권을 위임한 국방부 장관이라고 생각한다. 그 과정에서 국회 역시 국민이 권력을 위임한 선출직으로 구성되어 있음을 잊어버린다. 특히 여소야대 국회의 경우 국회를 국민의 '대리

2 12.3 계엄 사건의 원인과 민군관계 향후 발전 구상은 김병조(2025)에서 발췌하였다.

인'으로 생각하기보다 정부 업무 수행을 어렵게 하는 집단으로 인식하는 경향이 있다. 셋째, '문민통제(civilian control)를 문자 그대로 민간인(civilian)에 의한 통제'로 생각하고, 시민(civil 또는 civic)에 의한 통제가 민주적 민군관계가 유지되기 위한 필요조건이라는 점을 인식하지 못한다. 구체적으로 행정권의 오용·남용을 막기 위한 법치나 정책 결정에 시민사회의 참여·동의가 중요함을 간과한다. 넷째, '민주적 민군관계를 제도적인 측면에 초점을 두고 평가'한다. 지휘체계, 법률조항, 업무분장 등에 관심의 초점을 두고, 실제 군 행태를 좌우하는 군대문화에 대해 큰 관심을 두지 않는다.

따라서 민주적 민군관계가 민간인이 국방정책과 계엄을 포함하여 군사력 사용에 대한 최종 의사결정 권한을 갖는 것을 특징으로 하지만, 1세대 민주적 민군관계 확립이 민주적 민군관계를 보증하지 않는다. 선출된 정부 우위론만 강조하면, 군대의 정치개입 최소화는 확보할 수 있겠지만, 군대의 정치적 중립은 보장하지 못한다. 정치와 군대 사이에 존재하는 '주인-대리인' 문제가 시민사회와 정치인 사이에 마찬가지로 존재한다. 1세대 민주적 민군관계론은 정치집단이 시민사회를 위해 군대의 정치적 중립을 지키려고 노력할 것을 당연시하나, 현실적으로 정치집단이 그러한 기대를 따르리라는 것을 보장하지 않는다.

이상과 같은 1세대 민주적 민군관계의 한계는 민군관계 주체를 정치와 군대로 제한해서는 극복할 수 없다. 정치와 군대가 민주주의 체제를 지켜야 한다고 합의하고 군의 정치적 중립성을 유지하도록 노력하게 하기 위해서는, 민주주의 체제에서 정치와 군대 양쪽에 영향을 미칠 수 있는 또 다른 주체, 즉 시민사회의 역할이 중요하다. 시민사회가 국방 부문에 관심을 쏟아야 군대가 정치에 개입하지 못하고, 집권 정부도 정권 유지에 군대를 이용하지 않는다. 시민사회는 정치와 군대가 군대의 정치적 중립을 지키면서 군사대비태세 확립에 제대로 노력하고 있는지 감시해야 한다. 민주적 민군관계가 정치와 군대 양자 관계에서 벗어나, 정치, 군대, 시민사회의 삼자 관계로 구축되어야 함을 의미한다. 다시금 한국에 선진사회에 맞는 민군관계가 발전되기 위해서는 시민사회의 역할이 중요하다고 생각한 2008년 논문의 문제의식으로 되돌아오게 되었다.

민군관계에서 시민사회의 역할을 강조하는 것은 민군관계를 국방·안보 영역의 '민주적 거버넌스'로 확대하여 재규정해야 한다는 주장과 상통한다(Cotty,

Edmunds & Foster, 2002). 선출된 민간 정부가 군대를 통제해서 군대의 정치개입을 최소화하는 것이 1세대 민주적 민군관계의 과제라면, 정치, 군대, 시민사회가 민주적 거버넌스를 위해 '국가 능력(state capacity)'을 발전시키는 것이 2세대 민주적 민군관계의 과제이다. 정치, 군대, 시민사회 모두가 민주주의 체제를 지켜야 한다는 데 합의하고, 군대가 정치적 중립성을 유지하도록 모두가 협력할 때, 2세대 민주적 민군관계가 확립될 수 있다.

앞으로 2세대 민주적 민군관계를 형성하기 위해서는, 정치, 군대, 시민사회가 각자의 역할을 충실하게 해야 한다. 그중에서 정치의 역할과 군대의 역할에 대해서는 생략하고 시민사회의 역할에 대해서 언급하고자 한다. 민주주의 체제에서 시민사회는 주권자이며, 정치와 군대의 진정한 주인이다. 시민사회는 군대가 정치에 개입하는지 살펴보고, 정치가 군대를 정치화하는 지도 감시해야 한다. 그렇지만, 위기가 아닌 평시에 시민사회는 자신이 국가안보의 주체라는 생각을 인지하지 못하고 이해관계 관점에서 군대를 바라본다.

민주주의 체제에서는 정치가 군대보다 시민사회의 요구를 중시하는 경향이 있다. 그래서 민주화 이후 시민사회는 그동안 드러내지 못했던 군대에 대한 불만을 쏟아내기 시작한다. 그 과정에서 '민군갈등(civil-military conflict)'이 발생한다. 민주화 이후 시민사회와 군대 사이 관계가 나빠지는 부분적인 이유이다. 따라서 2세대 민주적 민군관계로 발전하려면, 민주주의 체제의 진정한 주인인 시민사회가 평시에도 군대의 존재와 역할을 이해하고 존중하며, 군대를 신뢰해야 할 것이다.

그렇다 해도 평시에 시민사회가 군대를 이해하고 신뢰하는 것이 쉬운 일이 아니다. 이 점이 시민사회와 군대 사이가 2세대 민주적 민군관계로 발전하기 어렵게 하는 점이다. 전쟁이나 군사적 업무가 전문화될수록 시민사회가 군사적인 사안을 이해하기 어려워진다. 군에서 사용하는 무기체계도 다양하고 작동 방식도 매우 복잡하다. 그리고 군대 운영에 들어가는 예산이 어떻게 사용되는 지도 복잡해서 시민사회는 잘 모른다. 그 과정에서 시민사회와 군대 간에 인식격차, '민군인식격차(civil-military gap)'가 발생한다. 민군인식격차가 발생하면 시민사회가 군대를 신뢰하기 어려워진다.

그래서 시민사회에는 시민사회와 군대를 매개하는 '중간집단'을 필요로 한다. 중간집단은 복잡한 군사 전문성과 군대의 특성을 시민사회가 이해할 수 있는 방식으로 시민사회에 전달하고, 반대로 시민사회가 군대에 요망하는 사항을 정리해서 군대에 전달하는 역할을 한다. 국방전문가집단, 예비역 조직, 국방 NGO, 그리고 언론기관이 대표적인 중간집단이다. 그런데 현재 이들 중간집단이 한국 사회 민군관계 발전에 수행하는 역할을 평가하면 충분하지 못했다. 이들의 현 상황과 역할 활성화 방안을 제시하면 다음과 같다.

첫째, 군 출신을 제외하면, 민간인 국방전문가집단은 그 수가 충분하지 못하다. 민간인이 국방전문가로 성장할 수 있는 제도적 기반이 취약하며, 국방전문가를 위한 직업체계도 미약하다. 이는 한국사회에서 국방 분야는 군인의 영역이라는 인식이 존재했기 때문이다. 그리고 시민사회에서 군 출신 국방전문가는 군대 입장을 옹호하려 한다고 생각하는 경향이 있다. 따라서 2세대 민주적 민군관계로 발전하려면 민간인 국방전문가의 역할이 확대될 필요가 있다. 이를 위해 민간인 국방전문가를 양성할 수 있는 제도적 기반이 구축되고, 국방전문가를 지향하는 민간인에게 적절한 인센티브를 제공해야 할 것이다.

둘째, 예비역 조직은 다수 존재하지만, 그 역할은 미약하다. 회원 간의 친목 도모와 복지 증진에 관심을 집중하고 있다. 일부 조직이 학술 활동이나 정책개발 등을 시도하고 있지만 극히 초기 단계이다. 또한, 중요한 문제점은 이들 집단이 광범한 시민사회와 교류하지 않고, 예비역 중심으로 교류하거나, 예비역 조직에 친화적인 시민사회만을 상대로 교류한다는 점이다. 예비역 조직은 군대 틀을 벗어나 시민사회와 함께하려는 노력이 부족하다. 앞으로 예비역 조직은 시민과 함께하는 행사에 중점을 두어 시민사회와 군대를 매개하는 역할을 강화할 필요가 있다.

셋째, 국방 NGO도 그 수가 충분하지 않다. 이들은 주로 시민사회의 관점에서 군대와 시민사회를 매개하려고 노력한다. 최근 국방 NGO에 대한 시민사회의 관심이 높아지고 있다. 그러나 정부 조직과 공식적인 연계를 갖지 않는 NGO의 특징으로 인해, 국방 NGO가 시민사회에 부분적이거나 부정확한 정보를 전달하는 경우가 발생한다. 또한, 일부 국방 NGO는 권위주의 체제의 군대 인식을 유지한 채, 군대 비판에 주력하고 군대와 협력 관계를 구축하려 하지 않는다. 반대로, 국방 친화적 일부 국방 NGO는 군대를 지나치게 미화하려 한다. 두 방향 모두 장기적으로 민군관계를 개선하지 못하고 악화시킨다. 따라서 국방 NGO는 군대에 대한 정확한 정보를 시민사회에 전달해야 하고, 군대 발전에 필요한 시민사회의 의견을 군대에 제공하는 역할에 충실해야 한다.

넷째, 언론기관은 사건·사고를 중심으로 보도하는 과정에서 군대의 부분적인 특징을 강조하는 경향이 있다. 언론이 사건·사고에 관심을 기울이는 것은 당연하다. 그러나 기관보다 개인 관계에 의존하여 정보를 수집하고, 과잉 경쟁적 취재 태도를 유지하면 추측이나 왜곡 보도가 발생한다. 또한, 국방 부문 전문화로 인하여 일반 기자가 심층적으로 국방 보도를 하는 것이 쉽지 않다. 언론사가 추진하고 있는 국방전문기자 제도를 계속 확대하고, 군대와 언론 간에 정보 및 인적교류를 정례화해야 한다.

중간집단은 시민사회와 군대 양측에 대해 갖는 전문성에 기초하여, 2세대 민주적 민군관계 발전에 기여하는 집단이다. 따라서 중간집단이 당파성, 이념성을 우선하여 활동하면 곤란하다. 시민사회와 군대를 매개하는 중간집단이 전문성을 상실하고 당파성, 이념성에 치우쳐 활동하면, 시민사회가 당파성, 이념성으로 군대를 평가한다. 그렇게 되면 2세대 민주적 민군관계 발전이 요원해진다.

그리고 사회 전반적으로 시민문화와 군대문화의 조화가 요청된다. 군대 구성원 모두가 민주주의를 내면화하고 시민사회의 자유와 인권을 존중하며, 정치적 중립을 지키는 것이 군대 본연의 자세임을 지속해서 교육하여야 한다. 군대에 잘 알려진 '군인은 제복 입은 시민이다'라는 말은 군인 이전에 시민의식을 갖추어야 한다는 의미이다. 군인이 시민 정체성을 유지할 때, 군대와 시민사회가 협력적 관계를 유지하고 2세대 민주적 민군관계로 발전하는 것이 가능할 것이다.

그러나 군인을 그냥 시민이라고 하지 않고 '제복 입은'이라는 수식어를 단 것은, 군인과 시민이 마냥 같지는 않다는 점도 일러준다. 군대가 추구하는 군사적 가치와 사회가 요구하는 사회적 가치 간에는 어느 정도 차이가 존재하고, 군인과 시민이 다른 업무를 수행한다. 그 과정에서 사회 하위문화로서 시민문화와 군대문화가 서로 다른 특성을 갖는 문화로 발전하게 된다.

그래서 군대문화를 평가할 때, '군국주의(militarism)'와 '군사적 방식(military way)'을 구분할 필요가 있다. 군국주의란 '시민주의(civilianism)'의 상대개념으로 국가에서 군대를 가장 중시하고, 군사적 덕목을 추종하며, 사회의 군사화를 주장하는 군대가 국가 수호자라는 입장이다. 이에 반해 군사적 방식이란 적의 위협에 대한 정확한 이해를 바탕으로 적과의 군사 대결에서 이기는 데 필요한 행위 양식이다. 군대는 군대문화 중에서 군국주의는 버리고 군사적 방식은 유지해야 한다.

현재 시민사회에서는 군대문화를 비판적으로 평가한다. 시민사회의 비판이 한국 군대문화에 있는 군국주의적 요소라면, 군대는 서슴없이 해당 문화 요소를 시민사회의 요구에 맞게 변경하거나 버려야 한다. 그러나 강한 군대를 만드는 데 필수적인 군사적 방식이라면 시민사회에 알려, 군대문화의 특성으로 유지해야 한다. 시민사회 역시 시민문화와 다르나 강한 군대에 필요한 군사적 방식의 군대문화는 존중해야 한다.

민주화 이후 강조되는 군대문화 개선은 군사적 방식에서 발전한 군대문화가 아니라 군대가 사회발전을 따라가지 못해 발생한 역기능적 군대문화를 개선하는 노력으로 정리해야 한다. 역기능적 군대문화 개선은 2세대 민주적 민군관계를 발전시키는 과정에서도 지속해서 진행되어야 할 것이다.

Ⅴ. 나오며

한국사회가 2세대 민주적 민군관계를 발전시키는 것인 가능할 것인가? 12.3 계엄 선포는 6시간 만에 해제되었고, 그 과정에서 한국 사회에 2세대 민주적 민군관계로 발전할 수 있는 잠재력이 있음이 드러났다고 필자는 평가한다. 정치에서 야당은 물론 집권당에서도 계엄 해제 의결에 참여하였다. 계엄에 동원된 군대는 시민의 인권과 생명을 존중하였고, 주어진 법적 테두리 내에서 행동하고자 하였다. 시민사회는 현재의 한국사회가 비상계엄이 필요한 상황이 아니라고 생각하고, 계엄에 동원된 군대의 행동을 억제하였다.

그러나 한국사회에서 정치, 군대, 시민사회가 민주적 민군관계를 수립하기 위해 함께 진지하게 고민한 적이 없었다. 실행 과정에서 시간이 걸리고 여러 시행착오도 경험할 것이다. 그런 점에서 2세대 민주적 민군관계로 발전해야 한다는 논의는 '희망적 사고'라고 비판받을 것이다.

김경동 선생님의 글은 현실을 냉철하게 분석하지만, 낙관적으로 결론을 맺는다. 위기 속의 민주주의를 진단한 '완벽한 민주주의란 가능한가?'에서 현대 민주주의를 대의정치(국민의 정부), 참여정치(국민에 의한 정부), 책임정치(국민을 위한 정부) 관점에서 보면, 주권재민은 허상에 가깝고, 국민의 정부라기보다 정치인의 정부이며, 국민에게 혜택과 서비스를 제공할 정책 능력은 부족하다고 평가한다. 그러나 거기에 머물지 않고 대안을 찾는다. 그래서 서구식 민주주의의 대안으로 유교 사상에서 새로운 민주주의 정치이론을 제시한다(김경동, 2019).

그런 점에서 한국 민군관계의 위기 속에 새롭게 2세대 민주적 민군관계 발전을 모색한 것은 쉽게 달성될 일은 아니지만, 낙관적으로 미래를 설계한다는 점에서 김경동 선생님의 인간주의 사회학 문제의식을 이어받아 일부 확장한 것이라 할 수 있다.

[참고문헌]

김경동. 1978.『인간주의 사회학』. 서울: 민음사.

김경동. 1996a. "민주화를 저해하는 권위주의의 극복." 김경동,『그래도 한국에는 비전이 있다』. 서울: 집문당. 256-262.

김경동. 1996b. "민주적 시민사회의 사회적 조건." 김경동,『그래도 한국에는 비전이 있다』. 서울: 집문당. 263-273.

김경동. 2002.『한국사회발전론』. 서울: 집문당.

김경동. 2019. "완벽한 민주주의란 가능한가?." 김경동 · 백완기 · 임현진(편),『위기 속의 민주주의』. 서울: 백산서당. 25-104.

김병조. 2008. "선진국에 적합한 민군관계 발전 방향 모색: 정치, 군대, 시민사회 3자 관계를 중심으로."『전략연구』44: 24-57.

김병조. 2015. "민주화 이후 한국 민군관계의 중요성과 쟁점." 국방대학교『교수논총』23: 27-57.

김병조. 2025. "민주적 민군관계로 발전하기 위한 개혁 구상." 박선원 의원실 주최 국회 현안 세미나 논문집.『12.3 계엄 내란 사태를 통해 드러난 한국 국방의 문제점과 극복 방안』34-51.

Cotty, Andrew, Timothy Edmunds, and Anthony Forster. 2002. "The Second Generation Problematic: Rethinking Democracy and Civil-Military Relations." *Armed Forces & Society* 29(1): 31-56.

Huntington, Samuel. 1957. *The Soldier and the State: The Theory and Politics of Civil-Military Relation*. The Belknap Press of Harvard University Press.

Rahbek-Clemmenson, Jon. 2013. "Beyond 'The Soldier and the State: The Theoretical Framework of Elite Civil-military Relations." Dissertation submitted to the Department of International Relations at the London School of Economics and Political Science.

시민교육과 민주주의

김 동 춘*

Ⅰ. 위기에 처한 민주주의와 김경동의 사회학

원로 사회학자 김경동의 학자로서 일생을 관통하는 관심은 한국사회의 사회문화적 성격 규명이며, 그는 한국사회의 난맥상을 문화와 도덕의 혁신을 통해 어떻게 극복할 것인가에 지속적인 관심을 갖고 글을 써 왔다. 최근에 발표한 저서와 논문에서 그는 서구식 민주주의의 위기를 극복하기 위해 한국 선비문화에서 하나의 대안을 찾아보자는 제안을 한다. 그는 대의정치, 참여 정치, 책임정치라는 민주주의의 세 영역에서 1인 1표에 기초한 서구 민주주의의 단점을 보완할 수 있는 문화적 대안을 제시한다. 그가 생각하는 이상적인 민주주의는 분권, 다원주의, 공동체주의, 혹은 집합주의에 기초한 것이다.

그는 사회학이라는 학문의 궁극적 목표는 '좋은 삶(good life)'이 가능한 '좋은 사회(good society)'를 만드는 데 기여하는 지식을 산출하는 데 있다고 보았다. 그는 "사회적 가치를 증진시키기 위한 이상적인 사회의 비전"을 "문화적 교양으로 정화한 성숙한 선진사회(cultured mature advanced society)," 혹은 자발적 복지사회라고 설정한다. 그리고 성숙한 시민사회를 건설하기 위해서는 "모든 시민이 스스로 자기 수양에 의한 성숙한 시민다움"과 문화적 교양을 갖추어야 한다고 주장한다. 이것을 위한 7개 과제를 제시하고 그중에서 시민 민주정치의 정착과 발전을 그 하나로 포함하고 있다. 특히 그는 개인적 도덕성 함양도 중요하지만, 민주적인 시민정치도 필요하다고 보고 있다.

그가 민주주의의 기반으로 삼는 시민은 권리의 주체라기보다는 선비문화, 즉 자기중심적인 이기주의를 극복하고, 타자와 더불어 공경과 정성으로 상호작

* 성공회대학교 명예교수

용하고 예(禮)로써 상호 존중하는 태도를 취하는 존재다. 서로 '예의를 갖춘다'는 것은 공경지심(恭敬之心)을 품고 상호작용하는 것이다. 인간주의적 가치지향에서 불인지심(不忍之心)이 되살아나는 정서적 척척(戚戚)함 내지 감동함을 중시한다. 타자에 대한 이러한 헤아림의 지향이 오늘날의 공감(empathy)과 배려(care)에 해당할 것이다. 그의 주장은 권리의 주체로만 시민을 정의화는 기존 논의의 한계를 돌파하여 공감과 동감을 강조하는 '마음의 사회학'으로 한 걸음 나간 것이다. 그는 서구 문명의 문제를 지나친 개인주의에서 찾으면서 우리 사회에서 개인주의의 문제점을 해결하기 위한 방안을 유교적 공동체주의에서 찾고 있다.

그는 유교에서도 물론 명암이 있고, 중국과 조선의 절대 군주가 지배하던 시대의 가치와 논리가 오늘에 그대로 적용될 수는 없다고 보지만, 그중 일부는 엘리트나 시민이 반드시 갖추어야 할 덕목을 포함하고 있다고 강조한다. 특히 그는 공공성과 공동체성은 엘리트와 시민이 반드시 갖추어야 하는 현대적 가치라고 강조하는 데, 이는 오늘날 많은 정치 사회학자들이 민주주의 대안으로 제시하는 것과 다르지 않다. 한국 정치와 사회의 선진화를 위해 시민교육의 필요성을 강조하는 점에서도 현재 한국의 진보·보수를 망라하는 대다수의 학자들이 강조하는 내용과 크게 차이가 없다. 단지 그는 결함있는 현재의 대의 민주주의를 어떻게 보완하여 제대로 작동하게 할 것인가, 그것을 위한 민주시민교육은 구체적으로 어떻게 진행되어야 하는가에 대한 방법론, 경로 등을 제시하지 않고, 곧바로 도덕, 태도, 가치관의 문제로 비약한 점에서 정치, 사회운동 진영이 주창하는 점과 거리가 있다.

필자는 김경동이 제시한 시민적 덕성 함양이라는 문명사적인 목표, 그것에 도달한 문제의식에는 깊이 공감을 하지만, 한국 정치사회 현실에 대한 진단과 해석, 오늘 지구화된 국제정치경제 질서에서의 민주주의 문제, 그리고 민주주의를 실현하기 위한 하나의 방법으로서 시민교육의 방향 혹은 방법론에 대해서는 다른 생각을 갖고 있기 때문에 그런 점을 이 글에서 몇 자 적고자 한다.

Ⅱ. 한국의 민주화와 민주주의

한국에서 제도와 의식으로서 민주주의는 서구 민주주의, 특히 미국의 영향 하에 보통선거제도 등이 도입됨으로써 본격화되었다. 물론 자유, 평등, 공화의 가치는 비록 애초에는 외생적인 것이었으나, 한국의 지식인과 대중들은 그러한 틀을 활용하여, 억압적 권력에 저항하고 민주주의를 실행할 수 있는 기반을 만들어 왔다. 그러나 민주화 운동과 민주주의 실현 간에는 간극이 있을 수밖에 없기 때문에 1987년 민주화 이후 민주주의를 실현하기 위한 새로운 노력이 시민운동, 제도 정치권, 그리고 언론, 정부, 각종 민관기구에서 본격화되었다.

한국의 정부수립 이후 헌법 정신에도 강하게 반영되어 있지만, 이후 민주주의는 반독재 민주화 운동을 통해 제도화되고 현실화된 '최소 민주주의'의 성격을 갖고 있었다. 1987년 6월 항쟁은 절차로서의 민주주의의 하나인 대통령 직접 '선거'의 회복을 성취하였으나 그것은 사실 1972년 이전으로 되돌아간 것이었다. 1987년 6월 항쟁으로 성취한 것은 민주화였지, 민주주의가 아니었고, 1987년 헌법상의 민주주의는 반공주의 체제와 풀뿌리 민주주의나 경제민주주의를 제약한 조건에서 진행된 최소 민주주의였다.

흔히 한국은 민주화와 경제발전을 동시에 성취한 나라로 국제적인 칭찬을 듣기도 하지만, 1987년 이후의 민주화 과정을 돌아보면 '강한 민주주의'로 갈 수 있는 대내외적 조건이 제대로 마련되지 않았다. 1980년 광주 5.18 민주화 운동 이후 한국의 학생, 지식인들이 기득권을 포기하거나 심지어 목숨을 바쳐 민주화를 외쳤지만, 한국의 민주화는 6.29 선언이라는 군부 정권 자체의 위로부터의 타협안을 민주화 운동 세력이나 야당 후보들이 수용한 것이었다. 이것은 전형적인 '협약에 의한 민주화'로 볼 수 있다. 이 경우 민주주의는 선거라는 극히 제한된 범위까지만 허용되고, 군부의 재집권은 막더라도 국가권력 기관 즉 공안기관, 검찰과 사법부 등 군사정권의 기둥이었던 기관은 건재했다.

즉 1987년 민주화로 얻어진 것은 선거민주주의 즉 '방법'과 절차로서의 민주주의에 주로 강조점을 두었다. 1987년 당시에도 어떤 민주주의를 건설할 것인가에 대한 논의보다는 선거 부활 즉 민주주의의 '회복' 담론이 압도했다. 그래서 민주 회복을 위해서도 정당 조직, 시민사회 활성화, 시민교육, 자치, 일상 시민참여가 어떻게 가능해야 하는지에 대해서 심도 있는 논의는 정치권이나 지식사회에서도 거의 없었다. 그렇다고 해서 당시 반독재 민주화 세력이 선거의 부활이 곧 민주 회복이며, 민간 출신 대통령을 국민이 직접 선출하게 되면 민주주의가 달성될 것이라고 단순하게 생각한 것은 아니었다. 그들은 냉전 분단체제, 국가의 주권 제약, 오랜 기간 동안 군사독재에 부역해 온 언론과 사법부 검찰의 개혁 등이 어떻게 민주주의의 확대 심화에 필요한지 알고 있었으나 곧바로 그것을 실현할 수 없었다.

한국과 같은 오랜 식민지 경험과 군사독재를 거친 분단국가, 후발 공업화를 추진한 제3세계의 일원인 나라에서 자유민주주의는 국가주의와 천민적 자본주의를 정당화하는 장식품에 불과한 경우가 많았다. 민주화 운동은 자유민주주의의 틀을 저항 담론으로 활용했으나 반공 군사주의, 폭력 체제였던 말로만의 자유민주주의와 정면으로 맞섰다. (준)전쟁 상황, 군사정치적으로 종속적인 위치에 있었던 국가에서 국민이 주권자, 시민적 권리 주체가 되기 어려웠다. 그래서 한국의 민주화 운동은 언제나 민족자주 운동과 동시에 진행되었다. 특히 반공주의 체제하의 한국의 민주화 운동은 원론적인 자유민주주의를 주창하는 수준에 머물러 있었으며, 운동 주체의 가치와 이념은 사실상 매우 온건하고 보수적이었다.

최소 민주주의는 '정권교체 가능성'으로 민주주의 개념을 제한하였다. 이후 1990년 3당 합당과 같은 위임된 정치지도자들 간의 일방적 연합, 국가정보원(국정원) 등 공안기관의 선거 개입, 선거절차를 통해서 과거 반민주, 반인권의 전력을 가진 인사들의 대거 정치권 진출, 계급정치 대신에 냉전보수 세력이 동원한 지역주의에 사로잡힌 대중들의 정치적 의사표출, 사실상 대통령 1인 통치와 측근 가족의 개입, 국회나 사법부의 행정부 견제 기능 상실, 정치의 사법화 등의 이유로 정당은 사회적 대표성을 갖지 못하고, 선출된 정치가들의 당적 변경과 야합, 불성실한 국회활동 등 수 많은 반민주적인 사례들이 이어졌다.

남북한의 적대, 냉전 반공주의 체제의 지속은 한국 민주주의를 위협하는 항상적 요인이었다. 지구적 탈냉전의 기류에도 불구하고 한반도의 탈냉전, 즉 분단의 이완은 이루어지지 않았다. 1989년 사회주의 붕괴 이후 냉전체제가 이완되는 조짐이 있었으나, 그것은 교차승인 즉 북한과 미국의 관계 정상화 없이 한국과 중국 간의 국교 정상화로만 비대칭적으로 전개되었고, 북한의 핵개발 위기에 맞물려 남북한 간의 긴장은 지속되었고, 선거 시 '북풍 공작' 등의 방식으로 냉전반공주의 세력은 민주주의의 도정을 계속 저지했다. 결국 사회주의 붕괴로 인한 미국의 단일패권 강화 등 보수적인 국제정치의 분위기와 더불어 신자유주의적인 세계화의 거센 압박 속에서 경제 자유화 흐름은 정치적 민주화의 흐름을 압도하였다.

국내적으로는 행정부에 대한 시민의 감시와 통제, 언론의 자유, 사법부와 검찰의 독립성, 노동자의 시민권과 인권 보장, 학교에서의 민주시민 교육 등이 제대로 뒷받침되지 않았기 때문에 민주화는 민주주의로 나아가는 길에서 굴절을 겪어 왔다. 특히 검찰, 국정원 등 수사기관의 인권침해나 범법에 대한 단죄도 제대로 이루어지지 않았기 때문에, 야당이나 사회운동 인사들에 대한 공권력의 사찰과 감시, 정치공작은 지속되었다. 이런 민주화 이후의 민주주의의 굴절을 뼈저리게 느낀 시민단체는 이런 대통령 직선, 선거민주주의로 협애화 된 민주주의 지형 하에서 구 권위주의 세력의 재등장을 저지하려 했다.

Ⅲ. 시민교육 없는 학교, 시민교육 없는 지역사회

한국은 고졸자 중 대학 진학자 비율이 세계에서 거의 최상위에 있으며, 중학교까지 의무교육이 실시되기 때문에 시민들의 정치의식도 그 정도로 높을 것이라고 예상되나 현실은 그렇지 않다. 학교 교육의 성취 수준 즉 성적과 교육 이수 연한과 시민의식과는 상관성이 크지 않다. 오히려 학교 교육의 승리자, 성취 수준이 높은 사람, 우수한 성적을 기록하고 좋은 대학을 나온 사람들이 반사회적이고 반시민적인 행동을 한 경우가 많은 것은 물론이고, 최고 엘리트들이 주로 운영하는 입법, 사법, 행정부가 법치를 무시하는 경우도 많아서 이들 힘있는 정부기관에 대한 사회적 신뢰 수준이 형편없이 낮다.

고학력자들도 SNS로 유포되는 온갖 가짜뉴스를 그대로 믿기도 하고, 선거정치는 여전히 지역주의, 이미지 정치, 인물에 대한 호오가 지배하는 경향이 있다. 유권자들의 판단력은 정보의 제한과 왜곡, 개인적으로 갖고 있는 여러 편견과 사적 이해 때문에 심각하게 굴절된다. 물론 이것은 한국만의 현상은 아니다.

그러나 시민들이 많은 공식 교육을 받고서도 언론의 왜곡과 가짜뉴스, 종교적 극단주의에 쉽게 휩쓸려 들어가서 여론 형성을 왜곡시키고, 특히 하층이나 소외층이 오히려 경제적 강자를 지지하는 '계급배반 투표' 성향을 보이는 것은 민주주의를 위기에 빠트리는 중요한 원인이다.

일제 식민지 지배, 오랜 냉전적 억압과 군사독재를 거친 한국에서는 시민의 사회참여, 정치참여의 기회는 극도로 억제되어 왔고, 시민들은 신민(臣民)적 태도를 내면화해 왔기 때문에 시민들은 선거 외에는 사회적 의제에 개입하는 일에 매우 소극적이고, 비참여적 태도를 갖는 경향이 있다. 함석헌 선생은 능(能)만이 강조되면 지(知)가 죽는다고 설파했다. 그는 한국의 교육을 "지와 능의 충돌, 지성과 물성(物性)의 충돌"로 보고 한국 현대사를 능이 지를 압도한 역사로 보았다.

지금까지 한국의 공교육은 공식적으로는 공민의 양성을 목표로 삼았으나 실제로는 성적 우수 학생들의 상급학교 진학 등 '능력' 배양에 치중했다. 좋은 일자리를 구하기 위한 관심과 지위 상승의 열망 때문에 사교육이 공교육을 압도하고, 모든 고교 교과과정과 선택과목이 대입 위주로 되어있기 때문이다. 이런 환경에서 자라난 한국 청소년들은 학교에서 시민으로 살아가는 것이 무엇인지 제대로 배우지 못한 채 성인이 되고 유권자가 되어 투표권을 행사한다. 학부모들은 교육을 사회이동을 목표로 하는 도구, 사적 재화로만 주로 간주하기 때문에 지식이 시민의 덕성과 권리 의식을 갖도록 하는데 별로 관심이 없다.

그런데 지금까지 한국의 초중고 대학교의 교과과정은 물론 학교의 지배구조나 운영 모든 면에서 미래의 시민이자 현재의 시민인 학생을 권리의 주체로 인정하거나, 정치참여를 강조하는 시민교육은 거의 없었고, 시민적 덕성을 함양할 수 있는 시민교육도 없었다. 오히려 역(逆)시민 교육, 즉 군사정권기의 반공도덕교육, 남성의 경우 군대의 정훈교육, 민방위 예비군 등의 안보교육이 압도했다. 이 모든 역시민교육은 권위에 복종하고 능력만을 찬양하는 교육 내용으로 가득 차 있다. 이만규는 일제 식민지 교육의 요체는 조선인에게 지식을 주기보다는 먹을 것을 주자는 것이었다는 점을 강조했고, 이후 군사정권이 유지되는 기간 동안 한국 교육은 대체로 부림을 잘 받을 인물을 기르는 것이었다. 학교의 경제교육에는 기업의 사회적 책임 문제는 거의 빠져 있고, 피고용자들이 기업에 무조건 충성해야 할 존재로 가르치고 권리를 찾기 위해서 무엇을 해야 하는 지는 거의 가르치지 않는다.

그렇게 보면 이렇게 100년도 더 오래 지속된 역시민교육을 지금 정부나 학교, 교사나 교육자들이 교정하는 일도 사실상 벅차다. 더구나 최근에는 교회가 가장 중요한 역시민교육기관의 역할을 하는 경향이 있다. 한국의 기성교회, 특히 근본주의 신학을 가진 목회자들이 운영하는 대형 교회는 노골적인 역시민교육기관이라 불러도 좋을 것이다. 목회자들이 신도들의 권리의식을 제약하고, 정치적 복종을 유도하는 설교를 하는 경우도 많다. 거리의 태극기 집회도 이런 교회가 조직적으로 신도들을 동원한다고 한다. 1987년 이후에도 보수 정부는 민주시민교육을 좌파 이념교육과 동일시하고 오직 인성교육만을 장려해 왔다. 이것은 복종적 신민을 양성해온 일제 황민화 교육, 군사정권 하의 국가주의 이념교육의 연장선에 있다.

선거연령이 18세로 내려갔는데도 헌법상 교육의 정치적 중립성 조항의 왜곡된 해석이 정치사회적 의제를 학교로 가져오는 것을 가로막고 있어서, 고등학생 대상의 선거교육이 실시되지 않고 있으며, 교사들은 학부모들의 문제 제기가 두려워 아예 정치 사회적 의제를 거론하기를 기피한다. 동아시아 여러 나라가 대체로 그렇지만 한국에서 시민교육은 인성교육과 거의 동일시되거나 아예 학교 교과에서 배제되고 있다.

근대 공교육의 철학과 방향은 언제나 국가의 기본 가치나 방향, 사회경제정책 일반과 긴밀하게 결합되어 있기 때문에 시민의식을 기를 수 있도록 교육을 개혁하는 일은 민주주의, 국가 운영의 핵심에 속한다. 공공적 사안에 대한 관심, 선거권의 올바른 행사, 피선거권자로서 행동할 수 있는 능력을 기르는 것이 교육의 요체가 되어야 한다. 일차적으로는 시민권자가 투표권을 제대로 행사할 능력, 즉 자신의 이익이 무엇인지 깨닫고, 사적 이해를 공공의 이익과 견주어 투표를 하고, 정치 사회적 사안에 의견을 표시하고 직접 참여할 수 있는 의지나 능력을 갖추는 것이다. 한국의 시민에게 지금 필요한 역량은 '개인 차원'의 민주적 습관, 태도가 아니라, '자기 존중', 권리의식, 책임 의식에 바탕을 둔 정치공동체 참여 능력과 의지일 것이다.

시민교육을 실시하지 않고 민주주의를 기대하는 것은 연목구어(緣木求魚)라 할 것이다. 존 듀이는 "교육이란 말하고 듣는 과정이 아니라 지식과 행동이 상호

밀접하게 연결되어 있는 적극적이고 건설적인 과정”이라고 강조한 바 있다. 시민행동으로 연결되는 시민교육이 민주주의를 보장해 준다는 이야기다. 그래서 독일과 영국은 민주시민교육을 정규 교과로, 프랑스는 별도의 교과목으로 편성하였고, 스웨덴은 사회과목에 시민교육의 내용을 포함시키는 방식으로 학교 시민교육을 진행하고 있다. 독일의 경우 중앙정부나 지방정부에서도 정치교육을 실시하고 있다. 독일의 정치교육이란 한국의 민주시민교육에 해당하는 것이다. 핀란드는 시민교육을 독립교과로 다루지 않으며 대부분 인문사회과학 관련 교과목에 포함하여 가르친다.

시민교육에 관한 한 한국은 거의 개발독재 시기에 머물러 있다. 그런 현상을 넘어서기 위한 국민적 공감대가 형성되어야 하고, 정치권의 의지가 필요하다,

Ⅳ. 21세기 정치문화, 미디어 환경과 시민교육

객관적 사실보다 개인적인 신념이나 감정이 판단과 행동을 지배하는 지금 시대를 학자들은 탈진실(post-truth)의 시대라고 부르기도 한다. 지금의 세계 모든 나라에서 나타나고 있는, 인종주의와 극우주의, SNS를 통해 전파되는 혐오와 배제, 그리고 미국과 한국의 기독교 극우파들의 비상적인 행동들, 비상식적이거나 반인륜적인 발언이나 폭력적인 집단적인 행동은 모두 탈진실의 시대가 만들어낸 현상이다. 그렇다면 지금의 대중, 군중들은 엘리트들에 의해 교묘하게 속고 있는 것일까? 상업 언론에 의해 잘못된 신념을 갖게 된 것일까?

오늘날 나타나는 이 탈진실 시대의 현상들은 모두 계몽주의의 위기, 근대의 위기일지 모른다. 사실 정치적 민주주의라는 것도 계몽주의를 기반으로 한다고 볼 수 있다. 우상을 타파하고 이성으로 세상을 보자는 것이 과거 군사독재 하의 한국의 비판적 지식인들의 가장 중요한 주장이었다. 물론 과거 독재정권 시절부터 이성이 관습, 종교적 맹신, 권위주의와 힘겹게 맞선 점이 있었지만, 민주화가 되고 자본주의 발전이 고도로 심화된 지금 시점에 여전히 종교적 맹신, 확증편향, 도그마 집착, 지역주의는 사그라지기는커녕 강고하게 지속되고 있다. 그렇다면 이성, 합리성, 논리적 추론에 기초한 세상읽기 방식이 틀린 것은 아니지만,

한계를 가진 것도 분명하다. 어디서부터 잘못된 것일까? 아니면 계몽주의에는 무엇이 모자란 것일까? 이런 질문을 심각하게 던지지 않을 수 없다.

인간의 사고방식, 생각하는 방식, 이성과 감정의 배분, 합리적 추론과 직관적 파악의 성향이 타고날 때부터 정해지는 것은 아니겠지만, 분명히 개인에 따라 그러한 기울어짐은 분명히 있을 것이다. 과학적 사고에 익숙한 사람과 그렇지 않은 사람의 차이도 분명히 존재할 것이다. 그래도 성장과정에서의 교육과 사회의 영향이 더 크게 작용할 것이다. 한때 우리는 교육 수준이 높아지면 사람들은 더욱 더 합리적으로 판단하고 행동할 것이라고 생각했다. 꼭 그렇지 않다는 점도 드러났다. 인간의 근원적 한계라고 볼 수도 있으나 계몽주의, 민주주의자, 사회주의자들이 생각하는 것보다 인간은 훨씬 더 복잡한 존재인 것은 맞다. 그러나 신자유주의가 가져온 불평등과 소외가 이러한 현상의 중요한 배경일 것이다.

그동안 한국의 민주화와 민주주의를 추진한 세력이 갖는 딜레마는 지금 트럼프 하의 미국이나 전 세계의 진보세력이 처한 현실과 비슷하다. 미국은 인종주의가, 한국은 지역주의가 고령층과 저학력층의 정신을 지배하고 있으며, 미국과 한국에서 복음주의 기독교가 이 비이성적인 판단의 사회적 기반의 역할을 하고 있다. 선거 국면에서는 상호 비방, 그리고 감정과 팬심이 정책적 논의를 압도하는 현상이 두드러진다. 아무리 선거는 머리가 아니라 가슴에 호소해야 한다고 말하지만, 그 정도가 너무 심하다. 특정 정책이 미칠 사회적 결과, 사람들의 이해관계와 그것의 관련성을 설명하는 것은 언제나 매우 어렵고 복잡하다. 이 직관과 감정에 기초한 편견과 독단이 지금의 세상을 지배한다.

특정 정치가에 대한 팬심과 거부감이 정책적 판단이나 논란을 압도하고, 정당 활동에 참여하는 것보다 오직 직접적인 분노의 표출이 압도하면 지금처럼 극우주의가 창궐하고, 민주주의는 심각한 위기에 처한다. 미디어를 바로 읽을 수 있는 미디어 리터러시가 지금 시대 더욱 중요해지는 것도 이런 이유 때문이다. 탈진실은 탈정치, 탈정당 정치문화를 부추긴다. 건강한 정당정치, 의회 정치 없이 민주주의는 작동하기 어렵다. 그래서 지금 시점에 정치적 민주주의는 어떻게 시민정치로 확대되어야 할 것인지, 그리고 시민정치를 위해 시민교육은 왜 필요한지가 더욱 중요하게 거론되어야 할 것이다.

시민은 '순수성'이 생명이며, 절대로 정치적 논란에 개입하지 않아야 한다는 탈정치의 논리, 정치적 중립성은 절대적 가치라는 논리도 하나의 허구이며 이데올로기이다. 시민적 참여와 정치는 분리된 것이 아니다. 21세기가 추구해야 할 시민정치는 편협한 기존의 정당정치의 관념을 넘어선다. 이 시민정치의 중요한 기반이 바로 시민교육이다. 물론 과거 한국의 사회운동가들 중에서 정치권력에 진입한 사람들이 모두 시민주권, 운동의 가치를 우선적으로 고려하기 보다는 그 성과를 사사(私事)화하였으며, 결국 사회운동을 정치로 연결시키는데 실패하였으며, 다수는 과거의 자신의 행적에 먹칠을 하는 행동을 한 것도 사실이다. 따라서 그들의 정치적 행태는 남겨진 사회구성원들에게 짐이 되었고, 사회의 자력화를 어렵게 만들기도 했다. 그렇다고 해서 시민단체의 정치적 개입이 무조건 비판되어서는 안된다.

시민사회는 자본과 권력으로부터 엄격한 독립성을 유지해야 하고 장기적으로는 정당으로 해소되지 않는 독자적인 '사회운동'으로 남아야 한다. 가장 중요한 것은 독자적인 세력으로서 힘을 육성하는 것이다. 즉 국가와 시장으로 환원되지 않는 독자적인 사회의 세력으로서 시민사회가 커 나갈 수 있어야 하며, 제도적 정치에 들어가서 정치적 영향력을 확대하기보다는 제도 밖에서 영향력을 확대하여, 제도 내의 변화를 유도하는 것이 가장 바람직하다.

시민의 참여가 전제되지 않는 시민정치는 전문가 집단만의 정책 제안, 민원처리인으로서 시민운동, 혹은 소송 대리자로 전락할 위험성이 있다.

Ⅴ. 맺음말

김경동은 시민교육의 내용이 될 수 있는 사회적 가치로 1) 공공성, 2) 인간주의, 3) 공동체주의, 그리고 4) 생태주의 가치 4개를 들었다. 그리고 특별히 공공성 의제를 인심(人心), 도심(道心)이라는 유가의 해석을 받아들이고, 인간주의 철학의 핵심가치로서 '인의예악지신'이라는 유가사상의 덕목과 연결했으며, 공동체주의 철학 역시 서구의 철학적 사회학적 해석뿐 아니라 유가사상의 질서와 화합, 향약과 공자의 대동사상과 연결했다. 그리고 생태주의의 원형으로 서방의 생태론보다 앞선 동양의 총체론적 사유에 기초한 천인합일 사상을 부각시켰다. 이러한 가치는 지금 시대에 매우 필요한 시민교육의 정신이 될 것이다.

그래서 김경동이 말하듯이 시민교육이 단순히 정치적 민주주의를 지향하는 수준을 넘어서야 하며, 서구가 주도한 근대 200년의 역사가 갖는 한계를 넘어서야 한다는 점에 대해 이견은 없다. 지금 지구에 살고 있는 인류가 21세기에 닥쳐온 다양한 문제들을 해결하자면 "동서를 막론하고 새로운 문명, 새로운 가치의 모색에 착수해야 하고. 여기서 아시아의 가치 특히 유교(불교, 도교 등도 포함하여)의 재발견으로 눈길을 돌릴 필요도 있다. 그러나 공공재로서의 시민성, 공동체를 지향하는 '관계재'로서의 시민성, 그리고 핍박받는 동료들과 한 몸이 되어 사회정의를 실현하려는 저항적 시민성은 여전히 필요하고, 그것은 합리성, 이성, 비판, 권리의식의 자각 등을 바탕에 깔지 않고서는 성취하기 어렵다.

근현대 한국인들은 반드시 서구적 개인주의와 권리 의식에 기초한 시민성을 추구하지 않았으며, 공공성 추구를 통해 국가와 민족을 넘어서는 보편적 인간 해방의 이상을 지향하였다. 광주 5.18 민주화 운동 당시 총을 들었던 시민군, 이들을 물심양면으로 지원했던 여성들은 지역사회를 지키고, 억울하게 죽은 사람들의 고통을 외면할 수 없었던 정의감과 책임의식 때문에 행동했다. 그들은 국가나 민족이라는 큰 가치를 생각하기 이전에 지역 공동체를 지켜야 한다는 생각에 깔려있었고, 부당한 폭력에 맞서자는 정의감을 갖고 있었다. 그들은 한국에서 교육을 많이 받아 세련된 '시민'이 될 자격을 갖춘 사람들, 국가 내에서 특별한 시민이 될 수도 있었던 지식인, 남성들이 이미 도피한 공간에 새로운 주체로서 역할을 했다. 윤석열 불법 비상계엄을 거부한 주역도 2030 여성들이었다.

한편 21세기 우리가 지향하는 시민권은 국가 내 구성원들의 권리 보장을 넘어설 수밖에 없다. 19세기 이후 유럽의 시민권 확대의 역사를 보면 제국주의 모국에서 보장된 시민권은 자국 내의 경제성장의 산물이기도 하지만 식민지 주민의 희생을 기초로 했다. 그들이 추구했던 법치와 시민권은 대체로 그들의 국가 내에 거주하는 주민들에게만 적용되는 혜택이었다. 그래서 제국주의 지배하의 식민지 종속국 시민들의 희생 위에 가능했다. 따라서 지구 차원의 보편적 시민권 확보의 전망이 없는 한 나라만의 시민권은 흔들릴 수밖에 없다. 지구시민이 되기 위한 시민교육은 학교 교육과 지역사회 교육의 중심 의제가 되어야 할 것이다.

그러나 김경동의 서구 민주주의의 한계를 극복하기 위한 문화적 대안 제시 시도는 매우 유의미한 작업이고, 유교적 선비문화와 공동체성이라는 우리의 자원도 적극적으로 재발굴, 재해석해야 한다. 학계나 정치권에서 민주주의 심화를 위한 문화 정책과 시민교육의 확대를 위한 정책 대안이 더 많이 논의되기를 기대한다.

소비로 말하는 청년들 : 한국사회 청년세대의 사회인식과 가치 실천

최 샛 별*

호산 김경동 교수는 한국사회의 발전 궤적 속에서 사회변동과 그에 따른 가치관의 변화, 특히 성숙사회로의 발전과 관련된 중산층의 태도, 청년의 삶과 인식, 근대화와 유교적 질서 간의 긴장 등에 대해 오랜 시간 성찰해 온 대표적 사회학자다. 사회구조와 개인의 삶이 어떻게 맞물려 있는지에 초점을 맞춘 그의 연구 중에는 한국사회의 다양한 세대들이 각기 다른 조건 속에서 어떻게 사회적 위치를 형성해 왔는지에 관한 분석도 포함되어 있다(김경동, 2016, 2019). 본고에서는 그러한 문제의식을 바탕으로 오늘날 한국 청년세대가 '소비'를 통해 자기 정체성과 가치를 실천하는 방식에 초점을 맞춰보고자 한다.

오늘날 한국사회에서 이른바 MZ세대라 불리는 청년세대는 기존 세대와는 확연히 다른 방식으로 사회를 인식하고, 인식의 차이는 상이한 실천 양식으로 발현된다. 일반적으로 'MZ세대'는 밀레니얼(Millennials) 세대와 Z세대를 포괄하는 용어로, 대략 1980년대 초반부터 2000년대 중반에 이르기까지 출생한 세대를 가리킨다.[1] 이들은 어린 시절부터 디지털 기술과 인터넷에 노출되어 성장한 세대로, 디지털 환경에 매우 익숙한 '디지털 네이티브(digital native)'[2]이다. 정보 접근

---

* 이화여자대학교 사회학과 교수

1 1980년대 초부터 2000년대 중반에 이르기까지 출생한, 현 시점에서 대략 20, 30대 40대 초반에까지 광범위하게 걸쳐있는 연령대라 사실상 하나의 집단으로 묶는 것에는 상당한 문제가 있다. 그러나 세대 연구 자체가 기성세대가 새롭게 등장하는 신세대를 이해하고자 하는 목적이 강하기 때문에 세대 구분에 있어 기성세대와 신세대라는 이항대립적인 틀은 늘 존재해왔다. 즉 MZ세대를 동일한 특성을 가진 하나의 집단으로 생각하기보다는, 기성세대와 신세대라는 이항으로 구분했을 때 기성세대의 시각에서 젊은 세대를 통칭하는 말로 사용되고 있다고 보는 것이 적절하다(최샛별, 2022). 그리고 기성세대의 시각에서는 하나의 세대로 묶일 수 있는 공통점을 갖고 있는 것도 사실이다. 이 논고는 이 두 세대 모두에서 나타나는 공통적인 특징을 다루고 있다.

의 속도, 사회적 연결망의 형성 방식, 콘텐츠 소비 패턴 등에서 기존 세대와는 뚜렷한 차이를 보인다. 예컨대, 정보 습득은 포털 검색보다 유튜브나 SNS 기반으로 이루어지며, 사회적 참여는 거리 시위보다는 해시태그 캠페인이나 소비를 통한 입장표명으로 나타난다. 이러한 특성은 단지 기술 환경의 변화에 따른 적응을 넘어, 사회와 개인의 관계를 인식하는 틀 자체의 변화를 반영한다.

동시에 MZ세대는 산업화 세대가 경험한 고도 경제성장기나 구조적 상승 이동의 궤적을 경험하지 못한 세대이기도 하다. 고학력과 다수의 자격증, 해외 경험을 지녔음에도 불구하고 불안정한 일자리, 치솟는 주거비, 사회안전망의 미비 등으로 인해 생애 전반에 걸친 불확실성을 안고 있다. 이들을 가리키는 용어 중 하나인 '88만원 세대'[3]는 매해 심각해지는 청년 빈곤뿐만 아니라 청년세대가 기성세대가 누렸던 구조적 기회에서 단절된 현실을 상징적으로 보여준다. 이러한 사회경제적 조건은 이들로 하여금 결혼, 출산, 내 집 마련, 장기직장 근속 등 전통적인 생애주기를 유예하거나 아예 재구성하게 만든다. 가족 중심의 미래 설계 대신 '나 홀로 삶'이나 '비혼·비출산'의 선택이 증가하고, 직장 중심의 정체성보다는 플랫폼 기반의 유연한 일과 삶을 추구하는 경향도 강하다(최샛별, 2022).

이와 같은 세대적 경험은 사회 전반에서 세대 간 오해와 단절을 심화시키고 있으며, 동시에 청년세대 내부에서는 새로운 실천의 언어와 행위 양식이 형성되고 있다. 기존 제도적 통로나 집단적 운동보다는, 개인의 경험과 감각에 밀착된 방식으로 자신을 표현하고 사회와 소통하려는 경향이 두드러진다. 그 대표적인 실천의 장이 바로 '소비'다. 이들에게 소비는 단지 생존과 욕망의 수단이 아니라, 정체성의 형성과 사회적 감수성의 표현, 공동체적 연대의 가능성을 실험하는 실

---

2 미국의 마크 프렌스키(Marc Prensky, 2001a; 2001b)에 의해 고안된 용어로, 컴퓨터와 인터넷 매체, 디지털 기기를 배우지 않고도 체화하여 자유롭게 이용하는 세대를 의미한다(최샛별, 2022). 이후 프랑스의 자크 아탈리(Jacques Attali, 2005)가 '디지털 노마드(digital nomad)' 용어를 사용했는데, 이는 시공간의 제약 없이 디지털 기술을 활용해 유동적으로 일하는 삶의 방식을 의미한다. 디지털 세대를 지칭하는 다양한 표현 중 디지털 노마드는 M세대에, 디지털 네이티브는 출생 시부터 온라인이 없는 세상을 경험해보지 못한 Z세대에 더 적합한 개념으로 간주된다.

3 우석훈과 박권일의 2007년 저서 『88만원 세대』에서 유래한 이 용어는, 당시 비정규직 평균 임금 119만 원에 20대 평균 소득 비율인 74%를 적용해 산출한 '88만 원'을 통해, 2007년 사회에 진입한 청년세대의 암울한 현실을 상징적으로 지적한다.

천의 방식으로 자리 잡고 있다. 이들은 전통적 의미의 정치참여나 집단적 운동보다, 개인의 취향과 소비를 통해 일상 속 실천을 중시한다. 정치적 신념은 온라인 플랫폼에서의 지지 표시나, 윤리적 소비를 통한 구매 결정으로 표현되며, 공공성과 개인적 정체성은 더 이상 분리되지 않는다. 이들에게 소비란 단순한 물질 획득의 수단을 넘어선 자기 표상의 가장 직접적인 형식이다. 이처럼 개인적 삶과 사회적 감수성이 연결되는 양상은 기존 정치참여 방식과 확연히 구분된다.

이러한 실천의 핵심에는 '윤리적 소비(ethical consumption)'라는 개념이 놓여 있다. 이는 단순히 제품을 구매하는 행위를 넘어, 소비자가 자신의 신념과 가치에 따라 사회적 책임을 실현하고자 하는 태도이자 참여 방식이다. 윤리적 소비는 환경 보호뿐 아니라 동물복지, 노동 착취, 공정무역, 사회정의 등 다양한 영역에서 소비를 통해 사회적 변화를 추구하는 행동을 포괄한다. 1970년대 '사회적 책임 소비자(socially responsible consumer)'라는 용어로 처음 제기된 이후, 윤리적 소비는 점차 환경·인권·경제 정의를 아우르는 폭넓은 실천으로 확장되었다. 스트롱(Strong, 1996), 쇼와 클라크(Shaw and Clarke, 1999)는 특히 윤리적 소비가 제3세계 노동자에 대한 연대, 국제무역의 구조적 불평등, 자본주의의 윤리적 한계를 성찰하는 방식으로 기능할 수 있음을 강조하였다.

한국에서도 1990년대부터 윤리적 소비에 대한 이론적 논의와 실증 연구가 축적되어왔다. 초기 연구들은 소비윤리 개념의 정립이나 인터넷상의 비윤리적 소비 실태에 주목하였다면, 2000년대 이후에는 윤리적 소비자의 연령, 성별, 계층, 심리적 요인 등에 대한 다각도의 분석이 이루어졌다. 특히 최근에는 윤리적 소비가 특정 연령대나 집단의 실천으로 자리 잡고 있다는 점이 주목받고 있으며, 윤리적 소비를 둘러싼 연구 담론의 중심에는 청년세대가 있다.

최근 국내외 다양한 연구들은 윤리적 소비를 실천하는 핵심 주체로 20~30대 청년층, 그중에서도 특히 여성 소비자들을 부각시키고 있다. 물론 고연령층이 친환경 제품에 대한 선호를 보인다는 분석도 존재한다. 그러나 윤리적 소비를 단지 제품 속성의 문제로 한정짓는 데서 나아가 사회적 신념을 표현하고자 하는 태도와의 관련성에 주목한 연구들은 청년층이 소비 행위를 매개하여 윤리적 실천에 적극적으로 참여하는 양상에 더욱 큰 비중을 둔다. 특히 20대는 윤리적 소비를 또래 집단 내에서 공유되는 문화적 감수성으로 인식하며, 이를 통해 자신의 정체성을 구성하고 사회적 입장을 드러내는 경향을 보인다. 예컨대 김수정·박해란·최샛별(2020)은 20대 여성 소비자들이 윤리적 소비를 단순한 상품 선택이 아니라 "자신의 신념과 삶의 방향을 보여주는 실천"으로 인식하고 있음을 밝혔다. 이들은 사회적 약자에 대한 연대의식, 기후위기에 대한 책임감, 기업의 윤리적 행보에 대한 감시와 같은 태도를 소비 행위를 통해 드러내며, 이는 개인의 취향이나 기호를 넘어선 정치적 감수성의 일환이다.

이러한 맥락에서 청년세대의 윤리적 소비는 일상 속에서 발현되는 '생활 정치'로 이해될 수 있다. 즉 소비는 단지 시장에서의 개인적 선택이 아니라, 공적 가치를 매개하는 사회적 언어가 된다. 더 나아가 이들은 구매를 통해 자신이 속한 공동체에 대한 입장을 명확히 하고, 유사한 가치관을 공유하는 또래들과 감정적 연대를 형성하며, 새로운 형태의 공론장을 만들어간다. 윤리적 소비는 이들에게 있어 자기표현의 수단이자, 사회적 실천의 장이며, 무엇보다도 동시대의 정체성을 구성하는 중요한 문화적 기호가 되고 있다.

또한 윤리적 소비를 실천하는 개인의 계층적 배경과 그 사회문화적 의미에 대한 학문적 관심 역시 점차 커지고 있다. 이는 소비가 단지 개인의 취향이나 윤리적 결단으로 환원될 수 없는, 보다 구조적인 차원의 사회적 행위임을 시사한다. 특히 어떤 집단이 윤리적 소비를 실천할 수 있는 조건에 놓여 있는가, 그리고 그 소비 행위가 사회적으로 어떤 의미를 가지는가는 단순히 상품 선택의 문제를 넘어 계층 간 격차와 문화적 위계, 정치적 정체성의 문제로까지 확장된다. 이러한 경향은 프랑스 사회학자 피에르 부르디외(Pierre Bourdieu)가 제시한 '취향의 계급성' 개념과 깊은 관련을 맺고 있다.

부르디외는 오랫동안 생산 수단의 소유 여부에 초점이 맞춰졌던 전통적인 계급 논의를 소비와 취향이라는 문화적 영역으로 확장시켰다. 그는 프랑스 사회를 대상으로 책, 음악, 미술, 음식, 패션 등 다양한 문화 소비 양식을 분석하면서, 상층계급과 중간계급, 하층계급이 각기 다른 방식으로 소비를 통해 자신의 사회적 정체성을 표현하고, 타 계층과의 경계선을 구획한다는 점을 밝혀냈다. 이러한 분석은 『구별짓기』(2005)에 집약되어 있으며, 그는 이 책을 통해 '취향'이라는 것이 개인의 자유로운 선택이나 타고난 감각이 아니라, 계급에 따라 체화된 사회적 감각이라는 점을 강조하였다. 부르디외의 이론에서 취향은 문화자본의 일종으로, 일정한 사회적 배경 속에서 형성되며, 사회적 위계를 정당화하고 재생산하는 중요한 메커니즘에서 매우 핵심적인 요인으로 지목된다. 따라서 소비는 계급 구조 속에서 작동하는 상징투쟁의 장이며, 개인의 문화적 선택은 그 자체로 사회적 구별의 도구가 된다.

한국사회에서도 부르디외의 이론은 새롭게 해석되고 있다. 과거에는 '절약'과 '겸양(謙讓)'이 미덕으로 여겨지던 시대가 있었다면, 최근의 청년세대는 오히려 자신의 취향을 적극적으로 드러내고, 소비를 통해 정체성을 표현하는 문화적 흐름을 보인다. 이들은 더 이상 소비를 단순한 생존의 수단으로 여기거나 기능적 가치만으로 구매 여부를 판단하지 않으며, 특정 브랜드나 제품에 담긴 가치, 사회적 메시지, 윤리적 기준에 주목한다. '개취(개인의 취향)'와 '취존(취향 존중)'이라는 신조어는 이러한 변화된 감수성을 잘 보여준다. 이는 타인의 시선이나 공동체의 규범보다는, 자신의 내면적 신념과 감각을 우선시하는 새로운 세대 문화의 특징이며, 소비는 바로 그 감각을 구현하는 중요한 실천의 장이 된다. 예를 들어, 청년세대는 화장품의 동물실험 여부, 의류 브랜드의 지속가능성, 음식점의 노동 조건 등을 소비의 기준으로 삼으며, 이를 통해 자신이 지향하는 윤리와 가치, 그리고 사회에 대한 태도를 드러낸다.

이러한 현상은 최근 윤리적 소비에 대한 연구에서 주목하고 있는 '에코 아비투스(eco-habitus)' 개념과도 긴밀히 연결된다. 에코 아비투스란 친환경적이고 윤리적인 소비에 대한 선호가 단순한 개별적 취향이 아니라, 계층적 위치에 따라 체화된 문화자본의 일종이라는 개념이다. 다시 말해, 환경을 생각하고 공정무역을 지지하며 비윤리적 기업을 불매하는 등의 행동은 정보 접근성과 문화적 민감성, 경제적 여유라는 조건 아래에서만 실천 가능한 경우가 많으며, 이 감각은 특정 사회경제적 계층에 더 밀접하게 연결되어 있다는 것이다. 구스만(Guthman, 2003), 존스톤과 동료들(Johnston, Rodney, and Szabo, 2011), 카파냐와 동료들(Carfagna, Dubois, Fitzmaurice, Ouimette, Schor, Willis, and Laidley, 2014) 등의 연구는 이러한 대안 소비가 주로 고학력·고소득의 중산층 전문직 계층을 중심으로 형성되며, 이들이 유기농 식품이나 공정무역 제품을 소비하는 방식이 곧 계급적 차별성과 구별짓기의 수단으로 작동한다고 분석하였다. 특히 '여피족(yuppie)'이라 불리는 미국의 도시 중산층 젊은이들이 '윤리적 식사'나 '지속가능한 라이프 스타일'을 일종의 상징자본으로 활용하고, 자신과 타인을 도덕적으로 구별 짓는 방식은 오늘날 한국 청년세대의 소비문화와도 상당히 유사하다.

한국사회에서도 이와 같은 '에코 아비투스'가 나타나고 있다. 윤리적 소비는 사회경제적 자원이 높은 계층에서 실천 가능성이 현저히 높았으며, 특히 20대 소비자 집단에서는 부모의 학력 수준이 윤리적 소비의 행위 여부에 중요한 영향을 미치는 요인으로 작용한다는 실증적 연구가 이를 뒷받침한다(김재원·김민지·최샛별, 2023). 이는 윤리적 소비가 단순히 도덕적 실천이나 사회적 의식의 문제에 국한되지 않으며, 정보력, 시간적 여유, 교육 수준 등 다양한 자본의 총합에 의해 가능해지는 '계층적 실천'이라는 점을 시사한다. 즉, 누구나 '착한 소비'를 실천할 수 있는 것이 아니라, 그것이 가능하도록 해주는 배경 자원이 선행되어야 한다는 사실은 윤리적 소비가 가진 본질적 불평등성을 드러낸다.

이와 같은 분석은 청년세대의 윤리적 소비를 단순히 진보적 실천이나 도덕적 감수성의 발현으로만 이해할 수 없게 만든다. 소비는 이들에게 자기표현의 수단이자, 사회참여의 방식이며, 동시에 계급적 위계를 드러내는 상징자본이다. SNS를 통해 유사한 감각을 공유하는 사람들 간에는 '취향 공동체'가 형성되며, 동물권, 환경, 젠더, 인권 등의 사회적 의제에 대한 감수성이 확산된다. 이들은 특정 브랜드를 소비하거나 보이콧함으로써 자신의 정치적 입장을 드러내고, 기업의 윤리성을 감시하며, 소비를 통해 사회 변화를 추구한다. 마치 투표하듯이 소비하고, 소셜미디어를 통해 집단적 윤리 감수성을 공유하면서 새로운 형태의 공론장을 만들어나가는 것이다.

그러나 동시에 우리는 이러한 윤리적 소비가 계급적 상징자본으로 기능할 수 있다는 점에서 비판적 성찰이 필요하다는 사실을 간과해서는 안 된다. 윤리적 소비는 자본과 문화적 감수성이 충분히 축적된 집단에서 상대적으로 쉽게 실천될 수 있으며, 이러한 실천이 때로는 도덕적 우월성이나 계층적 위신의 표식으로 기능할 수도 있다. 부르디외가 지적한 문화자본의 비대칭성과 연결지어 본다면, 윤리적 소비는 새로운 형태의 '구별짓기'이자 또 다른 방식의 사회적 배제일 수 있다. 따라서 우리는 MZ세대의 윤리적 소비가 지닌 비판성과 정치성을 긍정적으로 평가하는 동시에, 그것이 어떤 사회적 자원을 전제하고 있으며 어떤 방식으로 위계를 재생산하고 있는지를 함께 조망할 필요가 있다.

이러한 문제의식은 사회구조와 개인의 삶 사이의 관계를 심도 있게 탐구해 온 호산 김경동 교수의 학문적 작업과도 깊이 연결된다. 호산 김경동 교수는 일찍부터 한국사회의 산업화와 민주화, 정보화라는 거대한 사회변동이 개인의 의식, 감정, 실천 양식에 어떤 방식으로 침투하고 표출되는지를 규명하고자 했다(김경동, 1992, 1993). 따라서 오늘날 MZ세대의 소비도 단순한 기호의 선택이나 시장 반응의 결과로 보아서는 안 된다. 그것은 자본주의 소비문화의 일방적 수용이 아니라, 그 안에서 새로운 윤리와 공동체 감각, 정치적 메시지를 실험하는 집단적 실천이며, 일종의 '생활 속 문화정치'라고 할 수 있다.

청년세대의 소비는 감각의 표현인 동시에, 그 감각 자체가 이미 사회구조의 일부이자 그 재구성의 매개가 된다. 다시 말해, 무엇을 수용하고 무엇을 거부하는지에 대한 감각적 판단은 개인의 취향으로 포장되어 있지만, 실은 교육, 계층, 젠더, 미디어 환경 등 사회적 조건 속에서 형성되고 또 재생산되는 문화적 산물이다. 이처럼 소비는 외형적으로는 사적 행위처럼 보이지만, 그 내부에는 사회구조의 잔상과 동시대적 긴장이 응축되어 있다. 특히 윤리적 소비나 취향 소비와 같이 자아정체성과 사회적 메시지를 동시에 담는 소비 행위는, 동시대 한국사회에서 청년들이 어떻게 자신을 표현하고 사회와 관계 맺고자 하는지를 보여주는 실마리가 된다.

그럼에도 불구하고 현재까지 청년세대의 소비와 취향에 관한 연구는 여전히 단편적인 소비자 조사나 마케팅 보고서의 수준에 머무르는 경우가 많다. 소비 현상의 양적 지표를 측정하거나 특정 브랜드 선호도를 분석하는 방식은 이들의 소비를 사회적 실천으로 파악하기에 충분치 않다. 실제로 'MZ세대' 혹은 'Z세대'로 범주화되는 청년세대의 소비에 대한 논의는 주로 경영학, 소비자학, 광고학 등 실용 학문 분야에서 이루어져 왔으며, 그마저도 시장 전략 수립이나 브랜드 충성도, 소비자 집단의 세분화와 같은 실증적 분석에 집중되어 있다. 반면, 소비를 사회문화적 맥락에서 해석하거나, 그 속에 내재된 구조적 불평등과 정치적 의미를 분석하려는 시도는 현저히 부족하다. 특히 이러한 문제를 비판적으로 조망하고 해석할 책임이 있는 사회학에서조차, 청년세대의 소비문화를 독립적인 연구 주제로 삼아 본격적으로 분석한 사례는 극히 드물다. 청년 소비는 분명히 동시대 사회구조와 감각의 변화를 가늠할 수 있는 중요한 장임에도 불구하고,

사회학 내에서 청년 소비에 대한 관심은 여전히 학문적 주변부에 머물러 있다는 점은 비판적 성찰을 요구한다.

하지만 청년세대의 소비는 단지 마케팅의 대상이나 경제활동의 부산물이 아니다. 동시대 한국사회의 가치관과 권력구조, 사회적 상상력이 어떤 방향으로 이동하고 있는지를 가늠할 수 있는 중요한 사회적 지표다. 이들의 소비 양상에는 기후위기, 노동 착취, 젠더 이슈, 지역 격차 등 다양한 사회문제에 대한 감수성이 반영되어 있으며, 이를 통해 청년들은 단지 개인적 정체성을 표현하는 것을 넘어 사회적 발언을 하고, 연대를 시도하며, 새로운 윤리적 질서를 실험하고 있다. 결국 청년들의 소비를 제대로 읽는다는 것은 단순히 유행을 파악하는 것이 아니라, 한국사회의 방향성과 균열, 그리고 미래에 대한 감각적 상상력을 함께 읽는 일이 된다.

따라서 향후 사회학은 청년들의 소비를 단지 일시적 유행이나 개별적 선택의 결과라는 표면적인 현상의 심층적인 구조, 즉 그 실천이 지닌 복합적 의미와 구조적 배경을 보다 정밀하게 포착하고 분석할 수 있는 이론적 틀과 방법론을 모색해야 한다. 소비를 문화적 실천이자 사회적 감각의 표현으로 바라보는 관점은, 청년세대가 처한 시대적 조건과 구조적 제약, 그리고 이들이 그것을 어떻게 전유하고 재구성하는지를 더 깊이 있게 이해할 수 있도록 돕는다. 이 과정에서 필요한 것은 이들을 표준화된 세대 범주로 고정하거나, '트렌드 세터' 혹은 '불만 세대'와 같은 고정된 이미지로 재단하지 않고, 실천 주체로서 청년을 있는 그대로 관찰하고 해석하려는 사회학적 상상력이다.

무엇보다도 오늘날의 청년세대를 규정짓는 통념에서 벗어나, 이들이 일상 속에서 실천하고 있는 소비의 양상과 감각을 섬세하게 기록하고 해석하려는 태도가 요구된다. 청년들은 지금, 소비로 말하고 있다. 그들의 취향은 일시적인 유행을 넘어서, 불확실한 시대를 살아가는 한 세대의 감각적 나침반이며, 한국사회의 미래를 비추는 중요한 좌표다. 청년의 소비를 이해하는 일은 곧, 우리가 살고 있는 사회의 구조와 감정을, 그 미세한 진동까지 포착해내는 일이다.

[참고문헌]

김경동. 1992.『한국인의 가치관과 사회의식』. 박영사.

_____. 1993.『한국사회변동론』. 나남.

_____. 2016. "사회의 발전과 행복." 한국행동과학연구소 편.『한국사회의 발전과 행복』. 학지사: 109-168.

_____. 2019.『사회적 가치: 문명론적 성찰과 비전』. 푸른사상.

김수정 · 박해란 · 최샛별. 2020. "윤리적 소비에 관한 사회학적 고찰: 20대 여성의 윤리적 소비 인식과 실천을 중심으로."『사회과학연구』31(1): 279-299.

김재원 · 김민지 · 최샛별. 2023. "한국사회에서 누가 윤리적 소비를 하는가?."『문화와 사회』31(3): 279-326.

부르디외, 피에르(Bourdieu, Pierre). 2005(1979).『구별짓기: 문화와 취향의 사회학』. 최종철 역. 서울: 새물결.

아탈리, 자크(Attali, Jacques). 2005.『호모 노마드: 유목하는 인간』. 이효숙 역. 서울: 웅진닷컴.

우석훈 · 박권일. 2007.『88만원세대: 절망의 세대에 쓰는 희망의 경제학』. 서울: 레디앙미디어.

최샛별. 2022. "한국의 MZ세대 이야기: 기성세대의 상식을 넘어서다."『지식의 지평』32: 63-76.

Carfagna, Lindsey B, Emilie A Dubois, Connor Fitzmaurice, Monique Y Ouimette, Juliet B Schor, Margaret Willis, and Thomas Laidley. 2014. "An Emerging Eco-Habitus: The Reconfiguration of High Cultural Capital Practices among Ethical Consumers." *Journal of Consumer Culture* 14(2): 158-178.

Guthman, Julie. 2003. "Fast food/organic food: Reflexive tastes and the making of 'yuppie chow'." *Social and Cultural Geography* 4(1): 45-58.

Johnston, Josee, Alexandra Rodney, and Michelle Szabo. 2011. "Good Food, Good People: Understanding the Cultural Repertoire of Ethical Eating." *Journal of Consumer Culture* 11(3): 293-318.

Prensky, Marc. 2001a. "Digital Natives, Digital Immigrants Part 1." *On the Horizon* 9(5): 1-6.

__________. 2001b. "Digital Natives, Digital Immigrants Part 2: Do They Really Think Differently?" *On the Horizon* 9(6): 1-6.

Shaw, Deirdre and Ian Clarke. 1999. "Belief Formation in Ethical Consumer Groups: An Exploratory Study." *Marketing Intelligence and Planning* 17 (2): 109-120.

Strong, Carolyn. 1996. "Features Contributing to the Growth in Ethical Consumerism - A Preliminary Investigation." *Marketing Intelligence and Planning* 14(5): 5-13.

초고령사회에서의 노인복지정책 :
산림치유를 통한 웰에이징

김 익 기*

Ⅰ. 서론

지금 전 세계적으로 인구고령화가 매우 중요한 사회문제가 되고 있다. 인구고령화란 전체 인구에서 노년층(65세 이상)의 인구 비율이 증가하는 현상을 말한다. 고령화는 의학 기술의 발달, 생활환경의 개선, 영양 상태의 개선 등으로 인간의 평균수명이 늘어나고 또한 저출산으로 인해 상대적으로 노인의 비율이 증가하면서 그 추세가 매우 급속히 진행되고 있다. 인구 고령화는 사회와 경제에 많은 영향을 미치며, 이에 따라 노인의 건강 문제는 그 중요성이 점점 커지고 있다.

노인의 건강 문제는 노화로 인해 신체 기능이 저하되고 면역력이 약화되어 각종 질병에 취약해지기 때문에 발생한다. 대표적인 노인성 질환으로는 치매, 관절염, 고혈압, 당뇨병 등이 있다. 또한, 노인들은 거동이 불편하거나 체력이 약해져 일상생활을 혼자서 수행하기 어려운 경우가 많다. 빠른 속도로 고령화가 진행되면서 노인을 위한 의료비용도 급속도로 증가하고 있다. 이러한 상황에서 그간 국가가 주도하여 실시해 왔던 노인에 대한 의료복지정책을 재고해야 할 상황에 이르게 되었다. 기존에 실시해 왔던 받기만 하던 수동적 복지에서 이제는 노인들이 직접 참여하는 참여복지로 그 패러다임이 변하지 않으면 안 되는 시점이 되었다. 최근에 이러한 시도가 곳곳에서 나타나고 있다.

많은 나라에서 초고령화가 진행되면서 노인 돌봄, 건강 관리, 고용, 경제 등 여러 분야에서 급속도로 나타나고 있는 노인문제에 대해 여러 가지 대응방안이 모색되고 있다. 여기에서 가장 큰 도전은 노인의 건강 관리에 대한 수요의 증가이다. 노인의 건강 관리를 위해서 제시되고 있는 가장 가시적인 방안의 하나가

* 동아노인복지연구소 소장. 前 동국대학교 교수, 중국인민대학교 석좌교수

산림을 이용한 산림치유의 방법이다.

초고령사회로 진입한 우리나라에서도 산림자원의 항노화 기능이 매우 다각도로 전개되고 있다. 항노화는 노화 과정을 지연시키거나 예방 혹은 노화 현상을 역전시키는 개념을 말하며, 노화로 인한 신체 기능의 저하 혹은 노화 관련 질병을 조기에 탐지 및 예방하며 관리하고 치료하는 모든 활동을 말한다. 항노화 기능은 장기적으로 꾸준히 진행되어야 비로소 그 효과가 나타난다는 특성을 고려하여 산림치료 지도사들이 일 년 내내 다양한 장기 프로그램을 운영하고 있다(박수진 외, 2021).

이 글에서는 초고령화 시대에 돌입한 한국에서 제기되고 있는 노인문제와 노인복지의 실상을 설명하고 이 문제를 해결하기 위해 새롭게 제기되고 있는 산림치유의 내용을 소개하고자 한다. 좀 더 구체적으로 한국에서의 산림치유의 내용을 소개하며 앞으로 한국에서 노인복지와 산림치유가 어떻게 융합되어야 할 것인가의 방향성에 대해서 논의하고자 한다.

호산 김경동 선생님은 9순을 맞이하신 현재까지 한국사회가 겪고 있는 제반 사회문제를 진단하고 미래를 향해 나아가야 할 방향을 끊임없이 제시해 주고 계신다. 지금 한국사회는 고령화 속도가 세계에서 가장 빠르게 진행되고 있다. 2024년에 초고령사회로 진입한 한국에서의 노인복지는 현재 우리 사회가 겪고 있고 앞으로 더욱 구체적으로 해결해 나가야 할 엄중한 사회문제가 되고 있다. 미래를 내다보시는 선생님에게 초고령사회에서의 새로운 노인복지정책은 매우 중대한 이슈가 될 것으로 여겨진다.

Ⅱ. 인구고령화의 추세와 노인의 건강 문제

인구고령화는 현재 전 세계적으로 매우 중요한 사회적, 경제적 문제로 대두되고 있다. 특히 동아시아는 세계에서도 인구고령화가 가장 심각하게 진행되고 있는 지역으로 나타나고 있다. 그중에서도 한국은 고령화 속도가 세계에서 가장 빠른 나라로 기록되고 있다(金益基, 2024). 한국은 65세 이상의 인구 비율이 2024년 12월에 20%를 넘어서서 이미 초고령화시대로 돌입했다. 2030년에는 이 비율이 24.3%로 증가할 것으로 예상된다. 이와 같이 고령화가 진행되는 것은 지속적인 출산율 저하와 평균 수명의 연장이 주요 원인으로 지적되고 있다.

지난 50년 동안 한국인의 평균수명(또는 기대수명)은 거의 30년이 연장되었다(김익기, 2024). 인간의 평균수명은 경제성장과 함께 지속적으로 증가하고 있다. 이 추세는 선진국뿐만 아니라 개발도상국을 포함하여 전 세계에서 공통적으로 나타나고 있는 현상이다. 고령화가 되면서 건강한 노인의 비율이 건강하지 않은 노인의 비율을 상회하고 있다(Park Sang Chul, 2024). 또한 은퇴 후에 적극적인 활동에 참여하는 노인 수가 늘어나고 있다. 노인들이 적극적인 노년생활을 영위하게 되면 더욱더 건강해지고 국가의 의료비용도 줄일 수 있게 된다. 이럼으로써 노인들은 자신 있는 노령화(confident aging)를 누릴 수 있는 것이다(Park Sang Chul, 2024).

현재 한국인들은 100세 시대가 도래하는 것을 꿈꾸며 미래에 대한 기대감을 높이고 있다. 그런데, 여기에서 100세 시대의 노인들이 과연 행복할까라는 논의에 부닥치게 된다. [그림 1]은 한국인의 기대수명과 건강수명의 차이를 보여주고 있다. 기대수명과 건강수명의 차이가 2014년에는 16.6년으로 나타났고 2020년에는 17.2년으로 나타나고 있다. 이러한 통계는 한국인은 현재 평균 17년 정도 건강하지 못한 노년기를 보내고 있다고 하는 것을 나타내고 있다.

[그림 1] 한국인의 기대수명과 건강수명의 차이

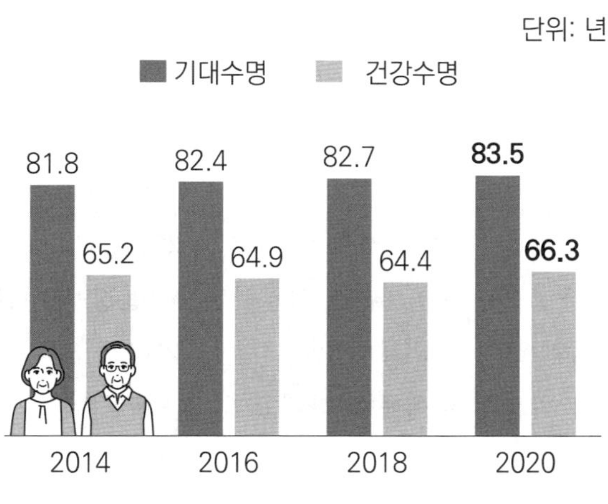

출처: 통계청 한국의 사회지표, 2021.

인구고령화는 노인의 건강 문제와 매우 밀접하게 연관되어 있다. 고령화 사회에서는 노인들의 건강 문제가 크게 증가하고 있다. 고령화로 나타나고 있는 주요한 건강 문제는 다음과 같다.

1. **만성질환**

노인들은 고혈압, 당뇨병, 심혈관 질환 등 만성질환에 걸릴 확률이 높다. 고혈압과 당뇨병은 장기적인 관리가 필요한 질환으로, 관리되지 않으면 심각한 합병증을 유발할 수 있다. 또한 노인의 경우 관절염이나 퇴행성 질환이 많이 발생한다. 이는 이동성 제한을 초래하고, 삶의 질을 저하시킬 수 있다.

2. **인지기능 저하**

치매는 노인에게서 나타나는 가장 흔한 정신건강 문제 중 하나이다. 치매는 기억력 저하 및 사고 능력 저하로 일상적인 생활을 유지하는 데 어려움을 초래하고 있다. 한국에서는 치매 환자의 증가에 따라 치매관리 비용이 매년 증가하고 있다. 2024년 한국의 치매 관리비용이 114조에 달하여 전체 건강 및 복지비용의 2.7%를 차지한 것으로 나타나고 있다(Park Kun Woo, 2024).

3. **사회적 고립과 우울증**

고령 인구는 종종 사회적 고립을 경험한다. 친구나 가족의 지원을 받지 못할 경우, 정신건강 문제뿐만 아니라 신체 건강에도 부정적인 영향을 미칠 수 있다. 이로 인해 노인들은 우울증을 겪을 확률이 높게 나타나고 있다.

노인들은 위에서 언급한대로 고령화를 겪게 되면서 각종 질병에 시달리게 된다. 이에 따라 노인들을 위해 쓰이는 의료비용도 점차 증가하고 있다. [그림 2]는 한국의 고령자 의료급여 비용의 추세를 나타내고 있다. 65세 이상 노인의 의료비용이 2016년에 3조 908억 원으로 국민 전체 의료비용의 46.6%를 차지하였는데, 이 비용과 비율이 점점 늘어나서 2020년에는 4조 4380억 원으로 증가하였고 그 비율은 50.3%로서 65세 이상 노인의 의료비용이 전 국민의 의료비용의 반을 넘어섰다.

이와 같이 지속적으로 증가하고 있는 노인들의 의료비용을 기존의 방식대로 국가가 모두 제공해 주는 것에는 한계가 있다. 국가의 재정으로 이것을 모두 감당할 수는 없다. 앞으로 이 상황이 지속된다면 국가재정에 큰 위기가 닥칠 것이다. 이것이 노인복지가 기존의 방식을 탈피해서 새로운 패러다임으로 가야 할 매우 중요한 이유가 되고 있다.

초고령화가 진행됨에 따라 노인의 건강 문제 해결을 위한 노력으로 정부와 지역사회는 여러 가지 프로그램을 실시하고 있다. 예를 들어, 정기적인 건강검진, 예방 접종, 건강 교육 등의 서비스를 제공하고 있다. 또한 노인의 사회적 고립을 줄이기 위한 노력도 다양하게 진행되고 있어서 노인복지시설, 사회참여 프로그램, 자원봉사 활동 등으로 노인의 사회적 연결을 돕고 있다. 낙상 예방을 위한 운동 프로그램과 재활치료를 제공하여 신체 기능을 유지하려는 노력도 강화되고 있다.

[그림 2] 고령자 의료급여 비용의 추세

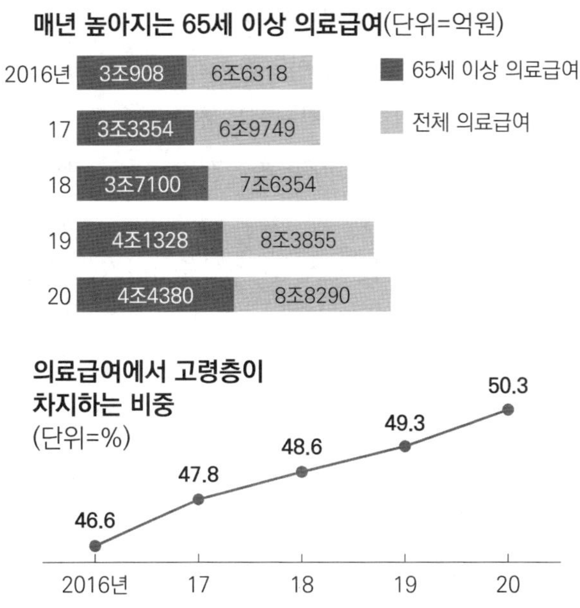

자료: 연성훈(2022)

한편으로 고령화가 되면서 증가하고 있는 치매 예방을 위한 인지훈련 프로그램과 치료를 위한 의학적 접근이 활발히 이루어지고 있다. 현재 서구에서는 경증 치매 관리를 위해 치유농업(care farm)을 비롯해 각종 치매 예방 프로그램이 진행되고 있다(金益基, 2024). 이와 곁들여 자연치유에 대한 논의가 다양하게 전개되고 있고, 그중에서도 산림치유가 새로운 방법론으로 등장하게 되었다(김익기, 2024; 박수진 외, 2022; 연성훈, 2022).

Ⅲ. 산림치유의 내용과 효과

산림은 오랫동안 녹화를 통해서 자연경관을 아름답게 하는 것이 목적이었고 따라서 과거에는 산림이 녹화(綠化)를 위한 것으로만 이해되었지만, 지금은 중요한 복지의 자원으로도 활용되고 있다. 산림복지 진흥에 관한 법률 제2조를 보면, 산림복지는 국민에게 산림을 기반으로 산림복지서비스를 제공함으로써 국민의 복리 증진에 기여하기 위해 제공하는 경제적·사회적·정서적 지원을 말한다고 되어 있다(연성훈, 2022).

산림은 원래 생산 혹은 보전을 위한 천연자원으로 주로 여겨졌지만, 사회적 수요가 변화함에 따라 근래에는 시민들의 휴양공간이자, 웰빙(well-being)과 건강 증진의 자원으로서 그 의미가 확장되었다. 최근에는 산림치유를 통한 질병 예방 및 건강증진 효과가 과학적으로 입증됨에 따라 치유자원으로서 산림을 활용하려는 시도들도 증가하고 있다(박수진 외, 2022: 10).

산림치유는 일정 시간 숲속에서 머물면서 건강을 증진시키는 방법으로서 이는 사람들로 하여금 육체적, 심리적 및 정서적으로 건강을 증진시켜 주며 스트레스를 경감시켜서 사람들로 하여금 행복감을 느끼게 한다(Park Bum Jin, 2024). 산림문화·휴양에 관한 법률 제2조를 보면 산림치유의 정의는 "향기, 경관 등 자연의 다양한 요소를 활용하여 인체의 면역력을 높이고 건강을 증진시키는 활동을 말한다."고 되어 있다(연성훈, 2022). 산림이 건강에 미치는 영향은 다음과 같이 나타나고 있다(박수진 외, 2022).

1. 심리적 스트레스 감소와 정서 회복

산림에서의 치유 효과를 검증한 임상연구에 따르면 산림을 방문하는 것만으로도 긍정적인 감정이 증가하고 우울증, 피로, 불안, 불확실성, 긴장 등 부정적인 정서가 감소되는 것으로 나타나고 있다(박수진 외, 2022: 17).

2. 생리적 스트레스 감소와 면역증진

산림에서 시간을 보내는 것은 혈압, 맥박수, 스트레스 호르몬 수치를 낮추며, 교감신경의 활동을 억제하는 한편 부교감 신경계의 활동을 강화하여 신체가 이완되고 편안한 상태를 유지할 수 있도록 돕는다. 산림을 통한 스트레스 완화와 생리적 이완은 염증의 완화 및 면역기능 향상에 도움을 준다(박수진 외, 2022: 17-18).

3. 건강증진 및 비전염성 질환 예방

산림과 같은 자연환경에서 하는 '녹색운동'은 실내에서의 신체활동보다 더 큰 심리적 이점과 건강상의 이점을 제공한다. 이러한 신체활동은 관상동맥 심장질환, 당뇨병, 암, 우울증 등 신체적, 정신적 질환의 위험을 줄임으로써 공공의료비용 절감에 기여하고 있다(박수진 외, 2022: 18).

4. 사회문화적 혜택 제공

산림은 개인과 공동체의 정신건강에 중요한 문화적 중요성을 가지며, 실제로 자연을 보호하고 산림을 보존하기 위한 지역적인 노력의 기초가 된다. 일부 지역에서는 산림에 대한 존중과 보호가 공동체의 정체성 유지 및 보호에 기여할 수 있다(박수진 외, 2022).

한편, 산림분야에서는 현재 개인이 산림에서 건강 및 웰빙과 관련된 혜택을 얻을 수 있도록, 산림에서 느끼고 체험하는 경험을 증진시키는 프로그램 수준 중재(intervention)에 대한 논의가 활발하다. 프로그램 수준 중재는 특정 목적을 달성하기 위해 산림에서 수행할 수 있는 활동 및 프로그램이며, 어떤 사람을 참여대상으로 하는지, 치유를 위해 산림에서 얼마나 개입하는지에 따라 체험적 활용, 치유적 활용 및 치료적 활용으로 나누어진다(박수진 외, 2022: 19).

산림의 체험적 활용은 산림에서 시간을 보내는 주목적이 교육이나 휴양, 관광이며 산림에서의 간접적인 건강 혜택을 얻을 수 있는 중재법으로서 여기에는 산책, 테마 여행, 주제탐방, 산악자전거, 모험공원, 숲 줄타기, 숲 체험 등이 있다. 산림의 치유적 활용은 산림을 방문하는 사람들에게 유익한 효과를 촉진하기 위한 보다 적극적인 개입이 포함된 중재로서 여기에는 치유숲 프로그램, 회복정원 치유세션, 웰니스길 프로그램, 삼림욕, 숲에서의 스트레스 이완훈련 등이 있다.

산림의 치료적 활용은 이미 질환을 갖고 있거나 아픈 사람들을 대상으로 수행되는데, 신체재활 및 치료적 대화의 수단으로 활용되거나 임상 치료의 보조요법 혹은 질병 치료를 목적으로 수행되는 중재로서 여기에는 산림 재활치료, 인지행동치료, 재활센터 및 재활병원의 숲 처방 등이 있다.

그런데, 이러한 여러 형태의 산림치유가 과연 건강증진에 효과가 있을까가 중요한 과제로 제기되고 있다. 국립산림과학원 등지에서는 산림치유가 건강증진에 미치는 효과에 대해서 다년간 연구를 하여 산림치유가 가져다준 육체적, 정신적 효과를 검증하였다(연성훈, 2022).

한편, 산림치유의 의학적 효과성에 대한 결과도 나타나고 있다. 국립산림치유원에서 경도인지장애를 겪고 있는 60세 이상 노인들을 대상으로 산림치유를 실험한 결과, 인지기능, 노인 체력, 근력 및 보행 기능 등은 모두 증가한 반면에, 우울감 및 총장애기능은 감소한 것으로 나타나고 있어서 산림치유가 건강증진에 확실한 효과를 나타낸 것으로 보여지고 있다(연성훈, 2022).

Ⅳ. 노인복지와 산림치유의 융합정책

노인복지와 산림치유의 융합정책은 이미 초고령사회에 진입한 한국에서 그 중요성이 점차 커지고 있다. 특히 고령인구의 증가와 함께 장기 요양을 요하는 질병이 늘어나고 있으며, 그로 인해 개인적인 의료비용뿐만 아니라 국가가 지불해야 하는 의료비용도 감당할 수 없을 정도로 증가하고 있다. 이에 따라 기존의 노인복지 정책을 탈피한 새로운 정책이 요구되고 있으며, 노인복지와 산림치유의 융합정책이 새로운 패러다임으로 등장하고 있다.

산림치유는 숲이 가진 다양한 물리적 환경 요소를 활용하여 인간의 신체적, 정신적 건강을 증진시키는 활동으로, 노인들의 신체적 건강증진, 면역력 강화, 인지능력 향상, 정신적 안정감 증진 등의 효과가 있다. 노인복지와 산림치유의 융합정책은 노인의 건강과 삶의 질 향상을 위해 자연을 기반으로 한 치유적 접근을 활용하는 방식이다. 산림치유는 자연환경 속에서 신체적, 정신적 회복을 도와주는 활동으로, 특히 노인들에게 많은 혜택을 줄 수 있다. 아래는 이 두 분야를 결합한 융합정책을 통해 얻을 수 있는 이점과 구체적인 정책 아이디어를 소개하고자 한다.

먼저, 산림치유는 노인의 신체적, 정신적 건강증진을 도모하도록 하여 산림 속에서 자연과 접하며 걷기, 호흡 훈련, 명상 등을 통해 스트레스를 줄이고, 심리적인 안정을 찾을 수 있게 한다. 자연 속에서의 활동은 면역력과 체력 증진에 도움을 줄 수 있으며, 노인의 자가 건강 관리 능력을 키울 수 있다. 한편 사회적 산림치유 프로그램을 통해 다른 사람들과 함께 활동하며 사회적 연결망을 확장할 수 있다.

또한 다양한 산림치유 프로그램을 통하여 산림치유센터나 요양시설에서 산림치유 전문가와 협력하여 정기적인 숲 체험 프로그램을 운영하여 숲속 걷기, 식물 관찰, 자연에서의 명상 등 다양한 활동을 추진할 수 있도록 한다. 특히 저소득층 노인이나 고립된 노인을 대상으로 산림치유 여행 프로그램을 마련하여, 자연 속에서 힐링할 수 있는 기회를 제공한다. 한편 도시 내에 접근 가능한 지역에 치유 숲을 조성하여, 노인들이 언제든지 쉽게 방문하고 활용할 수 있어서 숲속에서 걷거나 간단한 운동을 할 수 있는 공간을 마련해 줄 수 있다.

노인복지와 산림치유의 융합정책을 보다 확실히 실행하기 위하여 정부나 지자체에서 노인복지와 관련된 예산을 산림치유 프로그램에 투입하여, 보다 많은 노인들이 자연과 함께 힐링할 수 있는 기회를 제공할 수 있을 것이다. 또한 산림치유가 노인 건강에 미치는 영향을 보다 더 체계적으로 연구하고, 그 데이터를 바탕으로 보다 효과적인 노인복지정책을 수립할 수 있을 것이다. 결국 초고령사회에서의 노인복지정책은 산림치유라는 새로운 패러다임을 통해서 새로운 길을 모색할 수 있을 것이다.

Ⅴ. 결어

이 글에서는 초고령화 시대가 겪고 있는 노인복지의 문제를 해결하기 위한 방안으로 산림치유의 필요성에 대해서 언급하였다. 산림치유가 기존의 노인복지의 틀을 벗어나기 위한 새로운 도전으로서 역할과 기능을 담당할 수 있다는 전제하에서 이에 대한 연구가 점차 증가하고 있다. 그간 적지 않은 연구를 통해서 산림치유를 통한 중재가 건강증진에 효과가 있다는 사실이 검증되었다.

산림치유는 노인들에게 심리적 안정감을 제공하고, 고립감을 줄이며, 우울증 예방에도 효과적이다. 자연 속에서의 활동은 노인들이 스스로 건강을 관리하고, 자아 존중감을 높이는 데 도움이 된다. 다양한 산림치유 활동에 참여함으로써 노인들이 사회적으로 더 활발히 참여하고, 외로움을 덜 느낄 수 있다. 이와 같은 융합정책을 통해, 노인들의 삶의 질을 높이고 건강한 노후를 지원하는 데 중요한 역할을 할 수 있을 것이다.

그러나 이와 같은 중요성에도 불구하고 아직까지 노인복지와 산림치유의 연계에 대한 논의는 극히 미미한 상태이다. 2024년 10월에 동아노인복지연구소가 서울에서 개최하였던 국제회의인 '초고령화시대에서의 도전과 과제: 산림치유와 웰에이징'이 이와 관련된 거의 최초의 국제회의가 아닌가 여겨진다(East Asia Well-Ageing Research Center, 2024). 앞으로 이와 같은 논의와 토론이 더 활발해져서 노인복지와 산림치유가 더욱 잘 연계될 수 있는 기반이 마련되어야 할 것이다.

또한 지금까지 부분적으로만 실시해 왔던 산림치유에 관한 효과성을 더욱 확실하고 체계적으로 검증하여 궁극적으로 국가정책에 반영하도록 해야 할 것이다. 이를 위해 한국의 산림청은 현재 산림복지서비스와 보건복지부, 교육부 등의 타 부처와 보다 긴밀한 연계를 통한 융합·연계 방안을 모색해서 노인복지시설과 산림복지시설을 연계하거나, 노인 대상 산림치유 프로그램을 개발하는 등의 정책도 추진해야 할 것이다. 그 구체적인 한 예로, 건강보험공단이 산림치유를 실시한 노인들에게 건강보험료를 경감시켜 주는 등의 실질적인 정책이 필요할 것으로 보인다.

이러한 융합정책은 노인들의 삶의 질을 향상시키고, 건강한 노후를 보낼 수 있도록 돕는 데 큰 역할을 할 것으로 기대된다. 결국 초고령사회에서의 노인복지는 노인들이 직접 참여하는 참여복지가 그 대안이 될 것이다. 앞으로는 지역공동체를 대상으로 산림을 활용하여 새로운 공간을 조성하고 산림치유 효과를 누릴 수 있는 접근도 필요하다. 한편으로 산림치유의 효과에 대한 사회적 인식을 높이기 위해 다양한 매체를 통해 홍보하고, 노인들에게 산림치유의 혜택을 알리는 활동이 필요할 것이다.

[참고문헌]

김익기. 2024. 2. “노인복지와 산림치유의 연계방안.” 산림행정학회 동계학술회 발표자료.

金益基. 2024. 10. “老人福利与森林治愈的联系方案.” 第18届世界华侨地区长期疗养会议. 主题发言. 上海.

박수진 외. 2021. 『항노화 자원을 활용한 산림치유 프로그램』. 국립산림과학원.

박수진 외. 2022. 『산림의 치유적 활용 국제논의 및 국외사례』. 국립산림과학원.

연성훈. 2022. “노인복지를 위한 산림치유의 역할과 방향” 동아노인복지포럼 발표.

이정희 · 지상훈. 2024. 2. “삶의 질 향상을 위한 생활관 산림복지서비스 증진방안.” 산림행정학회 동계학술회 발표자료.

통계청. 2021. 『한국의 사회지표』.

Chen, Yinghua. 2024. “Changes in forest health care practices in China.” in Proceedings of Forest Therapy and Well-Aging International Conference.

East Asia Well-Ageing Research Center. 2024. Proceedings of Forest Therapy and Well-Aging International Conference.

Feng, Yuxin and Jiehua Lu. 2024. “Forest healing program under the background of population aging in China." in Proceedings of Forest Therapy and Well-Aging International Conference.

Gisela, Immich. 2024. "Current status of forest therapy in Europe." in Proceedings of Forest Therapy and Well-Aging International Conference.

Ko, Ki Yeon. 2024. "Healthy resources being sought from the green forest." in Proceedings of Forest Therapy and Well-Aging International Conference.

Park, Bum Jin. 2024. "Forest-base intervention program for preventing sarcopenia in elderly people." in Proceedings of Forest Therapy and Well-Aging International Conference.

Park, Kun Woo. 2024. "Dementia management in South Korea." in Proceedings of Forest Therapy and Well-Aging International Conference.

Park, Sang Chul. 2024. "Confident aging for well aging community" in Proceedings of Forest Therapy and Well-Aging International Conference.

Uehara, Iwao. 2024. "Utilizing local forests for local elderly people: Case studies and their future possibilities." in Proceedings of Forest Therapy and Well-Aging International Conference.

Yoo, Ji Yoon. 2024. "Trends and case study of policy implementation in Korea." in Proceedings of Forest Therapy and Well-Aging International Conference.

Yu, Chiapin. 2024. "Studies of the effects of forest therapy on health among middle-age and older adults." in Proceedings of Forest Therapy and Well-Aging International Conference.

코로나 팬데믹이 한국인의 생활세계에 미친 영향*

양 종 회**

Ⅰ. 서론

김경동 선생님은 한국사회학의 초석을 놓으신 원로 사회학자로 사회학의 거의 모든 분야 발전에 혁혁한 기여를 하셨는데, 필자가 특히 관심을 가지고 언급하고자 하는 부문은 사회발전론 혹은 변동론 부문이다. 그 가운데 특히 근대 산업사회가 정보사회(김경동 외, 2002) 혹은 사이버 시대(김경동, 1998)로 이전하는 과정을 선생님은 여러 차원에서 천착하시고 많은 선도적인 연구결과를 발표하셨다.

그런데 2019년에 COVID-19라 불리는 고도로 전파력이 강하고 치명적인 호흡기 질환이 전 세계를 흔들었고, 세계보건기구(WTO)는 즉시 코로나 팬데믹(COVID-19 pandemic)을 선언하였다. 이에 따른 변화는 정보화나 사이버화라고 불릴 수 있는 사회변동에 역행하는 결과를 초래했을 뿐만 아니라, 현대 인간사회의 본질 자체를 되돌아볼 수 있는 계기가 되었다. 이러한 변화는 이전에 없었던 새로운 현상이며, 김경동 선생님께서 미처 생각하지 못했던 범세계적 사회변동 요인이다.

코로나 팬데믹이 선언된 이후 4-5년 사이에 전 세계적으로 7억 명 이상이 감염되었고, 7백만 명 이상이 그 질병으로 목숨을 잃었다. 그간 세계 거의 모든 국가가 코로나 팬데믹에서 자유롭지 못했고, 그 질병에 대처하기 위해 가능한 모든 노력을 경주하였다. 우선 그 호흡기 질환의 감염을 막기 위해서 백신과 치료약이 개발되었고, 또 개인적 위생과 사회적 거리두기 같은 예방책이 시행되었

* 이 글은 다음 논문을 축약·보완한 것이다. Yang, Jonghoe, 2023. “The Impact of the COVID-19 Pandemic on Aspects of the Lifeworld of the South Korean People.” pp. 189-214 in *COVID-19 in East Asia and Aftermath: Re-Globalization, Democracy and Civil Society*, edited by Hyun-Chin Lim et al. Gwacheon-si, Kyoungki-do: Zininzin

** 성균관대학교 사회학과 명예교수

는데, 특히 사회적 거리두기는 코로나 바이러스의 변종이 지속적으로 발생하는 상황에서도 예방에 효과적이어서 많은 나라에서 중요한 조치로 시행되었다. 그 결과 당연시되던 개개인의 일상생활이 크게 방해를 받고 사회와 국가는 심각한 위기에 직면하기도 했다. 다시 말해서 코로나 팬데믹은 첨단기술의 발전에 따른 사회변동 이전에 우리가 의심하지 않고, 당연시하는 일상생활 자체를 돌아볼 필요가 있음을 일깨워주었다.

이 논문은 한국의 사례를 중심으로 우리가 당연시하는 일상적 생활세계에 대해 코로나 팬데믹이 미치는 영향에 초점을 맞추어 살펴보고자 하다. 여기서 이론적 자원으로는 슈츠의 생활세계 개념과 하버마스의 의사소통 행위이론이 주로 이용된다.

Ⅱ. 코로나 팬데믹에 대한 한국의 대응

국가들은 기본적으로 두 종류의 조치를 통해서 바이러스의 확산을 막으려 하는데, 하나는 의약품이나 백신을 이용해서 바이러스를 박멸하는 것이고, 다른 하나는 개인적 위생, 사회적 거리두기 등을 통해서 바이러스의 확산을 예방하는 것이다. 그러나 나라마다, 사회문화적 전통이나 경제, 정치적 상황에 따라 어떤 조치를 어떻게 취할 것인가에 대해서 차이가 있다.

하바드 케네디 스쿨(Harvard Kennedy School) 연구는 나라들이 코로나 팬데믹에 대처하는 방식을 크게 세 가지, 즉 "혼란" "통제" "합의"로 구분하고, 통제 국가로 중국, 싱가포르, 한국, 대만을 들고 있는데, 이 국가들은 비교적 성공적으로 코로나 팬데믹에 대처하고 있는 국가로서, 유교문화적 전통을 가지고 있다는 공통점을 지적하고 있다(Jasanoff et al., 2021: Ch. Ⅵ). 즉 공중보건체계나, 정치, 경제 같은 요인만이 아니라 문화적 전통이나 사회구조적 특징이 팬데믹에 대한 국가의 대응과 그 대응의 성공 여부에 영향을 줄 수 있다는 것이다.

한국의 경우, 가까운 과거에 MERS(중동호흡기 증후군)와 SARS(중증 급성 호흡기 증후군) 같은 바이러스의 유행을 경험하였기 때문에 비교적 빨리 코로나 팬데믹에 대처할 수 있었다(Kim, June-Ho et al., 2021: 2-3). 한국정부는 첫째로 코로나 바이러스가 한국영토에 들어오지 못하게 하는 조치로서 비자발급의 제한과 입국자 검사를 철저히 시행하였다. 일단 국내에 들어온 바이러스에 대해서는 의약이나 백신을 통해서 통제하고, 개인위생과 거리두기 같은 일상적 실천을 통해 바이러스가 유행하는 것을 차단하였다. 그러나 변종 바이러스의 창궐로 기존 방법의 효과가 감소하면서 마스크 쓰기, 자주 손씻기, 사회적 거리두기, 사적 모임 제한하기 등을 강조하였다. 의학적 방법과는 달리 사회적 실천을 대상으로 하는 이러한 조치는 사람들의 행동을 직접 제한하고, 그들의 일상생활에 간섭하기 때문에 논란의 대상이 되었다. 특히 그러한 조치가 경제적 침체를 야기하고, 정책결정의 정당성을 확보하는 문제를 제기해서, 정부나 사회 전체에 중대한 문제를 야기하게 되었다.

한국정부가 코로나 팬데믹을 예방하고, 관리하는 전략은 "3Ts"로 요약되는데, 이것은 "확진자를 가리기 위한 충분한 검사, 더 이상 확산되는 것을 방지하기 위한 엄격한 접촉 추적, 그리고 감염된 환자를 가능하면 빨리 치료하는 것으로"(Kim & Park, 2021: 2), 여기에 개인적 위생과 사회적 거리두기가 더해진다. 그런데 접촉자 추적조사나 사회적 거리두기의 시행과정에서 사생활 침해와 시민의 자유권 위반문제가 제기될 수 있다.

특히 사회적 거리두기는 공동체를 감염으로부터 보호하는 가정 효과적인 수단의 하나로 간주되는데, 동시에 가장 논쟁이 많고 저항받기 쉬운 조치 가운데 하나이다. 실제로 사회적 거리두기는 광범위한 조치를 포함하는 개념으로 "고립, 격리, 집에 머무르기, 폐교, 집단시설 사용제한, 집단 활동 제한, 지역별 통금"을 포함한다(Government of ROK, 2020: 112).

한국에서 공식적 사회적 거리두기 조치는 팬데믹의 변화, 사회경제적 상황 등을 반영하여 몇 번의 변화가 있었다. 2021년 7월에 개정된 규정을 보면, 사회적 거리두기는 4단계의 조치로 되어있는데, 제일 높은 4단계는 인구 10만 명당 매일 4명의 확진자 혹은 전국적으로 2,000명 이상의 확진자가 발생할 때 적용된다. 제4단계의 사회적 거리두기 단계에서 사적인 모임은 오후 6시까지 4명까지만 허용되고, 그 이후에는 2명까지만 허용된다. 예방주사를 맞은 사람은 식당, 카페, 집에서 6인까지의 모임이 허용되고, 데모 같은 모임은 단일인 데모를 제외하고는 금지된다. 오락실, 식당, 실내 스포츠, 사적인 교육시설, 극장과 영화관에서는 고객들 간에 일정한 공간(일인당 8제곱 미터)을 유지해야 하고, 밤 10시까지만 허용된다. 결혼식이나 장례식에도 고객 수가 제한되며, 스포츠 경기에는 관중이 허용되지 않는다. 숙박시설은 시설의 2/3까지만 고객이 허용되며, 종교적 행사는 온라인만 가능하며, 종교시설에서의 모임은 허용되지 않는다. 모든 종류의 학교는 원격수업만 가능하다(CDMH, ROK, 2021).

코로나 팬데믹은 한국에서 국가 경제, 정치, 사회 그리고 무엇보다도 한국인들의 일상생활을 변화시켰다. 한국경제와 정치 측면에서의 변화를 먼저 살펴보자. 전반적으로 한국경제는 팬데믹 기간 동안 부진을 면치 못했으며, 관광, 숙박, 오락, 도소매 부분이 큰 피해를 보았다. 흥미로운 것은 팬데믹 기간 동안 비대면 경제(untact economy)가 크게 성장한 것이다. 특히 노동시장이 큰 변화를 겪었는데, 한마디로 비정규 노동자의 실업, 빈곤, 불안정성이 증가하고, 불안정한 자영업이 성장했다. 전반적으로, 빈곤자, 실업자, 저임금 노동자, 자영업자 소규모 영업 소유자의 경제적 어려움이 팬데믹 이후 한국경제가 직면한 주요 문제였다(Kim & Park, 2021).

코로나 팬데믹은 일차적으로 공중보건의 문제였으나, 동시에 정치 행위의 대상이었다. 팬데믹에 대한 효과적인 대처는 총선에서 집권 여당의 압도적 승리를 가져다주었으며, 정부의 역할에 대한 공중의 신뢰를 향상시키는데 기여하였다(Kim & Park, 2021). 그러나 정부의 격리나 봉쇄 조치에 따른 사생활 침해, 인권법 위반문제가 제기되었고, 정부는 일종의 레바이아단(Leviathan)이 되려는 경향이 있음도 주목해야 할 것이다.

끝으로, 코로나 팬데믹이 사람들의 일상생활을 전례 없는 방법과 규모로 변화시킨 측면도 간과하지 말아야 한다. 사람들은 말하기를, 그들은 전에 결코 본 적이 없는 세계에 살고 있다고 한다. 전에는 당연시하던 많은 것들이 더 이상 당연시되지 않고, 새롭게 접근되어야 한다. 우리의 과거 경험 가운데 많은 것들이 우리의 일상생활을 대처하는데 더 이상 유용하지 않고, 우리가 정상적인 것으로 간주하던 것들이 더 이상 당연시되지 않는다. 대신 "새로운 정상(New Normal)"이 제도화되고 있다. 우리는 다음에서 이 변화의 측면, 즉 코로나 팬데믹이 가져온 이 변화의 측면을 생활세계의 현상학적 접근을 이용하여 논의하고자 한다.

우선 아래에서 생활세계에 대한 현상학적 이론을 슈츠와 하버마스를 중심으로 살펴보기로 한다.

Ⅲ. 슈츠와 하버마스의 생활세계 이론

생활세계는 원래 “인간의 모든 직접적인 경험”을 구성하는 것으로 후썰(E. Husserl)에 의해 처음 사용된 개념이다(Wagner, 1970: 14). 후에 슈츠(A. Schutz)는 일상생활의 세계를 묘사하는 기본개념으로 사용하였고, 생활세계의 사회문화적 측면을 강조하였다. “생활세계는 개인들이 그것을 통하여 그들의 이해관심과 일을 추구하는 일상적 경험, 지향, 그리고 행위의 전체 영역, 즉 사람들을 다루고, 계획을 세우고, 그것들을 수행하는 것을 말한다”(Wagner, 1970: 14-15). 각 개인은 타인의 도움을 받아 그들 자신의 세계를 구성함으로써, 그것은 시초부터 사회적 세계이며, 개인에게는 미리 구조화된 것이다. 사회적 세계는 다양한 현상, 관계 등등의 해석으로 되어있다. 이 해석은 세계에 대한 상대적 개념을 구성하며, 간단히 말하면 세계관이다. 세계관은 공동체의 장소에 대한 광범위한 해석을 포함할 뿐만 아니라 인간의 행위를 규제하는 많은 관습과 규범, 그리고 실제적 행위를 위한 처방전을 포함한다. 이 모든 문화적 자료는 의사소통의 수단으로서 공통 언어를 전제로 한다(Wagner, 1070: 18).

생활세계에서 개인은 타인의 존재를 당연시하고, 타인에 대한 즉각적 경험이 의사소통적으로 공통적인 환경에서 일어난다. 이러한 상황에서 상호주관성(상호이해)과 “우리-관계”가 결과한다. 슈츠는 이런 유형의 상호작용이 대면적 상호작용에서 일어나는 것으로 특정화했다. 실제로 슈츠는 대면적 관계를 모든 사회적 관계의 원형으로 보았다(Wagner, 1970: 36).

간단히 말해서 생활세계는 사회문화적 세계로서 개인이 다양한 사회적 관계, 표시와 상징, 제도화된 형태의 사회조직, 체계와 위신 등의 제도화된 형태의 잘 짜여진 거미줄로서 개인이 경험하는 것이다. 이들 관계는 당연시되는데, 그 이유는 그것들이 설명과 정당성을 요구하지 않기 때문이다. 생활세계는 사적인 세계가 아니고 공통의 상호주관적 세계로 대면적 관계에서만 구성될 수 있다(Wagner, 1970: 193).

대면적 관계는 그것에 참여하는 사람들이 공통의 시간과 공간을 가지고 있고, 슈츠에 의해 일상생활 세계의 기본구조로 간주된다(Schutz, 1962: 221). 대면적 상호작용은 공간적, 시간적으로 서로에게 존재하는, 서로 상대방을 아는, 그리고 서로 안다는 것을 지속적으로 지적하는, 사회화된 인간 간에만 가능한 것으로 보인다(Psathas & Waksler, 1973: 183). 그러나 우리는 대면적 관계와 친밀한 관계를 구분해야 한다. 대면적 관계는 친밀한 관계로 발전할 수 있다. 그러나 모든 대면적 관계가 결혼, 가족집단, 친구관계, 학교 등과 같은 일차집단에서 보이는 것은 아니다. 일차집단에서 대면적 관계가 일시적으로 깨지거나, 재수립될 수 있다(Schutz, 1945: 370).

또 우리는 의사소통과 상호작용에서 전화, 인터넷, 기타 다른 전자기기 같은 매체가 점점 더 많이 사용되는 것을 본다. 이런 매체를 통한 상호작용이 일상 사회생활에서 대면적 상호작용과 같은 효과를 가지는가?

기존 연구는 근대화된 선진사회에서도 사회생활에서 대면적 상호작용의 중심성을 지지하는 것을 본다. 브로드허스트와 메이슨(Broaddhurst & Mason, 2014)은 주장하기를 매개된 의사소통은 대면적 의사소통에 보완적이기는 하나 그것을 대체할 수 없다고 주장한다. 그 이유는 매개된 의사소통이 맛, 냄새, 접촉, 듣기, 보기 같은 감각적 통로에 대한 노출과 주목의 상실과 관련되기 때문이다. 한 개인의 감각적 통로는 신뢰 및 감정적 만족의 형성에 핵심적이기 때문에, 쉽고 즉각적인 전자 매체의 존재에도 불구하고, 대면적 상호작용의 필요성은 없어지지 않는다고 한다(Broadhurst & Mason, 2014: 582).

유사하게 한 연구(Lee et al., 2011: 383)는 "인간 상호 간의 의사소통에서 인터넷의 사용은 생활의 질을 개선하는 데 있어서, 대면적 상호작용을 대체할 수 없음"을 발견하고 있다. 이 연구에서 저자들은 그 이유가 "온라인 의사소통은 대면적 의사소통에 비해 비음성적 신호, 감정적 정보, 그리고 상호작용의 엄격함의 부재 때문에 사회적 상호작용과 사회적 지지를 증진하는데 비교적 약한 역할만을 수행하기 때문"이라고 한다.

다른 학자들도 친구, 가족, 이웃과의 접촉과 사회집단에의 참여가 사회적 지지, 관계의 수행, 삶의 의미를 만드는 능력, 자기 존경, 공동체에의 헌신, 그리고 심리적 신체적 복지를 향상시키는 것을 발견했다(Diener et al., 1999; Putnam 1995,

2000; Cohen & Willis, 1985).

현대사회에서 공존적(co-present) 상호작용이 필요하다는 또 다른 이유를 제시하는 연구가 있다. 김광기(Kim, 2003)에 따르면, 현대사회에서 시공간의 무한한 확대는 우리로 하여금 모호함과 불확실성을 느끼게 한다. 확실성은 지금 여기에서만 가능한 것으로 보인다. 현대사회에서 공통의 현실과 정체성은 여기에서 지금에만 가능하다. 즉 공통의 실제와 정체는 근접해야만 입수가능하다. 보든과 몰로치(Boden & Molotch, 1994)는 이러한 경향을 "근접성의 강제(Compulsion of Proximity)"라 부르고, 현대사회에서 공존적 상호작용의 중심적 필요성을 강조하였다.

"공존적 상호작용의 특징들은 그것이 지방적이거나, 전 지구적인 사회질서에 근본적이게 한다. 모든 인간존재의 즉각성과 본래적 지표성(indexicality)이 의미하는 것은 일상생활의 유동적인 그러나 본질적으로 사회적 순간이 현대의 거시적 질서를 정착시키고 적응시킨다는 것이다. 공존의 상황에서 가능한 신뢰, 헌신, 그리고 자세한 이해를 통해서 현대사회의 본질적 시공간의 분리가 달성된다" (Boden & Molotch, 1994: 277).

슈츠의 생활세계 이론은 많은 사회과학자들에 의해 정교화되고, 확대되었다. 그들 가운데 하버마스(Habermas, 1987)는 그의 의사소통적 행위이론에 슈츠의 생활세계 개념을 통합함으로써 현대사회에 대한 거의 완벽한 사회이론을 발전시켰다.

하버마스의 의사소통 행위이론은 공통의 이해라는 틀을 전제로 한다(Seidman, 1989: 18). 공통의 이해는 행위자가 상황 정의, 규범, 가치를 공유할 때만 가능하다. 이러한 배경의 의미는 언어, 관습, 문화적 전통에 체화되어 있고, 이것들이 생활세계의 영역을 구성한다. 바꾸어 말하면, 생활세계는 개인이 정체를 구성하고, 사회적 유대를 창조하기 위해 또는 상황정의를 교섭하기 위해 의존하는 공유된 의미의 밀집된 연결망으로 구성된다.

하버마스에 의하면, 생활세계는 사회의 상징생산이 이루어지는 장소이며, 세 가지 기능을 수행한다. 즉 사회화, 문화적 재생산, 그리고 사회통합이 그것이다. 생활세계의 구조적 성분은 위의 세 성분, 즉 인성, 문화, 사회에 상응하며(Brown & Goodman, 2001: 208-209), 언어를 매개로 서로 간에 연결된다.

생활세계의 제도적 핵심은 가구 또는 친족구조이다. 근대사회에서 친족구조는 사회조직의 기반으로서 충분하지 않다. 고로 경제나 정치 행정 구조 같은 기능적으로 분화된 체계가 친족 단위와는 독립적으로 생활세계에서 출현한다. 실제로 이러한 체계의 분화가 사회적 진화의 일부분이다(Seidman, 1989: 19). 경제와 행정은 교환의 매개로서 돈과 조직적 권력을 사용하는 사회의 기능적 하위체계다. 그것들은 개방적 체계로서 사회적 환경과 체계 간의 교환을 유지하며, 생활세계의 물질적 재생산 기능을 전문적으로 수행한다(Nollmann, 2005: 351).

생활세계와 체계는 통합의 양식에 있어서 독특하다. 생활세계에서 사회적 통합은 주로 상호이해를 통해서 상호작용을 조정하며, 상호이해는 전통적 규범이나 의사소통적으로 성취된 합의에 의해 성취된다. 사회적 통합과 대조적으로 체계 통합은 전략적 맥락에 체화된 행위 결과의 기능적 상호작용에 의해 상호작용을 조정한다. 체계는 돈과 권력이라는 조종 매체를 가지며, 그것은 전통이나 의사소통에 의지하지 않고 개인 상호 간의 관계를 조종하는 데 사용된다(Brown & Goodman, 2001: 209-210).

생활세계와 체계는 기능적으로 그리고 구조적으로 분리되었지만, 체계의 매개인 돈과 조직적 권력이 생활세계에 제도적으로 정박할 필요가 있으므로 서로 연결된다. 그러나 하버마스는 주장하기를, 생활세계와 체계의 현재 관계는 위험스러울 정도로 불균형적이고, 이 불균형이 사회적 병리 현상을 야기한다고 한다(Brown & Goodman, 2005: 209).

하버마스에 의하면, 서구의 근대화는 수단적 합리성과 전략적 의사소통의 일방적 발달이었고, 그것들이 생활세계를 댓가로 체계의 복잡성을 증가시켜, 그들이 수행할 수 없는 문화적 재생산, 사회적 통합, 사회화 같은 기능을 담당하게 되었다. 그러나 "이 세 기능은 의사소통적 행위의 매개만을 통해서 수행될 수 있지 돈과 권력이라는 조종 매체를 통해서 수행될 수 없다. 즉 그것은 돈을 주고 사거나, 강요될 수 없다"(Habermas, 1991: 259). 결과적으로 나타나는 경제적, 관료적 하부체계에서의 조종 위기는 생활세계의 식민지화에 의해서 회피될 수 있고 그것은 개인적 소외의 증가, 정체의 파편화, 그리고 민주적 연대의 정착 불능을 증가시킨다(Habermas, 1987: 386).

최근, 사회학뿐만 아니라 사회심리학, 사회복지, 그리고 교육연구에서도 하버마스의 개념을 이용하려는 노력이 증대되고 있다. 특히 이 연구와 관련해서 불확실성과 위험의 일상적 처리를 분석한 연구가 있다(Brown, 2016). 그 연구에서 생활세계의 식민지화는 위험과 불확실성에 적용될 때 사회문화적 영역을 위험에 빠뜨리는 문제를 나타내고 있으며, 거기서 더 광범위한 비판적 논의와 다르게 행동할 수 있는 가능성이 규범적 규제와 통제를 통해서 점점 더 줄어든다. 그처럼 진리, 정당성, 진정성(이 과정을 통해 문화, 사회, 정체가 재생산되고, 개선되는)에 대한 반성이 저해되는 상황에서 생활세계는 패권적 이해관심에 따라 재생산될 뿐이다.

Ⅳ. 코로나 팬데믹 기간 동안의 생활세계의 전환: 한국의 사례

이 절에서는 코로나 팬데믹이 한국인의 생활세계에 미친 영향을 여러 자료를 이용해서 분석해본다. 여기서 특별히 살펴볼 영향은 세 가지로, 첫째는 고도로 전파력이 강하고 치명적인 질병으로서 코로나바이러스 그 자체의 영향, 둘째는 그 질병을 예방하기 위한 조치들, 특히 사회적 거리두기, 그리고 셋째로 국가의 격리 정책을 통한 생활세계의 식민지화 혹은 침범이 그것이다. 이러한 영향들은 생활세계의 세 가지 성분, 즉, 인성, 문화, 사회의 재생산 과정에 영향을 주는 것으로 간주될 수 있다. 이 재생산 과정의 저해는 심리적 장애, 아노미, 의미의 상실 등으로 나타날 수 있으며, 이는 정체성 형성에 관련된 문제, 사회적 갈등의 심화, 양극화 같은 문제와 연결되면서 생활세계 그 자체의 변환을 야기하게 된다.

한국인의 생활세계에 미친 코로나 팬데믹의 영향을 분석하기 전에 한국인의 생활세계의 주요 성격을 간단히 살펴보기로 한다. 한국인의 생활세계를 묘사하기 위해서는 그것의 뿌리로서 유교에 대한 논의에서 시작할 수밖에 없다(Yang, 2008). 유교는 한국인의 가치관, 규범, 생활양식의 원천으로서 600년 이상 그 지배력을 행사해왔다. 물론 최근에는 그 지배력을 급격히 상실하고 있다는 사실도 주목해야 할 필요가 있다.

종합적인 세계관으로서 유교는 종교, 철학, 정치적 이데올로기, 사회적 규범,

등등을 포함하는 개념이지만, 여기서는 주로 사회적 규범 및 가치관의 체계로 간주한다. 유교는 무엇보다 충성심, 효, 용서, 신망, 정의를 강조한다(Yang, 2008: 89). 이러한 도덕적 정명은 조선조에서 정치제도와 가족제도에서 실현되었다. 유교에서 가장 중요한 제도는 친족체계로 그것은 기본적으로 부계적이고, 가부장적이며, 족외혼을 강조한다. 조선조 가치체계의 주요 요소는 위계적 권위주의, 연결망에 기초한 집합주의, 인도주의, 그리고 의례적 도덕성이다. 기본적 인간관계는 위계적이고, 권력 및 권위 관계는 일상생활에서 핵심적이다. 개인의 정체는 집합체 내에서의 구성원자격을 통해서만 확보될 수 있다. 인도주의가 또 하나의 주요 유교적 가치로 물질적 가치보다 영적인 혹은 인간적 가치를 강조한다(Yang, 2008: 89-91).

그러나 20세기 중반 이후 근대화과정에서 유교적 전통은 서양의 전통에 의해 도전을 받는다. 자본주의적 산업화의 도래와 더불어 합리성, 효율적 수단주의 물질주의 및 세속적 성공 같은 근대적 가치가 전통적인 유교적 가치와 경쟁하기 시작했다. 가족구조 역시 확대가족에서 핵가족으로, 혈연중심에서 혼인중심으로, 특수주의에서 평등주의로 바뀌고 있다(Yang, 2008: 92).

하지만 아직도 가족과 친족 관계는 사회생활의 많은 영역에서 강하고 기능적이다. 공적인 영역과 사적인 영역 둘 다에서 가족, 학교, 지역의 연결망에 기초한 특수주의적 고려가 인간관계와 일상적 활동에 영향을 준다. 한국 사람들은 보통 자신이 속한 집단에 준거해서 그들의 정체를 결정한다. 실제로 집단 내의 선호주의가 매우 강해서 한국인들은 외부인을 흥미있다기보다는 위험하다고 보는 경향이 강하다(Na, 2008: 119). 내집단 중에서 가족이 가장 중요하며, 가족 구성원들 간의 신뢰와 존경이 강해서 가족은 보통 개별적 단위로 고려된다. 집단 내의 신뢰의 범위는 혈연관계와 지역 및 교육 배경에 의해 확대된다(Na, 2008: 122). 이 관계는 공적 제도에 대한 낮은 신뢰와 대조된다.

그러나 현대 한국에서 지배적인 가치관은 최근 급격히 변하고 있으며, 세대 간 격차가 더욱 두드러진다. 젊은 세대는 구세대보다 더욱 개인주의적, 탈-권위주의적, 독단적, 평등주의적이며, 나이 든 세대는 아직도 집합적 권위주의, 호의주의, 정실주의에 집착하는 경향이 있다. 그러나 제4의 산업혁명의 도래와 휴대폰, 사회적 매체, 인터넷 등의 새로운 매체의 급격한 발전과 사용으로 한국의 전통적 가치체계는 침식되고, 보다 개방적이고 보편적인 체계로 바뀌고 있다(Na, 2008: 126).

코로나 팬데믹의 영향은 다양한 각도와 조망에서 접근이 가능하다. 이 연구의 초점은 현상학적 관점에서 본 한국인의 생활세계에 대한 펜데믹의 영향이다. 이 영향은 구체적으로 세 가지 생활세계의 구조적 성분, 즉 인성, 문화 그리고 사회에서 논의될 것이다.

생활세계의 핵심적 특성 가운데 하나는 그것이 당연시된다는 것, 즉 그것이 자연적이고, 낯익은 것이며, 상식적이고, 의심할 여지가 없으며, 타인과 공유하고 있다는 것이다. 그러나 코로나 팬데믹은 우리가 결코 경험해 본 적이 없고, 비자연적이며, 상식적이지 않은 많은 것을 가져오고 있다.

예를 들어 세계의 거의 모든 나라들이 국경을 닫아서 사람들이 국가 간에 이동할 수 없다는 것은 전례 없는 일이다. 도시 전체의 봉쇄, 거의 모든 시간 마스크 쓰기, 사회적 거리두기 같은 조치는 드물고, 비자연적이며, 낯선 것이다. 게다가 학교, 식당, 교회, 병원, 극장 등의 공공장소가 적어도 부분적으로 폐쇄되었다. 생활공간은 가정을 중심으로 좁게 규정되었다. 실제로 많은 사람들이 혼자서 혹은 소수의 타인과 가정에 갇혀 살아야 했다(김홍중, 2020: 164).

그러나 더욱 놀라운 것은 코로나 팬데믹과 관련된 사람들의 태도다. 사람들은 위기의 원인을 타인에게 돌림으로써, 다른 사람들을 악한으로 보기 시작한 것이다(이진우, 2020: 70). 코로나 팬데믹은 내가 대면하는 사람들이 코로나 바이러스를 나에게 전염시킬 수 있는 잠재적인 적일 수 있다는 상황을 창조한 것이다. 반대로 내가 그들에게 잠재적인 적일 수도 있다. 이 상황은, 자연재해 같은 위험은 주변 사람들의 굳건한 유대를 통해서 극복될 수 있다는 상식적인 사고에 반대되는 것이다(임동균, 2020: 164).

"사회적 거리두기"에서 사회적이라는 단어는 코로나 팬데믹 시대에는 새로운 의미를 갖는 것 같다. 그것은 보호를 의미하는 상식적 의미 대신에 감염될 수 있는 위험을 의미한다. 사회는 더 이상 안전을 위한 공간이 아니며, 위험한 만남의 공간이다. 그것은 코로나 바이러스 감염의 연결망으로서, 해로운 접촉의 가능성이 있는 회피되어야 하고 통제되어야 하는 조건으로 인식된다(김홍중, 2020: 172-73).

뒤르켐에 의하면 사회는 역동적인 대면적 상호작용에 의해 창조되며, 그것은 행위자의 사고, 감정, 행위에 대한 편재하는 규제력에 의해 정의된다. 그러나 코로나 팬데믹에서는 "대면적 상호작용이 더 이상 사회의 창조 원칙이 아니며, 그것은 사회의 생존을 위협하는 감염의 순간으로 간주된다"(김홍중, 2020: 173-74).

가핑켈의 위반실험(Garfinkel, 1967)이 보여주는 것처럼, 규칙적 일상사의 붕괴와 상식의 파괴는 근심, 분노, 스트레스, 침체 같은 심리적 고통을 유발한다. 이 외에도 트라우마나 자살 같은 극단적 행위가 나타나기도 한다. 실제로 2020년 5월 1,000명의 한국인을 표본으로 조사한 결과를 보면, 대략 응답자의 1/3이 심리적 고통을 겪었으며, 여성과 20대 연령층이 남성과 다른 연령층에 비해 더 심한 심리적 고통을 겪었음을 보여준다(박용천 · 박기호 · 김나은 · 이주희 · 조수린 · 장지희 · 정다운 · 장은진 · 최기홍, 2020: 357-358). 한 일간신문은 코로나 팬데믹의 심리적 효과를 다음과 같이 묘사한다. "우리 사회의 정신건강은 크게 나빠졌다. 우울증과 불안은 이제 분노로 폭발하고 있다. 건강문제 뿐만 아니라, 실업과 폐업 같은 문제로 인한 심리적 스트레스는 많은 사람들이 '코로나 블루가 아니라 코로나 레드'를 느끼게 한다"(조선일보, 2020.9.18. A9).

사회화는 사회의 새 구성원이 생활양식과 문화적 전통을 배우고, 또 그것들을 세대 간에 전달하는 중요한 기제다. 그러므로 생활세계의 재생산은 사회의 젊은 구성원들의 확고한 사회화에 의존하며, 사회화는 또한 그들의 정신적, 신체적 건강과 생활양식에 크게 의존한다. 2020년 서울시에서 시행된 한 사회조사에 의하면 10명중 4명은 코로나 팬데믹 때문에 그들의 정신적 건강이 악화되었다는 것을 보여준다. 또 다른 연구는 코로나 팬데믹이 제한된 신체적 활동과 여러 가지 인지적 자극에의 노출을 제한하고, 마스크 착용 및 사회적 거리두기로 인한 감정적 접촉에 참여할 기회를 제한함으로써 어린이들의 인지적, 감정적 발전에 해로운 효과를 가진다고 보고하고 있다(정익중 · 이수진 · 강희주, 2020: 63).

또 다른 연구는 코로나 팬데믹이 어린이들의 인지적 발전과 감정적 발전에 유해한 효과를 가진다고 보고하고 있는데, 그 이유는 마스크를 쓰고, 사회적 거리두기를 함으로써 어린이들이 감정적 접촉을 할 기회가 줄어들고, 신체적 활동의 제약에 따른 다양한 인지적 자극에 대한 노출의 감퇴 때문이라고 한다(조선일보, 2022.4.25. A12).

문화에 대한 코로나 팬데믹의 영향도 중요하다. 재택근무와 비대면 온라인 교육도 팬데믹 이후 크게 확장된 분야이며, 조직문화와 교육문화에서의 변동을 가져와서 새로운 사고방식과 생활양식을 촉진하였다. 그것들은 생산부문에서 디지털 기술의 도입을 촉진하고, 소비부문에서는 온라인 쇼핑을 촉진하였다. 이제는 종교적 예배가 자주 온라인으로 이루어지고, 신자들은 집에서 예배당을 선택할 수 있다. 그 외에도 많은 가정에서 요리하는 대신 음식배달을 주문하며, 모임과 회합도 물리적 참석 없이 온라인으로 이루어진다.

결과적으로 비접촉(untact) 문화가 앞서가고 있으며, 온라인 커뮤니케이션(교육, 광고, 노동, 치료 등)이 빠르게 그리고 광범위하게 퍼지고 있다. "Untact"라는 용어는 2018년 한 마케팅 전공 교수가 "not being in contact"라는 의미로 처음 사용했다고 한다(Hyundai Card, 2020: 1). 그는 이 용어를 새로운 소비 경향을 묘사하기 위해 사용했는데. 그것은 소비자가 소비 제공자와 대면적 접촉을 하지 않고 서비스만을 사용하는 소비 유형울 말한다.

비접촉 소비가 이루어지는 두 가지 주요 이유는 다음과 같다. 첫째는 로봇과 인공지능(AI) 같은 디지털 기술의 발달로 무인점포, 무인 공장, 무인 서비스 산업이 가능해졌다. 실제로 신문 보도에 따르면 한국에서 무인가게의 수가 2006년과 2018년 사이에 5배나 증가했다. 둘째, 사람들의 심리가 급속히 변하고 있다. 디지털 커뮤니케이션의 발달로 인해 초연결사회에서 살고 있는 사람들이 다른 사람들과의 접촉을 피곤해한다. 특히 비접촉 기술에 익숙하고 즐기는 젊은 소비자들은 점원들과의 불필요한 접촉을 회피하기를 원하고, 그들이 원하는 것을 자유롭게 선택하고자 한다(Hyundai Card, 2020: 11-13).

비접촉 문화의 확산은 일인 가구의 급속한 증가와 밀접한 관계가 있는데. 그 수가 2023년에 780만에 달하고 있으며, 일인 가구가 모든 종류의 가구 가운데 가장 큰 비율(35.5%)을 차지한다. 그 가운데 많은 수가 젊은 세대로 디지털 환경에서 자랐고, 다양한 디지털 도구와 기술을 가지고 자신의 생활양식을 즐긴다. 그들은 비접촉 소비를 즐기고, 단독 생활을 즐긴다(Hyndai Card, 2020: 5-6). 단독생활의 선호 경향과 비접촉 문화의 선호는 집합주의로부터 개인주의로의 가치변동을 지적하는 것 같다. 물론 이 주장을 확신하기 위해서는 더 많은 자료와 분석이 필요하다.

비접촉 소비와 문화는 코로나 팬데믹이 시작되기 전부터 시작되었다. 그러나 이 두 현상은 선택적 친화력을 가지고 있으며, 팬데믹은 비접촉 문화를 크게 보강하였다. 특히 코로나 팬데믹을 막는 조치로서 사회적 거리두기의 확대는 비접촉소비의 광범위한 확대에 기여하였다. "비접촉 사회"는 코로나 팬데믹 이후에 새로운 정상(new normal)이 될 것으로 보인다.

여기서 다음과 같은 문제가 제기된다. 비접촉 문화가 생활세계에서 대면적 상호작용을 대체할 수 있는가? 어느 정도나 비접촉 문화가 대면적 접촉을 대체할 수 있는가? 이것이 어느 정도는 가능할 것이나, 완전한 대체는 가능하지 않을 것이다. 비접촉 상호작용이 소비활동 같은 상업적 분야뿐만 아니라, 의료, 교육, 그리고 종교 분야까지도 그 영역을 확대할 것은 분명하다. 그러나 생활세계가 비접촉 관계만으로 구성될 수 있을 것 같지는 않다. 왜냐하면 비접촉 관계는 우리 관계와 공유된 준거틀을 만드는 데 한계가 있고, 고로 집단형성의 가능성을 제거하기 때문이다. 생활세계의 가장 사적이고 친밀한 핵심은 코로나 팬데믹 같은 위기에서도 대면적 관계에 의해서만 구성되고 재생산되어야 한다. 보든과 몰로치의 친밀성의 강제(compulsion of proximity)의 주장을 상기하면, 대면적 접촉의 가치는 대체될 수 없고, 그러므로 대면적 접촉에 기초한 생활은 코로나 팬데믹의 종말 후에도 다시 살아날 것이다.

광범위하게 퍼진 비접촉 세계에서 일어나는 또 다른 중요한 문제는 온라인 자아(디지털 세계에서의 자아)와 오프라인 자아(실 세계에서의 자아) 간의 혼동이다. 한 조사에 의하면, 10세에서 30세 사이의 응답자(소위 MZ세대)의 70%는 온라인 자아와 오프라인 자아 간에 분리된 자아를 가지고 있다고 한다. 50세 이상의 응답자는 50% 이하만이 분리된 자아를 가지고 있다고 느낀다. MZ세대 구성원들은 오프라인 자아보다 온라인 자아에 더 집착하는 경향이 있으며, 나이 든 세대보다 이 두 자아 간에 더 큰 격차를 경험한다고 한다. 반대로 나이든 세대는 두 자아가 유사하다고 느끼는 경향이 높다. 젊은 응답자 가운데 1/4 정도는 그들의 온라인 자아를 그들의 진정한 자아로 간주하는데, 그 이유는 그들이 온라인에서 다른 사람을 방해하지 않고 솔직할 수 있기 때문이다. 바꾸어 말하면, 젊은 세대는 체면치레 대신 정직하고 확신에 차 있기 때문이다. 한편 늙은 세대는 체면치

레를 위해서 자신의 진정한 자아를 온라인에서 숨기는 경향이 있다(조선일보, 2021. 5.22. B9).

이러한 발견은 중요한데 그 이유는 그것이 비접촉 사회와 코로나 팬데믹이 단일한 일관성 있는 자아의 형성을 방해하고 이는 또한 정체 형성을 저해할 수 있다는 것을 지적하기 때문이다. 서구의 학자들은 동아시아의 유교적 권위주의 또는 전체주의적 가치를 한국인들이 사회적 거리두기 같은 정부의 격리지시에 (그런 규칙이 사생활과 개인의 자유를 심각하게 침해함에도 불구하고) 자발적으로 동조하도록 하는 열쇠라고 지적한다. 그러나 그 조사의 결과는 격리지침에 대한 한국인의 동조와 유교적 집합주의 및 권위주의 간의 밀접한 관계를 전제하는 가정을 부정한다. 대신에 시민으로서의 의무감이 정부의 감염통제 노력에 참여하는 정도를 예측하는 가장 강하고 중요한 변수임이 밝혀졌다. 또한, 그 조사는 이전 조사에서 발견된 높은 사적인 신뢰와 낮은 공적인 신뢰와 대조적으로 공공기관과 정부 부처에 대한 높은 신뢰 수준을 드러내고 있다(임동균, 2020: 172-174).

팬데믹 하에서 한국 정부의 가정에 머물게 하는 전략과 사회적 거리두기 정책은 생활방식과 생활의 질에 중요한 변동을 초래했다. 2020년에 시행된 20세 이상의 104명의 성인에 대한 표본조사는 물리적, 그리고 다른 의미있는 활동과 생활의 질이 의미 있게 감소하였음을 보여준다(Park, Kim, Yang, Lim, and Park, 2021). 보다 자세히 말해서 일상적 활동, 여가, 사회적 교육적 활동을 수행하기 위한 날의 수가 의미 있게 감소했는데, 이는 활동적 생활에 대한 코로나 팬데믹의 부정적 영향을 지적하는 것이다. 대신 팬데믹은 한국 성인들을 육체적 활동이 적은 생활양식으로 이끌었고, 그것은 정신건강과 생활의 질에 부정적 영향을 가지는 것 같다(Park et al., 2021).

신뢰는 사회의 안정에 핵심적인 요소 가운데 하나다. 한국에서 집단 내 신뢰와 집단 간 신뢰 간의 격차는 지극히 크다. 코로나 팬데믹의 도래는 집단 내 신뢰와 집단 간 신뢰 간의 간격을 더 크게 벌려놓았다. 한 조사에 의하면, 모르는 사람에 대한 신뢰는 중요하게 감소했고, 가족에 대한 신뢰는 증가했다. 또한 신뢰의 범위는 한국에서 넓지 않다. 코로나 팬데믹이 그것을 더욱 좁히고, 사람들은 모르는 사람들에 대한 경계를 더욱 심하게 하는 경향이 있다. 그러므로 시민사회의 기반은 약화되었다(임동균, 2020: 167-170).

우리들 대부분이 지금까지 당연한 것으로 간주했던 가치들이 흔들리고 있다. 코로나 팬데믹 이후 이러한 현상은 더욱 심해지는데, 사회의 기반 자체를 흔들고 있다. 안전 대 자유의 문제가 좋은 예다. 격리 조치는 우리에게 자유 대신 안전을 선택하도록 요구하지만, 자유 없는 삶은 의미가 없다. 그 조치는 또한 우리가 움직이거나, 타인들을 만나지 못하도록 하며, 감시를 당연한 것으로 받아들이도록 하는데, 이는 분명히 사회성이라는 인간의 본능에 반하는 것이다(이진우, 2020).

끝으로 코로나 팬데믹은 생활세계에 대한 국가의 침범과 식민지화의 분명한 예를 제공한다. 예를 들어, 한 연구(이동헌·이향아, 2021; 63-66)에 따르면, 집단 감염 예방책으로서 사회적 거리두기는 행동준칙으로서 어떤 행동이 허용되고, 어떤 행동이 허용되지 않는지를 규정한다. 그것은 지배자가 사람들의 행동을 감시하고 규제하기 위해 사람들에게 시간과 공간을 할당하는 분배체계라는 것이다. 그것은 정부로 하여금 시민생활의 가장 사적이고 내밀한 영역에 간섭하게 한다. 그럼에도 불구하고 일부 자영업자를 제외하고는 이러한 사회적 거리두기 조치에 대한 항의는 거의 없다.

사회적 거리두기가 당연한 것으로 받아들여지면, 위험한 정치적 함의를 가지게 된다. 바이러스의 전파를 예방하기 위한 목적으로 국가는 시민들 간의 극히 제한된 상호작용과 접촉만을 허용하게 된다. 개인들은 잠재적으로 감염된 사람으로 간주된다.

우리는 지금 새로운 감시사회의 출현을 보고 있다. 한 개인의 모든 움직임을 추적하고 감시하는 행위가 격리의 이름으로 생명의 안전을 보호한다는 이름으로 행해지고 있다. 그러나 새로운 디지털 감시사회의 정치는 개인의 자유를 심각하게 위협한다. 거기서 불안정의 문화가 출현하고, 사회적 연결망은 축소된다. 규율, 질서, 통제가 당연시된다(이진우, 2020: 82-83). 이런 상황에서 전체주의적 혹은 권위주의적 정치체제가 기존 정권을 대체할 수 있다. 규율적 생태정치의 만능감시체계 하에서 우리는 체계에 복종하는 것에 길들여질 수 있다. 이 경우 국가가 생활세계를 완전히 인수하거나 식민지화할 수 있다.

정부의 팬데믹 예방조치는 보편적으로 적용되어야 하나, 경제적, 정치적, 사회적 영향은 평등하지 않다. 예를 들어, 사회적 거리두기 조치는 소규모 소매점이나 고객지향적 사업체에는 다른 큰 사업체에 비해 경제적으로 더 타격이 크다. 사회적으로 혜택을 받지 못하는 사람들의 생활의 질은 더 악화되며, 하층계급도 더 피해를 본다. 정부의 격리 조치로 차별적 피해를 보는 시민들은 사회적 거리두기 같은 정부정책을 권위주의적이고 불공평하다고 간주할 것이다(이동헌·이향아, 2021: 76). 고로 한국의 시민사회는 성별, 세대, 종교 및 사회계층에 따라 대립되는 두 개의 진영으로 나누어질 수 있다.

V. 요약과 결론

한국에서 최초의 코로나 환자가 나타난 지도 벌써 5년이 지났다. 처음에는 한국이 코로나 바이러스를 효과적으로 억제하는 것처럼 보였다. 이는 유사한 바이러스가 유행했던 경험이 있어서 시민들이 정부의 바이러스 확산방지 노력에 적극 부응하였기 때문이다. 그러나 팬데믹이 지속되자, 팬데믹 그 자체에 관련된 문제만이 아니라 정부가 부과하는 예방조치에 관련된 문제까지도 악화되었다. 국가 전체가 경제적 침체에 시달렸고, 일부 경제부문은 다른 부문보다 타격이 더 컸다. 정치적 상황도 정부 정책에 대한 저항 때문에 평화롭지만은 않았다. 그러나 이번 팬데믹은 다른 위기와는 달랐는데, 이번 위기는 그것이 사회의 기반 자체를 흔드는 것, 즉 일상생활 혹은 생활세계의 기반을 흔드는 것이었기 때문이다.

생활세계의 중요한 특징 가운데 하나는 모든 것이 당연시된다는 것이다. 코로나 팬데믹은 이 가정을 여러 가지 측면에서 효과적으로 도전하는 것이었다. 항상 마스크를 쓰고, 타인과의 거리를 두고, 많은 전통적 사회적 공간을 닫고, 생활공간을 좁게 재규정하는 것은 모두 불편하고, 드물고, 정상적이 아닌 경험이었다. 더욱 정상적이 아닌 것은 가까이 있는 타인에 대한 사람들의 태도다. 그들은 필요시 도움을 받을 수 있는 조력자 대신에 코로나 바이러스를 전파할 수 있는 잠재적 전파자로 간주된다. 실제로 사회적 거리두기에서 '사회적'이라는 용어는 친근하고, 사교적이고, 타인과 가까운이라는 통상적 용어 대신에 회피되어야 할 감염의 위험을 나타내는 데 사용되었다. 이 "사회적"이라는 뒤집어진 의미와 사회생활의 붕괴는 특히 젊은이와 여성에게서 불안, 분노, 우울 같은 심리적 고통을 증가시켰다. 또한 어린이들이 특히 높은 심리적 고통을 받는다는 증거도 있다.

코로나 팬데믹은 비접촉 문화를 강화시켰다. 재택근무, 온라인 교육, 원격 진료, 온라인 마케팅, 온라인 종교행사는 사회적 거리두기 조치에 발맞추어 시행된 일을 하는 몇 가지 새로운 예에 불과하다. 이러한 실천은 때로 "비접촉(untact) 문화"라 불리며, "비접촉소비(untact consumption)"의 연장선으로 사용되었다. 비접촉 소비는 코로나 팬데믹의 산물이 아니며, 팬데믹 이전에 시작되었고, 팬데믹 때문에 확장되었다. 비접촉 문화와 비접촉 사회는 최근 디지털 기술의 급속한 발달과 불필요한 접촉을 회피하고자 하는 젊은 소비자들의 경향에 힘입어 급속히 확대되었다.

일부 학자들은 비접촉 사회가 코로나 팬데믹 이후의 시대에서 새로운 정상(new normal)이 될 것이라고 추측한다(배영임 · 신혜리, 2020). 비접촉 문화는 분명히 생활세계에 대한 반 명제라고 할 수 있는데 그 이유는 생활세계가 자신의 재생산과 유지를 위해서 대면적 상호작용에 의존하고 있기 때문이다. 그러므로 비접촉 관계가 생활세계에서 대면적 접촉을 완전히 대체하지는 않을 것이다. 그러나 동시에 "근접성의 강제(compulsion of proximity)"가 완전히 돌아올 확률도 크지 않다.

코로나 팬데믹과 사회적 거리두기 정책은 생활양식과 생활의 질에 큰 변화를 가져왔다. 성인 한국인의 일상생활, 여가, 사회화 그리고 교육활동의 기간이 크게 짧아졌고, 이것은 많은 한국인들이 활동량이 적은 생활양식을 가지고 있다는 것을 의미한다. 이러한 상황은 정신건강과 생활의 질에 부정적 효과를 가져올 수 있다.

끝으로, 코로나 팬데믹은 강력한 리바이어던(Leviathan)으로서 국가의 등장을 드러낸다. 그것에 대한 국가의 반응은 저절로 한국 국민들의 생활세계의 식민지화와 국가의 침해와 관련된다. 사회적 거리두기 지침은 사람들이 따라야 하는 행동준칙과 같고, 사람들의 생활에 있어서 가장 사적이고 내밀한 영역을 침범한다. 실제로 새로운 감시사회가 한국에 출현하고 있다. 전체주의적이거나 권위주의적인 정치체계가 생활세계를 식민지화할 위험이 있다.

위에서 본 것처럼, 코로나 펜데믹은 분명히 그리고 대량으로 한국인들의 생활세계 재생산 과정을 방해하며, 국가 경제 같은 주요 체계의 기능을 방해한다. 동시에 국가는 큰 저항 없이 국민 전체와 제도에 권력을 휘두를 수 있는 기회를 가진다. 이 상황은 팬데믹이 공공건강문제로 시작되었고, 그것이 큰 위기로 발전해서 일상생활의 기반인 생활세계를 포함하는 거의 모든 것에 영향을 주었기 때문이었다.

다행히 한국에서 코로나 팬데믹은 최근 크게 개선되었고, 코로나 이전의 정상으로 돌아갈 수 있었다. 2022년 4월 중순 한국정부 당국은 거의 모든 사회적 거리두기 조치를 철회하였고, 코로나 팬데믹의 지위를 제2등급으로 낮추었는데 이는 "건전한 새로운 정상"으로의 안전하고 지속가능한 이전을 확보하기 위한 것이다. 이 성명에서 정부는 팬데믹 이전의 정상이 아닌, "새로운 정상(new normal)"으로의 이전을 언급하고 있다. 이 말은 팬데믹 위기가 주요 전환의 계기, 즉 낡은 경제원칙과 누적된 사회문화적 모순을 새로운 방향으로 전환시키는 계기를 제시했다는 것이다(Park, 2021: 11).

코로나 팬데믹은 인간, 사회, 기술, 그리고 자연환경 간의 관계에 대한 근본적인 문제를 제기하고 있다. 새로운 정상으로의 생활세계의 전환에 관해서는 아래 몇 가지 문제가 고려되어야 한다.

① 디지털 미디어와 기술의 세계에서 어린이들을 사회화하는 문제

② 비접촉 문화와 사회에서 일차적 집단을 창조하고 유지하기 위한 대면적 상호작용을 어떻게 유지할 것인가의 문제

③ 국가의 침범과 식민지화로부터 생활세계를 어떻게 안전하게 유지하는가의 문제

④ 치명적이고 고도로 전염성이 높은 바이러스로부터 "사회적"인 것을 어떻게 유지할 것인가의 문제

⑤ 인간과 자연환경 간의 지속가능한 관계를 어떻게 유지할 것인가의 문제.

[참고문헌]

김경동. 2002. “사이버 시대의 토대와 삶의 질: 문명론적 고찰.” 김경동 외. 『사이버 시대의 사회변동』. 집문당.

김경동 외. 1998. 『정보사회의 이해』. 나남.

김홍중. 2020. “코로나 시대와 사회이론: 바이러스, 사회적 거리두기, 비말을 중심으로.” 『한국사회학』 54(3): 163-187.

박용천 · 박기호 · 김나은 · 이주희 · 조수린 · 장지희 · 정다운 · 장은진 · 최기홍. 2020. “COVID-19, 한국에서의 심리적 영향: 예비연구” *Korean Journal of Clinical Psychology* 39(4): 355-367.

배영임 · 신혜리. 2020. “코로나19, 언택트 사회를 가속화하다.” 『이슈&진단』 416: 1-26.

이동헌 · 이향아. 2021. “전염병 위기 관리하기: 2020년 한국의 코로나 전염병 위기와 국가-사회 관계.” 『경제와 사회』 129: 39-81.

이진우. 2020. “코로나의 철학적 도전: 안전인가, 아니면 자유인가?” 『철학과 현실』 126: 67-85.

임동균. 2020. “코로나 시대의 시민사회.” 『철학과 현실』 126: 163-180.

정익종 · 이수진 · 강희주. 2020. “Corona-19로 인한 아동일상 변화와 정서상태.” 『한국아동복지학』 69(4): 59-90.

조선일보. 2020. (9월 18일 A29). “코로나 8개월 … 당신의 감정은 어떠신가요?”

조선일보 2021. (5월 22일 B9). “회사에서 일하는 나는 부캐 … 진짜 차이는 온라인에 있습니다.”

조선일보 2022. (4월 25일 A12). “코로나 우울감 그대로 … 만나소(만나고, 나가고, 소통) 하세요.”

Boden, Deidre and Harvey Molotch. 1994. “The Compulsion of Proximity.” in *NowHere: Space, Time, and Modernity*, edited by Roger Griedland and Deidre Boden, Berkeley, CA: University of California Press.

Broadhurst, Karen and Clair Mason. 2014. “Social Work beyond the VDU: Fore-grounding Co-Presence in Situated Practice-Why Face-to-Face Practice Matters.” *British Journal of Social Work* 44: 578-595.

Brown, Patrick. 2016. “From rationalities to lifeworld: analyzing the everyday handling of uncertainty and risk in terms of culture, society and identity." *Health, Risk and Society* 18(7-8): 335-347.

Brown, Richard Harvey & Douglas Goodman. 2001. "Jurgen Habermas: Theory of Communicative Action: An Incomplete Project." pp. 201-216 in *Handbook of Social Theory, edited by* George Ritzer and Barry Smart, London: Sage.

Central Disaster Management Headquarters (CDMH), ROK. 2021. *Directon of Social Distancing System and Guidelines by Social Distancing Level.* (Press Release, July 26, 2021).

Cohen, S. & S. T. Wills. 1985. "Stress, Social Support, and the Buffering Hypothesis." *Psychological Bulletin* 98: 310-357.

Diener, E, E. Suh, R. Lucas, & H. Smith. 1999. "Subjective Wellbeing: Three Decades of Progress." *Psychological Bulletin* 125: 276-302.

Garfinkel, Harold. 1967. *Studies in Ethnomethodology*. Englewood Cliffs, NJ: Prentice-Hall.

Government of the Republic of Korea. 2020.10.03. *All About Korea's Response to COVID-19.* Government of the Republic of Korea.

Habermas, Jurgen. 1987. *The Theory of Communicative Action, Volume 2. Lifeworld and System: A Critique of Functionalist Reason*, translated by Thomas McCarthy. Boston, MA: Beacon Press.

Habermas, Jurgen. 1991. "A Reply." pp. 215-264 in *Communicative Action: Essays in Jurgen Habermas's The Theory of Communicative Action*, edited by Alex Honneth & Hans Joas. Cambridge, MA: MIT Press.

Hyundai Card. 2020. *Digital Native Era, Making Untact Consumption an Everyday Thing.*

Kim, Kwang-Ki. 2003. *Order and Agency in Modernity: Talcott Parsons, Erving Goffman, and Harold Garfinkel.* Albany, NY: SUNY Press.

Kim, Sang-Hyun and Buhm Soon Park. 2021. "South Korea." in *Comparative Covid Response: Crisis, Knowledge, Politics*. Sheila Jasanoff, Stephen Hilgartner, J. Benjamin Hurlbut, Onur Ozgode, and Margarita Rayzberg. January 2021 (interm report), Harvard Kennedy School.

Lee, Paul S. N., Louis Leung, Venhwei Lo, Chengyu Xiong and Tngjun Wu. 2011. "Internet Communication versus Face-to-Face Interaction in Quality of Life." *Social Indicators Research* 100(3): 375-389.

Na, Eun-Yeong. 2008. "Collectivism versus Individualism." pp. 118-126 in *Social Change in Korea* (Insight into Korea Series Vol. 2), edited by Kyong-Dong Kim and the Korea Herald, Paju (S. Korea): Jimoondang.

Nollmann, Gerd. 2005. "Habemas, Jurgen." pp. 351-352 in *Encyclopedia of Social Theory, edited by* George Ritzer, London: Sage.

Park, Jin-Woo. 2021. "The Pandemic Moment and Cultural Politics of New Normal" *Korean Journal of Communication and Information* 109: 9-39.

Park, Kang-Hyun, Ah-Ram Kim, Min-Ah Yang, Seung-ju Lim and Ji-Hyuk Park. 2021. "Impact of the COVID-19 Pandemic on the Lifestyle, Mental Health, and Quality of Life of Adults in South Korea." *PLOS One* 16(2): e0247 670.https://doi.org/10.1371/journal.pone.0247970

Psathas, G. and F. Waksler. 1973. "Essential Features of Face-to-Face Interaction." pp. 159-183 in *Phenomenological Sociology, edited by* George Psathas. New York, NY: Wiley.

Putnam, R. 1995. "Bowling Alone: America's Declining Social Capital." *Journal of Democracy* 6: 65-78.

Schutz, Alfred. 1945. "The Homecomer." *American Journal of Sociology* 50(5): 369-376.

Schutz, Alfred. 1962. *The Collected Papers of Alfred Schutz. Vol. 1.: The Problem of Social Reality*, edited by Maurice Natanson. The Hague: Nijhoff.

Seidman, Steven. (ed.) 1989. *Jurgen Habermas on Society and Politics: A Reader*. Boston, MA: Beacon Press.

Wagner, Helmut R. (ed.) 1970. *Alfred Schutz on Phenomenology and Social Relations*. Chicago, Ⅱ: University of Chicago Press.

Yang, Jonghoe. 2008. "Changing Values Cause Ideological Confusion." pp. 86-98 in *Social Change in Korea* (Insight into Korea Series Vol. 2), edited by Kyong-Dong Kim and the Korea Herald. Paju (S. Korea): Jimoondang.

전문직업성 개념의 변화 : 소명에서 환자 중심 의료로*

조 병 희**

Ⅰ. 김경동 교수와 전문직업성 연구

김경동의 사회학은 사회학 이론과 방법론, 사회변동과 발전, 동아시아 사회학 등 매우 폭넓은 주제들을 섭렵하고 있다. 아쉽게도 필자의 전공 분야인 보건의료 문제를 직접적으로 다루지는 않았으나, 워낙 그의 관심사가 폭넓고 또한 깊어서 의료사회학의 발전에 미친 영향도 유추해 볼 수 있다. 필자의 주요 관심사였던 의료전문직 연구와 관련해서 두 측면에서 그 관련성을 찾아볼 수 있다.

첫째는 전문직의 직업적 가치의 문제이다. 김경동 교수는 그의 저서 '한국사회발전론'에서 엘리트주의적 조화론을 주장하였다. 한국사회의 발전을 이끌어갈 '주체'들을 일곱 가지 범주로 구별하여 제시하고, 행위 주체들은 '발전'이라는 주어진 목표를 실현하기 위해 각자 맡은 일을 충실히 하는 사람들로 제시된다. 기업인은 기업인답게, 근로자는 근로자답게 주인의식을 갖고 자기 임무를 수행해야 한다는 '사회조화론'을 전개한 바 있다(정수복 2016). 이러한 관념은 구조기능주의에서 제시한 것처럼 의사들이 의료전문직으로서 소명 의식을 갖고 직업가치를 실현하는 자세와 거의 유사하다고 볼 수 있다.

필자는 김경동 교수의 지도로 의사들의 직업적 태도에 관하여 석사 논문을 작성하였다(조병희 1982). 이 논문의 핵심 주제어가 professionalism이었다. -ism으로 끝나는 용어를 번역하기가 쉽지 않다. 보통은 capitalism(자본주의)처럼 '00주의'로 번역하기도 하고 evolutionism(진화론)처럼 '00론'으로 번역하기도 한다.

---

* 이 글은 필자가 오래전에 작성했던 글(조병희, 1990)을 바탕으로 재작성되었다.

** 서울대학교 보건대학원 명예교수. 前 한국보건사회학회 회장

그런데 의사의 직업가치를 의미하는 medical professionalism을 보편적 원리로 간주할 수 있다면 의학적 전문직업주의라 할 수 있을 것이다. 또는 주장을 펼치는 것이라면 의학적 전문직업론이라 부를 수 있을 것이다. 그런데 어느 쪽도 전문직이라는 특수한 직역의 직업적 가치의 의미를 충실하게 담아내지는 못하는 것처럼 보인다. 이런 상황에서 김경동 교수는 professionalism에서 직업가치 측면을 강조하는 번역어로 '전문직업성'이라는 용어를 제안하였고 필자의 석사 논문에 처음으로 사용하였다.

전문직업성은 사전적으로는 전문가가 지녀야 할 자질, 태도, 능력 등을 의미한다. 그런데 전문직은 일반 직업과는 달리 고도로 높은 수준의 지식을 근거로 활동하고 있고, 그러한 지식 활동이 개인의 생명이나 사회의 유지 존속에 매우 중요한 요소가 되기 때문에 이들의 업무수행에서 공익성을 담보하기 위한 소명의식이나 직업윤리의 실천을 강조하게 된다. 이때 전문직업성은 단순한 직업 수행을 위한 자질이나 태도라기보다는 전문직의 직업적 가치(professional values)에 가깝다. 예를 들어 의사들에게는 항시 공부하여 최신의 의학 지식을 갖추어 최고의 의학 전문가가 되어야 한다는 수월성(excellence)이 요구된다. 환자의 이익을 위해서 최선을 다해야 한다는 책무성(accountability)도 의사 직업윤리의 핵심적인 요소가 된다. 이러한 직업가치를 제대로 수행하기 위하여 직무수행의 자율성(autonomy)이 보장되어야 하고, 의사의 행위에 대한 외부적 판단을 거부하고 동료에 의한 자율규제를 주장하는 것도 전문직업성의 주요 내용이 된다. 구조기능주의 관점에서는 전문직업성이 공익에 기여한다고 생각하였다.

그런데 1970년대 이후 갈등론의 관점에 선 학자들은 전문직업성이 의사들의 사적 동기에서 비롯되는 것이라고 비판하였다. 더욱이 1990년대 이후에는 의료자본 또는 HMO에서 비롯된 거대한 의료 공급 조직이 등장하고 의사들이 예속되면서 더 이상 '사회이동에 성공한 전문직'으로서의 의미가 상실되었고, 전문직업성에 대한 사회학자들의 관심이 거의 사라졌다. 대신 의사들을 중심으로 신뢰회복을 위하여 환자 중심의 새로운 전문직업성을 구축하자는 운동이 전개되고 있다.

둘째는 환자 중심 의료에 관련된 것이다. 김경동 교수는 1977년에 서울대 교수로 부임하면서 '인간주의 사회학'을 주창한 바 있다. 인간주의 사회학은 인간 행위자에 초점을 맞추어 개별성과 주관성을 중시하는 관점이다. 인간주의 사회학은 사회현상을 설명할 때 개별 행위자의 경험과 의미 찾기의 중요성에 주목한다. 이러한 관점은 1970년대 이후 환자 중심 의료 개념의 발전과 관련성이 있다.

1960년대까지 사회학은 거시적 수준에서 의료체계의 구조와 기능에 대한 분석에 주력하였다. 그런데 1970년대부터 구조기능주의에 대한 비판이 제기되었고 사회학적 관심사가 점차 행위자 중심의 분석으로 전환하였다. 의료사회학의 경우, 구조기능주의 관점에서는 사람들이 질병 증세가 있으면 곧바로 의사를 찾아서 치료받는 것이 근대 의료체계에 부합되는 행위로 간주되었다. 즉 환자는 의학적 권위를 존중하고 그에 의존하여 질병이라는 사회적 일탈 상태를 가능한 한 빨리 벗어나는 것이 올바른 도덕적 책무로 규정되었다. 환자가 스스로 진단하여 자가 치료하든가 비의학적 치료처를 찾는 것은 의학적 권위를 부정하고 궁극적으로 사회통합에 저해되는 행위로 여겨졌다.

그러던 것이 1970년대 이후에는 사회학적 관점이 환자 스스로 자기 몸을 통제하는 주체로 여기게 되었다. 사람들은 증상 발현 후에 곧바로 병원을 찾기보다는 주변 사람과의 교감을 통해서 자신이 아픈 상태라는 당위성을 (사회적으로) 인정받은 후에 병원을 찾게 된다든가, 심각한 질환에 걸렸을 때 자기 생애의 어떤 부분(잘못)을 연관시켜 그 병에 걸렸다고 해석하기도 한다(조병희, 2025). 즉 질병에 관련된 주요 요소들이 생물학적 상태로만 존재하는 것이 아니라 사회적 의미도 내포하며, 그 맥락에서 환자들은 자기 생애사에서 왜 이 시점에 그런 큰 병에 걸리는지 의미 찾기(making sense of illness)에 나선다는 것이다.

이제 의사들의 진료 양식도 변화하고 있다. 과거에 의사들은 전문지식을 질병 치료에 적용하는 것에만 관심을 두었고 환자는 단지 대상으로만 생각했지만, 이제는 치료 과정에서 환자가 어떻게 느끼고 얼마나 만족하는지를 따지는 '환자 중심 의료'(patient-centered medicine)의 실천을 중요시하게 되었다. 지난 수십 년간에 의료사회학의 관점은 구조에서 행위자로 바뀌었고, 이제 인간주의 사회학에서 제시했던 행위자의 경험이 중요한 분석 단위가 되었다. 이와 같이 김경동 교수가 스스로 의료사회학 연구를 진행하지는 않았으나 그의 사회학 연구 분야는 의료사회학의 발전에 적지 않은 연관성을 갖고 있음을 알 수 있다.

Ⅱ. 구조기능주의 사회학과 전문직업성

그런데 의사에게는 왜 전문직업성이라는 특별한 직업적 가치가 중요하게 된 것일까? 중세 시대에 의료는 치료 역량이 낮았고, 사회적으로 중요시되던 분야도 아니었다. 그런데 산업사회의 형성과 함께 증대된 의료의 역할은 의사의 사회적 지위에도 큰 영향을 미치게 된다. 19세기 이후 의학이 과학화하면서 치료 역량이 획기적으로 높아졌고, 의사는 전문직으로 발전하였다. 전문직이란 사회학 개념으로 볼 때 높은 수준의 지식을 구사하여 업무에 있어서 자율성을 갖게 되고 대사회적으로는 사리 추구보다는 소명과 봉사라는 직업윤리를 지켜가는 직업을 말한다.

전문직에 처음으로 학문적 관심을 가졌던 사회학자는 뒤르켐(Durkheim, 1957)이었다. 그에 따르면 전문직은 국가와 개인 사이에서 매개적 역할을 수행하는데, 급속하게 진행되는 산업화 사회에서 개인의 사회적 고립을 예방하고, 고도로 분업화하는 과정에서 발생하는 무규범화를 방지하는 임무를 담당하는 것으로 보았다. 전문직은 사회통합의 역할 수행이라는 중요성 때문에 사심 없이 업무에 매진하도록 규제하는 직업윤리가 필요하다고 보았다. 이러한 직업윤리가 전문가들의 행위를 지도하여 그들의 행위가 사회에 유익하게 된다. 이러한 기능주의적 관점은 이후 파슨스(Talcott Parsons)에 전수되었다.

1930년대는 자본주의와 사회주의 간의 이념논쟁이 고조되었던 시기였다. 이러한 시대적 배경을 두고 사회학자 파슨스는 전문직이야말로 자본주의의 이기성과 사회주의의 억압적 집단주의를 모두 극복할 수 있는 제3의 방법이라고 생각하였다(Parsons, 1939; Collins, 1979: 132). 이러한 주장은 그의 구조기능주의 사회학과 긴밀하게 연결되어 있다. 그는 의사의 지위나 역할이 사회제도적으로 구조화된다고 가정한다. 산업사회에서는 농경사회와는 달리 사회적으로 많은 스트레스가 발생하는데도 가족이 핵가족화 되어가고 인간관계가 정의적이기보다는 계약적, 특정적으로 되어 감으로써 개인적인 육체적 정신적 위기 상황에서 가족이나 주위의 도움을 받기가 어려워진다.

사회적 분업과 통합을 강조하는 구조기능론의 관점에서 볼 때 개인들이 질병이나 건강 문제로 자기 역할을 감당하지 못하면 궁극적으로 사회통합에 저해되는 결과를 초래하게 된다. 따라서 전문적인 도움 제공자로서 의사의 역할이 중요해질 수밖에 없다. 이러한 개인들의 위기가 사회적으로 적절히 해결되지 못하면 사회성원들은 그 역할을 제대로 수행하지 못할 것이고 결국 사회체계의 기능 유지나 통합에 장애 요소가 될 것이다. 따라서 산업사회에서는 의료의 역할이 중요해지기 마련이고 그 업무를 담당하는 의사는 사심 없이 의료업무에 종사할 수 있도록 업무수행의 자율성과 신뢰 등의 특권을 부여해 줄 필요가 있게 된다.

파슨스(Parsons, 1951)는 그의 주 저서인 '사회체계론'(The Social System)에서 의사를 근대성의 표상으로 설정하여 설명하였다. 예를 들어 환자는 자신의 질환이 목숨을 위협하는 상황에서 지극히 이기적인 심성에서 자신에게 더 빠르고 더 많은 치료 기회를 요구할 수도 있다. 파슨스식으로 표현하면 환자는 자신의 생명을 부지하기 위하여 어떤 비합리적 요구라도 할 수 있는 전근대적인 존재이다. 반면 의사는 환자의 이기적 요구에 얽매이지 않고 오로지 의학적 또는 과학적 근거에 따라 치료의 시급성을 판단하고 시행하는 근대적 주체로 설정된다. 즉 환자는 개인적 이득에 몰두하는 전근대적인 특수한 이해관계(particularism)에 얽매인다. 반면 의사는 의사 집단이 제정한 의학적 기준을 준수하고 과학적 보편성(universalism)을 실현하는 근대인의 표상으로 설정된다.

사회적 분업이 미분화된 과거에는 의사가 의술을 시행하는 치료자이면서 동시에 영적 위안을 주는 사제이기도 했고, 행위의 옳고 그름을 판정하는 판관이기도 했다. 또는 세속적으로 지역사회 리더의 역할을 담당하기도 했다. 즉 과거에는 의사의 관심이 기능적으로 분산되었던(diffused) 반면에 현대 의사들은 오로지 의학적 관심에만 몰두하는 기능적 특정성(functional specificity)을 따른다. 이 원칙을 따르면 환자의 사회적 지위에 따른 차별적 치료를 불식하고 질병 증상의 심각성과 시급성만을 고려한 치료 순위 설정이 중요한 직무수행의 원칙이 된다.

파슨스의 논지를 따른다면 의료를 상업화하게 되면 의사가 의료적 관심만을 추구하기보다는 환자의 요구에 얽매여 비의료적인 행위를 하게 되고, 그럴수록 사회통제 기능을 수행하기 어려워지며, 따라서 사회통합에 역기능적이게 된다. 이러한 의료의 기능적 중요성 때문에 의사의 자격을 엄격하게 규제하고 유자격자만이 의료문제를 다룰 수 있게 하는 제도적 장치가 필요하게 된다. 즉 의사에 의한 의료 독점이 인정되는 것이다. 또한 환자는 의사의 권위에 절대적으로 복종하고 건강 회복을 위하여 동기화 되어야만 한다. 만일 환자가 건강 회복으로 동기화되지 않거나 환자의 무노동의 특권이 남용되면 사회적 통합에 저해되므로 의사의 권위와 특권이 보호되어 이러한 현상을 통제해야 한다는 것이다. 즉 근대사회의 의사는 개별 환자의 소소한 요구보다는 사회통합의 '대의'에 부합되게 행동하는 근대 지식인이라는 것이다.

의사의 직무상 자율성 같은 직업가치는 사회통합을 위하여 의사에게 부여하는 사회구조적 특성으로 볼 수 있다. 질병으로 인한 생명의 위협에 대한 의학적 대응은 기능적으로 매우 중요한 일이라는 점은 사회구성원 모두가 공유하는 규범이고, 여기서 의사에 대한 도덕적 기대와 요구가 파생된다. 즉 인간 생명을 다루는 의사는 의학적-과학적 지식과 기술을 함양해야 함은 물론 오로지 환자의 고통 경감과 치료에 매진해야 하는 도덕적 의무를 지니게 된다. 의사의 직무수행에서의 자율성과 자율규제는 도덕적 의무의 실현을 전제로 하는 전문직의 직업가치로 볼 수 있다. 의대생들이 전통적으로 졸업식에서 의례적으로 직업윤리 선서를 하는데 이것은 의사에 대한 도덕적 기대를 상징적으로 보여준다고 할 수 있다.

그런데 파슨스의 전문직에 관한 이론적 모형이 현실에서 그대로 작동하기가 쉽지 않다. 전문직에 대한 규범적 기대와 함께 전문가들의 실질적 이해관계가 원만하게 결합할 수 있을 때 제도적 안정성을 얻을 수 있다. 그런데 자본주의 사회에서 의학 지식을 공적 기여 측면에서만 사용하도록 강제하기는 어렵다. 특히 의료계를 둘러싼 사회환경적 맥락이 시장주의 원리를 강화할지 아니면 억제될지에 따라 전문직 이념과 가치가 실현될 수 있는 기회는 달라진다.

예를 들어 1960년대에 서구 사회에서는 프랑스의 6·8 운동과 미국의 반전운동 및 흑인 인권운동, 여성 권리 운동 등 권위주의에 대한 광범위한 저항이 발생하였다. 이러한 사회적 분위기에서 의료전문직을 바라보는 사회의 시선도 크게 달라졌다. 1950년대까지 의사는 생명을 구하기 위하여 헌신적인 노력을 하는 전문가로 인식되었다. 그런데 1960년대 이후에는 전문지식을 활용하여 사적 이득을 취하는 직업인으로 보게 되었다. 조지 워싱턴 대학병원(George Washington University Hospital)의 소아과 교수였던 멀런(Fitzhugh Mullan 1942-2019)은 공적 역할을 망각한 이들을 '소의사'(doctoroid)라고 비판했다. 이들은 공부를 잘하고 똑똑하여 의사가 됐지만 사람과 공동체를 다루는 데는 기본적으로 무능력하고, 의사 면허를 오로지 자기만족을 위해서 사용할 뿐이며, 부유하고, 의사 가운을 입고 의사처럼 행동하지만, 그에게는 의사다운 '심장'이 없다는 것이다(Fox 1989: 116). 멀런은 할아버지와 아버지가 의사였고 3대째 의사직을 이어간 의사 집안 출신이었다. 그는 하버드 대학에서 역사학을 공부했고 시카고대학에서 의학사 학위를 받았다. 그는 1960년대에 의대를 다니면서 당시 유행했던 인권운동에 참여했다. 그는 오랫동안 공중보건 분야에서 활동했고, 지역사회 클리닉에서 임상 시술을 하다가 1996년에 의대 교수가 되었다. 공익에 헌신하는 의사의 전형을 보여준 멀런의 시각에서 볼 때 1970년대 의사들은 사익에 충실한 '소의사'였을 뿐이다.

Ⅲ. 시장독점과 의료 지배

대략 1970년을 기점으로 사회학자들의 관심사는 구조기능주의의 관점에서 전문직의 규범과 직업가치, 환자의 의료 이용 실태 등에서 전문직의 정치세력과의 관계나 시장체계와의 관련성을 연구하는 쪽으로 선회하였다. 베버(Max Weber)의 관점을 따르던 사회학자들은 의사가 누리는 사회적 지위와 특권은 산업사회의 기능적 필요성 때문이 아니라 집단 간 세력 관계의 결과라고 주장하였다. 기능주의 관점에서 정립된 전문직업성 개념에 대한 주요한 비판은 프릿슨(Freidson, 1970a, b)에 의하여 제기되었다. 그는 파슨스를 비판하기를 의료지식 그 자체가 권위의 원천이라면 왜 선진자본주의 사회들 간에 지식의 수준은 비슷하나 의사들이 차지하는 사회적 지위나 권위는 크게 다른지를 설명하지 못한다고 지적하였다. 프릿슨에 의하면 지식 그 자체가 의사의 권위를 보장하기보다는 사회적으로 지식이 어떻게 생산되고 조직되는가에 따라 달라진다고 보았다. 의료체계 형성이나 제도 운용을 국가가 주도하는 유럽 국가들의 경우 의사 지위가 상대적으로 낮고, 의료 공급이 시장체계를 중심으로 이루어지고 국가보다 의사가 주도하던 미국에서 의사 지위가 높은 것은 의학 지식의 수준이나 내용이 달라서가 아니라 의료가 조직되는 방식이 다르기 때문이라는 것이다. 핵심적으로 의사의 권위란 의료시장을 독점하기 때문에 가능한 것이며, 이를 위하여 의사들은 국가 또는 지배계급과 우호적 관계를 형성하려 한다는 것이다.

여기서 의사의 권위란 질병 상황을 의사가 독자적으로 규정하고 그것을 의료의 배타적인 영역으로 제한시키는 것을 의미한다. 즉 어떤 것이 질병이고 어떻게 치료할 것인가는 의료전문가인 의사만이 알 수 있으며, 다른 문외한들은 의료를 시술하거나 간섭할 수 없다고 의사의 자율성을 주장하는 데, 이러한 주장은 의료시장의 독점에 근거하는 것으로 볼 수 있다. 현대사회에서 과학적 의료가 의료 부문에서 지배적인 위치를 차지하고 있는 것은 사실이지만 과학적 의학만이 유일한 치료 방식이라는 주장은 과도한 일반화로 볼 수 있다. 세계 각처에는 한방 의료와 같이 과학적 의학과는 병인론이나 치료 방식을 달리하면서도 일정한 치료 효과를 보여주는 대안적 의료체계들이 존재한다. 따라서 서양 근대의학만이 치료의 정당성이 있다는 주장은 제한적으로 받아들여져야 할 것이다.

이러한 제한성에도 불구하고 의사들이 의료시장을 독점하게 된 것은 지배세력과의 우호적 관계 덕분이다. 파슨스는 의사의 지위와 권위가 산업사회에서 구조적으로 만들어진 것으로 파악한다. 반면 프릿슨에 의거하면 의사의 지위와 권위 및 자율성은 시장 관계에서 상황적으로 만들어지는 것이므로, 의사들은 그들의 지위를 유지하기 위하여 계속해서 시장독점의 논리와 방법을 새롭게 개발하여 지위 안정화를 위한 노력을 지속해야만 한다. 의사의 권위나 자율성이 파슨스에게는 질병 일탈을 통제하고 사회체계의 통합을 이룩하기 위한 구조적 필요에 따른 것으로 간주되었으나, 프릿슨에게는 전문직업성이 시장체계에서 의사의 권리를 보호하기 위한 직업적 통제의 장치로 간주되었다.

물론 의사들이 갖는 권위나 지위의 토대가 오로지 국가나 지배계급이 갖는 권력에서 유래하는 것은 아니다. 시장독점의 논리가 상당 부분 이데올로기적인 속성을 지니고 있다고 생각되지만, 의료의 특성 자체가 그러한 논리를 가능케 하는 특성이 있을 수 있다. 이것이 의료의 불확실성(uncertainty)이다. 의사의 노동과정에서 의사가 자율성을 가질 수 있는 것도 의료과정 자체의 불확실성에서 연유한다. 동일한 질병이라도 사람마다 나타나는 증상도 일정하게 다를 수 있고, 질병의 진행 과정이나 예후도 상당히 다를 수 있다. 또는 질병 기전이 밝혀지지 않아서 불확실한 상태에 머물러 있을 수도 있다. 즉 질병은, 특히 만성질환은, 불확실성을 특징으로 한다. 질병은 발생 양상이 다양하고 복잡하여 표준화시키기가 어렵고, 사례마다 의사의 임상 경험에 근거한 판단이 필요하고 그에 따라 치료 방식이 다르게 선택될 수 있다는 점에서 의사는 의료과정에 대하여 배타적 통제력을 행사할 수 있다.

기능주의 관점에서 볼 때 의학교육은 임상적 불확실성에 대처하는 훈련 과정으로 인식된다. 머톤(Merton 1957) 등이 저술한 '학생 의사'(Student-Physician)는 의대생이 의사의 직업적 가치를 습득하고 의료적 불확실성에 대처하는 역량을 습득하면서 의사로 사회화되는 과정을 기술한 바 있다. 즉 기능주의 관점에서의 의학교육과 의학 연구와 실험은 현재의 의학이 불확실하여 당장에 치료에 실패하더라도 꾸준히 실험하고 대응하여 궁극적으로 과학적 치료법을 발전시키는 것으로 묘사된다. 프릿슨도 의학이 지식 발전도 충분하지 않고 치료 역량도 제한되어 있다는 점에서 기본적으로 불확실성을 가진다는 점에 동의한다. 그런데 기능주의자들과 달리 불확실성에 대한 대응이 순전히 객관적인 과정이 아니라 상당 부분 주관적 해석과 결정이 개입하고, 의사와 환자 간의 협상으로 이루어지는 상황적 결과로 파악한다. 따라서 의사들은 의학적 전문지식에 근거하여 자율성을 정당화하지만, 이러한 전문지식이 의사의 특권과 영향력을 호도하는 예도 많음을 알 수 있다.

진료실 내에서 의사가 수행하는 치료행위에서의 권위나 자율성을 부정하는 경우는 별로 없다. 만일 의사의 권위 실추 문제가 제기된다면 이것은 진료실 외부, 즉 의료과정을 둘러싼 환경에 대한 통제력까지 확대 적용될 수 있는가에 대한 것이다. 의료 공급 조직의 변화, 예를 들어 의료의 국영화나 민영화, 의료공급자의 다원화, 건강보험제도 도입이나 의사에 대한 보상방식의 변화와 같이 의사들의 이해관계가 달린 문제에까지 의사들의 주장이 그대로 수용되는 것은 아니고 사회적 세력 관계에 따라 달라진다. 의료과정에서의 권위를 곧바로 의료환경에 대한 통제력으로 확대 적용하려는 것이 전문직업성의 또 다른 측면이다.

프릿슨이 선도적으로 시장독점에 근거한 직업적 통제의 한 형태로서 전문직업성의 출현을 분석한 이래로 여러 학자가 비슷한 관점에서 의사의 성공적인 직업 지위 이동에 대하여 분석하였다. 프릿슨은 의사와 국가 또는 거시사회적 환경의 제 요소와의 관계의 중요성을 역설하였으나 그 자신은 이에 대하여 구체적인 분석을 진행하지 않았다. 이러한 작업을 수행한 것은 라슨(Larson, 1977), 패리(Parry, 1976), 스타(Starr, 1982) 같은 학자들이다. 이들은 산업자본주의 사회의 형성이라는 사회경제구조의 대변혁 과정에서 의사들이 어떻게 자신들의 입지를 확립하였고 산업사회의 성숙과 더불어 그것이 어떻게 변화되어 갔는가 하는 점에 관심을 가졌다. 이들은 자본주의를 시장경제체제의 성립으로 파악하면서 전통적으로 봉건영주 계급에 의존하였던 의사들이 새로운 시장경제 구조 내에서 생존의 토대를 마련해야만 했던 상황에 관심을 집중하였다. 이 과정에서 의사들은 집단 성원에 대한 대내적인 단결과 이해의 일치를 위한 전략(예를 들면, 교육 수준의 향상을 통한 성원 자격 기준의 강화)을 마련하였고, 이를 바탕으로 소위 시장 능력(market capacity)을 제고하여 시장독점 체제를 구축하였다.

나아가 의사들은 시장체계가 갖는 본질적인 불확실성, 즉 의사 상호 간 경쟁구조에서 벗어나기 위하여 의사 업무를 전문화, 분업화, 위계화하여 환자가 주치의의 통제와 권유에 의해서만 입원과 검사 등 상급의 진료를 받을 수 있도록 만들었다. 이러한 의사들 네트워크에서 환자의 임의적인 병원-의사 선택은 절대적으로 제약받을 수밖에 없고, 의사들은 의사 시장 전체에서 환자의 흐름을 효과적으로 통제할 수 있게 되었다. 이러한 의료 공급 네트워크에서 의사들은 상호협력을 하면서 이해관계를 일치시키기 때문에 의료시장에서 공급자 간의 시장경쟁은 사실상 사라졌다. 이러한 독점체제는 사적 이윤의 추구가 아닌 사회적 봉사, 또는 환자에게 최선의 진료를 제공할 수 있다는 명분을 내세워 이데올로기적으로 정당화시켰다. 한마디로 의료전문직의 등장이란 산업자본주의의 형성으로 사회적 불평등 구조가 재편되면서 교육을 무기로 하는 의사라는 전문직이 탄생하여 의료지식을 독점하였고, 사회분업구조 내에서 특권적 지위를 차지하게 되는 집단적 사회이동의 성공 사례이다. 시장독점은 이제 체계적인 의료 지배(medical dominance)로 귀결되었다.

기능주의적 입장에서는 의사들이 갖는 사회적 지위나 권력은 기본적으로 지식의 실체적 내용 때문으로 볼 수 있다. 즉 산업사회는 구조적으로 복잡한 질병 상황을 산출하고 있고 이를 효과적으로 치료할 수 있는 지식을 의사들이 갖고 있어서 의사들의 영향력이 크다고 본다. 그러나 역사적으로 볼 때 지식 그 자체는 의사의 지위를 설명하는 데 있어서 부분적일 뿐이다. 19세기 중엽까지는 제너의 종두법을 제외하고는 과학적이고 효과적인 치료법이란 사실상 존재하지 않았다(Shryock, 1947: 129-273). 그런데도 여러 유럽 국가에서 의사들은 비교적 높은 사회적 신분을 유지하였다. 이것은 병인론이 밝혀지지 않은 질환들에 대하여 통제력을 보여주는 의례적 시술 활동(ritual activities)을 수행함으로써 환자에게 일종의 심리적 조력을 제공한 데 대한 보상이었다. 이러한 행위가 단지 상업적인 마술로 전락하지 않도록 의사들은 치료비를 능동적으로 요구하지 않았고, 단지 이타주의 정신에 따라 환자의 고통을 덜어줌을 과시하였다. 더불어 의사들은 독점조직을 유지한다든가 고전에 대한 학식을 갖추어 신분적 지위를 유지하려 하였다. 이러한 신분적 생활방식은 부유한 계층 출신에서 정규 의사가 배출되고 또 그 계층을 대상 환자로 삼게 하였다. 그런데 현대의학이 치료 효과를 발전시킨 지금에도 의사들이 갖는 지위는 의료의 치료 효과 그 자체만이 아닌 그것이 사회적으로 조직하는 방식에도 근거한다고 보는 것이 막스 베버의 관점을 따르는 학자들의 생각이다.

봉건제적 구질서가 존재하지 않았던 미국에서는 상위 신분 출신 의사가 극히 드물었고, 치료 방식이나 기술 수준이 다른 여러 종류의 치료자 집단들이 존재하였다. 19세기 후반기에 유럽 유학을 경험한 젊은 의사들을 중심으로 의학교육 개혁운동이 일어나 자연과학적인 이론과 실험에 근거한 의학교육의 이수가 의사의 자격요건으로 규정되기 시작하였다. 1년 정도의 당시 짧은 도제식 임상 훈련만으로 의사가 될 수 있었던 상황에서 의료직은 상업주의와 결속되어 있었다. 그러나 의학이 대학 교육화되면서 교육 기간이 연장되어 하층계급 출신은 의사가 될 수 있는 기회를 얻기 힘들어졌고, 의료직은 중상층 이상의 직업으로 바뀌었다. 새로운 의학교육 이수자들에 의한 의료시장의 독점이 20세기 초까지 완성되었다.

대학교육 이수와 의사의 자격을 일치시킴으로써 의료전문직에 의한 의료지식의 생산과 그 지식을 보유한 의사가 동시에 의료서비스 생산자로서 하나로 결합되었다(Larson, 1977: 17). 이러한 진행 과정은 개념(conception)과 실행(execution)의 분리라는 자본주의적 노동과정에 예속되어 노동자화 되어간 장인 길드(craft guilds)와는 판연하게 구분되는 것이다. 물론 지식과 기술에 대한 통제 그 자체는 전문직의 특권을 부분적으로만 설명한다. 왜냐하면 통제되는 지식이 사회적으로 희귀하고 가치가 있는 것인가 하는 사회적 평가의 문제가 있기 때문이다. 전문직이 성공한 것은 한편으로는 독점적 지식생산 구조를 뒷받침해 줄 이데올로기와 연결하였고, 다른 한편으로는 기계화(mechanization)나 자동화가 가능한 저급한 수준의 의료 기술을 파괴하고 소멸시켜 버렸기 때문이다. 전문화(professionalization)란 기술의 상향 집중화이고, 노동자화(proletarianization)란 기술의 하향 집중화란 점에서 두 과정은 노동 분업의 불가분한 두 측면이다(Larson, 1979: 623).

여기서 이데올로기란 한편으로는 과학 정신과 기술적 숙련에 내재한 합리성이었다. 그러나 공리주의가 팽배해 있던 당시에 이것은 충분한 정당성의 근거가 되지 못하였다. 즉 베버가 주장하는 합리화의 경향은 의료시장의 확대에 기여했으나, 그러한 시장을 새롭게 훈련받은 소수 의사가 독점하는 것은 민주주의 또는 정치적 평등이라는 근대의 이념에 배치되는 것이었다. 부르주아지의 경우 국가의 권력을 동원하여 강제력을 행사하여 자신들의 입지를 확립할 수 있었으나, 부르주아지만큼 힘이 강한 계급도 아니었던 의료전문직의 경우에는 강제력을 동원할 수도 없었다. 이들에게는 이데올로기적 설득이 주요 무기였다. 이데올로기의 주요 내용은 직업적 소명감(vocational calling)이었다. 사회적으로 생산된 지식을 독점하기 위하여 의사들은 그들의 지식이 공공의 이익만을 위하여 사용되므로 그 지식의 행사에 대해서는 사회적 보호를 받아야 한다고 주장하였다. 비자격자에 의한 무책임한 의료의 제공은 결국 그 피해가 국민에게 돌아가기 때문에 자격자에게만 의료 제공의 권리를 한정시켜야 한다는 논리이다. 자격의 기준은 당시 사회에 보편화되고 있는 정규대학 교육 이수 여부에 의하여 판단되어야 하고, 정규 의사의 비윤리적 행위는 그 행위의 적합성을 판단할 능력을 갖춘 동료 의사들에 의한 자율규제로 처리될 수 있다는 것이다.

소명감이나 윤리의식은 바로 구시대의 직업집단들이 독점의 근거로 내세우던 논리였다. 이것은 모든 당사자가 평등하고 비특권적 시장원리 체계에서 특권적 신분으로의 회귀를 의미하였다. 시장경제하에서는 이윤 창출이 그 목적이 되고 있으나 의사들은 현상적으로는 여기서 한 걸음 물러나 과거의 귀족 의사와 같이 이윤 동기와는 무관하게 의학의 발전과 환자의 복리를 위해서만 활동한다고 주장하며 사회를 설득하였다. 이와 같이 순전히 시장 능력에 의존하는 계급적 위치에서 특권적 신분으로의 전환은 의사로 하여금 더욱 안정되게 의료시장에 대한 통제력을 행사할 수 있게 만들었다. 기든스(Giddens, 1973: 112)의 표현대로 계급과 신분이 동시에 존재할 때 신분 그 자체가 시장 능력으로 전환될 수 있다. 즉 경제적 이득으로부터 초연한 것 같이 보이는 신분 집단이 실제로는 경제적 이득을 안정적으로 획득할 수 있는 것이다.

Ⅳ. 의사 권위의 하락

1980년대 이후 전문직업성에 대한 논의는 의사 권위의 하락에 맞추어진다. 소위 의사 권력의 황금기(golden age of medical power)가 지나갔다는 것이다. 여러 학파가 앞 다투어 의사 권력의 쇠락을 주장하였다. 호그(Haug, 1972)는 정보화 시대에 의학 지식과 정보가 대중에게 확산하면서 의료전문직과 일반인 사이에 지식의 격차가 축소되고 의사들의 임상적 자율성에 제한이 가해지는 탈전문화 현상이 발생한다고 주장하였다. 대중이 손쉽게 의학지식에 접근할 수 있게 되고 자신의 질환에 대하여 상당한 의학지식을 갖춘 정보화된 의료소비자들이 나타나면서, 대중과 환자들이 더 이상 무조건 의사를 신뢰하지는 않게 되었다는 것이다. 정보화된 환자들은 의사에게 도전적인 모습을 보이고, 만일 진료 내용이 마음에 들지 않으면 여러 의사를 번갈아 방문하는 의료 쇼핑을 추구하면서 적극적으로 치료 만족을 얻어내려 한다. 이런 상황에서 의사들은 과거처럼 환자의 신뢰가 당연하게 주어지는 것으로 생각할 수 없게 되었고, 이제는 적극적으로 노력하여 환자에게 만족감을 제공함으로써 그 결과로 신뢰를 얻을 수 있게 되었다는 것이다.

의료의 시장화는 한편으로는 의사의 지위를 높이는데 기여했으나, 다른 한편 의료비를 급증시키는 결과를 빚었다. 고부가가치 의료상품이 개발되면서 의료시장에는 필연적으로 이윤을 추구하는 자본이 개입하게 되었고, 그에 따라 그동안 개별화되어 있던 병원들이 수직적으로 통합하거나 계열화하여 거대한 산업으로 전환되었다. 1960년대에 의료 부문은 자본이 개입하기에는 시장의 규모가 너무 작았다. 그런데 1990년대 이후 의료시장은 높은 부가가치를 창출하는 큰 규모의 시장이 되었고, 의료자본이 개입하여 의료체계 전반에 영향을 미치는 상황에서 의사들의 영향력은 위축될 수밖에 없다(Coburn, 2006). 이제 미국에서는 00 Healthcare System이란 이름을 가진 병원 회사가 전국적으로 조직화 되었다. 이러한 상황에서 그동안 절대적인 자율성을 누리던 의사들도 점차 병원 경영자 혹은 자본의 통제에 예속되게 되었다. 이러한 현상을 마르크스주의 학자들은 의사의 프롤레타리아화로 불렀다(Mckinlay and Arches 1985). 즉 의사가 환자의 의료보험 상태를 미리 체크하고, 값비싼 시술이나 약품의 처방을 하기 전에 경영진에게 사전 승인을 얻어야 하게 되면서 의사의 자율성은 위축되었고, 사실상 경영의 통제를 받는 임금노동자나 다름없게 되었다는 것이다.

의사의 권력이 하락하게 된 원인은 여러 가지이다. 첫째, 국가의 성격 변화이다. 이전 시기에 국가는 의학 발전을 위하여 막대한 의학 연구비를 지원하였고, 또 병원 건립도 지원하였다. 그러나 이제 국가는 의료비 절감을 주요 정책으로 추진하고 있고, 의료 독점 구조를 경쟁체제로 전환하기 위한 여러 정책을 시행하면서 지원자에서 규제자로 변화하였다. 둘째, 과거에 의사의 처분에 맡겨두었던 의료업무들이 점차 관리와 감시의 대상이 되었다. 셋째, 세계화와 정보혁명으로 폐쇄적이었던 의료 관행과 절차의 모순이 드러나고 서로 비교되면서 개혁의 명분을 얻게 되었다. 넷째, 전문화의 진전은 여타 전문 직종에서도 진행되면서 의학과의 경계선 구분이 흐려지는 현상이 발생하였고 결과적으로 의사들은 타 직종의 위협을 느끼게 되었다. 다섯째, 질병 역학 구조가 변화하여 만성질환이 증가하면서 치료(cure)보다 돌봄(care)이 중요하게 되었다. 즉 치료의 전문가인 의사의 역할이 상대적으로 위축되었다. 여섯째, 의사-환자 관계가 변화하고 의사에 대한 대중의 신뢰가 감소하였다. 일곱째, 의사 수가 증가하면서 의사의 시장 능력이 약해졌다. 여덟째, 의사의 세부 전문화가 진행되고 연관된 타 의료 직종들의 전문성도 제고되면서 의사들 간의 통합력이 약해졌다(Calnan, 2015).

사회학자들 다수는 1980년대 이후 의사의 권력과 영향력이 위축되었다는 견해에 동조하였다. 그런데 프릿슨(Freidson, 2001)은 거의 유일하게 국가와 자본의 통제력이 강화되고 있지만 의사는 전문지식 덕분에 영향력을 유지할 수 있다고 주장하였다. 그는 의료 공급 체계를 이념형적으로 관료제와 자유시장, 전문직업성의 세 가지 형태로 구분하면서 전문직업성에 의한 의료 공급이 갖는 우월성을 역설하였다. 즉 고도의 교육훈련과 임상경험에 의한 의료 제공 방식은 관료제의 표준화 지향이나 배급제 또는 시장체계에서의 의료 상업화의 한계를 넘어설 수 있다는 것이다. 의사의 전문지식에 근거한 처분 권한과 업무에 대한 직업적 통제력은 관료주의의 병폐나 소비자주의의 위험에 방어할 수 있게 한다는 것이다. 즉 외형적으로는 의사들이 병원 관료제에 의한 통제나 자본에 의한 예속에 들어가는 것처럼 보이지만 의사들의 전문직업성을 완전하게 통제할 수는 없다는 것이다. 이러한 프릿슨의 관점은 의료 지배를 개념화하던 1970년의 모습과는 상당히 달라진 것임을 알 수 있다. 이것은 일면 파슨스가 자본주의와 사회주의 병폐를 넘어서는 의료전문직의 출현을 기대했던 상황과도 유사하다.

그런데 2000년대 이후 상황을 보면 의사들의 권위나 영향력이 위축되면서 사회학자들은 더 이상 의사의 전문직업성에 대한 학술연구를 하지 않게 되었다. 그런데 다수 사회학자가 예상했던 것과는 달리 의사가 노동자로 전락했다든가 환자와의 관계에서 탈전문화가 심화하여 의사와 환자의 사회적 거리가 크게 좁혀졌다는 식의 보고는 나오지 않는다. 즉 탈전문화나 노동자화 명제는 다분히 과장되었던 것으로 생각된다. 인터넷 시대에 의학 지식의 대중화가 진행되기는 했으나 일반인이 가질 수 있는 의학지식의 범위는 제한될 수밖에 없다. 또 의사가 병원 기업에 고용되는 현상이 발생했지만, 의사 업무를 관료제적으로 제한하는 데는 한계가 있음이 분명했다. 즉 의사는 여전히 전문가로서 위상을 누리고 있다. 다만 과거처럼 의사를 무조건 신뢰하지는 않게 되었다. 이러한 상황에서 이제 의사 스스로 환자 중심의 전문직업성을 구축하고 이를 바탕으로 환자의 신뢰를 회복하자는 움직임이 만들어지고 있다.

Ⅴ. 환자 중심 의료와 새로운 전문직업성

캐나다 맥길 대학(McGill) 의대 정형외과와 의학교육과 교수였던 크루스(Creuss, 2009)는 의사의 지위는 본래부터 주어진 것이 아니라 사회로부터 인정받은 것이라고 보았다. 의사가 지위를 유지하려면 대중이 의사를 신뢰할 만하다고 생각하고 지지하는 것이 필요하다는 것이다. 신뢰를 얻으려면 사회가 기대하는 의무를 충족시켜야만 한다. 여기서 전문직업성의 핵심은 의학교육 전 과정에서 변화하는 사회적 기대에 의사가 어떻게 부응하는지를 가르쳐야 한다고 보았다. 여기서 변화하는 전문직업성의 내용을 살펴볼 필요가 있다. 그는 다음 [표 1]과 같이 과거와 현재의 전문직업성을 비교하였다.

파슨스가 제시했던 의료전문직 모형은 의사가 자신의 역할을 인지하고 묵묵히 실천하는 의사의 모습을 연상시킨다. 의사는 중립적 자세를 견지하기 위하여 과묵하고, 환자와 소통과 정서적 교감을 최대한 억제한다. 물론 의사는 환자의 이익을 위하여 최선을 다하고, 최신 의학 지식을 익히고 시술을 제공하지만, 모든 의학적 판단은 오로지 의사만이 할 수 있는 것이라고 생각하며, 환자는 그러한 의사의 판단과 결정을 그대로 믿고 따라주기를 기대한다. 이러한 모형은 환자의 의사에 대한 절대적 신뢰와 존경을 바탕으로 이루어진다.

[표 1] 과거와 현재의 전문직업성 비교

과거의 전문직업성	현재의 전문직업성
환자와의 정서적 분리	공감 능력
가부장적 권위	정서적 연대
환자와의 제한적 소통	개방적 소통
의사 중심	환자 중심(patient-centered)
제1의 직업윤리: 의학적 선행	제1의 직업윤리: 환자 자율성

그런데 사회적 변화는 더 이상 이러한 모습의 가부장적 의사를 기대하지 않는다. 환자의 다수가 대학 교육을 받고 있고, 의학적 정보 접근도가 높아진 현실에서 무조건적인 신뢰와 복종은 가능하지 않다. 의사는 환자와 교감하고 정서적 유대를 구축할 필요가 있으며, 환자의 비의학적 진술에도 귀를 기울이는 개방적 소통의 자세가 필요하다. 모든 진료 과정은 환자 중심으로 이루어져야 하고 환자의 자율적 판단을 존중하는 것이 제1의 직업윤리가 되어야 한다.

앞서 언급대로 질병은 불확실성을 배태하고 있고, 그런 상황에서 의료 시술은 크고 작은 위험을 내포한다. 이런 상황에서 신뢰가 전제되지 않으면 의사는 소극적이고 방어적인 진료를 하게 되어 환자는 최선의 결과를 얻지 못할 수도 있다. 그런데 신뢰는 동적이고 연약한 속성을 가진다. 질병으로 인하여 예민해져 있는 환자에게 의사의 불통, 기만, 무관심, 비밀누설 같은 행위는 설사 그것이

의도되지 않은 실수였다고 해도 환자의 신뢰를 무너뜨릴 수 있다. 이를 회복하려면 즉각적인 실수 인정과 시정, 진정한 해명, 충실하고 환자 눈높이에 부합하는 원인과 결과의 설명 같은 것들이 필요하다. 기본적으로는 환자에 대한 상시적인 관심과 배려가 있어야 한다. 의사와 환자가 신뢰 관계를 기반으로 할 때 의학적 시술은 임상 효과를 더욱 높이는 경향이 있고, 환자의 시술 만족도를 높여준다고 한다.

같은 맥락에서 미국 내과의사회(American Board of Internal Medicine: ABIM)는 2009년에 의학 전문직업성에 관한 의사 헌장(Physician Charter on Medical Professionalism)을 발표하였다. 여기서 환자 복지 우선, 환자의 자율성, 사회정의를 3대 핵심 원칙으로 규정하였다. 이러한 원칙을 준수하기 위한 의사의 실천 덕목으로 전문적 능력, 환자에게 정직, 환자 비밀 준수, 환자와의 적절한 관계 유지 등 10가지를 제시한 바 있다.

환자 중심 의료는 영국의 정신과 의사였던 밸린트(Balint, 1957)에 의하여 최초로 시도되었다. 런던에서 개최되었던 개업의 세미나에서 개업의들은 환자들이 반복해서 신체적 심리적 불편함을 호소하는데, 의학적으로는 아무런 이상을 발견하지 못한다고 진료의 어려움을 토로하였다. 이러한 개업의 보고를 분석한 후에 밸린트가 내린 결론은 다음과 같다. 사람들은 이런저런 이유로 일상의 문제들에 제대로 대응하지 못하면 그런 문제를 병처럼 생각하게 된다는 것이다. 사회적으로 겪는 어려움을 마치 신체질환이 있는 것처럼 투사한다는 것이다. 개업의들이 의학 모형만 고려한다면 이런 환자들을 치료할 때 어려움을 겪게 될 것이다. 따라서 환자 입장을 중요하게 고려할 것을 권고하였다. 즉 질병 중심 의학에서 환자 중심 의학으로 변화가 필요하다고 역설한 것이다.

이러한 관점이 이후 바이런과 롱(Byrne and Long, 1976)에 의하여 '의사 중심' 대 '환자 중심'의 개념으로 진화하였고, 궁극적으로 엥겔(Engel, 1977)에 의하여 개발된 생물심리사회 모형(biopsycosocial model)으로 발전하였다. 그는 의사가 환자의 증상을 살피되, 그의 심리적 상태는 물론 그가 살고 있는 사회적 환경을 동시에 고려해야 하며, 질병의 파괴적 결과에 대응하는 사회적 시스템을 고려해야 한다고 제안하였다. 이러한 연구들이 축적되어 이제는 환자 중심 의학이 굳건하게 구축되었다(Stewart, 2024). 의사들은 이제 의학의 임상적 지식 이외에도 질병의 사회심리적 차원을 이해할 수 있어야 한다는 것이다. 질병(illness)이 초래하는 불안과 공포, 질병으로 인한 생활상의 어려움, 인생의 특정 시기에 발현되어 삶의 의미를 변화시키는 특수한 질병 경험에 대하여 최소한의 이해와 공감의 자세를 가질 때, 환자의 신뢰를 담보할 수 있고 치료 효과도 높일 수 있게 된다. 환자가 처한 상황을 이해하기 위해서는 사회과학 교육이 필요하고, 환자 이야기를 경청하고 의사와 환자의 공감대를 만들어서 치료에 관한 합의적인 의사결정을 진행하는 것이 현대의학이 이상적으로 추구하는 환자 중심 의학이 된다.

지난 한 세기 동안 의학의 기술적 발전이 꾸준히 진행되어 의학적 치료 역량을 높여왔다. 이러한 측면은 그동안 언론을 통하여 많이 알려졌다. 그런데 그 기술을 둘러싸고 진행된 의사와 환자 간의 대립과 갈등, 신뢰와 불신, 지배와 저항의 역동성은 사회적으로는 잘 알려지지 않았다. 이제 의료의 사회적 관계는 의사 중심의 모형에서 환자 중심의 모형으로 전환되고 있다. 우리 사회는 아직 그런 흐름에 뒤처져 있지만 머지않아 현실적 과제로 등장할 것으로 예상한다.

[참고문헌]

정수복. 2016. "김경동과 아카데믹 사회학의 형성."『한국사회학』50(4): 67-108.

조병희. 1982. "한국 의사 집단의 전문직업성에 관한 연구." 서울대학교 석사학위논문.

조병희. 1990. "의료사회학과 의료체제 연구 - 라슨과 스타의 의료체제와 의료전문직 형성에 관한 연구."『사회와 역사』20: 207-231.

조병희. 2025.『건강과 질병, 의료의 사회학』3판. 집문당.

팍스, 르네(Fox, ReNee). 1989(1993).『의료의 사회학』. 조혜인 역. 나남.

ABIM. 2009. Physician Charter. https://abimfoundation.org/what-we-do/physician-charter.

Balint, M. 1957. *The Doctor, His Patient and the Illness*. London: Pitman Medical Publishing Co.

Byrne, P. S., and Long, B. E. L. 1976. *Doctors Talking to Patients: A Study of the*

Verbal Behaviours of Doctors in the Consultation. London: HMSO.

Calnan, M. 2015. "Eliott Freidson: Sociological narratives of professionalism and modern medicine." Fran Collyer ed. *The Palgrave Handbook of Social Theory in Health, Illness and Medicine*, pp. 297-305. NY: Palgrave Mac-millan.

Collins, R. 1979. *The Credential Society*. Orlando: Academic Press.

Coburn, D. 2006. "Medical dominance then and now: critical reflections." *Health Sociology Review* 15: 432-443.

Cruess R. L, Cruess S. R., Steinert Y. 2009. *Teaching Medical Professionalism*. Cambridge: Cambridge University Press.

Durkheim, E. 1957. *Professional Ethics and Civil Morals*. London: Routledge.

Engel, G. L. 1977. "The Need for a New Medical Model: A Challenge for Biomedicine." *Science* 196(4286): 129-136.

Freidson, E. 1970a. *The Profession of Medicine*. Chicago: University of Chicago.

Freidson, E. 1970b. *Professional Dominance*. New York: Atherton Press.

Freidson, E. 2001. *Professionalism: The Third Logic*. Chicago: University of Chicago Press.

Giddence, A. 1973. *The Class Structure of the Advanced Societies*. London: Hutchinson.

Haug, M. R. 1972. "Deprofessionalization: An Alternate Hypothesis for the Future." *Sociological Review Monograph* 20(1) suppl: 195-211.

Larson, M. S. 1977. *The Rise of Professionalism: A Sociological Analysis*. Berkeley: University of California.

Larson, M. S. 1979. "Professionalism: rise and fall." *International Journal of Health Services* 9(4): 607-627.

McKinlay, J. and J. Arches. 1985. "Towards the proletarianization of physicians." *Internatioal Journal of Health Services* 15: 161-195.

Merton, R.K., Reader, G.G., & Kendall, P.L. 1957. *The Student-Physician: Introductory Studies in the Sociology of Medical Education*. Cambridge, MA: Harvard University Press.

Parry, N. and J. Parry. 1976. *The Rise of the Medical Profession*. London: Croom Helm.

Parsons, T. 1939. "The Professions and social structure." *Social Forces* 17: 457-467.

Parsons, T. 1951. *The Social System*. Glencoe, IL: Free Press.

Shryock, R. 1947. *The Development of Modern Medicine*. New York: Knopf.

Starr, P. 1982. *The Social Transformation of American Medicine*. New York: Basic Books.

Stewart, M. Brown, J. B. Weston, W. W. Freeman, T. Ryan, B. L. McWilliam, C. L. & McWhinney, I. R. 2024. *Patient-Centered Medicine: Transforming the Clinical Method*(4th ed.). Boca Raton, FL: CRC Press.

(자유)민주주의, 시민사회, 국민사회 : 한국 시민사회의 즉자성과 대자성*

장 경 섭**

Ⅰ. 들어가며

김경동 교수는 세계 사회과학의 맥락에서 한국 사회학의 제도적 근대화에 선구자 역할을 수행하였으며(김경동, 1979; 정수복, 2016), 한국 및 동아시아 사회의 성격과 변화에 대한 여러 측면의 연구를 통해 한편으로 (비서구 지역의 현실에 대한 체계적 이해가 보강된) 사회학의 세계주의적 발전에 기여하고(Kim, 2017a, 2017b), 다른 한편으로 한국의 사회발전을 위한 다양한 문제 제기와 해결방안 제시를 지속해왔다(김경동, 2019). 이 가운데, 강단 사회학자이자 사회적 지성으로서의 김경동 교수는 (자유)민주주의 공동체로서 한국사회의 발전 방향이자 조건으로서의 시민사회, 시민운동, 시민참여에 대한 체계적 설명과 적극적 역할에 나서왔다(김경동, 2009, 2014, 2015). 김경동 교수에 따르면,

> 오늘날 시민사회가 특별한 관심의 대상으로 떠오른 이유는 현재 전 지구적 차원에서 일반적으로 실시하고 있는 대의민주정치의 한계에 대한 비판적 평가와 이를 대신할 새로운 정치체제의 모색이라는 시대적 과제가 인류 앞에 놓여 있기 때문이다. 거기에 대안으로 주목을 받는 관념은 국가주의적 국가 독주의 통치가 아닌 시민사회가 구심점으로 성숙하여 국가와 함께 정치사회의 문제를 해결해가는 이른바 협치(governance)의 모형이다. 그런 맥락에서 보면 시민사회의 발전을 위한 제도의 재구축과 새로운 정책의 결정 과정에 시민이 적극 참여하여 의견을 제시하고 욕구를 반영할 수 있는 의사결

---

* 이 글은 필자의 논문 "시민(사회), 국민(사회), 사회권: 한국 민주주의의 시민권적 (몰)진화" (『한국사회학』, 59집 1호, pp. 179-207, 2025)의 내용을 부분적으로 반영했다.

** 서울대학교 사회학과 교수

정 메커니즘의 재정립이 필요하다. 형식적인 대표정치가 아니라 시민이 직접 참여하여 의견을 개진하고 요구를 표출할 수 있는 새로운 참여모형의 개발이 시급하다(김경동, 2014: 34-35).

이러한 사회·정치적 당위성에 비춰볼 때, 한국의 역사·사회적 현실은 김경동 교수에게 다음처럼 매우 복잡한 진단을 내리게 한다.

그러면, 한국의 시민사회는 과연 어떤 모습으로 존재하며 작동하는가? 한국에는 진정한 의미의 시민이 얼마나 있는가? 한국처럼 격변의 역사 속에서 경제대국의 문턱까지 성큼 뛰어올라선 나라에 이런 질문이 가당한가? 한 마디로 아직은 미숙하고 후진적이라는 평가가 온당할 것이다 … 조선조 오백년의 가산제적(家産制的) 국가의 인민은 통치자의 자의로 생명을 좌우할 수 있는 무기력한 신민으로서 존재했으며 사회의 구성 자체도 신분적 범주로 차별을 받는 구도 속에 살았다. 나라를 잃은 일제 강점기에는 일본의 군국주의 체제 아래 천황을 숭배해야 하는 신민으로서 온갖 차별과 속박과 감시 속에 기죽이며 사는 무력한 인민에 불과하였다. 광복으로 국권은 회복했고 인민의 처지는 외래 정치체제인 자유민주주의 기치 아래 자유와 평등을 얻었지만 시민으로서 성숙할 여지가 없었다. 독립공화국에서는 당연히 헌법이라는 국가운영 규범에 의거 주권자로서 시민의 자격을 획득했으나 역시 시민다움의 의식과 행위는 미숙하였다. 학교에서 교과서의 자유민주시민임을 학습은 했어도 진정으로 성숙한 시민으로서 체험적 훈련이 부족하였다. 그러는 사이 통치세력은 군부로 바뀌었고 이들에게 인민은 국민이었지 시민은 아니었다. 모든 것을 국가주의적으로 인식하고 운영하는 체제 아래서 한 세대를 보내면서 일부 시민의 결사적 항쟁으로 민주정치이행을 성취했고 그 결과 시민사회가 기지개를 켜며 일어서기 시작하였다. 그 전면에는 각종 시민운동이 나섰다(김경동, 2014: 35-36).

그럼에도 불구하고 아직은 시민의 시민의식 수준에서나 시민운동 차원에서나 국가기구 운영 주체의 국가주의 및 시장(기업)부문의 일방적 전횡(소위 갑질)의 정도를 두고 질적인 척도에서 볼 때 성숙한 선진 시민사회의 모습이 태부족이라는 사실을 부인할 수가 없다. 그런 가운데 국가와 시장과 시민사회가 열린 사회적 공간에서 숙의하고 소통하는 훈련이나 체험도 제대로 한번 시도해본 적도 없다. 이런 처지에 감히 협치를 기대하기란 어려울 수밖에 없다. 여기서 미숙함의 구체적인 보기를 들 필요는 없고 이제는 미래를 겨냥하여 성숙한 선진 시민사회를 위한 발전방안을 고찰해야 할 차례다 (김경동, 2014: 36).

필자는 김경동 교수의 이러한 문제의식에 분석적으로 공감하며, 이를 보완하는 차원에서 한국 시민사회의 성격과 변화에 대한 역사구조주의적 분석(historical structural analysis) 내용을 제시한다. 이를 위해, 한국사회의 '시민사회성' 결여나 제약에 대해 이른바 "선진국" 기준에 비춰본 결손과 극복의 차원에서 인식하는 대신에, 김경동 교수가 암시하는 국가주의 사회체제 질서의 구조적 표현으로서 체계적인 분석을 시도할 것이며, 이를 위해 시민사회에 상응하는 '국민사회'의 개념을 제시하고 두 사회적 범주의 역사적 상호작용에 대해 구체적으로 설명할 것이다. (여기에서는 2024년 12월 윤석열의 "계엄 내란" 시도와 이에 대한 시민(사회)적 저항 및 민주적 정치질서의 복원이 다뤄지지 않는데, 이는 해당 사건이 이 논문의 분석적 초점과 벗어나 있을 뿐 아니라, 그 구체적 내용에 대한 사법적 파악이 여전히 진행 중이기 때문이다).

Ⅱ. 시민사회인가, 국민사회인가

"시민 없는 시민운동"이라는 보수진영 언론의 조롱적 비판은 한국의 사회·정치적 근대성에 내재된 한계 혹은 모순과 어떻게 연결이 될까. 사실, "시민"의 부재는 시민운동뿐 아니라 도시 지역사회의 공동체적 성격 결여에서부터 국가적 민주정치 제도에 대한 배타적 정치계급의 전횡에 이르기까지 일상화되고 보편화된 현상이다. 다만 이들 영역에서 관리·동원되는 한국인들에 대한 호명은 "국민"인 것이 일반적이고, 이는 '민주적 지향'을 정치적 정체성으로 자기인식하는 정치집단과 (대통령을 위시한) 그 집권 지도부에조차도 마찬가지이다. 그렇다면 이렇게 호명되는 한국인들이 모인 사회는 시민사회인가, 아니면 국민사회인가. "시민 없는 시민운동"들은 '국민운동'으로 규정되어야 하는가. 아울러 관련 사회운동들을 주도하는 조직들은 시민단체가 아니라 국민단체로 불려야 하는가.

다른 한편으로 비선정치와 국정부패로 물의를 일으킨 박근혜를 탄핵에 이르게 한 "촛불 혁명" 현장에서 확인된 사회적 실체는 시민사회적 구성체가 아니라고 주장할 수 있는가. 역사를 멀리 거슬러 올라가 일제하에서 조선인들이 "황국신민"이라는 의미에서의 (이등)국민으로 규정·지칭된 상황에서 한민족 전체가 국권 상실 상태에서 결과적으로 식민국가(총독부)에 대응한 시민사회적 지위를 갖게 된 것은 아닌가(Chang, 2022a, Ch.4). 또한 군부의 개발독재 체제하에서 노동자, 농민, 여성의 사회·경제적 착취와 소외에 대한 사회연대적 저항과 투쟁은 정치화된 계급갈등에 대한 시민사회적 대응이 아닌가(Chang, 2022b, Ch.10). 개발지상주의 질서에 배태된 환경 파괴, 빈곤 확산 등에 대응한 환경, 복지 등의 영역에서 이른바 "신사회운동"들이 과연 시민사회적 기반 없이 지속될 수 있는가. 문화·예술계의 광범위한 비판지성적 창작활동과 사회참여에서 시민사회적 중요성을 부정할 수 있는가(Chang, 2025, Ch.5). 또한 법조, 언론, 교육, 노동 등의 영역에서 국가(권위)주의 권력체제에 대한 보좌·비호 기능을 청산하고 자유주의 사회제도들의 본원적 시민사회 지향성을 확립 혹은 회복하려는 전문가 집단들의 노력은 무엇을 의미하는가(Chang, 2025, Ch.2).

프랑스의 정치철학자 토크빌(Alexis de Tocqueville, 1966)은 미국 여행에서 근대 민주주의의 자유 시민사회적 토대와 실천에 관한 이상적 사례를 발견했다고 생각했다. 근대적 자유 이념을 역사적 사건으로서 체현했다고 프랑스 혁명은 시민(부르주와지)사회와 구체제(Ancient Regime) 사이의 관계 역학을 일거에 바꾸어 놓은 건 아니었다. 반면 (유럽 출신) 이민자 공동체로서의 미국은 자유 시민사회의 일종의 실험실적 형성과 발전을 가능케 했다고 보았던 모양이다. 그러나 장기적으로 미국 민주주의는 물질·문화적 개인주의의 절대화, 연방제 국가체제의 특수성, 인종차별적 사회질서, 독점자본가들의 산업·금융 지배, 정치엘리트의 배타적 귀족계급화 등이 뒤얽혀 시민사회적 토양과 동력이 근본적으로 훼손되어 왔다. 반면, 프랑스를 포함한 다수 서유럽국들은 시민사회, 시장경제, 복지국가의 유기적 조합을 바탕으로 사회적 연대(social solidarity)의 원리에 의거해 민주주의와 자본주의의 관계를 (사회민주주의적으로) 조율해 나갔다(Baldwin, 1990).

프랑스와 마찬가지로 장기간의 구체제적 지배를 거친 조선인들은 일본이라는 외세에 의한 봉건적 정치·사회·경제 질서의 해체가 식민자본주의를 위한 인종(민족)억압적 통치체제로 전환되는 것을 경험해야 했다(신용하, 2001). 이 시기를 비롯해, 해방 이후의 정치적 격변 과정에서도 권위주의 국가지배 체제는 지속적으로 반복되었으며, 이에 대한 저항과 투쟁이 한국인들을 일종의 대자(對自)적 시민사회 주체로 거듭나게 했다(Chang, 2022a, Ch.4).[1] 그러나 1948년 대한민국 출범의 제도적 형식으로 채택된 (자유)민주주의는 역설적으로 배타적 "정치계급(political class)"의 즉각적 출현과 지속적 득세를 초래해 시민사회와의 유기적 관계 형성이 한없이 미뤄졌다(Chang, 2025, Ch.1). 이들 민주주의 정치귀족 집단과 군부독재 세력 등 일련의 정치적 지배권력은 그들의 통치대상을 "국민"으로 호명하기를 선호했고(박명규, 2009), 실제 국가 위주의 경제·사회적 질서와 변화를 통해 일종의 '국민사회'를 형성해 관리·유지해 왔다. 이처럼 시민적 및 국민적 정체성과 지위를 함께 지녀온 한국인들은 이에 상응하여 국민사회 및 시민사회의 성원으로서 매우 공세적 통치를 펼친 국가와 격동의 관계를 맺어왔다.

Ⅲ. 한국 시민사회의 즉자성(卽自性)과 대자성(對自性)

어찌 보면, 한국 현대사에서 엄밀한 문명적 개념의 (자유주의) "시민"은 시민사회보다도 더 규명·확인하기 어려운 역설이 있다.[2] 한국인들뿐 아니라 전 세계가 2008년, 나아가 2016-17년의 이른바 촛불시위(항쟁)에서 서울 광화문 광장을 비롯해 전국 대도시의 도심 광장에 수주에서 수개월 이어진 자발적·즉각적 시민공동체가 국가권력의 퇴행에 저항했던 현실에서 (촛불국민이 아닌) "촛불시민"들의 시민사회가 존재·작동함을 너무나 극명히, 아예 물리적 차원에서 확인했다(권영숙, 2018). 더욱이 "촛불혁명"에서 20년을 거슬러 올라가면 1987년의 반(反)신군부 민주화 투쟁에서 시민사회가 군부의 국가(주의) 독재를 타도한 집단 주체였음이 드러났었다. 이는 그로부터 10여 년 전인 1970년대 후반에는 전국 대도시와 주요 산업현장에서 박정희 장기 군사독재 및 이에 맞물린 경제·사회적 파

1 여기서 대자성과 즉자성은 헤겔(Hegel), 마르크스(Marx)를 그대로 따르기보다는 (대립)관계성과 (자체)실존성을 대조하는 의미로 사용한다.

2 한국적 역사·사회적 맥락에서의 시민 개념에 대한 자세한 논의로 박명규(2009), 『국민·인민·시민: 개념사로 본 한국의 정치주체』, 송호근(2013), 『시민의 탄생: 조선의 근대와 공론장의 지각 변동』 등 참조.

행에 대한 시민(사회)적 저항으로 선행되었고, 박정희 후계세력을 자임한 신군부의 광주 폭압에서 호남 시민들의 (프랑스 혁명을 연상시키는) "절대공동체"(최정운, 1999)적 투쟁으로 승화되었었다. 대한민국에서 이러한 시민사회적 자유주의 투쟁은 군부 이전에 대한민국 건국 주도 정치세력의 독재적 변질에 대한 범시민적 항쟁이 극적인 독재권력 타도로 이어진 1960년의 "4월혁명"에서 시발점이 찾아진다.

이러한 일련의 정치적 격변 과정에서 우리는 한국의 시민사회를 대자적(對自的; for itself) 차원에서 확인할 수 있다. 다른 한편으로 시민사회의 이러한 대자성이 국가권력 혹은 국가주의 독재세력의 결정적 파행과 억압을 전제로 활성화되고 극적인 역동·역능성을 기초로 결정적인 정치적 변화를 가져오지만, 그 정치적 변화가 시민사회 자체의 즉자성(卽自性) 확립, 특히 서구 역사적 맥락에서 수 세기를 소요했던 자유주의 사회질서와 이념(철학)의 확립이라는 역사적 프로젝트를 기능적으로 대신하거나 과정적으로 압축 촉진하는 결과와 효과로 이어진 것이 아니며, 이는 사실 그 어떤 (비서구) 나라에서도 현실로 관찰되었거나 논리(과학)적으로 기대되는 것이 아니다.

시민사회를 둘러싼 이러한 정치사적 한계 혹은 특징은 1948년 대한민국 건국 이전의 미군정하 "해방공간," 나아가 일제 강점기의 인종억압(racial suppression)적 식민자본주의 체제로 거슬러 올라간다. 사실 한국인(조선인)들의 사회·정치적 근대성은 내재적 차원의 문명 진화적 가능성으로서 동학혁명의 잠재력을 역사적 차원에서 반사실적(counterfactual)으로 추론해 볼 수도 있겠지만, 현실로는 일본의 제국주의적 (근대) 식민독재 통치하에서 조선 민족 전체가 일종의 (저항적) 시민사회의 위치에 놓이게 되고 이는 정치·사회적 차원의 억압, 경제적 수탈, 문화·인종적 차원의 차별을 동시에 겪으며 민족(주의)적 시민사회는 그 대자성을 통해 강고한 역사적 실체성을 갖게 되었다(신용하, 2001 참조).

일제로부터의 해방은 그러한 민족적 시민사회의 대자성이 자율적 근대화를 통한 즉자적 시민(인민)사회 확립의 기초가 될 것으로 기대되었다. 일본을 패퇴시킨 미군이 한반도에 진입한 1946년에는 장기간의 일제 식민자본주의 억압과 수탈에 대응한 민족사회 차원의 자기 재확립 노력의 기초로서 인민위원회 기층조직과 사회주의 체제 지향이라는 전국적 추세 혹은 조건이 분명해졌다(Cumings,

1981). 사실, 이러한 추세는 한반도에 자유주의 시민사회와 이에 상응한 민주주의 및 시장경제의 건설이 아니라, (상당수의 여타 탈식민 사회(민족)들처럼) 민족·민중적 사회주의 체제의 도래를 전망케 했으며, 이러한 가능성은 미·소에 의한 한반도 분할 점령(관리)에 맞물려 38도선 이북에서는 실제 역사적 현실이 되었다. 세계 사회주의 주도국의 북한 관리는 한반도의 역사적 조건에 배태된 민족(주의)적 사회주의의 정치·이념적 호소력에 맞물려 강력한 사회적 저항을 거치지 않고 사회주의 인민공화국 체제가 수립되었다. (이는 장기적으로 스탈린식 국가사회주의 경제체제와 김일성 중심의 일인 통치구조가 결합된 전체주의 질서의 확립과 이의 세습적 재생산으로 귀결되었다.)

남한에서는 정확히 같은 이유로 인해 자유주의 민주공화국 체제의 확립이 엄청난 사회·정치적 갈등과 충돌을 거쳐서 이루어져야 했다. 가장 결정적으로 (서구 역사적 맥락에서는) 자유주의 사회·정치·경제 질서의 핵심 기반인 시민(민중)사회에 대해 미 군정과 우익 협력세력이 잔혹한 폭력에 의거한 통제·해체 시도를 했으며 이는 한국전쟁을 거치며 남한 정부의 공공연한 통치노선이 되었다. 1946년 미군정청의 여론조사에서 드러났듯이, 해방 후 국가체제에 대해 남한인의 압도적 다수가 사회주의를 당연시했으며 이는 전국적 차원에서 기층 사회조직화의 이념·정치적 맥락이 되었다.[3] 이러한 사회적 상황은 이차대전 이후 범세계적인 자유주의 국민국가 체제(liberal nation-state system)의 확립을 대외정책의 핵심으로 삼은 미국의 입장에서는 결코 바람직할 수가 없었으며, 그 대처 과정에서 남한 내 극우세력의 자가발전적 협력이 미 군정으로서는 거부하기 힘든 것이었고 심지어 이들 중 상당수가 부일(附日) 전력을 가진 점도 문제삼기 어려웠다.

일본의 항복 후 일본과 남한에서 미 군정의 사회·정치적 관리(개혁) 노선은 양국의 시민사회에 대해서 완전히 상반된 것이었다. 즉 일본에서는 군국주의 체제의 잔재를 구조적으로 제거하고 미국식 자유주의 질서를 확립하기 위해 시민사회의 활성화를 매우 적극적으로 도모한 반면, 남한에서는 시민사회에 만연한

3 미군정청의 1946년 7월 "미래 한국 통치구조"에 대한 여론조사에서 "남조선 인민"들은 선호하는 사회체제로서 사회주의 70%(6,037명), 공산주의 10%(574명), 자본주의 13%(653명) 순으로 응답했다(『코리아 히스토리 타임스』, 2022.8.26.).

사회주의의 사회·정치적 영향력을 뿌리 뽑기 위해 다각도의 노력을 하였으며 이에 대한 시민(민중)적 저항이 감지되거나 발생하면 군·경을 동원한 무차별적인 억압, 폭력, 살해를 자행했다.[4] 이런 식으로 한국 현대 정치사의 최대 모순인 시민사회 제거를 기초로 한 자유주의 민주공화국 체제의 수립이 이루어졌다. 다만 미 군정은 미시사회적 차원의 안정화 기제로서 농지개혁과 기초 공교육 보급을 적극 추진하였으며, 이는 한국전쟁을 거치며 강압적 탈정치화를 수용하게 된 시민(농민)들의 가족중심적 생활원리의 보편화와 이에 수반된 정치·사회 질서의 표면적 안정화로 이어졌다(장경섭, 2018).

Ⅳ. 삽목(揷木) 민주주의: 제도주의 근대성의 역설

어떤 탈식민사회에서의 예외적 선례도 없지만 자유시민사회 혹은 이를 가져온 자유주의 사회혁명이 전제되지 않은 자유민주주의 체제의 정치적·법적 출범은 일종의 제도주의적 자유주의 근대화(institutionalist liberal modernization)로 규정할 수 있다. 이때 근대화의 제도주의적 접근 혹은 성격은 근대적 제도의 비제도적 기초, 즉 해당 제도 발생지에 상응하는 역사적 맥락과 사회적 조건이 결여된 상태에서 그 정치적·법적 유효성과 강제성을 주로 국가 차원에서 위로부터 선언하는 방식으로 갖가지 국가·사회 제도들을 공식화하고, 이에 의거해 정치·사회·경제적 근대화나 발전을 추진하는 것이다. 이는 제도가 역사·사회적 요건들에 선행하고 심지어 그 요건들을 역으로 만들어내야 하는 탈식민사회 자유주의 근대화의 일반적 역설이며, 일종의 '꺾꽂이(揷木; cuttage) 근대화'로 비유할 수 있다.

대한민국의 정체로 선언된 민주주의는 꺾꽂이된 가지에 불과한 상태에서 나무로 생장해야 했지만, 그 토양적 조건의 핵심인 시민사회는 미 군정기와 한국전쟁을 거치며 근본적으로 해체된 상태에서 공식적 제도엘리트, 즉 정치인, 관료, 법조인, 언론인 등의 자기추동적 역할과 권위가 민주정치의 사회적 기반과

4 이러한 정치·사회적 환경에서 제주 4·3사건, 여수·순천 10·19사건 등 국가폭력적 대규모 양민학살 사건들이 발생했으며, 해당 지역공동체의 충격과 비탄은 장기적으로 중앙의 극우 국가(주의)권력에 대한 확고한 시민사회적 대자성을 확립하는 기초가 되었다.

과정을 총체적으로 대체하는 상태가 영속화되었고, 대다수가 농민인 시민들은 가부장적 가족 단위로 개별화된 영농활동과 자녀교육에 몰입하며 몰시민적 민주주의에 익숙해져 갔다. 여기에 집권세력의 반공(反共)통치는 미국의 전략적 이해관계와 맞물려 한국의 자유주의는 자유시민(사회)의 의지와 필요가 아니라 반공(반북)국가의 일원적 지배행위로 재설정되었다.[5] 그럼에도 불구하고 당시 한국 기준으로는 초선진적인 공식 국가제도로서의 민주주의에 배태된 자유주의 시민권의 원리는 다양한 사회·정치적 상황에서 제도엘리트 내부 혹은 특정 지역공동체와 (대학과 같은) 제도적 사회공간 등에서 민주주의에 대한 사회적 주권의 회복을 요구하는 투쟁으로 이어졌다. 이에 대해 집권세력은 선거 등 민주주의의 제도적 절차에 대한 조작과 왜곡으로 대응했고, 집권 제도엘리트의 이러한 제도파괴 행위가 역설적으로 시민사회의 대자적 형성과 강화를 촉진했는데, 그 역사적 정점이 1960년 "4월혁명"이었다(정근식, 2010).

불행히 4월혁명에 업혀 갑자기 집권한 민주당계 정부는 그 사회·정치적 기반이 근원적으로 취약했고, 또 다른 반공 정치세력을 자임하며 군사정변으로 집권한 박정희 군부에 의해 아예 물리적으로 제거되었다. 군부 집권은 민주주의 정치의 제도적 효력 자체를 실질적으로 정지시켰으며, 그 대신 급속한 산업화와 경제성장을 통한 개발독재 체제를 확립·강화시켜 나갔다. 이러한 (몰)정치체제는 집권 군부 및 휘하 행정·사법·교육 조직들의 통치연합과 고속 경제발전에 수반된 광범위한 소득향상이 맞물려 상당 기간 지속되었으나 그렇다고 영구적일 수는 없었다. 4월혁명이라는 선례적 정치 경험, 국가 주도 개발자본주의의 사회·정치적 억압성과 경제적 불평등성, 고속 도시화와 고등교육 보편화에 수반된 중산층적 시민의식의 확산이 맞물려 박정희 독재 권력은 기저에서 침식되어 갔으며 결국 1979년 집권세력 내부의 반발이 박정희 시해로 귀결되었다. 그러나 1980년 이른바 "서울의 봄"은 박정희 후계세력을 자임한 전두환 신군부에 의해 강제 진압되었고 나아가 그해 5월의 "광주항쟁"은 군부에 의한 무수한 인명 살상으로 끝이 났다(최정운, 1999).

5 보수 정파, 언론 등에서 "자유민주주의," "자유시장경제" 등 자유주의 체제의 기본 제도들에 굳이 "자유"를 중복 형용하는 행태는 바로 자유의 주체가 (자유)시민이 아니라 국가라는 주장에 다름아니다.

그러나 이 기간 시민사회는 진보 지식인들의 주도적이고 창의적인 노력을 통해 노동현장과의 긴밀한 연계가 구축되었고 노동계급의 조직화와 민주화 시민운동은 반(反)군부독재 투쟁의 차원에서 공속(共屬)성을 확인했다. 이러한 맥락에서 1987년의 "6월항쟁"이 민주주의 정치절차의 회복과 거의 동시에 이른바 "노동자대투쟁"으로 연결되었다(장경섭 · 장귀연, 2002). 노동계급 투쟁의 확산에 따른 산업현장의 민주화와 노동자 권익 증진에도 불구하고 막상 제도정치의 민주화는 민주당계 양김(김대중 · 김영삼)의 분열이 가져온 (전두환의 쿠데타 동지였던) 노태우의 대통령 당선으로 군부세력 권력 연장의 절차적 정당화로 귀결되었다.[6] 나아가 3공(김종필), 5공(노태우), 민주당 분파(김영삼) 세력 사이에 이루어진 1991년의 이른바 "3당 합당" 및 이를 통한 민주자유당 후보로서의 김영삼의 대통령 당선은 국가권위주의 정치세력의 주축 민간보수세력화를 유도해 주류 보수정당 권력의 자유 시민사회에 대한 문호가 영구적으로 폐쇄되는 사태가 벌어졌다. (그 대신 영남인들에게 국가주의 정치권력의 본산이라는 허위의식을 배양해 지역주의 신민화가 구조화되었다.) 이들과 경쟁하는 민주당 세력의 경우도 1948년 대한민국 출범시의 제도엘리트적 혹은 정치계급(political class)적 배타성을 근본적으로 탈각하지 못하고 영남 군부세력의 장기간 탄압에 따른 호남인들의 반(反)보수정당 정서에 기회주의적으로 의존해 단속(斷續)적 집권을 해왔다.[7] 결론적으로 한국 민주주의의 제도주의적 기원 혹은 출발은 그 제도에 대한 침해나 부정이 시민사회적 저항을 불러일으키는 효과를 가짐과 동시에 그 저항의 결실이 제도권 정치계급에 의해 반복적으로 착복되는 부작용을 야기했다.

---

6 이러한 정치적 반전(좌절?) 속에서 노동자들은 제도민주주의의 복원 후에도 여전히 직접적인 현장 · 거리 투쟁을 통해 계급이익을 보호 · 증진해야 했으며, 1990년대 중반에 들어서야 노동자정당의 제도정치 진입이 최초로 이루어졌다.

7 자칭 주류 민주세력의 이러한 기회주의적 정치행태와 사회적 대표성 한계에 대한 대중적 실망은 몇몇 유력 · 저명 기업인들의 정치(대선) 참여와 이들에 대한 열렬한 시민 반응으로 이어졌다. 예컨대, 현대가의 정주영과 정몽준, 그리고 "사회개혁적 기업인"으로서 문국현과 안철수의 정치적 시도는 체계적인 정치조직적 기반이 미비하거나 결여된 상태에서 이루어졌음에도 상당한 반향을 일으켰다. 궁극적으로 이들은 (대선에서의 낙선, 양보, 포기라는) 정치적 실패 후에 민주당 세력과 대립적인 입장을 견지했다.

Ⅴ. 다층적 국민사회로서의 한국

시민사회적 기반의 해체 상태에서 출범한 제도주의적 근대성으로서의 한국 민주주의는 역설적으로 배타적 정치계급으로서 제도엘리트들의 정치절차 왜곡, 파괴, 중단이 시민사회의 대자적 (재)활성화를 촉진하는 현상이 거듭되었지만, 그 정치절차의 회복이 시민사회의 즉자성을 확립·강화하기보다는 다시 정치계급적 제도엘리트의 귀환으로 이어졌다. 이 과정에서 대다수 시민은 국민으로 돌아갔고 국정의 지배적 패러다임인 국가 주도 개발주의와 의사(擬似)개발주의는 그러한 국민적 지위와 의식을 확대재생산시켰다(Chang, 2022b, Ch. 4). 나아가 정상화된 정치질서, 즉 대선, 총선, 지방선거에 이르기까지 정파를 막론하고 이러한 개발주의에 기댐으로써 시민의 정치적 선택 과정 자체가 일상적 개발주의 통치(행정)의 연장선으로 전락하게 만들었다(김철규, 2007).

그러나 한국인의 이러한 '국민됨'은 장구하고 복합적인 맥락과 조건들을 갖고 있기도 하다. 무엇보다도 수십 년간 일본의 식민지배는 그 수탈자본주의적 성격에 인종주의적 차별과 억압이 더해져 조선 민중으로 하여금 국권의 회복을 범민족적 목표와 의무로 인식하게 만들었다(신용하, 2001). 이러한 세계사적 맥락에서 조선인에게 국가(체제)는 민족(공동체) 및 민중(사회)과 동일한 효력을 가진 것으로 인식되었으며, 1948년 대한민국의 출범에서 (남한) 조선인의 사회·정치적 지위를 국민으로서 설정하는 것에 사회적·지식인적 저항도 뚜렷하지 않았다. 나아가 민족 자체 국가의 안정과 발전을 개인의 안전과 행복을 위한 필수적 조건으로 여길 수밖에 없는 역사적 맥락에 기초한 애국·애족주의 통치가 이루어졌다.

이러한 애국·애족주의는 외세에 의해 주도된 한민족의 남·북한으로의 체제 분단과 북한의 민족통일 전쟁 시도로 남한의 국가적 생존이 민족과 민중 차원의 모든 가치에 우선하게 되는 변화를 거치게 되었다(Chang, 2022b, Ch.2). 이승만 시대 후반기부터 남한에서의 국가와 민중(시민·국민)의 정치적·법적 관계는 헌법보다는 국가보안법에 의해 그 요체가 실질적으로 좌우되기에 이르렀으며, 일련의 군사적 동원(징집병·예비군·민방위)과 사상적 통제(반공주의)가 국민적 지위를 규정하고 자유시민적 지위를 근저에서 제약하였다(변동명, 2007; 김봉국, 2017; 서희경, 2004). 물론 이승만 정권의 무능과 부정부패는 1960년 4월 전국에 걸친 자유시민적 항쟁을 유발했으나, 바로 그 다음 해부터 쿠데타로 집권한 군부정권에 의해 정치상황은 더욱 억압적이 되었다.

박정희 정권의 장기 독재는 한편으로 한국을 거대한 국민적 병영사회로 사회·정치적으로 재조직화해 나갔으며, 다른 한편으로 부국강병을 현실화하기 위한 국가 주도의 자본주의 산업화를 공격적으로 추진해 나갔다. 사실 한국인(조선인)들에게 자본주의는 애초에 개인(주의)적 경제활동으로서 체험되기 시작했던 것이 아니라, 일본이라는 이민족 식민자본주의 세력에 의한 집단적 차원의 억압과 착취로서 경험되었다(Chang, 2022a, Ch.4). 따라서 일본으로부터의 해방과 한민족 (분단) 근대국가의 수립은 민족적 지상과제로서 자본주의의 발전과 이를 위한 각 부문 엘리트와 시민(국민)의 헌신을 정치적으로 당위화시켰다.[8] (북한의 경우는 반(反)자본주의적 전환, 즉 사회주의 혁명을 마찬가지 역사·정치적 논리로 정당화했다.) 이러한 국가 주도의 정치적 과업으로서의 산업화와 경제발전은 먼저 1960-70년대 북한에서 매우 성공적으로 전개되었으며, 이는 남한에서 1961년 박정희를 내세운 군사정변 및 군부통치의 확립, 나아가 1972년 "10월 유신"이라는 일종의 친위쿠데타를 통한 박정희 독재의 전체주의화의 배경이 되었다는 해석이 있다(Kim, 2004). 이러한 정치적 사태에 맞물려 군사정권이 "민족중흥" 이데올로기 하에서 일종의 국가자본주의 산업화를 밀어붙인 것은 어쩌면 당연히 예정된 수순이었다고도 간주될 수 있다.

박정희 정권하에서 한국은 실제로 ("라인강의 기적"에 자주 비유되었던) "한강의 기적"으로 일컬어지는 획기적인 산업화와 경제발전에 성공했으며, 이 과정에 대한 국가의 주도적 역할은 한국인들이 산업자본주의의 형성과 성장에 국민으로서의 참여와 희생을 요구받고 그 결실에 대해 국민으로서의 (보편적이지만 제한적인) 보상을 받았거나 기대했음을 의미했다. 한국인들은 심지어 한국경제 발전에 대한 일종의 국민 부르주아지 (허위)의식을 보편적으로 내면화시켰고, 이는 외환위기를 거친 후 21세기 들어 장노년층의 박정희 향수로 재발현되기도 했다(Chang, 2022b, Ch. 4).

8 박정희가 1968년 직접 공표한 "국민교육헌장"은 이러한 국민적 헌신에 대한 정치적 선전 노력이었다.

한국인들의 국가 주도 개발자본주의에 대한 국민적 참여, 희생, 수혜의 경험은 산업체제 고도화 및 세계화로 국가의 (시장)경제에 대한 효과적인 산업정책적 개입의 여지가 별로 남지 않은 시기에 접어들어서도 여전히 국가에 의해 매개된 경제(활동)적 혜택을 정치적으로 요구·기대하는 일종의 정치문화를 영속화시켰다. 이는 자본주의 시장경제의 구조적 불안정성과 불평등성에 대응한 사회정책적 보호, 즉 복지국가적 사회보장체제와는 다른 것이다. 특히 정파 구분 없이 국가 재정에 기초한 지역별 토건적 개발이익 가능성을 둘러싸고 지역 유권자들을 실질적으로 매수해 왔다.[9] 이는 각 지역 주민들에게 허위로 국민적 권익을 거론하며 상호경쟁적으로 지역별 정치적 지지를 끌어내려는 시도인데, 역설적으로 이러한 지역개발 사업들의 경제적 소모성과 환경·사회적 파괴성이 지역 및 전국 차원의 비판적 시민운동을 자극하기도 했다. 다른 한편으로 이러한 지역개발 사업들은 지역사회 내부에서의 계층·계급간 형평성 결여도 빈번하지만, 궁극적으로 그 사업진행 주체로서의 각급 국가기관 및 그 종사인구의 자기 이익 확대 재생산이 끊임없이 사회적 분노를 유발한다.[10]

9 이런 측면에서는 오히려 민주당이 더 적극적이고 성공적이었던 것으로 보인다. 특히 2011년 노무현의 대선 승리를 가능케 한 "지역균형발전" 노선은 일종의 '토건사민주의(土建 社民主義)'를 내세워 충청도를 비롯한 전국 각지를 기회주의적으로 포섭했었다. 이러한 경향은 문재인 정부 들어서 (숱한 이전의 보류·폐기 결정을 뒤엎은) "김해신공항" 사업의 전격적 착수 결정으로도 드러났다.

10 가장 대표적인 사례로 "새민금 개발사업"을 꼽을 수 있다. 1991년부터 시작된 이 사업은 "부안군과 군산시를 잇는 33.9km에 달하는 세계 최장의 방조제를 축조함으로써, 내부토지 29,100 ha와 담수호 11,800ha 등 총 40,900ha(409㎢)의 땅을 새롭게 조성하는 단군이래 최대의 간척사업"이며 "이는 서울의 2/3, 파리의 4배에 해당하며, 우리나라 국민 한 사람에게 약 9.9㎡씩 나누어 줄 수 있는 크기"이다 (새만금개발청, 2024; https://www.saemangeum.go.kr/sda/content.do?key=2009074386157). 지역개발적 중요성에 있어 새만금 개발사업이 전라북도에 갖는 비중은 행정수도 세종시가 충청남도에 갖는 비중에 비견된다. 그러나 국가기관으로서 전라북도와 새만금개발청의 관료적 이익의 확대재생산을 제외하면 그동안 방조제 축조 후에도 인위적으로 덧붙여진 갖가지 세부사업들 가운데 사회·경제적 합리성을 투명하게 인정받은 것은 전무하다.

Ⅵ. 압축근대성과 한국 시민사회의 복합적 대자성: 국가-시민사회 헤게모니 투쟁사

한국인들은 정부, 의회와 정당, 언론, 심지어 사회과학에 의해 국민으로 호명되어 오면서 국제·국내 정치질서에서부터 일상 생업에 이르기까지 국민적 지위와 의식에 안주하여 왔지만, 동시에 그들의 국가경제적 성취에 비견되는 활발하고 효과적인 계급적 노동운동, 지식인적 민주화 투쟁, 사회성찰적 대중문화 생산·소비, 생활시민적 사회운동 등으로 국가권위주의 질서에 대응·대항하여 왔다. 한국의 근대 시민사회는 서유럽의 경우처럼 봉건적 구체제에 대한 저항·투쟁 노력을 통해 확립·강화되기보다는 근현대사의 각 단계에서 지배, 통치, 수탈의 주체로 작용한 다양한 국가권력이나 그 반(反) 민중(시민)적 작용에 대한 비판, 저항, 극복의 노력을 통해 형성되고 공고화되어 왔으며, 매우 뚜렷한 다양한, 복합성, 유동성, 사건성, 지식서, 투쟁성 등을 특징으로 한다(김호기·박태균, 2019). 그러나 이러한 특징들은 시민사회의 범사회적 통합성과 이에 기초한 민주주의 정치의 사회적 주권의 안정적 확보를 가능케 하지는 못했으며, 국가권력의 심각한 부패와 파행에 대항한 수차례의 범사회(민중)적 항쟁조차도 그러한 역사적 과제를 실현시키지 못했다.

현대사에서 한국 시민사회의 형성과 발전에는 다음과 같은 주요한 계기와 현안들이 있다. 첫째, 일제 식민자본주의 통치는 조선총독부 체제하에서 자신의 국권을 상실한 조선민족 전체가 일종의 대항적 시민사회로 전환된 것이며, 이는 3·1 만세운동을 비롯해 끊임없는 민족해방 노력으로 이어졌다(신용하, 2001). 그런데 해방 후 상당수 친일 인물을 포함한 우파 기득권 세력 주도로 종미적 자유주의 정권이 출범하면서 이러한 민족적 시민사회의 역사·정치적 주권성이 근저에서 훼손되었으며, 이는 북한의 남침 구실이 되기도 했다.[11] 미국식 자유주의 근대화 자체를 변질시킨 이승만 독재를 4월혁명이 타도했으나 곧바로 군부 쿠데타로 반공 개발독재 체제로 변질되고, 미국 중심의 세계자본주의 체제에의 공격적인 통합을 전제한 국가 주도의 산업화가 추진되었다. 이는 박정희의 권부 내

11 이러한 "수정주의" 논의는 특히 커밍스(Bruce Cumings, 1981)에 의해 적극적으로 개진되었다.

저항으로 인한 피살 직후 쿠데타로 집권한 신군부 시대에도 이어졌다. 민족주의적 부국강병을 통치(독재) 근거로 내세운 박정희·전두환 군부정권에 대해 미국은 매우 복잡한 반응과 입장을 보였으나, 결국 세계 냉전체제의 전위세력으로서의 전략적 도구성으로 인해 몰자유주의적 장기 독재는 용인되었고, 이는 민족주의적 시민사회의 비판과 항의를 유발하였다. 이른바 "NL" 세력으로 지칭되기도 했던 이 세력의 일부는 반미·반독재 투쟁과 분단체제 극복을 위해 북한과의 연대를 모색하면서, 이른바 "주사파" 낙인이 찍히기도 했다. NL의 역사·정치·문명적 헤게모니는 적어도 지식인 세계에서는 여전히 공고한 것으로 보인다.[12] (이른바 "뉴라이트" 집단이 단속(斷續)적이나마 꾸준히 모습을 내미는 현상은 NL의 지속적 헤게모니에 대한 반작용으로서의 측면도 있을 것이다.)

박정희 정권의 국가자본주의 개발독재는 실제 한국의 근본적이고 구조적인 사회·경제적 재구조화로 이어지면서, 한국인들의 일상적, 혹은 표면적으로는 민간의 사적인 경제활동과 사회관계가 국가의 직접적이고 빈번히 억압적이기까지 한 관리와 통제의 대상이 되었다. 위에서 지적한 대로, 이는 상당수 한국인들이 국민적 차원의 정체성과 효능감을 느끼는 계기도 되었지만, 개발자본주의 체제의 장기적인 정치(물리)적 억압성과 경제·사회적 불평등성에 대한 기층의 사회계급적 의식과 투쟁이 일종의 민중적 시민사회의 핵심적 기반이 되었다(Chang, 2022a, Ch.4). 이러한 과정은 신군부 시대 들어 이른바 "학출(學出)"로 불리는 (주로 대학생인) 진보 지식인들의 산업현장 진출(잠입?)을 통해 전략적으로 촉진되었고, 동시에 산업노동자들의 조직화(노조 형성)가 본격화되었다(Koo, 2001). 사회계급적 문제들의 시민사회적 의제화와 반(反)국가독재 투쟁적 대응은 농민문제, 빈민문제, 여성문제에 이르기까지 포괄적 추세로 이어졌다.

국가 주도의 공격적인 개발자본주의 산업화는 갖가지 사회·문화·생태적 문제들을 유발시켰는데, 이 가운데 특히 생태(환경)문제와 빈곤문제가 구미(歐美)에서 이른바 "신사회운동(new social movements)"으로 지칭되어 온 시민사회적 활동

12 이른바 "뉴라이트" 집단이 단속(斷續)적이나마 꾸준히 모습을 내미는 현상은 NL의 지속적 헤게모니에 대한 반작용으로서의 측면도 있을 것이다. 그러나 한강 작가의 2024년 노벨문학상 수상으로 알 수 있듯이 탈식민지 해방사회로서의 한국에서 '자유(주의)'의 확립과 공고화는 민족과 시민(사회)의 협업과제이며 이를 서구 지성계에서도 광범위하게 지지한다.

과 투쟁의 핵심영역이 되었다(정태석, 2006). 이러한 문제들의 발생 배경과 대처 과정에 있어 권위주의적 개발국가의 (무)책임성은 관련 시민운동, 시민단체, 시민활동가들로 하여금 적극적인 정부 비판과 정치 참여에 나서도록 만들었다. 이에 대해 개발독재 세력을 승계한 특정 보수정부들은 관련 시민사회 조직들과 활동가들에 대한 공공연한 사찰과 통제(기소)로 대응했는데, 특히 이른바 "4대강 개발"(운하사업)에 집착한 이명박 정부의 환경단체 탄압이 극에 달했다. 이러한 과정을 거치면서 시민사회는 평상시의 사회운동과 자율 실천을 넘어 특정 성격(정파)의 정부 출범을 위한 정치적 개입·참여 필요성을 절감하였고, 이는 특히 환경·생태 영역에서 문재인 정부의 적극적인 환경정책, 클린에너지 정책 등으로 연결되었다(이철재·구도완, 2002). 최근에는 이른바 신자유주의적 "위험의 외주화" 추세와 개발시대적 부실공정의 영속화가 맞물려 갖가지 산업재해가 폭증하면서 산업안전이 시민사회의 핵심 의제로 부각되었고, 이에 대응한 새로운 강력한 산업재해처벌법이 입안·공포되어 그 현실적 적용 과정에서 시민사회, 정부, 기업의 치열한 공박이 이미 시작되었다.

이러한 사안이나 사건들보다 앞서 한국적 신사회운동의 본격화를 알린 것은 복지운동이었다. 사회복지 자체는, 예컨대 박정희 개발독재 시대에도 장기적 "복지국가" 건설에 대한 정치적 언급과 이에 맞물린 "선성장 후분배" 정책논리의 대상이었고, (재)민주화 이후 노태우 정부의 본격적 복지국가 노선 천명이 있었다. 또 다양한 학계·민간 복지전문가들이 정부와 민간사회(복지서비스 공급자)를 아우르거나 가교 역할을 하면서 국가활동으로서 사회복지는 꾸준히 실행되어 왔다. 그러나 20세기 중반기적 (복지 최소화) 공급주의 개발경제 논리가 신자유주의 반(反)복지 경제논리로 이어지면서, 민주화 이후 김영삼의 이른바 문민정부 하에서 아류 박정희식 개발체제로 인해 경제성장과 국민소득 향상 수준과 동떨어진 사회보장체계가 방치되었다(Chang, 2019). 이에 대해 지금의 참여연대를 시민사회의 주축으로 확립시킨 국민생활최저선 확보 시민운동이 매우 전략적이고 효과적으로 추진되었다. 국가의 선언적(구두선적) 복지 표명을 헌법소원이라는 국가적 사법절차를 이용해 국민기초생활보장법이라는 획기적 사회보장적 빈곤대책을 이끌어냈다(안병영, 2000; 이영환·이정운, 1996). 이러한 성과에도 불구하고, 1997-98년 전대미문의 국가 금융위기를 거치며 광범위한 실업·빈곤의 발생으로 새로운 복지수요가 폭발했으나 정규직 고용 기초의 기존 (대륙유럽식 혹은 “보수적 복지국가” 유형의) 사회보장체계는 오히려 무력화되는 역설적 상황이 전개되었다. 이에 대한 자기선언적 민주정부들의 부실 대처는 이명박의 신개발주의 노선, 박근혜의 한국적 복지국가 노선을 통한 보수세력 집권을 유발했다.

조선총독부 정권에서부터 이승만의 반공자유주의 정권, 박정희·전두환 개발자본주의 정권, 민주화 이후의 다양한 부류의 신자유주의 정권들은 공통적으로 그 권력 확립의 정당성과 통치 방식의 타당성 제시를 위해 다양한 유형의 일종의 ‘국가자유주의(statist liberalism)’ 이데올로기를 시민(혹은 국민)에게 제시·주입하기 위해 노력해 왔다(Chang, 2025, Ch.1). 국가자유주의는 한편으로 사회(시민)에 대한 국가의 자의적 지배 하에서 변질된 (특히 “국가보안법”으로 규정된) 억압적 자유주의로, 다른 한편으로 개발자본주의 등 국가가 중심 주체가 된 경제·사회적 자유주의를 모두 지칭할 수 있는데, 군부의 국가자본주의적 개발독재에서 이 두 측면은 긴밀히 결합되었다. 이 질서하에서 역사·사회·윤리 교과서에서부터 관변 뉴스매체 보도에 이르기까지 다양한 기제들이 왜곡·동원되었고, 동시에 각급 교육기관의 공식 사회과학이 갖고 있는 서구 자유주의 체제에 대한 제도매뉴열적 내용은 그 결과적인 국가 보조성(관변성?)으로 인해 민족, 민중, 시민의 현실과 의지를 적절히 분석·대변할 수 없었다.

이러한 지적 공백 혹은 편향을 가장 주도적으로 비판·보완해 온 것은 순수문화·예술에서 대중문화에 이르기까지 매우 다양하고 활발한 문화적 주체들이었다. 이런 맥락에서 수많은 문화·예술인들 및 소속 단체들의 활동은 한편으로 미학·철학적 구성과 표현을 통한 근현대 한국의 역사·사회·민중적 현실에 대한 성찰, 분석, 고발 기능을 주도했다고 볼 수 있으며, 이런 기능에 수반된 지식인 사회운동적 성격으로 인해 일제 식민권력에서, 군부 독재권력, (민주화 이후의) 국가권위주의 권력에 이르기까지 국가적 사찰, 탄압, 격리, 불이익 조치의 대상이 되기도 했다(Chang, 2025, Ch.5). 그런데 바로 이러한 문화·예술적 활동들이 한국의 역사·사회·문명적 성격과 현실에 바탕을 둔 창의적 작품성을 통해 발전시킨 일종의 초국적 가치와 효용이 지난 세기말부터 거의 극적으로 세계 문화계에서 인정받고 범세계적으로 수용되면서 이른바 “한류(the Korean wave)” 현상이 대두되었다. 이에 대한 국가의 개발주의적 혹은 산업정책적 개입 시도(김명수,

2015)가 문화·예술인들의 거부감을 자극하기도 하는 역설이 전개되기도 했다. 또한 보수 정부의 문화정책은 그 일환으로서 "균형화전략"을 채택해 일종의 문화계 소수자인 보수 문화인사들에 대한 우대 지원을 시도했다(원도연, 2014).[13]

국가자유주의에 대한 또 다른 지식엘리트 집단의 시민사회적 비판, 저항, 극복 노력은 다방면의 자유주의 사회제도 영역에서 전개되어 온 개혁운동들이다. 예컨대 민변, 민의협, 민언련, 전교조, 민주노총, 전공노 등은 해방 후 미국 주도의 국민국가 중심 세계질서의 일환으로 남한에서 국가를 중심으로 위로부터 전개된 제도주의적 자유주의 근대화 및 이에 수반된 과두적 제도엘리트 세력의 영속적 득세, 나아가 집권 정치세력들의 독재적 변질을 뒷받침한 자유주의 사회제도들의 왜곡, 변질, 파행이라는 중첩적 '제도위기'에 대한 개혁운동 주체들이며 이들의 장기적 핵심 목표는 각 해당 영역 제도들의 시민사회적 기초와 효용을 제대로 확립하려는 것이라고 볼 수 있다(Chang, 2025, Ch.1, Ch.2). 위에서 지적한 대로, 미국 주도 자유주의 세계질서에 끼워 맞추기 위해 단행된 꺾꽂이식 자유주의 제도 확립의 역사·문명·사회적 기반 결여가 초래해 온 만성적·구조적인 체제 불안정과 역기능을 극복하기 위해 시민사회의 입장과 이익을 대변하려는 (그래서 역설적으로 각 제도영역에서는 소수집단인) '자유주의 제도 엘리트'들이 각 제도영역의 국가자유주의적 과두 지배세력을 상대로 치열한 사회운동적 투쟁을 벌이고 있는 것이다.

민주화 이후, 더 정확히는 민주적 신자유주의 시대에 나타난 국가권력의 실정과 파행에 대한 시민사회적 저항의 광장적 표출 방식으로 이른바 촛불시위(촛불시민항쟁)가 있다. (2008년 촛불시위와 2016-2017년 촛불시위가 모두 여기에 해당된다.) 촛불시위의 사회·정치적 성격에 대해서는 다양한 주장과 해석이 있지만(권영숙, 2018; 조대엽·정상호·윤태범. 2022), 몇 가지 분명한 점들이 있다. 우선, 참여 시민들의 구성에 있어 기존처럼 노동자들과 시민활동가들뿐 아니라 (예컨대 "유모차 부대"로 대표되는) 다양한 성격의 생활시민들, 자신들의 사회·경제적 고립과

13 공교롭게도 노벨문학상 수상자 한강 작가, 아카데미 작품상 수상자 봉준호 감독 등 21세기 한국을 세계적으로 대표하는 핵심 문화인들이 박근혜 정부의 문화계 블랙리스트에 올라 각종 공적 지원으로부터 배제되었었다. 물론 이러한 보수 정부의 행태는 박근혜 집권기에만 국한된 것이 아니었으며, 심지어 관련 사안으로 처벌·징계된 인물들이 윤석열 정부의 요직에 재등용되기까지 했다.

배제에 대한 저항에 나선 청년들, (공)교육체계의 모순에 저항하려는 청년들, 문화·사회적 차별과 탄압에 항의하는 성소수자들에 이르기까지 21세기 들어 개발체제의 신자유주의적 변질 및 한국사회의 후기근대적(post-modern) 복잡성에 수반된 극도로 다종다양한 경제·사회·문화적 소외·희생 집단들이 전국의 대도시에서 자발적으로 모여 시민사회 전체가 도심광장이라는 무대에 (촛불 조명을 매개로) 물리적으로 출현하는 역사적 스펙터클이 거듭 연출되었다. 둘째, 이렇게 모인 시민들 사이에서 정책·이념적 노선을 막론하고 기존의 주류 정치세력, 특히 주류 양당은 환영의 대상이 아니라 거부와 회피의 대상이었다. 심지어 핵심 노조들과 시민단체들조차도 명시적으로 전면에서 시위를 주도하지 못했으며, 다만 시위 행사의 행정·물리적 준비라는 서비스를 제공하는 사회인프라적 기능을 수행했다.[14] 셋째, 촛불시위는 2008년 광우병 소고기 수입, 2016년 박근혜 비선정치라는 기폭제가 있었고 또 당시 집권자의 사과 및 후퇴를 계기로 막을 내렸지만 실제 표출된 다종다양한 사회적 비판과 요구들은 광장을 벗어나서도 온라인 공간 등을 통해 (영역별로) 지속적인 시민사회적 토론, 소통, 교류의 흐름이 이어졌으며, 결과적으로 시민사회적 광장이 온라인과 오프라인의 유기적인 상승효과를 얻게 되었다. 촛불시위를 통해 확인된 사실은, 극도의 사회적 복잡성과 물리적 유동성을 특징으로 하는 일종의 민초자유주의 공동체(subaltern liberal community)가 21세기 한국 시민사회의 한 복판에서 발현되어 왔다는 것이다(Chang, 2022a, Ch.4).

Ⅶ. 신자유주의 시대 혹은 체제: 국민사회의 종언 혹은 허구, 시민(사회)의 유동성, 세계시민 없는 세계화

국민사회 혹은 시민사회 성원으로서의 한국인들은 갑작스런 국가 금융위기

14 이런 촛불시위 현장 분위기를 감안하면, 문재인 정부가 스스로를 "촛불혁명 정부"라고 자칭한 것은 허구적 혹은 기만적이었다(조대엽·정상호·윤태범, 2022 참조). 다만 문재인 정부 출범 후 사후적 여론은 이에 대해 대체로 수용적이었지만, 세대간 및 지역간 뚜렷한 차이가 있었다(『내일신문』. 2021.10.8., "촛불정부? 촛불정신 잘 반영할 때 가능한 명칭"; https://m.naeil.com/news/read/401042).

에 수반된 전례없는 경제·사회적 혼란 속에서 20세기를 마무리하여야 했다. 그들의 21세기는 일제 식민지배, 한국전쟁, 독재정치의 질곡을 성공적으로 극복하고 나아가 괄목할 경제·사회적 성취를 이루었던 지난 세기의 기억을 뒤로하고 국민으로서나 시민으로서나 더 이상 지금까지의 국가 주도 경제·사회 체제의 효과적 작동을 기대할 수 없는 불안한 일상으로 점철되고 있다. 이른바 "IMF 경제위기"는 일단 국가경제를 먼저 살려야 한다는 차원에서 (박정희 시대를 연상시키는) 국민(주의)적 동원과 희생으로 이어졌지만, 그 결과로서 구조화된 대량실업 사태, 자영업 인구 폭증, 비정규직 위주의 노동시장 재편, 산업 생산기반 해외 이전, 가계부채에 의존한 생계 해결은 한국인들로 하여금 개발주의적 국민사회의 해체(증발?)에 직면토록 만들었다.

이러한 상황은 역설적으로 중장년 세대뿐 아니라 청년 세대에 이르기까지 박정희 시대와 같은 개발국가 중심의 경제·사회적 부활을 희구하도록 만들었고, 이른바 "박정희 향수" 속에 3공 기업가 이명박과 박정희의 딸 박근혜가 국민사회의 심리적 재활성화에 기초한 집권에 연이어 성공했다. 그러나 이들은 자신의 진정한 의지나 역량과 무관하게 금융위기 이후 신자유주의적으로 근본 재구조화되고 세계화된 경제·사회 체제에 대한 국민통합적 혹은 시민참여적 개혁을 수행할 수 없었고, 각각 이른바 촛불시위(항쟁)라는 범시민사회적 비판과 저항에 의해 그 통치의 정치적 권위와 기반이 결정적으로 붕괴하였다.

스스로를 "촛불혁명 정부"라고 자칭하며 집권한 문재인 정부는 애초에 시민사회의 분명한 통합적 지지기반을 가진 것은 아니지만, 박근혜 국정 파탄의 신속한 뒤처리, "북핵위기"의 역발상적 대처로서 남북정상회담 및 북미정상회담의 성과, 코로나바이러스 사태에 대한 효과적 방역책 및 거시경제적 관리 등을 통해 비교적 안정된 사회·정치적 지지기반을 유지하며 국정을 수행하였다. 그럼에도 불구하고 국민사회의 형해화와 시민사회의 유동화에 따른 사회적 혼돈과 신자유의적으로 왜곡·변질된 개발자본주의 체제의 사회적 부작용에 대한 근본적 대처에는 실패함으로써, 역대 임기 말 최고 지지율 속에서 아무 내용 없는 "정권교체"를 집권 구호로 내세운 검사 출신 집단에게 정권을 내어주는 정치적 수수께끼 속에 퇴장하였다(한지원, 2022 참조).

일제로부터 해방된 한국의 자유주의 국가체제 및 사회·경제질서 확립(도입)

자체가 애초에 미국의 이차 세계대전 이후 자유주의 세계질서 구축에 맞물린 문명·정치·경제적 세계화의 일환이었다고 볼 수 있지만, 세계 냉전질서 해체 이후의 이른바 신자유주의 세계화는 초국화된 산업·금융 자본주의 세력의 이해관계에 (서구나 비서구를 막론하고) 국민국가(nation-state)의 권능과 지위가 구조적으로 예속되어 갔으며 이는 1997년 아시아 금융위기에 결부된 한국의 총체적 경제위기를 통해 가장 뚜렷하게 드러났었다. (물론 미국조차도 2008년에 자기파괴적 금융위기를 겪었고 그 효과가 북대서양을 건너 여러 유럽국들에까지 미쳤다.) 한국의 정부, 재계, 사회는 이러한 세계질서의 재편에 저항적으로 대응하려 들지 않았고 또 그렇게 대응할 수도 없었다. 오히려 한국의 위기대응책은 신자유주의 세계화의 전면적 가속화였으며, 이에 수반된 내국인 고용위기 등의 심각한 사회문제들에도 불구하고 외교, 산업, 금융, 고용, 통신, 문화, 심지어 혼인에 이르기까지 전방위적인 세계화 추세가 대세로 자리잡게 되었다. 그러나 이러한 추세는 세계화에 대한 한국인, 한국사회, 한국정부의 도구주의적 이해와 접근에 내포된 물질·문화적 자기중심성 혹은 자기봉사성의 반증이라는 역설이 있다. 한국인들의 세계시민화가 결여된 도구주의적 세계화는 분명한 세계 시민사회의 부재와 맞물려 한국 및 세계질서의 유동성(fluidity)을 지속적으로 심화시킬 것이다.

[참고문헌]

권영숙. 2018. "촛불의 운동정치와 87년 체제의 '이중 전환'." 『경제와 사회』 117: 62-103.

김경동. 1979. 『현대의 사회학』. 서울: 박영사.

김경동. 2009. "시민사회와 정치과정." 박재창 편, 『위기의 한국시민사회』. pp. 19-39. 서울: 아르케.

김경동. 2014. "성숙한 선진 시민사회와 지성인." 『서울대학교 명예교수회보』 10: 30-41.

김경동. 2015. 『급변하는 시대의 시민사회와 자원봉사 철학과 과제』. 서울: 아르케.

김경동. 2019. 『사회적 가치: 문명론적 성찰과 비전』. 서울: 푸른사상.

김봉국. 2017. "이승만 정부 초기 자유민주주의론과 냉전담론의 확산." 『한국사학보』

66: 277-327.
김철규. 2007. “87년 체제의 해체와 개발주의의 부활.” 『한국사회』 8(2): 33-53.
김호기 · 박태균. 2019. 『논쟁으로 읽는 한국 현대사』. 서울: 메디치미디어.
박명규. 2009. 『국민·인민·시민: 개념사로 본 한국의 정치주체』. 서울: 소화.
변동명. 2007. “제1공화국 초기의 국가보안법 제정과 개정.” 『민주주의와 인권』 7(1): 85-121.
서희경. 2004. “‘한계상황의 정치’(politics of extremity)와 민주주의: 194년 한국의 여순사건과 국가보안법 관련 논의를 중심으로.” 『한국정치학회보』 38(5): 7-31.
신용하. 2001. 『한국 근대의 민족운동과 사회운동』. 서울: 문학과지성사.
안병영. 2000. “국민기초생활보장법의 제정과정에 관한 연구.” 『행정논총』 38(1): 1-50.
이영환 · 이정운. 1996. “사회복지를 시민운동으로: 참여연대의 국민생활최저선 확보운동을 중심으로.” 『상황과 현장』 1: 153-160.
이철재 · 구도완. 2002. “4대강사업 대응 환경운동.” 『환경사회학연구 ECO』 26(1): 265-313.
장경섭. 2018. 『내일의 종언? 가족자유주의와 사회재생산』. 서울: 집문당.
장경섭. 2025. “시민(사회), 국민(사회), 사회권: 한국 민주주의의 시민권적 (몰)진화.” 『한국사회학』 59(1): 179-207.
장경섭 · 장귀연. 2002. “냉전, 압축적 근대성, 노동정치: 탈구(脫臼)된 정치사회와 민주노동당.” 『국제문제연구』 24: 151-191.
정근식. 2010. 『4월혁명과 한국민주주의』. 서울: 선인.
정수복. 2016. “김경동과 아카데믹 사회학의 형성.” 『한국사회학』 50(4): 67-108.
정태석. 2006. “시민사회와 사회운동의 역사에서 유럽과 한국의 유사성과 차이: 유럽의 신사회운동과 한국의 시민운동을 중심으로.” 『경제와사회』 72: 125-147.
최정운. 1999. 『5월의 사회과학: 사회과학자의 시선으로 새롭게 재구성한 5월 광주의 삶과 진실』. 서울: 풀빛.
『코리아 히스토리 타임스』 (http://www.koreahiti.com).
한지원. 2022. 『대통령의 숙제: 앞으로 나아갈 대한민국을 위한 경제학자의 제언』. 서울: 한빛비즈.

Chang, Kyung-Sup. 2019. *Developmental Liberalism in South Korea: Formation, Degeneration, and Transnationalization*. New York: Palgrave Macmillan.

Chang, Kyung-Sup. 2022a. *The Logic of Compressed Modernity*. Cambridge: Polity Press.

Chang, Kyung-Sup. 2022b. *Transformative Citizenship in South Korea: Politics of Transformative Contributory Rights*. New York: Palgrave Macmillan,

Chang, Kyung-Sup. 2025. *The Risk of Compressed Modernity*. Cambridge: Polity Press.

Cumings, Bruce. 1981. *The Origins of the Korean War, Vol. 1: Liberation and the Emergence of Separate Regimes, 1945-1947*. Princeton: Princeton University Press.

Kim, Hyung-A. 2004. *Korea's Development Under Park Chung Hee*. London: Routledge.

Kim, Kyong-Dong. 2017a. *Korean Modernization and Uneven Development: Alternative Sociological Accounts*. New York: Palgrave Macmillan.

Kim, Kyong-Dong. 2017b. *Alternative Discourses on Modernization and Development: East Asian Perspectives*. New York: Palgrave Macmillan.

Koo, Hagen. 2001. *Korean Workers: The Culture and Politics of Class Formation*. Ithaca: Cornell University Press.

Tocqueville, Alexis de. 1966. *Democracy in America*. New Rochelle: Arlington House.

대도시 국제비교의 도시사회학 : '도시 씬' 개념을 중심으로

장 원 호*

Ⅰ. 김경동 선생님과 서울 글로벌 메트로폴리탄 포럼

김경동 선생님과 함께했던 경험 중에 가장 기억에 남는 것이 2007년부터 2010년까지 서울시의 지원을 받아 <The Global Metropolitan Forum of Seoul (GMFS)>이라는 대규모 국제회의를 개최했던 일이다. 당시 김경동 선생님은 GMFS의 조직위원장이셨고, 필자는 조직위원으로 보좌해 드리는 역할을 했다. 선생님은 도시사회학 분야 전공이 아니심에도 불구하고 성공적인 국제포럼을 위해 다양한 형태로 기여하셨다. 조직위원장으로서 행사의 주제 선정에 중요한 제안을 하셨고, 행사 중에는 모든 참가자들을 환대하는 역할을 성실히 수행하셨다.

특히 기억에 남는 것은 포럼 Plenary Session의 좌장으로서 세션을 진행하신 것인데, 선생님의 세련된 영어 표현을 들으면서 감동과 부끄러움을 느꼈던 기억이 지금도 새롭다. 이 포럼에서는, Florida, Clark 등의 세계적 도시학자들을 초청해서 "Culturenomics" "From Limitless Competition to Boundless Cooperation" 등의 부제로 도시문제를 해결하기 위한 새로운 개념들을 함께 논의하였고, 당시 시장이었던 오세훈 시장에게 여러 정책적 대안들을 제시하였다.

이 포럼의 중요 연구 중의 하나로, 뉴욕, 런던, 도쿄, 서울 등 전 세계 10대 도시 시민들의 행복도 조사를 하였는데, 김경동 선생님은 이 조사의 중요 내용에 대해서도 많은 조언을 해주셨다. 비교 대상인 전 세계 10대 도시를 선정하기 위해서, 한중일 삼국의 수도와 미국의 뉴욕, 영국의 런던, 프랑스의 파리, 독일의 베를린을 먼저 선정하고, 캐나다의 토론토, 이태리의 밀라노, 그리고 스웨덴의

* 서울시립대학교 도시사회학과 교수

스톡홀름을 추가 선정하였다. 세 개의 추가 선정 도시는 모두 컬처노믹스 도시로 주목을 받았기에 대도시포럼의 주제에 맞는 중요한 도시였다.

이 조사는, 한 도시 당 최소 1,000명 표본의 서베이 조사로서, 각 도시 주민의 주관적 행복도과 그에 영향을 미치는 요인에 관한 것이 주된 내용이었다. 주관적 행복도에 영향을 미치는 중요 요인으로는, 경제활동 여건, 문화생활 여건, 복지 여건, 도시 안전, 환경적 여건, 교통 인프라 여건, 공동체 생활 여건, 의료 여건을 물어보았다. 조직위원회가 가장 관심이 있었던 것은 시민의 행복도에 영향을 미치는 요인의 도시별 비교였는데, 결과적으로 각 도시 별로 큰 차이는 없었다. 대부분의 도시에서 문화생활 여건, 건강여건, 도시 안전, 그리고 인프라 여건이 행복도와 관련된 중요 요인으로 나타났다.

문제는 이 국제포럼을 지원해 준 오세훈 시장의 관심이었는데, 오 시장은 서울 시민의 행복도 순위에 가장 관심이 많았다. 결과는 어떠했을까? 스톡홀름이 1위, 토론토가 2위, 뉴욕이 3위였고, 서울시는 10개 도시 중 안타깝게도 10위였다. 오 시장을 눈앞에 두고 필자가 대표로 서베이 결과를 발표했는데, 당시 매우 굳은 표정의 오 시장 얼굴이 아직도 기억난다. 아시아 3개 도시의 행복도 순위는 베이징 8위, 도쿄 9위, 서울 10위로, 아시아 도시 모두 행복도가 가장 낮은 도시로 조사되었다.

이 결과를 발표할 때, 필자는 행복이라는 단어에서 동양과 서양의 문화적 차이가 있다는 점을 강조하였다. 즉 서양에서는 사소한 좋은 일에 "I am happy"라고 말할 수 있는 반면, 동양에서는 행복이라는 단어에 대해 철학적 의미를 부여하는 경향이 많고, 그런 이유에서 아시아의 모든 도시에서 주관적 행복도가 낮게 나왔다고 설명하였다. 그럼에도 불구하고 오세훈 시장의 얼굴은 펴지지 않았지만 …

Ⅱ. 도시 비교의 최근 경향

우리 연구팀의 대도시 행복도 비교는, 국가 차원의 행복도 조사가 주를 이루었던 당시의 상황에서 매우 신선한 것이었다. 하지만, 서베이를 바탕으로 하는 주관적 행복도 조사라는 점에서, 위에서 설명한 문화차이로 인한 '번역의 오류'를 범할 수 있다는 한계를 지니고 있었다.

최근의 도시 비교는 서베이보다는 객관적 자료를 바탕으로 하는 것이 일반적이다. 예를 들어, 중국사회과학원과 UN 해비타트가 공동으로 수행하고 있는 세계도시경쟁력 비교에서는, GDP 규모와 성장률, 첨단산업 비중, 노동생산성, R&D 투자, 기업 본사 수, 글로벌 기업 수, 무역 개방도, 금융서비스 역량 등의 경제 관련 지표에 더해, 인적자본 수준, 특허 개수, 탄소배출, 녹지율, 주거환경, 문화 및 교육시설, 안전성 등의 삶의 질 지표를 사용해서 1,000여 개 도시의 경쟁력을 비교하고 있다. 2020년 제5차 보고서 경제경쟁력 순위에서는 뉴욕, 런던, 싱가포르가 1, 2, 3위를 차지했고 도쿄는 6위, 서울은 15위, 베이징은 17위를 차지하였다.

[표 1] 글로벌파워도시 순위(2015-2024)

구분	1위	2위	3위	4위	5위	6위	7위	8위	9위	10위
'24	런던	뉴욕	도쿄	파리	싱가포르	서울	암스테르담	두바이	베를린	마드리드
'23	런던	뉴욕	도쿄	파리	싱가포르	암스테르담	서울	베를린	홍콩	시드니
'22	런던	뉴욕	도쿄	파리	싱가포르	암스테르담	서울	베를린	시드니	홍콩
'21	런던	뉴욕	도쿄	파리	싱가포르	암스테르담	베를린	서울	마드리드	상하이
'20	런던	뉴욕	도쿄	파리	싱가포르	암스테르담	베를린	서울	홍콩	상하이
'19	런던	뉴욕	도쿄	파리	싱가포르	암스테르담	서울	베를린	홍콩	시드니
'18	런던	뉴욕	도쿄	파리	싱가포르	암스테르담	서울	베를린	홍콩	시드니
'17	런던	뉴욕	도쿄	파리	싱가포르	서울	암스테르담	베를린	홍콩	시드니
'16	런던	뉴욕	도쿄	파리	싱가포르	서울	홍콩	암스테르담	베를린	비엔나
'15	런던	뉴욕	파리	도쿄	싱가포르	서울	홍콩	베를린	암스테르담	비엔나

출처: 변미리(2025)에서 재인용.

또 일본 모리기념재단의 도시전략연구소는 2008년부터 글로벌파워도시 순위를 발표하고 있는데, 이를 위하여 경제, 연구개발, 문화교류, 거주적합성, 환경, 접근성이라는 6가지 분야의 지표를 종합적으로 사용하고 있다. 위의 표는 2015년부터 2024년까지 모리기념재단이 발표한 글로벌파워도시 순위이다.

위의 표를 보면 런던, 뉴욕, 도쿄와 같은 글로벌 도시가 최상위를 차지하는 것을 알 수 있고, 서울도 6-8위 등 비교적 상위 순위를 차지하고 있다.

이러한 대도시 국제비교는 각각의 대도시의 특성을 객관적 지표로 측정하고 있다는 점에서 주관적 비교의 한계를 넘어서고 있지만, 문제는 이 비교들이 순위에 주로 관심이 있다는 것이다. 아마 각 도시의 시장들은 이 비교를 통해서 자기 도시의 특성을 파악하거나, 또 문제점을 개선하려고 노력하는 것보다는 어떻게 순위를 높일 수 있는지에 더 관심이 많을 것이다. 도시 비교가 이런 식으로 순위에만 관심이 집중될수록 각 도시의 특성 및 문제점 분석이라는 비교의 원래 목적이 흐려지게 된다. 필자는 이에 대한 대안으로 도시 씬 분석을 제시하고자 한다.

Ⅲ. '도시 씬'의 사회학

1. 도시 씬 연구의 흐름

먼저 도시 씬 연구를 도시사회학 내에서 어떻게 위치지울 수 있는지 살펴보겠다. 도시 씬 연구는 1990년대부터 시카고대학 사회학과 Terry Clark 교수의 연구팀에 의해서 진행되어 왔다.[1] 이 연구는 Clark 교수의 FAUI(Fiscal Austerity and Urban Innovation) 프로젝트의 연장선에 있다. FAUI 프로젝트는, 전 세계에서 기존의 성장 중심의 도시 정책과 이념적 도시 정책이 사라지고 있다는 점, 그리고 새로운 정치문화가 발견되고 있다는 점을 분석한 국제 공동연구이다. 도시사회학의 흐름에서 볼 때 이 연구는 '성장기구로서의 도시(City as a Growth Machine)' 그리고 맑시스트 도시 이론에 대한 비판과 대안이라고 할 수 있다. 새로운 정치

1 필자는 Clark교수의 박사논문 지도학생으로서 이 연구가 시작될 때부터 참여하였다.

문화를 한 마디로 얘기할 수 없지만, 계급정치(class politics)가 아니라 이슈 중심의 정치지향, 그리고 문화 소비의 중요성 등이 주된 내용이다.

FAUI 프로젝트의 결정판이 1998년 출간된 <The New Political Culture>인데, 이 책에서는 새로운 정치문화를 보여주는 전 세계 시장(Mayor)들의 정책 특징, 그리고 일반 시민들의 신정치문화적 경향을 비교 분석하였다. 이러한 연구 경향은 당시 Richard Florida의 연구와도 많이 일치하였고, 실제로 Clark 연구팀과 Florida 연구팀은 다양한 형태로 서로의 연구를 공유하였다. 그 과정에서 2002년 Florida의 <The Rise of the Creative Class>가 출간돼 그해 비소설 분야 베스트셀러 1위에 오르게 된다. 그 영향으로 Clark 연구팀은 도시 비교에서 문화 소비적 요소에 대해 더욱 집중적으로 분석하게 되었고, 그 결과물이 2004년에 출간되어 미국사회학회의 커뮤니티·도시사회학 저술상 Robert E. Park Book Award를 수상한 <엔터테인먼트 기구로서의 도시(City as an Entertainment Machine)>이다.

<엔터테인먼트 기구로서의 도시>는 기존의 '성장기구론'과는 전적으로 대비되는 개념이다. 성장기구론이 도시의 발달을 위해 부동산 개발과 같은 성장을 강조한 반면,[2] 엔터테인먼트 기구론은 도시의 어메니티 요소가 전문가, 고학력, 젊은 층들을 유인하고 그들이 도시에 많이 유입될수록 도시의 발달이 이루어진다는 주장이다. 엔터테인먼트 기구론은 도시 어메티니를 세분화하여, 자연적 어메니티(natural amenity), 인공적 어메니티(constructed amenity), 그리고 가치 어메니티(value amenity)로 구분하고 이 어메니티와 젊은 층, 고학력, 전문가 집단의 관계를 분석하였다.

자연적 어메니티는 자연공원, 맑은 공기, 온화한 기후, 그리고 산과 강 등, 도시의 자연이 제공하는 어메니티이다. 인공적 어메니티는 오페라하우스, 극장, 갤러리, 카페 등 도시 주민의 문화소비를 위한 어메니티이다. 가치 어메니티에서 중요한 것이 관용(tolerance)인데, 이것은 플로리다의 Gay Index와도 일맥상통하는 개념이라 할 수 있다. 하지만, 엔터테인먼트 기구론에서는 이에 더하여 자유주의적 가치, 평등주의적 가치, 가족주의적 가치 등도 가치 어메니티의 중요한

2 물론 성장기구론은 이러한 성장의 문제점을 제시하고 있다.

요소로 제시하고 있다. 이후 Clark 연구팀은 문화소비를 주로 설명하는 엔터테인먼트 도시론을 넘어, 도시 공간을 다양하고 종합적으로 설명하는 개념을 개발하게 되는데, 그것이 '도시 씬'이다.

도시 씬을 한마디로 정의하면 도시의 특정 공간에서 강렬하게 발견되는 문화적 특징이라고 할 수 있다. 여기서 문화라는 개념은 단순한 문화소비의 영역을 넘어서, 가치관적, 인식론적, 그리고 정체성적 특징으로서의 문화를 의미한다. 이런 점에서 도시 씬은 기존의 엔터테인먼트 기구론이 갖는 문화 소비의 영역을, 인간 행위 및 사회 전체의 영역으로 일반화시킨 것이라 할 수 있다.

흥미로운 사실은 Clark 연구팀이 2000년대 초반부터 도시 씬 연구를 진행해 오고 있었지만, 그것을 논문으로 처음 게재한 것이 한국의 영문 저널이라는 것이다. 2007년 Clark 교수는, 필자 및 인천대학교 행정학과 이종열 교수의 초청으로 한국도시행정학회에서 "Making Culture into Magic: How Can It Bring Tourists and Residents?"라는 제목의 논문을 발표하면서 도시 씬을 자세히 소개했는데, 그것이 한국행정학회 영문 저널『International Review of Public Administration』 12호 1권에 출간되었다.

2007년 Clark 연구팀은 "A Theory of Scene"(Silver, Clark, Rothfield, 2007)이라는 매뉴스크립트를 작성하여 전 세계 도시 씬 연구팀과 공유하였는데, 이 초고를 바탕으로 도시 씬 이론이 완성된다. 당시 도시 씬 연구팀은 미국의 시카고 대학 연구팀, 일본의 고바야시 요시아키 교수 연구팀, 시미즈 치히로 교수 연구팀, 한국의 이종열 · 장원호 · 변미리 연구팀, 중국 과학원 디우 교수 연구팀, 프랑스의 Stephen Sawyer 연구팀, 스페인의 Clemente Navarro 연구팀이 중심이 되어 국제 연구네트워크를 형성하고 있었다.

도시 씬 연구가 미국 학계에 알려지게 된 것은 2010년 Silver, Clark, Navarro의 논문 "Scenes: Social Context in an Age of Contingency"라는 논문이『Social Forces』 88권 5호에 게재되면서부터이다. 그 후 2011년 Clark 교수는 도시 씬 연구를 New Chicago School로 주장하면서 당시 LA학파의 도전에 대한 시카고 도시사회학의 새로운 경향과 응답으로 제시하면서(Clark, 2011), 적극적으로 도시 씬 개념을 도시사회학계에 소개하기 시작한다.

한국에서는 장원호(2009, 2010, 2014)를 중심으로 도시 씬 개념이 소개되었고,

이종열 교수, 변미리 박사와 함께 정책 연구로도 제시되었다(변미리 · 장원호 · 이종열, 2010). 한국연구팀은 Clark 교수와 함께, 서울과 동경, 시카고 도시 씬 비교연구를 진행하기도 하였다(Jang, Clark, and Byun. 2011).

중국에서는 중국과학원의 디우 교수 연구팀이 씬 이론을 바탕으로 하는 거주지 선택과 주택 가격을 분석하는 책을 출간하였다(Wu, 2013). 중국의 도시 씬 연구는 그 후 베이징행정대학의 우준 교수 연구팀에 의해 확대되었고 지금 중국에서는 Scene Academy가 구성될 정도로 도시 씬 연구가 활발히 진행되고 있다.

이러한 과정에서 2016년 도시 씬 연구를 집대성하는 저작이 출현하게 되는데, 그것이 바로 Silver and Clark의 <Scenescapes: How Qualities of Place Shape Social Life>이다.[3] 이 책은 도시 씬 연구의 이론과 방법론을 구체적으로 서술한 이후, 도시 씬 연구가 지역의 경제발전, 지역사회의 특징, 그리고 지역의 정치문화를 설명하기 위해 어떻게 활용될 수 있는지, 더 나아가 도시 정책을 위한 도시 씬의 활용 가능성을 종합적으로 제시하고 있다.

현재 도시 씬 연구는 세계사회학회(International Sociological Association)의 커뮤니티 연구 분과인 Research Committee03(RC03)에서 활발히 진행되고 있다. 폴란드 Jagiellonian University의 Marta Klekotko 교수가 회장인 RC03에서 많은 회원이 도시 씬 연구를 진행하고 있고, 필자 또한 Board Member로 활동하고 있다. RC03에서는 4년에 한 번 개최되는 세계사회학대회에서 도시 씬과 관련된 여러 session들을 진행하고 있다.

최근에는 중국에서 도시 씬 연구가 매우 활발하게 진행되고 있다. 중국에는 북경행정대학의 우준 교수 연구팀을 중심으로 수십 명의 씬 연구자들이 'Scene Academy'를 조직하고 공동 연구를 진행하고 있다. 2020년에는 Scenes China Summit Forum을 구성하였는데, 여기에 시카고와 토론토 연구팀이 합류하여 국제적인 연구네트워크로 성장하였다. 우준 연구팀과 Scene Academy는 2023년까지 318개의 논문을 출간하였고, 지금도 매년 30편 이상의 논문을 출간하고 있다. 이 연구팀의 또 하나의 특징은 도시 씬을 바탕으로 하는 도시 정책을 적극적으로 추진하고 있다는 것이다. 이것은 우준 교수가 베이징행정대학의 교수라서 수

3 이 저서는 미국사회학회의 Outstanding Book in Community and Urban Sociology 저술상을 수상하였다.

강 학생들 중 많은 수가 중국의 공산당 간부이기에 가능했던 일이다. 특히 사천성의 성도인 청두시의 <씬 도시 만들기(Scene City Making)> 프로젝트는 매우 유명한데, 청두시는 도시개발의 주요 화두로 도시 씬을 제시하고 도시개발 자체를 다양한 도시 씬의 개발로 추진하고 있다. 사천성의 도시개발 정책을 넘어 이제는 중국 전체의 경제 개발 정책에서도 도시 씬이 활용되고 있다. 예를 들어 2021년에 보고된 제14회 중국 경제 및 사회 발전 5개년 계획에는 디지털 소비 씬, 패션 씬, 관광 씬 등 다양한 도시 씬 개념이 포함되어 있다.[4]

2. 도시 씬 개념

위에서도 설명하였지만, 도시 씬은 도시의 특정 공간에서 발견되는 강렬한 문화적 특성이다. 이를 구성하는 요소로서 다음의 네 가지를 들 수 있다. 1) 물리적 건축물, 2) 인구특성(거주자, 사업자, 방문객의 특성), 3) 이벤트, 4) 가치관.

물리적 건축물은 카페, 오페라하우스, 백화점 등의 문화 소비 건축물을 들 수 있고, 인구특성에서는 거주자, 사업자 방문객 세 집단이 공유하는 문화적 취향이 중요하다. 이벤트는 도시 씬이 정적인 건축물뿐 아니라 동적인 활동으로도 구성된다는 것을 보여주고, 가치관은 자유, 평등, 전통, 관용 등 특정 행위의 정당성을 표현한다.

이렇게 설명하면 도시 씬은, 도시에서 나타난 현상에 대한 묘사이고 귀납적 설명에 가까운 것으로 생각되기 싶다. 하지만, 도시 씬은 그보다 먼저 연역적인 이론화 작업의 결과이기도 하다. 도시 씬의 대 범주로는 정당성(legitimacy), 연극성(theatricality), 진정성(authenticity)이 있다. 이 세 범주는 임의로 제시한 것이 아니라 도시 씬 이론을 종합적인 사회 이론으로 만들기 위하여 형이상학적으로 구성한 개념이다. 각 범주는 각각 인간 행위의 도덕적(ethical), 인식론적(epistemological), 그리고 존재론적(ontological) 측면을 설명하고 있다.

정당성 범주는 인간의 도덕적(ethical) 측면을 설명한다. 인간이 어떤 행위를 하거나 어떤 장소에 가거나 또 어떤 장소에서 살고자 결정하는 것은, 그가 도덕적으로 가치 있다고 생각하는 영역과 관련이 있다. 예를 들어, 전통적 가치를 중

4 부록에 5개년 계획에 포함된 도시 씬 내용들을 정리하였다.

시하는 사람은 전통을 보존하는 행위를 하고, 전통 관련 이벤트에 참여하며, 전통 건물이 많은 곳을 방문하거나 더 나아가 그 장소에서 살고자 하는 것이다.

연극성 범주는 인간의 인식론적 측면과 관계가 있다. 즉, 자신의 삶과 행동이 어떻게 인식되기를 원하는지, 또는 사회의 영역을 어떻게 인식하고자 하는지와 관련이 있다. 물론 이것이 철학의 전통적 인식론과 일치하는 것은 아니지만, 삶의 모습을 무엇을 바탕으로 인식하고자 하는 것과 관련이 있다는 점에서 인식론적 영역이라 할 수 있다. 예를 들어 근린성과 일탈성 도시 씬을 추구하는 사람들은, 이 사회를 전혀 다르게 인식하고 표현하기를 원한다. 근린성은 이 사회의 안전한 모습에 관심이 있고, 일탈성은 조금 파격적이지만 자유로운 모습을 표현하기를 원한다. 이런 점들이 사회를 어떻게 인식하고 사회가 어떻게 보여지기를 원하는 인식론적 측면과 관련이 있다고 할 수 있다.

진정성(또는 고유성)은 존재론과 관련이 있다. 즉 자기 행동의 존재론적 근거를 추구하는 것이다. 예를 들어 진정성 하위 범주의 하나인 에스닉과 국가주의는 자신의 존재론적 근거를 민족적 특성이나 국가 정체성으로 해석하려는 경향이라 할 수 있다.

이 세 가지 주 범주는 각각 5개의 하위 범주로 나누어져서 결국 도시 씬 연구에서 주로 사용하는 하위 범주는 총 15개이다. 아래의 표는 15개의 하위 범주에 대한 설명과 그 범주에 맞는 행위와 어메니티의 다양한 예를 제시하고 있다.

[표 2] 도시 씬의 요소와 관련 문화소비 행위 및 어메니티

주 범주	행위의 목적	하위 범주	행위의 예	관련 어메니티 예
정당성	옳은 가치의 실현	전통주의	북촌 관광, 국악 공연의 관람	역사적 장소, 골동품 가게, 박물관, 전통예술 공연장
		공리주의	아웃렛에서의 쇼핑	패스트푸드 음식점, 아웃렛 상가, 편의점, 각종 기술 학원
		평등주의	외국인 노동자의 인권을 위한 촛불시위에 참여함	인권단체, 공공도서관, 환경운동단체, 장애인 복지시설, 종교단체
		자기표현	재즈바에서 즉흥적으로 트럼펫을 연주함.	패션쇼, 요가스튜디오, 코메디클럽, 뮤직페스티벌, 노래방

		카리스마	한류스타들이 출현해서 유명해진 카페에서 커피를 마심.	유명디자이너 매장, 스타들이 운영하는 식당, 역사적 위인과 관련된 장소
연극성	보고 보여지는 것, 공통적 자기표현	근린성	지역주민으로 이루어진 합창단에 참여함.	지역 봉사단체, 초등학교, 중고등학교, 입시학원, 공원, 제과점
		격식성	정장을 하고 오페라를 관람함.	오페라 극장, 고급음식점, 사교클럽, 골프 코스와 컨트리클럽
		과시성	동해안 해변가에서 배 근육(식스팩)을 자랑함.	나이트클럽, 패션쇼, 갤러리, 헬스클럽, 뷰티살롱
		화려함	부산국제영화제의 레드카펫에서 등장하는 스타들을 바라봄.	영화제, 디자이너 패션쇼, 연예기획사, 보석상, 카지노
		일탈성	성인전문클럽에서 스킨 피어싱 공연을 관람함.	문신가게, 성인전문 매장, 성인나이트클럽, 가죽옷 가게, 도박장
진정성	정체성의 확인, 자기실현	지역주의	전주에서 전주비빔밥과 한정식을 먹음.	지역특산물점, 지역의 역사적 장소, 공원, 지역박물관
		에스닉	서래마을에서 프랑스 요리로 식사함.	각종 에스닉 식당, 외국어학원, 요가학원, 라틴댄스학원
		국가주의	광복절에 독립기념관을 참관함.	독립기념관, 전쟁기념관, 정당, 관공서, 대사관
		기업성	단체로 삼성전자 공장을 견학함.	백화점, 마케팅회사, 컨설팅 서비스 회사, 증권회사, 모터쇼
		합리성	지구온난화의 결과에 대한 이성적 추론을 바탕으로 환경운동에 참여함.	대학교, 리서치 센터, 서점, 진보성향의 교회,

출처: 이 표는 도시 씬 연구자들의 표와 필자(장원호, 2010)의 표를 합쳐 재구성한 것임.

결론적으로 도시 씬은, 도시의 특성을 종합적인 시각에서 묘사한 후 그 특성이 가져오는 결과들, 특히 공동체성, 경제적 활력 등을 분석하는 도시사회학의 새로운 개념이라 할 수 있다.

Ⅳ. 도시 씬과 대도시 비교

도시 씬을 통한 대도시 비교는 아래와 같은 장점을 가진다.

먼저, 도시 씬은 각 도시의 특성을 다양한 씬으로 비교한다. 예를 들어 어느 도시는 전통적인 문화특성이 강한 반면, 다른 도시는 보헤미안 특성이 강하다는 식으로 비교하는 것이다. 그렇기에 도시 씬의 비교는, 각 도시의 순위를 매기는 것이 아니라 각 도시가 가지고 있는 도시 씬적 특성들을 비교하고, 이 과정에서 각 도시의 문제점과 이를 해결할 수 있는 정책적 대안을 제시하는 것이다. 물론, 하나의 도시 씬으로 여러 도시를 비교하기도 한다. 하지만 이 경우에도 어느 특정 도시 씬의 도시별 랭킹을 매기기보다는, 그 특정 도시 씬의 도시 별 특징을 비교하는 데 초점을 맞춘다.

예를 들어 필자가 Clark 교수, 변미리 박사와 진행한 서울, 도쿄, 시카고의 비교에서 각 도시의 보헤미안 씬을 비교한 적이 있었는데, 시카고가 가장 높게 나왔고 서울과 도쿄는 비슷하게 나왔다. 하지만 우리는 이러한 순서보다는 세 도시 보헤미안 씬의 특성이 다르다는 점을 주로 설명하였다. 즉 서울은 보헤미안 씬과 젊은 층의 상관성이 강하다는 특징을 보이는 데 반해, 도쿄는 지역별 보헤미안 씬 편차가 낮아 보헤미안 씬의 영향력이 약하게 나타났고, 시카고는 보헤미안 씬 점수도 높지만 지역별 편차도 커서 보헤미안 씬이 더욱 두드러지는 특징이 있었다(Jang, Clark and Byun 2011).[5]

도시 씬을 통한 대도시 국제비교 연구는 여러 장점이 있음에도 불구하고 활발히 진행되지 못하였는데, 그 중요한 이유가 도시 씬 지표를 만들 데이터 확보

5 보헤미안 씬이 강한 지역과 약한 지역이 서로 인접해 있으면 보헤미안 씬이 더욱 활성화되고 임팩트가 크다. Silver와 Clark는 이것은 'contrast effect'로 설명하고 있다(Silver and Clark 2016).

와 처리가 어렵다는 점이다. 비교 대상 도시의 도시 씬 지표를 만들기 위해서는 각 도시의 세부 사업자 자료를 구해야 하는데 이 자체가 현실적으로 매우 어려운 일이고, 또 데이터를 확보한 후에도 각 도시별로 사업자 자료의 단위가 다른 경우가 많아 데이터 처리 작업이 매우 어렵다는 것이다.

그런데 최근 이 한계를 극복할 수 있는 새로운 방법이 제기되었는데, 바로 페이스북, 인스타그램 등의 소셜 미디어의 텍스트 자료를 바탕으로 하는 '버즈(buzz)분석'이다. 최근에는 버즈에 관한 연구들이 자주 등장하지만, 사실 버즈(buzz)라는 개념을 도시사회학에 처음 소개한 것도 도시 씬 이론이다.[6] <City as an Entertainment Machine>에서 Clark와 Lloyd는 버즈에 대해 "도시 내의 사회적 상호작용과 문화적 집중으로 인해 나타나는 보이지 않는 진동"으로 정의하면서, 버즈는 자생적 네트워크와 일상적 교류가 가져오는 자석 같은 힘이라고 주장하였다. 소셜 미디어와 연결해서 생각해 보면, 버즈는 인터넷 상에서의 '왁자지껄'한 대화들이라 할 수 있고, 각 도시의 강렬한 도시 씬들이 결국 소셜 미디어의 버즈로 나타난다고 볼 수 있다. 따라서 이 소셜 미디어 버즈와 도시 장소성을 결합한다면 각 도시의 도시 씬 특성을 파악할 수 있는 것이다.

하나의 예를 들어보자. 서울과 다른 대도시의 예술 씬을 비교하기 위해서, 먼저 페이스북, 트위터, 인스타그램 등의 소셜 미디어의 텍스트를 수집해서, 각 도시의 이름과 예술 씬을 대변하는 단어들과 함께 토픽모델링 등의 네트워크 분석을 한다. 이 과정에서 각 도시 예술 씬에 관한 소셜 미디어 버즈의 강도와 특성을 파악할 수 있고, 이를 바탕으로 각 도시 예술 씬을 비교할 수 있는 것이다. 물론, 여기서 각 소셜 미디어로부터 데이터를 제공받아야 한다는 점에서 비용이 발생할 수 있지만, 이 분석은 국가별 사업자 데이터를 확보하지 않고서도 전 세계의 도시 씬을 분석할 수 있다는 점에서 매우 혁신적인 방법이라 할 수 있다.

최근에는 AI를 기반으로 하는 소셜 미디어 분석 플랫폼이 많아졌고, 다양한 기관들이 다양한 목적으로 글로벌 버즈분석을 수행하고 있어서[7] 버즈 분석을 통

6 물론 거의 같은 시기에 경제지리학자들이 buzz라는 용어를 쓰기는 했지만(Storper & Venables, 2004), 이를 도시사회학에서 도시 문화를 설명하기 위해 활용한 것은 Clark와 Lloyd(2004)가 시초라 할 수 있다.

7 최근 한국관광공사와 야놀자연구소가 Synthesio나 Brandwatch와 같은 AI기반 글로벌 버즈분석 플랫폼을 통해 대도시 국제비교를 진행하고 있다.

한 대도시 도시 씬 비교의 가능성은 더욱 높아졌다 할 수 있다. 버즈분석을 통해 전 세계 도시 씬을 더욱 효과적으로 비교할 수 있다면, 향후 도시 씬은 대도시 국제비교를 위한 중요한 개념으로 자리 잡을 수 있을 것이다.

[참고문헌]

구선아 · 장원호. 2020. "팬데믹 시대의 도시 씬 요소 변화." 한국경제지리학회지 23(3): 262-275.

김상현 · 장원호. 2019. "서울시 도시 씬의 밀집도 및 네트워크 특성 변화." 지역사회학 20(1): 65-90.

김상현 · 장원호. 2018. "도시 씬 개념을 활용한 서울의 지역별 문화 특징 이해." 지역사회학 19(3): 113-146.

김상현 · 장원호. 2017. "네트워크 분석을 통한 서울 도시 씬(urban scene)의 이해." 18(1): 171-197.

김상현 · 장원호. 2016. "도시 씬(urban scene)과 지역발전." 지역사회학 17(1): 5-28.

변미리, 2025. "무엇이 도시를 '매력적'으로 만드는가?_도시경쟁력 평가체계에 대한 성찰" 서울문화재단 [문화+정책] 이슈페이퍼. Vol. 2025-7.

변미리 · 장원호 · 이종열. 2010. 서울시 씬 (Scenes) 지도 작성을 통한 서울 공간특성화 전략 연구. 서울연구원 정책과제연구보고서.

장원호. 2014. "서울과 동경의 보헤미안 장소 비교." 지역사회학 15(4): 5-30.

장원호. 2010. "도시 '씬(scene)'과 문화공동체: 서울시 문래동의 사례." 지역사회학 12(1): 183-206.

장원호. 2009. "엔터테인먼트 도시와 도시관광." 지역사회학 10(2): 63-86.

장원호 · 정수희. 2019. "도시의 문화적 공감대로서 콘텐츠씬의 인식: 콘텐츠 투어리즘 사례를 중심으로." 한국경제지리학회지 22(2): 123-140.

정호용 · 장원호. 2023. "서울시 생활인구와 도시 씬의 영향 관계 연구." 지역사회학 24(1): 5-25.

최지연. 2014. 수원의 문화적 공간해석을 위한 기초연구 도시 씬(Urban Scene) 개념을 활용한 공간 분석, 수원시정연구원.

Chinese Academy of Social Sciences·UN-Habitat. 2020. Global Urban Competitiveness Report (2019-2020).

Clark, Terry Nichols. ed. 2004. *The city as an entertainment machine*, London: Emerald Group Publishing Limited.

Clark, Terry Nichols. 2011. "The New Chicago School." In *The City Revisited*, edited by Dennis Judd and Dick Simpson. Minneapolis: the University of Minnesota Press.

Jang, Wonho, Terry Nichols Clark, Miree Byun. 2011. *Scenes Dynamics in Global Cities: Seoul, Tokyo, and Chicago*. Seoul Development Institute.

Navarro, Clemente Jesus, Cristina Mateos, and Maria Jose Rodriguez, 2014, "Cultural Scenes, the Creative Class and Development in Spanish Municipalities." *European Urban and Regional Studies* 21(3): 301-317.

Norio Yamato, Yuko Hamada, Peter Dustan, Hiromi Jimbo, Kenji Suzuki and Haruko Isogaya, 2020, *Global Power City Index 2020*, The Mori Memorial Foundation.

Michael Storper & Anthony J. Venables (2004). "Buzz: Face-to-Face Contact and the Urban Economy." *Journal of Economic Geography* 4(4): 351-370.

Sawyer, Stephen. (ed)., 2011, *Une Cartographie Culturelle de Paris-Metropole*. Paris: Rapport a la Mairie de Paris.

Shimizu, Chihiro, Shinya Yasumoto, Yasushi Asami, Terry N. Clark. 2014, "Do Urban Amenities Drive Housing Rent?." *Institute of Economic Research* 9, Hitotsubashi University.

Silver, Danie Aaronl, Terry Nichols Clark, and Clemente Jesus Navarro. 2010, "Scenes: Social Context in An Age of Contingency." *Social Forces* 88(5): 2293-2324.

Silver, Daniel Aaron, Terry Nichols Clark. 2016. *Scenescapes: How qualities of place shape social life*. Chicago: University of Chicago Press.

Wu, Di, 2013, *The Research on Urban Residential Choice and Housing Price's Spatial Difference in China: Based on The Theory of Scenes*, Beijing: Economy & Management Publishing House.

[부록 1] 중국 정부 정책 중 도시 씬 내용

Documents	Release Date	Related content
The 14th Five-Year Plan for Economic and Social Development and the Proposed Vision 2035	2021. 3	Three types of "**scenes**" are proposed to help improve the quality of urban life and local in-novation: (1) to create future **technology application scenes** (2) Create a modern and **fashionable consumer scene** (3) Promote organic integration and precise doc-king of **convenient service scenes**
The 14th Five-Year Plan for the Development of the Digital Economy	2022. 1	Support the construction of **new scenes of digi-tal consumption** in physical consumption places, promote applications such as smart guide, in-telligent guide, virtual-real interactive experi-ence, non-contact services, etc. to enhance the **scene consumption experience.**
The 14th Five-Year Plan for Tourism Development	2022. 1	1. Develop digital experience products, develop new tourism services such as immersive inter-active experiences, virtual displays and intelligent tours, and **promote the construction of tourism scenes represented by "Internet+."** 2. Respond to the diversified and personalized consumption needs of mass tourism, **innovative tourism consumption scenes**, and actively culti-vate new modes of tourism consumption.
Opinions of the General Office of the State Council on Further Unleashing Consumption Potential and Promoting Sustainable Recovery of Consumption	2022-4	Strengthen the cross-border integration of com-merce, culture, tourism, sports, health, transpor-tation and other consumption, and **actively ex-pand new scenes of immersive, experiential and interactive consumption.**
Opinions on Advancing the Implementation of the National Strategy for Cultural Digitization	2022-5	**Develop new scenes of digital cultural con-sumption** and vigorously develop new digital cultural experiences that integrate online and offline and combine online presence.

자료: 이 표는 <중국 정부 정책> 내용의 일부를 우준 교수가 영어로 번역한 것임.

사회과학 데이터 아카이브의 발전과 향후 방향

이 명 진*

Ⅰ. 머리말

호산 김경동 교수는 한국 사회과학의 실증적 전환에 있어 결정적인 기여를 한 학자로 평가된다. 그는 사회과학이 관념적 사유의 영역에 머무르는 것을 경계하면서 실제 데이터를 통해 이론을 검증하고 사회현상을 설명하려고 노력해 왔고, 여러 저작들을 통해 그 점을 학계 내외에 주지시키고자 했다(이만갑 · 한완상 · 김경동, 1979; 김경동 · 이온죽, 1986; 김경동 외, 1986). 호산은 특히 사회현상을 분석하면서 연구자의 직관이나 이념이 아니라, 구조화된 데이터와 정량적 분석이 필요하다는 점을 강조했다. 그는 연구 결과의 검증 가능성과 반복성을 중시하며, 이를 위해 연구 자료의 축적과 공유가 필수적임을 주장하였다.

이러한 철학은 오늘날 '사회과학 데이터 아카이브'의 개념과 연계되어 있으며, 한국 사회과학계에서 데이터 기반 연구 문화를 정착시키는 데 중요한 함의를 가진다. 특히 사회과학 데이터 아카이브의 개념과 기능은 단순한 기술적 수단이 아니라, 학문적 지식의 지속 가능성과 재현 가능성을 보장하는 데 핵심적인 역할을 한다. 사회과학 데이터 아카이브는 경험적 자료를 보존하고 공유함으로써 학문 공동체 내에서의 지식 생산과 순환을 가능하게 하며, 이 과정에서 연구자들은 기존 연구를 비판적으로 계승하고, 새로운 분석체계를 적용해 확장적 해석을 시도할 수 있다

오늘날 우리는 방대한 데이터 속에서 살아가고 있다. 디지털 기술의 급속한 발전과 네트워크 인프라의 고도화는 인류가 생성하고 소비하는 데이터의 양을 기하급수적으로 증가시켰다. 이러한 현상은 '데이터화(datafication)'라고 불리며,

* 고려대학교 사회학과 교수

사회 전반에 걸쳐 인간의 활동이 점차 데이터로 기록되고 보관되고 있다는 것을 보여준다(Mayer-Schön Berger and Cukier, 2013). 정보기술(Information Technology)은 더 이상 단순한 보조 수단이 아니라 사회 구조를 재편하고 인간의 의사결정에 깊이 관여하는 핵심 동력으로 자리 잡았다(Castells, 2010). 이처럼 데이터는 개인의 일상생활부터 다국적기업의 전략 수립, 그리고 정부의 행정과 정책 결정에 이르기까지 필수적인 자원이 되었다.

15세기 중반 요하네스 구텐베르크(Johannes Gutenberg)가 금속 활자를 이용한 인쇄술을 개발함으로써, 인류는 지식의 대중화라는 획기적인 전환점을 맞이하게 되었다. 이전에는 대부분 책이 필사본이었기에 제작비용이 많이 들고 접근성이 낮았으나, 인쇄 기술의 도입은 대량 생산을 가능케 하여 지식이 특정 계층의 전유물이 아닌 대중의 자산으로 확산할 수 있는 토대를 제공했다(Eisenstein, 1980). 이러한 변화는 도서관의 기능과 규모에도 큰 영향을 주었다. 중세의 도서관이 종교기관이나 왕실의 전유물이었다면, 인쇄물의 증가와 더불어 공공 도서관이 등장하고 대중에 대한 정보 접근성이 향상되었다(Battles, 2003).

산업혁명 이후 도시화와 교육의 보편화가 맞물리면서 도서관은 시민교육과 평생 학습의 중심지로 자리 잡았다. 근대에 이르러 인쇄술의 발전과 함께 사회 전반에 걸쳐 대규모 정보의 생산과 유통이 가능해졌고, 이를 효과적으로 관리하기 위한 제도적 기반으로서 도서관의 역할은 더욱 확대되었다. 이러한 변화는 지식 플랫폼으로서 도서관에 정보기술이 본격적으로 도입되면서 더욱 강화되었다(Lankes, 2011).

이처럼 정보 접근성의 확대는 인쇄술의 발전 이후 지식을 대중화할 수 있게 했으며, 현대 사회에서 데이터 인용과 정보 활용 역시 유사한 흐름을 보인다(Hamilton, 1991; Pendlebury, 1994; Feigenbaum and Levy, 1993). 디지털 사회의 도래는 전통적 인쇄 자료뿐 아니라 디지털 데이터, 멀티미디어 콘텐츠 등 다양한 형태의 정보 자원의 생산과 축적을 동반하고 있다. 이에 따라 방대한 데이터를 효과적으로 보존하고 관리하는 체계의 중요성이 드러나고 있으며, 정보의 지속적 활용 가능성을 고려한 저장 및 접근 체계 구축이 필수 과제가 되었다(Hedstrom, 1998).

이러한 흐름 속에서 '데이터 아카이브(Data Archive)'는 디지털 시대의 핵심

인프라로 주목받고 있다. 넓은 의미에서 데이터 아카이브는 다양한 출처에서 생성된 데이터를 장기적으로 보존하고, 분석과 재활용을 할 수 있도록 구조화하는 체계적 시스템이다. 이는 단순한 백업이나 파일 저장소와는 다르며, 연구, 정책, 교육 등 다양한 목적에 따라 정보를 지속적으로 활용할 수 있게 설계된 종합적 관리 체계라 할 수 있다(Corti et al., 2014). 데이터의 양뿐만 아니라 그 생성 속도, 형식의 다양성, 내용의 복잡성이 증가함에 따라, 이를 관리하고 조직화할 수 있는 역량이 점점 더 중요해지고 있다(OECD, 2021).

특히 기업과 공공기관의 경우, 각종 법률과 규정에 따라 일정 기간 이상의 데이터 보관이 의무화되고 있으며, 개인 역시 자신의 디지털 자산을 체계적으로 관리해야 할 필요성이 증가하고 있다. 그뿐만 아니라, 데이터 아카이브는 단순한 기술적 저장소의 역할을 넘어 문화적·역사적 기록의 보존이라는 사회적 기능도 수행한다(Ceci and Walker, 1983). 예컨대 SNS 게시물, 온라인 뉴스, 디지털 영상 등은 현대사회를 반영하는 귀중한 콘텐츠로서 미래 세대에게 현재의 사회상을 전달하는 기록 자료가 될 수 있다.

따라서 데이터 아카이브는 정보 자산의 관리 수단이자 사회의 집단 기억을 형성하는 기반 인프라로 이해될 필요가 있다. 이러한 특징은 사회과학 분야에서 두드러지게 나타난다. 사회조사, 통계자료, 정책연구 등에서 수집된 원자료(raw data)를 체계적으로 보존함으로써 학술적 분석의 신뢰성을 높이고, 연구 간 비교 가능성을 보장하는 데 이바지한다(Corti et al., 2014). 이에 따라 이러한 사회 변화에 대응하여 학계와 정책 기관은 데이터의 접근성과 공유 원칙을 정립하고자 해 왔다(Fienberg et al., 1985; Boruch and Cordray, 1985; 한국전산원, 1998).

이 연구에서는 사회과학 분야를 중심으로 데이터 아카이브의 발전 흐름을 고찰하고, 그 중요성과 효과적인 활용방안을 논의하고자 한다. 구체적으로는 국내외 사회과학 분야에서 구축된 데이터 아카이브의 현황을 검토하고, 향후 방향성을 제시하고자 한다. 이를 통해 사회과학 원자료의 수집과 확보, 그리고 자료 공유 체계의 고도화를 통한 활용도 증대 방안을 모색하고자 한다.

Ⅱ. 국내외 데이터 아카이브 구축 및 운영 실태와 현황

1. 사회과학 데이터 개념

먼저 사회과학 데이터 개념을 살펴보자. 사회과학 분야에서는 '데이터'의 개념을 다양하게 사용하고 있어, 학문 간 또는 기관 간 정의의 차이로 인한 개념 혼란이 발생하고 있다. 이와 유사한 개념 중 하나는 '기초학문자료'이다. 이는 넓은 의미에서 학술 연구자가 각종 보고서, 논문, 저서를 생산해내기 위한 기반으로 활용되는 기초 자료를 의미한다. 여기에는 사회과학의 각종 조사자료 뿐 아니라 인문학 연구 및 조사과정에서 수집된 구술 채록, 사진, 탁본, 유물 등의 다양한 콘텐츠가 포함된다. 즉 단순한 학술 원자료를 넘어서 지식정보와 관련된 다양한 형태의 기초 자료를 포괄하는 개념이라 할 수 있다. 두 번째로 '학술 원자료(academic raw data)' 개념이 있다. 이는 학문적 결과물이 아닌, 연구 결과를 도출하기 위해 수집된 수치화된(numeric) 자료 전체를 의미한다. 다시 말해, 글자 기반의 서술형 데이터와 달리 수량화된 데이터를 지칭하며, 조사자료(micro data)나 통계자료(macro data) 등과 같이 학술적 연구 수행을 위해 수집 및 정리된 수치 중심의 데이터가 포함된다(이남영, 1998; KSDC 2024).

2. 국외 데이터 아카이브 구축 및 운영 실태

1) ICPSR(Inter-university Consortium for Political and Social Research)

국외에서는 사회과학 분야 데이터 아카이브 구축과 활용의 오랜 역사가 있다. 먼저, 현재 세계 최대의 사회과학 데이터 아카이브이며 이 분야의 국제적인 중심 기구인 미국의 ICPSR(Inter-university Consortium for Political and Social Research)은 1962년 미시간 대학(University of Michigan)의 조사연구센터(Survey Research Center)가 발전되어 온 것이다. ICPSR은 당시 미국의 21개 대학과 컨소시엄의 형태로 처음부터 여러 기관과의 공동 운영 방식으로 출발하였다. 현재 ICPSR의 본부는 미시간 대학에 있는 사회조사연구소(Institute for Social Research at University of Michigan)이다.

하지만 ICPSR은 미시간 대학의 부속 기구는 아니며 예산, 인사 등 전 분야에 걸쳐서 독립성을 유지하고 있다. ICPSR의 목적은 대체로 다음의 세 가지로 정리할 수 있다. 첫 번째는 사회과학 자료의 획득과 보존이고, 두 번째는 이러한 자료에 대한 개방적이고 공평한 접근성의 제공이며, 세 번째는 자료의 효율적 활용방안의 제고이다.

기관의 운영 방식의 특징은 회원제 방식으로 운영된다는 점이다. ICPSR은 미국과학재단(National Science Foundation: NSF)과 기관 가입자의 연회비를 기반으로 운영되고 있다. 기관의 성격에 따라 각기 다른 연회비를 부여하고 있다. 현재 회원으로 가입하고 있는 기구는 북미, 유럽, 라틴아메리카, 오세아니아, 아시아 등 전 세계적으로 백여 개에 달한다. 그리고 각 국가에서 1개 기관을 선정하여 ICPSR의 소장 자료에 대한 배타적 접근의 권리를 부여하고 있다. 현재 한국에서는 한국사회과학데이터센터가 ICPSR의 National Membership을 보유하고 있다.

ICPSR의 운영은 12명으로 구성된 이사회(Governing Council)에서 결정하는데, 이사회는 행정, 예산, 정책 등 ICPSR의 활동을 감시하는 권한을 부여하는 집행위원회이다. 이사들은 회원기구에 의해 선출되며 임기는 4년이고 무보수로 봉사하는데, 대개 사회조사와 관련된 분야의 권위자, 저명한 학자들로 구성되어 있다. 이사회의 활동을 보조하는 기구로 자문위원회(advisory committee)가 있는데 자문위원회는 기금 마련, 자료보관소 자료관리의 우선순위, 여름 계절 학교의 확대 등 구체적이고 기술적인 사안에 대해 자문하는 기능을 한다.

데이터 아카이브는 모두 온라인화되어 있으며 이러한 자료의 제공은 주로 FTP(File Transfer Protocol) 방식으로 이뤄지는데 Web을 통해서 혹은 회원기구간 CDNet(the Consortium Data Network)을 통해 내려받음으로써 직접적으로 획득할 수 있다. 이 밖에 중요 자료였으면 휴대용 저장 장치를 사용하여 제공되기도 한다.

ICPSR의 주요 역할은 자료수집과 공유에 초점을 맞춘 연구 영역에만 머물고 있지 않다. 수집된 자료 활용을 활성화하기 위하여 다양한 교육 프로그램과 시스템을 제공하고 있다. 무엇보다도 매년 미시간 대학에서 수치 자료를 분석하기 위한 각종 통계적 방법론을 가르치는 여름 강좌가 개설된다. 데이터의 주 수집 경로는 연구를 수행한 연구자들의 기증(deposit) 형태가 주를 이루며, 후원자에 의해서 수행된 특화된 분야의 데이터 획득이 있다. 또한 ICPSR과의 자료 공유 및 기증의 협정을 통해서 데이터 획득이 가능하며, 자체 데이터의 생산을 통한 방식도 있다.

그리고 SIMI(Site for Instructional Materials and Information)라는 별개의 사이트를 개설하여 사회과학 자료를 활용하여 교육 영역에서 활용도를 높이기 위한 노력도 한다. 이 사이트는 교실 현장에서 사회과학 원자료를 적극적으로 사용하는 것을 목적으로 하고 있다. 현재 별개의 사이트가 아닌 ICPSR 내의 한 부문으로 포함되어 있다. SIMI는 사회과학 원자료의 분석, 통계, 조사계획 및 방법을 교실 내로 끌어들여 보다 활발한 양적 자료의 활용과 효과적인 교수-학습 방법을 개발하는 데 목적을 두고 있다.

2) ESDS(Economic and Social Data Service)

ESDS(Economic and Social Data Service)는 영국의 대표적인 데이터 아카이브이다. 이 데이터 아카이브의 핵심인 UKDA는 영국 에섹스 대학(University of Essex)에 있다. 유럽에서 원자료를 획득, 보존, 보급하는데 가장 전문적인 기술을 가지고 있는 것으로 알려져 있다. ESRC(the Economic and Social Research Council), JISC(the Joint Information System Committee)가 재정적으로 지원하고 있다. 2003년에 설립된 ESDS는 1967년에 설립된 UKDA를 기반으로 하고 있다. UKDA는 현재 수천 개의 자료세트를 보유하고 있다. 수집 분야도 다양하다. 사회과학 분이 그뿐만 아니라 예술과 인문과학 등 다양한 분야를 포함하고 있다. 따라서 아울러 UKDA는 조사, 교육, 학문에서 양적이고 질적인 자료로 보조적인 사용을 제공한다. UKDA는 자료 제공, 메타자료(metadata), 사회과학 사전과 같은 국제 사회의 공동 프로젝트를 수행하는 데 중요한 역할을 하는 CESSDA(the Council of European Social Science Data archives), IASSIST(the International Association of Social Science Information Service and Technology)와 파트너이다. 또한, ICPSR, IFDO(the Internation Federation of Data Archives)도 회원이다(ESDS, 2003).

이 데이터 아카이브의 중요한 목적은 조사를 위한 양적, 질적 자료를 보관하고, 제공하는 자료를 통해 교수-학습을 효율적으로 유도하며, 자료의 전송 및 호환과 관련된 기술적 연구를 수행한다. UKDA의 다른 데이터 아카이브와 구별되는 특성이 몇 가지 있는데, 다른 사회과학 자료와 달리 다양한 질적 자료를 관리하는 서비스를 제공하고, 학회와 함께 사회, 경제 조사를 위하여 공동으로 일을 수행하며, 정부 정책 자료를 제공한다(ESDS, 2003).

UKDA는 조사자를 위한 5,000개 이상의 자료 세트를 제공하고 다른 많은 훈련을 위한 교육용 자료들을 제공한다. 온라인 정보와 자료에 접근하는 링크는 각각의 자료 세트를 이용한다. 자료의 발견과 저장은 자유롭게 이용할 수 있고 등록할 필요가 없다. 그러나 경제, 사회에 관한 자료 서비스의 등록은 원본 자료에 접근할 필요가 있다(ESRC, 2025).

여기에는 다양한 방식의 자료가 저장된다. 기본적으로 양적인 자료로 조사 연구를 통해 부호화된 자료이거나 혹은 통계자료가 이에 포함된다. 주로 SPSS나 STATA 같은 범용 통계소프트웨어에서 사용할 수 있는 자료형식을 갖추고 있다. 둘째, 질적인 자료도 포함되어 있다. 여기에는 심층 면접, 일상의 기록, 인류학 분야의 기록을 포함한 자료와 조사 질문과 응답이 포함된다. 질적인 자료는 주로 엑셀, 워드, PDF의 자료형식으로 보관된다. 셋째, 멀티미디어 자료도 포함된다. 이러한 형태의 세트는 이미지파일, 사진 파일, 오디오 클립을 포함한다. 따라서 각 형식의 자료 분석을 위해서 사용자들은 적절한 자료 분석을 하기 위한 소프트웨어에 접근할 필요가 있다.

UKDA도 ICPSR처럼 자료를 이용하여 교육과 학술을 활성화하기 위한 시스템을 가지고 있다. ESDS는 교육과 학습에 있어서 특별한 재미와 흥미를 주고 있다. UKDA의 많은 자료 세트가 교육과 학습을 위해 이용되고 있다. 아울러 UKDA는 사용자들이 자료를 분석하는데 발생하는 각종 질문사항과 표집과 자료 수집 방법 같은 방법론 관련 정보를 소개하고 있다.

3) GESIS(German Social Science Infrastructure Service)

GESIS (German Social Science Infrastructure Service)는 독일의 대표적인 사회과학 원자료 센터이다. 이 센터는 사회과학 조사의 문헌, 조사자료, 사회과학 문헌에서의 정보를 위한 자료를 제공하고 있다. 방법론적인 질문에 대한 응답 서비스, 복잡한 사회조사, 사회발전을 위한 조사 등을 수행하고 있다. 또한 이러한 것들을 사용자들은 이용할 수 있다. GESIS는 1986년에 설립되었으며 현재 3개의 센터(IZ, ZA, ZUMA)로 분리되어 있다. 이를 구체적으로 살펴보면 다음과 같다(GESIS, 2025).

첫째, IZ(Social Science Information Center)는 동유럽의 사회과학 조사를 포함하여 독일에 있는 사회과학의 조사와 문헌 정보를 수집한다. 이러한 정보를 모으기 위해서 대규모 자료를 수집하고 처리한다. 또한 IZ는 정보과학과 정보기술을 위한 연구 개발(Research & Development)을 활발히 실행하고 있다.

둘째, ZA(Central Archive for Empirical Social Research, University of Cologne)는 분석을 위한 자료를 준비하고 자료를 공적으로 이용하기 위해서 경험연구의 주요한 자료들을 디지털화시키고 있다. ZA는 경험적이고 역사적인 사회조사를 모두 포함하고 있다. Central Archive는 사회조사를 위한 학회이며, University of Cologne와 밀접하게 협조하고 있다.

셋째, ZUMA(Center for Survey Research and Methodology)는 만하임에 있다. ZUMA는 사회조사에서 행해지는 사회과학 연구의 분석과 처리를 위한 상담 서비스를 제공하고 있다. 이 센터는 자체의 조사를 수행하고, 사회과학 발전을 위한 자료와 공식적 자료에 접근하는 것을 촉진하고 있다. 아울러 ZUMA는 방법론의 개발을 촉진하고 사회과학 조사의 기본적 기술을 수행하는데 목표를 가지고 있다.

이상과 같이 살펴본 국외 데이터 아카이브의 핵심이자 공통은 자료 처리 프로세스이다. 자료의 취득, 처리와 문서보관을 위해서는 단계별로 과학적인 절차에 따라 다음과 같은 사항에 따라 진행된다. 높은 수준의 질적인 자료를 분리하기 위해서 국제 문헌 기준에 맞춘다. 아울러 최근에 이루어진 기술적인 발전과 사회과학계에서 새롭게 요구하는 사항들을 이행하고 있다.

3. 국내 데이터 아카이브 구축 및 운영 실태

1) 한국사회과학데이터센터(KSDC)

한편, 최근 국내에서도 데이터 아카이브 구축이 활발하게 이루어지고 있다. 먼저 한국사회과학데이터센터(Korea Social Science Data Center: KSDC)가 대표적인 기관이다. KSDC는 교육 및 학술 발전을 목표로 1997년 설립된 비영리 전문기관이다. 이 기관은 사회과학 분야에서 가장 중요한 설문조사 및 통계자료를 수집하고 가공하여 데이터베이스(DB)로 구축, 웹 기반으로 서비스를 제공하고 있다. 1999년에는 50여 개 대학이나 기관이 참여한 '대학 간 사회과학 연구협의회(KICOS)'를 구성하여, 장·단기 발전방안과 서비스 운영에 관한 조언 받고 있다. 연구자들은 자료 수집, 지식정보 공유 및 유통에 참여함으로써 국내 사회과학 분야의 질적·양적 성장을 견인하고 있다(KSDC 2024).

KSDC DB는 다음과 같은 방식으로 구성되어 있다. 첫째, 통계연감이나 월보 등의 테이블 형태 통계를 표준화 가공하여 항목(item) 단위 데이터로 제공한다. 둘째, 온라인 기반의 통계 분석 시스템을 통해 기술통계, 상관분석 등 다양한 분석 기능을 제공하며, 동일 주기의 통계 항목 간 비교 분석과 시각화도 가능하다.

KSDC의 또 다른 특징은 교육 및 학습 지원 기능을 갖추고 있다는 것이다. '사회과학 실습·강의 시스템(SiLAB)'은 통계자료 및 설문 조사자료 등 원자료를 DB화하여, 대학 강의 현장에서 실시간으로 활용할 수 있도록 설계되었다. 이 시스템은 한국교육학술정보원(KERIS)의 RISS 플랫폼을 통해 서비스를 제공하고 있으며, 사회과학 방법론, 경제학, 교육학, 사회복지학, 사회학, 정치학 등 여섯 개 분야에 걸쳐 약 2만 4천 건의 숫자 기반 데이터를 구축하고 있다. SiLAB은 개념 DB, 자료관리, 정보 자료실 메뉴를 포함하고 있으며, 학습자가 스스로 자료를 올리고 분석할 수 있도록 지원함으로써 실증적 학습 경험을 제공한다. 특히 교수진으로부터 수집된 강의자료, 강의록, 참고문헌, 학술보고서 등을 표준화하여 제공함으로써 교육 현장 활용성을 높이고 있다.

2) 한국사회과학자료원(KOSSDA)

한편, 한국사회과학자료원(Korea Social Science Data Archive: KOSSDA)은 실증 기반의 사회과학 연구 활성화와 데이터 중심 학문 생태계 구축을 위해 설립된 전문 아카이브 기관이다. 2003년 '한국 사회조사 데이터 아카이브'로 시작하여 2006년 공식 출범하였고, 이후 서울대학교 아시아연구소(2015년), 서울대 사회과학대학(2022년)으로의 이관을 통해 전문성과 독립성을 강화하였다(KOSSDA 2024a).

KOSSDA는 설문조사, 인터뷰, 통계자료, 구술이기로 등 양적·질적 자료를 체계적으로 수집하고, 이를 디지털화하여 웹 기반 플랫폼에서 연구자에게 개방하고 있다. 모든 자료는 정교한 메타데이터 구축을 통해 변수 정보, 설문지, 조사 개요, 관련 문헌 등과 함께 제공되어 맥락 이해를 돕는다. 또한 KOSSDA는 여론조사 데이터 뱅크인 'K-Poll' 서비스를 운영하고 있다. 이 서비스는 국내 주요 조사기관의 여론조사 결과를 시각화하고, 시계열 분석이 가능하도록 구성되어 있다. 데이터에는 디지털 식별자(Handle)가 부여되어 정확한 인용과 안정적 관리를 지원한다(KOSSDA, 2024b).

KOSSDA는 교육 기능도 적극 수행하고 있으며, 사회과학 방법론 워크숍 및 통계, 설문 설계, 질적 연구 방법 등을 주제로 연간 수천 명의 연구자에게 교육을 제공하고 있다. 이로써 연구자 역량 강화 및 데이터 활용 능력 제고에 기여하고 있다. 국제 협력 면에서도 KOSSDA는 아시아 데이터 아카이브 네트워크(NASSDA) 및 해외 기관과 협력하여 국내 데이터를 국제적으로 공유하고 있으며, 공공기관 및 대학과 협력하여 다양한 주제와 분야의 자료 수집과 활용을 확대하고 있다.

3) 통계청 통계 정보시스템(KOSIS)

그 밖에 통계청 통계 정보시스템(KOSIS)이 있다. 통계청은 우리나라 중앙통계기관으로서 국가통계 활동의 전반적인 기획 및 조정, 통계 기준의 설정, 각종 경제·사회통계의 작성 및 분석, 통계정보의 처리 및 관리와 각종 통계자료의 신속한 서비스를 목적으로 한다. 이러한 목적에 맞게 통계청에서는 1993년부터 각종 PC통신을 통해 정보를 제공하고 있다. 현재에는 웹 시스템인 통계 DB인 KOSIS(Korean Statistical Information System)를 통한 통계서비스를 제공한다.

통계청 데이터 아카이브는 중앙행정기관, 지방자치단체, 공공기관 등 다양한 통계작성기관에서 생산한 통계를 통합적으로 제공함으로써, 사용자들은 분야별·지역별·기관별로 필요한 통계를 손쉽게 검색하고 활용할 수 있다. 데이터는 인구, 경제, 사회, 환경 등 광범위한 주제를 포함하며, 원자료 수준의 통계는 물론 요약지표, 시계열 분석 도구, 지도 기반 시각화 서비스 등을 통해 사용자 친화적인 분석환경을 지원한다.

KOSIS의 가장 큰 특징은 데이터 접근의 개방성과 표준화된 메타데이터 제공이다. 모든 공개 자료는 연도, 지역, 성별 등 다양한 분류 기준에 따라 필터링

할 수 있으며, 이용자는 XLS, CSV 등의 형식으로 데이터를 내려받아 자유롭게 2차 분석할 수 있다. 또한 통계작성기관이 제공하는 정의, 분류체계, 조사 방법 등의 정보는 메타데이터 형태로 함께 제공되어, 연구자가 데이터의 생성 맥락과 의미를 정확히 이해하는 데 도움을 준다.

4) 한국교육개발원 교육통계서비스시스템(CESI)

마지막으로 한국교육개발원 교육통계서비스시스템(CESI)이 있다. 한국교육개발원은 국내 교육 관련 통계자료를 종합적으로 제공하기 위해 교육통계서비스시스템(Center for Education Statistics & Information)을 운영하고 있다. 이 시스템은 교육통계조사사업을 주관하는 교육통계정보센터가 관리하며, 고등교육기관을 대상으로 한 웹 기반 온라인 조사 결과를 바탕으로 한다. 주요 목적은 국민에게 수요자 맞춤형 교육통계를 제공하는 한편, 정부 정책 개발과 평가에 필요한 데이터를 수집·분석하는 데 있다. 또한, 교육부 내부 및 타 부처·기관과의 연계를 통해 다양한 시스템 간 통합적인 정보 활용을 도모하고 있다(김창완, 2003; 박현정, 2003).

이 시스템의 핵심은 전국 교육기관을 대상으로 하는 '교육통계조사사업'이다. 매년 4월 1일을 기준으로 약 2만 개에 이르는 각급 학교와 교육행정기관을 모두 조사하며, 이를 통해 우리나라 전체 교육 현황을 포괄적으로 파악할 수 있는 통계정보를 산출한다. 이 사업은 단순한 통계 작성에 그치지 않고, 교육정책 수립과 실행, 교육 연구, 교육행정 기획 등에 폭넓게 활용되는 자료 기반을 마련하고 있다는 점에서 중요한 의미가 있다. 특히 해마다 수집되는 자료의 양은 약 2GB에 달하며, 그 규모와 체계성 면에서 국가 단위의 공식 교육통계사업으로 자리매김하고 있다(한국교육개발원, 2003).

교육통계조사에서 생성된 데이터는 다양한 방식으로 활용된다. 우선, 교육통계연감이나 국제통계연감 등 공식 통계 간행물의 기초 자료로 활용된다. 그뿐만 아니라, 향후 교육수요를 예측하거나 교육 관련 표본을 추출하는 과정에서도 이 자료가 핵심적인 근거 자료로 사용된다. 이러한 활용을 통해 교육통계서비스시스템은 단순한 데이터 저장소를 넘어서, 실질적인 정책 설계와 교육 현장의 효율적 운영을 위한 지식 기반으로 기능하고 있다.

Ⅲ. 데이터 아카이브 전략 수립과 활용 검토

이상과 같이 국내 사회과학 분야의 데이터 아카이브는 오랜 역사를 가진 국외 데이터 아카이브에 비해 비교적 짧은 기간에 양적으로나 질적으로 큰 진전을 이루었다. 다만 지속적인 발전이라는 측면에서 몇 가지 점을 검토할 필요가 있다.

첫 번째는 데이터 아카이브 체계 수립 전략을 수립하는 것이다. 데이터 아카이브의 체계적인 구축을 위해서는 '학술 원자료(academic raw data)'의 개념과 범위를 명확히 규정할 필요가 있다. 학술 원자료는 생산 주체, 활용 목적, 형태 등에서 매우 다양한 특성을 가진다. 생산 주체 측면에서는 정부나 산하기관이 신뢰성 있는 공식 통계자료를 주로 생산하며, 대학, 연구소, 정부 출연기관, 민간기관 등은 설문조사나 질적 자료(예: 인터뷰 전사, 현장 기록 등)를 생성한다.

활용 목적은 일반적으로 세 가지로 구분된다. 첫째는 논문이나 정책보고서 등 학술 연구 목적, 둘째는 교육 현장에서 실제 데이터를 활용한 교수-학습 활동, 셋째는 객관적 자료를 바탕으로 정책을 설계하거나 평가하는 행정적 활용이다. 원자료의 형태도 수치화된 양적 자료뿐 아니라, 인터뷰 전사, 현장 노트와 같은 질적 자료, 조사 안내서, 코드북 등의 메타데이터, 그리고 음성·영상·GIS와 같은 멀티미디어 형태까지 다양하게 존재한다.

특히 질적 자료가 코딩 및 부호화 과정을 통해 양적 자료와 결합하는 경우, 데이터의 복합성과 관리의 난도가 더욱 증가한다. 이러한 특성을 고려할 때, 모든 자료에 적용할 수 있는 단일 관리 규칙보다는, 공통의 기본 지침 위에 자료 유형별 특성을 반영한 세부 관리 원칙이 추가되는 계층적 구조의 운영 지침이 필요하다.

아울러 학술 원자료는 단순히 연구에 활용되는 데 그치지 않고, '데이터 이해-정리-모형화-해석-윤리' 등 학습 모듈로 구성된 교육용 자료로 개발될 경우, 그 활용 가치는 더욱 증대된다. 정책적 측면에서도 교육 및 사회현황을 객관적으로 파악하고 중장기 전략을 수립하기 위해, 정책 지향적 데이터베이스와 분석 플랫폼(예: 시각화, 검색 기능 통합)의 구축이 필수적이다. 결과적으로 연구, 교육, 정책의 세 영역이 동시에 고려된 통합형 아카이브 설계가 요구된다.

둘째, 학술 원자료 확보 방안을 확대하는 것이다. 사회과학 원자료 확보 전략은 크게 세 가지 경로로 구분할 수 있다.: (a) 한국연구재단 지원 연구, (b) 정부 지원 과제, (c) 민간 부문 자발적 기탁 유도다. 무엇보다도 한국연구재단 등 공공재원을 활용한 연구과제의 경우, 원자료 기탁을 원칙적으로 의무화하는 정책이 필요하다. 다만, 자료의 양, 민감도, 정제 수준 등을 고려하여 기탁 의무의 정도를 차등화하고, 연구계획 단계에서 데이터 관리 및 공유 계획(Data Management Plan)을 평가 요소로 포함해 가점을 부여함으로써 사전 동기를 유도할 수 있다. 제출 경로는 중앙 통합 저장소, 교육부가 지정한 기관 저장소, 또는 ISO 기준을 충족한 공인 저장소 중에서 자료 특성에 따라 지정할 수 있게 해야 한다.

그리고 정부 출연기관이나 교육부 재정이 투입되는 연구과제는 계약 단계에서 표준화된 메타데이터 작성 기준, 파일 형식, 식별자 부여, 익명화 기준 등을 명시해야 한다. 그리고 중간 점검 절차(예: 수집-정리-완료 단계별 보고)를 두어 형식적인 마감 제출을 방지하는 것이 바람직하다. 민간기관이나 기업이 보유한 유용한 데이터를 확보하기 위해서는 자발적 기탁을 유도할 수 있는 긍정적 유인책도 필요하다. 예를 들어, 디지털 식별자(DOI) 부여, 데이터 인용 실적 반영, 우수 데이터 세트 인증 및 포상제도 등을 도입할 수 있다. 동시에 통계 관련 법령의 정비를 통해 대규모 사회조사 자료의 사후 관리 및 2차 이용 절차를 명확히 하여, 데이터 공유에 대한 법적 안정성을 높여야 한다. 이러한 정책적 기반 위에서 공공기관, 학술기관, 민간기관 간 장벽을 낮추고, 다양한 층위의 자료(공식 통계-전문 조사-행태/시장 데이터)를 통합 분석할 수 있는 생태계를 구축하는 것이 중요하다.

셋째, 개방·활용 및 표준화 과제를 지속적으로 추구하는 것이다. 데이터 개방을 둘러싼 주요 쟁점은 다음 네 가지로 요약될 수 있다. (1) 먼저 어느 범위까지 공개할 것인가(전체 공개, 부분 공개, 요약본 제공, 합성 데이터 등). (2) 언제 공개할 것인가(프로젝트 종료 직후, 최초 논문 출판 이후 등). (3) 개인정보 보호는 어떻게 확보할 것인가(익명화 수준 설정, 개인정보 식별 위험 평가). (4) 기탁 연구자에게 어떤 보상을 제공할 것인가(데이터 인용, 연구 가시성 제고, 데이터 논문 발행 등). 개방 시점을 지나치게 늦추면 데이터 활용과 검증이 지연되고, 반대로 무제한 공개하면 법적·윤리적 문제가 발생할 수 있으므로, 데이터 특성 및 위험 수준에 따라 단계적 공개(위험 기반 공개 사다리)가 요구된다.

데이터 품질 제고와 상호 운용성을 위해서는 표준화가 핵심이다. 구체적으로는 (1) 기탁 자료에 대해 메타데이터, 파일 구성, 익명화 수준 등 기준 충족 여부를 확인하는 다단계 검수 절차 마련, (2) 통일된 제출 포맷과 제출 절차 정의, (3) 장기적 통합 분석을 가능케 하는 공통 식별자(예: 조사 파형 ID, 표준 변수명, 기관 코드 등) 부여가 필요하다. 또한 조사 안내서, 코드북, 부호화 지침, 가중치 문서 등 주요 메타자료는 "설명-방법-과정" 구조에 따라 체계적으로 정리되어야 하며, 이는 재분석, 교육, 정책 평가 등에 활용될 수 있도록 구성되어야 한다. 이를 통해 데이터의 학술적 재현성과 공공 활용 가능성을 동시에 높일 수 있다.

[참고문헌]

김경동 · 이온죽. 1986. 『사회조사연구방법: 사회연구의 논리와 기법』. 박영사.

김경동 외. 1986. 『한국사회과학방법론의 탐색』. 서울대학교출판부.

김창환. 2003. 『평생교육통계조사 및 DB 구축 방안 연구』. 한국교육개발원.

박현정. 2003. 『교육통계자료 활용도 제고를 위한 원자료 서비스 방안 연구』. 한국교육개발원.

이남영. 1998. 『지식정보화시대의 사회과학 Raw Data Library 활용방안』. 한국사회과학데이터센터.

이만갑 · 한완상 · 김경동. 1979. 『사회조사방법론』. 한국학습교재사.

한국교육개발원. 2003. 『교육통계정보 센터의 운영방안 연구』. 한국교육개발원.

최원태. 2002. 『효율적인 학술정보 유통을 위한 유관기관간 역할분담에 관한 연구』. 한국교육개발원.

한국전산원. 1998. 『주요 사회 DB의 공공 부문 이용체계 조성에 관한 연구』. 한국전산원.

KSDC. 2024. Korea Social Science Data Center 소개, https://www.ksdcdb.kr

KOSSDA. 2024a. 한국사회과학자료원 기관 소개, https://www.kossda.snu.ac.kr

KOSSDA. 2024b. K-Poll 여론조사 데이터서비스, https://www.kossda.snu.ac.kr/

poll

Battles. Matthew. 2003, *Library: An Unquiet History*, W. W. Norton & Company.

Boruch. Robert F. and David S. Cordray. 1985. "Professional Codes and Guidelines in Data Sharing." in S. E. Fienberg, M. E. Martin, and M. L. Straf (eds). *Sharing Research Data*: Washington, D.C.: National Academy Press: 199-223.

Castells. Manuel. 2010, *The Rise of the Network Society*, 2nd ed., Wiley-Blackwell.

Ceci, S. J., & Walker, E. 1983. "Private archives and public needs." *American Psychologist*, 38(4): 414-423.

Community Climate System Model (CCSM) Scientific Steering Committee (SSC). 2001. *CCSM Data Policy.* http://www.ccsm.ucar.edu/experiments/datapolicy. html

Council on Governmental Relations. Policy Considerations: Access to and Retention of Research Data. http://www.cogr.edu/docs/Retention Data. pdf

Corti. Louise. Veerle Van den Eynden, Libby Bishop, and Matthew Woollard. 2014. *Managing and Sharing Research Data: A Guide to Good Practice.* Sage.

Eisenstein. Elizabeth L. 1980. *The Printing Press as an Agent of Change: Communications and Cultural Transformations in Early-Modern Europe*, Cambridge University Press.

Economic and Social Data Service. 2003. http://ukdataservice.ac.uk/app/uploads/esds-usersurveyrep2003.pdf.

Economic and Social Research Council (ESRC). 2025. Research Data Policy. https://www.ukri.org/councils/esrc.

Feigenbaum, Susan & Levy, David M. 1993. "The Market for (Ir)reproducible Econometrics (with comments and response)." *Social Epistemology*, Vol. 7, No. 3 (July-September): 215-292.

Fienberg. Stephen E.. Margaret E. Martin, and Miron L. Straf (eds). Sharing Research Data. Washington, D.C.: National Academy Press.

Hamilton, David P. 1991. "Research Papers: Who's Uncited Now?" *Science*, 4

January: 25.

Hedstrom. Margaret. 1998, "Digital Preservation: A Time Bomb for Digital Libraries," *Computers and the Humanities*, 31(3): 189-202.

Interuniversity Consortium for Political and Social Science Research. Repository for data sharing. http://www.icpsr.umich.edu/access/deposit/index.html

Lankes. R. David. 2011. *The Atlas of New Librarianship*. MIT Press.

Leibniz Institute for the Social Sciences (GESIS). 2025. http://www.gesis.org/en/home.

Mayer-Schonberger. Viktor and Kenneth Cukier. 2013. *Big Data: A Revolution That Will Transform How We Live, Work, and Think*, Houghton Mifflin Harcourt.

National Science Foundation (NSF). 2001. *Grant General Conditions*. Arlington, VA: NSF.

________________. 2002. Data Sharing Policy. No. 36 in the Policy Statement. http:// www.nsf.gov/pubs/2001/gc101/gc101rev1.pdf

________________. 2003. Data Management and Sharing Policies, https://www.nsf.gov.

National Science Foundation Division of Earth Science(NSF DES). 2002. *Sharing of Findings, Data, and Other Research Products*. Arlington, VA: NSF.

National Institutes of Health(NIH). 2003. NIH Grants Policy Statement (03/01). Part II: Terms and Conditions of NIH Grant Awards.

OECD, 2021. *Enhancing Access to and Sharing of Data: Reconciling Risks and Benefits*, OECD Publishing.

Pendlebury, D. A. 1994. "Science, citation, and funding." *Science Watch*, 5(2): 1-2.

Stanford University. 1997. Policy on Retention of and Access to Research Data. Research Policy Handbook, RPH 2.10. http://www.stanford.edu/dept/DoR/rph/2-10. html.

제3부

호산 선생의 인품과 추억

안동 도산서원 앞 수몰지 강변의 시사단 스케치

언제나 청년같이 살아가시는 김경동 선배님

김 병 일*

Ⅰ. 김경동 선배님과의 만남

제가 처음 선배님을 뵌 것은 1960년대 문리대 동숭동 캠퍼스에서 20대 초반 사학과 학부 때였으니 60년이나 지나간 아주 오래 전이다. 30대 초반의 미국 유학을 다녀오신 이웃 학과(사회학)의 잘 나가시는 선배님을 선망의 눈으로 바라보았을 뿐 선배님은 저를 알 리가 없었을 때였다. 그 후 제가 30여 년 몸담은 곳이 상아탑과는 거리가 먼 경제기획원, 기획예산처 등 경제부처였으니 뵐 기회가 아예 없었다.

한참 세월이 흘러 공직에서 물러나 3년 지난 2008년, 여러모로 부족한 제가 도산서원선비문화수련원 이사장으로 선임되어 안동 도산으로 불려 내려갔다. 그곳에서 500년 전 퇴계 선생께서 인간을 지극히 사랑하고 배려한 스토리를 자주 듣게 되었다. 자연스레 선생을 존경하는 마음이 샘솟으며 다른 한편으로, 그렇게 살지 못한 저 자신에 대한 부끄러움이 나날이 더해가며 60대 늦은 나이지만 나 자신 앞으로 잘못됨을 고쳐가면서 살아야겠다는 마음이 들었다. 기왕이면 더 의미 있는 일을 해보자. 그래서 세상 사람들에게 지난날의 저처럼 살지 말고 퇴계처럼 살아가도록 널리 알려야겠다는 생각이 차츰 굳어졌다. 그것이 국가의 은혜를 많이 입은 사람의 보답이라는 생각이 들었기에 그랬다. 마침 수련원 이사장으로 선임되었으니 퇴계 선생을 더 공부하고 알리는 일에 몸과 마음을 모으게 되었다.

그렇게 몇 해 동안 지내던 2012년 어느 날 선배님으로부터 호출을 받았다. 그때 선배님은 KAIST 경영대학원 초빙교수로 계시면서 교육 프로그램 작성과

* 도산서원 원장, 도산서원선비문화수련원 이사장, 前 기획예산처 장관

강사 선정 등 학사운영을 전담하셨었다. 선배님께서는 과학 분야 엘리트들도 전공 분야뿐 아니라 인문정신 특히 큰 선비 퇴계의 삶에서 겸손과 배려를 배울 필요가 있다면서 저에게 강연을 요청하셨다. 전문연구자도 아닌 제가 감당할 수 있을까 망설여졌지만, 선배님께서 선비수련원에서 수련생에게 들려주는 내용을 중심으로 하면 된다면서 거듭 요청하시기에 따르지 않을 수 없었다. 그래서 학기마다 한 번씩 특강 형식으로 몇 학기를 하였다. 그때마다 칭찬과 격려를 해주신 선배님 덕분에 뒤늦게 시작한 퇴계의 삶과 정신 알리기 역할을 지금까지 할 수 있게 되지 않았나 싶어 그저 감사할 따름이다.

그때 뵐 때마다 선배님께서는 우리 사회의 온갖 문제를 걱정하시면서 이를 해결하기 위해서는 무엇보다 우리의 고유한 정신문화인 선비문화의 부활이 절실하다고 늘 강조하셨다. 그리고 선비문화를 우리나라뿐 아니라 세계인에게 널리 알리기 위해 선배님께서 손수 저술을 하시겠다고 말씀하셨다. 저는 너무나 기쁜 나머지 마치 꿈을 꾸는 것 같았다. 서양 학문에 기반한 사회과학의 대가께서 선비문화를 세계인에게 알리는 데 앞장서시겠다니 고개가 저절로 숙여졌다. 그리고 그때를 기다리게 되었다.

Ⅱ. 선비문화는 현대병을 고치는 명약이라는 선배님 저서 출간

그로부터 10년 가까이 지난 2022년 9월 선배님께서 드디어 『선비문화의 빛과 그림자』라는 방대한 저술을 펴내셨다. 이 책을 출간하게 된 가장 직접적인 동기는, 유교가 적지 않은 부정적 측면을 가지고 있음에도 불구하고 현대사회가 겪고 있는 여러 가지 병통을 근본적으로 치유하기 위해서는 선비문화가 대안이 될 수 있다고 확신하였기 때문이 아닐까 싶다. 그 병통은 지나친 물질 중시와 도덕 윤리의식의 추락, 심각한 생태계 교란, 극심한 양극화 등이 대표적이라 할 수 있다. 선배님은 이 심각한 병통들을 더 이상 좌시할 수 없다고 생각하시고 그 활로를 선비문화에서 찾기 위해 이 분야의 연구에 노구를 바치셨다.

그렇기에 문헌연구로 첫발을 내딛는 인문학 저술과는 애당초 달랐다. 관심의 출발점, 접근 방법, 실천을 강조하는 결론에 이르기까지 차별화되지 않을 수 없다. 이 책에서 이 시대에 가로놓인 과제의 해결책을 선비문화에서 발굴하려고 애씀을 느낄 수 있다. 이를테면 오늘날 인간의 무분별한 욕망에서 생겨난 기후 위기와 생태계 교란의 충격을 근원적으로 해결하려면 '인간과 자연이 하나가 되는 세상'을 추구한 유교의 천인합일(天人合一)에서 찾아야 한다. 그러기 위해 모든 행위의 주체인 인간이 인격을 수양하여 유학자 선비답게 살아야 한다. 특히 사심(私心)에 얽매이지 말고 공공성을 회복하는 것이다. 무엇보다 지도자는 아는 것을 행동으로 실천하는 지행병진(知行竝進)을 하여야 한다고 강조하면서 현대인에게 선비문화를 제시하고 있다.

Ⅲ. 선배님의 선비문화에 대한 애정은 어떻게 형성되었나?

한평생 서양 학문인 사회학을 전공하신 선배님께서 이미 오래전부터 선비문화에 남다른 관심을 가지고 있었다는 사실을 자연스레 알게 되었다. 선배님은 유교 문화가 짙게 남아 있는 '한국정신문화의 수도' 안동에서 태어나 유소년 시절을 지내셨기 때문에 많은 영향을 받기 시작한 듯하다. 그리고 미국 유학을 다녀와서 20대 후반 약관 시절인 1964년 '한국인의 유교적 가치관'을 조사하기 위해 일주일 가량 퇴계종택에서 머물렀다. 그때 들려주신 일화 한 가지가 떠오른다.

후한 대접을 받고 지내다 떠나는 마지막 인사 겸 솟을대문을 나서기 직전 뒤를 돌아보던 순간 본채 구석 기둥 뒤에 몸을 숨긴 채 대문 방향을 엿보시던 젊은 종부 마님의 얼굴이 눈에 들어왔다. 그동안 자신이 대접한 손님이 어떻게 생겼는지 궁금하셨던 모양이다. 당시까지만 해도 이렇게까지 유가적 남녀유별의 유습이 남아 있던 셈이다.

근대화와 발전 담론이 휩쓸고 있을 당시에 미국 유학을 다녀온 선배님에게 그때 전통 선비문화의 중심에서 이처럼 보고 듣고 느끼신 것이 오랫동안 기억하며 사유하게 되었으리라.

그러다가 1980년대 아시아 네 마리 용의 약진에 놀란 구미 학계가 유교적 전통에 관심을 쏟자 선배님께서는 이에 자극받아 더 깊이 관심을 갖게 되신 것으로 여겨진다. 그렇기에 2010년대 초반 저를 만나서도 그렇게 확신에 찬 말씀을 주셨다고 생각된다.

Ⅳ. 선배님의 저서는 선비문화의 수련과 실천에 큰 도움

18년째 도산서원선비문화수련원에서 선비 수련 활동을 통해 퇴계 선생으로 대표되는 선비문화를 오늘을 사는 사람들에게 전파하려는 제 입장에서는 매우 긴요한 저서가 아닐 수 없다.

앞서 언급하였듯이 안동에 내려와서 퇴계 선생의 훌륭한 삶을 집안과 유림들로부터 듣고 인문학자들이 저술한 관련 책도 읽어가면서 많이 감동했다. 그러나 21세기를 살아가는 사람들에게 500년 전 퇴계의 삶과 정신만 제시하며 권유하는 것은 현실성이 떨어지기 마련이다.

오늘을 사는 사람들이 더 깨닫고 실천토록 하려면 오늘의 문제와 직접 연결하여 제시해야 한다. 이 시대의 현안 과제와 개개인의 관심사를 먼저 찾아내고 그 해결방안으로 퇴계의 수많은 배움과 실천의 사례들을 가급적 오늘날의 스토리로 가공 조리하여 들려주어야 한다. 이런 차원에서 볼 때 오늘의 과제와 선비문화의 실천을 연계 강조한 선배님의 저서는 저와 같은 역할을 하는 사람에게는 더욱 더 숙독해야 할 교본이다.

고령이심에도 불구하고 이러한 큰 저서를 내신 이후에도 세계인에게 알리기 위해 영어로 선비문화에 관한 서적의 저술에 매진하고 계시다고 근자에 들었다. 선배님에게 감사한 마음 더할 나위가 없다. 부디 오래오래 건강하셔서 선배님의 뜻하시는 큰일이 이루어지기를 바라는 마음 간절하다.

기묘(奇妙), 감사한 사제지연(師弟之緣)

정 홍 익*

– 뒤돌아보니, 배움은 일엽편주로 창해를 건너는 길. 스승의 등대가 그 길을 비추었다.

흔히 말하길, 사람의 일생은 운명, 우연, 선택이 좌우한다고 한다. 금수저, 은수저 탓하는 이들은 속세의 운명론자들이겠고, 월급, 일당을 쪼개서 복권 구매하는 이들은 통계학을 비웃는 실학적 우연론자들이다. 계몽의 시대를 지나 사람들이 똑똑해지니까 Sartre 같은 이는 자유의지(free will)를 인간에게 내려진 저주라고 큰소리를 치기까지 했지만, 근자에는 신경과학자 Libet 등이 실험을 통해 무의식적인 행동 경향성이 의식적 선택 행위를 선행한다고 주장하여 자유의지론에 찬물을 끼얹고 있다.

분석보다는 총체적 접근(holistic approach)을 선호했던 동양에서는 인간의 삶을 우주질서의 일부로 이해하는 오랜 전통이 있어, 주역을 비롯 사주팔자(四柱八字)로 사람의 명운, 길흉을 예지해 왔다. 그렇다고 동양에서 인간의 의지를 완전히 배제한 것은 아니니, 그 한 예가 인연(因緣)이다. 한문 그대로 풀이하면 직접적인 원인이라는 인(因)과 간접적 또는 우회적 원인이라는 연(緣)이 합쳐진 단어이기는 하나, “옷깃만 스쳐도 인연”이라는 상용구에서 보듯 사람과 사람의 관계를 의미하는 경우가 많으니 오히려 인연(人緣)이라고 써야 할 듯하다. 조선 숙종 때 대제학을 지낸 서포 김만중의 소설 구운몽(九雲夢)이나 사씨남정기(謝氏南征記)에 등장하는 인물들의 파란만장한 이야기도, 전생에 맺혀진 그들 사이의 인연에 더하여 이 사람들의 착한 심성과 부단한 노력으로 짜낸 비단 폭처럼 펼쳐진 장편 소설이다.

---

* 서울대학교 행정대학원 명예교수

지연, 혈연, 학연, 혼인연 등이 일상에서 회자되는 인연이다. 이 중 학연(學緣)이 스승과 제자의 맺음이다. 그러나 김경동 선생님과 나의 인연은 학연이라는 통속적 말로는 설명할 수 없는 다음과 같은 기묘한 가연(佳緣)이다.

내가 문리대 사회학과 63학번이니, 김경동 선생님과 처음 조우(?)한 것은 다음 해인 1964년 또는 1965년일 것이다. 60년 전 일이니, 다소 기억이 틀려도 내 나이 탓이다. 확인을 위해 동기들에게 문의해도 별무소득이다. 또 영문 강독 시간이었다는 이도 있고 아니라는 이도 있고. 다만 확실한 기억은 선생님께서 미국에서 수학하신, 그리고 서울여대인가에 적을 둔 외래 강사라는 것이다. 이상백, 이만갑, 황성모 선생님들이 당시 사회학과 교수셨고, 한상복 선생님께서 첫 조교이셨는데, 나는 그때 사회학과 대학원 진학이나 미국 유학은 꿈도 꾸지 않고 있었다.

Ⅰ. 행정대학원

조우로만 끝날 것 같았던 선생님과의 인연이 다시 맺어진 것은 10여 년이 훨씬 지난 1979년이다. 팔자에 없던(?) 미국에서의 사회학 공부와 연구원, 선생 생활을 접고 서울로 돌아와, 아는 선배의 권유로 KIST(당시 한국과학기술연구소)에 근무하면서 서울대 사회학과나 이화여대에 강의를 나가고 있을 때였다. 하루는 (서울대) 행정대학원 원장이라는 분께서 전화를 주시고, 사회학 강의를 해 달라고 요청하셨다. 행정대학원이 있는지도 몰랐던 나에게는 전혀 뜻밖의 일이었다. 오랜만에 귀국하여 급성장하는 서울에서 옛 친구들과 회포 풀기(?)에 바빴고, 한편으로 전공인 사회학과가 있는 대학에 자리가 나기를 기대하고 있을 때라 처음에는 주저했다. 그러나 모교에서 가르칠 기회인지라 원장님의 말씀을 고맙게 따르기로 했다.

그렇게 출강을 한두 학기 하고 있던 어느 날, 처음 나에게 전화했던 유훈 원장님이 이번에는 행정대학원에 조교수로 지원하라는 지시(?)를 하셨다. 행정대학원 강의에 맛을 들여가던(?) 나도 이번에는 주저 없이 지원했다. 2010년 정년 퇴임까지 나의 행정대학원 30년 봉직은 그렇게 시작되었지만, 생면부지인 나를 행정대학원 원장은 어떻게 알고 연락했을까? 의문은 얼마 가지 않아 교수 회식 자리에서 풀렸다.

행정대학원에서 사회학을 강의하시던 김경동 선생님께서 사의를 표하고 물러나신 빈자리에 내가 지원한 것이다. 전후 사정으로 볼 때, 김경동 선생님께서 나를 추천한 것으로 보이건만, 이상하게도 유훈 선생님이 내게 그 언급을 하신 기억은 없다. 연이나, 김경동 선생님께서도 이날까지 내게 이런 말씀을 하신 적이 없다. 기묘한 일이다.

Ⅱ. KDI 국제정책대학원

2005년 봄인가에 KDI 국제대학원에서 강의를 맡아 달라는 연락이 왔다. 뜻밖의 요청이었기는 하나, 마침 나의 여건과 여러 가지로 부합하는지라 흔쾌히 수락하였다. 진행하던 연구과제도 마무리된 때였고, KDI 강의가 일주일에 한번 하는 야간 강의고, 또 집에서 중앙선을 타고 20분만 가면 KDI가 있는 회기역에 도착하기에, 교통도 편리했다. 더구나 KDI에서, 강의를 여러 나라 학생들을 대상으로 영어로 진행한다고 하니, 서울에 가만히 앉아서(?) 외국대학에 교환교수로 가는 셈이라 크게 회가 동했다.

연구년을 활용해 교환교수로 1년씩 외국대학으로 나가는 분들이 주변에 많았지만, 게으른 나는 그럴 의욕이 없었다. 세계 각국에서 온 학생들과 한국 학생들의 혼성 국제반을 가르치는 재미와 보람은, 멍청한 정치꾼들의 지방화 정책 때문에 몇 년 후 KDI가 유성 지역으로 강제 이주(?) 됨으로써 끝났다.

그러나 KDI가 하필이면 왜 나에게 강의 요청을 했을까? 오리무중의 이 의문은, 10여 년이 지나서야 우연한 기회에 김경동 선생님의 약력을 보면서 실마리를 찾게 되었다. 김경동 선생님께서는 2001년 말 KDI 국제대학원(국제정책대학원대학교)에 초빙교수로 봉직하시다가 KAIST 초빙교수로 옮기셨는데, 내가 KDI에 갔을 때는 선생님께서 그곳에 없으셨으니, 선생님이 떠난 자리로 내가 간 것이 틀림없으리라. 선생님도 나도 아직 여기에 대해 얘기를 한 적이 없다.

Ⅲ. Duke 대학

김경동 선생님의 대물림은 미국으로까지 이어졌다. 2003년 봄, 사회학과의 가까운 후배 권유로 한국학 강의를 위해 Duke 대학에 갔다. 참으로 오랜만의 미국행이었다. Duke 대학은 숲속의 캠퍼스가 아름다웠고, 한국인 2세, 한국 유학생과 미국 학생들이 뒤섞인 학생들은 명문대답게 우수해 강의 시간도 즐거웠다.

학기 초였던 것으로 기억되는데, 사회학과의 중국계 미국인 원로 교수가 faculty club에 초대해 점심을 나누고 담소를 하는 중에, 김경동 선생님의 안부를 묻기에 나는 별생각 없이 잘 계신다고 대답했다. 나중에야 알게 된 사실이지만, 김경동 선생님은 초빙교수로 1996년 Duke 대학에 가서 아태연구소의 겸임교수로 1998년까지 근무하셨다. 만약 그때 김경동 선생님께서 우수한 학자로 Duke 대학에서 인정을 못 받았었다면, 그 후에 Duke 대학이 나를 포함해 서울대 교수들을 또 초청했을까? 그야말로 선생님의 음덕(陰德)이 있었기에 나는 오늘 Duke 대학에서의 즐거운 추억을 돌아본다.

대학원까지 사회학을 전공하고, 첫 교직도 외국서 사회학과에서 시작했지만, 귀국 후 모교 서울대에서는 행정대학원에서 시종일관하였으니, 나는 사회학계의 이단이요 김경동 선생님의 직계 제자로는 불합격이다. 그러나 김경동 선생님과의 인연(人緣)은 누구 못지않게 깊고, 선생님의 음덕(陰德)을 크게 입었다. 사회학과에서 나를 가르치고 깨우치신 선생님들은 다 돌아가시고 지금은 홀로 김경동 선생님만 계신다. 오래 건강하시어 제자들의 큰 사표로 남아 주시길 빈다. 가을에 다시 선생님을 모셔도, 행정대학원이나 KDI에 나를 추천하셨는지는 여쭈지 않을 것이다. 모르는 게 약이야! 옛말에 틀린 말이 없다. 열 마디 중 세 마디는 가슴에 묻어 두고 살라는 옛말대로 살 작정이다.

참으로 다재다능하시고 다정다감하셨던 선생님

박 노 영*

내가 선생님의 성함을 처음 접한 것은 대학원 석사과정 학생이던 1977년 어느 시점, 김경동이라는 분이 신임 교수로 오시게 되었다는 이야기가 학생들 사이에서 나돌던 때였다. 얼마 지나지 않아서 처음 뵙게 된 선생님은 날렵한 몸매에 맑은 학자의 얼굴을 하고 계셨다. 알고 보니 선생님께서는 이미 1968년부터 한 차례 문리대 사회학과 교수를 역임하셨고, 1971년부터 노스캐롤라이나 주립대학에서 교수 경력을 쌓으시다가 재차 모교 교수로 부임하시던 차였다.

그로부터 얼마 후, 김채윤 선생님으로부터 김경동 선생님이 대단하신 분이라는 말씀을 전해 들었다. 김채윤 선생님께서는 김경동 선생님이 한완상 선생님과 함께 서울 문리대의 양대 천재로 명성을 떨치셨다고 말씀하셨다. 두 천재 중 한완상 선생님께서는 먼저 부임해 계셨고, 당시 나는 한 선생님의 영향으로 C. W. Mills의 비판사회학 세계에 매료되어 있었다. 이제 다른 한 분 천재 김경동 선생님께서 부임하심으로써 왕년의 두 분 천재가 같은 캠퍼스에서 재회하시게 되었다. 이번에는 학생이 아닌 교수로, 문리대 소속이 아닌 사회과학대학 소속으로, 동숭동 캠퍼스가 아닌 관악산 자락에서. 이번에 오신 천재분은 내게 어떤 영향을 미치시게 될까?

강의실에서 뵌 김경동 선생님께서는 행위 주체로서의 인간을 강조하셨다. 인간주의 사회학이라고 일컬어지던 이 입장은 구조결정론 내지 문화결정론 비슷한 것으로 이해되던 당시의 주류로부터의 공격을 불러왔는데, 당시 인류학과 이문웅 선생님께서 인간주의 사회학을 "intellectual pollution"으로 규정, 나름 맹공을 퍼부으시던 장면은 내가 기억하기로는 그런 공격의 정점이었다. 선생님의 표정이 궁금해서 슬쩍 살펴봤더니 살짝 미간을 찌푸리시며 엷은 미소를 짓고 계셨다.

* 충남대학교 사회학과 명예교수

선생님께서는 또 사회발전을 공업화 내지 경제성장과 동일시하던 근대화론과도 거리를 두셨다. 선생님께서는 사회발전이 소득 성장과 동일시되어서는 곤란하다는 입장, 정작 중요한 것은 사회구성원들의 삶의 질(선생님께서는 더러 "삶의 결"이라는 표현도 쓰셨다)의 향상이라고 하는 입장을 천명하셨다. 내가 이해하기로 선생님의 연구 활동은 크게 봐서 선생님께서 생각하셨던 사회발전 - 사회구성원들의 삶의 질 향상 - 이라는 주제로 수렴되는 것들이었다. 선생님께서 수행하셨던 조사연구들이 그랬고, 발표하신 글들이 그랬다.

그런데, 선생님께서는 학자로서 대단히, 정말 대단히, 부지런하셨다. 언젠가 무슨 일로 학과사무실에 들르신 선생님께서는 논문 작업에 별 진척을 보이지 못하고 있던 나에게 "에이그, 이 슬로우 템포"라고 반쯤은 놀려 먹으시고 반쯤은 딱해 하신 다음, 자극이 필요하겠다고 생각하셨던 듯 당신께서는 한 달 사이에 1,000매를 쓰셨다고 하심으로써 내 얼을 빼놓으셨던 적도 있다.

선생님의 풍부한 학문 세계를 살피는 일은 그러나 그 문제를 본격적으로 다루실 다른 분들께 맡기고, 이 글에서는 학문 세계 바깥에서 바라본 선생님의 모습들을 추억해 보기로 한다. 마음을 그렇게 먹는 순간, 내게 제 일감으로 떠오른 말은 "참으로 다재다능하시고 다정다감하셨던 선생님"이었다. 여기에 몇몇 에피소드들을 통해 선생님의 그런 면모를 되새겨 본다.

기타 치시며 I Love You More and More Everyday를 부르셨고

잘 알려져 있듯이, 선생님께서는 제자이셨던 이온죽 선생님과 가약을 맺으셨다. 애처가로 소문난 선생님께서는 1978년에 펴내신 불후의 개론서 『현대의 사회학』을 사모님께 바치셨다. 헌사는 "아내, 동료, 반려 온죽에게." 학생들은 일부 짓궂은 축이 "야하다"고 했을 정도로 선생님의 숨김 없는 사모님 사랑에 신선한 충격을 받는 듯했다. 나는 두 분의 러브스토리를 알지 못하지만, 내 멋대로 상상을 펼치게 만들어주던 장면 하나는 선명하게 기억한다.

요즘도 그런지 모르겠으나, 그 무렵 학생들은 새해가 되면 선생님들 댁으로 세배를 다니곤 했는데, 김 선생님 댁에서 학생들은 선생님 내외분의 진심 어린 환대를 받곤 했다. 선생님 내외분께서는 학생들에게 푸짐하게 음식을 내주심은 물론, 자유롭게 놀 수 있는 분위기를 허락해 주셔서, 신명이 난 학생들은 왁자지껄 먹고 마시고 놀곤 했다.

어느 해였던가, 분위기가 무르익어가던 중 선생님께서 문득 통기타를 꺼내시더니 셀프 연주에 맞춰 I Love You More and More Everyday라는 곡을 부르셨다. 당시 선생님 연배에 통기타를 치는 이는 흔치 않았으니 그것만으로도 범상한 일은 아니었는데, 중저음 계열의 음색을 타고 흐르는 노래 또한 호소력이 있었다. 순간 내게는 선생님께서는 어쩌면 지금 지난날 이온죽 선생님께 사랑고백을 하시던 당시의 장면을 재연하고 계시는 것인지도 모르겠다는 생각이 스쳐 지나갔다. 천재로 소문난 남자, 수재형 얼굴에 여성의 모성 본능을 자극하듯 여려 보이는 남자, 그 남자가 자신을 바라보며 사랑 노래를 부른다? 기타 연주까지 곁들이면서? 그건 아마 사모님 같은 미인에게도 치명적이었을 것이다. 아, 물론 내 상상 속 그림일 뿐이다.

스케치북에 교수회관 가경(佳景)을 담고 계셨고

관악산 자락에 종합캠퍼스가 차려졌을 때, 산 쪽으로 제일 멀리 올라간 곳에 자리 잡고 있던 교수회관은 캠퍼스 전체에서 단연 제1경이었다. 사회과학관을 나서서 산 쪽으로 향하는 계단을 좀 올라가면 오른쪽 위쪽에서 자태를 드러내던 그 흰색 건물은 워낙 좋은 자리를 차지하고 있었던 데에다 별 멋이 없는 단과대학 건물들과는 달리 당시로서는 상당히 현대적인 조형미까지 갖추고 있어서 적당한 자리에서 올려다보면 아주 아름다웠다. 학생 시절, 나는 때로는 순환도로를 걸어서, 때로는 잔디밭을 가로질러서, 그 근처로 산책을 다녀오곤 했다.

학과 조교로 학과장 일을 맡고 계시던 선생님을 모시고 있던 어느 날, 학과 일로 선생님을 찾아뵙게 되었다. 연구실 문을 열고 들어섰을 때, 선생님께서는 그림 작업에 열중하시다가 내 쪽으로 고개를 돌리셨다. 작업 중이시던 스케치북에는 바로 교수회관이 담겨 있었다. 고등학교 때까지 미술반 활동을 했던 터라 내게도 약간은 그림을 보는 안목이 있었다고 할 수 있겠는데, 스케치에서 드러난 선생님의 그림 실력은 범상한 것이 아니었다. 완벽한 구도에 섬세한 터치. 나는 스케치를 보는 순간 나도 모르게 멈칫했다. “이분 도대체 뭐지” 하는 기분이었다.

그런 내 모습을 보시면서 선생님께서는 그저 엷게 미소 지으셨다. 그 자리에서는 학과 사무에 관해서만 상의드렸을 뿐, 그림에 관해서는 어떤 이야기도 나누지 않았다. 그 장면은 그러나 그 후로도 줄곧 내 뇌리에 남아 있었다. 선생님께는 예술혼이 있구나, 어쩌면 예술인의 길이 선생님께서 진짜 가시고 싶어 하셨던 길인지도 모르겠다, 선생님을 생각할 때면 그런 생각이 들곤 했다.

그리고 『너무 순한 아이』

1981년, 나는 충남대에 자리를 얻어 서울대 캠퍼스를 떠났고, 그 후 선생님을 마주 대할 기회를 자주 갖지 못했다. 1987년, 선생님께서 시집 『너무 순한 아이』를 펴내셨다는 소식이 들려 왔다. 1982년에 이미 『세계의 문학』을 통해 등단하셨다는 소식은 그 뒤에야 들었다. 시집을 내셨다는 소식을 접했을 때의 내 첫 느낌은 다시 한번 "이분 도대체 뭐지" 하는 것이었지만, 곧이어 찾아온 두 번째 느낌은 퍼즐이 맞춰진다는 것이었다. 기타 치며 노래 부르시는 분, 좋은 경치를 만나면 그림을 그리시는 분, 그렇게 충만한 예술혼을 가지신 분이 문학적 표현 욕구를 갖는다는 것은 자연스러운 일일 터, 다만, 욕구가 있다고 해서 창작집까지 낸다는 것은 아무나 할 수 있는 일이 아니니, 그걸 해내시는 선생님께서는 정말 다재다능하신 분이라는 생각이 들었다.

내가 겪은 선생님께서는 온유하신 분이셨다. 신분과 상관없이 상대방을 존중하셨고, 말씀은 늘 잘 정제되어 있었다. 학문적으로는 한국사회의 발전 - 한국인들의 삶의 질의 향상 - 을 늘 염두에 두시고, 거기에 걸림돌이 되는 사회문제들을 짚으셨고, 그런 문제들로 인해 어려움을 겪는 사람들에 대한 공감과 연민을 드러내셨다. 선생님의 문학세계에도 선생님의 그런 모습이 그대로 반영되어 있으니, 선생님께서는 "내게 시는 문학이기도 하고 사회학이기도 하다"는 말씀으로 당신의 문학세계를 압축적으로 설명하셨다.

어느 인터뷰에서 선생님께서는 현직 교수로 활동하시던 시절, 직접적인 현실 참여 활동을 최대한 자제했다고 하셨다. 학자 본연의 임무를 충실히 수행하는 것이 최우선 과제이고, 현실 참여는 아무래도 거기에 부담으로 작용하게 되리라는 염려에서였다고 하셨다. 은퇴 후에는 좀 자유로워지셔서 시민사회 활동이나 봉사 활동 등에 활발하게 참여하신다고도 하셨다. 그리고 이제 마음껏 시를 쓰고 싶다고도 하셨다. 나는 자유로운 예술혼을 가지신 다재다능하신 선생님께서 이제 더 많이 노래 부르시고, 더 많은 그림을 그리시고, 더 많은 문학 작품을 써내시기를 바란다. 그렇게 문학예술인으로서의 끼를 마음껏 발산하시는 것이야말로 어쩌면 선생님의 진짜 로망이었을 수도 있겠다고 짐작하면서, 이제 사모님의 각별한 사랑 속에 마음껏 그 로망을 추구하시는 선생님의 모습을 즐겁게 상상해 본다.

자원봉사로 인간주의 사회학을 실천하신 사회학자

신 정 애*

먼저 김경동 교수님의 구순을 축하드립니다.

교수님은 은퇴 시기인 2000년 무렵부터 자원봉사 계에 직접 몸담아 학문적 분석과 실천적 제언을 통해 한국의 시민사회 성장에 큰 역할을 하셨다. '자발적 복지사회'라는 큰 틀 안에서 "자원봉사는 민주주의의 학교" "자원봉사는 무너져 가는 공동체 살리기 운동의 핵심이자 주체"라며 자원봉사를 기반으로 주체적 시민참여의 이론, 모델의 연구 개발에 많은 업적을 남기셨다. 자원봉사를 단순한 선행이나 무보수 노동이 아닌, 민주적 시민사회의 핵심 요소로 보고 시민들이 자발적으로 공동체에 참여하고 책임지는 활동을 통해 사회 전체가 더 건강하고 지속가능해질 수 있다고 강조하신 부분은 지금도 자원봉사 교육 현장에서 널리 회자되고 있다.

2009년은 한국자원봉사포럼에 매우 뜻 깊은 해였다. 교수님은 2009년 3월, '한국자원봉사포럼'이라는 비영리 민간단체에 무보수 자원봉사 회장으로 취임하셨다. 이후 4년간을 역임하시고, 한국자원봉사포럼의 명예회장으로서 또한 평생회원으로서 지금까지 16년간 우리나라 자원봉사와 시민사회, 그리고 지역 커뮤니티 현장에서 시민들의 정신적 지주로서 힘을 실고 계신다.

우리 단체의 회장을 맡으신 이후 사무총장으로서 직접 곁에서 보아 온 회장님은 학자로서 '자원봉사'를 자신의 연구 분야를 개발·확장하기 위한 현장으로 필요로 한 것이 아니라, 진정으로 자원봉사를 시민사회의 기본으로 생각하고 시민의 책무를 실천하는 삶의 현장으로 봐 오신 것 같았다.

2004년 「자원봉사활동 기본법」 제정 이후 올해로 21년을 맞고 있는 지금까

* 한국자원봉사포럼 이사. 前 한국자원봉사협의회 사무총장, 한국자원봉사포럼 사무총장

지 자원봉사계가 정부의 지나친 관여로 민 주도의 힘이 약화되었을 때, '자원봉사 정책은 민의 자발성을 살리는 쪽으로 가야 한다'며 정부를 향해 정론의 일침을 가한 적이 한두 번이 아니었다. 법 제정 이후, 자원봉사 참여율 증진에는 성과를 거두었으나 자원봉사 가치의 훼손, 목적의 수단화 등 우리나라 자원봉사가 실적 관리주의와 도구주의에 함몰되는 부분을 늘 아쉬워하고 안타까워하셨다. 그러나 한편으로는 일선의 자원봉사 리더들이 무엇을 간과하고 있고, 무엇을 실패하고 있는지 우리 스스로 돌아봐야 한다고 따끔하게 말씀하셨던 순간을 잊을 수 없다.

□ 자원봉사 지역포럼 창립

김경동 회장님이 자원봉사계에 끼친 영향이랄까 업적은 열거할 수 없이 많지만 몇 가지만 말씀드리면 우선 광역시와 기초 지자체에 지역 포럼을 창립하신 일이다.

광명시자원봉사포럼(2009.6.10. 이하 포럼으로 약칭), 대구포럼(2010.7.4), 제주포럼(2011.6.30), 성남포럼(2014.11.25), 국회포럼(2016.11.29) 등 지역 자원봉사포럼의 순차적 창립을 통해 풀뿌리 봉사의 활성화에 도움을 주셨다. 또 시대가 요구하는 자원봉사 이슈 제기, 국회의 역할 등 자원봉사운동의 미래를 전망하며 각 영역에서 추진해야 할 앞날의 과제를 제시해 주셨다.

□ '동아시아 시민사회 자원봉사 국제포럼'의 창립 및 공동대표 활동

2009년 한국자원봉사포럼 회장에 취임하셨을 때 형편이 어려운 포럼사무실 상황을 보시고 SK그룹과 KT통신 등을 직접 찾아다니며 펀드레이징에 나섰다. 그 첫 결실의 하나가 지금도 한·중·일 세 나라가 중심이 된 "동아시아 시민사회 자원봉사 국제포럼"을 창립하신 일이다. 한·중·일이 연대하여 3개국을 돌아가면서 해마다 개최하고 있는 '동아시아 시민사회 자원봉사 국제포럼'은 어느덧 16회를 맞아 아시아는 물론 세계 시민사회와 자원봉사에 큰 영향을 미치는 국제포럼이 되었다. 김경동 회장님은 한국 대표 및 공동대표로 활동하시면서 '시민사회를 추구하는 우리들의 생각에는 국경이 없다'는 의지를 확고히 하셨고, 그 정신은 지금도 면면히 이어져 오고 있다.

□ 자원봉사 관련 저서 출간

지난 20여 년간 교수님은 『급변하는 시대의 시민사회와 자원봉사: 철학과 과제』(2007) 등 저서 3권과 논문 "자원봉사의 학문적 가치와 의의"(2016) 외 6편, 연구보고서 「국격 제고를 위한 한국의 자원봉사 활성화 방안 연구」(2010) 등을 발표하셨다. 특히 『자원봉사의 NEW 패러다임』(2016), 『자원봉사 인프라 구축의 요람: 한국자원봉사포럼 25년사』(2021) 등 유의미하고 실천지향의 책자가 나올 수 있도록 출판사를 연결하고 펀드레이징을 끌어내 주신 것도 실무책임자인 저로서는 크게 도움받은 일이다.

자원봉사 필드에서는 가장 최근 성남시청에서 하신 『한국자원봉사 현황과 미래비전: 문명론적 성찰』(2025.6.20)을 비롯해 100여 회의 기조 강연과 특강으로 일선 자원봉사자들과 만나셨다.

□ 「김경동 교수의 자원봉사 창의아카데미」 과정 개설

한국자원봉사포럼은 2016년 자원봉사 리더들의 간청을 받아들여 「김경동 교수의 자원봉사 창의아카데미」 과정을 개설하였고, 교수님은 이들을 위해 심도 있는 강의와 토론으로 화답해 주셨다. 대한민국학술원과 안중근기념관에서 진행된 이 과정은 '철학과 문명사' '사회변동과 미래' '시민의 책무와 사회혁신' '나눔의 사회학' '노블레스 오블리주' '나눔을 위한 마음의 프레임' '도전과 전망' 등의 주제로 3년간 17차에 걸쳐 모두 1천여 명에 가까운 참가자들의 큰 호응을 받았다. 이 기간은 우리 자원봉사 활동가 및 오피니언 리더에게 학문의 즐거움을 선사해준 값진 시간이었다.

□ 교수님은 자원봉사계에서는 '영원한 현역'이십니다.

교수님의 자원봉사론 바탕에는 늘 '사람'이 있다. "아무리 자원봉사 제도나 정책, 프로그램이 훌륭하다 해도 기본과 깊이를 갖춘 성숙한 시민들을 대체할 수 없다."며 교수님은 『자발적 복지사회: 미래지향적 자원봉사와 나눔의 사회학』(아르케 · 2012)에서 이렇게 말씀하셨다. "삶의 가치는 사회의 발전을 도모하는 사람들이 추구하는 것이므로 이것을 달리 말하면 발전의 핵심가치이다. 나눔의 중요성과 의미를 탐구하려 할 때는 인간이 추구하는 삶의 가치체계를 기준으로 생각하면 더욱더 그 행위가 깊이와 무게를 더하게 된다."

교수님은 자원봉사 현장에 사회학 이론을 적용해 끊임없이 연구하는 '원칙주의자'로서 귀감이 되고 있을 뿐 아니라, 자원봉사에 직접 동참하는 현역 봉사자의 삶을 살고 계신다. 일반적으로 지식인의 재능기부라고 표현하지만, 교수님은 현장의 연구자이고 교육자이자 지도자이고 봉사자로서 자신의 학문을 '책임있는 시민되기'에 바치고 계신다고 감히 말씀드린다.

자원봉사계가 어려움에 처할 때마다 날카로운 학자적 통찰로 직 · 간접 돌파구를 마련해주시고, 지금도 강의를 요청하면 따뜻하게 응해주시는 구순의 자원봉사자 김경동 교수님! 늘 "자발성은 자원봉사의 생명이고, 책임성은 그 완성이다." "공동체는 인간 존엄의 토양이다." "시민사회는 권력을 감시하고 공동선을 추구하는 주체여야 한다."는 카랑카랑한 교수님의 말씀을 새기면서, 저도 '좋은 시민되기'에 동참하겠습니다.

1995년 고베 지진 조사의 추억

이 종 구*

필자는 서울대 사회학과를 졸업하기는 했지만 호산 선생으로부터 직접 가르침을 받을 기회를 갖지 못했다. 동숭동에 있던 문리대 시절인 1974년 봄에 발생한 전국민주청년학생총연맹 사건으로 학교를 오래 떠나 있었기 때문이다. 당시 호산 선생은 미국에서 활동하고 계셨다. 필자는 1980년 3월에 복학하자 문리대 시절인 1974년 1학기에 수강 신청한 과목의 학점이 그대로 인정되었다. 더구나 관악 캠퍼스로 통합되면서 졸업 기준이 160학점에서 140학점으로 줄어들어 실제로는 7학기를 다니고 졸업했으므로 호산 선생의 수업을 신청할 기회가 없었다.

그러나 도쿄대 박사과정을 마치고 귀국해 일자리를 찾던 어려운 시절에 호산 선생의 도움을 크게 받았다. 호산 선생의 추천 덕분에 필자는 김영삼 정부가 추진한 세계화 정책의 흐름을 타고 서울대에 만들어진 지역종합연구소(Center for Area Studies, 지종연)의 전임 연구원으로 채용되어 연구 공간도 생기고 정액 급료도 받아 한숨 돌릴 수 있었다. 이 자리는 해외에서 귀국한 박사들을 대학이 계약제로 채용해 활용하는 한국학술진흥재단의 브레인풀(Brain Pool) 프로그램으로 만들어진 것으로 지금의 연구교수 제도와 비슷한 것이었다. 다만 특정 프로젝트가 아니라 조직에 소속되는 점이 달랐다. 지종연은 1990년대 후반에 국제지역원으로 개편되었다가 현재는 국제대학원이 되어있다.

본격적으로 호산 선생의 지도를 받으며 학문적 작업을 할 수 있는 기회는 1995년 2월에 왔다. 호산 선생의 리더십으로 추진된 1995년 연초에 일본 고베 일대에서 발생한 지진 현장을 조사하는 작업에 참여하면서 필자는 공적 국가 기구가 기능을 발휘하지 못하는 상황에서 벌어지는 사회현상을 관찰할 수 있었다. 피해자들에게는 미안하지만 솔직하게 말해 일본연구가 주업인 사회과학 연구자

* 성공회대학교 명예교수, 덕성학원 이사장, 노동인권회관 이사장

로서는 기가 막힌 행운이었다. 벌써 40년이 지나갔고 필자도 정년 퇴직을 하고 연구실을 정리하는 과정에서 현장 기록이나 자료도 산일되었다. 결국 기억과 일부 간행물에 실린 기록에 의지해 당시의 재해 조사 상황을 가능한 범위에서 복원하며 호산 선생으로부터 받은 학은을 돌이켜볼 수밖에 없다.

Ⅰ. 현지 조사의 배경과 준비

1995년 벽두(1995.1.17.)에 발생한 한신대진재(阪神大震災)에 대한 현지조사는 연구자로서는 다시 떠올리기도 싫은 패착의 연속이었다. 필자는 지금도 강의 시간에 조사를 이렇게 하면 안 된다는 반면교사로 활용하고 있다. 고생은 실컷 하고, 자신이 납득할 수 있는 결과를 만들어내지 못했으며, 학계의 평가도 제대로 받지 못했기 때문이다. 그러나 기존 질서가 무너진 재해 현장에서 일본 사회를 관찰했던 희귀한 경험은 소중한 자산으로 남아 있다.

당시 필자는 서울대 지역종합연구소(지종연)에서 브레인풀 제도의 지원을 받는 전임 연구원으로 일하다가 성공회대 종교사회학과로 옮기기 직전이었다. 일본 카와사키 지역에서 3년간 실시하던 현지 조사[1]를 마무리하고 돌아와 연구실 이사 준비를 서두르던 1995년 2월 중순에 갑자기 권태환 소장으로부터 호산 선생을 도우라는 지시를 받았다. 호산 선생의 이야기는 한국언론연구원에서 예산 지원을 약속받았으니 지진이 엄습한 고베(神戸) 지역 조사를 할 수 있도록 프로포절을 만들고 팀도 꾸리라는 것이었다.

글자 그대로 벼락치기로 진행되는 일이었으나 다행히 도쿄대에서 유학을 마치고 갓 귀국한 이원덕 박사가 지종연에 있었으므로 프로포절을 빨리 마무리할 수 있었다. 예산 지원하는 곳이 언론계이므로 팀 구성에 얼굴도 모르는 언론학 전공자를 배려해야 했고, 교육학 교수도 참여했다. 더구나 개강 직전이라 일본에

1 사실상 해방 이후 한국인 연구자가 실시한 최초의 일본 사회에 대한 본격적인 현지 조사이며, 1992~1995년에 걸쳐 서울대 지역종합연구소의 지원을 받은 사회학자와 인류학자로 구성된 연구팀이 수행했다. 결과는 『일본의 도시사회』(이시재 등 9인 공저, 서울대학교출판부, 2001. 9. 20)로 간행되었다.

정통한 연구자를 찾는 것이 쉽지 않았다. 다행히 한국정신문화연구원의 인류학 전공 문옥표 교수와 정치학 전공인 중앙대 김호섭 교수가 참가할 수 있어서 큰 도움이 되었다. 여러 대학에서 일본 근현대사를 강의하는 천황제 전공의 박환무 선생도 동참했다.

일본지역 전공자들이 모였지만 현지 상황을 전혀 모르는 상태였다. 글자 그대로 "맨땅에 헤딩"해야 하는 상황이었다. 유신 시절에 긴급조치 9호에 걸려 서울대 사회복지학과에서 제적되었다가 재일동포 여성과 결혼해 일본에서 다시 대학을 다니고 뒤늦게 오사카시립대학에서 경제학 박사과정을 밟는 양관수 선배, 재일동포 본국 유학생 출신으로 서울대 정치학과를 졸업하고 오사카에서 사업을 하는 하동길 선배에게 출발 직전에 국제전화를 걸어 무조건 도움을 요청했다. 나중에 양선배는 서울대 일본 지역 동문회장, 하선배는 재일동포 교육기관인 쿄토 국제고등학교 교장을 지냈다. 고베대 사회학과에는 인사를 나눈 적이 있는 태국연구가 전공인 기타하라 아츠시(北原淳) 교수가 있어 일단 전화로 도움을 요청했다.

Ⅱ. 현지 상황과 조사 과정

급하게 일을 처리하다 보니 항공권과 숙소도 각자가 알아서 해결하는 수밖에 없었다. 필자는 카와사키 조사의 책임자였던 문옥표 교수와 같이 2월 19일에 고베에 인접한 오사카도 출국했다. 일본 전국에서 피해 수습을 지원하러 온 공무원과 각종 인력들이 오사카의 호텔을 차지하고 있어 숙소 구하는 것이 큰일이었다. 더구나 고베의 부유층들은 오사카 일대의 호텔에 장기 투숙을 하고 있었다. 다행히 문 교수의 후배로 간사이 지방에 있는 대학에서 박사과정을 밟고 있는 오 모 선생이 적극적으로 움직여 오사카에 있는 호텔을 간신히 예약할 수 있었다.

조사 첫날은 우선 전반적인 상황을 파악하기 위해 문 교수가 아는 근방의 모 대학에 재직하는 영국인 인류학 교수를 아침에 만나 얘기를 들었다. 영국인 교수는 유머를 섞어가며 심각한 얘기를 침착하게 하고 있었다. 이때 영국의 젠

틀맨은 컵에 우유를 먼저 따르고 찻물을 부어 밀크티를 만든다는 것을 처음 알았다. 어쨌든 현지 조사의 기본인 현장 확인을 해야 하므로 둘이서 전철을 타고 접근할 수 있는 곳까지 가보기로 했다. 물론 전철도 시간표는 의미가 없을 정도로 불규칙하게 운행했다. 고베에 접근할수록 지붕을 청색 비닐로 덮고 있는 집이 늘어났다. 진동으로 기와가 날아간 것이었다.

전기, 전화, 수도의 3대 라이프라인이 단절된 고베 시내를 걸어 다녀 보니 바람이 불 때마다 무너진 건물에서 나오는 먼지가 휘날려 정신을 차릴 수 없었다. 행인들을 보니 몸 전체를 감싸는 등산용 파카 같은 옷을 입고 있는 "신사이루크"(震災ルーク) 차림이 많았다. 길거리에서 휴대폰을 수북하게 쌓아 놓고 파는 모습도 보였다. 유선 전화망이 단절되었으니 휴대폰이 진가를 발휘한 것은 당연했다. 핵전쟁이 벌어져도 작동하도록 네트워크형 통신망 구조를 가진 인터넷은 대지진에도 불구하고 살아남아 기능을 발휘했다. 그러나 생수나 음료수를 파는 가게도 없고 식당도 찾을 수 없는 상황이 진짜 문제라는 사실을 조사자가 깨닫는 데는 시간이 많이 필요하지 않았다.

무작정 배회하다 간신히 영업하는 카페를 발견해 쉬면서 둘러보니 대낮인데도 술에 취한 사람들이 보였다. 옆자리에 멍하니 앉아 있는 사람에게 말을 걸어 보았다. 그는 세입자인데 집이 무너져 주인에게 맡긴 시키킨(敷金), 즉 보증금을 돌려받을 가능성도 없고, 주인들은 복구 지원금이라도 받을 수 있지만 세입자는 아무것도 없다고 답답함을 호소했다. 즉 같은 피해자인데도 주인과 세입자라는 지위의 격차에 따라 실질적인 피해가 달라지고 있었다.

피난소로 사용되는 어느 학교에 들러보니 건물은 사용할 수 없었지만 운동장이 텐트촌이 되어 있었다. 둘러보니 게시판에 생활 규칙과 진료 일정이 공지되어 있었다. 요일에 따라 진료 과목이 달랐으며 심리상담 등을 제공하는 정신과 진료도 있었다. 한국에는 트라우마에 대한 인식이 없던 시절이라 신기하다는 생각이 들었다. 공원에 설치된 천막촌 입구에는 붉은색 자치회 깃발이 세워져 있었고, 간부로 보이는 완장을 착용한 사람들도 있었다. 전반적으로 피난소의 분위기는 평온했고 질서가 유지되고 있었다.

거리를 다니면서 살펴보니 고가도로, 전철, 입체 교차로를 떠받치는 기둥의 중간 부분이 파괴되어 부러져 있었다. 고층 건물도 마찬가지였다. 상층, 저층은 무사한데 중간층이 파괴되어 있었다. 나중에 알고 보니 먼저 온 지진파가 옥상에서 반사되어 아래로 내려오다가 다음에 오는 지진파와 만나 파괴력이 커지는 지점이 중간이라는 것이었다. 그래도 철근콘크리트 건물은 비교적 형체를 갖춘 상태로 남아있고 서민들이 사는 허름한 일본식 목조 주택이 지진에 가장 취약했다.

전철이 제대로 다니지 않으니 고베를 벗어나는 것도 문제였다. 양관수 선배와 오사카 어느 역에서 만나기로 약속했지만 1시간 이상 늦었다. 그런데도 기다리고 있던 양 선배와 김○○으로 기억되는 재일동포 민족학급 운동 활동가는 "고베에 간 사람하고 약속하면 이 정도는 보통"이라고 웃어넘겼다. 민족학급은 재일동포 집단거주 지역에 있는 소학교에 설치된 한국어 학습 프로그램을 말한다. 식사를 하면서 지진 발생 이후에 발생한 일에 관한 이야기를 집중적으로 들었다.

이 자리에서 재일동포들이 가내 수공업 형태로 경영하는 플라스틱 슈즈를 만드는 신발공장이 밀집한 고베시 나가타구(長田区) 지역의 화재 진압이 늦어진 배경에 대한 의혹이 퍼지고 있다는 이야기를 들었다. 물론 가연성 자재와 제품이 쌓여 있는 신발공장이 화재에 취약한 것은 당연한 일이었다. 시 당국이 골치 아픈 조선인들을 몰아낼 기회라고 여겼기 때문에 소방차를 신속하게 배치하지 않고 화재를 방치했다는 괴담 자체가 평상시에 재일동포들이 느끼는 피해의식을 반영하고 있는 것으로 볼 수밖에 없었다. 고베 민단 사무실을 방문해 보았지만 망연자실해 있는 동포들과 대화가 이어지지 않았다.

일본에는 대한민국을 지지하는 민단(재일본대한민국민단), 북한과 연계된 총련(재일본조선인총련합회)이 아닌 재일동포도 있다. 일본 유학을 한 필자도 고베에서 지진 조사를 하며 처음으로 민단도 총련도 아닌 중간 지대에 있는 재일동포와 접촉하는 희귀한 경험을 할 수 있었다. 하동길 선배가 거리에 붙어있는 벽보를 보고 재해 구호 활동을 하는 재일동포 단체가 있는 같으니 연락해 보라고 전화번호를 알려준 덕분이었다.

전화를 걸어 보니 당장 만나자고 반색을 했다. 약속 장소에는 행색이 무척 초췌해 보이는 중년 남성과 고베대 학생이라는 청년이 있었다. 어느 허름한 한국 음식점에 앉아 얘기를 나누어 보니, 지진 피해에 대한 자료는 많이 모아 놓았지만 실질적인 재해 극복 활동을 하는 것 같지는 않았다. 화제는 계속 정치적인 방향으로 흘러갔다. 이들이 하는 얘기를 종합해 보니 망명객 시절의 DJ를 지지하다가 한국 정부로부터 반한 단체로 규정된 한민통(한국민주회복통일촉진국민회의)과 그 후신인 한통련(재일한국민주통일연합) 계통의 활동가들이었다. 한민통, 한통련은 본래 민단의 합리적 운영을 촉구하는 비주류들이었으나 1973년 여름에 벌어진 DJ 납치 사건 이후 한국 정부와 일본에서 한국의 민주화를 지원하는 인권운동 세력으로부터 동시에 경계의 대상이 되었다. 즉 분단의 경계선을 밟으며 위태롭게 존재하고 있는 외로운 민족주의자들이었다.

그날 만난 이들은 자기들의 주요 활동을 북한 민주화 운동이라고 소개하고 있었다. 즉, 탈냉전 시대에 적응하지 못하고 있는 총련과 북한을 비판하는 사람들이었으니 서울에서 온 연구자가 반가울 수밖에 없었다. 자꾸 '사진을 찍자' '자고 가라'고 강권하는 것을 뿌리치고 오사카로 돌아왔다.

다음날 자료를 받으러 다시 만났더니 고베신문(神戸新聞) 기자가 기다리고 있었다. 지진 피해 현장을 조사하는 외국 연구자가 있다는 기사와 함께 자기들의 얘기도 실리게 하려는 애처로운 의도를 짐작할 수 있었다. 실제로 재일동포에 관한 사회조사를 하다 보면 이 정도의 해프닝은 수시로 겪는 일이다. 원칙대로 대사관의 사전 허가를 받아가며 인터뷰를 할 수는 없는 노릇이니 결국 국내 연구자의 재일동포 연구는 겉돌 가능성이 크다.

공식 시스템이 붕괴된 상황이었으니 현지의 연구자나 관공서에 협조를 요청할 수도 없었다. 낮에는 재해 지역을 무작정 돌아다니고 저녁에는 아는 사람을 수소문해 얘기를 듣는 수밖에 없었다. 정보 수집에 한계가 있었지만 특별히 정리된 자료를 만드는 곳도 아직 없었다. 따라서 신문, 잡지를 수집하고 자기 전에 호텔 방에서 TV를 열심히 보는 수밖에 없었다.

이때 한신대진재가 발생한 직후에 다른 일로 도쿄에 들렀다가 만난 매일경제 특파원 김석원 기자와 나눈 대화가 생각났다. 그는 필자와 서울대 사회학과 입학 동기생이었다. 김 특파원도 현지에서 식사제공을 비롯해 이재민 구호 활동을 가장 제대로 하는 조직은 평소에 가두에서 아무도 듣지 않는 정치 연설이나 하던 우익들이라는 현장을 목격했다. 야쿠자와 경계선이 분명하지 않지만, 자금, 조직력, 행동력, 국민을 위한다는 이데올로기를 갖춘 우익 단체들이 행정력이 마비된 지역에서 존재의 의의를 과시하고 있었다는 이야기는 어떠한 매체도 공개적으로 보도하기에는 불편한 내용이었다. 사실은 비슷한 일이 2011년 3월에 일본 도호쿠지방에서 발생한 대지진으로 후쿠시마 원자력발전소가 파괴되었을 때도 일어났다. 방사능으로 오염된 현장에서 작업하려는 노동자를 구하기 어렵게 되자 야쿠자들이 감언이설로 노동자를 모집해 투입하는 악역을 맡기도 했다.

Ⅲ. 재해가 드러낸 사회상 - 관료의 무능과 공동체의 가치 -

현지 언론은 물론이고 만나는 사람마다 규칙과 관행에 집착하는 관료들의 무능을 성토하고 있었다. 예를 들면 "피난소에 대피한 사람의 숫자보다 빵의 개수가 더 많았는데, 잘못 나누면 민원이 발생한다는 이유로 배급을 거부했다." "어느 유럽 국가에서 파견한 구조대가 데리고 온 구조견을 동물 검역을 마쳐야 한다는 이유로 통과시키지 않았다." "미군이 이재민 숙소로 쓰라고 수송선을 보냈지만 텐트에서 자는 사람과 형평성이 맞지 않는다고 거절했다." "전국에서 소방차가 왔지만 무선 주파수가 맞지 않아 제대로 지휘를 할 수 없었다."는 등의 이야기였다. 수상에게 상황이 제대로 보고되지 않아 자위대가 정찰기를 띄워 겨우 사태의 심각성을 파악했다는 것이 관료 무능 시리즈의 정점이었다. 바다를 매립해 신도시를 만드는 방법으로 돈을 벌어 칭찬받던 고베의 시정 경영도 마각이 드러났다. 인공적으로 형질을 변경한 지역이 지진에 가장 취약하다는 사실이 밝혀졌다. 매립지에 만든 항만 하역 시설은 지하수가 올라오는 액상화 현상으로 지반이 약해져 치명상을 입었다.

반면에 사원을 철저하게 보호한 기업은 칭찬의 대상이었다. 그 기업은 사원 숙소에서 피난 생활을 하는 사원의 생필품은 철저하게 챙겼다는 평가를 받았다. 어느 대기업은 위성통신 장비를 헬기로 공수해 사내 통신망을 확보하는 모범을 보였다. 가장 칭송의 대상이 된 기업은 미국계 편의점인 로손이었다. 로손은 재난 대비 매뉴얼을 갖추고 평소에 훈련을 하고 있었으며, 지진이 발생하자 오토바이로 상품을 점포에 공급해 영업을 신속하게 재개할 수 있었다.

반면에 일본의 세계적 자랑거리인 일본적 생산방식의 문제점도 드러났다.

지진 때문에 자동차용 스프링을 만드는 강재를 독점 생산하는 고베제강이 조업을 중단하자 세계적인 자동차 메이커인 토요타의 공장도 당장 부품 부족 사태를 겪었다. 즉 부품을 재고로 쌓아 놓지 않고 생산 스케쥴에 맞춰 적기에 공급받아 원가를 절약한다는 적기생산방식(Just in Time, JIT)의 한계가 노출되었다.

재해를 겪으며 지역 공동체 조직의 가치는 재평가되었다. 조나이카이(町内会), 지치카이(自治会)와 같은 지역 공동체 조직의 연대가 비교적 잘 유지되는 지역은 사망자 발생률이 낮았다. 이웃의 사정을 동네 사람들이 알고 있으므로 보이지 않는 사람을 파악하고 구조하는 작업이 신속하게 진행될 수 있었다. 또한 일본 전국 각지에서 자발적으로 복구를 돕겠다는 볼런티어(Volunteer)들이 고베 지역으로 모여드는 새로운 사회현상이 일어났다.

고베대학 밑에 있는 고베학생청년센터를 찾아가 보니 유학생과 이주민을 지원하는 시민단체였다. 이 단체는 숙소를 잃은 유학생들도 재워주고 외국인을 혐오하는 유언비어의 발생을 방지하는 활동을 열심히 하고 있었다. 이는 1923년 9월 1일에 도쿄 일대에서 칸토(関東)대지진이 발생했을 때 조선인이 우물에 독을 타고 일본인을 습격한다는 악성 유언비어가 돌아 다수의 조선인이 피살된 사건이 남긴 영향이기도 하다. 일본 학계는 지금도 지진과 유언비어의 관계를 중요한 연구 주제로 삼고 있다.

한신대진재를 거치며 최대의 명분과 실리를 챙긴 조직은 자위대였다. 잔해를 치우고 도로를 뚫는 일부터 제대로 작동하는 조직인 자위대가 할 수밖에 없었다. 국회에서 출동이 늦었다는 질책을 받은 자위대 측은 태연하게 "총리의 명령이 없으면 움직이지 못하는 체계이므로 대응이 늦었다. 앞으로는 현지 부대장의 판단으로 출동할 수 있어야 한다."는 요지의 의미심장한 답변을 하며 너스레를 떨었다. 한신대진재는 비슷한 시기에 발생한 옴진리교의 도쿄 지하철 독가스 테러 사건(1995.3.20.)과 함께 자위대의 행동반경이 넓어지는 계기로 작용했다. 지하철에 독가스가 살포되자 경찰, 소방은 감당을 못해 전후 최초로 자위대 화학전 부대가 도쿄 시내에서 작전을 전개했다. 이후 자위대의 존재감은 계속 커졌으며 전수방위(専守防衛)와 문민통제 원칙은 흔들리기 시작했다. 칸토대지진을 기억하는 방재(防災)의 날로 지정된 9월 1일이 되면 도쿄에서 열리는 기념 행사에 자위대가 참가해 각종 구조 훈련을 공공연하게 실시하기 시작했다. 21세기에 들어와 일본은 전시를 대비한 일련의 유사(有事)법제를 만들어 만일 북한의 위협을 감지하면 지휘관이 선조치하고 의회에 사후 보고해도 무방한 체계를 갖추게 되었다. 이는 만주사변이나 중일전쟁도 내각의 통제를 받지 않는 현지 부대장들의 폭주로 일어난 사건이라는 흑역사를 떠올리게 하는 엄청난 변화인 것이다.

좌충우돌하는 현지 조사의 하이라이트는 3, 4일 지났을 때 문옥표 교수가 시가에서 부고를 받고 급거 귀국한 일이었다. 혼자 남아서 조사도 하고 후속으로 도착하는 다른 연구자들도 챙겨야 했다. 호산 선생과 같이 고베대 사회학과를 방문했지만 학과 사무실 앞에 잔해가 남아있는 어수선한 분위기였다. 일본 교수들도 본격적인 조사를 해야겠다는 구상을 하고 있는 단계여서 호산 선생이 구상하는 국제 공동연구에 대한 구체적인 이야기는 진행될 수 없었다.

그러나 혼돈 상태에 있는 현지에서 연구팀 회의를 주재하며 호산 선생이 발휘한 리더십과 판단력은 지금 생각해도 대단했다. 사실상 필자를 제외하면 모두 처음 보는 사람들인데도 불구하고 전공이 다른 연구자의 얘기를 즉석에서 파악하고 행동 방향을 제시하며 교통정리를 하는 호산 선생 덕분에 급조한 연구팀이 그런대로 손발을 맞출 수 있었다.

Ⅳ. 함의와 교훈 - 이론과 현실 인식 -

일반적으로 조사 결과를 논문으로 정리하려면 1년은 걸리는 것이 정상이고 아무리 서둘러도 6개월은 필요하다. 그러나 연구비를 제공한 측이 요구하는 행정적 기한 때문에 여름방학도 되기 전인 1995년 5월 무렵에 제주도의 어느 호텔에서 어설픈 내용으로 발표회를 열어야 했다. 필자는 계층에 따라 피해가 차별화된다는 요지의 보고를 했다가 선배 교수들에게서 “재미는 있지만 논문이 아니다. 고급 저널리스트의 르포에 불과하다. 아무래도 직업을 잘못 선택한 것 같다.”는 평을 들었다. 지역 연구를 하는 소장파들은 “일주일 동안 그 정도 파악했으면 된 것이지, 무엇을 어떻게 하라는 얘기냐”고 위로했다. 이는 정보 수집과 이론적 정합성 확보의 우선순위에 관한 문제였으며 지역 연구의 정체성에 대한 논쟁이기도 하다.

시간이 한참 지난 다음에 필자도 울리히 벡(Ulrich Beck, 1944-2015)의 『위험사회(Risk Society)』를 미리 읽었으면 보다 조직적이고 생산적인 연구를 할 수 있었을 것이라는 생각이 들었다. 근대화 과정에서 발전과 위험은 동반 성장한다는 벡의 지론을 한신대진재에 적용하면, 일본 사회만이 아니라 현대 문명을 바라보는 시각의 근본적인 전환을 촉구할 수밖에 없다. 인간이 통제할 수 없는 자연재해가 발생할 수 있는 위험이 상존하는 지역에서 공공 부문이 토지 개발로 수익을 올린다는 정책을 선도했으니 피해가 증폭되는 것은 너무나 당연했다.

조사가 마무리된 직후에 삼풍백화점 붕괴(1995.6.29.)라는 비극적 사건이 발생해 국내 학계에서도 재난에 대한 관심이 높아지기 시작했다. 연구진이 대중매체의 요청으로 재난에 대해 발언하는 일도 늘어났다. 1995년 7월에 한국언론연구원은 보고서 "일본의 위기대응 체제와 행위에 관한 연구: 한신(阪神) 대진재 사례를 중심으로"를 펴냈다. 연구 결과는 최종적으로 서울대 출판부에서 1997년에 『일본 사회의 재해관리: 고베지진의 사례연구』로 간행되었다. 그러나 체계적인 후속 연구가 빈약한 것도 사실이므로 아쉬움이 남을 수밖에 없다.

김경동 선생님과의 세 번의 만남

강 희 경*

Ⅰ. 첫 번째 만남: 『사회학적 상상력』 제1장 '약속'

1972년에 입학한 우리 동기들은 선생님을 뵐 수 없었다. 우리가 입학하기 3년 전까지 전임강사로 근무하시다가 미국으로 가셨기 때문이다. 선생님을 뵌 것은 대학원 때였다. 선생님은 1977년에 부교수로 부임하셨다. 깔끔하셨다, 영어로 말하면 댄디하셨다. 미국에서 공부하고 오신 선생님답게 읽어야 할 논문과 책도 많았다. 화창한 봄날을 핑계로 야외 수업을 청해도 들어주실 것 같지 않았다.

내가 선생님의 진면목을 본 것은 책으로였다. 1976년 대학원 첫 학기를 마친 여름 방학 무렵으로 기억한다. 1974년 소위 '민청학련' 사건으로 체포 구속되어 12년형을 받고 징역살이를 하다가 약 1년 만에 풀려난 동기 이해찬이 C. 라이트 밀즈(C. Wright Mills)의 『사회학적 상상력』을 번역하자고 제안하였다. 영어책과 일본 번역 책(『社會學的 想像力』, 鈴木廣 역)을 구입하여 바로 시작하였다. 일본어책에서는 용어 번역을 많이 참고하였다.

곧 선생님이 『창작과 비평』 제10호(1968년 여름호)에 『사회학적 상상력』 제1장 '약속'을 번역하여 기고하셨다는 것을 알게 되었다. 선생님의 번역은 유려하였다. 원문을 대조하면서 여러 번 읽었다. 우리 나름의 번역의 원칙을 정하는 데 큰 도움이 되었다. 우리가 아니라 선생님이 내친김에 책 전부를 번역하셨더라면 사회학 공부를 시작하는 학생들은 물론이고 사회 연구(밀즈는 사회과학보다 사회 연구라는 용어를 더 선호함)에 관심이 있는 모든 사람들에게 크게 도움이 되었을 것이다.

이화여대 사회학과에서 퇴직하신 조형 선생님(외교학과 졸업)도 큰 도움을 주

---

* 충북대학교 사회학과 명예교수

셨다. 선생님이 강의하시다가 오역이나 문맥상 불분명한 것을 모아서 이해찬(국회의원과 교육부장관과 국무총리 등 역임)에게 주셨다. 2004년 개정판에 이를 반영하였다.

우리가 48년 전에 번역한 이 책은 사회학자와 사회 연구자는 말할 것도 없고, 개인의 생활사와 역사를 사회구조 속에서 이해하거나 사회구조를 역사적이고 비교학적으로 생각하려는 사람들에게 방향 등과 같은 역할을 해 왔다. 현재도 살아있는 책이다. 이 책은 1998년 캐나다 몬트리올에서 열린 세계사회학대회에서 20세기에 출판된 책 중에서 사회학자에게 가장 큰 영향을 미친 10권의 책 중의 하나로 선정되었다. 1위는 20.9%의 지지를 받은 막스 베버의 『경제와 사회』(Economy And Society)이고, 2위(13.0%)가 이 책이다. 참고로 3위는 로버트 머튼(Robert K. Merton)의 『사회 이론과 사회구조』(Social Theory And Social Structure)(11.4%)이고, 4위는 다시 베버의 『프로테스탄트의 윤리와 자본주의의 정신』(The Protestant Ethic And The Spirit Of Capitalism)(10.3%)이다.

Ⅱ. 두 번째 만남: 대학원 기말 필기시험 컨닝

나는 모든 입학시험을 치른 마지막 세대이다(서울시 기준). 다시 말해서 중학교와 고등학교와 대학교 입학시험을 모두 본 마지막 학생이었다. 지금 생각해 보면 특히 중학교 시험은 코흘리개 국민학교(지금의 초등학교) 학생들이 자신의 인생을 결정하는 시험을 보느라 애태우는 반문명적 시험이었다. 그런데 요즘 7살짜리가 의대 진학반 학원에 다닌다는 기사를 보면 지금이 더 반문명적이다. 우리는 언제 이러한 야만의 시대를 끝낼 것인가?

시험에 치어 산 것은 이것만이 아니었다. 대학원에 진학하기 위해 입학시험을 보는 거야 그렇다 치더라도 시험 과목에 왜 굳이 제2 외국어 시험(난 독일어 선택)이 있어야 했는지는 의문이다. 지금도 보나 모르겠다. 그래도 여기까지는 봐줄 만하다. 석박사 논문 제출 자격시험 과목에도 제2 외국어가 꼭 있었다. 관련 논문을 읽을 수 있는가를 측정하는 시험이 아니었다. 교양 독일어를 알고 있나를 알아보는 수준의 시험이었다. 학교도 이 시험이 대학원 공부와 무관한, 시험을 위한 시험이라는 것을 모를 리 없었다. 시험이 끝나면 단어를 모조리 다 잊어먹었다. 지금은 Guten Tag와 Auf Wiedersehen 정도 생각난다.

대학원 수업은 학기가 끝나면 텀 페이퍼를 써야 한다. 그런데 나같이 모든 시험을 봐야 하는 운 나쁜 인생은 禍不單行이라고 그냥 넘어갈 리가 없다. 내가 다녔던 때 사회학과 대학원은 갑자기 모든 과목마다 텀 페이퍼 이외에 반드시 필기시험을 보도록 했다. 설마 지금은 안 그러겠지.

선생님의 이론 과목이었던 것으로 기억한다. 내용이 많고 좀 복잡하였다. 선생님이 문제를 제시하고 나가셨다. 잠시 뒤 학생들이 너나 할 것 없이 책을 꺼내 옮겨 적었다. 좀 찜찜하였다. 불안은 곧 현실이 되었다. 다음 시간에 선생님이 화를 엄청 내셨다. 당시 나는 공식 조교는 아니지만 학생들이 조교라고 부르는 TA를 하고 있었다. 선생님이 내가 TA라서인지는 모르지만 나를 부르시더니 '강희경이 말해 봐. 책 봤어, 안 봤어?'라고 하문하셨다. 이미 다 알고 물으시는데 시인 이외의 다른 말은 필요 없었다. 역정을 내시고 '재시험 본다'고 선포하셨다. 꼼짝없이 시험을 다시 보았다. 이번에도 문제를 내시고 나가셨지만, 책을 꺼내는 학생은 한 명도 없었다.

Ⅲ. 세 번째 만남: 중앙일보 상무실

대학원 다니면서 공부가 적성인가 하는 회의가 들었다. 생활을 책임져야 하기도 했다. 과정을 마치고 학위 논문을 완성하기 직전에 회사를 두어 군데 다녔다. 여기는 더 적성이 아니었다. 바로 그만두고 고등학교 때부터 동경했던 언론사 시험을 보기 시작하였다. 1979년에 중앙일보에 합격하였다. '10월 26일' 직전이었다. 박정희는 1972년 '10월 유신' 선언 이후 거침없이 종신 대통령의 길로 내달렸다. 죽을 때까지 대통령을 하겠다는 그의 소원은 1979년 10월 26일 그로서는 비극적으로 이루어졌다. 박정희는 사라졌지만 암흑은 더 짙어졌다. 전두환이 촉발한 1980년 5월 광주항쟁은 그 절정이었다.

1979년 11월 한 달간의 연수가 끝나고 난 당연히 편집국으로 발령이 날 줄 알았는데 회사가 의외로 출판국으로 가라고 하였다. 짐작 가는 이유가 있긴 있었다. 홍사중(1954년 사학과 졸업, 문학평론가, 조선일보 논설위원 역임) 출판국장이 월간부 근무를 명하셨다.

월간부 양태조 주간(불어불문과 55학번)이 아주 좋아하셨다. 『월간중앙』은 1978년 정부를 비판하는 한완상 선생님(55학번, 1976년 2월 내가 졸업하는 날 해직되심)의 글을 게재하여 10월호가 압수되고 급기야 정부의 압력으로 자진 휴간하였다. 이 사건 이후 회사는 문리대 출신 기자들을 월간부에 발령내지 않았다고 한다. 그 후 1년이 지나 처음으로 내가 배치받은 것이었다.

양태조 주간의 절친은 강신표 선생님(사회학과 55학번)이셨다. 자주 놀러 오셨다. 내가 과 후배라는 것을 아시고 월간부 수석 기자(공식 지위는 아님)에게 '내 후배를 잘 훈련해 주세요'라고 오실 때마다 말씀하셨다.

1979년 말 아니면 1980년 봄 어느 날 상무실에서 내려오라는 호출이 왔다. 홍두표 상무님(사회학과 55학번, 중앙일보 사장과 KBS 사장 등 역임) 방으로 가니 뜻밖에도 김경동 선생님이 계셨다. 앉자마자 선생님이 홍두표 상무님에게 '이 친구가 아까 말한 강희경이야. 눈여겨 좀 봐'라고 말씀하시고 인사를 시켰다. 그러니까 선생님이 나를 대학 동기인 중앙일보 경영진에게 잘 봐 달라고 부탁하는 자리였다. 정확하지는 않지만, 홍두표 상무님은 대략 이런 취지의 건조한 말씀을 존댓말로 하셨다. '우리 회사는 열심히 일하는 사람에게 보상을 하는 조직입니다'. 생전 처음 이름도 모르는 향긋한 차를 마시고 두 분께 인사하고 곧 방을 나왔다. 선생님이 그 날 온전히 나를 위해 오신 것인지, 아니면 친구를 보는 김에 나를 부탁한 것인지는 모르지만, 하여간 그 날 하루 종일 기분이 좋았고, 선생님이 고맙고 무척 인상에 남았다.

홍 상무님 말씀과 관계없이 열심히 일하였다. 원하는 기자가 되었으니 '작은 변화를 도모하려는 나의 생각'을 이루기 위해 나름 열심을 다하고 있었다. 아니 양태조 주간이 너무나 열심히 일을 시키셨다. 나보다 2기수 높은 기자가 넷이나 있음에도 불구하고 수습 기자인 나를 중요한 일에 할당하셨다. 비록 내각제 하의 실권이 없는 대통령이기는 하였지만, 박정희의 쿠데타를 경험한 윤보선 전 대통령을 면담하여 1980년 정치 상황에 대한 견해를 취재해 오라고 하셨다. 1980년의 학생 시위를 종합적으로 취재하여 원고지 150여 매 정도의 기사를 작성하라고도 하셨다. 광주항쟁 때는 현지에 가라고 하셨다가 곧 사회부에서 전입

온 선배로 바꾸셨다.

그리고 월간부가 쑥대밭이 된 '전후 세대가 말하는 통일 전망' 좌담회 진행을 맡기셨다. 전두환이 1980년 8월 1일 전국의 언론인 약 1,000여 명을 대량 해직시키기 직전에 경향신문과 동아일보 기자들을 체포하였다. 중앙일보는 우리가 걸렸다. 홍사중 출판국장과 양태조 주간과 한규남 부장과 나, 이렇게 네 명이 7월 1일 자로 해직되었다. 해직 사령이 신문 1면과 2면에 2명씩 실리는 매우 희귀한 일이 벌어졌다. 그리고 『월간중앙』은 폐간되었다. 6개월의 수습이 끝나고 정식 기자로 첫 월급을 받은 지 채 한 달이 안 되어서였다. 입사에서 해직까지 하루도 역사의 수레바퀴가 굴러가는 것을 느끼지 않았던 날이 없었던 기자 생활은 이렇게 끝났다.

전두환에게 해직된 내가 할 수 있는 일은 다시 학교로 돌아가 공부를 계속하는 것 말고 특별한 선택지가 없었다. 곧 충북대학교 교수가 되었다. 전두환이가 입학 정원의 30%를 더 뽑는 졸업정원제를 시행하여 갑자기 학생 수가 많아지고 교수 요원이 태부족한 틈이 생겼기 때문이었다. 인생살이가 참으로 모순이다.

선생이 되어보니 학생의 부탁을 받는 경우가 생겼다. 웬만하면 들어주었다. 그런데 간혹 부탁받지 않아도 추천하거나 도와주고 싶은 학생들이 있었다. 이런 경우 최대한 아는 사람을 찾아보고 건너건너 부탁하기도 하였다. 45년 전 김경동 선생님이 제자를 위해 친구에게 '눈여겨 봐달라'고 부탁하시던 장면처럼 말이다. 이로 미루어볼 때 아마 대학원 기말 필기시험에서 컨닝한 학생 중 유독 나를 지목하여 야단치신 것도 실은 나를 예쁘게 보셨기 때문일 것이다.

내가 경험한 김경동 선생님 : 발전사회학 에피소드

김 환 석*

"무엇보다도 발전을 경제성장으로 인식해온 지금까지의 생각을 바로잡아 보려고 사회학적 접근을 강조하였지만, 이것이 반드시 사회학도의 쇼비니즘에서 우러나온 것은 아니다. 발전을 하나의 가치함축적인 개념으로 파악하고 이상적인 발전 가치들을 정리한 다음, 이런 가치 이상을 이룩하는 데 도움이 되는 사회구조적 변동의 특성을 가다듬다 보니 어딘가 지나친 이상론과 낙관론의 냄새를 풍긴다는 반응이 있었다. 나는 지금까지 사회학을 하나의 인간적인 실존의 경험으로 여겨왔기 때문에 사회현상의 어둡고 비참한 면을 몸소 느끼기도 했을 뿐 아니라 사회이론 속에서도 그런 요소를 늘 고려해오고 있다. 그러나 발전을 생각하는 우리에게는 한층 더 높은 이상에로의 꿈을 버릴 수가 없는 것이며, 그 꿈을 이룩하자면 인간에 대한 믿음이 없을 수가 없다"(김경동 <발전의 사회학> 책머리에, 1979, 문학과지성사).

나는 1977년 초에 학부를 졸업하고 이후 신문사 근무를 거쳐 과학기술관련 정책연구소에 다니고 있었기 때문에, 1980년에 대학원을 들어가서야 김경동 선생님을 수업에서 처음 뵙게 되었다. 그런데 당시 서울대학교뿐 아니라 전국 거의 모든 대학교의 사회학과 학부와 대학원 학생들은 1979년 유신정권의 붕괴 이후 벌어진 일련의 사회정치적 격변과 그 정점인 80년 5월 광주 민주항쟁을 경험하면서 이를 이해하고 설명할 수 있는 사회학 분야로서 특히 '발전사회학'에 대하여 지대한 관심을 지니게 되었던 것으로 기억한다. 왜냐하면 기존에 우리가 배우고 공부했던 사회이론과 사회학 분야들은 대체로 19~20세기 서구 근대사회를 모델로 한 것이어서 이와 다른 역사·문화적 배경과 국제적 환경을 지닌 비서구 한국사회의 특수성을 올바로 파악하기 위해서는 발전사회학이란 새로운 분야

* 국민대학교 사회학과 명예교수. 前 한국과학기술학회 회장, 한국이론사회학회 회장

가 적실하다고 생각되었기 때문이다.

이 당시 발전사회학에서는 두 가지 상반된 이론들이 대립하고 있었는데, 그것은 '근대화이론'과 '종속이론'이었다. 근대화이론은 이미 1960년에 경제학자 월터 로스토우의 책 <경제성장 단계설: 비공산주의 선언>으로 유명해진 이론으로서, 모든 인간사회가 공통적으로 거쳐온 경제성장의 진행 과정을 5단계(전통사회 → 선행조건단계 → 도약단계 → 성숙단계 → 고도대중소비단계)로 요약하여 근대사회로의 이행을 설명한 이론이다. 사회학에서는 이와 상호보완적으로 탈콧 파슨즈의 기능주의에 입각한 사회진화론이 사회시스템의 분화와 통합에 기초하여 전통사회에서 근대사회로의 이행을 설명한 바 있다.

그러나 1960년대 말~70년대에는 라틴아메리카에서 일군의 사회과학자들이 이러한 근대화이론이 서구 사회의 경험을 반영하는 것일 뿐 이와 전혀 다른 현실 속에 있는 비서구 사회에 맞지 않는 이론이라 비판하면서 종속이론을 주장하였다. 즉 서구와 비서구는 서로 독립된 사회들이 아니라 세계자본주의라는 하나의 시스템을 구성하는 중심부와 주변부로서 지배-종속 관계가 그 특징이기 때문에, 서구의 '발전'은 곧 비서구의 '저발전'과 동전의 양면 같은 동일한 과정을 이룬다는 것이다. 따라서 비서구 제3세계는 서구처럼 '근대화'를 추진한다고 할지라도 그 결과는 서구와 같은 근대사회로의 발전이 아니라 '저발전의 발전'이라는 악순환을 벗어날 수 없다고 종속이론가들은 보았다.

1980년대 우리나라의 발전사회학 역시 근대화이론과 종속이론 사이의 이러한 첨예한 대립과 논쟁에 큰 영향을 받았다. 당시 대부분의 교수들은 그 이전부터 관심을 지니고 연구해오던 서구의 근대화이론을 보다 한국의 실정에 맞게 '토착화'시키고 사회학적으로 발전시키는 데에 관심을 가졌다. 반면에 학생들은 종속이론에 열광하면서 이것이야말로 라틴아메리카와 마찬가지로 비서구 제3세계에 속하는 한국의 현실에 맞는 이론이라고 크게 반겼다. 이런 맥락 속에서 김경동 선생님의 저서 <발전의 사회학>이 1979년 9월 국내에서 출간되었는데, 나는 이 책을 좀 나중인 1981년 5월에 구입하여 읽게 되었다. 이 책은 사실상 국내 학계에서 발전에 관한 사회학적 연구를 담은 첫 저서로서 그 내용은 대체로 경제성장 연구에 치우쳤던 기존의 근대화이론을 사회학적 측면에서 보완하려는 시도를 보여주었다. 즉 근대화를 경제성장으로만 이해하는 기존의 협애한 시각을 비판하면서 김경동 선생님은 근대화에서 인간주의적 가치들을 강조하며 복지사회로의 발전이라는 더 포괄적인 목표를 제시하였다.

당시에 나는 다른 대학원생들과 마찬가지로 종속이론에 경도되어 있었기 때문에 근대화이론의 사회학적 보완판이라 느껴졌던 김경동 선생님의 책에 솔직히 큰 감명은 못받았지만, 그래도 그 책의 88페이지에서 '종속이론'을 소개하는 것에 흥미를 느꼈고 김경동 선생님의 학문적 폭이 넓다는 점을 주목할 수 있었다. 1982년 내가 석사 논문을 쓰게 됐을 때 학과에서 김경동 선생님을 지도교수로 배정했는데, 그것은 내 논문의 주제가 '기술종속'이었기 때문인 것 같다. 당시 나는 제3세계의 종속과 과학기술의 관계에 주로 관심을 가졌는데, 이는 내가 당시 과학기술관련 정책연구소에서 근무하고 있던 것과 무관하지 않았다고 볼 수 있다. 김경동 선생님은 자신의 이론적 입장이 근대화이론이었음에도 불구하고 종속이론에 입각한 나의 논문 주제를 너그러이 허용하였을 뿐 아니라, 내가 끝까지 논문을 완성할 수 있도록 격려와 지도를 아끼지 않았다. 그리하여 나는 "제3세계의 기술종속에 관한 연구"라는 석사논문을 완성하여 졸업했고, 그 이듬해에는 이 주제에 대한 심화된 연구를 위하여 기술종속에 관한 연구가 활발하던 영국으로 무사히 유학을 갈 수 있었다.

1985년 봄에 나는 박사논문을 위한 자료수집을 위해 수개월 체류예정으로 한국에 들어와 있었는데, 그때 마침 김경동 선생님은 어느 한 신문사에 제안하여 종속이론에 대한 대규모의 국제학술대회를 준비하고 계신 중이었다. 당시 국내의 진보적 학계뿐 아니라 운동권에서 열광적으로 관심을 받던 종속이론을 더 이상 인기있는 비공식적 담론이 아니라 아예 공개적인 무대로 올려 학술적 논쟁을 거치게 함으로써 그 타당성을 제대로 검토할 수 있게 만들자는 것이 취지라고 김경동 선생님은 내게도 소개를 해주셨다. 이에 따라 나도 그 국제학술대회를 흥미롭게 참관할 수 있었는데, 그 자리에는 종속이론의 대가인 사미르 아민을 비롯한 많은 외국 학자들이 대거 참여하여 발표하고 국내 학자들과 토론을 벌였다. 지금은 그 자세한 내용은 기억이 나지 않지만, 암튼 그 학술대회는 한국의 자본주의 발전에 대하여 종속이론의 타당성을 본격적으로 검토한 중요한 계기가 되었고 그 결과는 1987년에 서울대 출판부에서 『Dependency Issues in Korean Development: Comparative Perspectives』라는 영문판 책으로 출간된 것으로 알고 있다.

사회주의권이 붕괴된 1990년대 이후 발전사회학은 큰 변화를 경험하였는데, 종속이론은 크게 약화되었고 근대화이론은 신자유주의적 세계화의 본격화에 따라 이제 내셔널리즘(국가발전)에서 글로벌리즘(세계시장)으로 그 성격이 전환되었다. 이와 동시에 UN 차원에서는 지구적 생태위기(오존층 파괴, 기후변화, 생물 멸종 등)가 본격적으로 대두됨으로써 이제는 서구건 비서구건 더 이상 화석연료 중심의 '발전'이 아니라 환경을 파괴하지 않는 '지속가능한 발전'이 새로운 패러다임으로 부상하였다. 더 나아가 2000년대 이후에는 인간이 지구시스템 전반을 변화시켜 새로운 지질학적 행위자가 되었다는 '인류세(Anthropocene)' 개념이 새롭게 대두하여 자연과학과 인문사회과학 모두를 변화시키는 계기가 되었다. 이에 따라 기존의 '발전'뿐 아니라 '지속가능한 발전' 역시 과연 기후위기와 같은 생태적 파국을 피할 수 있는 모델인가에 대한 진지한 반성이 현재는 이루어지고 있다. 이에 따라 발전사회학은 근대화이론이든 종속이론이든 모두 약화되고 '발전'과 '근대화'를 대신하여 '생태화'를 추구하는 생태적 사회학이 대안으로 부상하고 있는 중이다. 최근 나의 연구 분야 역시 기존의 인간중심적 발전사회학을 벗어나 탈인간중심적 생태사회학으로 전환되었다고 할 수 있다.

1990년대 이후 김경동 선생님과 나는 발전사회학에 대한 공통된 관심을 떠나 각자 다른 주제에 관한 연구에 주력하였기 때문에 깊은 학문적 교류를 할 기회가 없었지만, 그래도 1980년대에 맺어진 강력한 인연과 교류는 나의 학문적 토대와 자양분이 되었다. 아울러 당시에 김경동 선생님이 보여주신 이론적 관용과 학문적 열정은 지금까지도 내가 따라야 할 학자로서의 모범으로 생생하게 남아 있다. 아직도 청년 같은 모습으로 기억되는 김경동 선생님이 벌써 구순을 맞이하신다니 세월이 쏜살같다고 느끼지만 그래도 여전히 학문 활동을 활발히 하시는 선생님의 건강한 모습에 안도하며 부럽게 느껴진다. 부디 더 건강하게 오래 활동하시기를 빌며 선생님의 구순 생신을 진심으로 축하드리고자 한다.

서울대 노래패 '메아리' 창립과 지도교수 김경동

심 상 완*

호산 김경동 교수님에 대한 필자의 추억을 소개한다. 호산 선생님이 서울대학교에 갓 부임한 1977년 봄, 필자가 사회학과 3학년 때, 몇 친구들과 작당해 만든 '메아리'라는 교내 동아리에 얽힌 추억이다. 그런데 아득히 먼 옛날 일이라 기억이 희미하기도 해, 이리저리 수소문하고,[1] 알만한 사람(메아리 동문)들에게 기억의 편린들을 캐묻고 대조했다. 이 글은 필자가 집필했으나, 창립 초창기 메아리 활동에 대해 메아리 초기 동문들과 함께 카카오톡 집단채팅방에서 기억의 편린들을 공유한 일종의 집단 추억이다.

Ⅰ. 메아리 창립과정

메아리는 초창기에는 학생들이 부르고 싶은 노래를 선정해 함께 노래 부르고 공연하는 모임에 치중하다가 세월이 흐름과 함께 진화 변모를 했다. 학생들이 부르고 싶은 '좋은' 노래를 함께 부르고 배우고 확산시키는 메아리에서 그치

---

* 창원대학교 사회학과 명예교수, 정년퇴직 후 경상남도사회대통합위원회 위원, 경남고용포럼 이사, 시민발전이종협동조합연합회 이사 등

1 최근 서울대학교 기록관 홈페이지 archives.snu.ac.kr/에서 '메아리'로 검색한 결과 79건의 기록물이 나타났다. 결코 적지 않은 수였다. 상세 분류 정보로 미루어, 메아리/메아리동문회에서 기증한 기록물이 대부분이었으나 서울대 교수들이 보관하다 기증한 컬렉션도 있었다. 매체의 형태는 모두 비(非)전자로 그 형태는 메아리 악보집 앨범, 메아리 정기발표회 정기공연 팸플릿, 메아리 소식지 및 신문 기타 자료집, 낙서장 등 다양하게 등재되어 있었다. 기록물의 생산일자는 1980년대 28건, 1990년대 24건, 2000년대 16건, 2010년대 1건, 1970년대 0건, 연도 미상 5건. '연도 미상' 기록물 중 '메아리 낙서장'이 있었으나, '공연의 올바른 방향을 위하여', '어느 해 오월', '메아리가 가야 할 길', 연재소설 '잃어버린 보물 찾아서', '창간사' 등의 글이 수록되어 있다는 기술 정보로 볼 때, 메아리 초창기의 기록물은 아닌 것으로 보였다. 그래서 1970년대 기록을 찾고자 필자의 PC 하드디스크를 뒤졌다.

지 않고, 그런 노래를 스스로 만들어 함께 부르는 노래패 운동을 불러일으켰는데, 타 대학 노래패들과 함께 노래를 통해 새로운 시대를 열어 가는 역할을 담당했다고 할 수 있다. 메아리 40주년 다큐멘터리 영화＜나의 노래: 메아리(감독 정일건, 2018)＞에 대한 한 리뷰(성하운, 2018)[2]는 이렇게 서술하고 있다.

> "메아리는 노래를 통해 세상의 시름을 잊게 하기보다는 세상의 아픔을 아로새겨 공감하게 만들었다. 불의에 저항하고 투쟁해야 한다는 의지를 젊음의 가슴에 각인시켰다. 그들이 만든 노래는 알음알음 입으로 퍼져나갔고, 각종 시국 집회 현장에서 분위기를 고조시켰다. 그 시대의 상징으로 자리매김 된 것이다.
>
> 메아리의 노래는 그런 현실을 지나치지 않았다. 노래를 통해 비판의 날을 세웠고 주변의 소외되고 어려운 이웃들의 모습과 노동자들의 아픔을 위로했다. 그리고 폭압적 정치 사회 현실의 문제점을 노래로 저격한 것이다.
>
> 박정희의 유신독재가 끝나고 5월 광주학살을 거쳐 전두환이 군사독재를 이어갈 때 메아리의 노래는 점점 더 단단해졌다. 그들의 노래는 시위 현장에서 저항 의식을 고취시켰고, 결의를 굳건하게 만들었다. '메아리'의 공연은 투쟁을 북돋는 자리이기도 했다. 노래가 권력에 맞서는 강력한 무기로 자리하는 순간이었다."

메아리는 1977년, 필자가 서울대 사회학과 3학년 때에 발족한 교내 노래동아리이다.[3] 오늘날 메아리는 서울대학교 총동아리연합회 소속 음악예술 분과의 한 동아리로 분류되나 '밴드' 동아리로 소개된다.

> "메아리는 1977년 민중가요를 부르는 노래패로 출발한 이후, 90년대 말부터 밴드 동아리로 활동하고 있는 서울대학교의 중앙 밴드 동아리입니다. 지금까지 메아리는 밴드 '장기하와 얼굴들', '브로콜리너마저', '아마도이자람밴드', '눈뜨고코베인' 등의 멤버를 배출했습니다."[4]

---

2 성하운. 2018. '영화가 된 민중가요사 … 노래로 시대에 저항했던 '메아리' 오마이뉴스, 2018. 10.17. [제23회 부산국제영화제 (BIFF) 리뷰] 다큐멘터리 영화 <나의 노래 : 메아리> https://star.ohmynews.com/NWS_Web/OhmyStar/at_pg.aspx?CNTN_CD=A0002480347

3 2000년대 초 메아리 홈페이지를 캡처한 Wayback Machine 조회 결과 등에 따르면, 메아리는 1977.4.18.에 창립된 것으로 나타난다. https://web.archive.org/web/20080929042333/http://www.meari.or.kr/. 2025.07.12. 조회.

4 https://dongari.snu.ac.kr/%EC%9D%8C%EC%95%85%EC%98%88%EC%88%A0%EB%B6%84%EA

메아리가 부른 노래 내지 메아리 노래운동의 성격에 대해서는 이론이 있을 수 있으나, 1977년 메아리가 노래패(동아리)로 출발한 것은 확실하다.

1. 메아리 출범의 배경

메아리가 출범한 시기는 유신체제 하 대통령 긴급조치 9호 시대. 학생의 모든 집회·시위, 정치관여 행위가 금지되고, 위반자에 대해서는 주무부 장관이 제적을 명하고, 소속 학교의 휴업, 휴교, 폐쇄 조치를 할 수 있는 등으로 대학의 공기가 매우 암울하고 답답한 시절이었다.[5] 긴급조치 시대 들어 학생회는 해체되고 학도호국단의 틀 안에서만 서클 등록과 행사 등의 학생활동을 이어갈 수 있었다. 서클 승인 절차는 훨씬 까다로워졌다. '안보'를 기준으로 하여 이념 서클이 아닌 '건전한 서클' 이어야만 승인을 받을 수 있었기 때문에, 1975년 이후 학술단체의 수는 줄었고 체육부 산하 운동서클의 수가 늘어났다. 이 때문에 비공개 학회인 '언더서클'이 생겨나게 되었고, 이후 언더서클은 군사독재에 반대하는 학생운동의 구심점이 된다.[6]

필자는 당시 학제에 따라 1975년도에 서울대 사회계열에 입학했다가 2학년 2학기 올라가면서 사회학과로 진입했다. 2학년 중 언젠가 필자가 참여하던 한 언더써클의 독서모임(이경호 집)에서 모임 참석자들과 노래 모임을 만들자는 뜻을 모았다. 이 자리에는 이경호(국제경제학과) 외에 조희연(사회학과), 유종성(사회복지학과), 그리고 필자(사회학과)가 함께 있었다. 노래모임 결성 결의가 실행에

%B3%BC/?mod=document&uid=152 (2025.07.12. 조회). 이들 밴드 음악인 외에, 메아리가 배출한 음악인으로 한동헌('노래', '바람씽씽', '그루터기' 등 작곡), 박용범((박치음, '산처일기', '전진가' 등 작곡, 음반 '말자' '열정' 등), 문승현('그날이 오면', '오월의 노래', '사계' 등 작곡), 김창남(대학교수, 음악평론), 김기수('일요일이 다가는 소리' 등 작곡, 음반 '희망'), 김보성('시다의 꿈', '대결' 등 작곡), 김제섭('산하', '하얀비행기' 등 작곡), 이창학(이성지, '벗이여 해방이 온다' '귀례이야기' 등 작곡, 저서 『내노래가 그대에게』 등), 구자우(가수), 류형수('저 평등의 땅에' 등 작곡), 윤선애(가수) 등이 꼽힌다.

5 '국가 안전과 공공질서의 수호를 위한 대통령긴급조치[대통령긴급조치 제9호, 1975. 5. 13., 제정 시행]. 긴급조치는 2010년대에 들어서야 위헌으로 선언됐다[대법원 2013. 4. 18. 자 2011초기689 전원합의체 결정].

6 서울대학교 누리집 대학소개>역사> '타율에서 자율로, 서울대학교 학도호국단 史', 2023.3.31. https://www.snu.ac.kr/about/history/history_record?md=v&bbsidx=140712 [2025.05.03. 조회]

옮겨진 것은 1977년 1학기 초였다. 아마도 교내 어디에선가 써클(동아리) 등록 신청 공고를 본 필자가 신청서와 구비서류를 갖추어 제출하자고 추동질했던 것 같다.

2. 메아리를 공개 써클(동아리)로 등록한 경과

필자는 친우 이경호 군과 써클 등록 신청에 대해 상의했다. 크게 써클 대표는 경호가 맡기로 하고, 신청서와 구비서류 등 서류를 필자가 갖추어 준비하기로 하되, 경호가 최종 검토하여 학생과에 제출하기로 역할을 분담했다. 노래모임을 만들자는 얘기를 꺼냈지만 그런 모임 대표를 제안자가 아니라 이경호 군이 맡게 된 까닭은 이러하다.

첫째, 당시 새문안교회 대학생회 회장으로 활동하는 등 '운동권'으로 이미 '찍혀' 있던 필자가 대학 내 써클의 대표로 신규 등록 신청 서류를 제출한다면, 허가에 불필요한 지장을 초래할 우려가 있었다. 둘째, 필자에게 악기 연주 능력이 없는 단점이 있는데 둘째가 결정적이었다. 이에 반해, 기타나 피아노 등 악기를 다루는 음악적 재능도 있는 사람이, 써클 등록 신청의 허가 가능성이나 실제 써클의 대표로서 정기 모임의 노래를 인도하는 리더십 등을 고려할 때 더 적합하다는 공감대가 있었다.

이렇게 해서 신청서를 작성하게 되었는데, 당시 신청 서식을 찾을 길 없어 기억나는 대로 적어본다.

- **써클 이름**: 단체명을 여러 사람과 상의하거나 공모 절차를 거칠 여유가 없었고, 신청서를 작성하면서 써클 이름 빈칸을 채우는 요식적 의미로 일단 공감대가 넓어 보이는 '메아리'를 기입했다.[7]
- **써클의 목적**: 대학생들의 눈높이에서 부르고 싶은 노래를 선정하여 함께 부르고 배우기를 통해 건전한 대학문화 창출 … , 이런 식으로 적어 넣었던 것 같다.

7 이처럼 단체등록 신청서에 그저 잠정적으로 붙인 이름인데 이후 그대로 굳어진 모양이다. 당시 지화자, 시나위 등의 다른 우리말 이름도 고려했던 것 같으나 '메아리'를 택한 것은 아마 그다지 나대지 않는 느낌이 긍정적으로 작용하지 않았나 싶다. 설립 이래 단체의 명칭을 바꾸자거나 이름이 마땅치 않다는 논란은 일지 않았다.

- **써클의 사업계획**: 매주 1회 싱얼롱(Sing-along) 공개 모임 개최.
  - 장소: 서울대학교 7동 소강당 등 수업 없는 강의실.
  - 방법: 대학 게시판에 공고해 공고문을 보고 관심있는 학생들 50명 가량이 모여, 리더의 인도와 반주에 따라, 쉽게 접하기 어려운 '좋은' 노래의 악보를 보고 함께 부르고 배우기.
- **회원명단**: 기타 구비서류로 '회원명단'을 첨부해야 했다. 이 문제를 어떻게 하지 고민이었으나 막상 부딪쳤더니 무난하게 해결되었다. 방법은 교련 수업시간 직전에 교련 수업을 들으러 온 학생들에게 공개써클(노래모임) 등록 신청을 도와 달라면서 회원명단서류에 연명할 것을 요청한 것이었다. 최소 몇 명 이상의 회원이 필요한지 기억나지 않으나 필요 충분한 수의 학생들이 선뜻 '회원명단' 서류에 연명했다. 이 회원명단에 연명한 학생들 중 대다수는 훗날 메아리 노래모임에서 실제 활동하지 않았다. 누군가 협조 요청에 거부하거나 이의를 제기할 수 있었음에도 이를 압도할 정도의 협조 분위기가 학생들 가운데 형성되어 있었던 때문에 연명했던 것이 아닌가 짐작된다.
- **지도교수**: 써클 등록 신청서에는 지도교수를 선임해 동의 서명을 받아 제출해야 하는 칸이 있었다. 지도교수로는 1977년 1학기에 사회학과로 부임한 김경동 교수님이 개설한 '사회통계'를 마침 필자가 수강하고 있었는데, 김 교수님에게 부탁하면 되겠다는 감을 잡고 있었다. 인간 중심의 '인간주의 사회학'을 주창하신 교수님의 지론이나 문화에 대한 깊은 관심이나 선생님의 인품에 비추어 동의를 얻을 수 있을 것이라는 믿음이 있었다. 언젠가 수업 뒤에 노래모임의 취지를 설명하고 그 지도교수로 모시고자 한다고 말씀드렸을 때 흔쾌하게 동의해 주셔서 기뻤다. 일단 구두 내락이 있었기에 별도로 찾아뵙고 지도교수 선임 동의서에 서명이 필요하다고 말씀드렸더니 두말없이 서명해주셨다.

메아리가 대학본부에 학생 자치 활동 동아리로 등록되자 대학으로부터 공식 지원을 받을 수 있었다. 대학의 지원 내용으로는 메아리 활동을 위한 재정적 지원도 있었지만, 그보다는 메아리 활동을 공식적으로 인정받아, 동아리 공간(써클룸) 배정, 회원 모집 기회, 싱얼롱 모임이나 정기발표회(공연) 개최 등 동아리 활동에 대한 행정적 지원을 받게 된 것이 중요했다.

Ⅱ. 노래부르기 모임과 메아리 발표회

1. 노래부르기(싱얼롱) 모임과 연습(써클룸)

메아리의 초창기 활동의 근간은 함께 노래부르기(싱얼롱) 모임이었다. 학생들의 공감대가 높은 노래를 선정해 악보를 보면서 노래를 따라 부르거나 함께 부르고 배우는 모임이었다. 메아리 초창기에 함께 부른 노래 곡목은 당시 크리스찬 아카데미에서 발간한 『내일을 위한 노래 169곡』(대화출판사, 1977)에서 많이 선정했는데, '아침 이슬', '상록수' 같은 김민기의 노래, 그 밖에 함께 부르기 좋은 노래라면 장르 불문 두루 택했다.

게시판에 싱얼롱 모임 안내문을 붙이면, 메아리 회원뿐 아니라 관심 있는 학생이라면 누구나 모임 장소에 몰려들었다. 모임 사회와 노래 인도를 이경호 군이 담당하다가 뒷날 숨은 재주꾼들이 나타났다. 반주자도 그렇다.

메아리는 오늘날 싱얼롱 모임을 그만하고 밴드 동아리로 음악성 제고에 치중하는 듯하다.

써클룸에서는 회원들이 모여 정기모임 또는 정기공연 연습을 했는데 기타 연주 연습과 함께 "누가 보았을까 부는 바람을 … 아무도 알지 못했지 아픈 이 마음을 …," "Puff the Magic Dragon" 등 미국 팝송들을 많이 불렀다. 이로 인해 초창기 메아리는 미국 포크송에 기울어진 경향이 있었다는 평가를 받기도 했다.

2. 제1회 메아리 발표회

1977년 가을에 제1회 메아리 발표회가 계획되었으나, 학내 시위로 예정대로 개최되지 못하고 무기 연기되었다가, 이듬해(1978년) 봄에 개최되었다. 이 발표회 관련 1978.4.6. 서울대학 학생회관에서 개최된 제1회 메아리 노래발표회 실황을 녹음한 카세트 테이프 재킷 커버 사진이 있다. 아마도 내가 이사하면서 보관하고 있던 메아리 카세트 테이프들을 정리(폐기 처분)하기 전, 그 재킷 커버들을 사진 찍어 저장해 두지 않았나 싶다.[8]

8 이 카세트 테이프는 필자에게 없고, 복각본 CD ORIGIN 1만 있다.

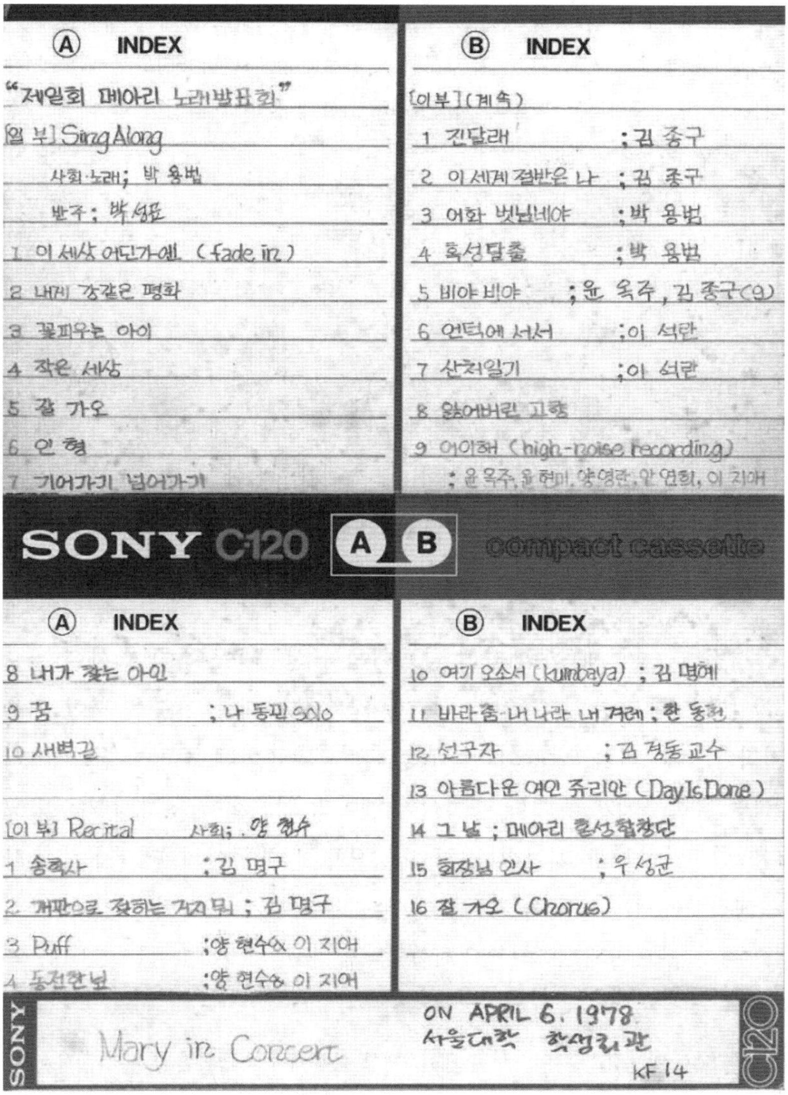

이 사진은 특별히 김경동 교수님이 제1회 메아리 노래발표회에서 선구자를 독창했음을 보여주고 있지만, 필자는 이 자리에 참석할 수 없었고,[9] 이 발표회에 대해 직접 아는 바가 없어서 당시 사정을 알만한 메아리 출신 다른 분들에게 탐문했다. 이런 과정을 거쳐 알게 된 몇 가지를 전하면 이러하다.

9 당시 필자는 1977년 '서울대 26동 사회학과 심포지엄' 사건(긴급조치 9호 위반)으로 구속되어 1979년 제헌절 특사로 석방되기까지 징역살이 중이었다.

1) 제1회 발표회 일자, 장소: 1978.4.6. 서울대학교 학생회관(2층)에서 개최됨.[10]

2) 발표회의 구성: 1부, 2부로 나누어, 1부는 Sing Along으로 박용범의 사회로 노래 인도, 박성표 반주로 참석자들이 10곡 가량 노래를 함께 불러 워밍업을 한 다음, 2부 본 발표회는 양현수 사회로 진행됨.

3) 본 발표회의 내용: 4 + 15곡의 노래 공연 외 회장 인사.

4) 공연의 형식: 독창뿐만 아니라 중창, 합창으로 다채로움.

5) 발표된 노래 제목별로 발표자 이름들이 적혀 있어, 무슨 노래를 누가 공연했는지 알 수 있음.

6) 발표 가수들로는 김명구, 양현수 & 이지애, 김종구, 박용범, (윤옥주, 김종구), (윤옥주, 윤현미, 양영란, 안연희, 이지애), 김명혜, 한동헌, 등 서울대 학생뿐만 아니라 지도교수 김경동 교수님도 포함되어 있고, 이화여대 학생인 이석란,[11] 그리고 1부 싱얼롱에는 게스트 가수 나동민의 솔로도 들어있음.

7) 카세트 테이프는 이연현이 제작함.[12]

그런데 김경동 교수가 제1회 메아리 발표회에서 선구자를 독창한 사실 관련 특별히 주목할 만한 사연이 있다. 얼마 전, 메아리 초대 회장 이경호 군이 처음으로 밝힌 비화다. 요점인즉, 발표회 날 오전, 당시 발표회를 주관해 온 메아리 집행부의 부회장 윤옥주에게서 대학 행정실이 메아리 발표회를 못하게 가로막고 있다는 연락을 받고, 급하게 메아리 전임 회장으로서 행정실의 담당자를 만나 협상을 했다. 행정실에서는 발표회 자료집에 선구자 악보가 포함되어 있어 '불온한' 이 노래를 빼지 않으면 발표회를 개최할 수 없다고 지적하고 나선 반면, 메

10 제2회 발표회(1978.10.31.) 장소는 여학생 휴게실. 대학 본부에서 학생회관 라운지 사용을 허락하지 않아 당시 메아리 제2대 회장 우성균 군의 주도로 학교 허락 없이 무단으로 사용, 공연함(한동헌).

11 '이석란' 씨는 이화여대생이나 언젠가 기타를 메고 메아리 방에 찾아와 메아리 모임에 참석하고 공연과 연습도 함께 하게 되었으며, 나중에 이화여대 노래패 한소리가 만들어지는 주역이 되었다고 함(양현수).

12 78학번 법학과 이연현은 재일교포 출신으로 메아리 활동의 다양한 기록에 남다른 공을 들인 인물이었는데, 일제 카세트 테이프에 남겨진 재킷의 손글씨를 볼 때 이연현 특유의 글씨라 대뜸 누구의 솜씨인지 알아 볼 수 있었다고 함(양현수). 메아리 초기 발표회 준비 관련 스피커, 마이크, 녹음 등 음향 분야 기술지원 실력이 상당히 높은 수준이었다고 하고, 공연 실황 녹음은 릴테이프로 마스터 테이프를 제작한 뒤 카세트 테이프로 다량 복제했을 것이라고 함(양현수). 그렇다면, 누군가 이렇게 복제된 다른 카세트 테이프를 보관하고 있을 수도 있다.

아리 집행부로서는 발표회 준비를 위해 필요한 절차를 다 거쳤고, 자료집 인쇄까지 마친 판에, 발표회 날에서야 자료집에서 1곡을 빼라고 한다면 부당불가하다며 그 노래를 뺄 수 없다고 버텨 팽팽하게 맞서고 있었다. 이런 대치 상황에서 마침내 자료집을 다시 제작하는 비용과 납품 책임을 행정실이 책임지기로 함으로써, 파국을 면할 수 있었다는 얘기였다. 즉, 선구자 노래를 자료집에서 빼되, 행정실에서 대학의 고속 인쇄기로 자료집을 다시 제작해 주기로 해 이날 발표회가 성사될 수 있었다고 하는데, 여기서 이야기가 끝난 것이 아니었다.

이어서 이 날 발표회의 백미라고 강조한 내용이다. 행정실과 승강이한 시종을 집행부에서 지도교수에게 말씀드렸음에도 불구하고, 김경동 교수님은 지도교수 인사말에 이어 '불온한' 노래 '선구자'를 청아한 음성으로 열창하셨다. 여기까지는 예정대로였다. 그러나 김경동 교수님의 선구자 노래는 당시 엄혹하고 암울한 시절에 억눌려온 공연 분위기를 일대 반전시켰다. 특히 참석자들이 선생님의 선구자 독창을 듣지만 않고 함께 부르는 제창으로 이어져 선구자 노래가 메아리 제1회 발표회에 참석한 많은 사람들(600명 이상?)[13]의 심금을 울린, 이날 공연의 가장 감동적이었던 순서로 각별하게 기억된다는 것이었다.[14]

1978년 4월 6일 제1회 발표회를 시작으로 메아리는 연 2회 매 학기 정기발표회를 개최해 오고 있거니와, 메아리 정기 발표회(공연)는 서울대에서 많은 사람들이 참석하여 성황을 이루는 공연으로 기억된다.[15]

---

13 발표회 장소 서울대 학생회관 2층 라운지는 이동식 자바라 칸막이로 주변과 분리되어 있었다. 라운지에 있는 긴 소파들을 분산형 대화 모드에서 집중형 관람 모드로 재배치하고 자바라를 밀어 칸막이를 제거함으로써 공연을 관람할 수 있는 공간을 추가 확보했다. 회고하건대, 제1회 발표회 때 라운지 내부 300명 + 자바라 밖 2층 주변 공간 200명 + 위층(3층) 계단 통로 100여 명으로 총 600명 이상 관람했을 것이고, 이후 79년 10월 3회 공연 때에는 밀려드는 관객을, 가능한 한 수용하기 위해, 공연 기간 한시적으로 마당극 모드 도입이란 특단의 조치를 취했다. 소파를 모두 치우고 그 자리에 스티로폼을 깔아, 관객이 앉도록 했다. 족히 1,000명 이상이 참석했을 것임(정회선).

14 이후 후임 지도교수 중 메아리 공연에서 지도교수 격려사뿐 아니라 메아리 공연에 직접 참여한 분이 계셨는지 알아보았으나 그런 기억은 없다고 한다. 제2대 지도교수 최일섭(사회복지학과) 교수는 뮤지컬에 출연할 정도로 성악에 조예가 깊은 분인데도 … 후임 지도교수 중 한 분인 홍두승 교수님은 어느 메아리 행사의 인사말 중 "지도교수이나 노래를 지도하는 것은 아니다"라고 말씀했다(김창남).

15 메아리 인기는 폭발적이었다. 일례로 1980년 메아리 신입생 모집 시 번호표 순서대로 면접을 했는데 준비한 일련번호표(800번까지)가 동나, 이후에는 번호표를 포기했다고 함(정회선). 또

Ⅲ. 메아리 노래책과 미디어

메아리는 그저 좋아하는 노래를 함께 부르는 '동호인' 활동에 그치지 않고, 시대상을 반영하는 노래들을 수록한 다양한 판본의 노래책(악보집)을 발간해 '좋은' 노래의 확산에 기여하고자 했다.[16] 노래책 메아리 제1집~제3집은 정기 발표회 행사용 자료집으로만 발간되고, 1979년에 출간된 노래책 메아리 제4집(1979.4.13.)이 공연을 전제하지 않고 나온 첫 메아리 노래책이다.[17] 이후에도 메아리 제5집(1980), 제5집증보판(1981) 그리고 제6집(1983), 제7집(1986), 제8집(1987) 등의 노래책이 간헐적으로 출판되었다.

또한 메아리는 자신들이 부른 노래를 녹음해 독자적으로 제작 배급하는 비합법 운동을 펼치기도 했다. 음원의 주된 미디어는 카세트 테이프였다. 메아리 제1집 (1979)에 수록된 16편의 노래를 보면, '금관의 예수'(김지하 작시, 김민기 작곡) 같이 다른 사람이 지은 노래도 있지만 노래(한동헌), 영산강(문승현) 등 메아

한 1981년에는 "공연 시작 2시간 전부터 서 있던 줄은 공연 전에 이미 200-300미터를 넘어섰다 라운지에 무대를 꾸며놓고, 당시 있던 접이식 커튼 문의 한쪽을 열어 놓고 학생들은 질서있게 입장을 했다. 그리고 기다리면서 노래를 부르고. 합창을 위해서 무대 바로 아래 앉아 도열해 있던 신입생인 우리는 그저 잔뜩 긴장한 채 떨고 있었던 기억이 난다 … "(이창학, '깡패 앞에서 부른 아침이슬', 『오마이뉴스』, 2007, 070712).

16 "노래를 한번 듣고 따라 부르거나 전해들은 노래의 악보를 채보하거나 낱장의 악보를 모아두는 방식에서 벗어나 단행본 형태의 노래책을 만들어 보급함으로써 많은 사람들이 새로운 노래를 접할 수 있게 한 것이다."(강영미, 2018, p. 308). 메아리 노래책 제4집(1979)에는 총 133곡이, 제5집 증보판(1981)에는 총 148곡이 담겨 있다. 예컨대, 제5집의 구성을 보면, 제1부 구전가요 14곡(9.5%), 제2부 국내 창작곡 25곡(16.9%), 제3부 김민기 노래 38곡(25.7%), 제4부 송창식, 한대수, 한돌, 나동민, 방의경, 김의철 등 국내 활동 음악인 노래 25곡(16.9%), 제5부 메아리 회원 창작곡 27곡(18.2%), 제6부 외국 가스펠, 포크송, 영가 등 19곡(12.8%)으로 이루어져 당시 학생들이 함께 부르고 싶은 '좋은' 노래를 짐작케 한다.

17 노래책 메아리 제4집을 pdf로 저장해 올린 한 인터넷 사이트(노동자의 책)는 "이 파일을 올리게 된 데에는 현재 사회생활을 하는 메아리 출신 분들의 도움이 컸다"고 감사의 인사를 전하면서 "왜 이 책이 1집이라고 명명되지 않았는가에 대해서는 알 수가 없다"고 적고 있다. https://www.laborsbook.org/new/book.php?uid=67&no=2945

리 회원들의 자작 곡목들이 대부분이었다.[18]

이는 이미 1970년대 말에 메아리가 다른 사람이 지은 노래를 불러 여러 사람들에게 울림을 확산하는 단순 취미 동호회나 공연집단을 넘어 자신들의 느낌과 생각을 음악적으로 표현하는 창작집단으로서, 노래운동의 지향을 고민하면서 그 결과를 확산시키고 있었음을 시사한다. 1978년 겨울 김민기의 '노래굿: 공장의 불빛' 제작 참여가 메아리 노래운동 지향 변화의 중요한 계기로 언급된다.[19]

Ⅳ. 맺음말

본고는 호산 김경동 교수에 대한 추억을 되살려 그 인품과 사상을 기리고자 했으나, 집필하고 보니, "이 땅에 노래운동의 씨를 뿌렸고 터를 닦은" 것으로 평가되는[20] 메아리의 창립 당시 지도교수 선임 요청에 호산 김경동 교수님께서 쾌락해 메아리 창립을 가능하게 한 점, 그리고 제1회 발표회에서 김 교수의 선구자 독창이 참석자들의 제창을 이끌어 내 심금을 울린 사건에 대한 특별한 추억을 확인하는 데 그치고, 노래책이나 음반 발간 등 그 밖의 메아리 활동에 관한 구체적인 '지도 · 편달', 또는 달리 함께 한 활동 내용에 대한 기억은 전무하다시피 하다. 근 50년 전의 일에 대한 기억의 풍화작용 탓도 있지만, 학생 동아리의 자치 풍토에서 기인한 것이 아닌가 싶다.

1970년대 말, 엄혹한 시절에 메아리 노래운동이 어떻게 등장하고 변모해 왔는지, 한국 노래운동에서 메아리의 위치를 어떻게 평가할 수 있는지 등 여러 문제들에 대해 향후 보다 본격적인 고찰이 요구된다.[21]

18 메아리 음반은 카세트 테이프 외에 훗날 1997년 메아리20주년기념사업단에 의해 CD로도 복각되었다. 복각된 CD ORIGIN 1(제1집, 1979, 복각 1997) 및 제2집 ORIGIN 2(1980, 복각 1998)에는 '고뇌하는 마음으로 노래를'이라는 부제가 붙여졌다. 이 부제는 1981년 당시 메아리 회장 김창남 군이 신입생환영 집회보에서 "고뇌하는 마음으로 노래를 불러본 적이 있습니까?"라고 시작하는 글을 게재하면서 이후 메아리의 표제처럼 사용되었다고 함(이창학).

19 신현준, 서울대학교 메아리, 연합 메아리, 그리고 과격화, 『한국 팝의 고고학』 2022(루바토, 2024 '한국 대중음악에서 대학가요제의 추억', 네이버 블로그에 전재된 신현준의 글, 2025.07. 19. 조회), https://blog.naver.com/yeol238/223345745245

20 김창남(양승준, 40년 울려 퍼진 '메아리', 한국일보 2017.11.14).

[참고문헌]

강영미. 2018.「1970-1980년대 노래운동에 대한 예비적 고찰」.『정신문화연구』41(3)(통권 152호): 305-332.

김창남·이영미. 1988.「운동권 노래의 전개과정과 노래운동의 전망」.『노래』3. 이론과실천사.

김창남·이영미·박윤우·김해식.「광범한 민중운동의 흐름 속에 자리하는 노래운동」.『노래』1. 실천문학사. 1984.

문승현. 1985.「노래운동의 몇 가지 문제들」. 정이담 외.『문화운동론』. 공동체: 196-226.

성하운. 2018. '영화가 된 민중가요사 … 노래로 시대에 저항했던 '메아리', [제23회 부산국제영화제 (BIFF) 리뷰] 다큐멘터리 영화 <나의 노래 : 메아리>,『오마이뉴스』, 2018.10.17. https://star.ohmynews.com/NWSWeb/OhmyStar/atpg.aspx?CNTN_CD=A0002480347

신현준. 2022. 서울대학교 메아리, 연합 메아리, 그리고 과격화,『한국 팝의 고고학 1970』(루바토, 2024. '한국대중음악에서 대학가요제의 추억', 네이버 블로그, https://blog. naver.com/yeol238/223345745245에 전재된 신현준의 글, 2025.07.19. 조회).

신현준. 2024. 가(歌)·요(謠)·곡(曲)의 해부학 5 : 새벽의 '노래운동'과 투쟁가, 서정곡, 서사요 1977-1993,『대중음악』통권 34호(2024년 하반기): 9-54.

이창학. 2007. '깡패 앞에서 부른 아침이슬',『오마이뉴스』, 070712 https://www.ohmynews.com/NWS_Web/View/at_pg.aspx?CNTN_CD=A0000421971

21 이와 관련 다양한 관점과 논의를 참조할 수 있다. 김창남 외 (1984), 김창남 이영미(1988), 문승현(1985), 신현준(2024) 등이 주목할 만하다.

사고의 지평을 사회학 너머로 넓혀주신 선생님!

조 병 구*

호산(浩山) 김경동 선생님의 구순(九旬)을 진심으로 축하드립니다.

나는 사회학과에서 교육을 받고, 평생을 사회학자로 불리면서 살았지만 엉뚱하게도 평생을 경제연구소인 KDI(한국개발연구원)에서 보냈다. 사회학 박사학위를 가진 내가 경제학자들 틈바구니에서 30년 넘게 살아남았다는 사실은, 내 이력서에 붙은 사회학 박사라는 딱지만큼이나 아이러니하게 들릴지도 모르겠다. 오늘날 내가 사회학자라는 타이틀로 대표적인 경제연구소에서 특정 학문의 울타리에 갇히지 않고 험난한 사회생활을 헤쳐나올 수 있었던 것은, 나에게 사회학 너머의 지평을 보여주신 선생님의 혜안 덕분이라 생각한다.

사실 사회학자와 경제학자는 같은 문제를 두고도 '별에서 온' 사람들처럼 서로 다른 언어를 구사하곤 한다. 문제를 바라보는 시각도 다르고, 해결책을 모색하는 방법론 또한 판이하다. 하지만 이보다 더 나를 힘들게 했던 건, 굳이 자기 학문의 프레임이 더 우월하다는 것을 증명하려는, 뭐랄까, 학문적 자존심 싸움 같은 것이었다. 문제를 이해하려는 노력보다는 어떤 학문적 접근은 진정한 학문이고 설득력이 있는 반면, 자기가 배우지 않았던 다른 학문 이론이나 방법론은 '틀렸다'는 식의 사고방식이 생각보다는 넓게 퍼져 있었던 것이 우리나라의 현실이었다.

그런 오랜 경험을 통해 나는 한 가지 중요한 깨달음을 얻었다. 어떤 문제든(그것이 사회적이든 경제적이든) 제대로 이해하고 현실적인 해결책을 제시하려면, 굉장히 오픈된 사고를 지녀야 한다는 점이다. 솔직히 말씀드리면, 대학에서 배운 거창한 이론들이 현실 문제 해결에 별 도움이 안 될 때가 수두룩했다. 물론 특정 이론의 관점에서 문제를 재단하면 한결 쉽게 보일 수도 있지만, 대부분 경우 기

* 한반도경제협력원 이사장. KDI초빙연구위원

존의 이론 틀에는 없는 창의적인 관점이 필요했고, 심지어는 사회학, 경제학, 정치학 등 여러 학문의 접근법을 모두 동원해야만 하는 상황도 부지기수였다.

이런 깨달음 속에서 나는 사회과학 내에서 굳이 사회학적 접근법, 경제학적 접근법, 혹은 정치학적 해석 등으로 학문의 구분을 짓는 것이 무의미하다는 생각을 굳히게 되었다. 오히려 포괄적으로 사회과학적 분석을 시도하고, 해결책 또한 완벽함보다는 그러한 문제가 만들어지게 된 당시의 국내적, 국제적 콘텍스트나 정책이 지향하는 바를 고려한 상황적 제약 속에서 찾아야 한다는 믿음을 갖게 되었다.

내가 이처럼 특정 학문 분야(저의 경우 사회학적 사고방식)에 굳이 집착하지 않게 된 데에는 김경동 선생님의 남다른 교육 방식이 크게 작용하지 않았나 생각한다. 내가 대학원에 진학할 무렵인 1979년경, 사회학과 커리큘럼 개편 시도가 있었다. 다른 분들은 기억하지 못하실지 모르지만, 나에게는 꽤 충격적인 시도였다. 당시 대학원 커리큘럼은 사회계층론, 사회조직론, 사회심리학 등 사회학 이론 분야를 중심으로 짜여 있었다. 그런데 김경동 선생님께서 제안하신 것으로 알고 있는 커리큘럼은 이런 분야별 구분이 아니라 사회학 연구 방법론 중심으로 구성해서, 어떤 분야를 연구하든 그에 맞는 방법론 교육을 훨씬 강화하고 이론은 실제 논문을 쓰면서 스스로 공부하는 방식으로 개편하자는 안이었다.

물론 그 파격적인 안은 당시 많은 반대에 부딪혀 현실화되지 못했다. 솔직히 그때의 나조차도 '이런 식으로 가르치면 뭘 배울 수 있을까?' 하는 회의적인 생각마저 들었다. 하지만 선생님의 그 시도는 나에게 '사회과학 이론이란 선배 학자들이 만들어놓으신 훌륭한 이론을 배우는 것이 아니라, 우리가 사회현상을 연구하면서 스스로 만들어가는 것인가 보다' 하는 생각의 물꼬를 터주었다.

이러한 생각을 학창 시절에는 크게 의식하지 못했고 발전시키지도 못했다. 그러나 나중에 경제연구소에 들어와 현실 문제를 접하면서, 자유롭게 모든 학문의 이론과 방법론을 활용하고 적용해야만 문제에 대한 이해도를 높이고 더욱 현실 적합한 해결책을 찾을 수 있다는 점을 절감하게 되었다. 그때야 비로소 김경동 선생님의 그때 그 생각이 얼마나 시대를 앞서간 혜안이었는지 깨닫게 되었고, 왜 내가 전에는 이런 생각을 적극적으로 하지 못했을까 하는 아쉬움과 자책도 들었다.

물론 내가 여전히 게으르고 집중력이 부족하여 이런 생각들로 실제 정책개발에 획기적으로 기여한 바는 없다. 하지만 적어도 복잡다단한 경제연구소에서 살아남는 데 필요한 유연한 사고방식만큼은 가질 수 있었다고 생각한다. 지금도 나는 사회과학 내의 학문 구분, 혹은 학과의 구분은 구태의연하고 불필요한 것이며, 훨씬 더 자유롭고 포괄적인 '사회학적 상상력'이 필요하다는 생각에 변함이 없다.

선생님께서는 아마 이런 심오한 영향을 저에게 주셨다는 사실을 모르실 수도 있다. 하지만 나에게는 그 어떤 교육보다 가슴에 깊이 남는 기억이자, 내 삶의 방향을 이끌어준 소중한 가르침이었다.

다시 한번 선생님의 구순을 진심으로 축하드리며, 늘 건강하시고 평안하시기를 기원합니다.

김경동 선생님의 특별한 제자 사랑

김 필 동*

김경동 선생님의 사회학은 '인간주의 사회학'을 지향한다. '인간주의 사회학'은 김경동 선생님께서 1977년 미국에서의 유학과 교수 생활을 마치고 한국에 돌아오신 뒤 당신 학문의 지향점으로 표방하셨던 이름이었다.[1] 다양한 인간에 대한 사회학적 관심과 애정을 바탕으로, 그들의 보다 나은 삶의 질 향상에 이바지하는 학문으로 사회학을 자리매김하고자 한 것으로 이해되었다. 그 후 선생님은 '인간주의 사회학'을 항상 호명하시지는 않았지만, 사회학자로서 그때의 생각을 쭉 견지해 오셨고, 그런 입장에서 교육·연구와 함께 실천도 해 오신 것으로 생각한다.

선생님과의 첫 만남도 1977년 3월에 이루어졌다. 선생님께서 미국 유학과 교수 생활을 마치고 서울대 사회학과에 부교수로 복귀하신 것이 이때였기 때문이다. 당시 나와 우리 동기들(75학번)은 3학년이 되었지만, 1975년 서울대에 사회계열로 입학한 뒤 1976년 2학기에 사회학과로 과 배정을 받아 진급했기 때문에 사회학과 학생으로는 겨우 1학기를 보냈을 뿐이었고, 그만큼 사회학도로서는 새내기에 가까웠다고 할 수 있었다. 따라서 선생님은 선생님대로, 학생들은 학생들대로 첫 만남에 따른 기대 같은 것이 있었는지도 모른다. 물론 이런 생각은 다른 학년 학생들에게도 크게 다르지는 않았을 것이다.

강의에서 선생님은 그동안 강의실에서 접했던 선생님들과 다른 면모를 보여주셨다. 선생님의 강의는 잘 준비된 강의안을 바탕으로 이루어졌다기보다는 다소 즉흥적으로 진행되는 것 같이 보였다. 선생님은 그날 강의 노트 대신 미리 구상해 오신 강의 내용을 설명하시면서, 필요한 경우 갖고 오신 영어 원서(의 일부)를 가끔 참조하시면서 유창하게 강의를 진행해 가셨는데, 내용 설명이나 진행/

---

* 충남대학교 사회학과 명예교수

1 『인간주의 사회학』, 민음사, 1978.

연결에 무리가 없었다. 자연히 학생들은 속으로 감탄하면서 강의를 들었다. 놀라운 일은 더 있었다. 당시에는 실내에서 담배를 피우는 일이 일상적이었고(학과 사무실의 학생들 공간에서는 학생들도 담배를 피웠다), 심지어 담배를 물고 강의를 하시는 선생님도 계셨다. 이해영 선생님께서는 자주 그렇게 하셨다. 선생님도 당시에는 가끔 담배를 피우셨는데, 강의 때 담배를 피우시면서 학생들에게도 담배를 피우고 싶은 사람은 피우라고 허용해 주셨다. 지금은 누구도 실내에서 담배를 피울 수 없지만, 당시에는 선생님이 안 계실 때는 학생들도 담배를 피우곤 했었다. 그러나 수업시간에 선생님과 맞담배질이라니 … . 물론 처음에는 주저했지만, 나중에는 학생들 일부도(나도) 선생님과 맞담배질을 하면서 수업을 받았던 기억이 있다. 지금 생각하면 도저히 있을 수 없는 일이지만, 공공장소에서의 흡연 문화가 존재했던 당시 환경에서 학생들을 성인 인격체로 존중해 주셨고, 그만큼 격의 없이 학생들을 사랑으로 대해 주셨던 일면이 아니었을까 생각된다. 이후 공공장소에서의 흡연이 단계적으로 금지되었고, 겸하여 금연문화 자체가 널리 퍼지게 되었음은 말할 것도 없다.

선생님과 학생들이 더 가까워진 계기는 1977년 여름 사회학과 학생들 다수가 면접원으로 참여한 '보성조사'에서 주어졌다. 이 조사연구는 선생님과 사모님의 공동연구 형식으로 이루어진 것인데, 농촌 출신의 도시 이주자 중에서 다시 농촌(고향)으로 돌아간 사람들에 대한, 이른바 '귀환 이동(return migration)' 사례에 대한 면접조사였다. 이 조사에는 75학번 학생들이 다수 동원되었고, 복학생으로 함께 다녔던 72, 73학번 선배들도 포함하여 총 12명이 조사에 참여하게 되었다. 조사원들이 면접 대상자를 직접 만나서 1시간 이상 조사표에 따라 질문을 하고 응답을 기록하는 전형적인 면접조사였기 때문에 시간이 오래 걸렸고, 따라서 1주일 내외를 보성(벌교읍) 지역의 여관에서 머무르게 되었다. 조사 기간에는 선생님과 사모님도 함께 현지에 머물며, 조사(면접) 방법에 대한 귀중한 지도도 베풀어 주셨다. 이 조사를 통해 우리는 본격적인 사회조사를 처음/제대로 경험하게 되었고, 조사에 참여한 동기들은 물론 선배들과도 친교를 맺을 수 있는 좋은 계기가 되었다.

이후 나는 대학 4학년과 대학원 시절에 선생님께서 주관 또는 참여하신 조사연구에 연구보조원으로 몇 차례 참여하여, 선생님(또는 공동연구원으로 참여하신 다른 과 선생님)과 함께 조사를 위한 출장을 다니고, 때로는 조사원으로 참가한 학생들에게 면접조사 방법에 대해 안내를 하기도 했는데, 이때의 경험은 이후 나의 연구와 학생 교육·지도에 중요한 자산이 되었다. 이후 나는 한국사회사를 주된 연구의 방향/주제로 삼았고, 현대사회를 연구 주제로 삼은 경우에도 표본조사와 통계분석보다는 마을/지역 연구와 심층 면접조사를 주로 했던 것이지만, 사례연구 또는 불규칙적으로 남게 된 자료(사료)들에 대한 역사적 연구를 하는 경우에도 이를 (가상적인) 모집단, 표본집단과 잔존한 개별(특수) 사례들과의 관계 속에서 파악하고 분류·해석하는 방식으로 연구를 해왔는데, 이러한 나의 연구 태도와 방법은 선생님을 포함한 사회학과 선생님들의 가르침과 격려 덕분이었다고 생각한다.

선생님과의 관계에서 빼놓을 수 없는 기억은 매년 정초에 사회학과에서 주관하는 신년하례식에 참석하고, 이어서 선생님 댁에 세배를 다녔던 일에 대한 것이다. 대체로 매년 1월 2일 오전 11시에 관악구청 근처의 식당을 빌려 신년하례식을 갖고, 스승과 제자, 선후배·동기들이 서로 새해 인사를 나눈 뒤, 이 자리에 참석하신 선생님과 선배님들(특히 사회학과 창설 초창기의 대선배님들) 몇 분의 말씀을 듣고, 떡국으로 점심을 같이한 뒤에 신년하례식은 마치는 것으로 되어있었다. 특별히 기억에 남는 것 중에는 학과 창설 초창기(1940년대 말)의 대선배님들도 몇 분 참석하셔서 옛날이야기를 들려주셨던 일이다. 그중에는 사회학과 5회(1947년 입학)[2]의 신영균 선배님(전 융진상사 사장)께서 1940년대 말 학창 시절 얘기를 하시면서, 당시 배웠던 영어 교과서의 문장을 마치 연극 대사처럼 실감나게 암송해 주셨던 기억이 있고, 선배님과 학생 중 몇몇이 노래를 부르거나 과가(科歌)를 제창했던 기억도 남아 있다.

사회학과에서 새해에 선생님 댁에 세배를 가는 것은 오래된 관례였던 것 같지만, 신년하례식을 갖게 된 것은 1975년 서울대학교가 관악산으로 이전한 뒤 선생님 숫자도 늘고, 선생님 댁도 강남·북으로 흩어져 있었던 데다가 70년대 말에는 대학원생 수가 많이 늘어나[3] 학생들이 선생님 댁에 일일이 세배를 다니던

2 5회는 국립서울대학교가 공식적으로 개교한 뒤 1947년 3월에 처음으로 입학한 기수였다. 1945년 말~1946년에는 국내(경성제대) 및 일본 등에서 정규 대학을 다녔던 학생들을 대상으로 네 차례에 걸쳐 수시 입학이 이루어졌다.

3 1970년대 중후반까지도 대학원 입학생 수는 몇 명 되지 않았다. 그러나 1979년 대학원 입학생

번거로움을 피하려는 뜻도 있었던 것 같다. 그러나 실제로는 신년하례식도 갖고, 선생님 댁에 세배하러 다니던 관례도 여전히 지속된 것이 아닌가 한다. 선배님 중에는 가까운 선생님들 댁에 다소 선택적으로 세배를 가는 편이었지만, 대학원생들이나 학부 고학년생 일부는 여러 선생님 댁을 순례하듯 다니는 경우가 많았다. 그런데 이때 가장 늦게 방문한 곳이 김경동 선생님 댁이었다.[4]

선생님 댁을 가면, 으레 다과와 함께 음식과 떡국도 내주셨기 때문에 제자들은 이날 떡국을 여러 번 먹곤 했다. 그런데 김 선생님 댁에서는 음식과 술을 특별히 많이 준비해 두셨다가 늦게까지 제자들이 먹고 마실 수 있도록 배려해 주셨다. 이런 분위기에서 학생들은 느긋하게 음식을 먹고, 술도 마시면서 내친김에 돌아가면서 노래도 부르는 등 여흥을 즐기곤 했었다. 선생님은 그야말로 다재다능한 분으로, 노래도 잘하셨기 때문에 한두 번은 기타를 치면서 팝송을 부르신 적도 있었다. 이어서 학생들도 돌아가면서 또는 함께 노래를 불렀다. 당시에는 음식점에서 저녁 회식이 있을 때면, 으레 돌아가면서 또는 떼창으로 노래를 부르는 경우가 많았는데, 선생님 댁에 세배를 갔다가 이런 난장판이 벌어졌던 것이다. 선생님은 음식은 물론, 술도 많이 준비해 주셨다. 게다가 당시 학생들이 마셔보기 어려웠던 양주까지 … . 외국 출장이 잦았던 선생님께서는 그때마다 아마도 이런 경우를 생각해서 양주를 여러 병 준비해 두셨던 것이다.

당시에는 야간 통행금지가 있었던 시기였는데, 밤이 늦어지면 집/숙소에 돌아가기가 어려웠다. 이때가 되면, 선생님께서는 이웃이 있으니까 너무 시끄럽게 하지 말라는 정도의 당부를 하시고 쉬러 들어가셨고, 학생들은 그때도 나올 생각을 안 하고(이미 늦었기도 하지만), 음주와 담소를 이어갔다. 그러다 보면, 일부는 거실과 방에서 쓰러져 자게 되었고, 일부는 음주와 담화를 이어가다가, (지금 잠이 들어서는 안 된다는 생각에?) 심지어 몇이 둘러앉아 포커를 쳤던 적도 있었다. 이런 마당에 조금 일찍 쉬러 들어가셨다고는 하지만, 선생님과 사모님께서 잠을 제대로 주무시기나 했을까? 지금 생각해 보면, 거의 '만행'에 가까운 학생들의 행

이 15명으로 많이 늘어났고, 이후에도 매년 10명 내외의 학생이 대학원에 입학하게 되었다.

4 당시 학생들의 선생님 댁 방문이 반드시 일정한 순서에 따라 이루어진 것은 아니지만, 대학원 재학생들(조교, TA 포함)을 기준으로 보면, 그런 경향이 있었다. 아마도 김 교수님이 상대적으로 친근하고 편하게 여겨졌기 때문이었을 것이다.

태였는데, 이런 일이 적어도 몇 번은 반복되었던 것 같다. 그렇게 밤이 지나고 나면, 통행금지가 풀린 뒤 일부는 조용히 선생님 댁을 빠져나갔고, 늦잠을 잔 몇몇 학생들은 염치없게도 아침까지 얻어먹고 선생님 댁을 나선 일도 있었던 것이다.

사회학과의 신년하례식이 적어도 일부 학생들에게는(일부라 해도 두 자릿수는 되었다) 이런 식으로 마무리되곤 했던 것은 (내가 직접 경험했던 것을 기준으로 보면) 1970년대 말에서 80년대 초반에 이르는 유신 말기와 전두환 독재정권 시기의 일이었다. 이 시기는 많은 학생에게 위정자와 정부, 체제에 대한 불만과 분노, 그리고 냉소와 두려움이 혼재하던 시절이었고, 그에 대한 저항 의식과 이를 행동으로 표출하려는 의지와 함께 공부를 통해 자신의 학문적 진로를 개척하려는 좀 더 현실적인 모색의 과정이 겹쳐 있던 시기이기도 했다. 이런 시기에 선생님은 학생들에게 어떤 방향으로 학생들을 이끌려고 하시기보다는 각자의 생각을 존중하면서 위로와 격려의 마음을 보내주셨던 것 같다.

나는 대학원에 진학하면서 한국사회사를 전공하기로 마음을 먹었고, 따라서 유학을 가지 않고 국내에서 대학원을 다니기로 했다. 마침 나는 단기 방위병으로 소집되어 일찍 병역을 마친 뒤, 석사논문을 쓰고, 박사과정도 비교적 빨리 끝내면서, 이로 인해 27세에 충남대 사회학과에 전임강사로 일찍 취직하게 되었다. 이후 충남대에서 40년 가까운 교수 생활을 하게 되었지만, 교수를 하는 동안 학과에서 신년하례식을 갖거나, 학생들이 신년 인사차 집으로 찾아온 적은 없었다. 이렇게 된 데에는 내가 교수로 취업할 무렵에 충남대 사회학과에는 아직 그런 의례(전통)가 없었고, 학생들이 세배하러 교수님 댁을 방문하는 문화도 없었기 때문이다. 게다가 1980년대 초반에는 지방대학의 학생 수 증가와 졸업정원제로 인해 사회학과의 학생 수가 한 학년에 8~90명에 달했던 적도 있었기 때문에, 그런 모임을 가질 생각을 하기도 어려웠을 것이다. 게다가 당시 교수들 대부분이 30대였기 때문에(내 경우는 20대) 학생들로부터 세배/신년 인사를 받는다는 것 자체도 매우 어색했을 때였다. 그러나 그 후 학생 수가 조금 줄어든 뒤에도, 이제는 세배 문화 자체가 거의 사라져갔기 때문에, 그런 일은 일어나지 않았다. 그러나 더 본질적인 것은 (특히 내 경우는) 학생/제자들에 대한 사랑이 우리 선생님들, 특히 김경동 선생님의 그것에 크게 미치지 못했기 때문이라고 생각한다.

1989년 8월 박사학위를 취득하기 전까지 나는 신년하례식에 자주 참석했고,

김 선생님을 포함하여 몇 분 선생님 댁도 찾아뵈었다. 그러나 저녁에는 대전으로 돌아와야 했기 때문에 예전처럼 김 선생님 댁에서 밤을 새우는 일은 없었고, 이 무렵에는 후배들도 그런 버릇없는 행동은 하지 않았던 것 같다.

위에 적은 내용 외에 필자는 김경동 선생님으로부터 개인적으로 많은 사랑과 은혜를 입었다. 그러나 그에 비하면, 선생님의 기대에 학문적으로 부응하고 선생님의 사랑과 은혜에 보답하는 데는 턱없이 못 미쳤고, 지방에 가 있다는 핑계로 선생님을 자주 찾아뵙지도 못했다. 그런 가운데 1996년 11월 선생님의 회갑을 기념하는 제자들의 모임을 갖기로 하고, 선생님과 가까운 배규한 선배님과 동기인 송호근 교수와 상의해서 소박한 기념행사를 준비할 수 있었던 것은 그나마 다행한 일이었다. 참석 대상은 70학번에서 84학번에 이르는 사회학과 졸업생과 대학원 출신 중에서 학계로 진출한 제자들을 대상으로 하고, 그밖에 1977년 보성조사에 조사원으로 참여했던 졸업생들을 포함해서 명단을 작성하고 참석 의사를 타진했었다. 혹시 그때 기록이 남은 게 있나 해서 오래된 백업 디스크에서 파일을 뒤졌더니 신통하게도 연락대상이 된 명단과 예산, 예상 참석자 수 등을 추산한 파일이 하나 나왔다. 연락 범위를 학과의 다른 선생님이나 외부 인사로는 확대하지 않았다. 말하자면, 1977년 선생님의 귀국 이후 학부와 대학원에서 수업을 받았거나 특별한 인연을 맺었던 제자들이 모여 선생님의 회갑을 축하하는 자리를 갖자는 취지로 마련했던 것이었다. 행사는 선생님의 생신이 포함된 11월 중에 시청 앞 프라자호텔에서 열렸는데, 당일 40여 명의 제자가 참석했던 것으로 기억한다. 참석자들은 필자가 앞에 적었던 것과 같은 공통의 경험과 사적인 인연을 기억하고, 각자 품은 선생님에 대한 감사의 뜻을 표하면서, 뜻 깊고 즐거운 시간을 가질 수 있었다. 그날 제자들의 축하 인사에 환하게 웃으시며 다소 들뜬 기분으로 소회를 피력하시던 선생님의 모습이 생생하게 기억난다. 다만, 그날 찍었던 사진을 찾지 못해 무척 아쉬운 마음이 든다.

그로부터 29년이 지난 올해 선생님께서 여전히 건강한 모습으로 구순을 맞이하시게 된 데 대해 특별한 축하의 말씀을 올린다. 선생님 감사합니다. 존경하고 사랑합니다.

사회학과의 조우, 김경동과의 조우

김 동 노*

1978년 3월 대학에 입학하면서 처음으로 사회학을 접하게 되었다. 대학에 들어가기 전 고등학교 때 사회학과 관련된 공부를 한 적이 한 번도 없었기에 신입생으로 듣게 된 수업은 무척 생소했다. 지금은 고등학교에서 사회문화라는 과목을 통해 사회학의 기본 개념이나 지식을 가진 학생들이 대학에 입학하지만, 그때만 해도 개인적인 관심이 아니라면 고등학교의 교육을 통해 사회학을 배울 기회는 전혀 없었다. 고등학교 다니면서 학과 공부가 무척 싫어 읽었던 몇몇 책이 사회학의 텍스트라는 사실은 대학에 입학한 한참 뒤에야 알았을 정도였다.

사회학이라는 생소한 공부를 하게 된 어린 나이에 이 학문의 생소함을 한층 크게 만든 것은 처음 접하게 된 영어로 된 사회학 교재였다. 그때 수업을 맡으셨던 교수님이 어떤 의도였는지는 모르겠지만 월러스(Walter Wallace)가 쓴 *Sociological Theory*와 보조 교재로 버거(Peter L. Berger)가 쓴 *Invitation to Sociology*를 읽도록 요구했다. 가히 충격적이었다. 본고사가 있던 시절인지라 고등학교의 영어 교육이 독해 중심이었고 꽤 어려운 문장을 해석하는 연습을 했음에도 불구하고, 외국 학자가 쓴 영어 텍스트를 대학 신입생이 읽기에는 애초부터 불가능한 일이었다. 읽었던 책 내용의 생소함은 영어 문장의 난해함을 더욱 실감 나게 했다. 물론 당시 수업을 담당했던 분은 여러 가지 의미를 가지고 어려운 길을 가도록 했겠지만, 수업을 듣는 학생으로서는 사회학이 무엇인지를 알기에는 도저히 감을 잡을 수 없는 상황에 처했다.

당연히 그때 든 의문은 왜 외국학자가 쓴 교재를 읽어야만 하는가였고, 한국의 사회학자는 제대로 된 사회학 입문서조차 쓰지 못하는가였다. 당시에만 해도

* 연세대학교 사회학과 명예교수

한글로 된 입문서가 거의 없을 만큼 사회학이 수입 학문의 특성을 그대로 드러내었다. 외국 유학을 통해 사회학을 배웠던 분들이 귀국하여 곧장 학생을 가르치다 보니, 국내의 입문서가 성에 차지 않아 외국에서 공부할 때 익숙했던 교재를 사용하는 것이 꽤 널리 퍼져 있었다. 아마도 국내 사회학의 수준을 얕잡아 보던 학문적 열등감도 조금은 작용하던 시절이었던 것으로 기억된다.

그럼에도 불구하고 여러 선배들을 통해 귀동냥하고 수소문한 끝에 한국의 사회학자가 쓴 교재를 스스로 찾았다. 그때 만난 책이 바로 김경동 선생님이 쓴 『현대의 사회학』(박영사, 1978)이었다. 당시에는 사막을 헤매다 오아시스를 만난 것 같은 기분이었다. '사회학적 관심'이 무엇인지를 밝히는 것으로 시작한 이 책은 사회학의 다양한 분야에 대한 훌륭한 소개서였을 뿐만 아니라 많은 생각할 거리를 제공해 주는 길잡이의 역할을 하기에 충분했다.

문화, 사회화, 사회조직, 사회집단, 사회제도, 사회계층과 이동, 일탈과 통제, 군집행동과 사회운동, 사회변동 이론, 사회학과 미래의 사회 등으로 구성된 이 책은 사회학의 전반적인 흐름과 전체적인 모습을 이해하는 데 더할 나위 없이 좋은 동반자가 되었다. 한참 뒤에 교수가 되어 학부생에게 사회학 개론을 가르치면서 이 책에서 배운 내용은 계속 머릿속에서 맴돌았다.

30년 가까이 학생을 가르치다 은퇴한 이후 다시 한번 이 책을 펼쳐보면서, 지금 교재로 사용해도 흠잡을 데 없이 훌륭하다고 생각하게 된 것은 우연이 아니다. 선생님이 오랜 기간 사회학을 공부하면서 학생을 어떻게 가르칠 것인가를 고민해 온 결과가 이 책으로 결실을 맺었기 때문일 것이다. 선생님이 책의 서문에서 밝혔듯이, 선생님이 스물대여섯 될 때부터 사회학 강의를 10여 년 하고, 미국에서 몇 해 가르칠 동안에 영글어 온 생각이 하나의 책으로 마침내 빛을 본 것이었다.

이후 수십 권의 책을 쓰시고 이백여 편의 논문을 쓰시면서 김경동 선생님은 누구보다 한국사회학을 위해 그리고 한국사회의 바람직한 변화를 위해 크게 이바지하셨다. 1978년에 우연히 이 책을 접하면서 사회학을 새롭게 볼 수 있는 기회를 가진 저로서는 선생님의 수많은 업적 가운데 이 책의 가치가 무엇보다 크다. 한국사회학계의 손꼽히는 위대한 학자에게 드리는 헌사가 입문서라는 것이 이상할 수도 있겠지만, 이 책은 선생님의 첫 주요 저작일 뿐만 아니라 후학에게 끼친 영향에서는 여느 저서 못지않다는 의미이다. 단순히 사회학의 기본을 배울 수 있었기 때문만이 아니라 이 책을 통해 사회학을 어떻게 공부해야 할 것인지도 배울 수 있었기 때문이다.

1970년대 후반부터 1980년대 초반에 대학을 다니면서 사회학은 무엇인가에 관한 고민을 하지 않을 수 없었다. 당시의 엄중한 시대적 상황으로 인해 비판적 시각의 사회학이 제시되고 일부 수용되기도 했지만, 여전히 사회학의 주도적 분위기는 미국에서 수입된 구조기능론이 압도하는 분위기였다. 사회질서와 시스템 유지를 위한 기능을 강조하는 학문적 경향이 마냥 즐겁지는 않았다. 그렇다면 도대체 '인간'은 어떤 의미를 지니고 있는가, 사회 속에서 '인간'의 위치는 어디에 있는가라는 의문을 당연히 가질 수밖에 없었다. 사회학의 첫걸음을 떼면서 이러한 근본적 문제에 허덕이고 있을 때 이에 대한 답을 제공한 것도 선생님의 책이었다.

사회의 다양한 영역을 사회학적 관점에서 설명하면서 선생님이 궁극적으로 추구한 것은 인간의 문제였던 것으로 기억한다. 인간이 사회 속에서 어떤 의미를 지니는지, 그리고 사회는 개인에게 어떤 의미를 지니는지를 설명하는 것이 궁극적으로 이 책이 지향한 목표였다. 이 관점을 보다 분명히 하면서 같은 해에 출판된 것이 또 다른 중요한 저서인 『인간주의 사회학』(민음사, 1978)이다. 이 책의 첫머리에 이런 표현이 있었다. "사회학적 관심의 핵심은 인간적 관심이라 할 수 있다. 사람이 사회생활을 통하여 사람다움을 얻고 남과 더불어 살면서 스스로의 사회적 존재의 뜻을 새기려는 인간 됨의 하나가 사회학일진대, 그것이 사람을 위한, 사람에 의한, 사람의 사회학이라는 것은 자명한 일이다." 사회학을 왜 공부해야 하는지 어떻게 공부해야 할 것인가에 대해 동의하지 않을 수 없는 참신하고 과감한 선언이다. 특히 구조기능론이 주도하던 당시 상황에서는 더욱 그러했다.

사회학의 첫걸음을 어설프게 디디던 때 김경동 선생님의 글을 만날 수 있었던 것은 행운이었다. 덕분에 넘어지지 않고 한 걸음 한 걸음 걸을 수 있었고, 사회학을 하면서 사회와 더불어 인간의 문제에 대해 고민할 수 있는 힘을 얻을 수 있었다. 한참 시간이 지나서야 선생님이 고등학교 선배님이라는 사실을 알았지만, 개인적으로 만날 기회가 별로 많지 않았기에 감사의 인사를 제대로 전하지도 못한 채 오늘에 이르렀다. 오랜 기간 한국사회학을 위해 애쓰신 것에 대한 존경과 더불어 후학으로서 선생님에게 진 빚에 대한 감사의 말씀을 이 기회에 특별히 드리고 싶다.

선각의 연금술사 : '작은 기억'의 조각들

장 홍 근*

'작은 기억'은 대부분 비대칭적이다. '베푼' 기억은 쉽게 잊고 '받은' 기억은 오래 간다. 긍정적이든 부정적이든 그런 것 같다. '큰 기억'도 그런 경우가 종종 있다. 기억의 비대칭성은 인류 역사를 통해 진화해 온 것인지도 모른다. 그렇게 하는 게 인간이 생존하는 데 유리했던 모양이다. 베푼 기억을 오래도록 선명히 기억하고, 받은 기억을 쉬 잊어버리는 사람은 살아가는 데 애로가 있었을 것이다. 석사과정에 입학한 1985년은 호산 김경동 선생님과 나 사이에 형성된 비대칭적인 작은 기억들의 출발점이다. 당연히 베푼 이는 선생님이고, 받은 이는 나다. 선생님은 잊었을 가능성이 크고 나는 선명히 기억한다.

학부를 졸업하던 그해에, 막연히 더 공부해야겠다는 생각 하나만으로 대학원에 진학했다. 지방에서 올라온 가난한 서울 유학생이 뭘 믿고 계속 공부해야겠다고 생각했는지 모르겠다. 석사과정 수강과 동시에 대학원생 자체 세미나가 바삐 돌아가던 어느 날 서울대 사회과학연구소에서 연구프로젝트 연구생을 모집한다는 소식을 접했다. <정보사회의 도전과 대응>. 매력적인 주제였다. 몇 년 전, 앨빈 토플러의 <제3의 물결>을 읽었을 때의 흥분이 되살아났다. 체신부(후일의 정보통신부, 당시 장관은 오명)가 발주한 대형 프로젝트였고 조건도 좋았다. 등록금과 소정의 연구수당 지급!!! 망설임 없이 지원했고 선발되었다.

연구책임자는 김경동 교수, 당시 사회과학연구소장이었다. 선생님은 나에게 연구생 역할에 더해 연구소 일을 돕는 연구조교의 역할을 맡겼다.[1] 덕분에 연구소 일들에 좀 더 깊이 참여하고 관찰할 수 있었다. 知天命의 선생님께서 열정적

---

* 한국직업능력연구원 초빙연구위원. 前 한국노동연구원 부원장/선임연구위원

1 사회과학연구소의 학술지 <사회과학과 정책연구> 발간 업무는 그중의 하나였다. 당시 연구소 조교는 박사과정 중이던 남춘호(사회학과), 이성형(정치학과)이었다. 연구소와의 인연은 이후 1989년 9월부터 시작한 3년간의 사회과학연구소 조교 경력으로 이어졌다.

으로 연구를 총괄하던 모습이 지금도 눈에 선하다. 이 연구프로젝트는 국내 여러 학자와 미래의 연구자들로 하여금, 현재 진행 중인 정보화 현상과 미래의 정보사회에 관해 관심을 가지고 연구를 하도록 자극하였다. 후발 산업국가로서 경공업에 이어 중화학공업을 통한 선진국 따라가기에 정신없던 시기에 '정보화와 정보사회'라는 화두를 연구 주제로 던진 선생님의 혜안은 가히 선각적이었다.

선생님은, 당신이 속한 사회과학대학은 물론 다른 단과대학에 소속된 다양한 전공의 교수님들로 연구진을 구성하였다. 경제학과 송병락, 국제경제학과 김세원, 정치학과 안청시, 행정대학원 방석현, 전자공학과 이충웅, 사회교육과 차경수, 경영학과 곽수일, 환경대학원 권태준, 산업공학과 이창훈 교수 등이 연구진에 이름을 올렸다. 나는 햇병아리 대학원생이었지만, 선생님의 진취적이고 개방적인 자세와 폭넓고 깊은 학문 네트워크를 읽을 수 있었다. 해당 분야 최고 학자들로 짜인 연구진의 연구 발표와 토론의 자리는 매번 번뜩이는 아이디어와 유려한 지식의 향연이었다. 일찍이 나는 선생님을 통해 학제적 연구의 大自然을 보았다.

연구생제도(student internship)는 이 프로젝트 형식의 또 다른 백미였다. "그 연구과제의 특이한 점 하나는 교수뿐만 아니라 학생들도 적극적으로 참여하는 연구생제도를 도입했다는 것이다."[2] 이전에 인문사회과학 분야 연구에서 이런 연구생제도가 있었는지 모르겠다. 아마 처음이었을 것이다. 선생님은 연구 기획 단계부터 연구생제도를 설계하여 시행함으로써, 앞으로 사회 각계의 주역으로 성장할 학생들이 정보사회에 눈을 뜨고, 학업과 연구에 전념할 수 있게 해 주었다. 나아가 연구생들의 연구 결과물은 『정보화사회-도전과 대응-』이라는 서울대출판부의 단행본 속에 포함하여 출판하는 파격을 선보였다.[3] 제자와 후학들에 대한 사랑과 믿음이 없으면 할 수 없는 일이었다. 일찍이 다가올 정보사회를 내다보며 지식정보 주체인 사람과 그 능력 곧 인재 양성의 중요성을 간파하고 실천한 것이다.

30년 뒤 2015년 12월 어느 날 대한민국 학술원 안 아담한 휴게실. 난 처음

---

2 사회과학연구소 편, 『정보화사회-도전과 대응-』, 서울대학교출판부, 1986, 머리말의 일부.

3 "정보화사회에 대한 정보환경의 일 검토"라는 첫사랑같은 내 어설픈 연구물은 이렇게 세상에 나왔다.

으로 선생님과 마주앉아 긴 시간 얘길 나눌 기회를 가졌다. 계간지 <노사공포럼>의 '원로에게 듣는다' 코너를 위한 인터뷰였다. "사용자 측의 기득권과 노조의 기득권… 사이에서 치이는 사람들은 기득권 범주에 속하지 않는 사람들… 그 사람들이 우리의 미래 세대예요. 청년들은, 자기들은 결정하는 데 아무런 영향을 미칠 수 없고 목소릴 낼 수 없는 위치에 있으면서, 어른들이 결정해 놓은 것을 뒤집어쓰게 되어 있단 말이죠. 얼마나 억울하겠어요. 우리 모두 기득권을 내려놓을 용기가 필요한 거예요. 특히 노사문제는 노동시장에서 소외당하고 있는 저 많은 사람들을 위해서 기득권 범주 속에 들어가 있는 사람들이 기득권을 내려놓아야 돼요"(<노사공포럼> 제36호, 2015년 제4호). 마치 2025년의 오늘을 내다본 듯한 선생님의 죽비(竹扉) 같은 말씀이었다.

2001~02년에는 선생님의 정년기념논총 『현대사회와 인간』 간행위원회에 참여한 바 있다. 짐작은 했지만 선생님의 엄청난 이력과 연구실적에 놀랐다. 더 놀라웠던 점은 기념논총에 함께한 분들의 압도적인 수준과 규모였다. 선생님은 강의와 연구를 통해 자신의 놀라운 학문적 성취를 이루었을 뿐 아니라, 누에가 고치를 자아내듯 종횡으로 학문 공동체를 만들어내었다. 중세의 연금술사들은 종국에 황금을 만드는 데 실패했지만, 선생님은 오늘날 황금보다 수십 수백 배는 더 소중한 인재를 만드는 데 성공한 현대의 연금술사였다. 그런 의미에서 나에게 호산 김경동 선생님은 언제나 시대를 앞서가는 선각의 연금술사로 기억된다. 구순을 맞이한 선생님의 만수무강을 기원하며, 여기 작은 기억의 편린을 더듬어 기념문집에 올린다. 선생님의 이름에 누가 되지 않길 바랄 뿐이다.

정보사회의 도래를 예견한 김경동 교수님의 혜안

최 항 섭*

2025년의 지금, 우리의 삶은 정보기술의 촘촘한 그물망 속에 놓여 있다. 음식을 주문하고, 물건을 배달받고, 쇼핑하고, 친구와 연락을 주고받는 모든 일상이, 이제는 플랫폼 기반의 기술에 의해 자동화되고 조율되고 있다. 여행을 떠나는 순간부터 그 여정을 기록하고 추억으로 저장하는 일에 이르기까지, 인간의 삶은 디지털화되고 있으며, 이제 그 흐름은 더 이상 되돌릴 수 없는 사회적 조건이 되었다. 여기에 더하여 최근 ChatGPT를 위시한 인공지능 기술이 일상에 깊숙이 침투하면서, 우리는 읽기, 쓰기, 생각하기, 나아가 판단하기에 이르기까지, 인간의 능력이 기술에 대체되어가는 현상을 목도하고 있다.

그러나 이러한 변화는 단순히 기술적 진보나 산업적 성취에만 국한되지 않는다. 정보기술은 인간의 삶 그 자체를 변형시키며, 사회의 구조와 문화, 공동체의 양식에 영향을 미친다. 즉 정보기술은 본질적으로 사회학적이다. 정보기술은 더 이상 산업적 도구에 머무르지 않고, 인간 존재의 조건 자체를 구성한다. 이러한 점에서 정보기술은 산업적 범주를 넘어, 사회 전체를 재구성하는 장치로 기능하고 있다.

놀랍게도 이와 같은 통찰을 이미 26년 전에 제시한 학자가 있었다. 바로 1999년, 정보사회학회의 창립자이자 선구자인 김경동 교수이다. 당시는 초고속 인터넷조차 널리 보급되지 않았으며, 와이파이라는 개념은 대중에게 낯설었고, 전화선에 연결된 모뎀으로 간신히 웹페이지를 열어보던 시기였다. 스마트폰은커녕, 모바일 기기를 통해 인간이 정보를 생성하고 유통하며 정체성을 발현하는 풍경은 상상조차 어려운 때였다. 그럼에도 김경동 교수는 정보기술의 사회학적 의미를 정확히 읽어냈고, 학회를 설립하며 이 기술을 사회학적으로 접근해야 한

* 국민대학교 사회학과 교수, 한국정보사회학회 회장

다고 주장하였다. 현재의 정보기술의 사회적 영향력을 보면 그의 선견지명이 너무나도 탁월하였다.

김 교수님에게 사회학은 단지 현재를 분석하고 과거를 설명하는 학문이 아니었다. 그는 미래를 예측하고, 미래의 위기를 미리 성찰하며, 더 나은 인간 공동체의 구성을 지향하는 실천적 지식으로서의 사회학을 꿈꾸었다. 이는 오귀스트 꽁트가 사회학의 창시자로서 주장한 실증철학의 이상, 즉 사회문제의 원인을 정확히 규명할 수 있다면 미래에 닥칠 위험 또한 예측하고 대응할 수 있다는 사고와 궤를 같이한다. 교수님은 이러한 꽁트의 실증철학을 한층 더 발전시켜 미래사회학이라는 독창적 지평을 개척하였고, 이를 정보사회의 영역에 적용함으로써 시대의 요구에 응답하였다.

특히 주목할 점은, 김경동 교수가 기술결정론적 사고의 단순한 도식, 즉 기술이 인간사회를 일방적으로 구조화하거나 지배한다는 사고방식을 넘어서, 정보기술이 사회문화적 맥락 안에서 어떻게 의미를 생산하고, 인간의 정체성과 공동체성을 어떻게 구성하고 재구성하는지를 심층적으로 사유했다는 점이다. 그에게 있어 기술은 결코 자율적으로 진보하는 것이 아니며, 기술의 영향력은 그것이 어떤 사회적, 문화적 맥락 속에서 수용되고 해석되느냐에 따라 전혀 다른 결과를 만들어낸다. 기술은 독립된 실체가 아니라, 인간의 욕망, 사회적 조건, 문화적 상징체계 속에서 의미화되며, 그 의미의 구성 방식이 곧 사회의 구조를 바꾼다는 점에서 사회학적 분석의 핵심 대상이 된다.

김경동 교수는 특히 정보사회로의 이행 속에서 기존의 공동체 구조가 급격하게 해체되고, 그 자리를 새로운 형태의 연대가 대체할 것이라는 점을 일찍이 예견하였다. 전통적으로 공동체는 혈연, 지연, 학연 또는 이념이나 계급 같은 강한 유대를 통해 구성되었다. 그러나 정보사회에서는 이러한 강한 연대가 점차 와해되고, 대신 감성적 취향, 개인적 관심사, 이미지 중심의 상징적 코드에 기반한 '약한 연대'가 사회적 관계를 조직하게 된다는 것이다.

이는 오늘날 우리가 목도 하는 디지털 플랫폼 기반의 공동체 출현을 통해 구체적으로 실현되고 있다. 예를 들어, 인스타그램에서는 개인이 자신의 정체성을 '글'이 아닌 '이미지'를 통해 구성하고, 감정과 취향을 공유하는 방식으로 사회적 관계를 형성한다. 패션 감각, 음식 취향, 운동 루틴, 반려동물에 대한 애정 등은 단지 사적 영역의 표현이 아니라, 이를 통해 동일한 감성을 공유하는 이들과의 약한 유대를 만들어낸다. 'OO 감성', '무드', '힙함' 등의 표현은 바로 이러한 감성 기반의 정체성과 소속감을 대변한다.

김경동 교수는 이와 같은 정보사회적 변화를 단순히 현상적 차원이 아니라, 인간 존재방식의 근본적 변형으로 인식하였다. 그는 이미지 중심의 커뮤니케이션, 감성 중심의 정체성 형성, 약한 연대를 통한 공동체 구성 등은 일시적 유행이 아니라, 정보사회가 만들어내는 새로운 인간형, 새로운 사회구조의 징후로 분석하였다. 따라서 정보기술은 단순히 편리함을 제공하는 도구가 아니라, 인간관계의 구조와 자아의 방식 자체를 재편하는 강력한 사회적 기획임을 인식해야 한다고 보았다.

그의 이러한 통찰은 오늘날에도 여전히 유효하며, 정보사회에서 인간이 누구인지, 우리는 어떻게 연결되고 있는지, 사회란 무엇인지에 대한 근본적 물음을 던지게 한다. 김경동 교수의 예측은 단지 정확함의 차원이 아니라, 그 사회학적 상상력과 철학적 깊이에서 오늘날 정보사회를 이해하는 가장 핵심적인 분석 틀로 작동하고 있는 것이다. 기술의 표면을 넘어서 그 이면의 사회적 의미를 파헤친 그의 시선은, 지금 우리가 직면하고 있는 디지털 문명의 본질을 사유하는 데 있어 가장 중요한 인식의 자원이 된다.

또한 그는 정보기술의 발달이 인간 능력의 '확장'을 넘어 '대체'로 이어질 경우, 비인간화의 위험과 군중화의 위기를 초래할 수 있다는 경고를 던졌다. 그는 기술이 인간의 노동을 줄이고 편의를 제공할수록 인간의 고유 능력은 점차 약화되고, 익명성이 보장된 공간에서는 감정적 퇴행과 파편화된 집단심리가 표출될 수 있다고 보았다. 오늘날 유튜브와 같은 플랫폼에서 나타나는 댓글 갈등, 혐오 발언의 확산, 그리고 이로 인해 위기를 맞고 있는 민주주의의 기반 등을 생각하면, 그의 경고는 정보사회에서 우리가 지속적으로 되새겨야 할 통찰이다.

2025년 현재, 필자는 한국정보사회학회의 회장직을 수행하고 있다. 김경동 교수가 창립한 이 학회는 단순한 정보기술 연구의 장을 넘어, 기술과 사회의 관계를 비판적으로 성찰하고, 인간 중심의 사회를 설계하는 공간이 되도록 노력하는 것을 목표로 하고 있다. 정보기술은 인간을 확장하기도 하지만, 인간을 대체하기도 한다. 김경동 교수는 기술의 양면성을 누구보다 예리하게 파악하였으며,

사회학의 사명을 기술 너머의 인간성 회복에서 찾았다. 오늘날 우리가 그를 기억하고 되새겨야 하는 이유는, 바로 이 지점에 있다. 사회학은 과거를 분석하는 도구이기 이전에, 미래를 책임지는 실천적 학문이어야 한다는 그의 목소리는 지금 이 시대에도 여전히 울려 퍼지고 있다.

호산(浩山) 김경동 교수 연보

성　　명 : 金 璟 東 (KIM Kyong-Dong)

생년월일 : 1936년 11월 11일

소속·직위 : 서울대학교 명예교수, 대한민국학술원 회원

e-mail : kdkim6405@hanmail.net

□ 학 력

1955.4.1 - 1959.3.28.	서울대학교 문리과대학 사회학과(문학사)
1959.4.1 - 1960.3.31.	서울대학교 대학원 사회학과 수료
1961.9. - 1962.6.16.	미국 University of Michigan 대학원 사회학과(MA)
1969.9. - 1972.5.26.	미국 Cornell University 대학원 사회학과(Ph. D.)

□ 경 력: 교육연구 분야

1959.6.10. - 1961.6.11.	서울대학교 문리과대학 사회학과 조교
1961.4.1. - 1967.12.31.	서울여자대학교 사회학과 전임강사 대우, 전임강사, 조교수
1965.7. - 1966.8.	미국 하와이 East-West Center Research Fellow(연구원)
1968.4.1. - 1969.9.30.	서울대학교 문리과대학 사회학과 전임강사
1971.8.23. - 1977.2.28.	미국 North Carolina State University 전임강사, 조교수, 부교수
1977.4.18. - 2002.2.28.	서울대학교 사회학과 부교수, 교수
1986.6. - 1987.3.	미국 워싱턴시 Woodrow Wilson International Center for Scholars Fellow(연구교수)
1991.1. - 1991.2.	프랑스 파리 Ecole des Hautes Etudes en Sciences Sociales Directeur Associe(초빙교수)
1996.1. - 1996.2.	미국 Duke University Visiting Professor(초빙교수)
1996 - 현재	미국 Duke University Asian/Pacific Studies Institute Adjunct Professor(겸직교수)
1998.1. - 1998.2.	미국 Duke University Visiting Professor(초빙교수)
2001.8. - 2012.	KDI 국제정책대학원 초빙교수
2002.3.1. - 현재	서울대학교 명예교수
2002.7.12. - 현재	대한민국학술원 회원

2007.3.1. - 2014.	실천신학대학원대학교 석좌교수
2010 - 2015	한국연구재단 우수학자지원 프로젝트 연구교수
2011.1.1. - 2015. 6.30.	KAIST 경영대학 초빙교수
2012.1.12. - 1.24.	미국 Hawaii 소재 East-West Center Visiting Scholar(객원교수)
2013.1.27. - 2013.2.1.	대만 중앙연구원 사회학연구소(Institute of Sociology, Academia Sinica) Visiting Scholar(객원교수)
2013.6.10. - 2014.2.28.	제주대학교 사회과학연구소 특별연구원(비상근)
2013.11.1. - 2014.2.28.	동아대학교 동아시아연구원 특별연구원
2014.6.1. - 2014.12.28.	한림대학교 사회과학연구소 특별연구원
2015.8.31. - 2018.2.28.	경희대학교 평화복지대학원 객원교수
2018.3.5. - 2019.7.31.	국립인천대학교 기초교육원 출강

□ 경 력: 대학행정 분야

1964.3.2. - 1965.3.4.	서울여자대학교 교무과장
1983.1.6. - 1986.6.1.	서울대학교 사회과학연구소 소장
1987.9.1. - 1989.8.31.	서울대학교 기획실장
1991.12.9. - 1993.6.16.	재단법인 서울대학교 발전기금 상임이사

□ 경 력: 학회활동 분야

1962 - 현재	미국사회학회 회원
1972 - 현재	국제사회학회 회원
1972 - 현재	Alpha Kappa Delta(미국 사회학 영예 동호회) 회원
1989.1.1. - 1989.12.31.	한국사회학회 회장
1989 -	한국사회과학연구협의회 이사
1992 - 1997	한국사회학회 산업노동연구회 회장
1997 - 1999	한국사회학회 정보사회학회 회장
1999 - 2007	(사단법인)한국정보사회학회 초대 이사장

□ 경 력: 사회봉사 분야

1968	사회보장심의위원회 위원

1979 제21회 사법시험 제1차시험위원

1981 문교부 학제발전연구위원회 연구위원

1982 제25회 행정고등고시 제2차시험위원

1982 제24회 사법시험 제1차시험위원

1984 - 1994 서울특별시 도시계획위원회 위원

1985 평화통일정책자문위원회의 위원

1985 경제기획원 제6차 경제사회발전 5개년계획 수립위원회 위원

1985 - 1989 한국방송공사(KBS) 방송자문위원회 위원

1986 - 1994 문교부 중앙교육심의회 고등교육분과, 이념교육분과 위원

1988 노동부 정책자문위원회 위원

1989 문교부 중앙교육심의회 교육관계법정비특별위원회 위원장

1989 - 1991 한국방송공사(KBS) 교육방송 자문위원회 부위원장

1990 경제기획원 제7차경제사회발전5개년계획 수립위원회 위원

1991 - 1993 한국방송공사(KBS) 시청자의견수렴위원회 위원장

1991 - 1993 한국전기통신공사(KT) 경영자문위원회 위원

1991 - 1993 과학기술처 과학기술국민이해증진협의회 위원

1991 - 1994 정보화추진위원회 정책분과 위원

1992 - 1994 서울대학교 총동창회 부회장

1993 - 1995 서울특별시 서울21세기위원회 위원

1993 - 유네스코 한국위원회 사회과학분과 위원

1993 - 1995 공연윤리위원회 위원

1993 - 2003 한국국제교류재단 사업자문위원회 위원

1994 - 1997 통일원 통일정책평가위원회 위원

1995 국무총리실 안전관리자문위원회 부위원장

2000 - 2002 민주화운동관련자명예회복및보상심의위원회 위원

2000 - 2005 <시민사회포럼> 대표

2002 - 2004 국회공직자윤리위원회 위원

2003 - 2007 서초구 자원봉사센터 운영위원회 회장

2003 - 2009 <성숙한 사회 가꾸기 모임> 공동대표(2005-09 상임공동대표) 겸 성숙사회 아카데미 원장

2003 - 2015 독서문화정보개발원 이사장

2007 - 2010	(사단법인)글로벌서울포럼 초대 이사장
2008 - 2011	(사단법인)서울특별시 자원봉사센터 이사장
2009 - 2013	국무총리실 자원봉사진흥위원회 위원
2009 - 2013	(사단법인)한국자원봉사포럼 회장, 명예회장(2013-)
2010 - 2013	(사단법인)한국자원봉사협의회 공동대표
2015 - 현재	KAIST 문술미래전략대학원 미래세대행복위원회 위원장
2020.2.21.	서울대학교총동창회 제28대 회장 추대위원회 위원장

□ 상 훈

2017.11.3.	제13회 경암상 '인문·사회' 부문
2014.10. 8.	제28회 인촌상 '인문·사회' 부문
2013.12.4.	대한화학회 제정 '2013년 탄소문화상 대상'
2012.10. 3.	안동시 "안동의 날" 기념식에서 '명예로운 안동인상'
2010.12.15.	한국풀브라이트동문회 '자랑스러운 동문상'
2010	*Marquis Who's Who in the World 2010* 등재
2005.1.21.	계성학교총동창회 '자랑스런 계성인'
2002. 8.4.	안동사범학교 병설중학교(안동대학교) 총동창회 '모교를 빛낸 자랑스러운 동문상'
2002.2.28.	옥조근정훈장
2002	『21세기 인명록』(*Who's Who in the 21st Century*, Cambridge: International Biographical Centre) 등재
2001. 7. 13.	제16회 성곡학술문화상 (인문사회과학)
1999	"20세기 업적상" 『5백인의 영향력있는 지도자』(Twentieth Century Achievement Award: *Five Hundred Leaders of Influence*, Raleigh, NC: American Biographical Institute)에 피선
1999	『아시아태평양 인명록』(*Who's Who in Asia and the Pacific Nations*, International Biographical Centre, Cambridge, UK.
1995.12.30.	대통령 표창
1994.3.8.	제5회 자유경제출판문화상
1993.10.8.	제19회 중앙문화대상 학술대상

저작 목록

해외출간 학술서: 단독 저서

2017 *Alternative Discourses on Modernization and Development: East Asian Perspectives.* London & New York: Palgrave Macmillan. p. 271.

2017 *Korean Modernization and Uneven Development: Alternative Sociological Accounts.* London & New York: Palgrave Macmillan. p. 286.

2017 *Confucianism and Modernization in East Asia: Critical Reflections.* London & New York: Palgrave Macmillan. p. 266.

해외출간 학술서: 공편저

2007 *East Meets West: Civilizational Encounters and the Spirit of Capitalism in East Asia*. Leiden·Boston: Brill. (공편자: Hyun-Chin Lim). p. 219.

2000 *Aging in East and West: Families, States, and the Elderly.* NewYork: Springer Pub. Co. (공편자: V. Bengtson, G. C. Myers, Ki-Soo Eun). p. 298.

학술서: 단독 저서

21) 2022 『**선비문화의 빛과 그림자: 지식인 파워 엘리트의 사회학**』. 대한민국학술원 학술연구총서 26. 박영사. 682면.

20) 2019 『**사회적 가치: 문명론적 성찰과 비전**』. 푸른사상. 336면.

19) 2012 『**자발적 복지사회: 미래지향적 자원봉사와 나눔의 사회학**』. 아르케. 383면.

18) 2010 『**기독교 공동체 운동의 사회학: Koinonia의 이론과 전략**』. 한들출판사. 424면.

17) 2007 『**급변하는 시대의 시민사회와 자원봉사: 철학과 과제**』. 아르케. 395면.

16) 2002 『**한국사회발전론**』. 집문당. 560면.

15) 2002 『**미래를 생각하는 사회학**』. 나남. 298면.

14) 2000 『**선진한국, 과연 실패작인가? 김경동의 문명론적 성찰**』. 삼성경제연구소. 454면.

13) 1998 『**한국교육의 사회학적 진단과 처방**』. 집문당. 338면.

12) 1997 『**현대의 사회학: 신정판**』. 박영사. 712면.

11) 1993 『**한국사회변동론**』. 나남. 454면.

10) 1992 『**한국인의 가치관과 사회의식**』. 박영사. 634면.

9) 1989 『**사회학의 이론과 방법론**』. 박영사. 450면.

8) 1988 『**노사관계의 사회학**』. 경문사. 311면.

7) 1985 『**현대의 사회학: 전정판**』. 박영사. 558면.

6) 1983 『**현대사회학의 쟁점**』. 법문사. 420면.

5) 1983 『**경제성장과 사회변동**』. 한울. 258면.

4) 1980 『**현대사회와 인간의 미래**』. 평민사. 436면.

3) 1979 『**발전의 사회학**』. 문학과 지성사. 265면.

2) 1978 『**인간주의사회학**』. 민음사. 229면.

1) 1978 『**현대의 사회학**』. 박영사. 610면.

학술서: 영문 단독 저서

1985 *Rethinking Development: Theories and Experiences*. 서울대학교 출판부. p. 306.

1979 *Man and Society in Korea's Economic Growth: Sociological Studies*. 서울대학교 출판부. p. 216.

학술서: 영문 공동저서 및 편저서

2019 *Democracy in Crisis*. Baiksan Publishing House (Co-editors: Wanki Pai and Hyun-Chin Lim). p. 271.

2008 *Social Change in Korea*. Paju: Jimoondang (Co-editors: Korea Herald). p. 328.

2003 *The Two Koreas: Social Change and National Integration*. Edison, NJ: Jimoondang International (Co-author: Lee On-Jook). p. 370.

1990 *Asia in the 21st Century: Challenges and Prospects*. Pommunsa. p. 334.

1987 *Dependency Issues in Korean Development: Comparative Perspectives*. Seoul National University Press. p. 591.

학술서: 공동 저서 및 편저서

25) 2021 『**소통과 상생의 노사문화**』. (사)노사공포럼. (공저자: 이원덕 외)

24) 2021 『**행복한국 만들기와 자원봉사**』. 한국사회복지협의회. (공저자: 서상목 외).

23) 2020 『**사회적 가치 시대를 연다**』. 한국사회복지협의회. (공저자: 서상목 외).

22) 2020 『**미래세대 행복의 조건**』. 카이스트 미래학자가 말하는 지속가능한 행복보고서. (서용석 외).

21) 2020 『**정치의 품격: 선출직 공직자의 도덕성**』. 푸른사상. (공저자: 진덕규·박형준).

286면.

20) 2019 『**위기 속의 민주주의**』. 백산서당. (공편자: 백완기 · 임현진). 265면.

19) 2016 『**자원봉사의 NEW 패러다임**』. 지문당. (사)한국자원봉사포럼 · (사)한국자원봉사학회 공편. 350면.

18) 2011 『**자원봉사의 이해**』. 한국자원봉사협의회. (공저자 이강현·정진경). 153면.

17) 2010 『**한국의 사회윤리: 기업윤리, 직업윤리, 사이버윤리**』. 철학과 현실사. (공저자: 김여진). 298면.

16) 2009 『**사회조사연구방법: 사회연구의 논리와 기법: 개정판**』. 박영사. (공저자: 이온죽 · 김여진). 799면.

15) 2002 『**사이버시대의 사회변동**』. 집문당. (공저자: 박길성 외). 264면.

14) 1999 『**기업엘리트의 21세기 경제사회 비전**』. 문학과지성사. (공저자: 임현진 · 서이종). 298면.

13) 1998 『**정보사회의 이해**』. 정보사회학회 편. 나남출판. (공저자: 김원동 외). 354면.

12) 1997 『**일본사회의 재해관리: 고베지진의 사례연구**』. 서울대학교 출판부. 386면.

11) 1995 『**신기술과 신노사관계**』. 한울. (공편자: 심윤종). 356면.

10) 1992 『**원자력과 지역이해**』. 서울대학교 출판부. (공편자: 홍두승). 204면.

9) 1986 『**한국사회과학방법론의 탐색**』. 서울대학교 출판부. (공편자: 안청시). 416면.

8) 1986 『**사회조사연구방법: 사회연구의 논리와 기법**』. 박영사. (공저자: 이온죽). 764면.

7) 1985 『**한국사회 한 세대**』. 서울대학교 출판부. (공저자: 김세원 외). 228면.

6) 1985 『**한국의 지방자치와 지역사회발전**』. 서울대학교 출판부. (공저자: 안청시 외). 410면.

5) 1984 『**한국사회의 발전논리**』. 흥사단 출판부. (공저자: 정원식 외). 277면.

4) 1983 『**사회과학방법론**』. 박영사. (공저자: 김광웅 외). 324면.

3) 1982 『**사회과학방법론**』. 한국방송통신대학 출판부. (공저자: 이승훈 외). 320면.

2) 1979 『**사회조사방법론**』. 한국학습교재사. (공저자: 이만갑 · 한완상). 369면.

1) 1979 『**근대화: 그 현실과 미래**』. 서울대학교 출판부. (공저자: 이홍구 · 김여수 · 임종철). 254면.

학술서: 역서(영역 포함)

1991 *The Koreans: Their Mind and Behavior* (김재은 원저). 교보문고. p. 236.

1981 『**인간불행의 사회학**』 (Barrington Moore, Jr. 원저). 문예출판사. 262면.

1965 『**경제사회학**』(Everett E. Hagen 원저). 을유문화사. 789면.

비학술서: 단독 칼럼집 기타

1996 『**그래도 한국에는 비전이 있다: 비전의 사회학**』(평론집). 집문당. 314면.

1996 『**氣를 모아 다시 한번**』(칼럼집). 집문당. 238면.

1991 『**부드러운 사회를 위하여**』(수상집). 나남. 240면.

1988 『**인간과 사회의 변증법**』(논평집). 조선일보 출판부. 332면.

1982 『**한국사회 60년대 70년대**』(잡문집). 범문사. 532면.

1964 『**한국사회를 진단한다**(생활문고). 대한기독교서회. 46면.

비학술서: 공동 칼럼집 기타

2010 『**인문학 콘서트**』(공저자 김기현 외). 이숲. 381면.

1987 『**11인의 교육수상**』(수상집). 교육과학사. (공저자: 이영덕 외). 248면.

1984 『**보다 높은 나를 찾아서**』(수상집. 공저자: 오천석·김태길·김재만). 덕성여대 출판부. 188면.

문학 작품: 詩集

2000 『**시니시즘을 위하여**』(김경동 사회비평 詩集). 민음사. 169면.

1987 『**너무 순한 아이**』(詩集). 심설당. 123면.

문학 작품: 소설

2007 "물고기가 사라진 텅 빈 어항." 『**계성문학**』(23): 228-254(단편).

2007 "유산과 상속의 이름." 『**문학저널**』(2월호): 74-140(중편).

2006 "슬픈 코미디." 『**문예중앙**』 116호(겨울): 129-152(단편).

2005 "광기의 색조." 『**문학사상**』 9월호: 104-158(중편).

해외 발표 논문: 日本語

1995 "矛盾した政治意識: 韓國." 特輯: 擡頭するアシアの中産層. 『世界』 616(12): 2-75.

1988 "韓國の 社會變動と 政治發展." 『國際問題』 345(12月): 31-46. 日本 國際問題研究所.

1982 "アシアの發展における政治的淘太の原理." 『社會學評論』 (日本社會學會) 33(1): 4-15.

1981 "變化の古典『易經』の研究: アシアの勞使關係の より良きモテルの 探究." 『日本勞動協會雜誌』269: 40-51.

해외 발표 논문: 中國語

2005 "現代化和現代性—韓國現代化的別一种觀點." 張德明 譯, 姜芃 校, 『世界歷史』 第5期 (10月 15日 出版, 中國 北京): 93-101.

해외 발표 논문: 프랑스어

1991 "Confucianisme introuvable, confucianisme retrouve." *Espace-Temps* (Paris) 45-46: 60-70.

해외 발표 논문: 영어

40) 2012 "Modernization, Civil Society, and Volunteering: The Role of NPOs." Keynote Address. 2012 Tripartite International Forum of Civil Society and Volunteerism on More Enhanced Roles of Civil Society in Accordance with the Changing Social Policy. August 22-24, Beijing, China.

39) 2007 "Alternative Discourses in Korean Sociology: The Limits of Indigenization."*Asian Journal of Social Science* 35(2): 242-257.

38) 2006 "Political Selectivity and Cultural Response in the Process of Modernization and Globalization: North and South Korea Compared." pp. 151-181 in Goeran Therborn and Habibul Haque Khondker(eds.) *Asia and Europe in Continents, Regions and Nations*. Leiden · Boston: Brill. (with Lee On-Jook).

37) 2005 "Alternative Modernities Emerging *via* Selective Modernization: The Case of the Two Koreas." Paper presented at the Workshop on "History of Modernity Reconsidered: East Asian Paths and Patterns" of the 20th International Congress of Historians. July 3-9, University of New South Wales, Sydney, Australia.

36) 2004 "Modernization as a Politico-Cultural Response and Modernity as a Cultural Mixture: An Alternative View of Korean Modernization." Paper presented at the International Conference on "The Course of Modernization in the Countries and Regions of East Asia." organized by the International Com-

mittee of Historical Sciences(CISH), the Association of Chinese Historians, and the Institute of World History of the Chinese Academy of Social Sciences, April 7-9, Beijing, China.

35) 2004 "The Culture of Industrial Relations in Korea: An Alternative Sociological Approach." *Asian Journal of Social Science* 32(3): 458-475.

34) 2000 "Aging in East and West at the Turn of the Century." pp. 3-16 in V. L. Bengtson, Kyong-Dong Kim, G. C. Myers, and Ki-Soo Eun(eds.) *Aging in East and West: Families, States, and the Elderly.* New York: Springer Pub. Co. (with Bengtson et al.)

33) 2000 "Cultural Stereotypes of Old Age." pp. 227-242 in V. L. Bengtson, Kyong-Dong Kim, G. C. Myers, and Ki-Soo Eun(eds.) *Aging in East and West: Families, States, and the Elderly.* New York: Springer Pub. Co.

32) 1999 "The Issue of Generation in Social Change: Implications for the Future of the Korean-American Community." Keynote Address at the Ninth North Park University Korean Symposium, "Building the Future of Korean American Community: Korean Immigrants' Generational Transfer of Heritage and Resources." Center for Korean Studies, North Park University, Chicago, IL, October 15-16, 1999.

31) 1999 "Social Attitudes and Political Orientations of the Korean Middle Class." pp. 243-256 in Michael H. H. Hsiao(ed.) *East Asian Middle Classes in Comparative Perspective.* Taipei: The Institute of Ethnology, Academia Sinica.

30) 1996 "Toward Culturally 'Independent' Social Science: The Issue of Indigenization in East Asia." pp. 63-72 in Su-Hoon Lee(ed.) *Sociology in East Asia and Its Struggle For Creativity.* Madrid: International Sociological Association.

29) 1996 "Confucianism and Modernization in East Asia: Theoretical Explorations." pp. 49-69 in Joseph Kreiner(ed.) *The Impact of Traditional Thought On Present-Day Japan.* Munchen: Iudicium-Verlag.

28) 1994 "Confucianism and Capitalist Development in East Asia." pp. 87-106 in Leslie Sklair(ed.), *Capitalism and Development.* London: Routlege.

27) 1994 "Reflections on the Non-Economic Factors in Korea's Economic Development." pp. 41-56 in Sung Yeung Kwack(ed.), *The Economy at a Cross-*

road. Westport, CT: Praeger.

26) 1993 "Studies on the Middle Class in Korea: Some Theoretical and Methodological Considerations." pp. 23-54 in Hsin-Huang Michael Hsiao(ed.), *Discovery of the Middle Class in East Asia*. Taipei: Institute of Ethnology, Academia Sinica.

25) 1993 "The Mixed Role of Intellectuals and Higher Education in Building Democratic Political Culture in the Republic of Korea." pp. 199-219 in Larry Diamond (ed.), *Political Culture and Democracy in Developing Countries* Boulder, CO: Lynne Rienner.

24) 1993 "Korean Perceptions of America." pp. 163-184 in Donald N. Clark(ed.), *Korea Briefing 1993*. Boulder, CO: Westview Press.

23) 1991 "Sociocultural Developments in the Republic of Korea." pp. 137-154 in Thomas W. Robinson(ed.), *Democracy and Development in East Asia: Taiwan, South Korea, and the Philippines*. Washington, DC: The AEI Press.

22) 1990 "Development, Modernization and Confucianism." pp. 83-100 in *Report: International Conference on Culture and Development in Asia*. March 5-7, Fukuoka, Japan. Sponsored by the United Nations University.

21) 1988 "The Distinctive Features of South Korea's Development." pp. 197-219 in Peter L. Berger and Michael H. H. Hsiao(eds.) *In Search of an East Asian Development Model*. New Brunswick, NJ: Transaction Books.

20) 1987 "Koreans: Who Are They?" pp. 7-17 in Arthur M. Whitehill, Jr.(ed.), *Doing Business in Korea*. London: Croom Helms & Nichols.

19) 1987 "Social Change in Korea: The Dynamics of Tension Management and Conflict." pp. 50-59 in Committee on Ways and Means, US House of Representatives, *Managing United States-Korea Trade Conflict*. Washington, DC: US Government Printing Office.

18) 1986 "Sociocultural Relations between Korea and the United States." pp. 1-15 in Robert A. Scalapino and Han Sung-joo(eds.), *United States-Korea Relations*. Institute of East Asian Studies, University of California, Berkeley.

17) 1985 "Sociology and Social Anthropology: Republic of Korea." pp. 86-131 in *Sociology and Social Anthropology in Asia and the Pacific*. New Delhi &

Paris: Wiley Eastern & UNESCO.

16) 1984 "Socio-Economic Changes and Political Selectivity in the Development of Industrial Democracy in the Republic of Korea." *Economic and Industrial Democracy* 5: 445-467.

15) 1983 "Koreans in America: Their Cultural Adaptation and Contributions." pp. 173-191 in *Reflections on a Century of US-Korean Relations*. Washington, DC: The Wilson Center & University Press of America.

14) 1983 "Environmental Effects on Perceptions of Life Quality in Korea." *Social Indicators Research* 12: 393-416 (with Doh C. Shin et al.).

13) 1982 "Education in and for Rural Development in the Republic of Korea: Problems and Issues." pp. 65-76 in *Education for Rural Development: A Portfolio of Studies*. vol. 1 (Education and Rural Development). Bangkok: UNESCO Regional Office for Education in Asia and the Pacific.

12) 1982 "The Labor-Management Joint Consultation System in Korea." pp. 239-254 in Veljko Rus et al.(eds.), *Employment and Participation*. Tokyo: Chuo University Press.

11) 1982 "Perceptions of Quality of Life in an Industrializing Country: The Case of South Korea." *Social Indicators Research* 10: 297-317 (with Lee Hong-Koo and Doh C. Shin).

10) 1981 "Worker Participation in Korea." pp. 35-51 in *Worker Participation in Management in Four Asian Countries*. Asian and Oceanic Studies in Industrial Democracy, Series No. 1. Secretariat of the Asian and Oceanic Subcommittee in the RC 10, International Sociological Association.

9) 1981 "Explorations into the I CHING, the Classic of Change, in Search of Alternative Models for Asian Industrial Relations." pp. 218-237 in *Agenda For Industrial Relations in Asian Development: Proceedings of the 1981 Asian Regional Conference on Industrial Relations*. Tokyo: The Japan Institute of Labor. (Also translated and published in Japanese. *The Monthly Journal of the Japan Institute of Labour* 23(8): 40-51.

8) 1979 "Adaptation to the City and Return Home in the Republic of Korea." *International Social Science Journal* (UNESCO) 31(2): 263-295 (with Lee

On-Jook).

7) 1979 "The Effects of Ecological and Socioeconomic Status Variables on Membership and Participation in Voluntary Organizations." *Rural Sociology* 44(3): 607-612 (with J. G. Houghland and J. A. Christenson).

6) 1977 "A Causal Interpretation of the Effects of Mother's Education and Employment Status on Parental Decision-Making Role Patterns in the Korean Family." *Journal of Comparative Family Studies* 8(1): 17-32 (with Lee On-Jook).

5) 1976 "Political Factors in the Formation of the Entrepreneurial Elite in South Korea." *Asian Survey* 16(5): 465-477.

4) 1975 "Social Change in South Korea." *Journal of Korean Affairs* 4(4): 3-15. Washington, DC.

3) 1975 "The Role of Voluntary Organizations in Population Control: A Conceptual Framework." *Journal of Voluntary Action Research* 14(3-4): 147-158.

2) 1973 "Toward a Sociological Theory of Development: A Structural Perspective." *Rural Sociology* 38: 462-476.

1) 1971 "Industrialization and Industrialism: A Comparative Perspective on Values of Korean Workers and Managers." *ILCORK Working Paper*, No. 1. Social Science Research Institute, University of Hawaii.

국내 발표 영문 논문

58) 2023 "Quo Vadis Science, Technology, and Society? Light From the East." Keynote speech, The 22nd Science Council of Asia Conference "Science and Sustainability, Resilience and Human Well Being," Sponsored and Orgaized by Science Council of Asia, the National Academy of Sciences, Republic of Korea, and Korean Academy of Science and Technology. October 19-20, Seoul.

57) 2020 "The Issue of Public Mindedness in Contemporary Society: Lessons from Toegye's Thoughts." Keynote speech, The 28th International Conference of the International Toegyehak Society, November 16~17, Seoul.

56) 2018 "Formation and Development of Capitalism in the Modernization of East

Asia: An Alternative Theoretical Explication." pp. 19-79 in Hyun-Chin Lim, Jan Nederveen Pieterse, and Suk-Man Hwang(eds.), *Capitalism and Capitalisms in Asia*. Seoul National University Press.

55) 2017 "Is Perfect Democracy Possible?" Keynote Speech, International Conference on "Democracy in Crisis: Challenges and Opportunities." organized by the National Academy of Sciences, Republic of Korea. October 20. Seoul.

54) 2017 "Can Confucianism Make a Difference in the Reconstruction of Democracy under Threat?"Keynote Speech, 21st Century Human Values Forum, on "Confucianism and Human Values for the Future," hosted by the Korea Foundation for Cultures and Ethics. October 21-22, Andong, Korea.

53) 2015 "Formation and Development of Capitalism in the Modernization of East Asia: An Alternative Theoretical Explication." Keynote Speech, International Conference on "Capitalism and Capitalisms in Asia: Origin, Commonality and Diversity," organized by Seoul National University Asia Center & Korea Social Science Research Council, sponsored by MK Business News, October 22-23, 2015, Seoul National University, Seoul.

52) 2014 "Corporate Volunteering in Korea: Current State and Future Tasks." Keynote Speech, Korea Forum of Volunteerism. 2011 East Asia Civil Society & Volunteerism Forum, October 30, Jeonju.

51) 2014 "Is Confucianism Still Relevant in the Twentieth Century World?" Keynote Speech. The 21st Century Human Value Forum. July 3-6, Andong.

50) 2012 "Glocalization of Andong Studies." Keynote Speech. The 2012 International Conference of Andong Studies on "Andong Culture in the Age of Global Village," organized by The Institute for Promotion of Korean Studies. June 25, Andong.

49) 2011 "Volunteer Frame and Volunteer Culture." *Ewha Journal of Social Sciences*(『사회과학연구논총』) 25: 141-170(with Yojin Kim).

48) 2011 "The Role of the Voluntary Sector of Civil Society in Promoting Co-prosperity and Harmonious Life of Northeast Asia." Keynote Speech, Korea Forum of Volunteerism. 2011 Tripartite International Forum of Volunteerism, November 16, Seoul.

47) 2009 "How Are We to Understand Asia? Perceptions and Identities." Keynote Speech, International Conference on "Asia in the Changing World: Looking Back and Forward," organized by Seoul National University Asia Center, College of Social Science, Seoul National University, September 23, Seoul.

46) 2009 "The Myths of 'Cultural Lag' in Korean Politics." Plenary Speech, The World Congress for Korean Politics and Society 2009 on "Korea at the Cross-roads," organized by the Korean Political Science Association, August 20-22, Seoul.

45) 2009 "Volunteer Frame and Volunteer Culture." Keynote Speech, International Symposium on "Volunteering, Education and Civil Society in Canada, Japan and Korea," hosted by Graduate School of International Studies, Seoul National University, Ritsumeikan University, Korea Council of Volunteering, and Volunteer 21, sponsored by the Ministry of Public Administration and Security, Korea, March 7, Seoul.

44) 2008 "Selective Modernization and Alternative Modernities: In Search of an Alternative Theory." *Journal of the National Academy of Sciences, Republic of Korea: Humanities and Social Sciences* 47(2):105-161.

43) 2005 "Convergent Adaptations and Divergent Reactions to Globalization as the Extended Process of Modernization."Keynote Speech, International Conference on "Globalization and Socio-Cultural Changes in Comparative Perspective," organized by the Korean Sociological Association. October 21, Seoul.

42) 2005 "Modernization as a Politico-Cultural Response and Modernity as a Cultural Mixture: An Alternative View of Korean Modernization." *Development and Society* 34(1): 1-24.

41) 2003 "Presidential Election and Social Change in South Korea." *Development and Society* 32(2): 293-314.

40) 2002 "Reflections upon the Dilemmas of Civilizations: The Wisdom of *Yin-Yang* Dialectics." *Development and Society* 31(2): 189-209.

39) 2000 "The Culture of Capitalist Development in East Asia." *Asian Perspective* 24(3): 5-21.

38) 2000 "Toward 'Cultured' Cyberculture: A Civilizational Perspective." *Culture in the Cyber Age*. The Asia-Europe Forum Report. Gyeongju World Culture EXPO 2000: 55-68.

37) 2000 "System *versus* Lifeworld Discrepancies in Two-Korea Relations." (with LEE On-Jook). Paper presented at the International Conference on "the Re-shaping of Inter-Korean Relations: Peace, Economic Development, and Unification." Center for Social Sciences and the Unification Forum, Seoul National University, December 14, 2000.

36) 1998 "Is American Exceptionalism to Survive into the New Millennium?" *Journal of American Studies* 39(2, Winter): 315-345.

35) 1997 "Confucianism, Economic Growth and Democracy." *Asian Perspective* 21 (2; Fall): 77-97.

34) 1995 "The Korean Images of Old Age: A Glimpse of Verbal Culture." *Korea Journal of Population and Development* 24(2): 172-179.

33) 1994 "The Culture of Development and the Idea of 'Cultured' Development: Keynote Speech." pp. 3-17 in Manwoo Lee et al.(eds.), *Culture and Development in a New Era and in a Transforming World*. Seoul and Paris: The Institute for Far Eastern Studies, Kyungnam University and UNESCO.

32) 1992 "Radioactive Waste Disposal as a Social Issue." *Korea Journal of Population and Development* 20: 49-57.

31) 1991 "Social Change and Social Integration in Korea: Some Theoretical Reflections." *Asian Perspective* 15 (2, Fall-Winter): 5-31.

30) 1988 "The Aborted Confucian Reformation in Korea's Incipient Modernization: The Case of Tasan, Chong Yag-Yong." *Seoul Journal of Economics* 1 (3) 313- 356.

29) 1987 "Korea." pp. 33-61 in Chung-Si Ahn(ed.), *The Local Political System in Asia: A Comparative Perspective*. Seoul: SNU Press (with Ahn Chung-Si).

28) 1987 "Educational Background of the Korean Elite: The Influence of the United States and Japan." pp. 434-458 in Kyong-Dong Kim(ed.), *Dependency Issues in Korean Development: Comparative Perspectives*. Seoul: SNU Press (with Lee On-Jook).

27) 1985 "Middle-Class Perceptions of Economic Development and External Relations in Korea." *Journal of East West Studies* 14(2): 35-65(with Lee On-Jook).

26) 1985 "Social Change and Societal Development in Korea since 1945: Modernization with Uneven Development." *Korea and World Affairs* 9(4, Winter): 756-788.

25) 1985 "Authoritarian Structure and Social Conflict." pp. 3-20 in Yong-sang Cho (ed.), *Conflicts and Harmony in Modern Society*. Taegu: Keimyung University Press.

24) 1985 "Monitoring Perceived Quality of Life in Korea." *Social Science and Policy Research* 7(1): 203-222 (with Doh C. Shin).

23) 1984 "Social-Psychological Implications of International Labor Migration: The Case of Korean Workers in the Middle East and Their Families." *Social Science and Policy Research* 6 (2): 31-54 (with Lee On-Jook).

22) 1984 "The Structure of Local Government in South Korea: Participation and Performance." *Social Science and Policy Research* 6(2): 91-115 (with Ahn Chung-Si).

21) 1983 "The Dilemma: University Education for Whom or for What?" pp. 123-146 in *Universities in Mass Society*. Seoul: SNU Press.

20) 1983 "Putting It All Back Together in the Seventies: Reforms in American Higher Education." *Korean Journal of American Studies* 14-15: 146-161.

19) 1983 "The U. S. Educated among the Korean Politico-Bureaucratic Elite: An Aspect of American Socio-Cultural Influence." *American Studies* 6: 53-69 (with Lee On-Jook).

18) 1982 "Industrialization and Culture Change." pp. 243-256 in *Report of the Study on Economic Development and Social Stratification*. Seoul: Korean Social Science Research Council.

17) 1981 "Economic Growth and Social Welfare Development in Korea: An Exploration into the Applicability of Objective Indicators in the Evaluation of Developmental Effects." *Social Science and Policy Research* 3(3): 141-165 (with Doh C. Shin).

16) 1981 "Towards a Sociology of War: The Social Impact of the Korean War." *Korea*

and World Affairs 5(2): 243-267.

15) 1980 "Cultural Dimensions in Creating a New International Order in Asia: Some Conceptual and Empirical Observations on 'Tilted' Acculturation between Korea and Japan." pp. 223-250 in Asiatic Research Center(ed.), *Korea-Japan Relations: Issues and Future Prospects*. Seoul: Korea University.

14) 1980 "Main Issues of Industrialization in the Latecomer Societies." pp. 305-320 in Kee Hyong Kim(ed.), *21st Century: Prospects and Problems*. Seoul: Kyung-Hee University Press.

13) 1980 "Migration and Adaptation to the City: A Comparative Profile of Returnees and Stayers." *Bulletin of the Population and Development Studies Center* 8-9: 35-58 (with Lee On-Jook).

12) 1979 "Sociocultural Transformations in Rural Korea: A focus on the Human Element and Social Organization." *Journal of Rural Development* 2(1): 51-74.

11) 1979 "Socio-Cultural Implications of Economic Growth in Korea." pp. 83-107 in Se-Jin Kim and Chi-Won Kang(eds.), *KOREA: A Nation in Transition*. Seoul: Research Center for Peace and Unification.

10) 1978 "Alienation among College Students in Korea and the United States: An Empirical Reconceptualization." *Journal of East and West Studies* 7: 95-113.

9) 1978 "Future of Social Science in Korea." *Korea Journal* 18: 22-32.

8) 1978 "An Empirical Test of the Functional Theory of Social Stratification: Korean Workers' Occupational Evaluation." *Korean Sociological Review* 2: 1-20.

7) 1977 "Korea's *Saemaul Undong*: Social Structure and the Role of Government in Integrated Rural Development." *Bulletin of the Population and Development Studies Center* 6: 1-16 (with Lee On-Jook).

6) 1977 "The Meaning of Work and Labor Commitment in Korea." *Korea Journal of Sociology* 11: 7-18, also in *Social Science Journal* 5 (1978) (with Lee Hae-Young).

5) 1977 "Toward a Theory of Integrated Rural Development: A Humanistic Perspective." *Social Science Review* 2: 101-117.

4) 1977 "The International Dynamics of Modernization: Some Theoretical Issues and Humanistic Concerns." National Academy of Sciences, *Humanities and Social Sciences* 16: 277-306.

3) 1968 "Personal Value Systems of Korean Managers." *Journal of Asiatic Studies* 11(2): 101-118 (with George W. England).

2) 1967 "Social and Cultural Aspects of Modernization." pp. 84-95 in *Asian Conference on Church and Society: Report to the Asian Churches*. East Asian Christian Conference.

1) 1966 "The Role of the Christian Church in the Modernization Process of Korean Society." pp. 197-211 in Harold S. Hong et al.(eds.), *Korea Struggles for Christ*. Seoul: Christian Literature Society.

국문 논문

161) 2021 "군자다운 현능(賢能)을 애타게 기다리는 시대." 『**철학과 현실**』 131(겨울): 83-108.

160) 2021 "노동관계 윤리가 바로 서야 나라가 바로 선다." 노사공포럼, 『**소통과 상생의 노사문화**』 노사공포럼: 33-49.

159) 2021 "미래지향적 자원봉사의 가치와 철학." 한국사회복지협의회, 『**행복한국 만들기와 자원봉사**』 한국사회복지협의회: 46-92.

158) 2020 "왜 미래세대의 행복인가?." KAIST 미래세대행복위원회 지음, 『**미래세대 행복의 조건**』 크리에이터: 15-65.

157) 2020 "현대사회의 공공성 문제: 퇴계사상의 해법." 『**학술원논문집**』 59(2): 77-121. "현대사회의 공공성 문제: 퇴계사상의 교훈." 기조강연, "현대인의 삶, 퇴계에게 묻다." 국제퇴계학회, 퇴계서거 450주년 기념, 제28차 국제학술대회, 2020년 11월 20(금)~11월 24(화), 서울 및 안동.

156) 2018 "현대민주주의의 위기와 미래 민주주의의 유가적 구상." 『**미래연구**』 3(2): 5-76.

155) 2017 "아시아란 무엇인가?" 이찬수 편. 『**아시아 평화공동체**』 37-63. 도서출판 모시는 사람들.

154) 2017 "현대사회에서 유학과 공동체의식은 어떤 의미를 지닐까?" (Is Confucianism Still Relevant to the Sense of Community?) 한국정신문화재단 편. 『**인문가치,**

공동체를 꽃피우다』 21-49. 디자인하우스.

153) 2016 "사회의 발전과 행복: 사회학적 성찰." 한국행동과학연구소 편. 『**한국사회의 발전과 행복**』 109-168. 학지사.

152) 2016 "자원봉사의 학문적 가치와 의의." (사)한국자원봉사포럼 (사)한국자원봉사학회 공편. 『**자원봉사의 New 패러다임**』 13-31. 지문당.

151) 2013 "한국화 담론의 학문적 의의와 과제." 김현구 편. 『**한국행정학의 한국화론: 보편성과 특수성의 조화**』 44-52. 법문사.

150) 2011 "아시아란 무엇인가?" 『**아시아리뷰**』 1(1): 37-58.

149) 2011 "사회과학적 진단: 매체와 통로." 이덕환 엮음. 『**인문사회와 과학기술의 융합: 소통**』 233-264. 서강대학교 출판부.

148) 2010 "성숙사회의 비전과 전략." 제1회 인간과 사회 심포지엄. 『**인간다운 삶을 위한 인문사회 연구**』. 4월 22: 87-128. 이화여대 국제교육관 LG컨벤션홀. 한국연구재단.

147) 2010 "한국의 사회윤리 연구: 기업윤리와 직업윤리를 중심으로." 『**학술원논문집: 인문·사회과학편**』 49(1): 203-297 (김여진 공술).

146) 2010 "한국 경제성장의 사회학적 이해를 위하여." 『**제도와 경제**』 4(2): 5-29.

145) 2009 "시민사회와 정치과정." 박재창 엮음. 『**위기의 한국시민사회**』: 19-39. 아르케

144) 2009 "한국사회의 갈등구조와 시민사회." 박재창 엮음. 『**위기의 한국시민사회**』: 95-119. 아르케.

143) 2008 "발전과 변동의 사회학." 『**한국의 학술연구: 정치학·사회학**』(인문·사회과학편) 제9집. 대한민국학술원: 710-775.

142) 2006 "교회가 앞장서는 '신공동체 운동'의 소집단 조직전략." 『**종교문화비평**』 통권10호: 186-219.

141) 2006 "격변하는 시대에 한국사회학의 사명을 묻는다: 한국사회학 50년의 회고." 『**한국사회학**』 40(4): 1-18.

140) 2006 "민주주의의 위기와 미래." 『**2006 미래전략포럼**』 IT전략연구원, KT경영연구소: 35-57.

139) 2006 "전지구화 시대의 국가 경쟁력과 고등교육." 『**지방화시대의 교육경쟁력 강화 방향 및 과제**』 경기개발연구원 연구총서 4: 37-56.

138) 2006 "'한류'도 문명사적 의미가 있을까?" 『**철학과 현실**』 69(여름): 30-40.

137) 2005 "한국사회학의 아이덴티티 문제." 『**한국사회과학**』 27(1·2호): 145-165.

136) 2005 "사이버세계의 게임플레이어: 정보사회의 인간과 자아에 대한 성찰." 한국학술단체연합회 제2회 한국학술 현황 점검 심포지엄 『**21세기, 인간을 다시 생각한다**』: 77-98, 12월 2일.

135) 2005 "선진문화사회의 이념과 문화로 다듬은 발전." 기획예산처, 『**국가비전 세미나**』. 11월 1일.

134) 2005 "한국사회의 특성과 갈등해소." 『**노동공론**』 가을호: 7-11.

133) 2005 "한국화 담론의 학문적 의의와 과제." 한국행정학회 추계학술대회 기조토론회, 『**한국화 담론의 학문적 의의와 과제**』. 10월 7일.

132) 2005 "선진문화사회의 이념과 문화로 다듬은 발전: 인간교육을 위한 함의." 한국직업능력개발원 제3차 집담회 『**인적자원입국의 비전과 추진전략**』. 1월 19일.

131) 2004 "한국사회의 갈등구조와 시민사회." 『**시민사회**』 16(겨울호): 22-36.

130) 2004 "한국사회의 문화적 아이덴티티: 디자인과 브랜드를 위한 함의." 『**2004 디자인브랜드경영학회 세미나**』: 4-24, 5월 14일.

129) 2002 "시민사회사상사 개관." 시민사회포럼·중앙일보시민사회연구소 엮음, 『**참여민주주의 실현을 위한 시민사회와 시민운동**』: 13-43. 아르케.

128) 2001 "한국노사관계문화론 서설." 『**노사관계연구**』 12: 77-99.

127) 2001 "'교양을 갖춘' 사이버문화를 향하여: 문명론적 관점." 『**사이버시대의 문화**』: 17-36. 경주세계문화엑스포 2000 조직위원회.

126) 2000 "사이버시대의 도래와 삶의 질." 『**사이버시대의 삶의 질**』: 15-31. 아산사회복지사업재단.

125) 1999 "21세기를 위한 한국사회 발전론." 『**수암논집**』 3: 9-49. 수암장학문화재단.

124) 1999 "아시아의 가치와 근대화 담론의 허와 실." 『**아시아적 가치와 정부개혁**』: 171-192. 한국행정학회 추계국제학술대회 발표논문집.

123) 1999 "근대화론." 『**한국사 시민강좌**』 25: 172-196.

122) 1997 "멋있는 사람들의 멋진 인간관계." 최정호 편 『**멋과 한국인의 삶**』 552-573. 나남출판.

131) 1997 "21세기를 위한 한국 사회 발전론(하)." 『**문학과 사회**』 37(봄): 364-392.

130) 1996 "노사협력: 21세기 인식의 대전환을 위한 이론적 관점." 『**노사관계연구**』 7: 1-14.

129) 1996 "21세기를 위한 한국 사회 발전론(상)." 『**문학과 사회**』 36(겨울): 1833-1869.

128) 1996 "21세기 '한국형' 노사관계이념의 탐구." 김경동 외, 『**한국노사관계의 새지평**』:

9-32. 서울대학교 경영대학 노사관계연구소 편저. 다산출판사.

127) 1996 "미래사회와 인간주의." 김형국 편, 『**한국의 미래와 미래학**』: 35-50. 나남.

126) 1996 "도시화와 공업화의 사회·문화적 충격." 『**한국사회의 구조변화와 그 문화적 함의**』: 43-87. 한국정신문화연구원.

125) 1995 "신복지와 지역사회개발의 발상전환." 『**자치행정**』 90: 7-21.

124) 1995 "한국의 지역정보화 현황과 정책." 『**사회과학과 정책연구**』 17(1): 225-259.

123) 1995 "변증법적 신문명론." 『**철학과 현실**』 여름: 44-58.

122) 1995 "21세기 '선진문화사회'로 가는 길." 광복50주년 기념사업위원회, 『**광복50주년 기념논문집 (10): 미래**』: 57-80. 한국학술진흥재단.

121) 1995 "한국사회변동: 과거 50년, 미래 50년." 광복50주년 기념학술대회 『**해방후 한국의 구조적 변동과 사회발전**』: 1-18. 한국사회학회, 한국사회사학회. 5. 16.

120) 1995 "우리나라 근대화의 문화적 측면." 『**21세기의 한국사회와 한국문화**』: 13-25. 이화여자대학교 한국문화연구원 춘계학술대회. 6. 16.

119) 1995 "후기산업사회와 인간주의의 회복." 『**인간중심간호의 회복: Caring과 인을 중심으로**』: 1-11. 인하대학교 간호학과 학술심포지엄.

118) 1995 "노사협력: 21세기 인식의 대전환을 위한 새로운 도전." 『**협력적 노사관계: 그 가능성과 한계**』: 1-14. 한국사회학회 산업노동학회 1995 하계 학술심포지엄. 8. 19-20.

117) 1994 "21세기 시민상 확립을 위한 교육." 『**서울21세기구상 주요변화전망 및 과제**』: 559-594. 서울시정개발연구원 서울21세기연구센터.

116) 1994 "유교와 동아시아의 근대화: 특수성과 보편성의 쟁점." 『**유교문화의 보편성과 특수성**』: 515-534. 한국정신문화연구원.

115) 1994 "사회변동의 전망과 진로." 『**21세기와 한국교회**』: 47-66. 영락교회.

114) 1994 "국제화와 지방화: 개념적 고찰." 한국사회학회 편, 『**국제화시대의 한국사회와 지방화**』: 57-78.

113) 1994 "개발의 문화와 '문화적으로 다듬어진 발전.'" 『**사회비평**』 11: 219-237.

112) 1993 "산과 도시주거 생태학: 서울시의 사례 관찰." 최정호 편, 『**산과 한국인의 삶**』: 346-361. 서울: 나남.

111) 1993 "관료제: 합리화의 기수인가, 변화의 저항세력인가." 계간 『**사상**』 (여름): 63- 80.

110) 1993 "한국전쟁과 사회변동." 『**말의 만남, 만남의 말: 한국의 사회와 문화에서**』: 380-413. 何異齋 최정호 박사 화갑기념사화집. 서울: 나남.

109) 1993 "삶의 질, 정신적 측면: 서울 시민은 행복한가?" 『**21세기 세계속의 서울, 한국 속의 서울**』: 27-41. 서울특별시 서울21세기위원회 서울 21세기 학술세미나.

108) 1992 "한국사회의 변동과 통합의 원리." 『**세계의 문학**』 (겨울): 133-172.

107) 1992 "민주적 정치문화의 형성: 지식인과 고등교육의 구실." 『**현대사회**』 (겨울): 100-122.

106) 1992 "사회적 쟁점으로서의 방사성 폐기물 처분문제." 김경동, 홍두승 편, 『**원자력과 지역이해**』: 9-23. 서울: 서울대학교 출판부.

105) 1992 "한국의 사회변동과 세대문제." 한림과학원 총서 10 『**지성의 현장**』: 157-171. 서울: 나남.

104) 1991 "한국 중간계급 연구동향." 서울대학교 사회학연구회 편, 『**사회계층: 이론과 실제**』: 117-142. 서울: 다산출판사.

103) 1991 "대학교육: 풀어야 할 매듭과 푸는 길." 정범모 편, 『**교육난국의 해부: 한국 교육의 진단과 전망**』: 245-267: 서울: 나남.

102) 1991 "한국인의 정치의식." 仁村 김성수선생 탄신 백주년 기념논문집 『**2천년대를 향한 한국의 선택**』: 319-368. 서울: 동아일보사.

101) 1991 "한국사회의 노동문화." 『**문화전통과 사회발전**』: 251-301. 서울: 미원문화재단.

100) 1991 "민주적 시민사회의 사회적 요건." 『**시민사회의 확립과 민주주의의 정착**』: 29-49. 대통령자문 21세기위원회 제19차 전체 세미나.

99) 1991 "교육과 연구의 활성화 방안." 『**대학교육**』 9: 16-21.

98) 1991 "대학별 본고사의 시행 방향: 대학의 관점에서." 『**새 대학입시 제도에 따른 대학별 본고사의 시행방안**』: 39-45. 서울: 중앙대학교 한국교육연구소 및 한국대학교육협의회.

97) 1991 "사회변동과 대학의 발전: 서울여대의 꿈과 현실." 서울여자대학교 개교 30주년 기념 심포지엄 『**21세기를 향하는 서울여대의 모습**』: 1-12. 서울: 서울여자 대학교.

96) 1990 "유교와 근대화에 대한 이론적 고찰." 제6회국제학술회의 논문집(Papers of the 6th International Conference) 『**한국학의 세계화 Ⅱ(KOREAN STUDIES, Its Cross-Cultural Perspective)**』: 339-359. 성남: 한국정신문화연구원.

95) 1990 "한국인의 근로의식." 『**노사관계연구**』 창간호: 63-85.

94) 1990 "정보화시대와 한국사회의 변동." 『**전기통신논총**』 1: 107-117.

93) 1990 "스포츠와 인간복지." 서울올림픽 개최 2주년 기념 『**'90 국제 스포츠 학술세미나**』:

9-14. 서울: 한국체육학회.

92) 1990 "교육과 연구의 정상화." 제27차 대학교육발전 학술세미나 『**21세기를 지향하는 대학의 장기발전방향과 과제**』: 15-26. 서울: 한국대학교육협의회.

91) 1989 "민족사회 갈등의 극복과 청소년 지도." 『**카운슬러협회보**』 16: 3-12.

90) 1989 "과학기술혁신의 인간적, 사회적 요인." 『**과학기술정책**』 1: 29-34.

89) 1989 "일로 맺어진 사람들의 관계." 최정호·김형국 편, 『**일의 미래, 미래의 일**』: 81-93. 서울: 나남.

88) 1989 "사회적 갈등과 기술개발의 전망." 『**기술혁신 촉진을 위한 정책체계에 관한 연구**』: 275-288. 서울: 한국과학기술원 과학기술정책연구평가원.

87) 1989 "과학기술 개발과 사회문화적 여건." 『**과학과 기술**』 21(3): 58-63.

86) 1989 "사회발전과 체육: 체육문화의 정착을 위하여." 『**사회체육**』 7(11): 80-85.

85) 1989 "오늘의 시점에서 본 6.25의 사회적 흔적." 『**현대사를 어떻게 볼 것인가?(2)**』: 441-461. 서울: 동아일보사.

84) 1989 "사회문화의 동향: 20년의 흔적을 더듬어." 한국미래학회 편, 『**미래를 되돌아본다**』: 35-44. 서울: 나남.

83) 1986 "한국인의 계급관: 경험적 조사연구." 『**사회구조와 사회사상**』: 543-567. 서울: 심설당.

82) 1986 "정보통신혁명의 사회적 함의." 서울대 사회과학연구소 편, 『**정보화사회: 도전과 대응**』: 3-14. 서울: 서울대학교 출판부.

81) 1985 "정보통신혁명과 인간의 의사소통." 『**과학과 기술**』 18(11): 9-12.

80) 1985 "한국의 경제성장과 恨의 사회학." 『**현대사회**』 20(겨울): 125-147.

79) 1985 "2000년의 한국사회." 『**카운슬러협회보**』 12(3): 20-35.

78) 1985 "한국사회의 발전과 근대화에 있어서 정치적 선택성의 원리." 『**한국사회의 변동과 발전**』: 3-20. 서울: 범문사.

77) 1985 "한국의 공업화와 산업민주주의: 정치적 선택성의 원리에 의한 이해." 『**민주주의와 한국정치**』: 267-287. 서울: 법문사.

76) 1985 "권위주의적 사회구조와 사회적 갈등: 사회의 발전에 대한 함의." 『**한국사회와 갈등의 연구**』: 355-395. 서울: 현대사회연구소.

75) 1985 "한국인의 경제발전관: 도시중간계급의 의식구조연구." 서울대 인구및발전문제연구소 편, 『**사회변동의 이론과 실제**』: 59-83. 서울:서울대학교 출판부 (이온죽 공저).

74) 1985 "한국의 미래와 고등교육의 과제." 『**한국고등교육의 미래전망과 발전전략**』: 7-24. 서울: 한국교육개발원.

73) 1985 "근로청소년의 사회의식과 노사관계관 연구조사." 『**소외에서 참여로**』: 1-29. 서울: 고려대학교 노동문제연구소.

72) 1985 "삶의 질과 사회교육." 『**삶의 질과 사회교육**』: 123-132. 서울: 한국지역사회학교 후원회.

71) 1984 "민족이산: 현실과 과제." 『**사회과학과 정책연구**』 6(1): 1-10.

70) 1984 "한국의 공업화와 사회변동." 『**현대사회**』 14(여름): 2-22.

69) 1984 "1990년대의 한국사회." 『**사회과학논집**』(한성대) 2: 323-331.

68) 1984 "국민문화지표 설정을 위한 사회지표론적 모색." 『**정신문화연구**』 20(봄): 102-122. (주학중 공저).

67) 1984 "한국사회 특성고(1): 사회학적 접근시론." 『**東園 金興培박사 고희 기념논문집**』: 295-317. 서울: 한국외국어대학교.

66) 1984 "현대사회와 참여민주주의: 동구 및 서방 산업민주주의에 대한 정치사회학적 고찰." 『**玉田 車基璧박사 화갑기념논문집**』 **[차기벽 편, 정치와 정치사상]**: 309-353. 서울: 한길사.

65) 1983 "직업관과 사회구조." 『**사회과학과 정책연구**』 5(3): 31-67.

64) 1983 "직업의 사회경제적 속성과 계급구분." 『**사회과학과 정책연구**』 5 (3): 1-30 (최태룡 공저).

63) 1983 "<老子>와 현대사회학: 서설적 고찰." 『**동방사상 논고: 그 본질과 현대적 해석**』: 1143-1157. 서울: 도원 유승국박사 회갑기념눈문집 간행위원

62) 1983 "미국의 한국인: 문화적 적응과 기여를 중심으로." 『**한미수교 1세기의 회고와 전망**』: 99-114. 성남: 한국정신문화연구원.

61) 1983 "한국인의 가치의식과 삶의 質." 『**한국사회의 전통과 변화**』: 461-499. 서울: 범문사 (이홍구, 신도철 공저).

60) 1983 "오늘날 사회과학 방법론을 둘러싼 쟁점들." 『**현상과 인식**』 6(4, 겨울): 147-179.

59) 1982 "현대사회와 대학." 『**현대사회**』 2(2, 여름): 158-186.

58) 1982 "조직된 삶의 인간화." 『**미래를 묻는다**』 7: 67-78.

57) 1982 "사회학 이론에 있어서 행위론의 쟁점들." 『**정경문화**』 204: 241-257.

56) 1982 "공업화 과정과 한국문화의 전통적 요소의 변화와 연속성." 『**산업사회와 대중문**

화(上)』: 5-44. 성남: 한국정신문화연구원.

55) 1982 "미국사회: 변하는 가치, 불변의 가치." 김종운, 서광선 편, 『**미국인의 선택**』: 147-161. 서울: 문학과 지성사.

54) 1981 "오늘날 사회학 이론을 둘러싼 쟁점들(2)." 『**현상과 인식**』 5(3, 가을): 101-128.

53) 1981 "오늘날 사회학 이론을 둘러싼 쟁점들(1)." 『**현상과 인식**』 5(2, 여름): 84-128.

52) 1981 "사회학적 이론의 주제를 둘러싼 쟁점들." 『**세계의 문학**』 6(4: 겨울): 249-281.

51) 1981 "＜易經＞의 원리에서 찾아본 노사관계의 사회학." 『**세계의 문학**』 20(여름): 218-237.

50) 1981 "스웨덴의 노사관계." 『**사회과학과 정책연구**』 3(1): 107-140.

49) 1981 "노사관계의 사회학 서설." 『**青樵 배용광교수 화갑기념논총**』: 29-47.

48) 1980 "1960년대와 1970년대 한국사회학계 동향의 양적 고찰." 『**한국사회학연구**』 4: 1-48.

47) 1980 "경제성장의 사회적 대가." 『**논문집**』 6: 189-208. (서울대학교 국제문제연구소).

46) 1980 "일하는 삶의 결: 새 시대의 노사관계를 위하여." 『**세계의 문학**』 15(봄): 109-137.

45) 1980 "전쟁사회학 시론: 한국전쟁의 사회적 충격." 『**현대사**』 1: 243-260.

44) 1980 "공업화의 사회적 쟁점들: 뒤늦은 사회를 중심으로." 『**정경문화**』 176(1): 96-111.

43) 1980 "도시에서의 적응과 농촌으로의 귀환이동." 『**진단학보**』 9(10): 159-179. (이온죽 공저).

42) 1980 "공업화의 사회적 충격과 미래의 과제: 한국사회의 전통적 요소와의 상호작용을 중심으로." 『**역사적 맥락에서 본 현대 한국문화의 방향**』: 143-174. 성남: 한국정신문화연구원.

41) 1980 "미래연구와 사회학." 한국사회학회 편, 『**70년대 한국사회: 변동과 전망**』: 11-39. 서울: 평민사.

40) 1980 "농촌사회의 변화와 쟁점." 한국사회학회 편, 『**70년대 한국사회: 변동과 전망**』: 167-201. 서울: 평민사.

39) 1980 "공업화의 인간적 함의: 생태학적 측면을 중심으로." 한독전문가 심포지엄 『**생태 환경적 변화와 청소년 발달**』: 28-35. 서울: 인간발달복지연구소.

38) 1979 "발전의 사회학적 이론." 『**문학과 지성**』 35(봄): 140-159.

37) 1979 "근대화와 발전에 대한 오해와 이해." 『**세계의 문학**』 12(봄): 16-37.

36) 1979 "기술과 사회변동." 『**과학과 기술**』 12(6): 27-32.

35) 1979 "현대사회와 중간계급: 신중간계급의 사회학 시론." 『**사회연구**』 2: 1-37.

34) 1979 "사회발전의 조직원리: 자발적 조직체의 사회적 구실을 중심으로." 『**童山 신태식 박사 고희기념논총**』: 797-809. 대구: 계명대학교.

33) 1979 "사회발전의 개념과 지표." 『**정치사회발전을 위한 교육의 역할: 분석모형 탐구**』: 105-130. 서울: 한국교육개발원.

32) 1979 "사회구조의 변화와 인간." 『**미래사회의 인간문제**』: 73-88. 서울: 행동과학연구소.

31) 1979 "인류학과 사회학." 한국문화인류학회 편, 『**인류학과 인접과학**』: 67-73.

30) 1978 "한국사회과학의 미래." 『**현상과 인식**』 2(2): 131-145.

29) 1978 "대중사회와 인간." 『**현상과 인식**』 2(4, 겨울): 25-54.

28) 1978 "순환, 누적, 단절의 진통: 현대미국사회학의 이해." 『**미국학**』 2: 1-39.

27) 1978 "발전과 가치의 메타 사회학: 인간주의적 접근." 『**세계의 문학**』 7(봄): 16-45.

26) 1978 "복지사회의 사회학적 이론: 자발적 복지사회의 이념과 실제." 『**한국사회학**』 12: 7-23.

25) 1978 "사회학의 예술성." 『**세대**』 179: 227-255.

24) 1978 "90년대 우리 사회의 도전과 과제." 『**미래를 묻는다**』 6: 45-56.

23) 1978 "마음의 사회학" 『**마음**』 (사유회 철학논집) 1: 26-33.

22) 1978 "발전사회학의 방법론" 『**사회발전연구: 이론, 방법 및 역사**』: 103-127. 서울: 민음사.

21) 1978 "인구와 사회발전: 사회학적 의의." 이해영, 권태환 편, 『**한국 사회: 인구와 발전**』: 1277-1309. 서울: 서울대학교 인구 및 발전문제 연구소.

20) 1978 "소비경제체제의 추세와 청소년사상의 전망." 『**소비경제가 한국청소년의 사상 형성에 미치는 영향**』: 427-486. 서울: 국토통일원.

19) 1978 "국민의식구조의 변화와 정향." 『**사회개발의 방향과 실천방안에 관한 연구**』: 111-162. 서울: 서울대학교 행정대학원 행정조사연구소.

18) 1977 "근대화의 새로운 이해를 위한 사회학적 접근." 『**세계의 문학**』 4 (여름): 14-31.

17) 1977 "사회학적 관심: 사회학자의 가치관심에 관한 인간주의적 해석." 『**현상과 인식**』 1(3, 가을): 132-150.

16) 1977 "사회학적 인간관과 인간주의적 사회관." 『**문학과 지성**』 8(3, 가을): 840-883.

15) 1977 "사회변동과 사회계층." 『**정경연구**』 152: 42-69.

14) 1977 "국내 미국학의 업적평가: 사회경제 분야." 『**미국학 논집**』: 129-153.

13) 1970 "사회문화의 동향과 교육계획." 『**미래를 묻는다**』 1: 215-228.

12) 1969 "지식인의 사회적 역할." 『**아세아학보**』(아세아학술연구회) 6: 109-132.

11) 1969 "직장만족도측정을 위한 2개의 척도." 『**행동과학**』 2(1): 44-65.

10) 1969 "신흥종교에 대한 사회학적 접근: 한국신흥종교 연구를 위한 이론적 시안." 『**童山 신태식박사 송수기념논총**』: 369-383. 대구: 계명대학교.

9) 1968 "사회구조와 취업유형." 『**한국사회학**』 4: 1-18 (이해영, 양춘 공저).

8) 1968 "사회통합의 윤리." 『**한국행정학보**』 2(2): 95-115.

7) 1967 "공업화를 위한 준비태세: 공무원, 관리자, 노동자 및 대학생의 국가의식과정부의 경제정책에 대한 태도 조사보고." 『**행정논총**』 5(1): 179-200.

6) 1966 "근대화과정과 가치관 연구의 과제." 『**동아문화**』 6: 229-238.

5) 1966 "발전사회학 서설." 『**한국사회학**』 2: 21-32.

4) 1965 "농촌인의 가치관." 한국농촌사회학회 편, 『**농촌사회학**』: 250-264.

3) 1964 "태도척도에 의한 유교가치관의 측정." 『**한국사회학**』 1: 3-22.

2) 1964 "교과서분석에 의한 한국사회의 유교가치관 연구." 『**이상백박사 회갑기념논총**』: 333-368. 서울: 을유문화사.

1) 1964 "최근 사회조사방법의 문제점." 『**합동논문집**』 (서울여대, 계명대, 숭실대, 대전대) 1: 55-63.

국문 연구보고서

41) 2025 『**초일류 대한민국을 지향하는 정치혁신: 미래형 정당과 정치 리더십을 중심으로**』. 글로벌사회발전연구소. 태재연구재단 (배규한, 이명희, 이현출, 서용석, 정현호 공동연구)

40) 2023 『**선출직 공직자의 도덕성 평가: 경험적 측정을 위한 지침서 개발 연구**』. 글로벌사회발전연구소. 태재연구재단. (이정복, 정현호 공동연구).

39) 2021 『**미래사회 선출직 공직자의 도덕성 평가를 위한 사전 연구**』. 글로벌사회발전연구소. 태재연구재단. (진덕규, 박형준 공동연구).

38) 2012 『**교회와 지역자원봉사센터 연계활성화를 위한 협력모형 개발연구**』. 한국교회희망봉사단. 한국자원봉사포럼 (이금룡, 이범성, 정재영, 이화옥, 김종생, 신정애 공동연구).

37) 2012 『**농어촌 재능나눔 활성화를 위한 민·관·학 협력모형 개발연구**』. 한국마사회, 한국

자원봉사포럼 (송민경, 신정애, 주경희, 김선희 공동연구).

36) 2011 『**사회통합을 위한 나눔과 배려문화 제고방안: 공생발전을 위한 노블레스 오블리주 실천과 재능나눔을 중심으로**』. 경제인문사회연구회. KAIST.

35) 2005 『**우수학술도서 선정지원사업평가**』. 대한민국학술원.

34) 2005 『**대한민국학술원 발전과제 기초연구**』. 대한민국학술원. (이순형 외 공동연구).

33) 2004 『**한국인의 시민의식: 청소년과 성인의 행동관찰 비교연구**』. 성숙한 사회가꾸기 모임. (설동훈 공동연구).

32) 2001 『**한국의 인터넷 생태계 구조에 대한 연구**』. 서울대학교 사회발전연구소. (한준 등 공동연구).

31) 2000 『**SI 산업에서의 기업연결망과 기업내부조직 분석을 기반으로 한 효과적인 기업간 전략적 연합 방안에 관한 연구**』. 서울대학교 사회발전연구소. (한준 등 공동연구).

30) 2000 『**세계평화문화지표**』. 문화일보 평화포럼(공동연구).

29) 1996 『**한국사회의 발전과 자본주의정신**』. 한국개발연구원(차동세 공술).

28) 1995 『**일본의 위기대응체제와 행위에 관한 연구: 한신(阪神)대진재 사례를 중심으로**』. 한국언론연구원. (곽영우 외 공동연구).

27) 1994 『**국가사회 정보화 촉진방안에 관한 연구**』. 서울대학교. (곽수일 외 공동연구).

26) 1993 『**청소년 문화정서지표 조사연구**』. 한국문화예술진흥원 문화발전연구소. (서울대학교 사회과학연구소 조명한 외 공동연구).

25) 1991 『**방사성폐기물처분 부지확보 및 지역협력 방안연구**』. 한국원자력연구소. (서울대학교 인구 및 발전문제 연구소 홍두승 외 공동연구).

24) 1990 "국립대학교의 운영체제 개선 방안." 『**대학의 제도적 개선을 위한 보완책 연구**』: 1-11. 문교부.

23) 1990 『**방송제도연구보고서: 2000년대를 향한 한국방송의 좌표**』. 방송제도연구위원회. (김규 외 공동연구).

22) 1989 『**기술혁신촉진을 위한 정책체계에 관한 연구**』. 한국과학기술연구원 과학기술정책연구평가센터. (한국산업기술진흥협회, 정근모 외 공동연구).

21) 1988 『**90년대 과학기술혁신의 방향**』. 한국과학기술재단. (서울대학교 사회과학연구소, 김세원 외 공동연구).

20) 1988 『**전환기에 처한 대학 운영체제의 쇄신방안 연구**』. 서울대학교. (선우중호, 김신복 공동연구).

19) 1987 『**과학기술개발에 관한 국민여론 조사연구**』. 한국과학기술원 과학 기술정책연구평가센터. (서울대학교 사회과학연구소 김세원 외 공동연구).

18) 1986 『**전기통신학술연구보고서: 정보사회의 도전과 대응**』. 정보통신부. (서울대학교 사회과학연구소 김경동 외 공동연구).

17) 1985 『**청소년 의식구조 조사연구**』. 서울대학교 사회과학연구소. (정원식 외 공동연구).

16) 1985 『**생산직근로자의 근로실태와 의식에 관한 연구: 7개 공단지역을 중심으로**』. 현대사회연구소. (한상진 외 공동연구).

15) 1983 『**대학원중심대학의 교양교육 개선방안연구**』. 서울대학교. (임종철 외 공동연구).

14) 1982 『**한국대학의 방향과 과제**』. 한국크리스챤 아카데미. (이홍구 외 공동연구).

13) 1982 『**대학교양과정 개선연구**』. 서울대학교. (강신택 외 공동연구).

12) 1981 『**대학기초과정 교양교육 개선을 위한 교과목 개발 연구보고서**』. 서울대학교. (김종운 외 공동연구).

11) 1981 『**사회발전과 국민의식에 관한 조사연구**』. 서울대학교 사회과학연구소. (이홍구 외 공동연구).

10) 1981 『**대학기초과정의 교양교육 개선을 위한 연구**』. 서울대학교. (이상옥, 이홍우, 주광렬 공동연구).

9) 1981 『**조합원 근로실태와 의식구조에 관한 조사연구보고서: 운전기사 등 남자근로자를 중심으로**』. 전국자동차노조.

8) 1981 『**대학원 교육에 대한 학생의 태도 및 학교생활 환경조사**』. 서울대학교.

7) 1980 『**한국교육의 진단과 처방: 학교교육의 정상화를 위하여**』. 서울대학교 사회과학연구소. (이홍구 외 공동연구).

6) 1980 『**대학원 사회학교육 강화를 위한 공동연구**』. 서울대학교. (이만갑 외 공동연구).

5) 1979 『**노사협조체제를 통한 국민생활의 안정된 발전방안 연구**』. 경제과학심의회. (임종철 외 공동연구).

4) 1970 『**실업교육과 직업: 실업고등학교 교육에 관한 사회학적 연구**』. 서울대학교 인구 및 발전문제 연구소 연구총서 제4호. (이해영 외 공동연구).

3) 1966 『**제대군인의 영농교육 개선을 위한 연구**』. 원호처. (김해동 외 공동연구).

2) 1965 『**한국의 사회경제적 발전을 위한 제대군인의 역할에 관한 연구 보고서**』. 원호처. (김해동 공동연구).

1) 1963 『**지리산지역개발에 관한 조사보고서 (3): 사회부문**』: 501-564. 지리산지역개발조사연구위원회 (임희섭, 오갑환, 김진균 공동연구).

영문 연구보고서

2000 *The World Culture of Peace Index*. Seoul: Munhwa Ilbo Daily Peace Forum.

1995 *The Middle Class in Korea: National Report*. Seoul: Population and Development Studies Center, Seoul National University. (with Hong Doo-Seung and Yang Jonghoe).

1980 *Social Science Policy in Korea*. Seoul: Korean National Commission for UNESCO.

1979 *Rights to Manage and Worker Participation: Industrial Relations in Japan and the United States in the 1960s*. Seminar Paper No. 5. Institute of Social Sciences, Seoul National University.

1971 *Life in Urban Korea*. Transactions of the Royal Asiatic Society Korea Branch. (with Lee Hyo-Chae et al.).

1970 *Vocational Education and Occupation*. Monograph No. 4. Population and Development Studies Center, Seoul National University. (with Lee Hae-Young et al.).

1970 *Urbanization and Economic Development: With Special Reference to the Korean Development*. Monograph No. 6. Population and Development Studies Center, Seoul National University.

서평

1993 "이성적 사회를 향한 한국 지성의 탐색: 김우창 지음『이성적 사회를 향하여』. 민음사, 1993."『**세계의 문학**』18(3, 가을): 389-403.

1990 "한국비교사회학연구회 편,『비교사회학: 방법과 실제 Ⅰ』. 열음사, 1990."『**외국문학**』23(여름): 357-360.

1990 "*Social Values and Development: Asian Perspectives*. Durgand Sinha and Henry S. R. Kao(eds.) Delhi & Newbury Park, CA: Sage. 1988." *Contemporary Sociology* 19(3, May): 366.

1979 "문학사회학에의 관심제기: 한국사회과학연구소 편,『예술과 사회』. 민음사, 1979."『**신동아**』5: 393-397.

1977 "*Classical Theories of Social Change*. Louis Schneider. New Jersey: General Learning Press. 1976." *Rural Sociology* 42(2): 300-301.

〈편집후기〉

책이 나오기까지

동양사회사상학회가 발간하는 『사회사상과 문화』에서 2022년 겨울호(25권 4호) 특집으로 "혜안과 논찬: 호산 김경동(서울대)"을 기획하면서, 김성국·배규한·정학섭 3인에게 집필을 의뢰했다. 김 교수는 '김경동의 사회학'에 대해, 배 교수는 '미래사회의 시각'에서, 정 교수는 '생애와 가치지향과 학문'에 관한 논문을 썼다. 책이 발간된 후 세 사람은 선생님의 연구업적에 대해 토론할 기회를 가졌다. 그 과정에서 선생님의 학문 세계가 참으로 방대하고 다양하면서도 인간주의적 사회발전론, 서구 이론의 토착화, 문화적 특성에 따른 한국적 이론 탐구 등 일관된 흐름을 이루고 있음에 주목하면서, 연구업적들을 보다 다양한 시각에서 조망해 보는 것이 한국사회학 발전에 유익할 수 있겠다는 데 공감하였다.

그 후 『김경동 교수 정년기념논총』 간행위원장이었던 김문조 교수, 대학원 시절부터 호산 선생님의 사회조사 프로젝트에 참여하고 선생님 책으로 조사방법론 강의를 계속해온 최태룡 교수, 선생님의 문명론에 특별한 관심을 가져온 김상준 교수에게 의견을 물었더니, 모두 적극적으로 호응해주었다. 그리하여 선생님이 곧 구순을 맞이하신다는 점에 착안하여 자연스럽게 "호산 김경동 교수 구순기념문집 간행위원회"가 구성되었다. 준비과정에서 우리의 계획을 아시게 된 선생님은 "공연히 일 만들어 후학들 고생시킨다."며 반대하셨지만, 우리는 이 문집이 한국사회학 발전에 기여할 수 있을 것으로 판단하고 추진했다.

2025년 4월, 위원들이 역할을 분담하여 호산 선생님과 인연이 많을 것 같은 50여 명에게 취지를 설명하고 집필을 의뢰하니 47명이 흔쾌히 수락했다. 그리고 7월 말까지(실제로 마지막 원고는 8월 10일에 들어왔다) 불과 3개월이라는 짧은 기간에 건강 문제나 부득이한 사정이 생긴 다섯 분 외 42명이 원고를 보내주었다. 혹시 필진으로 응당 참여해야 할 분들이 누락된 경우가 있다면, 간행위원들의 부족함과 촉박한 시일에 쫓긴 결과이니 혜량하여 주시길 바란다.

원고를 위촉할 때, 김경동 사회학을 총괄적으로 조망하는 논문, 김경동 연구

활동의 탐구와 계승에 관한 준 논문, 또는 호산 선생님의 인품과 추억에 관한 글 등을 써달라고 요청했다. 그 결과 제1부 11편의 논문, 제2부 17편의 준 논문, 제3부 13편 추억의 글이 모여 의미있는 충실한 책으로 엮어졌다. 하서, 논문, 추억 등 다양한 형태의 옥고를 보내주신 필자들께 깊이 감사드린다.

원고를 모아 편집하면서 보니, 글 하나하나가 김경동 사회학의 잘 알려지지 않은 모습을 보여주거나 한국사회의 시대적 단면을 반영하고 있었다. 이러한 글들은 단순히 지난 반세기의 회고에 그치지 않고, 앞으로 한국사회학이 지향해 나가야 할 방향을 시사해 줄 것이다. 이 책이 모쪼록 호산 선생님의 구순 축하를 넘어 사회학 발전에 기여할 수 있길 기대한다.

원고를 위촉하고 받고 교정보는 모든 과정에서 6명의 간행위원이 함께 일했지만, 최종 편집과 출판은 배규한, 정학섭, 김상준 세 사람이 맡았다. 필자가 많다 보니 더러 중복되는 내용도 있지만, 필자의 뜻을 존중해 그대로 두었다. 귀중한 책에 조금이라도 흠결이 없도록 꼼꼼히 교정을 보려고 노력했으며, 필요한 경우 필자들과 직접 연락하여 몇 번씩 다듬기도 했다. 글의 흐름에 따라 자연스럽게 읽을 수 있도록 글의 순서를 정하는 일도 소홀히 하지 않았다. 이러한 과정에서 필자분들께 번거로움을 끼쳤거나 아직도 오자가 남아 있다면, 전적으로 편집위원들의 탓이니 이 자리를 빌려 양해를 구하고자 한다. 끝으로, 흔쾌히 출간을 맡아주신 박영사 안종만 회장님, 조성호 기획이사님, 그리고 편집과 교정 과정을 꼼꼼히 챙겨주신 김선민 편집이사님과 직원분들께 깊이 감사드린다.

2025. 9. 11.

간행위원들의 뜻을 모아 배규한 드림

호산 김경동 교수 구순기념문집 간행위원회

위원장: 김성국 (길림대학교 객좌교수)
위　원: 김문조 (고려대학교 사회학과 명예교수)
배규한 (백석대학교 청소년학 석좌교수)
최태룡 (경상국립대학교 사회학과 명예교수)
정학섭 (전북대학교 사회학과 명예교수)
김상준 (경희대학교 공공대학원 명예교수)

선구자의 길: 김경동의 동서융합 사회학

초판발행 2025년 10월 20일

엮은이 호산 김경동 교수 구순기념문집 간행위원회
펴낸이 안종만 · 안상준

편　집 김선민
기획/마케팅 조성호
표지디자인 벤스토리
제　작 고철민 · 김원표

펴낸곳 (주) 박영사
서울특별시 금천구 가산디지털2로 53, 210호
(가산동, 한라시그마밸리)
등록 1959. 3. 11. 제300-1959-1호(倫)
전　화 02)733-6771
f a x 02)736-4818
e-mail pys@pybook.co.kr
homepage www.pybook.co.kr
ISBN 979-11-303-9707-8 93330

정　가 38,000원